Hand-Wörterbuch
Umweltbildung

Herausgegeben von

Oskar Brilling und Eduard W. Kleber

Schneider Verlag Hohengehren GmbH

Titelbild: Vladimír Renčin

Umschlagentwurf: Wolfgang H. Ariwald, 59519 Möhnesee

Dieses Buch war nur möglich durch das Mitwirken von 100 Autoren, denen wir für ihre Kooperation und Anregungen verbindlichst danken. Es konnte nur fertiggestellt werden durch die engagierte Arbeit des Redaktionsteams. Allen vorweg gilt unser Dank: Jochen Niermann, Doris Trimpop und Karen Illian.

Gedruckt auf 100%igem Recyclingpapier

Die Deutsche Bibliothek – CIP-Einheitsaufnahme

Hand-Wörterbuch Umweltbildung / hrsg. von Oskar Brilling und Eduard W. Kleber. –
Baltmannsweiler : Schneider-Verl. Hohengehren, 1999
ISBN 3-89676-188-9

Alle Rechte, insbesondere das Recht der Vervielfältigung sowie der Übersetzung, vorbehalten. Kein Teil des Werkes darf in irgendeiner Form (durch Fotokopie, Mikrofilm oder ein anderes Verfahren) ohne schriftliche Genehmigung des Verlages reproduziert werden.
© Schneider Verlag Hohengehren, 1999.
  Printed in Germany – Druck: Wilhelm Jungmann Göppingen

Inhalt

Prolog (anstelle eines Vorwortes) 4
Einleitung in das Hand-Wörterbuch Umweltbildung 5
A - Z 12
Adressverzeichnis der Autoren 330
Adressverzeichnis der Verbände und Organisationen 337
Epilog 339

Prolog (anstelle eines Vorwortes)

Es sollte nicht so weitergehen:

Wer tut was?
„This is a story about four people:
Everybody, Somebody, Anybody, and Nobody.
There was an important job to be done
And Everybody was asked to do it.
Everybody was sure Somebody would do it.
Anybody could have done it, but Nobody did it.
Somebody got angry about that
Because it was Everybody's job.
Everybody thought Anybody could do it,
But Nobody realized that Everybody wouldn't do it.
It ended up that Everybody blamed Somebody
When actually Nobody asked Anybody."
(Quelle unbekannt)

Auch das sollte Umweltbildung als neue Allgemeinbildung aus der Welt schaffen:

Vergebliche Bemühungen
Ein Mensch, der aus der großen Stadt
Ins Grüne sich begeben hat,
Läs hier, allein auf weiter Flur
Recht gern im Buche der Natur.
Doch bald, betrübt, er wieder geht:
Denn ach! Er ist Analphabet.
(Eugen Roth)

„Wir treten, ob wir es wollen oder nicht, in ein Jahrhundert der Umwelt ein. In diesem wird jeder, der sich Realist nennen möchte, gezwungen, seine Handlungsweise als Beitrag zum Erhalt der Umwelt zu rechtfertigen. Die kurzfristige wirtschaftliche Optimierung bleibt natürlich als Ziel erhalten, aber wenn sie sich den ökologischen Notwendigkeiten nicht unterordnet, wird ihre Glaubwürdigkeit nicht höher sein als die der Konfessionsstreiter in Nordirland oder die von luxemburgischen Nationalisten." (WEIZSÄCKER, Ernst U. von (1989/⁴1994): Erdpolitik. Darmstadt, S. 8.)

Möge dieses Hand-Wörterbuch auf dem noch langen Weg dahin so dolmetschen (siehe Umschlagseite), daß wir uns auf gemeinsame Konzepte verständigen können.

Eduard W. Kleber/Oskar Brilling

Einleitung in das Hand-Wörterbuch Umweltbildung

Ein Hand-Wörterbuch Umweltbildung kann in der immer wichtiger werdenden Umweltdiskussion für alle Bereiche unserer Gesellschaft ein nützliches Werkzeug zur Verständigung zwischen unterschiedlichen Gruppen und unterschiedlichen Positionen von Probleminterpretationen sein. Da es sich hier durchgängig um hochkomplexe Sachverhalte handelt, kann unseres Erachtens ein Wörterbuch der Komplexität der Theamtik nicht gerecht werden. Wir sind dieser Problemlage begegnet, indem wir sowohl handbuchartige Artikel, die größere Zusammenhänge abbilden, einbezogen wie auch Begriffe und Konzepte aufgenommen haben, die mit Verweisen mittelbar (mit beschreibendem Text) oder auch unmittelbar (ohne beschreibenden Text) auf wieder größere Zusammenhänge verweisen.

Gegenstand des Hand-Wörterbuches sind Umweltbildung - im Sinne einer neuen Allgemeinbildung und deren Verflechtung mit gesellschaftlichen Praxen: Wirtschaft, Politik, Ethik usw. (vgl. BENNER 1987/²1991) - sowie Begriffe und Konzepte zur Natur.

Was verstehen wir unter Umweltbildung?
(Beispiel eines Artikels mit Handbuch-Charakter)

Umweltbildung

Der Terminus Umweltbildung ist außerordentlich unspezifisch. Er wurde von Seiten der Politik schon in den späten 80er Jahren benutzt, um sich nicht auf eine der damals gängigen Konzeptionen wie Umwelterziehung, Ökopädagogik oder ökologisches Lernen festlegen zu lassen.

Die Unschärfe des Umweltbildungsbegriffs ist sein Vorteil, wenn man ihn als Sammelbegriff nutzt, unter dem die genannten sowie weitere kursierende Termini wie Naturbezogene Pädagogik, Umweltlernen, Naturnahe Erziehung gebündelt werden (vgl. DE HAAN 1993, S. 119, S. 166). Der Hintergrund für diesen Vorschlag ist der hohe Grad an fehlender Systematik in der Begriffsbildung. Seit über den Zusammenhang von Ökologie und Pädagogik diskutiert wird, also seit den späten 70er Jahren, ist eine Präzision des Begriffs und ein exakter Bezug der Autoren auf die jeweils aktuelle Literaturlage nicht erfolgt. Die Definitionen blieben oft so ungenau, daß alles darunter gefaßt werden konnte oder aber unter einem Begriff - wie etwa der ⇝ Ökopädagogik[1] - nach Gutdünken alles gefaßt wurde, was man unter Abstinenz von der Sichtung einschlägiger Artikel verbuchen wollte. Wenn nun durchgängig der Terminus Umweltbildung genutzt würde, so wären alle genötigt, ihn jeweils genauer zu bestimmen.

Umweltbildung wird nach der Rio-Konferenz von 1992 als Bildung für ⇝ Nachhaltigkeit konzipiert (vgl. DE HAAN 1998a). Damit wird sie nicht

---

[1] ⇝: Mit einem Pfeil vor dem Stichwort verweisen wir auf die Abhandlung des Begriffs in diesem Band.

mehr nur von den ökologischen Fragestellungen her konzipiert (das sind: Ressourcenverschleiß, Umweltvergiftung, ↬ Bevölkerungsexplosion), sondern von der Idee der globalen (Verteilungs-)Gerechtigkeit her bestimmt. Insofern entsteht ein neues Gemenge aus Ökologie, Ökonomie und Sozialem, wie es in der ↬ Agenda 21 sinnbildlich ausformuliert wurde.

Umweltbildung als Bildung für ↬ Nachhaltigkeit greift den Diskurs um das ↬ sustainable development auf und analysiert die Bedeutung dieses Diskurses für den pädagogischen Kontext. Das impliziert die Auseinandersetzung mit der Grundidee der nachhaltigen Entwicklung, eine inter- und intragenerativ gerechte Welt zu schaffen, ebenso wie die Thematisierung der Ressourcenverbräuche, der Schadstoffeinträge und die Frage, wie man in dauerhafte Formen des Wirtschaftens, der Mobilität und des Konsums übergehen kann (vgl. DE HAAN 1998b).

Der entscheidende Schritt besteht darüber hinausgehend darin, sich nicht allein der Idee der Nachhaltigkeit zu widmen, sondern jene Wissenschaftskonzepte, kulturellen Leitbilder und Trends zu identifizieren, die den Diskurs um die Nachhaltigkeit bestimmen. Denn über diesen Weg ist es möglich, die Nische der Umweltbildung im Bildungsbereich zu verlassen und zum Trendsetter für eine allgemeine Bildungsreform zu werden. Dies würde im einzelnen bedeuten (vgl. DE HAAN 1998a):

- Erstens wäre der ↬ Konstruktivismus als wissenschaftliche Grundorientierung zum Thema zu machen: Alle Aussagen über Natur, Menschen etc. sind Aussagen, die subjekt- und kulturgebunden sind.
- Zweitens müßte eine generelle Auseinandersetzung mit ↬ Leitbildern erfolgen. Leitbilder bündeln die Hoffnungen, Wünsche und Ziele von Sozietäten. Sie haben eine motivierende, orientierende sowie koordinierende Funktion. Leitbilder werden in dem Maße wichtig, wie Traditionen und alte Konventionen mit dem Ziel einer nachhaltigen Entwicklung brüchig werden.
- Drittens ist das Konzept der ↬ Nachhaltigkeit geprägt von einer über sie hinausweisenden Grundorientierung. Damit ist auf die „Reflexive Moderne" (BECK/GIDDENS/LASH 1996) verwiesen: Wir arbeiten uns immer mehr im Bereich von Technik, Forschung, Wirtschaft und auch im Feld des Sozialen an den Nebenfolgen vorangehender Aktivitäten ab. Die Umwelt- und Gerechtigkeitsfrage ist eine Nebenfolge eines auf Konkurrenz und Ausbeutung basierenden ökonomischen Systems.
- Viertens wird die Idee der inter- und intragenerationellen Gerechtigkeit - weit über die Nachhaltigkeitsdebatte hinaus - zum zentralen Thema pädagogischer Diskurse werden müssen.
- Fünftens wird der Prozeß der Individuierung stärkere Beachtung finden müssen, denn Kulturen in hochindustrialisierten Gesellschaften bewegen sich immer mehr auf sich ausfächernde Lebensstile hin: Es gibt einen globalen, unübersehbaren Trend vom „Wir" zum „Ich".

- Sechstens schließlich ist das Bedürfnis und die Notwendigkeit zur Partizipation, zur Teilhabe an Entscheidungsprozessen für die nachhaltige Entwicklung ebenso wichtig wie für selbstbestimmtes Lernen und die Entfaltung der eigenen Person.

Insofern ist Umweltbildung als Bildung für Nachhaltigkeit ein Konzept, das weit über die bloße Debatte um Nachhaltigkeit hinausgreift und zur pädagogischen Auseinandersetzung mit den Grundkonzepten der modernen Entwicklungen herausfordert.

Gerhard de Haan

Umweltbildung wird im letztgenannten Sinne auch als neue Allgemeinbildung gefordert. Es geht dann letztlich um einen grundlegenden Bewußtseins- und Wertewandel, um ein neues Verständnis von ↝ Lebensqualität sowie um die Einbeziehung ökologischer Faktoren in die Vorstellungen des einzelnen von Wohlstand und Fortschritt (vgl. WILHELMI 1994, S. 148 f.), d.h. um die Entwicklung von erkenntnistheoretischen Positionen wie ↝ Anthropozentrismus und ↝ Physiozentrismus oder um Verschränkungsweisen beider Positionen (vgl. KLEBER 1993).

Es folgt ein Beispiel, das das einleitend angedeutete Verknüpfungskonzept verdeutlicht. Um sich mit dem Konzept nachhaltigen, ökologischen Wirtschaftens vertraut zu machen, reicht es nicht aus, einige beschreibende Zeilen zu den Stichworten zu lesen, sondern es ist erforderlich, eine ganze Reihe von Konzepten in ihrer Verknüpfung in den Reflexionshorizont zu nehmen (↝ Wirtschaften, nachhaltiges/ökologisches).
Beim ökologischen Wirtschaften geht es um ein Wirtschaften unter der Maxime einer Energieeffizienzrevolution (vgl. LOVINS/LOVINS/VON WEIZSÄCKER 1995) (↝ Effizienzrevolution) und von ↝ Dematerialisierung (↝ Rucksack, ökologischer). Wege zum ökologischen Wirtschaften werden mit der ↝ Umweltverträglichkeitsprüfung, dem Öko-Audit und der ↝ Ökobilanz beschritten; des weiteren siehe: ↝ Marktwirtschaft, ökosoziale, ↝ Ökosteuern, ↝ Agenda 21, lokale und ↝ Generationenvertrag, ökologischer. Ökologisches Wirtschaften ist ein dringliches Desiderat. Eindringliche Hinweise für die Praxis sind in der angeführten Literatur zu finden.

Vereinzelt haben wir auch einige einem Wörterbuch gemäße Stichworte aufgenommen, insbesondere immer dann, wenn diese einem anderen Fachbereich angehören, sie aber im Kontext der Umwelt- und Umweltbildungsdiskussion von Bedeutung sind.

Biozönose
Biozönose (auch: Biocoenose) ist ein überwiegend in Europa verwendeter Begriff, der von MOEBIUS (1877) eingeführt wurde. Damit wird die Gesamt-

heit der Lebewesen (Mikroorganismen, Pflanzen und Tiere), die in einem Gebiet (einem Biotop) leben und sich wechselseitig beeinflussen, bezeichnet. Biozönosen sind weitgehend selbstregulierend; störende Einflüsse werden durch entgegenlaufende Vorgänge ausgeglichen. Sie weisen somit eine gewisse Beständigkeit auf; jedoch können sowohl die Zahl der Arten als auch die Zahl der Individuen einer Art Änderungen unterworfen sein. Biozönosen entwickeln sich im Laufe der Zeit, wobei sich die Zusammensetzung der sie bildenden Arten ändert (Sukzession). Der These, daß die Artenzusammensetzung in einem bestimmten Entwicklungsstadium für bestimmte Biozönosen jeweils charakteristisch sei und sich die Anzahl der Arten im Laufe ihrer Entwicklung grundsätzlich erhöht, wodurch wiederum die Stabilität des Systems vergrößert werde, wird von GLEASON (1939) und REMMERT (1985) widersprochen.

In der Ökologiediskussion wird die These, daß eine Biozönose mit zunehmender Artenvielfalt stabiler wird, immer wieder aufgegriffen. Bei Ausweitung der Definition einer Biozönose auf den gesamten Planeten Erde wird daraus geschlossen, daß zur Aufrechterhaltung einer menschentoleranten dynamischem Balance im Lebenssystem der Erde unser Trachten darauf gerichtet sein muß, ein Höchstmaß an Artenvielfalt zu erhalten. Wenn auch die Faktoren, welche die Stabilität von Biozönosen bestimmen, kontrovers diskutiert werden, birgt dieses Konzept den Vorteil, daß ein die Erhaltung menschlichen Lebens auf der Erde unterstützender Zustand bestehen bleibt. Dieser könnte hingegen bei einer Verringerung der Artenvielfalt als Folge menschlichen Handelns zwar nicht sicher, aber möglicherweise in einen das menschliche Leben nicht tolerierenden Zustand wechseln. Problematisch ist hierbei allerdings, daß ein status quo unterstützt wird, der über lange Zeiträume nicht für alle Biozönosen normal ist.

Heribert Kock

Durch den hier beschriebenen Umstand (Einbeziehung von Randbegriffen) tritt über die unterschiedlichen Stichworte eine große Heterogenität sowohl in der Darstellung als auch in den Bezügen zur Umweltbildung auf, was zwar nicht ideal ist, in diesem Zusammenhang aber nach unserer Auffassung hingenommen werden kann.

Berücksichtigung unterschiedlicher Positionen und unterschiedlicher Reichweiten von Problemwahrnehmung und Problembearbeitung bei unseren Zukunftsaufgaben

Derzeit sind zwei zentrale Positionen in der Umweltdiskussion und Umweltbildung zu beobachten. Sie haben eine unterschiedliche Reichweite.

Die erste Position, vom Wuppertal Institut verfolgt, hält die anthropozentrische Perspektive aufrecht. Sie setzt vor allem auf eine Energie- und Ressourceneffizienzrevolution (vgl. LOVINS/LOVINS/VON WEIZSÄCKER 1995), auf

Dematerialisierungskonzepte bis hin zu Faktor 10 (SCHMIDT-BLEEK 1997) und propagiert neue Wohlstandsmodelle. Über die damit einhergehende Entschleunigung in der Ressourcenerschöpfung setzt sie auch auf neue Zeitbudgetierung und Entschleunigung des gesellschaftlichen und individuellen Lebens. Mehr Gerechtigkeit zwischen Nord und Süd gehört einschließlich gerechter und „wahrer" Preise zu ihrem globalen Konzept.

1.	• Energie- und Ressourceneffizienzrevolution • Entschleunigung (neue Wohlstandsmodelle)	- Nachhaltigkeit
2.	• den Anthropozentrismus überschreitend • Eigenwert der Natur	- Zukunftsfähigkeit

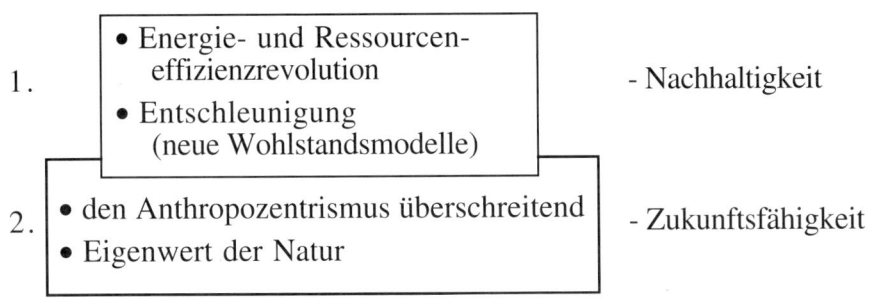

Abb. 1: Zwei Positionen für Problemwahrnehmung und -bearbeitung

Die zweite Position hat eine größere Reichweite, sie stimmt in bezug auf Entschleunigung und Gerechtigkeit mit der ersten Position überein. Im Zentrum ihres Programms steht jedoch die Überschreitung des Anthropozentrimus (MEYER-ABICH 1984; KLEBER 1993). Dem Leben bzw. der Natur wird hier ein Eigenwert zugestanden. Sie schließt eine Energie- und Ressourceneffizienzrevolution keineswegs aus, sondern hält sie für notwendig, aber nicht hinreichend. In beiden Positionen ist „sustainable development" ein Grundziel. Dabei steht die „sustainable culture" (die nachhaltige, zukunftsfähige Kultur) und Entschleunigung der Veränderungen im Lebenssystem des Planeten Erde im Vordergrund, und letztere sind somit auch Maßkriterien für Handeln.

Aus der Sicht der zweiten Position erscheint die Nachhaltigkeitsdiskussion innerhalb der ersten Position oft zu oberflächlich. Es drängt sich der Verdacht auf, daß von Seiten der traditionellen Wirtschaft diese Diskussion benutzt wird, um das Unterlassen notwendiger Änderungen zu verschleiern. Glauben wir den Verlautbarungen aus der Wirtschaft, so arbeiten die chemische Industrie und die Banken bereits überwiegend nachhaltig. Haben diese ihre Zukunftsaufgaben etwa schon gemacht? - Deutlich wird dieses Problem auch innerhalb der Bildungsdiskussion. Im Jahre 1995 wurde von einem großen Expertengremium in NRW die viel beachtete Denkschrift „Zukunft der Bildung und Schule der Zukunft" (BILDUNGSKOMMISSION NRW 1995) vorgestellt. In dieser vielfältig kritikwürdigen Denkschrift als Entwurf auf Zukunft des 21. Jahrhunderts spielen Umwelt/Mitwelt, spielen sustainable development und andere „Zukunftskriterien" keine Rolle. Auf diesen leicht befremdlichen Umstand angesprochen, antwortete das Gremiumsmitglied E.U.

Einleitung

VON WEIZSÄCKER: „... außer bei ihm hätte es keinerlei Interesse oder Absicht in dieser Richtung gegeben, und er hätte sich schließlich mit dem Gewinn an Flexibilität zufrieden geben müssen, was in bezug auf Schule ja ein erster Schritt sein könnte". Ein Ministeriumsmitglied stellte in einer öffentlichen Diskussion geflissentlich fest, daß die ganze Denkschrift ohne Worthülsen direkt auf Nachhaltigkeit ziele. Mit ihrer Umsetzung würde Schule auf Dauer nachhaltig gemacht! Haben sich Institutionen wie die Schule nicht schon immer fortdauernd gesichert, gehalten und aus sich selbst erzeugt? Haben also die Bildungsdenker und -verwalter schon ihre Zukunftsaufgaben gemacht?

Die erste Position ist als Einstieg in notwendige Veränderungen außerordentlich wichtig. Sie ist dem Wirtschaftsdenken sowie den Konsum- und Bequemlichkeitstrends folgenden Individuen näher. In der Begrifflichkeit des noch „ökonomischen Zeitalters" kann man annehmen, daß sie sich leichter verkaufen läßt. Sie enthält den notwendigen Appell für Wirtschaft und Politik und nährt die Hoffnung für die Unwilligen, Unentschlossenen und Ängstlichen, daß man grundsätzlich eigentlich nichts verändern müßte. Sie ist notwendiger- und verständlicherweise mehr an Wirtschaft, Politik und individuelles Wirtschaften als an Bildung gerichtet.

Die zweite Position wird immer wieder mit dem Vorwurf, sie sei Religion (d.h. unwissenschaftlich) denunziert oder gar als gefährliche Ideologie diffamiert. Zum Vorwurf, „Religion" zu sein, ist zurückzufragen: Wie soll denn an unserem verhängnisvollen Fortschreiten etwas geändert werden, wie können wir denn unsere Zukunftsaufgaben bewältigen, wenn wir *wertfrei* (das heißt am Ende immer dem Egoismus dienend) *bindungslos* (ohne re-ligio) und *ohne Verantwortungsbereitschaft*, zwar mit Energie- und Ressourceneffizienz, nur unsere Bequemlichkeit und unseren Profit optimieren. *Verantwortung kann nur aus Bindung entstehen.* Wenn ich mich ein- und rückgebunden fühle in ein größeres Gesamtes (z.B. in das Lebenssystem des Planeten Erde), dann baue ich entsprechende Werte auf, bin nicht mehr bindungslos und schließlich auch bereit, entsprechend Verantwortung zu übernehmen, z.B. auch „gerechtere" oder „wahre Preise" zu zahlen. Dazu brauche ich Rückbindung (re-ligio) im allgemeinen Sinne Religion, ohne dies werde ich auch die aus der ersten Position verlangten „wahren Preise" kaum akzeptieren können.

Brauchen wir re-ligio, um unsere Zukunftsaufgaben lösen zu können?
Das Fitmachen zum Lösen unserer Entwicklungs- und Zukunftsaufgaben ist Gegenstand von Umweltbildung. In diesem Hand-Wörterbuch zur Umweltbildung sind beide zentralen Positionen vertreten. Die dargestellten Begriffe, Konzepte und Stichworte haben in bezug auf die Komplexität des Gesamtgegenstandes unterschiedliche Reichweiten bezogen auf die Zukunftsaufgaben.

Aufgrund der dargelegten Situation haben wir 100 Autoren anwerben können und eine Auswahl von 380 Stichworten aufgenommen. Wir hoffen, mit diesem Hand-Wörterbuch die Umweltdiskussion zu beflügeln und die Umweltbildung in ihrer Entwicklung zu unterstützen. Da dieses Hand-Wörterbuch einen diskursiven Charakter trägt, sei an dieser Stelle die Einladung zur Ergänzung durch weitere notwendige Stichworte angesprochen.

Literatur

BECK, Ulrich/GIDDENS, Anthony/LASH, Scott (1996): Reflexive Modernisierung: eine Kontroverse. Frankfurt a.M.

BENNER, Dietrich (1987/^{2}1991): Allgemeine Pädagogik. Weinheim.

BILDUNGSKOMMISSION NRW (1995): Zukunft der Bildung - Schule der Zukunft. Denkschrift der Kommission „Zukunft der Bildung- Schule der Zukunft" beim Ministerpräsidenten des Landes Nordrhein-Westfalen. Neuwied.

GLEASON, Henry A. (1939): The individualistic concept of the plant association. In: AMERICAN MIDL. NATURE, Vol. 21, p. 92-110.

HAAN, Gerhard de (1993): Reflexion und Kommunikation im ökologischen Kontext. In: APEL, Heino/HAAN, Gerhard de/SIEBERT, Horst: Orientierungen zur Umweltbildung. Bad Heilbrunn, S. 119-172.

HAAN, Gerhard de (1998a): Bildung für Nachhaltigkeit? Sustainable development im Kontext pädagogischer Umbrüche und Werturteile. Eine Skizze. In: BEYER, Axel (Hrsg.): Nachhaltigkeit und Umweltbildung. Hamburg, S. 109-148.

HAAN, Gerhard de (1998b): Bildung für Nachhaltigkeit: Schlüsselkompetenzen, Umweltsyndrome und Schulprogramme. Paper 98-144 der Forschungsgruppe Umweltbildung. Berlin.

KLEBER, Eduard W. (1993): Grundzüge ökologischer Pädagogik. Weinheim.

LOVINS, Amory B./LOVINS, L. Hunter/WEIZSÄCKER, Ernst U. von (1995): Faktor vier. Doppelter Wohlstand – halbierter Naturverbrauch. Der neue Bericht an den Club of Rome. München.

MEYER-ABICH, Klaus M. (1984): Wege zum Frieden mit der Natur – Praktische Naturphilosophie für die Umweltpolitik. München.

REMMERT, Hermann (1985): Was geschieht im Klimax-Stadium? In: NATURWISSENSCHAFTEN, Nr. 72, S. 505-512.

SCHMIDT-BLEEK, Friedrich (1997): Wieviel Umwelt braucht der Mensch? Faktor 10 - das Maß für ökologisches Wirtschaften. München.

WILHELMI, Hans H. (1994): Nächste Schritte auf dem Weg zu einer verträglichen Lebensweise. In: GOTTWALD, Franz-Theo/RINNEBERG, Christoph/WILHELMI, Hans H.: Bildung und Wohlstand. Wiesbaden, S. 148-151.

A

Agenda 21
Mit Agenda 21 wird das Dokument der Vereinten Nationen (UNO) bezeichnet, das auf der „United Nations Conference on Environment and Development" (UNCED), die 1992 in Rio de Janeiro (Brasilien) stattfand, verabschiedet und von 178 Nationen unterzeichnet wurde. Die Durchführung der UNCED war direkte Folge des 1987 veröffentlichten Berichts der sog. Brundtland-Kommission: „Our Common Future". Dieser Bericht an die UN Generalversammlung formulierte die Strategie der nachhaltigen Entwicklung als konsistenten Ansatz zur Lösung der weltweiten Entwicklungs- und Umweltprobleme. Die Agenda 21 ist als dynamisches politisches Aktionsprogramm für das 21. Jahrhundert konzipiert. Die Unterzeichnerstaaten verpflichten sich, ihre Politik an den Prinzipien der ↪ Nachhaltigkeit auszurichten. In 40 Kapiteln werden die sozialen, wirtschaftlichen und ökologischen Problemlagen dargelegt und auf ihrer Grundlage politische Handlungsziele sowie Maßnahmen und Instrumente zu ihrer Umsetzung präzisiert. Themenbereiche sind: „Internationale Zusammenarbeit zur Beschleunigung nachhaltiger Entwicklung in den Entwicklungsländern" (↪ Dritte Welt), „Armutsbekämpfung", „Konsumwandel" (↪ Verbraucherbildung), „Bevölkerungsdynamik" (↪ Bevölkerungsexplosion), „Schutz und Förderung der menschlichen Gesundheit", „Siedlungspolitik", „Integration von Umwelt- und Entwicklungszielen in die Entscheidungsfindung" (Kap. 2-8). Fragen der Erhaltung und Bewirtschaftung von Ressourcen im Sinne einer nachhaltigen Entwicklung werden anhand der Themenkomplexe Erdatmosphäre, Böden, Wälder, empfindliche ↪ Ökosysteme, Landwirtschaft, biologische Vielfalt (↪ Artenschutz), Biotechnologie, Salz- und Süßwasserressourcen, Umgang mit Abfällen sowie toxischen Chemikalien behandelt (Kap. 9-22).

Die Umsetzung der Agenda 21 wird als Aufgabe der Regierungen angesehen und die umfassende Beteiligung der Öffentlichkeit als Erfolgsbedingung vorausgesetzt (↪ Partizipation). Ein Programmbereich (Kap. 23-32) widmet sich der Stärkung von Frauen, Kindern, eingeborenen Bevölkerungsgruppen, nicht-staatlichen Organisationen, Initiativen der Kommunen (↪ Agenda 21, lokale), Arbeitnehmern, Privatwirtschaft, Wissenschaft und Technik sowie den „Bauern". Kap. 33-40 behandeln die Themen: Finanzierung, internationale Zusammenarbeit (Technologietransfer, Wissenschaft), institutionelle und rechtliche Rahmenbedingungen auf internationaler Ebene sowie Bildung (Kap. 36; ↪ Education for sustainable development). Ihre Implementierung wird von der UN-Kommission für nachhaltige Entwicklung (CSD) überwacht. Eine erste Nachfolgekonferenz fand 1997 in New York (USA) statt.

BUNDESMINISTERIUM FÜR UMWELT, NATURSCHUTZ UND REAKTORSICHERHEIT (Hrsg.) (o.J.): Konferenz der Vereinten Nationen für Umwelt und Entwicklung im Juni 1992 in Rio de Janeiro. Dokumente. Agenda 21. Bonn.

HAUFF, Volker (Hrsg.) (1987): Unsere gemeinsame Zukunft. Der Brundtland-Bericht der Weltkommission für Umwelt und Entwicklung. Greven.

Julia Mann

Agenda 21, lokale

Um das ↝ Leitbild der nachhaltigen Entwicklung in der Gesellschaft zu verankern, werden in Kapitel 28 der ↝ Agenda 21 explizit die Kommunalverwaltungen aufgefordert, zusammen mit Politik und Verwaltung, Wirtschaft, Nichtregierungsorganisationen und Bürgern eine lokale Agenda 21 zu erstellen. Die Kommunen als Nahtstelle zwischen handelndem Bürger und staatlicher Regulierung sind aufgerufen, einen Konsultationsprozeß zu initiieren und mit den unterschiedlichen kommunalen Akteuren zu einer konsensualen Lösung der anstehenden umwelt- und entwicklungspolitischen Probleme zu gelangen. Dieser Konsultationsprozeß wird verstanden als langfristiger und gegenseitiger Lernprozeß, an dem auch Kinder und Jugendliche sowie deren Organisationen mitwirken sollen (s. Kap. 25). Bei der Erarbeitung einer schriftlich fixierten lokalen Agenda 21 zur nachhaltigen Entwicklung der Kommunen sind mindestens drei Schritte zu machen: (a) Konsensfindung über die allgemeinen Leitlinien zur lokalen Agenda 21, (b) ihre Überprüfung am Ist-Zustand der Kommune und (c) die Zusammenstellung eines konsensfähigen Maßnahmenkatalogs zur Verwirklichung der lokalen Agenda 21 (DE HAAN u.a. 1996, S. 7). Damit wird der Diskurs um regionale Nachhaltigkeitsindikatoren, die neben objektiv-meßbaren auch subjektivbildhafte Qualitäten beinhalten, erweitert (MÜLLER-CHRIST 1997). Bei der Entwicklung von regionalen, an den Prinzipien der Nachhaltigkeit orientierten ↝ Leitbildern und Indikatoren werden zunehmend neue Kommunikationsformen eingesetzt. Spezielle Partizipationsverfahren wie z.B. Zukunftskonferenzen (↝ Zukunft) und -werkstätten, runde Tische und ↝ Planungszellen kommen sowohl in der Aus- und Weiterbildung von Multiplikatoren als auch innerhalb vieler lokaler Agenda 21-Gruppen zur Anwendung.

HAAN, Gerhard de/KUCKARTZ, Udo/RHEINGANS, Anke (1996): Umweltkommunikation und Lokale Agenda 21. Materialien I. Forschungsgruppe Umweltbildung, Paper 96-135, Berlin.

MÜLLER-CHRIST, Georg (1997): Lachse als Meßinstrument. In: POLITISCHE ÖKOLOGIE, 15. Jg., Heft 4.

Monika Settele

Agrobusiness

Aufgrund der unzureichenden Pflege des Bodenlebens und der Ausdehnung von Monokulturen in der Landwirtschaft gingen die Erträge bis zum 19. Jahrhundert kontinuierlich zurück. Nachdem Justus VON LIEBIG (1803-1873)

das Minimaltonnenprinzip entdeckt hatte, konnte ein Teil des Problems mit Hilfe von Kunstdünger gelöst werden. Moderne Chemie des Agrarsektors und deren Integration in landwirtschaftliche Wirtschaftsweise bilden den Grundstock für das Agrobusiness. Letzteres versucht, die Probleme von Monokulturen, Bodenmüdigkeit und Ernährung der wachsenden Bevölkerung auf eine für die Natur problematische Weise zu lösen. Sie schafft damit neue Probleme, die bei den Wirtschaftsweisen der ökologischen Landwirtschaft aufgrund dessen, daß dort die zweite Entdeckung LIEBIGs, die Bedeutung der Biomassenbilanz, im Zentrum steht, erst überhaupt nicht entstehen (↪ Landwirtschaft, ökologische; ↪ Umweltverträglichkeit).
Die großflächig auf Monokultur setzende und industriell produzierende Landwirtschaft wurde mit der Etablierung des Agrobusiness möglich, und mittels der Verbraucher wird diese Thematik auch Gegenstand der Umweltbildung. Seit dieser Entwicklung gerieten Bauern, die nicht ökologisch wirtschafteten, Schritt für Schritt tiefer in den Sog der chemischen Industrie. Nachdem diese die Saatgutzüchtung auch noch in ihre Hand brachte und der ausschließliche Lieferant von Samen für gentechnisch veränderte Pflanzen sowie der „Pflegemittel" für deren Gedeihen wurde, wuchs die Abhängigkeit weiter an. Von Seiten der Regierungen wird dieses Monopol gestützt. Landwirte müssen, wenn sie eigene Samen verwenden, hohe Zwangsgelder zahlen. Aus den Bauern von einst wurde der industriell wirtschaftende Landwirt als Handlanger des Agrobusiness, in dessen Hand vom Saatgut bis zur Vermarktung alles vereinigt ist. Der nur noch scheinselbständige Landwirt im Dienste des Agrobusiness braucht nichts mehr von seinen Böden u.ä. zu wissen: Er schaut in den Saat- und Spritzkalender seines Lieferanten. Der Boden ist nur noch ein Substrat und wird vor der Aussaat oft systematisch abgetötet. Auf diese Weise wurden die früheren Bauern vom Agrobusiness kolonialisert oder vertrieben. Mit Hilfe der gentechnologischen Samenzucht wird nun in der Dritten Welt den Bauern endgültig der Garaus gemacht. In einiger Zeit wird das Saatgut der Monopolisten verwendet werden müssen. Dieses verspricht höchste Erträge, ist aber mit dem kompletten Pflegepaket (Dünger, Herbizide, Pestizide) zu kaufen, was kein Kleinbauer dort bezahlen kann. Wenn man in Rechnung stellt, daß heute schon Zwangsgelder für die Verwendung von eigenen Samen in der „Ersten" Welt erhoben werden, läßt sich ohne weitere Information vorstellen, was der ausschließliche Besitz des Saatgutes durch einen Monopolisten in der „Dritten" Welt bedeutet.
In vielen Ländern führte das Agrobusiness bereits zu dem bekannten Prinzip von „plough go". Große Flächen von Steppen werden unter den Pflug genommen und durch optimiertes chemisches Management und Beregnung zu Höchsterträgen gebracht. Diese Wirtschaftsweise führt in vielen Gegenden der Welt zur Versalzung der Böden, deshalb werden diese Gebiete nach einiger Zeit als Halbwüsten verlassen. Es handelt sich hier um die Zerstörung unserer Böden, nach HOWARD (1943/^{4}1979) unseres höchsten Gutes (dem Kapital der Nationen). Der Löwenanteil der Subventionen für die

Landwirtschaft geht an das Agrobusiness, nur wenig erreicht die Landwirte, fast nichts die ökologisch wirtschaftenden Bauern. Über das Agrarbusiness betreiben wir die subventionierte Naturzerstörung (PRIEBE 1990).

HOWARD, Sir Albert (1943/⁴1979): Mein landwirtschaftliches Testament. München.
LUTZENBERGER, José/SCHWARZKOPFF, Michael (1988/²1990): Giftige Ernte. Tödlicher Irrweg der Agrarchemie. Greven.
PRIEBE, Hermann (1990): Die subventionierte Naturzerstörung. München.

Eduard W. Kleber

Aktionismus

Aktionismus bezeichnet hier jene soziale und individuelle Reaktionsform auf soziale und ökologische Krisenphänomene, die einer vorschnellen Reaktion auf diese entspringt. Er findet sich in sozialen- und pädagogischen Feldern, die nicht einer vorgängigen Reflexion unterzogen wurden. Der Aktionismus scheint einer psychologischen Kompensationsformel zu entsprechen, dernach eine problematische Situation oder eine umfassende Krisenlage zu sofortigem Handeln auffordert. Diese Reaktion greift dabei mitunter zu kurz, da sie häufig nicht die Komplexität und die weitreichende Konsequenz aus der problematischen Situation für ihre Handlungen in Rechnung stellt. Entbehren reflexive und komplex angelegte Handlungsstrategien nicht per se einer Fehlerhaftigkeit, so ist im Aktionismus Inkonsequenz, zu kurze Reichweite, die Berücksichtigung einer zu wenig komplexen sozial-ökologischen Ausgangslage strukturell häufig zu finden. Aktionismus erhöht nur den Naturverbrauch und dient zur unangemessenen Entlastung der Akteure, die dann naturunverträgliches Verhalten bei sich selbst gar nicht mehr beachten.

↪ Computersimulation; ↪ Denken, neues; ↪ Handlungsstrategien; ↪ Ökobilanz; ↪ Philosophieren; ↪ Vernunft, ökologische; ↪ Vernunft, praktische

KLEBER, Eduard W. (1993): Grundzüge ökologischer Pädagogik. Weinheim.
WATZLAWICK, Paul/WEAKLAND, John H./FISCH, Richard (1974/⁴1988): Change. Principles of Problem Formation and Problem Resolution. New York. Dt.: Lösungen: zur Theorie und Praxis menschlichen Wandels. Stuttgart.

Oskar Brilling

Allmende

Allmende steht für Naturareale wie Weide, Gewässer, Ödland und Wälder als unverteilter Gemeindebesitz zur Nutzung durch die Dorfgenossen. Sie wird unterschiedlich bezeichnet: in Westfalen, Niedersachsen „Mark"; in bayrisch-österreichischen Gebieten „Gmain", „Gemeinde". Hauptverbreitungsgebiete sind Süd- und Südwestdeutschland, die Schweiz und Österreich, dort als Teil der Gemeindeflur im Eigentum der Gemeinschaft (Dorf- und Markgenossen). Die Einteilung entstand durch Hecken, Koppeln, sogenannten Knick. Früher gab es Zugriffe der Grund-, Gerichts- und Landsherren auf die Allmende. Durch das Bevölkerungswachstum seit dem 11. Jahrhundert stieg der Nahrungsmittelbedarf, was zur Ausweitung des Landbaus, zu Rodungen und Trockenlegungen führte. Der Ausbau der Gemarkungen zu intensiv genutzten Kulturflächen vollzog sich zu Lasten der Allmende. Als ökologische Folgen waren ein Rückgang freier Weideflächen mit gleichzeitigem Übergang zu zeitweiliger Stallhaltung und eine Verwertung von Mist zu verzeichnen. Verheerende Epidemien seit dem 14. Jahrhundert entvölkerten große Teile Europas bei gleichzeitig kaum behindertem Zugriff der Landesherren auf Wüstungen. Genossenschaftliche Rechte wie Jagd wurden zu königlichem (Wildbann) oder fürstlichem Recht (Jagdregal); ähnliches galt bei Nutzungsrechten der Gewässer. Dagegen regten sich seit dem 14. Jahrhundert Widerstände (England 1381); so wurden im „Bauernkrieg" 1525 „Zwölf Artikel" als Forderungen der Bauern gegen diese Entwicklung erhoben. Der Ausbau landesfürstlicher Herrschaft minderte stetig den Raum der Allmende; die Verwaltung des modernen Staates (Forstwirtschaft und forstwissenschaftliche Agrarreformen) beseitigte sie bis auf marginale Reste.

In der jüngsten Umweltdiskussion wird immer wieder darauf hingewiesen, daß die Atmosphäre und die Ozeane als letzte Allmende betrachtet werden und dies zur Zeit überwiegend negative Konsequenzen hat, aufgrund des sozialen Phänomens der Allmende-Klemme. In der Theorie betrachtet diese das Spannungsverhältnis individuell-kollektiver Gewinnsucht, die eine Belastung der Allmende derart mit sich bringt, daß eine langfristige Schädigung erfolgt. Die theoretische Betrachtung übersieht allerdings die historische Realität, die eine Nutzung durch die Gemeinschaft festsetzte.

ERNST, Andreas M. (1997): Ökologisch-soziale Dilemmata. Psychologische Wirkmechanismen des Umweltverhaltens. Weinheim.

HARDIN, Garrett (1968): The Tragedy of the Commens. The population problem has no technical solutions; it requires a fundamental extension of morality. In: SCIENCE, No. 162, 1968, p. 1243-1248.

SPADA, Hans/ERNST, Andreas M. (1992): Wissen, Ziele und Verhalten in einem ökologisch-sozialen Dilemma. In: PAWLIK, Kurt/STAPF, Kurt H. (Hrsg.): Umwelt und Verhalten. Bern, S. 83-106.

Rainer Schlundt

Alltag als sozialwissenschaftliche Kategorie
Im Unterschied zum Sonn- und Feiertag ist der Alltag ein gewöhnlicher Tag, er ist zumeist ein Arbeits- oder Werktag mit traditionellen Ritualen. Nach modernem Verständnis wird er bildhaft als Querschnitt durchschnittlicher Zeitläufe ausgewählter Personen oder -gruppen gesehen. Zum Forschungsgegenstand avancierte er in den letzten Jahren aus vielen Gründen: Krisenerfahrungen des Jahrhunderts, gedämpfte Fortschrittseuphorie („Grenzen des Wachstums"); offene Fragen bei struktur- und theoriedominierten Interpre-

tationsmodellen regten die Erforschung sozialer Kosten von Modernisierungsprozessen an. Das Interesse verlagert sich auf individuelle und kollektive Lebensschicksale von Benachteiligten (Frauen, Kinder), Entrechteten, die „kleinen Leute", auf Unterschichten überhaupt. In Opposition zu „die da oben" entstand eine Erforschung der Sitten, Rituale, Feste, Bräuche, Emotionen, Arbeiten und Mentalitäten. Vor allem mikrohistorische und detailreiche, empathisierende Untersuchungen (LINDQUIST: „Grabe, wo du stehst"/„Geschichtswerkstätten") werden als Korrektiv allzu globaler Beschreibungen und Urteile gesehen. Alltag wird so zur Summe der realen, individuell erfahrenen Folgen von Politik und Ideologie, Krise und Konjunktur, Klassenlage und Wohnviertel. (Vorbildlich ist seit 1929 die französische Schule der „Annales", die diesen breitgefächerten Ansatz propagierte.) Neue, vor allem auch qualitative Methoden, sowie die Einbindung vieler Wissenschaften (Soziologie, Psychologie, Ethnologie) öffnen neue Perspektiven und rücken vernachlässigte Gruppen oder Räume ins Licht. Wissenschaftlich bleibt die Aussagekraft aber begrenzt, wenn diese Arbeiten nicht auf Repräsentativität hin befragt, in allgemeine Zusammenhänge eingebettet und Vergleichen ausgesetzt werden. „Alltag" an sich gibt es nicht, er muß anhand von Kategorien erforscht werden. Somit ist er als Begriff im Grunde eine Dimension von Sozial-, Wirtschafts-, Kultur- oder Politikwissenschaften.

HAMMERICH, Kurt/KLEIN, Michael (Hrsg.) (1978): Materialien zur Soziologie des Alltags. Sonderheft 20 der KÖLNER ZEITSCHRIFT FÜR SOZIOLOGIE UND SOZIALPSYCHOLOGIE. Opladen.
SPRONDEL, Walter M./GRATHOFF, Richard (Hrsg.) (1979): Alfred Schütz und die Idee des Alltags in den Sozialwissenschaften. Stuttgart.
WEHLER, Hans-U. (1988): Aus der Geschichte lernen? Essays. München.

Rainer Schlundt

Alltagsbewußtsein

Alltagsbewußtsein ist ein älterer Terminus soziologischer und sozialpsychologischer Theoriebildung. Erweitert um die Dimension des soziologisch besetzten Begriffs *Alltagswissen* ermöglicht es ein Verständnis der Frage nach der Diskrepanz von ⇨ Umweltbewußtsein und Handeln.

Alltagsbewußtsein wird unter den sozial-ökologischen Sozialisationsbedingungen des ⇨ Alltags ausgebildet. Hier wird es geformt und strukturiert. In den im Alltag aufgeworfenen Fragen und Herausforderungen muß es sich bewähren. Thematisch ist es durch Bestände des Alltagswissens in einem bestimmten Horizont (das Wahrnehmungsfeld) vorstrukturiert. Die *Horizont*struktur des Alltagsbewußtseins verweist darauf, daß das, was wir erleben, immer nur möglich ist als schon in unbestimmter Weise Vorbekanntes. *Thema*, als das aktuell Erlebte, und Horizontstruktur (das Vorbekannte) sind aufeinander verwiesen und zeigen auf das durch das Subjekt Erfahrbare hin. Die Aufrechterhaltung dieser Struktur ist Gegenstand sozialpsychologischer

Überlegungen, die erklären helfen, warum (möglicherweise) plausible ökologische Einsichten und Notwendigkeiten keine adäquate Repräsentanz innerhalb dieser Thema-Horizont-Struktur finden. Als Neues, Irritierendes werden umweltbezogene Themata abgewehrt bzw. umgedeutet, damit keine umfassende Restrukturierung der bisherigen Thema-Horizont-Struktur des Alltagsbewußtseins vorgenommen werden muß. Würde das Neue jedoch integriert, so könnte es nicht nur zu neuen umweltbezogenen Wahrnehmungen und Problematisierungen im Alltag führen, sondern sogar eine weitgehende Reorganisation von Alltagserfahrungen und ↝ Lebensstil nach sich ziehen.

Die Situierung der Thema-Horizont-Struktur versucht, Alltagsbewußtsein gegen bildungsrelevante Erfahrungsaufnahme zu sichern. Dazu greifen sozialpsychologische Mechanismen verschiedenster Charakteristika des Alltagsbewußtseins wie Pragmatismus und Instrumentalisierung, Verdinglichung und Anonymisierung, Serialität und Wiederholung, Entzeitlichung und Verräumlichung, Sinnverlust und Pseudo-Kommunikation, Fragmentierung und Identitätsdiffusion, Regression und Narzißmus (PONGRATZ 1988, S. 300 ff.).

Als ökologisches Bewußtsein kann es aber in empirisch größerem Umfang nicht vorfindlich sein, da es dazu vorgängiger ökologisch orientierter und strukturierter Sozialisationsbedingungen im Alltag bedürfte. Werden *umweltrelevante Themen und Fragestellungen* in die Thema-Horizont-Struktur des *Alltags*bewußtseins gestellt, so erscheint schnell plausibel, warum weder ein handlungspraktisch fundiertes Problembewußtsein vorhanden ist, noch daß ein differenziertes und weiterführendes Umweltbewußtsein vorzufinden ist. Alltagsbewußtsein ist insofern ein theoretischer und empirischer Referenzrahmen, der zur gegenwärtigen Erforschung umweltbezogener Orientierungen und Sinnbestimmungen dienen könnte, ohne schon im Begriff eines Umweltbewußtseins derartiges vorauszusetzen. Hiermit könnten die umweltbezogenen Wissensbestände, Meinungen und Einstellungen als adaptierte, negierte oder spannungsgeladene Themata im abschließenden Horizont des jeweiligen Alltagsbewußtseins aufgenommen werden.

Im Sinne einer Entwicklungstheorie des Alltagsbewußtsein ließe sich in einem relativ späten Stadium von einem umweltbezogenen Problembewußtsein und später von einem ökologischen Bewußtsein sprechen, das ein ökologisches Alltagsbewußtsein wäre. Dies setzt aber eine Gesellschaft mit einem kulturellen Bruch hin zur Ökologisierung von Gesellschaft voraus.

BRILLING, Oskar (1997): Kritik des Umweltbewußtseins. Marburg.
LITTIG, Beate (1995): Die Bedeutung von Umweltbewußtsein im Alltag. Frankfurt a.M.
PONGRATZ, Ludwig A. (1988): Bildung und Alltagserfahrung - Zur Dialektik des Bildungsprozesses als Erfahrungsprozeß. In: HANSMANN, Otto/MAROTZKI, Winfried (Hrsg.): Diskurs Bildungstheorie. Weinheim, S. 293-310.

Oskar Brilling

Alltagsökologie
Alltagsökologie meint jene komplexe Struktur von Alltagspraxis, die in eine soziale und eine naturbezogene Dimension teilbar ist. Im Kontext reflexiver Umweltbildung richtet sich die (An-)Erkenntnis der ökologischen Komplexität von Alltagspraxis auf die näherungsweise Analyse und Grundlegung genannter Dimension.
Dies meint die reflexive Aufschließung von sozialen Verhaltensweisen, die nicht nur einer vordergründigen Befriedigung etwa des Mobilitätsbedürfnisses in der Überbrückung einer räumlichen Distanz von A nach B entsprechen, sondern in der Verwendung eines PKWs auch nach dessen ökologischen Rucksack fragt (⇨ Rucksack, ökologischer). Dabei ist sowohl die naturbezogene Dimension im induzierten Ressourcen- und Landschaftsverbrauch durch das Verkehrsmittel thematisiert als auch die Notwendigkeit zu Mobilität in modernen Gesellschaften und die spezifische Ausformung von ⇨ Mobilität in Abhängigkeit von Alter, Geschlecht und Lebensstil.
So verstricken sich im Beispiel des Mobilitätsbedürfnisses die naturbezogene und soziale Dimension auf komplexe Weise. Gilt es einerseits die Bedürfnisse, die in der Alltagspraxis im Gewohnheitshandeln befriedigt werden (Nahperspektive), zu sehen und in der Fernperspektive die sozialen Komplexität und die naturbezogenen Nebenfolgen in die Thema-Horizont-Struktur des ⇨ Alltagsbewußtseins zunehmend zu integrieren, so ist andererseits im Hinblick auf die Komplexität der Alltagsökologie zu berücksichtigen, daß dies für eine Fülle alltäglicher Praxen in gleicher Weise zutrifft. So ist nicht nur im Hinblick auf die ökonomische Größe des Preises die ökologische Wahrheit zu fordern, sondern zunehmend für die verschiedensten Verhaltensmuster der Alltagspraxis ihre naturbezogene Dimension als Gegenstand von Umweltbildung zu entfalten.

BRILLING, Oskar (1997): Kritik des Umweltbewußtseins. Marburg.
INSTITUT FÜR SOZIAL-ÖKOLOGISCHE FORSCHUNG (Hrsg.) (1992): Sustainable Netherlands - Aktionsplan für eine nachhaltige Entwicklung der Niederlande. Frankfurt a.M.
PAWELKA, Alexander (1987): Ökologie im Alltag. Zur sinnhaften Verankerung umweltbewußten Handelns im Hausalltag. In: ZEITSCHRIFT FÜR SOZIOLOGIE, 16. Jg., S. 204-222.
SCHMIDT-BLEEK, Friedrich (1997): Wieviel Umwelt braucht der Mensch? Faktor 10 - das Maß für ökologisches Wirtschaften. München.

Oskar Brilling

Alltagsstrukturdidaktik
Alltagsstrukturdidaktik ist in ihrer hier diskutierten Fassung eine Weiterentwicklung eines von Lutz VON WERDER (1980) geprägten Didaktikbegriffs. Wurde er dort für das sozial- und erwachsenenpädagogische Feld entwickelt,

so wird er hier als gemeinwesen- und ökologisch orientierte Didaktik verstanden sowie als Reflexions-, Forschungs- und Planungskonzept, das zentral am ↝ Alltagsbewußtsein ansetzt. Der ökologischen Pädagogik folgend, werden die didaktischen Prinzipien reflexiv in eine Verschränkungsperspektive von ↝ Alltag (soziale Lebenswelt) und ↝ Oikos (Mitwelt, Ökopolis) gestellt (↝ Pädagogik, ökologische). Prinzipien einer ökologisch orientierten Didaktik sind: Reflexivität - Lebensstilgenese (Alltagsbewußtsein, Habitus) – Alltagsrelevanz - Handlungsorientierung – Erfahrungsorientierung - entdeckendes/exemplarisches Lernen - Ganzheitlichkeit - Vernetzung - Interdisziplinarität - Wissenschaftlichkeit – Geschichtlichkeit und Zukunftsorientierung – Natur-/Mitweltbezug - Gesellschafts- und Gemeinwesenbezug (vgl. BRILLING 1997, S. 465 f.). Werden hier einzelne Prinzipien summarisch angeführt, so lassen sich diese auch dialektisch in ein spannungsreiches Bildungsverhältnis bringen: z.B. Erfahrungsorientierung vs. Reflexivität, Alltagsrelevanz vs. Wissenschaftlichkeit. Wird Didaktik nicht auf eine Lehre von der Organisation von Lehr- und Lernprozessen reduziert, dann nimmt sie wie hier bildungstheoretische Prinzipien in sich auf. Ist sie darin nicht streng von einem Bildungsbegriff abgrenzbar, so soll hier die Interdependenz didaktischer und bildungstheoretischer Überlegungen angezeigt werden.

Wenn oben von einem Forschungs- und Planungskonzept der Alltagsstrukturdidaktik gesprochen wird, dann heißt dies, daß sie sich, anlehnend an die Aktionsforschung, um die Anknüpfungspunkte von Bildung an empirische Ausgangsbedingungen bemüht. Alltagsstrukturdidaktik nimmt letztere als konstitutive Ausgangsbedingungen jeglicher Bildungsbemühungen und sucht Bildungsräume und -vorgänge als Erfahrungsprozesse zu organisieren, die an der Reflexion der Grenzen, der Thema-Horizont-Struktur, des Alltagsbewußtseins ansetzen. Bildungstheoretisches Ziel ist die Entwicklung des Alltagsbewußtseins zu einem umweltorientierten Problembewußtsein als virulentes Fragekonzept im Alltagsbewußtsein. Alltagsstrukturdidaktik versucht also, ausgehend von Alltagsbewußtsein und Alltagssituationen, pädagogische Anknüpfungspunkte für einen persönlichen Umweltdiskurs zu identifizieren und im pädagogischen Feld zu thematisieren.

Ausdrücklich betont wird, daß das Konzept einer Alltagsstrukturdidaktik über seine Herkunft aus der Erwachsenenbildung für die Konstitution von Umweltbildung in der Schule und außerschulischer pädagogischer Arbeit mit Kindern und Jugendlichen fruchtbar zu machen ist. In seiner Gemeinwesenorientierung gibt es Kriterien für die Konstruktion eines ↝ Lern-Orte-Netzes im Oikos ab.

↝ Curriculum, umweltbezogenes; ↝ Kompetenz, umweltpädagogische

BRILLING, Oskar (1997): Kritik des Umweltbewußtseins. Marburg.
WERDER, Lutz von (1980): Alltägliche Erwachsenenbildung. Weinheim.

Oskar Brilling

Altruismus

Altruismus (lat. alter = der andere) liegt vor, wenn ein Individuum X eine Handlungsalternative unter der Zielrichtung wählt, einem anderen Individuum Y einen Vorteil zu verschaffen. Erleidet X durch diese Alternative selbst einen Verlust, spricht man von *reinem Altruismus*; ist dies nicht der Fall, hat man es mit *reziprokem Altruismus* zu tun. Setzte man im Anschluß an den Soziologiebegründer Auguste COMTE (1798-1857) Altruismus lange Zeit als eine auf die allgemeinen Interessen der Menschheit und des Fortschritts gerichtete Säule der gesellschaftlich-sittlichen Ordnung in direkten Gegensatz zum Egoismus, so hat sich in den letzten Jahren die Überzeugung durchgesetzt, daß zumindest reziproker Altruismus eigennützige Motive beinhaltet. Reziproker Altruismus speist sich aus der Solidaritätsmoral der Kleingruppe (Clan, Familie, Sippe), die das Überleben über Jahrtausende hinweg möglich machte und daher unsere moralischen Intuitionen entscheidend geprägt hat. Abweichungen von der auf reziproken Altruismus basierenden Solidaritätsmoral konnten in der Kleingruppe leicht abgemahnt und bestraft werden, wodurch die Akzeptanz der Solidaritätsmoral gestärkt wurde. In der durch anonyme Austauschbeziehungen gekennzeichneten Großgesellschaft der Moderne haben sich jedoch die Funktionsbedingungen der Solidaritätsmoral geändert. Einen reziproken Altruismus allein in den Einstellungen der Menschen fordernde Umweltbildung verkennt diese Funktionsmechanismen. In anonymen Großgesellschaften sind nicht nur die individuellen Orientierungen zu altruistischem Verhalten, sondern auch die institutionellen Regelbedingungen, die reziproken Altruismus (umweltverträgliches Verhalten) durch Anreize fördern und Abweichungen von reziprokem Altruismus (umweltschädigendes Verhalten) negativ sanktionieren, entscheidend für das Ausmaß altruistischer Verhaltensweisen. Eine zeitgemäße Umweltbildung, die die institutionell-strukturellen Bedingungen einer modernen Gesellschaft berücksichtigt, verläßt sich nicht auf individuelle altruistische Einstellungen, schützt Altruismus vor Ausbeutung durch eigennützige Akteure und wirkt damit letztlich der Erosion einer altruistischen Solidaritätsmoral in der Moderne entgegen. Dem immer häufiger beklagten Verschwinden von Altruismus oder ähnlichen Werthaltungen in der Postmoderne setzt BECK (1997) hoffnungsfroh die altruistische Individualisierung und die neue Integration der Sich selbst verwirklichenden Individuen in „freien Assoziationen", als zweite Moderne entgegen.

⇨ Wohlwollen; ⇨ Solidarität

AXELROD, Robert (1987/⁴1997): Die Evolution der Kooperation. München.
BECK, Ulrich (1997): Kinder der Freiheit. Frankfurt a.M.
MONTADA, Leo/BIERHOFF, Hans W. (1991): Altruism in Social Systems. Toronto.
NUTZINGER, Hans G. (1993): Philanthropie und Altruismus. In: RAMB, Bernd/TIETZEL, Manfred (Hrsg.): Ökonomische Verhaltenstheorie. München, S. 365-386.

Jan Karpe

Anreize ↪ Ökonomische Rahmenbedingungen für ökologisches Handeln

Anthropologie

Anthropologie ist die Wissenschaft vom Menschen. Obgleich der Mensch ein ganzheitliches Wesen ist, untergliedert sich die Anthropologie traditionell in Unterdisziplinen. Hauptbereiche sind die biologische, die philosophische und die Kulturanthropologie. Im Zusammenhang mit der Umweltproblematik ist eine diese Teilbereiche überschneidende *ökologische Anthropologie* insofern von zentraler Bedeutung, als Menschen die Umweltzerstörung verursachen und (neben anderen Lebewesen) darunter zu leiden haben. Der Begriff Umweltzerstörung ist anthropozentrisch besetzt (↪ Anthropozentrismus). Zerstörungen, die nicht anthropogener Natur sind, belegt man im allgemeinen mit Begriffen wie ↪ Naturkatastrophe.

Nach verhaltensbiologischen Erkenntnissen hat auch der Mensch aufgrund der in der Phylogenese unablässig wirksamen Fitnessimperative Verhaltensdispositionen entwickelt, die darauf gerichtet sind, maximalen Nutzen aus der Umwelt zu ziehen, und zwar im Hinblick auf die Ausbreitung seiner genetischen Programme. Unter den heutigen zivilisatorischen Bedingungen können sie sich sehr destruktiv auswirken, z.B. durch ↪ Bevölkerungsexplosion (exponentielles ↪ Wachstum), überhöhtes, individuelles und kollektives Dominanzstreben (Egoismus). Dies gehört aufgrund des kompetitiven Charakters evolutionärer Prozesse zum Verhaltensrepertoire von in Gruppen lebenden Säugetieren, so auch zu dem des Menschen. Umweltgefährdend ist die potentiell grenzenlose Befriedigung mit zivilisatorischen Mitteln (Machtausübung mittels Hierarchien, Konsum, Autos, Architektur, Waffentechnik).

Nicht hinterfragte Akzeptanz des Überkommenen und bedingungsloser Gehorsam gegenüber anerkannten Autoritäten (nach MILGRAM: Agens-Zustand) sind eine anthropologische Voraussetzung zur Kulturfähigkeit. Die Inhalte und Werte einer Kultur werden prägungsartig aufgenommen und sind dann kaum revidierbar. Das ermöglicht Kontinuität, erschwert aber erforderlichen Wandel und kann sich äußerst destruktiv auswirken.

Illusionsfähigkeit, insbesondere bezüglich der Qualität der eigenen moralischen Position, und optimistische Zukunftssicht haben eine wichtige Ausgleichsfunktion für die humanspezifische Erkenntnis der eigenen Sterblichkeit. Für das Individuum und seine Reproduktivität ist diese Neigung sehr nützlich. Aber sie führt auch kollektiv zu einer Verdrängung von Gefahren, was zu Katastrophen führen kann. Nicht nur die Kriegsgeschichte bietet dafür Beispiele. Dieselbe Gefahr besteht bezüglich der Bewertung riskanter Techniken, insbesondere nach Anfangserfolgen.

Gemäß der evolutionären Erkenntnistheorie ist das menschliche Gehirn auf praktische Alltagslogik, d.h. auf lineares Kausaldenken optimiert. Es ist eine erfolgreiche Strategie zur Lösung von Einzelproblemen. Tatsächlich sind die Zusammenhänge aber unendlich komplex und die Entwicklungen verlaufen nicht linear. So gesehen haben wir schlechte anthropologische Voraussetzungen, fernerstehende Probleme zu erkennen, zu beachten, richtig zu bewerten und zu lösen. Noch nie zuvor in der Evolution war der Mensch mit der ↝ Verantwortung des Wissens vor die Aufgabe gestellt, die Lebensbedingungen auf der Erde wesentlich zu bestimmen. Die nur opportunistisch am Erfolg orientierte Evolution kann ihn nicht darauf vorbereitet haben. Entsprechende kulturelle Kompensationen des destruktiven Verhaltens sind dringend erforderlich (↝ Umweltethik; ↝ Umweltpolitik; ↝ Ökosteuern).

VERBEEK, Bernhard (1990/²1995): Die Anthropologie der Umweltzerstörung. Die Evolution und der Schatten der Zukunft. Darmstadt.

Bernhard Verbeek

Anthropozentrismus

Anthropozentrismus ist eine Ethik oder Weltsicht, bei der der Mensch („anthropos") im Mittelpunkt („centrum") steht. Man unterscheidet den *moralischen* und den *epistemischen* Anthropozentrismus.

Eine Ethik ist anthropozentrisch im moralischen Sinn, wenn sie nur dem Menschen einen moralischen Status (Eigenwert, Würde) zugesteht und die Natur ausschließlich auf ihren Wert für den Menschen hin betrachtet. Aus der Sicht von Gegenpositionen, die auch der Natur einen moralischen Status zuerkennen (↝ Pathozentrismus; ↝ Biozentrismus; ↝ Holismus; ↝ Physiozentrismus; ↝ Umweltethik), heißt der moralische Anthropozentrismus pejorativ auch „Gattungsegoismus", „Humanchauvinismus" und (im angloamerikanischen Sprachraum) „Speziesismus". Anthropozentrische Naturschutzargumente heben ab auf den Wert der Natur u.a. für 1. die Befriedigung menschlicher Grundbedürfnisse (z.B. nach Nahrung und Gesundheit), 2. sinnliche Erfüllung (z.B. Vogelgezwitscher und würzige Bergluft), 3. ästhetische Betrachtung (↝ Ästhetik), 4. die Verankerung menschlicher Identität (Natur als ↝ Heimat) und 5. die Einübung der moralischen Einstellung (KANTs „pädagogisches" Argument). Die Vielfalt der Dimensionen menschlicher Angewiesenheit auf Natur zeigt, daß der moralische Anthropozentrismus der Natur durchaus mehr als nur einen instrumentellen, auf ihren ökonomischen Nutzen beschränkten Wert beimessen kann. In der ästhetischen Betrachtung z.B. instrumentalisiert man den Gegenstand der Betrachtung nicht, sondern läßt sich auf ihn ein: Er gewinnt Eigenwert. Da der Schutz schöner und erhabener Natur nicht der Natur selbst, sondern nur ihren Betrachtern geschuldet ist, sprengt die Verleihung eines ästhetischen Eigenwertes an die Natur den Rahmen des moralischen Anthropozentrismus nicht.

Der epistemische Anthropozentrismus behauptet, daß der Mensch sich die Welt nur in seinen Begriffen, nach seinen eigenen Werten erschließen kann. „Absolute" (von „absolvere" = loslösen) ↝ Werte in der Natur lehnt er ab. Soll der Natur dennoch ein eigener moralischer Wert beigelegt werden, kann dies danach nur per Ausdehnung der menschlichen Wertperspektive auf die Natur geschehen: Man zeige, 1. daß die Natur wie der Mensch empfindet, handelt oder leben will, 2. daß menschliche Ethik das Empfindungswohl, das Verfolgen von Zwecken, das Leben aller schützen will, dann stellt 3. die Begrenzung moralischer Rücksicht auf die Menschheit einen moralisch verwerflichen Gattungsegoismus dar.

KREBS, Angelika (1997): Ethics of Nature. A Map. Amsterdam. In: KREBS, Angelika (Hrsg.): Naturethik. Grundtexte der gegenwärtigen tier- und ökoethischen Diskussion. Frankfurt a.M., S. 337-379.

WILLIAMS, Bernard (1997): Muß Sorge um die Umwelt vom Menschen ausgehen? In: KREBS, Angelika (Hrsg.): Naturethik. Grundtexte der gegenwärtigen tier- und ökoethischen Diskussion. Frankfurt a.M., S. 296-306.

Angelika Krebs

Antizipation

Antizipation stellt im Kontext der Umweltdiskussion neben der ↪ Partizipation eine innovative Lernstrategie für die Umwelterziehung dar. Antizipation heißt gedankliche Vorwegnahme zukünftiger Umweltereignisse und bezieht sich demnach auf die Notwendigkeit, sich neuen, bislang noch nicht dagewesenen Umweltsituationen zu stellen. Antizipation zielt auf Fähigkeiten, sich mit der Zukunft auseinanderzusetzen, zukünftige Ereignisse darzustellen und die mittel- und langfristigen Konsequenzen gegenwärtiger Handlungen und Entscheidungen auszuwerten. Antizipation steht demzufolge in direktem Zusammenhang zu ↪ Umweltvorsorge und zu nachhaltiger Entwicklung.

BOTKIN, James W./ELMANDJRA, Madhi (1979): Das menschliche Dilemma. Wien.

Helmut Gärtner

Arbeit

Nach RIESEBERG (1988/²1991) entsteht der Tatbestand der Arbeit mit dem Übergang vom Jäger und Sammler zum Ackerbau. Das „Ackern" setzte den Menschen unter mehrfachen Zwang. Er verlor seine Freizügigkeit und war über die tägliche Bedarfsdeckung seiner Lebensgrundlage hinaus zur regelmäßigen Arbeit gezwungen, aus der sich auch der Zwang zur Mehrproduktion ergab. Um einen gewissen Freiheitsraum zurückzugewinnen, wurde bereits in den frühen Hochkulturen Zwangsarbeit eingeführt.

Spätestens seit MARX unterscheiden wir zwischen *Arbeit* als menschlicher Tätigkeit zur Gestaltung des Lebens und Lebensraumes (Stoffwechsel und Aneignung von Natur) und *Lohnarbeit* als „entfremdeter Arbeit", dem Verkauf der eigenen Arbeitskraft. Vor der Moderne war Arbeit kein besonderer Wert. Von hohem Wert war es, nicht arbeiten zu müssen. Dies war erklärtes Ziel der „Freien in einer „Gesellschaft". Es war das Los der Unfreien und

Armen, arbeiten zu müssen. In dem Prozeß der Moderne wurde Arbeit zu einem hohen Wert. Insbesondere unter der Führung der Calvinisten wurde Arbeit zum höchsten Wert: Gottes Segen konnte man an den Früchten der Arbeit und der daraus hergeleiteten Mehrwertschöpfung erkennen. Ein solcher Wertekanon paßt gut in den Kapitalismus. Es ist üblich geworden, daß selbst die Reichsten ihren Reichtum über Arbeit legitimieren. Vor diesem Hintergrund kann *Arbeit* als Notwendigkeit von Reichtum und höchster Wert im Lebenskonzept angesehen werden, zugleich wird sie Triebkraft und Medium für Ausbeutung und für Zerstörung der „Welt" (für die Beschleunigung der unheilvollen Veränderungen des Lebenssystems des Planeten Erde; vgl. RIESEBERG 1988/³1991).

Nach einer Denkfigur von MARX (1844/²1973) ist die Natur der „anorganische Leib des Menschen". Der Mensch - selbst Natur - tritt der Natur gestaltend (sie verändernd) entgegen. Er steht notwendigerweise mit der Natur in einem „Stoffwechselprozeß". In diesen Prozeß ist bei MARX die Arbeit mit eingeschlossen. Für die Umweltbildung geht es darum, diesen Stoffwechselprozeß, einschließlich der Arbeit, so zu gestalten, daß weder die Würde des Menschen noch die der Natur verletzt werden.

Notwendig wird ein Wertewandel, der sich nicht zuletzt auch auf die Wertstellung der Arbeit beziehen muß. Hierzu wird auf „Freiheit der Tätigkeit" in VON WEIZSÄCKERs Erdpolitik (1989/⁴1994, S. 258 ff.) verwiesen.

MARX, Karl (1844/²1973): Ökonomisch-philosophische Manuskripte. In: MARX, Karl/ ENGELS, Friedrich: Gesammelte Werke. Ergänzungsband 1. Berlin, S. 510-522.
RIESEBERG, Hans J. (1988/³1991): Verbrauchte Welt. Frankfurt a.M.
WEIZSÄCKER, Ernst U. von (1989/⁴1994): Erdpolitik. Darmstadt.

Eduard W. Kleber

Architektur, soziale
Soziale Architektur stellt die soziale und kommunikative Seite der Abnehmer (Menschen) in den Vordergrund ihrer Bauplanungen und -durchführungen. Sie hat auch eine besondere Bedeutung für Umweltbildung (⇨ Wohlstandsmodelle, neue). Vor dem Hintergrund von Studien zur ⇨ Kommunikationsökologie entstand die dargestellte Grundrißzeichnung für eine ⇨ Ökoschule. Ökologische Architektur beschränkt sich in diesem Fall nicht auf die Auswahl geeigneter Bau*stoffe,* sondern richtet die Bau*form* an der sozialen Funktion aus. Die soziale Architektur einer kommunikationsökologisch optimierten Schule bietet auf der für Klassenräume üblichen Grundfläche sowohl Platz für eine weitgehend ungestörte Teamarbeit (I) als auch für einen schnellen Wechsel zum Gesprächskreis (III). Außerdem sind neben einer Hufeisenform (IV) vielfältige Varianten der Freiarbeit (II) mit einem spontanen Lernortwechsel in den Schulgarten möglich.

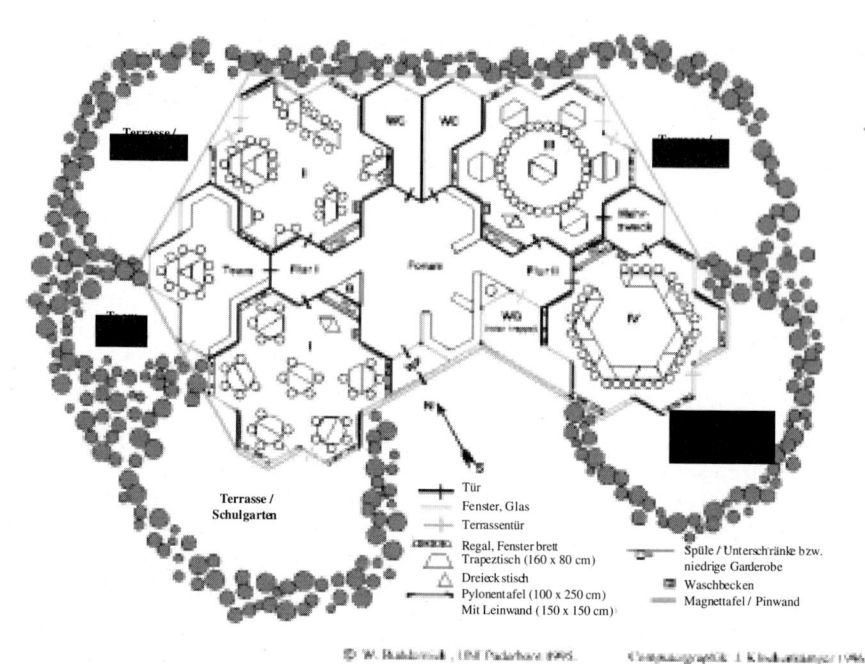

Abb. 2: Soziale Architektur

BUDDENSIEK, Wilfried (1991): Wege zur Öko-Schule. Lichtenau.

BUDDENSIEK, Wilfried (1998): Grenzübergänge: Nachhaltiges Leben lernen. Perspektiven für die soziale Selbstorganisation. Paderborn.

Wilfried Buddensiek

Artenschutz

Der Begriff Artenschutz ist, wenn er, wie es meistens geschieht, singulär gebraucht wird eine Worthülse. Eine (einzelne) Art läßt sich nicht schützen. Eine Species (biologische Art) ist Teil eines komplexen Ökosystems; erst dessen relative Stabilität (dynamische Balance) kann Überleben seiner pflanzlichen und tierlichen Arten innerhalb des Gesamt(öko)systems mit dessen auch unbelebten Faktoren sicherstellen. Lebensvielfalt/Artenreichtum/Biodiversität innerhalb einer Lebensgemeinschaft ist Voraussetzung für den Schutz der einzelnen Species. Systematik in Lehre und Forschung sowie Artenkenntnis vor Ort und bei den verantwortlichen Institutionen sind Grundvoraussetzungen für Artenschutz (FRICKE 1997).

Die Schwierigkeiten des Artenschutzes seien an den weltweit hochgradig gefährdeten 13 Kranicharten aufgezeigt. In zunehmenden Umfang greifen aufwendige Schutzstrategien zugunsten des Grauen Kranichs (Grus grus) in der mittel- und nordeuropäischen Brut- und Sommerheimat:
- Ankauf, Pacht und Pflege von Schutzgebieten,
- Information und Aufklärung,

- Öffentlichkeitsarbeit: Sensibilisieren von Politikern und Verwaltungsinstitutionen.

Faszinierende Balz und das Phänomen des Zuggeschehens werben ebenso für den Kranich (als Gattungsgruppe) wie literarische und mythische Vorstellungen. Artenschutz (der in ihren europäischen Vorkommen stark bedrohten Art Grus grus) ist politisch wie naturschutzstrategisch nachhaltig nur schwierig durchzuführen, denn Brutgebiete, Sammel- und Rastplätze sowie Überwinterungsgebiete liegen in unterschiedlichen Ländern und berühren verschiedenste Interessensbereiche: Die unverzichtbaren spanischen Winterquartiere sind in ihrem Bestand aufs stärkste gefährdet; Spanien baut seine Industrie aus, verbunden mit einer exportorientierten Agrarpolitik. Eines der bedeutendsten Nahrungsreservate im Winterhalbjahr sind die ausgedehnten Eichenbestände der spanischen Estremadura (die u.a. subventionierten Maismonokulturen geopfert werden).

Innerhalb von 50 Jahren wurde der Graukranich aufgrund eines widerstrebenden Artenschutzes (im Brutgebiet) und Fördermaßnahmen zur Landentwicklung (im Überwinterungsgebiet) an den Rand des Aussterbens gebracht. (Ähnliche Bestandsabnahmen verzeichnen alle Kranicharten- und Unterarten, deren Brutgebiete Feuchtwiesen, Auenwälder, Übergangsmoore, Moor- und Sumpfgebiete sind, in die der Mensch zunehmend vordringt und die er melioriert.)

Die Zerstörung (Trockenlegung, Versteppung, Zersiedelung, Verdrahtung ...) eines oder mehrerer (jahreszeitlich unterschiedlicher) Lebensräume des Kranichs beraubt ihn seiner Brut- und Überwinterungsgebiete, aber auch seiner angestammten Sammel- und Rastplätze auf dem Zug.

Die Hilflosigkeit von Artenschutz zeigt auch das Beispiel Maulwurf Talpa europaea (WITTE 1997): Die Art steht in Deutschland (nicht aber in Dänemark, Niederlande, Großbritannien) unter besonderem Schutz. Kein Gesetz schützt jedoch seine primären Lebensräume (Naturlandschaftszellen) vor Trockenlegung, Urbarmachung etc. Seine „Schäden" in Sekundärlebensräumen (Kulturlandschaftszellen) werden meist übertrieben. Der Maulwurf ist hier viel häufiger nur lästig, eigentlich nicht schädlich. In allen Primärlebensräumen (extensiv bewirtschaftetem Dauergrünland, Feuchtwiesen, Wäldern, Raine, Flußauenlandschaften) lebt die Art in gesicherter Population und ist weit verbreitet. Eine genaue Kenntnis dieser Lebensform - d.h. auch Fangen und Halten einzelner Tiere für Lehre und Anschauung - wären für die Zukunft der Art sinnvollere Stützmaßnahmen als das in der Regel praktizierte Verweigern von Ausnahmegenehmigungen zum Fangen oder Töten. Zuverlässige Informationen zur Art lassen sich auch durch das Medium Film vermitteln (s. Filmhinweis).

Artenschutz beginnt im Privatgarten: mehr Artenvielfalt, reichlich Nektar- und Pollenblumen, weniger Gifte. Erst vernetztes Denken macht Bemühungen um Artenschutz sinnvoll.

FRICKE, Reiner (1997): Biologische Systematik und Biodiversitätsforschung. In: VERBAND DEUTSCHER BIOLOGEN, Heft 5, S. 1-3.
WITTE, Günter R. (1997): Der Maulwurf. Magdeburg.
WITTE, Günter R. mit INSTITUT FÜR FILM UND BILD IN WISSENSCHAFT UND UNTERRICHT (FWU) (1990): Farbtonfilm (14 min.) - Grünwald: Der Maulwurf: AV-Nr. 32 10064.

Günter R. Witte

Ästhetik
(von griechisch: aisthesis = sinnliche Wahrnehmung; aisthetike episteme = die Sinne betreffende Wissenschaft) - Es gibt seit der griechischen Philosophie „ästhetische Theorien" und philosophische Reflexionen über das Schöne. Der Begriff „Ästhetik", als Bezeichnung für eine Disziplin der Philosophie, die sich mit dem Erhabenen und Schönen und den Künsten beschäftigt, wurde aber erst 1735 durch BAUMGARTEN geprägt, und zwar vor dem Hintergrund der Kritik der objektivistischen Einseitigkeit neuzeitlicher Wissenschaft: Zum Vernünftigen und Logischen wird jetzt das Sinnliche als Quelle der Erkenntnis in das System der Philosophie hineingenommen. Mit der Wende zum Subjektivismus wird eine neue Wissenschaft geboren, mit deren Hilfe der ganze Mensch („Kopf, Herz und Hand") ins Zentrum der Überlegungen kommt und das Verständnis und die Darstellung der Welt durch das Fühlen und Empfinden geleitet sowie von einseitiger rationalistischer Technologieanwendung befreit wird. - Im Mittelpunkt der verschiedenen Ästhetikkonzepte steht die Frage nach dem Verhältnis von Kultur und Natur, nach unserem ästhetischen Umgang mit Natur, nach dem Naturschönen und Kunstschönen: Ist Natur Vorbild oder Nachbild der Kunst. Dabei hatte die Konzeption KANTs in seiner „Kritik der Urteilskraft" (1790) große Bedeutung, weil sie - von SCHILLER, W. VON HUMBOLDT, HERBART u.a. bis heute - die Grundlagen zum Bildungsbegriff und insbesondere für den Entwurf der Ästhetischen Erziehung legte. Damit ist ein relevanter Bezug zur Umweltbildung gegeben: Nach KANT kommt der reflexiven Urteilskraft (ästhetische und teleologische Urteilskraft) eine Erkenntnisqualität zu. Das bedeutet, daß die Umweltbildung den quantitativ-analytischen und wertfreien Zugang der Naturwissenschaft durch den qualitativ-teleologischen und reflexiven Zugang ergänzen kann und muß, wenn sie praktisch werden will.
Das Ästhetikkonzept KANTs ist immer noch aktuell, weil in ihm alle diskutierten Deutungen einer Ästhetik der Natur vereint sind und vor allem eine Umsetzung zur ↪ Umweltethik mitgedacht wird. Nach SEEL (1991) sind dies vor allem: 1. die schöne Natur als beglückende Distanz zum tätigen Handeln (Kontemplation), 2. die schöne Natur als Ort des anschaulichen Gelingens menschlicher Praxis (Korrespondenz), 3. die schöne Natur als bilderreicher Spiegel der menschlichen Welt (Imagination).

Folgt man KANTs Ideen, dann hat die Beschäftigung mit dem Naturschönen in der Umweltbildung eine grundsätzliche Bedeutung; denn hier erfolgt ein gefühlsgeleiteter, auf das Zentrum der Person sich rückbeziehender Zugang auf die Umwelt, der nicht nur das Wissen qualitativ erweitert, sondern auch die Verbindung zum sittlichen Handeln herstellt. Durch die Pflege des Kontemplativen kommt bei der Einübung der Urteilskraft ein Erziehungsziel in den Blick, das den Menschen als Subjekt von Freiheit und Sittlichkeit sieht: Er ist nicht nur geselliges Subjekt des zweckgerichteten Handelns, das durch Wissenschaft, Technik und Kunst seine Umwelt gestaltet. Er ist auch ein Wesen, das sich der Gesellschaft und dem zweckgerichteten Handeln entziehen und sich Zeit zum zweckfreien Denken, zur Nachdenklichkeit nehmen kann. Durch die zweckfreie, kontemplative Begegnung mit dem Schönen der Natur als Symbol des Sittlich-Guten kann der Mensch zu sich selbst finden und sich auf sein Handeln und auf seine Bestimmung besinnen. Das ist die Voraussetzung für verantwortungsbewußtes Umwelthandeln.

↪ Naturerfahrung; ↪ Naturwahrnehmung; ↪ Umweltverträglichkeit

KANT, Immanuel (1790/⁷1992): Kritik der Urteilskraft. Hamburg.
SCHNEIDER, Gerhard (1994): Naturschönheit und Kritik. Zur Aktualität von Kants Kritik der Urteilskraft für die Umwelterziehung. Würzburg.
SEEL, Martin (1991): Eine Ästhetik der Natur. Frankfurt a.M.

Gerhard Schneider

B

Bedürfnis
Aus bildungspraktischer Sicht ist eine Unterscheidung zwischen gesellschaftlichem Bildungsbedarf und subjektiven Bildungsbedürfnissen sinnvoll. Bedürfnisse sind psychisch-physiologische Antriebe als Grundlage für Handlungsmotive und Lerninteressen. Weitverbreitet ist die „Bedürfnispyramide" des Amerikaners MASLOW, der eine Taxonomie menschlicher Bedürfnisse entwickelt hat. Demnach müssen zunächst physiologische Grundbedürfnisse (Nahrung, Gesundheit) und existentielle Bedürfnisse nach Sicherheit befriedigt sein, bevor soziale Bedürfnisse nach Liebe und Anerkennung sowie Bedürfnisse nach Selbstverwirklichung und Weltverständnis manifest werden.

Der Amerikaner INGLEHART hat seine Ergebnisse zum postmaterialistischen (sowie zum ökologischen) Wertewandel auf der Grundlage dieser Bedürfnistaxonomie interpretiert. So erklärt er die ausgeprägtere postmaterialistische Wertorientierung der jüngeren Generation damit, daß sie keine materielle Existenznot erlebt hat und Umweltschutz deshalb für sie eine höhere Priorität hat. Die Zerstörung der natürlichen Umwelt gefährdet die Befriedigung menschlicher Bedürfnisse, und zwar das Bedürfnis nach gesunder Ernährung ebenso wie das nach einer möglichst vielfältigen, intakten Natur. Die empirischen Untersuchungen über Umwelt- und Zukunftsängste - insbesondere bei Kindern - verweisen auf den engen Zusammenhang zwischen Umweltzerstörung und „innerer Ökologie". Dennoch wird dieses Bedürfnis nach ökologischer ↝ Lebensqualität nicht ohne weiteres in ökologische Bildungsinteressen umgesetzt. Für die Teilnahme an Bildungsveranstaltungen sind oft hedonistische und utilitaristische Motive (z.B. Erlebniswert und beruflicher oder alltagspraktischer Nutzen) maßgebend. Das Bedürfnis vieler Ökopädagogen, Erwachsene aufzuklären, zu ermahnen und umzuziehen, wirkt sich auf die Teilnahmebereitschaft vieler Adressaten eher kontraproduktiv aus.

Außerdem macht die sozialpsychologische Milieuforschung auf erhebliche subkulturelle Unterschiede der Bedürfniswahrnehmung, -artikulation und -befriedigung aufmerksam.

↝ Motivation; ↝ Umweltverträglichkeit

HAAN, Gerhard de/KUCKARTZ, Udo (1996): Umweltbewußtsein. Opladen.
INGLEHART, Ronald (1977): The Silent Revolution. Princeton.
MASLOW, Abraham H. (1954/²1977): Motivation und Persönlichkeit. Olten.

Horst Siebert

Begegnung, originale
Seit RATKE und COMENIUS gilt die originale Begegnung des Schülers mit den Dingen seiner Umwelt als ein in der Regel vorrangig zu nutzender methodischer Ansatz der Unterrichtspraxis. In der Schulbiologie und der Umweltbildung versteht man darunter vor allem den Unterricht an lebenden Pflanzen und Tieren, möglichst am natürlichen Standort und im typischen Lebensraum sowie die Konfrontation mit aktuellen Umweltproblemen unmittelbar vor Ort. Originale Begegnungen zu ermöglichen, ist eine permanente Herausforderung, die alle Pädagogen angeht. Sie spielen eine besonders große Rolle überall dort, wo zusätzlich eine „emotionale Motivation" und „persönliche Betroffenheit" angestrebt werden.

Wilfried Stichmann

Begegnung, sekundäre
Originale Begegnung hat für Pädagogik und Umweltbildung nicht mehr den absoluten Vorrang vor sekundärer Begegnung, da notwendige komplexe Situationen oft nicht zugänglich sind. Tiere in ihrer Würde und als Ausbeutungsobjekte am Beispiel Huhn sind nicht als originäre Begegnung zugänglich, aber bedeutsamer als ein Leihhuhn aus einem naturbiologischen Zentrum auf dem Tisch; Filmmaterial über freilebende Hühnervögel und über Batteriehaltung sind bedeutsamer als die reduzierte originale Begegnung.

Eduard W. Kleber

Bevölkerungsexplosion
Bevölkerungsexplosion ist eine populärwissenschaftliche Bezeichnung für die exponentielle Zunahme der Erdbevölkerung. Aus dem Zusammenwirken von Geburtenrate, Sterblichkeit und Zu- bzw. Abwanderung ergibt sich die Bevölkerungszahl. Zwischen 1971 und 1991 stieg die Zahl der Erdbevölkerung von 3,6 auf 5,4 Milliarden; am Ende dieses Jahrhunderts wird es etwa 6 Milliarden Menschen auf unserem Planeten geben.
Gab es um 1600 etwa 500 Millionen Menschen auf der Erde, so waren es um 1850 bereits 1,1 Milliarden (Verdopplungszeit 250 Jahre), um 1930 etwa 2 Milliarden (Verdopplungszeit 80 Jahre), um 1975 ca. 4 Milliarden Menschen (Verdopplungszeit 45 Jahre). Das exponentielle Wachstum ist superexponentiell geworden, d.h. die Wachstumsrate selbst wuchs exponentiell. Die gegenwärtigen Wachstumsraten liegen in den Industrieländern unter 1%, in den Entwicklungsländern bei 2% bis 3%, d.h. täglich gibt es auf der Erde etwa 250.000 Menschen mehr (Überbevölkerung).
Probleme der Bevölkerungsexplosion (↪ Wachstum) sind die Versorgung mit Lebensmitteln, Trinkwasser, Rohstoffen, Energie, Medikamenten und Bildung sowie entsprechend ansteigende Umweltbelastungen.

MEADOWS, Dennis L. (1972): Die Grenzen des Wachstums. Stuttgart.
MEADOWS, Dennis L/MEADOWS, Donella (1992): Die neuen Grenzen des Wachstums. Die Lage der Menschheit: Bedrohung und Zukunftschancen. Stuttgart.

Hans-Joachim Schwier

Bewegungen, soziale
Eine soziale Bewegung ist ein auf gewisse Dauer und durch kollektive Identität abgestütztes Handlungssystem mobilisierter Netzwerke von Gruppen und Organisationen, welche sozialen Wandel mit Mitteln des Protestes herbeiführen, verhindern oder rückgängig machen wollen (RUCHT 1994). Die instrumentelle Logik sozialer Bewegung ist zukunftsorientiert, die expressive gegenwartsorientiert. Die Begriffsbestimmung bleibt seit Beginn der 60er Jahre offen im Spannungsfeld zwischen Handlungstheorie, die Gesellschaft als Produkt sozialer Bewegung sieht (TOURAINE), und Systemtheorie, die in Form des radikalen Funktionalismus scheinbar ohne handelnde Personen auszukommen scheint (LUHMANN). Neue Theorieströmungen der Modernisierung und des ↪ Konstruktivismus betonen die Dualität und damit die Doppelperspektive von System und Handlung: Soziale Bewegung wird dabei zwischen Gruppe (z.B. Familie) und Klasse als identitätsbildendes Moment sozialer Integration plaziert.
Der Begriff soziale Bewegung taucht zuerst zu Beginn des 19. Jahrhunderts bei Lorenz VON STEIN auf. Hier wird er soziologisch reflektiert im Zusammenhang mit dem Entstehen der Arbeiterklasse und in der Gesetzmäßigkeit des Widerspruchs zwischen Kapital und Arbeit.

Ein wesentlicher Unterschied zwischen neuen und alten sozialen Bewegungen zeigt sich in der Abwesenheit einheitlicher und vereinheitlichender Ideologie. An die Stelle von politischen Richtungsdifferenzierungen, wie z.B. links, mitte, rechts, treten bei den neuen sozialen Bewegungen Themendifferenzierungen. Zu diesen sozialen Bewegungen werden gezählt: die (undogmatischen) Schüler und Studenten, Alternative, (neue) Frauen/Lesben, Männer/Schwule, Anti-AKWler, die Friedensbewegung, die Bürgerinitiativen, die Hausbesetzer, die Dritte-Welt-Bewegung, die Selbsthilfebewegung, die Gesundheits- und Ökologiebewegung. An Demonstrationen der Anti-AKW-Bewegung haben 1986 etwa 1,3 Mio. und 1991 noch etwa 0,6 Mio. Menschen in Deutschland teilgenommen (RUCHT 1994, S. 460).

OPP, Karl-D. (1996): Aufstieg und Niedergang der Ökologiebewegung in der Bundesrepublik. In: DIEKMANN, Andreas/JAEGER, Carlo C. (Hrsg.): Umweltsoziologie. Opladen, S. 350 - 379.

RAMMSTEDT, Otthein (1978): Soziale Bewegung. Frankfurt a.M.

RUCHT, Dieter (1994): Modernisierung und neue soziale Bewegungen. Frankfurt a.M.

Martin Beyersdorf

Bildung, politische
Politische Bildung zielt auf die Entwicklung politischer Urteils- und Handlungsfähigkeit des Individuums. Ihre Zielsetzungen und Inhalte richten sich nach dem zugrunde gelegten Politikbegriff. Hierbei können mindestens drei *Dimensionen des Politischen* unterschieden werden:
1. Politik als Inhalt (policy): Im Zentrum steht die Bearbeitung von „Politikfeldern" der Gesellschaft (z.B. Wirtschafts-, Sozial-, Umweltpolitik) im Hinblick auf ihre Ziele, Probleme und Lösungsansätze.
2. Politik als Prozeß (politics): Hierbei geht es um die interessen- und machtabhängige Auseinandersetzung gesellschaftlicher Individuen und Gruppen (z.B. der Kampf der Parteien um Wähler, Tarifkonflikte, Interessenkonflikte zwischen ➪ Ökologie und Ökonomie).
3. Politik als Form (polity): Politik bedarf eines Handlungsrahmens und verbindlicher „Spielregeln", damit die Auseinandersetzung um Ziele und Programme nicht in Gewalthandlungen und Chaos endet (Verfassung, Rechtsordnung, politische Institutionen, Verfahrensregeln usw.).

In der Umweltbildung muß das Spannungsverhältnis zwischen *individueller Verantwortung* (Moral und Ethik als Grundlage verantwortungsvollen Handelns; ➪ Sonderstellung des Menschen) und den *gesellschaftlichen Rahmenbedingungen* (Umweltrecht) ausbalanciert werden. Sonst entsteht die Gefahr eines *ethischen Rigorismus*, bei dem dem einzelnen Opfer und Verzichtsleistungen abverlangt werden, um den Normen eines umweltgerechten und zukunftsfähigen Verhaltens zu genügen (Verzicht auf das Autofahren). Hier läge es näher, durch politische Bildung auf eine Veränderung der *politischen*

Rahmenbedingungen (↪ Wirtschaften, nachhaltiges/ökologisches) zu drängen, deren Rationalität oft zwangsläufig zu einem umweltgerechten Verhalten führen kann (Besteuerung von Ressourcen-/Energieverbrauch und Umweltbelastungen). Politische Bildung und Umweltbildung stehen insofern in einem fruchtbaren *Komplementaritätsverhältnis*. Sie bedingen einander und können nur zusammen die pädagogischen Grundlagen einer zukunftsfähigen Gesellschaft entwickeln.

↪ Rucksack, ökologischer; ↪ Wohlstandsmodelle, neue

CLAUSSEN, Bernhard/WELLIE, Birgit (Hrsg.) (1996): Umweltpädagogische Diskurse. Sozialwissenschaftliche, politische und didaktische Aspekte ökologiezentrierter Bildungsarbeit. Frankfurt a.M.

HENKENBORG, Peter (1993): Politische Bildung und Umwelterziehung in der Risikogesellschaft. Aufklärung über die Aufklärung. In: BECHINGER, Walter (Hrsg.): Zukunftsaufgabe Umweltbildung. Frankfurt a.M., S. 72-106.

WEINBRENNER, Peter (1995): Didaktische Konzepte zur Bearbeitung ökologischer und zukunftsorientierter Themen. In: BUNDESZENTRALE FÜR POLITISCHE BILDUNG (Hrsg.): Verantwortung in einer unübersichtlichen Welt. Aufgaben wertorientierter politischer Bildung. Bonn, S. 397-421.

Peter Weinbrenner

Bildungstheorie, ökologische

Der Begriff ↪ Umweltbildung hat sich ab 1986 primär als konzept- und bereichsunabhängiger Sammelbegriff für die zahlreichen umweltpädagogischen Konzepte durchgesetzt, doch lediglich einzelne Ansätze beinhalten eine stärkere Betonung moderner Bildungsaspekte (↪ Umweltbildung, kulturorientierte). Der Diskurs über die ökologische Krise (↪ Umweltkrise) hat auf sehr unterschiedlichen theoretischen Grundlagen Versuche hervorgebracht, auch Bildung und Bildungstheorie als ökologische neu zu bestimmen oder ihre Möglichkeit kritisch zu reflektieren: Naturalistische, systemökologische und normativ-ethische Ansätze stehen jedoch im Widerspruch zu Prinzipien eines humanistischen oder emanzipatorischen Bildungsverständnisses. Kritische Theorie und materialistische Ansätze reduzieren die ökologische Herausforderung allzusehr auf gesellschaftskritische Perspektiven von Bildung (z.B. BERNHARD/ROTHERMEL 1995). In der weitverbreiteten Allgemeinbildung von KLAFKI ist die ökologische Krise lediglich ein „epochaltypisches Schlüsselthema". Die Diskurse und Rekonstruktionsversuche eines neuen Bildungsdenkens seit Mitte der 80er Jahre thematisieren die ökologische Frage nur am Rande, die Auseinandersetzungen mit Systemtheorie, Postmodernismus, Pluralismus und ↪ Konstruktivismus eröffnen gleichwohl wichtige Problemhorizonte und Anschlußmöglichkeiten zur ökologischen Frage. Man kann die ökologische Krise als eine umfassende und komplexe Krise der individuellen und gesellschaftlichen ↪ Mensch-Natur-Verhältnisse ansehen, die es historisch und kritisch in ihrer Widersprüchlichkeit zu reflektieren, neu zu konzeptionieren und in Zukunft als ständige Aufgabe in einer weiterhin vielfältigen Form zu gestalten gilt. Eine solche dialektische Naturtheorie (⇨ Naturphilosophie) bietet für jede gesellschaftliche Praxis und damit jede Bildungstheorie eine vertiefte, kaum verzichtbare ökologische Grundlage. Weiterführend und orientierend ist der Diskurs über nachhaltige Entwicklung (⇨ Nachhaltigkeit; ⇨ sustainable development) und ihre Leitbilder, der jede zukunftsorientierte Bildung in den Kontext sozialer, ökonomischer, kultureller und ethischer Fragen im Spannungsfeld von Globalität und Regionalität stellt. Gegenüber der unübersichtlichen Fülle von neben- und gegeneinander existierenden Konzepten zur Umweltbildung könnte ökologische bzw. nachhaltige Bildungstheorie auch integrierende Funktion gewinnen: Natur-, kommunikations-, partizipations- und lebensweltorientierte, soziokulturelle, ökonomische, ethische, urbane u.a. Ansätze kann man als Dimensionen eines umfassenderen Gesamtkonzeptes und als didaktische Schwerpunktsetzungen in der konkreten Praxis verstehen, sie erlangen dadurch eine erweiterte und zugleich relativierte Bedeutung. Als offener, interdisziplinärer Prozeß auf naturtheoretischer Basis ist eine solche Bildungstheorie nicht als widerspruchsfreie Einheit denkbar. Dies nützt in der Praxis einer differenzierten Subjektwerdung der Menschen und tritt der instrumentellen Verkürzung der Umweltbildung entgegen, die sich bei ihrer politischen Wertschätzung (z.B. Gutachten des RATES VON SACHVERSTÄNDIGEN FÜR UMWELTFRAGEN 1994) im Kontext nachhaltiger Entwicklung deutlich zeigt.

BECKER, Gerhard (1986): Nicht nur ökologische Akzente setzen. Bildungstheoretische Perspektiven angesichts der ökologischen Krise. In: WIDERSPRÜCHE, Heft 20, S. 52-62.
BERNHARD, Armin/ROTHERMEL, Lutz (Hrsg.) (1995): Überleben durch Bildung. Weinheim.
HAAN, Gerhard de (1985): Natur und Bildung. Weinheim.
DER RAT VON SACHVERSTÄNDIGEN FÜR UMWELTFRAGEN (SRU) (Hrsg.) (1994): Umweltgutachten 1994. Stuttgart.

Gerhard Becker

Bindung

Das zentrale Thema der Moderne ist Freiheit und Individualität (Emanzipation des Individuums). Am Ausgang der Moderne ist zu konstatieren, daß sich immer mehr Bindungslosigkeit breit macht mit desolaten Folgen für einzelne, die Gemeinwesen und das Lebenssystem des Planeten Erde (⇨ Selbstverpflichtung). Im angelsächsischen Sprachraum wird Bindung unter dem Begriff „Commitment" diskutiert, wobei sich die Commitment-Literatur allerdings ausschließlich mit dem sozialen, wirtschaftlichen und literarischen Bereich befaßt (BERGHAHN 1996). Hier werden auch die Konzepte Verbindlichkeit und Verpflichtung diskutiert. In der Soziologie wird der Begriff Ligatur für die „Integration" in ein Ganzes verwendet. BECK (1997) sieht am Ende des Prozesses der Individualisierung in der Postmoderne eine Verschränkung von Selbstverwirklichung und Dasein für andere (altruistische Individualisierung; ↝ Altruismus), und er erwartet neue Ligaturen in „freien Assoziationen".

Der Mensch braucht Integration, Ligatur, „Bindung" für seine Sicherheit und Geborgenheit, und er braucht Bindung, um sein Leben und seine Lebensgrundlagen nicht zu zerstören. Dies wird von alters her anerkannt, in Religionen betont, von der Pädagogik in der Moderne als soziale Rückbindung ins säkularisierte Programm aufgenommen. Trotzdem ist der Zerfall sozialer Bindung in hochentwickelten Industriegesellschaften eine zentrale Klage, die im Globalisierungskonzept eine neue Dimension gewinnt. Hört individuelle Freiheit dort auf, wo sie die Freiheit anderer beeinträchtigt (erster Grundsatz sozialer Rückbindung), sollte sie auch dort enden, wo sie unser Lebenssystem schädigt oder derart verändert, daß unsere Lebensgrundlage in Frage gestellt wird (erster Grundsatz ökologischer Rückbindung). Die ökologische Bindung, die bisher nicht zum Bildungsprogramm gehört, sollte unabdingbarer Gegenstand von Umweltbildung sein (KLEBER 1998). Bisher herrschte die Meinung vor, Umwelterziehung sei wissenschaftlich zu begründen und Fragen von Bindung gehörten zur Religion. Re-ligio bedeutet denn auch die Rückbindung an ein Gesamtes. In diesem Sinne fehlt zur Bewältigung der anstehenden „Umweltprobleme" tatsächlich und vor allem Re-ligio.

BECK, Ulrich (1997): Kinder der Freiheit. Frankfurt a.M.
BERGHAHN, Klaus (Hrsg.) (1996): Responsibility and Commitment. Frankfurt a.M.
KLEBER, Eduard W. (1996): Individuelle Hemmnisse umweltverträglichen Handelns. Berlin.
KLEBER, Eduard W. (1998): Lebensstil-Motivation-Problembewußtsein und umweltverträgliches Handeln. In: HAAN, Gerhard de/KUCKARTZ, Udo (Hrsg.): Umweltbildung und Umweltbewußtsein. Opladen, S. 103-120.

Eduard W. Kleber

Bioethik

Von Bioethik wird meist im Zusammenhang mit Problemen geredet, die durch neue Entwicklungen in der Medizin und den biochemisch orientierten Wissenschaften entstanden sind. Bezogen auf die Biologie ergeben sich ethische Herausforderungen jedoch nicht nur aus neuen technischen Möglichkeiten, sondern aus den absehbaren Folgen von Eingriffen des Menschen in die Natur (↝ Umweltethik; ↝ Tierethik).

Der Umgang mit Wissen, Ergebnissen und Konzepten ist Gegenstand der Wissenschaftsethik. Wissenschaftler sind nicht nur verantwortlich für die Ergebnisse ihrer Arbeit, sondern auch dafür, welche Wirkung die von ihnen verwendeten Begriffe und Konzepte für das Denken und Handeln der Menschen haben. Aus biologischen Aussagen wird häufig versucht, ethische

Normen abzuleiten. Doch Naturprozesse oder als „natürlich" angesehene Verhältnisse können für sich genommen niemals zu verbindlichen Normen menschlichen Verhaltens werden. Das, was als „natürliche Norm" beschrieben wird, ist die zugrundeliegende jeweilige zeit- und erkenntnisgebundene Sicht der Natur (↬ Naturbegriff). Im naturalistischen Fehlschluß werden die ausgesprochenen Werturteile als im Biologischen vorgegeben angesehen (↬ Fehlschluß, naturalistischer). Hierauf beruhen die Formen des Biologismus, nach denen Soziales und Geschichtliches als genetisch bedingt angesehen werden sowie die Forderungen, daß der Mensch sich ökologischen „Kreisläufen" und „Gleichgewichten" unterzuordnen habe (Ökologismus).
Bioethik wird häufig von der Vorstellung bestimmt, die anthropozentrische Ethik (↬ Anthropozentrismus) sei angesichts der Gefährdung der Biosphäre aufzugeben. Bei der Ausweitung der Ethik über den menschlichen Bereich hinaus (↬ Pathozentrismus; ↬ Biozentrismus; ↬ Physiozentrismus) ist aber zu beachten, daß das ethische Subjekt immer der Mensch bleibt. Ein Absehen vom Menschen kann es ethisch also nicht geben. Daher ist eine umfassende Bioethik anthropologisch zu begründen. Der Schlüssel für eine tragfähige Bioethik ist die Doppelrolle des Menschen: Der Mensch ist immer zugleich sowohl Teil als auch Gegenüber der Natur. Er stellt sich in seinem Bewußtsein und mit seinem technischen Können der Natur gegenüber und bleibt doch zu jeder Zeit und unentrinnbar als Lebewesen ein Teil der Natur. Ist der Mensch in die Natur eingeschlossen, so ist Natur nicht ohne den Menschen zu denken. So ist der Umgang mit der nichtmenschlichen Natur auch immer zugleich ein Umgang des Menschen mit sich selbst. Das Verhalten des Menschen gegenüber der übrigen Natur bekommt auf diese Weise (und nur so) dieselbe ethische Dimension wie das Verhalten gegenüber dem Mitmenschen. (↬ Mitwelt, natürliche; ↬ Mitgeschöpflichkeit). Eigenwert und Eigenrecht der Mitgeschöpfe ergeben sich aus der Teilhabe des Menschen am Leben und nicht durch allgemein feststellbare Eigenschaften des Lebendigen. Bioethik ist dann nicht durch allgemein feststellbare Interessen des Menschen zu begründen, sondern im Blick auf das gesamte Lebensgefüge des Bioplaneten Erde (↬ sustainable development).
DUBLITZ, Barbara/KATTMANN, Ulrich (1990): Bioethik. Stuttgart.

Ulrich Kattmann

Biogarten ↬ Naturgarten

Biophilie
Mit Biophilie wird eine angeborene emotionale Nähe von Menschen und anderen lebenden Organismen bezeichnet (KELLER/WILSON 1993). Die Biophilie-Hypothese befaßt sich mit dem evolutionstheoretischen Basiskomplex der Natur des Menschen. Über die Jahrtausende der Menschheitsgeschichte, insbesondere den frühen Jahrtausenden - so wird angenommen -, entwickelte

sich ein Komplex von Lernbahnungen für alle Zusammenhänge mit anderen Organismen, die für den Aufbau von Wissen und Überzeugungen besonders bedeutsam waren. Diese wurden dann durch die Abwendung der Menschen von seinen natürlichen Umwelten überdeckt, blockiert und gebrochen, was zu Verkümmerungen führte. Die Vertreter der Biophilie-Hypothese sammeln Hinweise für die Basisreste solcher Grundorientierungsmuster. Sie glauben, daß bei fortschreitender Erforschung Anknüpfungspunkte für die Freilegung und Neubildung einer Biophilie gefunden werden können.

Die Biophilie wird dadurch zu einer Option der ↪ Umweltbildung. Sie könnte als Gegenstand der Bildung zu bevorzugten, am Leben orientierten Grundüberzeugungen führen, zu einer Art Meistbegünstigungsklausel für das Lebenssystem des Planeten Erde. Erst dann scheint es den Vertretern dieser Hypothese möglich, die in bezug auf Umweltfragen notwendige *Ethikdiskussion* konstruktiv weiterzuführen, dem rasanten *Artensterben* ein Ende zu setzen und zu *zukunftsfähigem Wirtschaften* fortzuschreiten (↪ Umweltethik; ↪ Wirtschaften, nachhaltiges). Biophilie meint eine evolutionstheoretisch erklärte, genetisch verankerte Anerkennung des gesamten Lebens, als dem Verwandten, dem ein Eigenwert zusteht.

↪ Humanität/Vitanität; ↪ Physiozentrimus; ↪ Sonderstellung des Menschen

KELLER, Stephen, R./WILSON, Edward O. (Eds.) (1993): The Biophilia Hypotheses. Washington D.C.

Eduard W. Kleber

Biosphärenreservat

Biosphärenreservate sind durch die UNESCO im Rahmen des Programmes „Der Mensch und die Biosphäre" (MAB) anerkannte Schutzgebiete. Eine bindende völkerrechtliche Übereinkunft gibt es für Biosphärenreservate nicht. Innerhalb der Management-Kategorien der World Conservation Union (IUCN) ist ihnen keine eigene Kategorie gewidmet.

Das Schutzziel ist eine großräumige Erhaltung besonders wertvoller Kulturlandschaften von nationaler Bedeutung. In ihnen werden modellhaft Schutz, Pflege und Landschaftsentwicklung bis hin zur Wiederherstellung von Kulturlandschaften mit reichem Natur- und Kulturerbe angestrebt. Sie sind in Zonen unterschiedlicher Zweckbestimmung und Managementintensität gegliedert. Neben wertvollen Kulturlandschaftsteilen (Pflegezone) sollen sie auch Naturschutzgebiete (Kernzone) einschließen, in denen der Schutz der genetischen Ressourcen und die Entwicklung natürlicher Lebensgemeinschaften gesichert wird. In der Entwicklungszone können degradierte Kulturlandschaften erhalten sein, die durch Regenerationsmaßnahmen in nachhaltig nutzbare, intakte Landschaften zurückentwickelt werden sollen. Außerdem dienen Biosphärenreservate der Forschung, der ökologischen Umweltbeobachtung sowie der Umweltbildung und Öffentlichkeitsarbeit. Nachhaltige und umweltverträgliche Bodennutzungen, insbesondere durch ökologischen Landbau, extensive Wiedewirtschaft und naturgemäße Waldwirtschaft in Verbindung mit einer naturverträglichen Erholungsnutzung sind Prinzipien, die in der Pflegezone der Biosphärenreservate gelten. In Deutschland existieren derzeit zwölf Biosphärenreservate, die nicht nur durch die UNESCO anerkannt, sondern auch aufgrund von Rechtsetzungen durch die Bundesländer ausgewiesen sind.

↬ Landwirtschaft, ökologische; ↬ Naturerlebnisgebiet; ↬ Wildnis

BUNDESAMT FÜR Naturschutz (Hrsg.) (1995): Biosphärenreservate in Deutschland. Berlin.

Hans Biebelriether

Biotop
Biotop wird als Lebensstätte, Lebensraum oder Standort von Lebensgemeinschaften bezeichnet; in der amerikanischen Literatur wird es meist synonym mit Habitat verwendet (nicht bedeutungsgleich mit dem Begriff Habitat in der deutschsprachigen Literatur). Es ist ein Ort einer Organismengemeinschaft (↬ Biozönose) mit einheitlichen, von der Umgebung abgrenzbaren abiotischen (nicht von Lebewesen verursachten) Faktoren wie Temperatur, Strahlungsart, -intensität, Luftfeuchtigkeit, Salzgehalt, Niederschläge, Wind, Strömungsverhältnisse, Oberflächenform, Bodenzusammensetzung und -beschaffenheit etc. In der Tierökologie werden Pflanzen oft mit zum Biotop gerechnet. Analog könnten bei humanökologischen Fragestellungen Tiere mit zum Biotop gerechnet werden. Hierbei besteht allerdings die Gefahr einer stark anthropozentrischen Betrachtung ökologischer Zusammenhänge.

Heribert Kock

Biotop mit Mensch
Biotop mit Mensch ist ein Konzept zur Nahrungsmittelerzeugung und einer zukunftsfähigen Form des Gartenbaus. Es ist ein Appell, Pflanzen und Kleintiere nicht weiter ausschließlich in ausgewiesenen Minireservaten zuzulassen (Biotop ohne Mensch) und den größten Teil unseres Lebenssystems letztlich der Verwüstung preiszugeben. Seit es eine grüne Bewegung gibt, werden nicht nur in Schulen, sondern auch von Naturschützern und Gemeinden Biotope ausgewiesen oder künstlich hergestellt. Der Mensch ist generell ausgeschlossen oder nur auf einer Beobachtungsplattform zugelassen. Das ist für Pflanzen- und Tiergemeinschaften gut, aber wenn es als Alibi für umweltverträgliches Verhalten gilt und damit die Verantwortung der Menschen gegenüber dem Lebenssystem, dem sie angehören, abgeleistet ist, wird es ein problematisches Konzept. Soweit als möglich wären dann Biotope ohne Mensch abzulehnen. Biotop mit Mensch meint, im Lebensraum des Menschen die größte Vielfalt an anderen Lebensformen (Pflanzen und Tiere) zuzulassen und auch den Raum, den wir für die Erzeugung unserer Nah-

rungsmittel brauchen, mit dieser Vielfalt zu teilen. Unsere Gärten (KLEBER/ KLEBER 1994, 1999) und Felder sollten zu Biotopen gemacht werden, in denen sich der Mensch im Sinne der ↝ Permakultur auch ernähren kann.

KLEBER, Eduard W./KLEBER, Gerda (1994): Handbuch Schulgarten - Biotop mit Mensch. Weinheim.
KLEBER, Eduard W./KLEBER, Gerda (1999): Gärtnern im Biotop mit Mensch - der nachhaltige, zukunftsfähige Garten nach Prinzipien der Permakultur. Xanten.

Eduard W. Kleber

Biozentrismus
Biozentrismus ist eine Theorie der ↝ Umweltethik, die alles Lebendige als wertvoll und alle Lebewesen als Moralobjekte betrachtet. Ein früher Vertreter war A. SCHWEITZER, der davon ausging, daß alle Lebewesen bestrebt sind zu leben und zu überleben und sie deswegen Ehrfurcht und Respekt verdienen. Er plädierte für die grundsätzliche ↝ Werthaltung „Ehrfurcht vor dem Leben". Seine Theorie ist vorwiegend im christlichen Schöpfungsgedanken verankert. Die neuere, stärker ökologisch begründete Theorie von P. TAYLOR (1986) beruht auf der Prämisse, daß es für jedes einzelne Lebewesen sowie für jede Population oder Gemeinschaft von Lebewesen einen Zustand des Wohls gibt, wonach die Lebewesen streben. Aufgrund dessen stellt jedes Lebewesen ein „teleologisches Zentrum von Leben" dar und besitzt einen inhärenten Wert, der von Menschen respektiert und geachtet werden sollte. Nach TAYLOR sind Menschen Lebewesen wie alle anderen und nicht grundsätzlich überlegen. Problematisch bei allen Theorien des Biozentrismus ist die Frage ihrer praktischen Realisierbarkeit, vor allem in Zusammenhang mit der Manipulation oder dem Töten anderer Lebewesen durch Menschen.

SCHWEITZER, Albert (1963): Die Lehre vom Ehrfurcht vor dem Leben. Berlin.
TAYLOR, Paul (1986): Respect for Nature. Princeton.

Patricia Nevers

Biozönose (Text im Einleitungskapitel, S. 7)

C

Club of Rome
Der Club of Rome, von Aurelio PECCEI und Alexander KING 1968 zunächst als unabhängiges, offenes Diskussionsforum in der Academia dei Lincei in Rom gegründet, regt Initiativen und Debatten zu Problemen der Weltentwicklung an. Globale Perspektive, Langfristigkeit und die Vernetztheit der Probleme bestimmen seine Arbeit. Die wachsende Bedeutung des Club of

Rome machte seit den 70er Jahren eine zunehmend strukturiertere Form notwendig. A. PECCEI wurde zum Präsidenten gewählt und die Zahl der Mitglieder auf 100 begrenzt. Im Auftrag des Club of Rome bearbeiten Forscherteams aus verschiedenen Disziplinen und Ländern unterschiedliche Problembereiche, um dann mit ihrem Bericht an den Club of Rome an die Öffentlichkeit zu treten. Seit dem ersten großen Bericht 'Die ↝ Grenzen des Wachstums' (1972) haben viele weitere Berichte, Kongresse und die Arbeit der Landesverbände in ca. 30 Ländern die Arbeit des Club of Rome populär gemacht und z.T. die öffentliche Diskussion maßgeblich bestimmt.

MEADOWS, Dennis L. (1972): Die Grenzen des Wachstums. Stuttgart.

Friedrun Erben

Computernetzwerke
Mit dem Voranschreiten der Vernetzung der Schulen halten Computernetzwerke auch Einzug in die schulische Umweltbildung, und der Grundsatz der Umwelterziehung „global denken, lokal handeln" gewinnt einen neuen Akzent. Schüler können mit dieser Technologie über Grenzen hinweg kommunizieren und Daten austauschen. Ziele sind die Entwicklung von Partnerschaften und die Übernahme persönlicher Verantwortung für die Umwelt als gemeinsames Anliegen von Menschen über kulturelle und nationale Grenzen hinweg. Eine Reihe von Plattformen unterstützen mit handlungsorientierten Konzepten die Auseinandersetzung der Schüler mit ihrem persönlichen Umfeld und den Erwerb einer neuen globalen Perspektive: Große Popularität hat hier das 1984 begründete Projekt „GREEN" (Global Rivers Environmental Education Network: www.igc.org/green) erworben. Ausgehend von der Idee einer Flußpatenschaft schlossen sich Schulen, die am stark verschmutzten Huron River im Michigan gelegen sind, zusammen, erhoben in ihrem Nahbereich Daten zur Gewässergüte und gaben die Ergebnisse in ein Netzwerk ein. Die Schüler konnten so die Veränderungen der Wasserqualität von der Quelle bis zur Mündung nachvollziehen. Schnell fand die Idee weltweite Beachtung; heute sind 135 Länder in das Projekt involviert.

Weitere im Internet vertretene Projekte sind:
- „BioNet e.V." (www.bionet.schule.de) mit den Sektionen: „AquaData", „TerraData, „Aero-Data", „Radio-Data";
- „EcoNet" (econet.com);
- „EE-Link" (eelink.net);
- „EEN" (The Environmental Education Network: envirolink.org/enviroed);
- „Global Thinking Project" (www.gtp.org);
- „GLOBE" (Global Learning and Observation to Benefit the Environment: www.globe.gov);
- „K 12 Netzwerk" (www.k12.org);
- „The European Schools Project" (www.esp.educ.uva.nl).

ALBERT, Rolf u.a. (1996): Fließgewässeruntersuchung und Datenfernübertragung. Kronshagen.
PRIGGE, Stefan (1994): Gewässer im Stadtteil. Hamburg.
SCHRÖDER, Wolfgang/TISSLER, Bernd (1995): Umwelt am Netz. Kiel.

Georg Pfligersdorffer

Computersimulation
Computersimulationen sind mathematische und formallogische Modelle von Systemen und Prozessen. Schon bisher war der Einsatz von Modellen zur Veranschaulichung eine bewährte Methode. Computersimulationen als dynamische Modelle zeichnen sich durch ihre Interaktivität aus. Der Lernende kann in Abläufe und Szenarien eingreifen, Parameter verändern, beobachten, welche Auswirkungen seine Maßnahmen zeigen, und das komplexe Zusammenwirken der Faktoren erforschen (KOSCHWITZ/WEDEKIND 1993). Computersimulationen werden dort eingesetzt, wo die Arbeit mit dem Original zu aufwendig, zu gefährlich, zu kompliziert ist oder ethisch-moralische Bedenken gegeben sind. Man unterscheidet: 1. Simulationen als Experimentierersatz, 2. Modellbildungssysteme, 3. Planspiele, 4. Simulationen zum Training psychomotorischer Fertigkeiten und 5. Simulationen zur Veranschaulichung.
In der Umweltbildung gewinnen Computersimulationen besondere Bedeutung für das Verstehen komplexer dynamischer Vorgänge (↪ Grenzen des Wachstums; PFLIGERSDORFFER 1994), sozialer Phänomene (↪ Allmende; MEADOWS 1995) und die Entwicklung entsprechenden Handlungswissens. Wie Untersuchungen ergaben, neigen Menschen in komplexen ökologischen Situationen zu falschen Annahmen und Verhaltensweisen (DÖRNER 1996). Sie gehen unbewußt von neben- und fernwirkungsfreien Maßnahmen aus, vermuten starke Kausalbeziehungen und transparente Bedingungen, vereinfachen, neigen zu linearen Extrapolationen und zu Methodismus. In Planspielen und experimentellen Simulationen können diese Phänomene von Lernenden erfahren und erlebt werden („Weltsimulation & Umweltwissen", „Ecopolicy"; NOWAK/BOSSEL 1994).
↪ Begegnung, sekundäre

DÖRNER, Dietrich (1996): Der Umgang mit Unbestimmtheit und Komplexität und der Gebrauch von Complutersimulationen. In: KÖLNER ZEITSCHRIFT FÜR SOZIOLOGIE UND SOZIALPSYCHOLOGIE, Sonderheft 3, S. 489-515.
KOSCHWITZ, Horst/WEDEKIND, Joachim (1993): Computereinsatz im Biologieunterricht. Tübingen.
PFLIGERSDORFFER, Georg (1994): Computersimulationen in Umwelterziehung und Ökologieunterricht. In: KATTMANN, Ulrich (Hrsg.): Biologiedidaktik in der Praxis. Oldenburg, S. 155-175.

angeführte Software:
BOSSEL, Hartmut (1994): Modellbildung und Simulation. Konzepte, Verfahren und Modelle zum Verhalten dynamischer Systeme. Braunschweig.

MEADOWS, Dennis L. u.a. (1995): Fishbanks, LTD. Institute for Policy and Social Science Research. University of New Hampshire.

NOWAK, Hans P./BOSSEL, Hartmut (1994): Weltsimulation & Umweltwissen. Unsere Umwelt und die Zukunft der Erde. Braunschweig.

Georg Pfligersdorffer

Copernicus-Programm

Die europäische Hochschulrektorenkonferenz, der mehr als 500 Universitäten in 36 europäischen Ländern angehören, hat 1994 den Beschluß gefaßt, die ↬ Ökologisierung der Hochschulen voranzutreiben und Prinzipien eines sustainable development in die Arbeit der Universitäten zu integrieren. Dieses Ziel hat sie in einem Zehn-Punkte-Aktionsprogramm namens Copernicus (Co-operation Program in Europe for Research on Nature and Industry through Coordinated University Studies) ausgeführt.

Die Copernicus-Charta verfolgt vier Hauptziele: erstens die Perspektive einer nachhaltigen Entwicklung in die gesamte Universität, insbesondere in Lehre, Forschung und Weiterbildung, zu integrieren; zweitens multidisziplinäre Forschungsprojekte in diesem Bereich zu stimulieren; drittens solches Wissen den Entscheidungsträgern in Wirtschaft, Politik und Verwaltung nahezubringen, und viertens die Universität mit anderen Sektoren der Gesellschaft im lokalen, nationalen und gesamteuropäischen Rahmen mit dem Ziel einer koordinierten Arbeit am „Projekt Nachhaltigkeit" zusammenzubringen.

↬ Leben, saisonales; ↬ Nachhaltigkeit; ↬ sustainable development

KUCKARTZ, Udo (1996): Was heißt Ökologisierung der Hochschulen? Von der Agenda 21 zum COPERNICUS-Aktionsprogramm. Forschungsgruppe Umweltbildung Berlin.

LEAL FILHO, Walter u.a. (1996): Implementing sustainable development at University Level. A Manual of Good Practice. Bradford.

Udo Kuckartz

Curriculum, umweltbezogenes

Ein Curriculum bezieht sich auf den Gesamtzusammenhang aller planbaren Faktoren (insbesondere Ziele, Inhalte, Prozesse, Methoden und Medien) dessen, was mit Bildung beabsichtigt wird. Ein umweltbezogenes Curriculum definiert die Umwelt als natürliche, soziale und bebaute Umwelt und stellt im ganzheitlichen Verständnis den Menschen als Verursacher, Betroffenen und Verantwortlichen in den Mittelpunkt der Betrachtung (↬ Retinität). Ein Curriculum ‚Umwelt' legitimiert Umwelterziehung durch Umweltkrisenphänomene und Katastrophenszenarien, durch Überlebensängste, Zukunftsrisiken und Hoffnungsprinzipien, aber auch durch ↬ Umweltvorsorge und ethische Werteorientierung (↬ Anthropozentrismus; ↬ Umweltethik). Im Kontext der Zielorientierung geht es um Umweltmündigkeit und Umweltverant-

wortung im Spannungsfeld menschlicher Existenzsicherung. Es werden Denk-, Handlungs- und Bewußtseinsstrategien im Hinblick auf umweltvorsorgende Konfliktlösungsbewältigung angestrebt. Dabei kristallisieren sich drei Zielqualitäten von Umweltbildung heraus: *Sachkompetenz*, d.h. die Bereitschaft, sich zum vernunftgerechten Umgang mit umweltrelevanten Funktionszusammenhängen und vernetzten Problemfeldern auseinanderzusetzen; *Werteorientierung*, d.h. Wertschätzung und Verantwortung gegenüber der Mitwelt (↪ Physiozentrismus; ↪ Sonderstellung des Menschen; ↪ Umweltverträglichkeit), der Natur und dem Leben; *Handlungskompetenz*, d.h. aktive Handlungsbereitschaft für eine vorsorgende Gestaltung von Natur und Umwelt. Im Kontext konzeptioneller Ausgestaltung gilt es, bestimmte elementare pädagogische Schlüsselqualifikationen im Hinblick auf Umwelt- und Lebensbewältigung herauszustellen. Dazu gehören Umweltwahrnehmung, Analyse- und Konfliktbearbeitung sowie ↪ Antizipation, ↪ Partizipation, Handlungsfähigkeit, Reflexion und Verhaltensorientierung. Das inhaltliche Gefüge umfaßt grundlegende Tatbestände von Umwelt. Diese orientieren sich zum einen auf die Bestandsaufnahme: Struktur ökologisch-lebensweltlicher Spannungsfelder, Elemente der Naturressource und Charakteristik menschlicher Eingriffssymptome sowie Typologien von Vernetzungsstrukturen und Komplexe zu Ursache-Wirkungszusammenhängen. Sie zielen zum anderen auf die umweltvorsorgende Gestaltung: Ökologische Strukturorientierung und Leitlinien nachhaltiger Entwicklung, ökologische Lebensstile und Lebensqualitäten sowie Verhaltensdimensionen und ethische Bewußtseinsorientierungen (↪ Öko-Audit; ↪ Ressourceneffizienz; ↪ Rucksack, ökologischer; ↪ Umweltverträglichkeitsprüfung). Im prozessualen Kontext geht es insbesondere um kommunikations- und handlungsorientierte Lernprozesse im Hinblick auf die Bewältigung ökologisch lebensweltlicher Problemstellungen. Der Methodenkontext berücksichtigt integrative Verfahrensweisen im Zusammenhang mit sinnlich-anschaulichen, diskursiven, systematisch strukturierenden und handgreiflich-praktischen Aneignungsformen. Der mediale Kontext ermöglicht die Einbeziehung neuartiger Informationssysteme im Hinblick auf die lokale, regionale und globale Wahrnehmung und Erfassung von Umweltzuständen und Ursache-Wirkungskomplexen, von Kreisläufen, Prognosen und Simulationen.
↪ Computersimulation; ↪ Curriculumentwicklung, lokale
GÄRTNER, Helmut (1997): Umweltpädagogik in Studium und Lehre. Hamburg.

Helmut Gärtner

Curriculumentwicklung, lokale
Seit der Antike im Sinne eines Plans systematischer Unterweisung verstanden, in Deutschland ab Ende der 60er Jahre im Kontext der Bildungsreform aus dem angelsächsischen Raum übernommen, erhielt der Begriff Curriculum schnell eine erweiterte, auf bildungspolitische Veränderungen abzielen-

de Bedeutung: Zielsetzungen, Methoden und Medien/Materialien, vor allem Prozesse der Lehrplanentwicklung sowie die Legitimierung, Planung, Implementation und Evaluation von Lernprozessen in allen Bildungsbereichen wurden einem rationalen, d.h. wissenschaftlichen und demokratischen Gesamtanspruch unterworfen. Durch intensive Förderung entstanden in den 70er Jahren zahlreiche, meist auf das öffentliche Schulwesen bezogene Modelle der Curriculumentwicklung. Sie unterschieden sich in Zielsetzung, Gegenstandsbereich, Handlungsebenen, wissenschaftstheoretischer Grundlegung, organisatorischer Struktur und in der Rollenverteilung von Wissenschaft, Bildungsverwaltung, Lehrern und Lernenden. Zukunftsweisend waren die Ansätze einer „praxisnahen Curriculumentwicklung". Die meisten jedoch blieben hinter den Erwartungen eines Denkens zurück, das von überzogener Machbarkeit und deduktiver Systematik geprägt war, oder überlebten nicht das politische Auslaufen der Bildungsreform. Bescheidenes Hauptergebnis waren die von Bildungsverwaltungen weitgehend kontrollierten, fachlich ausgerichteten curricularen Innovationen der Lehrpläne (Rahmenrichtlinien, Empfehlungen). Für die Umweltbildung bieten sie zwar verbesserte Handlungsmöglichkeiten, aber kaum einen fächerübergreifenden Rahmen (↪ Unterricht, fächerübergreifender). Die Verschärfung gesellschaftlicher Krisen und die nachhaltige Entwicklung (↪ sustainable development) erfordert aufgeklärte Bildungsinnovationen, die an uneingelöste Intentionen der Curriculumentwicklung anknüpfen könnten: Mit dem Bedeutungszuwachs partizipatorischen, lokalen Handelns (↪ Agenda 21, lokale) und einer ↪ Öffnung von Schulen und Bildungseinrichtungen zum lokalen Umfeld bietet sich eine aktualisierte praxisnahe Curriculumentwicklung für Umweltbildung an. Interdisziplinär wissenschaftlich und bildungstheoretisch (↪ Bildungstheorie, ökologische) fundiert, in Kooperation mit Pädagogen und außerpädagogischen Akteuren entwickelt und erprobt, könnte sie sich inhaltlich mit einem offenen, problembezogenen Verständnis auf konkrete, lokale Themenfelder und ↪ Lernorte (↪ Umweltbildung, urbane) in nachhaltiger Perspektive beziehen. Lokale Curricula sollten als freies, fächerübergreifendes Angebot für Bildungseinrichtungen einer Region konzipiert werden, das Alltagssituationen und Lebensstile der Lernenden aufnimmt und auf normative Festlegungen verzichtet. Für ihren Erfolg benötigen sie eine stabile und unabhängige Infrastruktur an ↪ Lehrer(fort)bildung, Beratung, Unterstützung und Evaluation (↪ Umweltzentren, regionale pädagogische Zentren).

BECKER, Gerhard (1995): Offenes Curriculum Stadt als umweltpädagogischer Perspektive. In: DGU/IPN (Hrsg.): Modelle zur Umwelterziehung in der Bundesrepublik Deutschland, S. 94-104.
DEUTSCHER BILDUNGSRAT (Hrsg.) (1974): Zur Förderung praxisnaher Curriculumentwicklung. Stuttgart.
HAMEYER, Uwe u.a. (Hrsg.) (1983): Handbuch der Curriculumforschung. Weinheim.

Gerhard Becker

D

Dematerialisierung ↪ Rucksack, ökologischer

Denken, neues
Ökologische Prozesse verlaufen meist nicht linear, sondern interdependent, exponentiell, zirkulär, multidimensional. Dieser Komplexität scheint ein technisch-mechanistisches, monokausales Denken nur bedingt zu entsprechen. Punktuelle Eingriffe in komplexe Systeme haben häufig unkalkulierbare und kontraproduktive Auswirkungen. So wird seit ca. 2 Jahrzehnten von der Ökologiebewegung ein Paradigmenwechsel, eine „Wende der Wahrnehmung", ein „neues Denken" propagiert. Prominente Vertreter dieses ökologischen Denkstils sind z.B. CAPRA und VESTER. CAPRA registriert in der modernen Physik und in der Medizin eine Wende vom kausalanalytischen, deterministischen Denken zu einem holistischen, konstruktivistischen Denken, wobei er auf Analogien zwischen modernen Wissenschaftstheorien und asiatischen Religionen, z.B. dem *Taoismus*, verweist. VESTER hat die Umweltbildung durch sein Konzept des vernetzten Denkens bereichert. Es basiert auf systemischen und biokybernetischen Theorien und relativiert das analytische, technologische Modell.

Auch der Psychologe DÖRNER hat in computergestützten Planspielen auf die Gefahren linearer Eingriffe in komplexe Systeme aufmerksam gemacht. Entwicklungshilfeprogramme und ökologische Projekte erfordern eine „operative Intelligenz", die vorläufige, reversible, situationsangemessene Maßnahmen ermöglicht. Operative Intelligenz ist die kognitive Fähigkeit, unterschiedliche Denkoperationen und Problemlösungsstrategien zum richtigen Zeitpunkt und an der richtigen Stelle einzusetzen.

Daß ein mechanistisches Eingriffsdenken ökologisch meist „unterkomplex" und unangemessen ist und ein Denken, das Rückkopplungen, Interdependenzen und Folgeprobleme berücksichtigt, gelernt werden kann, ist unstrittig. Strittig ist die Forderung nach einem „neuen" Denken. Wir müssen diejenigen kognitiven Schemata und Stile, über die wir verfügen, optimal nutzen. Auch ist logisches, analytisches, kausales Denken kein Gegensatz zum „ganzheitlichen" Denken. Es lohnt sich, über einen systematischen Denkstil als ökologische Schlüsselqualifikation nachzudenken, der Kriterien wie Nachhaltigkeit, Reversibilität, Unterlassungshandeln, Vielfalt, Irrtumswahrscheinlichkeit, Kontingenz berücksichtigt.

Dieses Ziel verfolgt die „ökologische Denk-Werkstatt", eine Organisationsform, die der ↪ Zukunftswerkstatt ähnelt. In dieser „Werkstatt" sollen vorhandene Denkstile, Wahrnehmungen und Werte bewußt gemacht und erweitert werden. Dabei soll kein „neues" Denken gelernt werden, sondern es geht darum, „verlorene Fähigkeiten und Wahrnehmungen zu schulen und Sensibilität für die Umweltwirkungen unseres alltäglichen Denkens und Handelns zu entwickeln." (SELLNOW 1991, S. 106)

CAPRA, Fritjof (1982): Wendezeit. Bern.
DÖRNER, Dietrich (1989/⁵1998): Die Logik des Mißlingens. Reinbek.
SELLNOW, Reinhard (1991): Die Förderung ökologischer Verantwortung im Konzept der „ökologischen Denk-Werkstatt". In: BERGER, Klaus u.a.: Ökologische Verantwortung. Bad Heilbrunn, S. 103 ff.
VESTER, Frederic (1984): Neuland des Denkens. München.

Horst Siebert

Design, ökologisches
Die klassischen Designkriterien bei Gebrauchsgütern sind Funktionalität und Ästhetik: Die Gegenstände sollen funktionieren und gut aussehen. Das ökologische Design fügt diesen Kriterien ein drittes hinzu: Die Gegenstände sollen in Herstellung, Nutzung und Entsorgung umweltfreundlich sein. Im einzelnen bedeutet dies, daß Gebrauchsgegenstände langlebig, wartungs- und reparaturfreundlich sowie demontage- und recyclierfähig sein sollen und in Komponentenbauweise erstellt werden, so daß auch Einzelteile ausgetauscht werden können. Durch eine solche Konzeption geht das Volumen neu erzeugter Produkte zurück, und die Umwelt wird entlastet. Gleichzeitig entstehen neue Beschäftigungsmöglichkeiten im Bereich der produktnahen Dienstleistungen (Leasing, Wartung, Reparatur, Demontage, Recycling etc.).

SCHMIDT-BLEEK, Friedrich (1994): Wieviel Umwelt braucht der Mensch? MIPS - das Mass für ökologisches Wirtschaften. Berlin.

Reinhardt Loske

Didaktik
Der Begriff Didaktik ist aus dem Griechischen entlehnt und umfaßt ursprünglich die aktive wie die passive Verwendung: lehren, unterrichten, belehrt/unterrichtet werden, selbst lernen, sich aneignen. Didaktik kann verstanden werden als „Vermittlung" im Wortsinn: Zwischen einem lernenden Subjekt und einem zu lernenden Objekt so vermitteln, daß sich das Subjekt mit dem Objekt aktiv auseinandersetzen, es sich individuell aneignen kann; die Tätigkeit des „Vermittlers" (= Lehrer, Dozent) ist dabei Hilfestellung: Lernen ermöglichen, anregen, unterstützen, begleiten („Ermöglichungsdidaktik"). Die letztendliche Verantwortung, ein Lernangebot anzunehmen, liegt beim Lernenden selbst.

So wie Pädagogik ihren Focus weitet und nicht nur das Lernen von Individuen, sondern auch von Teams und Institutionen in den Blick nimmt, so weitet sich auch das Aufgabenfeld der Didaktik, die in Zukunft Wege für organisationelle Lernprozesse entwickeln muß. Didaktik soll im folgenden als weiter Begriff alle Aspekte der Fremd- („Unterricht") und Selbstorganisation (Autodidaktik) von Lernprozessen umfassen (Ziele, Inhalte, Methoden, Medien). Sie kann spezifiziert werden im Hinblick auf Fachwissenschaften (z.b. Didaktik der Physik), Zielgruppen (Didaktik der Seniorenbildung) bzw. zielgruppenspezifische Institutionen (Grundschuldidaktik) und Handlungsfelder (Didaktik beruflicher Bildung).

Umweltbildung liegt gewissermaßen „quer" zu diesen Bezugspunkten. Das Lernfeld ist nicht auf eine einzelne Wissenschaft bezogen, sondern interdisziplinär, betrifft prinzipiell alle Zielgruppen, Institutionen und Handlungsfelder. Es fällt daher schwer, eine spezifische Didaktik der Umweltbildung zu entwickeln. Zudem hat sich in den letzten Jahren gezeigt, daß vieles, was in Ansätzen zur Didaktik der ↪ Umweltbildung gefordert bzw. entwickelt wurde, sich mit guten Argumenten auch für andere Lernbereiche fordern bzw. anwenden läßt. Das gilt für didaktische Prinzipien (wie Betroffenheit, Erfahrungsorientierung, Handlungsorientierung, ↪ Ganzheitlichkeit, Reflexivität, exemplarisches Lehren, ↪ Interdisziplinarität, Vernetzung (↪ Retinität; ↪ Partizipation), für die Rolle des Pädagogen (nicht nur Fachmann bzw. Spezialist, sondern Lernhelfer bzw. -initiator, Moderator, Organisator, Berater), für Methoden (wie ↪ Simulationsmethoden, ↪ Zukunftswerkstatt, Erkundungen, ↪ Projektunterricht/Projekte). Umweltbildung hat daher in den letzten Jahren die didaktische Diskussion insgesamt bereichert und wirkte u.a. als Katalysator für die Verbreitung „neuer" Lehr-Lern-Methoden.

Didaktische Leitlinien zur Umweltbildung in Schulen und Erwachsenenbildung könnten sein:
1. Die Lernenden als Subjekte ernstnehmen; wo möglich eigenständige Zielsetzungen und eigenaktives Lernen ermöglichen und fördern.
2. Die Lernenden nicht instrumentalisieren, auch nicht im Sinne eines wohlmeinenden ökologischen Engagements. Auch die Entscheidung für oder gegen die Übernahme (umwelt-)ethischer Positionen liegt bei den Lernenden selbst.
3. Zielsetzungen und Auswahl von Inhalten kritisch und im Hinblick auf die „Lebensdienlichkeit" und Zukunftsfähigkeit in einem umfassenden Sinne vornehmen. Orientierung an erweiterten Handlungsmöglichkeiten für die Lernenden.
4. Die Vielfalt des gesamten Spektrums an Methoden und Medien, sowie handlungsorientierte, ganzheitliche und kreative Lernformen, nutzen.

JANK, Werner/MEYER, Hilbert (1991): Didaktische Modelle. Frankfurt a.M.
KRON, Friedrich W. (1993/²1994): Grundwissen Didaktik. München.
MÜLLER, Ulrich (1993): Didaktische Planung ökologischer Ewachsenenbildung. Ein Leitfaden. Frankfurt a.M.
SIEBERT, Horst (1996): Didaktisches Handeln in der Erwachsenenbildung. Neuwied.

Ulrich Müller

Dilemmasituation

Die Sozialwissenschaften arbeiten mit dem Konstrukt der Dilemmasituation, wenn zwischen individueller und kollektiver Rationalität keine Übereinstimmung besteht, d.h. wenn es für den einzelnen rational ist, sich eigennützig zu verhalten, obwohl eine kooperative Strategie aller zum bestmöglichen Ergebnis führen würde. Die Grundstruktur solcher Dilemmasituationen kann an einer Spielsituation aufgezeigt werden, die unter der Bezeichnung 'Gefangenendilemma' bekannt ist: Zwei Untersuchungshäftlinge und haben gemeinsam ein Verbrechen begangen. Der Staatsanwalt - vorausgesetzt wird die US-amerikanische Kronzeugenregelung - weist sie in Einzelgesprächen darauf hin, daß bei einem Geständnis die Möglichkeit der Freilassung mit folgenden Alternativen bestehe: Gesteht A und B leugnet, ist A frei und B erhält die Höchststrafe sowie umgekehrt. Gestehen beide, gibt es einen geringen Strafnachlaß; leugnen aber beide, sind sie frei, da dem Staatsanwalt die Beweise fehlen. Die kollektiv beste Lösung besteht im Leugnen beider. Wer aber im gemeinsamen Interesse leugnet, geht ein hohes Risiko ein. Da beide nicht wissen, was der andere tun wird, dominiert das nicht-kooperative Verhalten. Der Prognose liegt die in der Wirtschaftswissenschaft gebräuchliche Annahme zugrunde, daß Individuen sich rational verhalten. Das wiederum heißt, sie wägen erwartete Nutzen und Kosten gegeneinander ab und entscheiden sich für die Alternative mit dem größten individuellen Nutzen.

Im Zusammenhang mit der Umweltproblematik wird das Modell der Dilemmasituation benutzt, um die Diskrepanz zwischen ↪ Umweltbewußtsein und Verhalten zu erklären bzw. um Verhalten zu prognostizieren. Der Akteur steht vor folgendem Dilemma: Verhält er sich umweltfreundlich, alle anderen aber nicht, hat er zwar Kosten, ein allgemeiner Nutzen ist aber nicht meßbar; z.B. führt der Verzicht von Einzelpersonen auf die Fahrt mit dem PKW zu keiner spürbaren Verbesserung der Umweltsituation. Verhält der Akteur sich wie alle umweltschädigend, hat er bei gleichem Ergebnis zumindest seine persönlichen Kosten (Abhängigkeit von Fahrplänen, Rücksichtnahme auf Mitfahrer u.ä.) minimiert. Den höchsten Nutzen erreicht er allerdings, wenn alle sich umweltfreundlich verhalten, er jedoch weiterhin Auto fährt. Die Umweltbedingungen verbessern sich, ohne daß er sich kooperativ zeigen muß, da er als einzelner nicht ins Gewicht fällt. Also ist das 'Trittbrettfahrerverhalten' zu erwarten.

Für ↪ Umweltbildung stellt sich die Frage, inwieweit sie - bei Zugrundelegung obiger Annahmen - auf eine individualethisch orientierte Bewußtseinsbildung abzielen soll und inwieweit institutionenethische Ansätze (Verstehen der Implikationen umweltpolitischer Instrumente, wie ↪ Öko-Steuern) stärkeres Gewicht erhalten sollten. Der erste Fall setzt auf die - in der Dilemmasituation unsichere - Freiwilligkeit des Handelnden aufgrund intrinsischer ↪ Motivation, der zweite auf extrinsische Anreize.

↪ Ökonomische Rahmenbedingungen für ökologisches Handeln

SEEBER, Günther (1998): Solidarität und Eigennutz - wirtschaftswissenschaftliche Grundlagen der Dilemmaanalyse und didaktische Folgerungen. In: ARBEITEN UND LERNEN/WIRTSCHAFT, Heft 29, S. 8-12.

Günther Seeber

Diskurs, ökologischer

Auseinandersetzungen über Umweltprobleme haben seit den 60er Jahren einen hohen Stellenwert in öffentlichen Debatten erlangt. Solche öffentlichen Diskurse lassen sich als symbolisch strukturierte Konfliktfelder begreifen, in denen konkurrierende Akteure um die Durchsetzung ihrer jeweiligen Problemdeutungen kämpfen. Das zentrale Feld dieser symbolischen Kämpfe ist der Mediendiskurs. Dessen spezifische Selektivität verleiht auch dem ökologischen Diskurs seine eigentümliche Dynamik. Die Chancen für die Beeinflussung des öffentlichen Diskurses hängen ab: (a) vom geschickten Umgang mit den Aufmerksamkeitsregeln der Medien, (b) der lebensweltlichen Resonanz der jeweiligen 'Problemrahmung', (c) ihrer Einbettung in den allgemeineren Kontext öffentlicher Problemkonjunkturen. Typische Merkmale des ökologischen Diskurses sind wissenschaftliche Kontroversen und die Moralisierung ökologischer Fragen aufgrund einer Verknüpfung mit unterschiedlichen Wertpräferenzen sowie kulturellen Lebensentwürfen. Der ökologische Diskurs hat sich seit den frühen 70er Jahren wesentlich verändert. Inhaltlich standen zunächst regionale Verschmutzungs- und Emissionsprobleme, dann die Risiken von Großtechnologien und chemischer Produktion, zuletzt globale Umweltprobleme und die Grenzen der Belastbarkeit natürlicher Systeme im Vordergrund. Dem entspricht die Verschiebung vom reformistischen „Umweltschutz-" zum hoch polarisierten „Risikodiskurs", der dann wieder in den integrativen Diskurs ⇒ sustainable development eingebunden wird. In bezug auf die Form des ökologischen Diskurses haben seit Ende der 80er Jahre, im Zuge der Institutionalisierung der Umweltthematik, dialogisch-kooperative Interaktionsformen sukzessive konfrontative Argumentations- und Handlungsstrategien ersetzt, ohne die symbolische Aufladung ökologischer Themen mit konkurrierenden Lebens- und Gesellschaftsentwürfen gänzlich zu beseitigen.

BRAND, Karl-W. (1995): Der ökologische Diskurs. In: HAAN, Gerhard de (Hrsg.): Umweltbewußtsein und Massenmedien. Perspektiven ökologischer Kommunikation. Berlin, S. 47-62.

BRAND, Karl-W./EDER, Klaus (1997): Ökologische Kommunikation in Deutschland. Opladen.

Karl-Werner Brand

Dritte Welt
Der Begriff „Dritte Welt" ist französischen Ursprungs (tiers monde) und geht zurück auf A. SAUVY (1952). Er entstand im Kontext des Ost-West-Gegensatzes und bezeichnete den von afro-asiatischen Ländern beschrittenen „dritten Weg" der Blockfreiheit zwischen den sich etablierenden Machtblökken. Mit der ersten UNCTAD-Konferenz 1964 erhielt die Bezeichnung eine Bedeutungsveränderung durch jene Länder, die sich der „Gruppe der 77" anschlossen. Für diese formulierte J. NYERERE (1982), daß die „Dritte Welt" aus den „Opfern und Ohnmächtigen der Weltwirtschaft" bestehe.

Der Ersten Welt der westlichen, industrialisierten, kapitalistischen Länder standen die östlichen, industrialisierten, sozialistischen Staatshandelsländer der Zweiten Welt und die Entwicklungsländer des Südens, die Dritte Welt, gegenüber. Nach dem Ende des Ost-West-Konflikts fielen die ehemaligen Staatshandelsländer zum Teil auf das Armutsniveau der Dritten Welt ab; sie werden aber zunehmend in die Erste Welt eingebunden. Taiwan, Süd-Korea, Hongkong, Singapur und andere Länder überstiegen die Schwelle der Dritten Welt (sogenannte „Schwellenländer"). Die Zahl der Entwicklungsländer, die aus der Gruppe der Dritte Welt-Länder (Less Developed Countries) in die Vierte Welt (Least Developed Countries) gruppiert werden, erhöht sich. Kriterien sind das Pro-Kopf-Einkommen (< 355 US-$), der Anteil industrieller Produktion am Bruttoinlandsprodukt (< 10%), die Alphabetisierungsrate bei Erwachsenen unter 15 Jahren (< 20%). Diese Differenzierungen der 125 Dritte Welt-Länder führen heute zu einer Infragestellung der Bezeichnung „Dritte Welt". Gegen die Unterentwicklung in der Dritten Welt (Hunger, Krankheit, Analphabetismus) stellen NUSCHELER/NOHLEN (1989/³1992) als Konzept das „magische Fünfeck der Entwicklung": Wachstum, Arbeit, Gleichheit/Gerechtigkeit, Partizipation und Unabhängigkeit. – TREML (1983) unterscheidet idealtypisch vier pädagogische Konzepte im Kontext von Entwicklungsproblemen (⇨ Entwicklungspädagogik; ⇨ Lernen, globales):
1. „Pädagogik in der Dritten Welt" und
2. „Pädagogik für die Dritte Welt". Diese haben jeweils Menschen in der Dritten Welt zum Adressaten, unterscheiden sich jedoch bezüglich ihres regionalen Entstehungszusammenhangs;
3. die „Dritte Welt-Pädagogik", die die Dritte Welt zum Gegenstand, aber die Menschen in der Ersten Welt zur Zielgruppe hat;
4. die Entwicklungspädaogik, der es „um die pädagogische Bewältigung der inzwischen zu Überlebensproblemen ausgewachsenen Entwicklungsprobleme der weltweiten Industrie-Zivilisation" geht.

Adressaten sind Angehörige der Industriestaaten. Der Problemkreis Entwicklungshilfe ist in der heutigen Entwicklungspädagogik von geringerer Bedeutung, der Nachweis globaler Interdependenz steht im Mittelpunkt. Von und mit der Dritten Welt soll in solidarischem Sinne (⇨ Solidarität) gelernt werden, so daß eine gemeinsame Lösung der Probleme der Länder des Nordens, Südens, Ostens und Westens ermöglicht werden kann.

NOHLEN, Dieter/NUSCHELER, Franz (Hrsg.) (1989/1992): Handbuch der Dritten Welt. Band 1. Bonn.
SEITZ, Klaus (1993): Von der Dritte Welt-Pädagogik zum Globalen Lernen. In: SCHEUNPFLUG, Annette/TREML, Alfred K.: Entwicklungsbezogene Bildung. Hamburg.
TREML, Alfred K. (Hrsg.) (1983): Pädagogikhandbuch Dritte Welt. Wuppertal.
VEREIN FÜR FRIEDENSPÄDAGOGIK (Hrsg.) (1998): Global lernen. CD-Rom. Tübingen.

Susanne Lin

E

Education for sustainable development

Für „Education for sustainable development" hat sich im Deutschen der Begriff „Bildung für eine nachhaltige Entwicklung" eingebürgert. Unter diesem Begriff werden zunehmend Bildungsprogramme konzipiert, bei denen der bisher als ↪ „Umweltbildung" bezeichnete Aufgabenbereich im Hinblick auf „Bildung für eine nachhaltige Entwicklung" erweitert und neu akzentuiert wird. Die Begründungen dafür liefert das seit der Rio-Konferenz 1992 („Erdgipfel") sowohl im internationalen als auch nationalen Kontext favorisierte Konzept der ↪ Nachhaltigkeit, das in der allgemeinen Form, die Tragefähigkeit der Erde nicht zu überschreiten, inzwischen breite Zustimmung gefunden hat. In der ↪ Agenda 21 ist dieses Konzept Grundlage für politisches und pädagogisches Handeln und wird auf relevante politische Handlungsfelder (z.B. Kommunen) und Bildungsbereiche transferiert (z.B. Schule, Erwachsenenbildung, außerschulische Bildungseinrichtungen). Die Herausforderung einer „Bildung für eine nachhaltige Entwicklung" ist darin zu sehen, daß die Mehrdimensionalität und der globale Zusammenhang von Nachhaltigkeit in pädagogische Konzeptionen Eingang finden müssen, d.h. daß ökonomische, ökologische und gesellschaftliche Aspekte von Umweltentwicklungen im Sinne interdisziplinären Lernens in ihren Zusammenhängen mit globalen Problemen Berücksichtigung finden. In der pädagogischen Praxis stehen der Realisierung einer „Bildung für eine nachhaltige Entwicklung" Barrieren entgegen, wie sie für ↪ Umweltbildung in verschiedenen Bildungsbereichen empirisch untersucht worden sind, z.B. Qualifikation der Lehrenden oder Zeit- und Ressourcenmangel der Bildungseinrichtungen.

BOLSCHO, Dietmar/SEYBOLD, Hansjörg (1996): Umweltbildung und ökologisches Lernen. Berlin.
BOLSCHO, Dietmar/MICHELSEN, Gerd (1997): Umweltbildung unter globalen Perspektiven. Bielefeld.

Dietmar Bolscho

Effizienzrevolution
Mit Effizienrevolution (lateinisch: efficere, zu deutsch: bewirken) ist eine wesentliche Steigerung des Wirkungsgrades von Produktionsprozessen und Dienstleistungen gemeint, um Naturverbrauch zu reduzieren und negative Umweltwirkungen zu minimieren. „Mehr aus weniger" ist das Schlagwort für höhere Effizienz auf dem Wege in eine ökologisch nachhaltige Wirtschaft. Angestrebt wird zum einen, die Natur als Produktionsfaktor zu berücksichtigen und durch möglichst geringen Einsatz von Energie und Rohstoffen der Endlichkeit von natürlichen Ressourcen Rechnung zu tragen. Zum anderen soll durch eine Verlangsamung der Stoffumsätze (z.B. Langlebigkeit von Produkten, Refacturing, Recycling, Verwendung nachwachsender Rohstoffe) vor allem in den Industriestaaten der globalen Zunahme von Umweltverschmutzung entgegengewirkt werden. Effizienzrevolution stößt dort auf weitgehenden Konsens, wo die Grenzen herkömmlicher Ökonomie nur wenig überschritten werden.
E.U. VON WEIZSÄCKER stellt die Energieeffizienzrevolution an den Anfang des Umbaus der Wirtschaft (LOVINS/LOVINS/VON WEIZSÄCKER 1995).
↝ Entschleunigung; ↝ Ökonomische Rahmenbedingungen für ökologisches Handeln; ↝ Rucksack, ökologischer

FRITZ, Peter/HUBER, Joseph (1995): Nachhaltigkeit in naturwissenschaftlicher und sozialwissenschaftlicher Perspektive. Stuttgart.
LOVINS, Amory B./LOVINS, L. Hunter/WEIZSÄCKER, Ernst U. von (1995): Faktor vier. Doppelter Wohlstand – halbierter Naturverbrauch. Der neue Bericht an den Club of Rome. München.

Hansjörg Seybold

End-of-the-pipe-Umweltschutz
End-of-the-pipe-Umweltschutz setzt am Ende von Produktionsprozessen an und intendiert eine Verringerung der Umweltbelastung durch Rückhaltung, Rückführung und Umwandlung bestimmter Emissionen (Abluftfilter, Abwasserreinigung). Diese Altlastenproblematik hat verdeutlicht, daß eine Schadensbekämpfung am Ende der Produktions- und Konsumketten zu schlechteren Ergebnissen führt als eine vorsorgeorientierte Umweltpolitik: Resultat des symptomorientierten End-of-the-pipe-Umweltschutzes sind strukturelle, regionale und mediale Belastungsverschiebungen (hochbelastete Klärschlämme statt Abwässer, Müllexporte statt 'ungeordnete' Entsorgung im eigenen Land). Dabei wird der im Hinblick auf Langfristigkeit und Irreversibilität der meisten Umweltschäden viel notwendigeren Vermeidung zu wenig Beachtung geschenkt. Alternative zum nachgeschalteten End-of-the-pipe-Umweltschutz ist der integrierte ↝ Umweltschutz nach dem Vorsorgeprinzip, bei dem die Entwicklung umweltbelastender Stoffe von vornherein vermieden wird. Auch weil die Umweltunverträglichkeit vorhandener Verhaltensweisen häufig erst vor dem Hintergrund neu entdeckter Alternativen erkenn-

bar wird, ist dies in erster Linie ein Problem der Entwicklung, des Einsatzes und der Verbreitung neuer umweltverträglicherer, prinzipiell noch nicht bekannter Produktions- und Konsummuster. Die Anregung und Durchsetzung solcher Innovations- und Imitationsprozesse wird wesentlich durch die ordnungspolitische Ebene und die institutionelle Anreizstruktur beeinflußt.

KROL, Gerd-J. (1992): Umweltprobleme aus ökonomischer Sicht. Zur Relevanz der Umweltökonomie für die Umweltbildung. In: MAY, Hermann (Hrsg.): Handbuch zur ökonomischen Bildung. München, S. 525-546.

RENTZ, Otto (1995): Integrierter Umweltschutz. In: JUNKERNHEINRICH, Martin/ KLEMMER, Paul (Hrsg.): Handbuch zur Umweltökonomie. Berlin, S. 64-69.

Jan Karpe

Energieeffizienzrevolution ↝ Effizienzrevolution

Entschleunigung
Entschleunigung bedeutet negative Beschleunigung, also abnehmende Geschwindigkeit, Verlangsamung, Verzögerung oder auch Zeitdehnung. Hintergrund dieser erst wenige Jahre alten Wortschöpfung ist die zunehmende Erfahrung der Beschleunigung vieler Bewegungen und Prozesse und das wachsende Bewußtsein über nicht intendierte und nicht wünschenswerte Folgen dieser Entwicklung. Das Wort Entschleunigung wird deshalb meist präskriptiv gebraucht und bezeichnet ein zur Hochgeschwindigkeits- und Nonstop-Gesellschaft alternatives Konzept für den Umgang mit ↝ Zeit in unterschiedlichen Lebensbereichen.

- Im Verkehr meint Entschleunigung die Verringerung der Geschwindigkeit, meist im Zusammenhang mit der Verkürzung von Wegstrecken und der Entflechtung von Siedlungs- und Produktionsstrukturen.
- In der Ökonomie bedeutet Entschleunigung Senkung der technischen Neuerungsrate, Erhöhung der Haltbarkeit von Produkten und Orientierung von Produktion und Konsum am Ziel der ↝ Nachhaltigkeit.
- In der Politik wendet sich das Entschleunigungskonzept gegen Versuche, bei der Gestaltung politischer Prozesse auf Druck der Wirtschaft Verfahren abzukürzen und plädiert statt dessen für die Einbeziehung möglichst aller Betroffener und Sachgesichtspunkte, die Einrichtung reflexiver Phasen und ein Höchstmaß an Fehlerfreundlichkeit.
- Im Zusammenhang mit der menschlichen Psyche wendet sich das Entschleunigungskonzept gegen den Versuch vieler Menschen, den Lebensgenuß durch die Häufung und Verdichtung äußerer Ereignisse zu steigern, und plädiert statt dessen für die Orientierung an der subjektiven Qualität von Erlebnissen (↝ Lebensqualität).
- In bezug auf die Medien will das Entschleunigungskonzept der Gefahr der Informationsflut und des Vorrangs des Sensationellen durch die gezielte quantitative Beschränkung und qualitative Vertiefung bei der Prä-

sentation entgegenwirken, um dem Empfänger Zeit zum Nachdenken und zur emotionalen Verarbeitung zu geben.
• Und im Zusammenhang mit Bildungs- und Erziehungsprozessen richtet sich die Forderung nach Entschleunigung gegen lineare Vorstellungen von Lernprozessen und betont ihren rhythmischen und unregelmäßigen Charakter. Von daher gewinnen vor allem selbstorganisatorische Elemente, sperrige Materialien, fremdartige Umgebungen und Pausen eine besondere Bedeutung im pädagogischen Alltag.

Um die verschiedenen Aspekte der Beschleunigung unseres Lebens bewußt zu machen und den Widerstand dagegen zu organisieren, wurden zu Beginn der 90er Jahre z.B. der *Verein zur Verzögerung der Zeit* (Klagenfurt) und die *Zeitakademie* (Tutzing) gegründet. Im Kern geht es im Diskurs über Be- und Entschleunigungsprozesse um die Frage, welche Eigenzeiten, die durch die naturale, kulturale und individuale Evolution entstanden und jeweils durch Geschwindigkeiten, Rhythmen und Elastizitäten gekennzeichnet sind, dem Sein zugrunde liegen. Aus der Beantwortung dieser theoretischen Frage ergeben sich wichtige Maßstäbe für die praktische Aufgabe, Eigenzeiten durch individuelles Verhalten und gesellschaftliche Spielregeln gegen die zerstörerischen Programmzeiten der kapitalistischen Ökonomie zu schützen. Für die Umweltbildung ist der Blick auf Geschwindigkeiten, Rhythmen und Elastizitäten insofern fruchtbar, als damit einerseits die Lernprozesse des Menschen und andererseits die Prozesse seiner Umwelt (Natur und Kultur bzw. Gesellschaft) in einen gemeinsamen begrifflichen Rahmen gebracht werden können. Umweltpädagogisches Leitziel wäre dann die zeitliche Passung (Synchronisierung) zwischen Individuum, Natur und Kultur/Gesellschaft.

BACKHAUS, Klaus/BONUS, Holger (Hrsg.) (1995/²1997): Die Beschleunigungsfalle oder der Triumph der Schildkröte. Stuttgart.
HAAN, Gerhard de (1996): Die Zeit in der Pädagogik. Vermittlungen zwischen der Fülle der Welt und der Kürze des Lebens. Weinheim.
REHEIS, Fritz (1996/²1998): Die Kreativität der Langsamkeit. Neuer Wohlstand durch Entschleunigung. Darmstadt.
REHEIS, Fritz (1997): Ökologie als Frage der Zeit. Eine Antwort auf Helmut Heid und Gerd-Jan Krol. In: ZEITSCHRIFT FÜR PÄDAGOGIK, 43. Jg., Heft 4, S. 611-629.

Fritz Reheis

Entwicklungspädagogik
Die Dritte-Welt-Pädagogik, der es um die pädagogische Vermittlung der Legitimation des Gedanken der Entwicklungszusammenarbeit geht (SCHEUNPFLUG/SEITZ 1995), wird durch den Bericht des ⇨ Club of Rome zu den ⇨ Grenzen des Wachstums nachhaltig erschüttert und konzeptionell angeregt: TREML begründet vor diesem Hintergrund Ende der 70er Jahre die Entwicklungspädagogik (verbunden mit der Herausgabe der „Zeitschrift für internationale Bildungsforschung und Entwicklungspädagogik" seit 1977).

Entwicklungspädagogik nimmt den Zusammenhang zwischen Überentwicklung im Norden und Unterentwicklung im Süden zum Ausgangspunkt. Ihr geht es „um die pädagogische Bewältigung der inzwischen zu Überlebensproblemen ausgewachsenen Entwicklungsprobleme der weltweiten Industrie-Zivilisation und damit um 'Überentwicklung' und 'Unterentwicklung'" (TREML 1980, S. 14). Nicht mehr die ↬ Dritte-Welt ist es, die durch Entwicklungshilfe verändert werden soll; vielmehr wird das Entwicklungsproblem der Weltgesellschaft auch in den Ländern des Nordens verortet und muß dementsprechend auch dort zur politischen und pädagogischen Herausforderung werden. In Anlehnung an BERNFELD kann Entwicklungspädagogik als Summe der pädagogischen Reaktionen auf die Entwicklungstatsache zur Weltgesellschaft beschrieben werden.

Die begriffliche Nähe zur 'Entwicklungspsychologie' ist beabsichtigt. Die Individualentwicklung wird mit der gesellschaftlichen Entwicklung verbunden; denn letztere ereignet sich immer durch das Nadelöhr unterschiedlichen individuellen Bewußtseins. Die didaktische Konsequenz für die klassische „Dritte-Welt-Pädagogik" liegt auf der Hand: „Ein solcher weiter Entwicklungsbegriff stellt eine gesellschaftliche Ausdifferenzierung, die traditionelle Subjekt-Objekt-Trennung, in Frage und belastet zunächst einmal denjenigen, der sie in Frage stellt. Jetzt geht es plötzlich nicht mehr nur um ein Thema 'da hinten, weit weg in der Dritten Welt', sondern jetzt geht es auch um hier und jetzt und damit auch um mich selbst!" (TREML 1980, S. 7).

Die Entwicklungspädagogik hat spätestens mit der Verbreitung und Umsetzung der ↬ Agenda 21 im Rio-Folgeprozeß neue Relevanz erhalten. Sie wird heute unter den Stichworten „globales Lernen" oder „weltbürgerliche Erziehung" diskutiert. Dabei werden neben Fragen des Umgangs mit Über- und Unterentwicklung auch Fragen des Umgangs mit Fremdheit und Vertrautheit (interkulturelles Lernen), des Umgangs mit Konflikten (↬ Friedenspädagogik) und des Umgangs mit der Natur (↬ Umweltbildung) in einer pädagogischen Konzeption zusammengefaßt (↬ sustainable development).

In der jüngsten Zeit ist eine Debatte um die impliziten Theorieannahmen in der Entwicklungspädagogik zu beobachten („Zeitschrift für internationale Bildungsforschung und Entwicklungspädagogik", Heft 1/1996 ff.). Die implizite normative Fortschrittsideologie einiger Konzepte globalen Lernens - sei es auf der Inhaltsebene in Hinblick auf die Beschreibung von Entwicklungszielen, sei es auf der methodischen Ebene in Hinblick darauf, durch Aufklärung zu einer Änderung von Bewußtsein oder gar von Handeln zu kommen - wird in Frage gestellt (↬ Lernen, globales).

SCHEUNPFLUG, Annette/SEITZ, Klaus (Hrsg.) (1992): Selbstorganisation und Chaos. Entwicklungspolitik und Entwicklungspädagogik in neuer Sicht. Tübingen.
SCHEUNPFLUG, Annette/SEITZ, Klaus (1995): Die Geschichte der entwicklungspolitischen Bildung - Zur pädagogischen Konstruktion der „Dritten Welt". Frankfurt a.M.

TREML, Alfred K. (Hrsg.) (1980): Entwicklungspädagogik. Unterentwicklung und Überentwicklung als Herausforderung für die Erziehung. Frankfurt a.M.

TREML, Alfred K. (1983): Dritte-Welt-Pädagogik. Zur Didaktik und Methodik eines Lernbereichs. In: TREML, Alfred K. (Hrsg.): Pädagogikhandbuch Dritte Welt. Wuppertal, S. 13-38.

Annette Scheunpflug

Erdgipfel ↪ Agenda 21

Erlebnisgebiet ↪ Naturerlebnisgebiete

Erlebnisgesellschaft
In der ersten Bedeutung des Wortes beschreibt Erlebnisgesellschaft ein Konzept zur Analyse der Integration moderner Industriegesellschaften (SCHULZE 1992). Steigender Wohlstand und Modernisierungsprozesse entbinden die Individuen von traditionellen Vorgaben der Lebensgestaltung und eröffnen ihnen zunehmend Wahlmöglichkeiten sowohl im Konsum als auch in der Planung und Gestaltung ihres Lebens. Die Suche nach Mitteln zur Befriedigung von Grundbedürfnissen wandelt sich in der Wohlstandsgesellschaft zur Suche nach mit der Bedürfnisbefriedigung verbundenen beglückenden Erlebnissen. Den dabei überforderten Individuen bieten Märkte zu ↪ Lebensstilen verdichtete Erlebnisse als Orientierungsmuster an, deren massenweise Adaption zur Ausprägung neuer „sozialer Milieus" (SCHULZE) führt. Diese horizontal angeordneten Gesellschaftssegmente überlagern die traditionellen, an Einkommen und/oder Bildung ausgerichteten vertikalen Gesellschaftsstrukturen.

In der zweiten Bedeutung wird Erlebnisgesellschaft als Fortführung der Diskussion um die „Freizeitgesellschaft" verstanden (HARTMANN/HAUBL 1996): Die stetige Reduktion durchschnittlicher Wochen- und Jahresarbeitszeit in westlichen Industrieländern hat zur Aufwertung der arbeitsfreien ↪ Zeit geführt. Ein objektiv größeres Maß an ↪ Freizeit verbindet sich mit ihrer gleichzeitig subjektiv empfundenen höheren Bedeutung für das individuelle Selbstverständnis. Nicht mehr ↪ Arbeit und Beruf, sondern Selbstverwirklichung in der zur freien Verfügung stehenden Zeit wirkt identitätsbildend. Immer mehr Individuen leiden kaum mehr unter Mittelknappheit als vielmehr unter der „Angst, etwas zu verpassen" (OPASCHOWSKI). Beide Ansätze konstatieren bei der Suche nach Erlebnissen eine wachsende räumliche Mobilität (↪ Freizeitmobilität), zunehmenden Ferntourismus und eine wachsende Neigung zu Extremsportarten.

↪ Freizeitpädagogik

HARTMANN, Hans A./HAUBL, Rolf (Hrsg.) (1996): Freizeit in der Erlebnisgesellschaft. Amüsement zwischen Selbstverwirklichung und Kommerz. Opladen.

OPASCHOWSKI, Horst (1996): Medien, Mobilität und Massenkultur. Neue Märkte der Erlebnisindustrie oder verlorene Aufgabenfelder der Pädagogik. In: ZEITSCHRIFT FÜR PÄDAGOGIK, 42. Jg., 35. Beiheft, S. 143-169.
SCHULZE, Gerhard (1992/³1995): Die Erlebnisgesellschaft. Kultursoziologie der Gegenwart. Frankfurt a.M.

Andreas Zoerner

Erlebnispädagogik
Erlebnispädagogik ist in der Reformpädagogik verwurzelt. Als *Alternative* und *Ergänzung* tradierter und etablierter Erziehungs- und Bildungseinrichtungen sucht sie neue Wege *außerhalb* bestehender Institutionen.
Hört man heute das Wort „Erlebnispädagogik", so kann davon ausgegangen werden, daß primär „*Outdoor*"-Aktivitäten (Outdoor-Pädagogik) gemeint sind. Diesen sollten in Zukunft „*Indoor*"-Aktivitäten (Indoor-Pädagogik) zur Seite gestellt werden, denn gerade auch in künstlerischen, musischen, kulturellen sowie technischen Bereichen gibt es vielfältige erlebnispädagogische Entwicklungs- und Gestaltungsmöglichkeiten. Erlebnispädagogik ist weder *Überlebenstraining (survival)* noch *Ranger-Ausbildung* und hat auch nichts mit dem verhängnisvollen Slogan zu tun: „Gelobt sei, was hart macht!" - *Erlebnispädagogik ist Erziehung:* Die jugend- und sozialerzieherische Potenz muß bei allen Vorhaben und unter allen Umständen definiert sein und sichtbar bleiben. Auch der Begriff „*Abenteuer-Pädagogik*" ist kein erzieherisch sinnvoller Terminus, denn das Abenteuer ist nicht planbar; wirkliche Abenteuer treten überraschend auf, sind meist unvorhersehbar und risikoreich.
„Die Arbeit in der Erlebnispädagogik muß:
- Erlebnis und Erfahrung der Natur beinhalten;
- auf der Mitverantwortung jedes Teilnehmers für das Gelingen des Unternehmens beruhen;
- die Kenntnisse und das Handeln ausdrücklich lehren, die für das Bestehen des Unternehmens gebraucht werden;
- soziale Beziehungen aus der Unternehmung heraus stiften;
- sich an Jugendliche an der Schwelle des Erwachsenseins wenden;
- zum Personal nicht nur Pädagogen, sondern auch Fachleute (Seeleute, Bergsteiger u.ä.) zählen, die sich sachlich und nicht pädagogisch vermitteln;
- ein gewisses Risiko beinhalten, das nach bestem Wissen und Gewissen kontrolliert und begrenzt, aber nicht völlig ausgeschaltet werden kann;
- erzieherisch gemeint sein." (FUNKE 1986)

Als Medien werden *draußen* hauptsächlich eingesetzt: Segelschiffe, Kajaks, Schlauchboote, Flöße, Mountainbikes, Gleitschirme, Pferde, wobei die beiden großen Naturräume - See und Berge - einen besonderen Herausforderungscharakter besitzen. Diesem kann sich kaum einer entziehen, so daß solchen Unternehmungen/Projekten eine hohe gruppendynamische Bedeutung beigemessen wird, wie das in der ↪ Outward Bound-Idee Kurt HAHNs (ZIEGENSPECK 1987) zentral gemeint und beabsichtigt ist.

Aber auch *drinnen* werden erlebnispädagogische Elemente (wieder) mehr und mehr angewandt: insbesondere in der Schule (BALZ 1993) und im Internat, in der Jugendgruppenarbeit, aber auch im Museum (↪ Museumspädagogik) und unter Berücksichtigung kultureller Betätigungsfelder (Kunst, Musik, Technik, Handwerk) sind vielfältige Möglichkeiten zu nutzen.

BALZ, Eckart (1993): Erlebnispädagogik in der Schule. Lüneburg.
FISCHER, Torsten (1992): Schule als sozialer Körper. Schule ein sozialer Erfahrungsraum. Lüneburg.
FUNKE, Jürgen (1986): Gutachterliche Stellungnahme zum Begriff „Outward Bound" aus erziehungswissenschaftlicher Sicht. In: ZIEGENSPECK, Jörg (Hrsg.): Outward Bound. Geschütztes Warenzeichen oder offener pädagogischer Begriff? Stellungnahmen und Dokumente zu einem Streitfall. Lüneburg, S. 48-52.
SOMMERFELD, Peter (1993): Erlebnispädagogisches Handeln. Ein Beitrag zur Erforschung konkreter pädagogischer Felder und ihrer Dynamik. Weinheim.
ZIEGENSPECK, Jörg (Hrsg.) (1987): Kurt Hahn. Erinnerungen - Gedanken - Aufforderungen. Lüneburg.

Jörg Ziegenspeck

Erwachsenenbildung, ökologische
Eine der ersten ökologischen Bildungseinrichtungen war die Volkshochschule Wyhler Wald, in der Winzer am Kaiserstuhl Mitte der 70er Jahre ihren Lernprozeß zur Verhinderung des Atomkraftwerks Wyhl organisierten.

Die Ökologiebewegung der 70er und 80er Jahre war auch eine Bildungsbewegung. Viele dieser zunächst „alternativen" Initiativen institutionalisierten sich allmählich, und heute existieren in allen Bundesländern Bildungsverbände, die aus der „Ökopax"-Bewegung hervorgegangen sind. Zu den Anbietern ökologischer Seminare gehören aber auch Verbraucherverbände, kommunale ↪ Umweltzentren, Energieberatungsstellen, Heimvolkshochschulen, Akademien, Hoch- und Fachschulen, Volkshochschulen, Berufsfortbildungswerke. Die ökologischen Themenangebote und die Veranstaltungsformen sind vielfältig und differenziert. Eine Programmanalyse der Erwachsenenbildung ergab folgende Themenbereiche:
- Umweltpolitik (Energie, Verkehr, Weltwirtschaft ...)
- globale Entwicklung (↪ Agenda 21, Regenwald, Klima, Tourismus ...)
- Umweltethik (↪ Lebensstile, ↪ Wertewandel, Gen-Ethik ...)
- fachliches Allgemeinwissen (Wasser, Luft, Boden)
- Ökologie und Arbeitswelt (Lärm, Umwelttechnik, ↪ Öko-Audit ...)
- ↪ Umweltrecht (z.B. für Polizei, Kommunalpolitiker ...)
- ↪ Naturkunde (Vogelkunde, Tierschutz [↪ Tierethik], Wattenmeer ...)
- Ökologie und Kultur (Literatur, Malerei, Photographie ...)
- Stadtökologie / Landökologie (Kleingärten, Begrünung ...)

- Ernährung / Gesundheit
- ⇨ Alltagsökologie (Haushalt, Energiesparen, Müll ...)
- ökologische Projekte (Altstadtsanierung, Carsharing ...)

In vielen Bereichen scheint eine Sättigung der Nachfrage erreicht zu sein. So sind die Kurs- und Teilnehmerzahlen an den deutschen Volkshochschulen seit 1991 im Durchschnitt leicht rückläufig. Zuwächse registrieren vor allem die ⇨ Gesundheitsbildung und die berufliche Qualifizierung (z.b. zum Umweltberater [⇨ Umweltberatung]). Erwachsenenbildung wird immer stärker individualisiert und selbstverantwortlich vollzogen (mediale Angebote, Internet). So empfiehlt es sich, den traditionellen Begriff ⇨ „Umweltbildung" durch den umfassenderen Begriff ⇨ „Umweltkommunikation" zu ersetzen. Charakteristisch für Erwachsenenbildung dürfte in Zukunft eine wachsende Zielgruppen- und Milieuorientierung sein. Weitverbreitet ist die Vernetzung ökologischer Themen mit benachbarten Fachgebieten und damit eine Koppelung unterschiedlicher Motive: Ökologie und berufliche Qualifizierung, Ökologie und gesunde Ernährung, Ökologie und Hausbau, aber auch Ökologie und Kunst, „innere Ökologie" und ⇨ Meditation. Ökologie ist in der Erwachsenenbildung häufig eine Querschnittsaufgabe. In letzter Zeit wird das „selbstbestimmtes Lernen" Erwachsener verstärkt untersucht (⇨ Lernen, selbstbestimmtes). Lebenslanges Lernen findet meist nicht nur als Teilnahme an Veranstaltungen statt, sondern wird individuell als Kombination unterschiedlicher Lernaktivitäten (Lektüre, mediale Programme, individuelle Beratung, learning by doing) gestaltet.

BEYERSDORF, Martin/MICHELSEN, Gerd (1998): Umweltbildung. Neuwied.
KNOLL, Joachim (Hrsg.) (1996): Internationales Jahrbuch der Erwachsenenbildung. Köln.

Horst Siebert

Erziehungswissenschaft, ökologische
Die ökologische Erziehungswissenschaft bezieht sich nicht auf Umweltprobleme im ökologischen Sinne (⇨ Pädagogik, ökologische; KLEBER 1985). Sie verknüpft den systemischen und den konstruktivistischen Theorieansatz (⇨ Erziehungswissenschaft, systemisch-ökologische; KLEBER 1996/²1997), beschreibt die Erziehungssituation als einen Komplex von ineinander geschachtelten Handlungssystemen und kritisiert genau wie die ökologische Entwicklungspsychologie (BRONFENBRENNER 1979) die tradierte empirische pädagogische Forschung, die in der Regel die notwendige Komplexitätsreduktion nach naturwissenschaftlichem Muster vornimmt und dabei wichtige Wechselwirkungseffekte abschneidet oder aus dem Blick verliert. Beispiel: Ein Leistungsverhalten, das in der Schule mit der Note 5 beurteilt würde, wird in der ökologischen Erziehungswissenschaft nicht als mangelnde Begabung oder fehlende Anstrengungsbereitschaft interpretiert, sondern als Ergebnis einer Vielzahl von Bedingungen der individuellen Lebens- und

Lernsituation der Lernperson, die daraufhin in ihrem innerschulischen, außerschulischen und personalen Bedingungsfeld zu analysieren wäre, um Interventionsmaßnahmen zu begründen (KLEBER 1992).

BRONFENBRENNER, Urie (1979): Ecology of Human development. Stuttgart.
KLEBER, Eduard W. (1985): Ökologische Erziehungswissenschaft. In: TWELLMANN, Walter: Handbuch Schule und Unterricht. Düsseldorf, S. 1129 f. und S. 1167 f.
KLEBER, Eduard W. (1992): Diagnostik in pädagogischen Handlungsfeldern. Weinheim.
KLEBER, Eduard W. (1996/²1997): Gestaltung von Handlungssystemen In: VOSS, Reinhard (Hrsg.): Schule neu erfinden. Neuwied, S. 129-152.

Eduard W. Kleber

Erziehungswissenschaft, systemisch-ökologische
1. Begriff und Konzeption: Grundlage des Systemansatzes ist die Selbstorganisationstheorie ('Autopoiesis-Theorie'), von der aus Lernen und Bildung als anthropologische *Selbstkonstruktionen* verstanden werden. Dabei beachtet die ökologische Version des Systemansatzes ausdrücklich, daß es bei jeder Selbstkonstruktion nicht nur um die Konstruktion subjektiver Welten geht, sondern jeweils *zugleich* um die Konstruktion von *Systembeziehungen zur Umwelt des Subjekts* im doppelten Sinne des Begriffs 'ökologisch': Systeme sind immer auf ihre Umwelt bezogen, und zwar sowohl auf die *kulturelle Umwelt* als auch auf die *biologische Mitwelt.* Während die Bezogenheit der Systeme auf ihre gesellschaftlich-kulturelle Umwelt von der traditionellen Systemtheorie (vor allem LUHMANNs) betont oder vorausgesetzt wurde, kommt ihre Relevanz für die biologisch-ökologische Umwelt erst allmählich zum Bewußtsein. Damit relativiert sich der Anspruch des sogenannten 'radikalen ↔ Konstruktivismus', der in der Ablehnung einer objektivistisch beweisbaren Realität vor allem erkenntnistheoretisch motiviert ist, zu einem *'relativen Konstruktivismus',* der die neuzeitliche 'Konstruktionswut' und die Naturvergessenheit der westlichen Industriegesellschaften zu überwinden sucht und die Bedeutung von biologischen Systemumwelten und -mitwelten auch für die Pädagogik theoretisch und praktisch rekonstruiert. Die Selbstorganisation der menschlichen Lern- und Bildungsprozesse konstruiert grundsätzlich *ko-evolutiv drei Systeme:* das psychische System, das soziale System und das naturale System (das biologisch-ökologische System).

2. Grundbegriffe: Wichtigster Grundbegriff ist - inzwischen - 'Autopoiesis' (wörtlich: 'Selbstmachung'), ein Theorem für die interne Selbststeuerungsfähigkeit lebender Systeme, das zunächst zur Kennzeichnung der spezifischen Form autonomer Selbstorganisation von Leben im Evolutionsprozeß verwendet wurde und gegen die evolutionäre Anpassungstheorie gerichtet war: Alle lebenden Systeme organisieren ihr Verhältnis zur Umwelt nicht durch Anpassung, sondern durch Selbstorganisation (MATURANA). Dabei operieren sie insofern 'autonom', als sie durch ihre Struktur selbst ihre Umweltbeziehungen organisieren; sie sind 'energetisch offen', d.h. sie sind ihrer Umwelt gegenüber für die Aufnahme von Information, Energie und Materie offen, aber die Maßstäbe für die Verarbeitung setzen sie selbst. - Weitere Grundbegriffe sind: Komplexität, Zirkularität, Selbstreferenz, Rekursivität, Kontext, strukturelle Koppelung, Emergenz, Synergie. Systeme 'reduzieren' die interne und externe 'Komplexität', indem sie durch 'Selektion' von 'kontingenten' Möglichkeiten 'Anschlüsse' schaffen, die zu einem zeitweiligen Gleichgewichtszustand ('Homöostase') des Systems führen. Dabei operieren sie auf der Basis von Zirkularität und Rekursion, also nicht durch lineare Kausalitäten, sondern durch kreiskausale oder nicht-lineare Prozeduren, oft im Grenzbereich chaotischer Phasenräume. 'Selbstreferenz' ('Selbstbezüglichkcit') bedeutet, daß ein autopoietisches System jede eingehende Information operational auf seinen internen Zustand beziehen muß und auf seine Anschlußfähigkeit hin prüft. Es reagiert also nicht als Input-Output-Maschine. Es kann also seine Umwelt nur nach Maßgabe seiner internen Struktur wahrnehmen, nicht 'direkt' oder 'an sich' und nicht einmal 'objektiv'.

3. Systemischer Erziehungs- und Bildungsbegriff: Aus systemischer Sicht ist das Ziel der Bildungsprozesse die interne Fähigkeit eines Menschen oder einer Gruppe zur Selbstorganisation in den drei Basissystemen (s.o.). Da eine direkte, instruktive Intervention in die interne Selbstorganisation eines Menschen nach systemischer Auffassung nicht möglich ist, besteht die erzieherische Hauptaufgabe in der Organisation bildungsrelevanter ökologischer Kontexte für die Entwicklung eines Menschen oder einer Gruppe (↬ Erziehungswissenschaft, ökologische).

4. Bedeutung für die Pädagogik: Damit sind weitgehende Folgerungen für pädagogische Basisannahmen verbunden, mit gravierenden Konsequenzen für die Praxis (s.u.), vor allem für das Rollenverständnis von ErzieherInnen. Durch das Theorem der Selbstorganisation wird die Anschlußfähigkeit an Grundpostulate moderner Pädagogik hergestellt: Erziehung des Menschen zu 'Autonomie', 'Mündigkeit', 'Selbstbestimmung' und 'Selbstverantwortung'. Die Fokussierung der Selbstorganisation bedeutet eine 'Aufwertung' der Adressaten, und der traditionelle (Macht-)Anspruch der Erziehung und von ErzieherInnen wird eingeschränkt. Sie arbeiten gleichsam unter einem Vorbehalt, den MATURANA den Vorbehalt einer „instruktiven Intervention" nennt. Damit können sie aber auch Verantwortung an andere abgeben.

5. Systemisch-ökologische Praxis: Vom Systemansatz her sind Theorien im selben Sinne praxeologische 'Konstrukte' wie Handlungen (MATURANA: Erkennen = Tun). Pädagogisches Handeln ist darum nie bloß 'Anwendung' oder 'Übertragung' fertiger Programme in ein Praxisfeld, sondern immer auch kreative Konstruktion einer pädagogischen Wirklichkeit. Die Steuerung von Praxisprozessen erfolgt unter Beachtung der Selbststeuerungsmöglichkeiten des Praxisfeldes und der darin tätigen Personen (Prinzip der 'geringfügigen Steuerimpulse'). Direkte Eingriffe in Praxisfelder sind nur als Kontextveränderung durch Eingriffe in die ökologischen Rahmenbedingungen des Systems möglich. Die Formulierung der Handlungsziele sollte der Komplexität des Feldes gerecht werden, indem nicht von starr definierten Zielen, sondern von motivierenden Optionen als 'Attraktoren' ausgegangen wird.

6. *Pädagogische Handlungsfelder:* Der Systemansatz hat in vielen pädagogischen Praxisfeldern Einzug gehalten und neue Impulse gesetzt, in Beratung, Supervision, Heilpädagogik, Sozialpädagogik, Familienarbeit, Früherziehung, neuerdings auch in der Schulpädagogik (VOSS 1998).

BÜELER, Xaver (1994): System Erziehung. Ein bio-psycho-soziales Modell. Bern.
HUSCHKE-RHEIN, Rolf (1986/³1993): Systemisch-ökologische Pädagogik. Köln.
HUSCHKE-RHEIN, Rolf (1998): Systemische Erziehungswissenschaft. Pädagogik als Beratungswissenschaft. Weinheim.
MATURANA, Humberto R./VARELA, Francisco J. (1987/⁷1997): Der Baum der Erkenntnis: Die biologischen Wurzeln des menschlichen Erkennens. München.
VOSS, Reinhard (Hrsg.) (1998): Fremde Blicke und eigene Visionen. Schulen neu erfinden. Heidelberg.

Rolf Huschke-Rhein

Ethik, ökologische ↪ Umweltethik

Experiment
Unter einem Experiment versteht man eine zielgerichtet geschaffene oder spontan entstandene, jedoch stets erwartungsgerichtete und kontrollierbare Herbeiführung eines Geschehens zum Zwecke seiner Beobachtung und Gewinnung neuer Erkenntnisse. Im Unterschied zur ausschließlichen Beobachtung einzelner Eigenschaften und Merkmale erfolgt beim Experiment ein veränderndes Einwirken auf den zu beobachtenden Sachverhalt. Experimente sind wiederholbar und ermöglichen die Bestimmung einzelner Wirkungsbedingungen durch deren Abänderung in aufeinanderfolgenden Versuchen. Experimente erfordern häufig die Nutzung technischer Hilfsmittel zur exakten Gestaltung, Beobachtung, Registrierung und Auswertung. Sie ermöglichen die Durchführung zu gewollten Zeitpunkten sowie die Nachprüfbarkeit von Ergebnissen durch andere Personen (↪ Experimentiergesellschaft).

Je nach Zielsetzung, Zeitablauf und angewandter Kontrolltechnik werden in der Literatur unterschieden: Erkundungs-, Entscheidungs-, Feld-, Methoden-Anwendungs-, Langzeit-, Kurzzeit-, qualitative, quantitative, Schüler-, Lehrer-, Demonstrations-Experimente. Experimente ermöglichen durch Realbegegnungen in Wissenschaft und Schule das Wahrnehmen mit allen Sinnen, das Auslösen vielfältiger Denkoperationen und praktischer Handlungen.

Schüler-Experimente sind wichtige Handlungsformen beim entdeckenden Lernen im Sachkunde- und im fächerübergreifenden Unterricht aller Schulformen (↪ Lernen, entdeckendes; ↪ Sachunterricht; ↪ Unterricht, fächerübergreifender). Im Gedankenexperiment werden prozeßhaft vorgestellte Abläufe reflektierend und antizipierend gedanklich analysiert.

Hans-Joachim Schwier

Experiment, ökologisches
Es gibt keine spezifisch ökologischen Experimente. Es gibt nur ökologische Fragestellungen, die experimentell untersucht und vielleicht beantwortet werden können. In der Regel folgen solche Experimente einem Forschungsparadigma das Systemkomplexität berücksichtigt.

Eduard W. Kleber

Experimentiergesellschaft
Der Begriff Experimentiergesellschaft soll für einen sozial-kulturellen Rahmen stehen, der innerhalb einer Gesellschaft einer ökologisch orientierten praktischen Vernunft (EDER 1988) zum Durchbruch verhelfen kann. Sie ist getragen von weitgehender gesellschaftlicher Anerkennung in ihr statthabender kultureller Lebensentwürfe und Praktiken, die insbesondere zukunftsfähige (nachhaltige) Entwicklungen versprechen. Anerkennung heißt hier, daß sowohl Toleranz für verschiedene Lebensentwürfe als auch Werte gelten muß, aber auch gesellschaftliche Strukturen und Mittel zur Verfügung gestellt werden, die eine Subsistenzbasis sicherstellen als auch die Entwicklung dieser gesellschaftsbedeutsamen Entwürfe adäquat honorieren. Vielmehr ist strukturell die Förderung und Honorierung (gegen-)kultureller Entwürfe und Lebensformen in ihr institutionell garantiert. Eine Experimentiergesellschaft wird neue Entwürfe nicht gleich kritisch auf ihre Tauglichkeit und Tragfähigkeit eines fertigen Produktes prüfen, sondern wohlwollend einen Entwicklungsraum zugestehen, der kritisch-konstruktiv begleitet wird.
In dieser Weise ist sie nicht nur ein förderlicher Rahmen für den Aufbau lokaler und regionaler ⇨ Lern-Orte-Netze, sondern zugleich auch der strukturelle Rahmen einer bildungsbegünstigenden gesellschaftlichen Gesamtpraxis außerhalb eines originär pädagogischen Feldes.

BINSWANGER, Christoph/GEISSBERGER, Werner (Hrsg.) (1980): Wege aus der Wohlstandsfalle. Der NAWU-Report: Strategien gegen Arbeitslosigkeit und Umweltzerstörung. Frankfurt a.M.
BRILLING, Oskar (1997): Kritik des Umweltbewußtseins. Marburg.
EDER, Klaus (1988): Die Vergesellschaftung der Natur. Studien zur sozialen Evolution der praktischen Vernunft. Frankfurt a.M.

Oskar Brilling

Externe Effekte / Externe Kosten ⇨ Ökonomische Rahmenbedingungen für ökologisches Handeln

F

Fehlschluß, naturalistischer

Nach G. E. MOORE betrifft der naturalistische Fehlschluß erstens ein Definitionsproblem ethischer Grundbegriffe wie „gut" oder „gerecht". Wer die Bedeutung moralischer Ausdrücke durch Ausdrücke für natürliche (deskriptive) Eigenschaften von Objekten bestimmt, begeht einen naturalistischen Fehlschluß, weil die moralisch-normative Bedeutung ethischer Ausdrücke durch deskriptive Eigenschaften (z.B. Bedürfnisse) noch nicht bestimmt ist. Die Feststellung, daß etwas von allen gewollt ist, besagt noch nicht, daß dieses Gewollte darum auch gut ist. Dieses Definitionsproblem wird auch als ethischer Naturalismus bezeichnet.

Zweitens ist der naturalistische Fehlschluß, wie schon HUME bemerkt hat, ein logischer Fehlschluß, bei dem Sollenssätze ohne eine normative Prämisse nur aus Tatsachenbeschreibungen gefolgert werden (⇨ Werturteil und Sachverhalt). Umweltethischen Auffassungen, für die die Natur alleinige Grundlage moralischen Handelns ist (⇨ Bioethik), wird ein Naturalismus bzw. ein naturalistischer Fehlschluß vorgeworfen.

BIRNBACHER, Dieter (1997): „Natur" als Maßstab menschlichen Handelns. In: BIRNBACHER, Dieter (Hrsg.): Ökophilosophie. Stuttgart, S. 217-241.

Gertrude Hirsch

Fortschritt

Fortschritt bedeutet zunächst einmal einen Fortgang oder ein Fortschreiten, mit dem eine qualitative und/oder quantitative Verbesserung unterstellt wird. Konstitutiv für Fortschritt ist die teleologische Zweck-Mittel-Struktur. Durch die realisierten Zwecke unterscheidet sich Fortschrittsdenken von der durch teleonomische Zusammenhänge geprägten Struktur von Evolution.

Bis ins 19. Jahrhundert wird mit Fortschritt neben der Unterwerfung und Beherrschung der Natur (als säkularisierte Schöpfungsvorstellung) vor allem die Freisetzung des Individuums durch Aufklärung verstanden. Im Prozeß der entstehenden Industriegesellschaft bezieht sich Fortschritt zunehmend mehr auf die „materiellen Resultate eines expandierenden technischen Wissens" (MITTELSTRASS 1980, 665). Gerade dieses Denken gerät aber mit zunehmendem Wissen um die Zerstörung der natürlichen Lebensgrundlagen der Menschen seit der ersten Veröffentlichung des Club of Rome-Berichts 1972 in die Kritik (⇨ Club of Rome). Die Fragen, ob menschliche Entwicklung überhaupt mit Konzeptionen des Fortschritts hinreichend beschrieben werden kann und welche gesellschaftlichen Lebenskonzepte denn die vorzuziehenden seien, rücken zunehmend in den Vordergrund. Gerade Vertreter aus ⇨ Umweltpolitik und ⇨ Umweltbildung setzen sich für eine kritische

Revision ein. Dabei wird allerdings nicht vom Fortschrittsdenken Abschied genommen. Vielmehr bleiben Ideen eines Fortschritts durch sanfte Technologien und verändertes Wirtschaften ebenso dominant wie die Unterstellung in pädagogischer Perspektive, daß eine verstärkte Aufklärung ein „fortschrittlicheres Bewußtsein" bedingen könnte. In den letzten Jahren diskutierte Theorien eines evolutionären Verständnisses soziokultureller Entwicklung versuchen demgegenüber ohne das Fortschrittsparadigma auszukommen.

MITTELSTRASS, Jürgen (1980): Fortschritt. In: MITTELSTRASS, Jürgen (Hrsg.): Enzyklopädie und Wissenschaftstheorie. 1. Band. Mannheim.
RITTER, Joachim (Hrsg.) (1971): Historisches Wörterbuch der Philosophie. Basel.
RUSE, Michael (1995): Evolutionary Naturalism. Selected essays. London.

Annette Scheunpflug

Freizeit
Es wird immer offensichtlicher, daß gerade die Zeit der Muße, die nicht primär wirtschaftlich produktive Zeit, erheblich an der Störung und Zerstörung des Lebenssystems unseres Planeten Erde beteiligt ist. Dies wird durch die wachsende Freizeitindustrie und ⇨ Freizeitmobilität markiert. Ursprünglich ist Freizeit die von Verpflichtungen freie ⇨ Zeit, mit fließenden Grenzen: Gartenarbeit (⇨ Gärtnern) oder Mahlzeiten (Geselligkeit, Feste) können ebenso dazu gehören wie soziales und/oder politisches Engagement. Im Kern dient die Freizeit der Erholung, der kreativen Betätigung. Ein besonderer Komplex ist der Urlaub, häufig mit einer Reise verbunden oder sogar gleichgesetzt. Zur Freizeit hat sich eine bedeutsame Industrie entwickelt. Freizeit wird zum guten Teil im Freien verbracht („frische Luft", Sonnenbad, Gesundheit, Sport, Wandern, „unberührte Natur"). Das erfordert entsprechende Gegebenheiten: städtische Grünareale, Naherholungsgebiete, Großräume. Die Grenzen der Belastbarkeit können erreicht/überschritten werden (Alpen, Küste). Ein Ausgleich zwischen dem Naturgenuß vieler Menschen und ökologischen Grenzen ist schwer erreichbar, aber anzustreben.
⇨ Erlebnisgesellschaft; ⇨ Freizeitpädagogik; ⇨ Naturentfremdung
STREY, Gernot (1989): Freizeit - auf Kosten der Natur? Frankfurt a.M.

Gernot Strey

Freizeitmobilität
Freizeitmobilität ist eine Sonderform zirkulärer räumlicher Mobilität. Räumliche Mobilität meint dabei den Ortswechsel von Menschen - einzelner oder von Gruppen - im geographischen Raum. Hinsichtlich Gleichheit bzw. Ungleichheit von Ausgangs- und Zielort läßt sich räumliche Mobilität zusätzlich differenzieren. Sind Ausgangs- und Zielort verschieden, spricht man von *residentieller*, sind sie identisch von *zirkulärer* räumlicher Mobilität (FRANZ 1984). Bei der residentiellen räumlichen Mobilität wird weiter der kleinräu-

mige und der großräumige (z.B. Migration) Wechsel des Hauptwohnsitzes unterschieden. Zwar führt bei allen Formen zirkulärer räumlicher Mobilität der Ortswechsel über kurz oder lang zum Ausgangspunkt zurück, doch lassen auch sie sich aufgrund der zwischenzeitlichen Tätigkeit differenzieren. Typische Beispiele sind Pendel-, Einkaufs- oder Freizeitmobilität. Aufgrund der motivationalen Hintergründe (z.B. soziale, rekreative und kontemplative Motive) ist die Freizeitmobilität zusätzlich unterteilbar. Da bei der Freizeitmobilität äußere Sachzwänge in der Regel wegfallen, eignet sie sich besonders zur Analyse motivationaler Ursachen zirkulärer räumlicher Mobilität.

FRANZ, Peter (1984): Soziologie der räumlichen Mobilität. Eine Einführung. Frankfurt a.M.

Florian G. Kaiser

Freizeitpädagogik
Eine ⇨ Zeit zur freien Verfügung wird durch Freizeitpädagogik unter pädagogischen Gesichtspunkten thematisiert und strukturiert: Diesen scheinbaren Widerspruch löst eine genauere Bestimmung des pädagogisch Sinnvollen in der ⇨ Freizeit auf. Freizeit bedeutet neben Freiheit von Verpflichtungen auch Zeit für kreative Möglichkeiten, für wirkungsvolle Erholung. In beiden Bereichen ist Eigenständigkeit für eine zunehmende Zahl von Menschen nicht selbstverständlich. Die ⇨ Arbeit ist weitgehend festgelegt ohne große Spielräume für Kreativität: Gestaltungsversuche am Arbeitsplatz haben meist nur begrenzten Erfolg, Gestaltungsmöglichkeiten im Wohnbereich (⇨ Wohnen) sind begrenzt (Mietwohnung, wenig Platz), Naturgenuß in unmittelbarer Wohnungsnähe oft nur bedingt möglich (Verteilung von Stadtgrün, kein ⇨ Garten, Abstandsgrün als sterile Grünflächen). - Schwerpunkte freizeitpädagogischer Arbeit sind unter diesen Bedingungen und angesichts der Freiwilligkeit der Nachfrage Animation und Beratung. Belehrung hat sich diesen beiden Aufgaben unterzuordnen. Das Ziel besteht darin, selbstbestimmtes Tun und Kreativität anzubahnen und/oder zu fördern.

Freizeit in der Natur enthält unter freizeitpädagogischen Gesichtspunkten einige Besonderheiten. Die meisten ⇨ Naturerfahrungen werden in der Freizeit gemacht, da nur wenige Menschen professionell und dann auch nur ausschnittweise mit Natur befaßt sind. Eine hinreichende Kenntnis des umfangreichen und hochkomplexen „Netzwerks Natur" zur Vermeidung unnötiger Störungen kann also nicht vorausgesetzt werden. Natur (⇨ Naturbegriff) ist aber sehr leicht störbar, ganz gleich, ob man sie betrachtend genießt oder gestaltet. Daher wird freizeitpädagogische Beratung für den Umgang mit Natur vor allem auf Umsicht, Fürsorglichkeit und hinreichende Information ausgerichtet sein. Belehrung bekommt damit erheblich mehr Bedeutung als in anderen Bereichen der Freizeitpädagogik. Gerade diese braucht animative Gestaltung, um angenommen zu werden. Umweltethisch orientierte Reflexion ist integrativer Teil solcher Arbeit (⇨ Umweltethik). Die wichtigsten, in

diesem Bereich diskutierten Standpunkte sind: ein ↪ Anthropozentrismus, nach dem die Nutzung der Natur nur dadurch begrenzt wird, daß ihre Regenerationsfähigkeit und Netzwerk-Stabilität erhalten bleiben muß; ein Ökozentrismus, nach dem Natur nur für die Befriedigung unerläßlicher Grundbedürfnisse in bezug auf Nahrung, Kleidung, Behausung, Ortswechsel genutzt und umgestaltet werden soll; ein ↪ Holismus, nach dem alle Organismen als gleichwertig anzusehen sind und der Mensch in das Gesamtgeschehen eingeordnet ist (Prinzip der ↪ Mitwelt).
Grundlegende Qualifikationen für den Umgang mit Natur können und müssen in der Schule erworben werden: Reisen, Naherholung im Umland der Siedlungen, Gartennutzung u.a. sind unter umwelt- und freizeitpädagogischen Gesichtspunkten zu thematisieren (↪ Erlebnispädagogik; ↪ Outward-Bound; ↪ Naturerlebnisgebiet). Professionelle Angebote außerhalb der Schule bleiben dennoch unentbehrlich. Freizeitpädagogische Tätigkeit für den Umgang mit Natur ist aber nicht auf Fachkräfte beschränkt, sondern wird von vielen anderen Menschen gleichermaßen und oft unbewußt wahrgenommen: Beratung bei Kauf und Haltung von Heimtieren, in Fragen der Gartengestaltung und -nutzung, Führungen in ↪ Naturschutzgebieten und ↪ Nationalparks, Präsentation von Exponaten in Museen, Weiterbildung in ↪ Naturschutzvereinen, Verwaltungen, umweltpolitischen Gruppen, Parteien.

BOLSCHO, Dietmar/SEYBOLD, Hansjörg (1996): Umweltbildung und ökologisches Lernen. Berlin.
HOFFMANN, Dietrich/STREY, Gernot (Hrsg.) (1993): FreizeitLernen. Weinheim.

Gernot Strey

Frieden mit der Natur
Die Menschheit, die Teil der Natur ist, befindet sich nach Meinung vieler Kritiker seit geraumer Zeit mit der Natur in einer Art Kriegszustand. Deshalb wird von MEYER-ABICH (1979) - vermöge der gemeinsamen Naturzugehörigkeit - zum Frieden mit der natürlichen Umwelt aufgerufen. Im anthropozentrischen Weltbild (↪ Anthropozentrismus) ist der Frieden mit der Natur dadurch gestört, daß die Menschheit bzw. vor allem die Industrieländer allen Dingen und Lebewesen nur insoweit einen Wert beimessen, als sie ihn für menschliche Bedürfnisse haben. Im Frieden mit der Natur gebührt keiner Spezies eine derartige Sonderrolle, sondern alle Dinge und Lebewesen haben einen Eigenwert relativ zum Ganzen der Natur. Soweit es im Interesse des Ganzen ist, haben einzelne Spezies oder Individuen dann auch einen Wert füreinander, z.B. zur Ernährung.
Der Frieden mit der Natur ist jedoch gleichermaßen von den Individuen und Arten her gedacht, da nach dem holistischen Grundsatz (↪ Holismus) in jedem Geschöpf das Ganze der Natur dieses Geschöpf ist. Wofür ein Lebewesen von sich aus gut ist, dazu ist es deshalb auch im Interesse des Ganzen gut. Beispielsweise ist es der am ehesten spezifisch menschliche Beitrag zur

Naturgeschichte, Kultur in die Welt zu bringen, und zwar im weitesten Sinn von der Agra-Kultur und Kulturlandschaft bis zur Kunst. Der Frieden mit der Natur wäre wiedergefunden, wenn an die Stelle der bloß konsumtiven Weltveränderung durch die industriellen Wirtschaften ein kultivierter und kultivierender Umgang mit der natürlichen Mitwelt träte, der Wirtschaft somit kulturelle Grenzen gesetzt würden (⇨ Mitwelt, natürliche).

Der Frieden mit der Natur ist nicht als eine Idylle gemeint, d.h. gefahrlos. Daß es in der Natur Gefahren gibt, ist nicht zu bestreiten, z.B. giftige Pflanzen, einen Sturm auf See, Erdbeben, wilde Tiere etc. (⇨ Naturkatastrophe). In der Regel hat man jedoch die Wahl, ob man sich in eine dieser Gefahren begeben will. Genauso falsch wie die Idyllisierung der Natur ist die generelle Annahme der Feindlichkeit der Natur oder auch nur der natürlichen Mitwelt. Je stärker allerdings die Lebensverhältnisse in der natürlichen Mitwelt durch die industrielle Wirtschaft bedroht worden sind, desto mehr ist zur Legitimation dieses Wirtschaftshandelns die Behauptung der Feindlichkeit der Natur ins Feld geführt worden.

Mittlerweile hat die natürliche Mitwelt uns mehr zu fürchten als wir sie. In diesem Ergebnis spiegelt sich das Ziel der 'autonomen Sicherheit', d.h. die Vorstellung, man könne sich umso sicherer fühlen, je stärker und unabhängiger man sei. So entspricht es dem traditionellen militärischen Denken. In der neueren Friedensforschung wird aber auch berücksichtigt, daß derjenige, der Frieden wünscht, ein Interesse daran hat, von anderen nicht gefürchtet zu werden, also im Eigeninteresse nicht zu stark werden darf. Diese 'gemeinsame Sicherheit' (BAHR 1982) ist das Ziel des Friedens mit der Natur.
⇨ Physiozentrismus

BAHR, Egon (1982): Für unsere Sicherheit. In: MEYER-ABICH, Klaus M. (Hrsg.): Physik, Philosophie und Politik. Festschrift für Carl Friedrich von Weizsäcker zum 70. Geburtstag. München, S. 193-202.
MEYER-ABICH, Klaus M. (Hrsg.) (1979): Frieden mit der Natur. Freiburg.
MEYER-ABICH, Klaus M. (1984): Wege zum Frieden mit der Natur - Praktische Naturphilosophie für die Umweltpolitik. München.
MEYER-ABICH, Klaus M. (1997): Praktische Naturphilosophie — Erinnerung an einen vergessenen Traum. München.

Klaus M. Meyer-Abich

Friedenspädagogik

Die Friedenspädagogik soll dazu beitragen, daß persönliche Gewaltbereitschaft abgebaut, Gewaltstrukturen in zwischenmenschlichen Beziehungen, in allen gesellschaftlichen Bereichen und in der Staatenwelt aufgedeckt und beseitigt werden. Friedenspädagogik als Vermittlungsorgan zwischen Theorie (Friedens- und Konfliktforschung) und adressatenbezogener Praxis (Friedenserziehung) leistet durch eigene Theoriebildung und die Entwicklung von Lernmodellen ihren Beitrag zur Analyse und zum Umgang mit Konflikten und Gewalt auf individueller, gruppenspezifischer, national/gesellschaftlicher und auf internationaler Ebene. Als aktuelle inhaltliche Problemfelder gelten zur Zeit die 'Neue Welt(un)ordnung', Rechtsextremismus, Fremdenfeindlichkeit, Gewalt gegen Minderheiten, Jugendgewalt, Gewalt gegen Frauen und Kinder, Gewalt in den Medien.

Die historische Entwicklung der Friedenspädagogik verlief nach dem Ende des Zweiten Weltkriegs in sich überlappenden Phasen, die zum Teil heute noch nebeneinander bestehen:

1. Die „*individualistisch-idealistische Friedenspädagogik*" war gekennzeichnet durch einen individualistischen Erklärungsansatz: 'Krieg beginnt in den Köpfen der Menschen'.
2. Ein *politikwissenschaftlich orientierter Ansatz* begriff Krieg als politisches Problem des internationalen Systems.
3. Im Banne des inzwischen überwundenen Ost-West-Konflikts entwickelte sich die *Kritische Friedenspädagogik*. Sie ging davon aus, daß die systemimmanenten, gesellschaftlichen Gewaltstrukturen westlicher Demokratien die internationale Abschreckungspolitik bedingten und erhielten. Diese 'organisierte Friedlosigkeit' (SENGHAAS 1995) auf der Makroebene wollte sie über die Ausbildung eines 'radikalkritischen Bewußtseins' der Individuen auf der Mikroebene überwinden. Zum inhaltlichen Instrumentarium gehörten der negative und positive Friedensbegriff, sowie der direkte, strukturelle, kulturelle Gewaltbegriff von J. GALTUNG. In den friedensbewegten 80er Jahren entwickelten sich daneben aktionsorientierte Ansätze im Zusammenhang mit dem Entstehen der Friedensbewegung (NATO-Doppelbeschluß am 12.12.79) und den 'neuen sozialen Bewegungen' (➝ Bewegungen, soziale). Auch die ökologische Problematik wurde im Sinn eines umfassenden Abbaus von Gewalt gegen die Natur in die Zielkonzeption eines Ökopax aufgenommen.
4. Nach 1989 wurde die inhaltliche Fixierung der Kritischen Friedenspädagogik auf den Ost-West-Konflikt sichtbar. Das Paradigma der '*organisierten Friedlosigkeit*' mußte überdacht werden.

Die Friedenspädagogik diskutiert ihre Konzepte heute angesichts der veränderten Weltsituation und globaler Gefährdungen. Aus friedenspädagogischer Sicht sollten fünf Grundprinzipien bei der Weiterentwicklung des Konzeptes ➝ 'Globales Lernen' eine zentrale Rolle spielen: Globale Gefährdungen der Gewalt sollten als Bezugspunkte dienen, innovatives Lernen ermöglicht, vernetztes Denken vermittelt, zum ➝ solidarischen Lernen ermutigt, zur gewaltfreien Konfliktaustragung befähigt werden.

Friedenspädagogik in Schule kann sich auf internationaler, nationaler und auf der Ebene einzelner Landesverfassungen auf normative Grundlagen berufen. Menschen haben einen Anspruch auf Friedenspädagogik. Lernen wird als soziales und politisches Lernen verstanden: Soziales Lernen als Umsetzung des 'pädagogischen Prinzips', 'Herrschaftsstrukturen' ab-, Partizipation und Mitbestimmung aller am Schulleben Beteiligten aufzubauen. (Friedens-) politisches Lernen soll 'schlüsselthemenorientiert' gestaltet werden.

GUGEL, Günther/JÄGER, Uli (1994/²1995): Gewalt muß nicht sein. Tübingen.
SENGHAAS, Dieter (1995): Den Frieden denken. Frankfurt a.M.
VOGT, Wolfgang R. (1995): Frieden als Zivilisierungsprojekt. Baden-Baden.

Susanne Lin

Fünf-Minuten-Biologie

Am Anfang jeder Sachkunde- und Biologiestunde besteht Gelegenheit, eine eigene kurze Unterrichtsphase einzuplanen, die keinen thematischen Zusammenhang zur eigentlichen Unterrichtseinheit haben muß. Sie bietet Raum für aktuelle Themen, die einzelne Schüler oder der Lehrer zumindest in wenigen Sätzen ansprechen möchten. BEILER hat 1965 dafür die Bezeichnung „Fünf-Minuten-Biologie" geprägt. Diese ist inzwischen zu einem festen Bestandteil der Unterrichtspraxis vieler Lehrer geworden. Schüler können darin aktuelle Fragen stellen und naturkundliche Funde und Beobachtungen ihren Mitschülern mitteilen; Lehrer können auf besondere jahreszeitliche Phänomene, auf bemerkenswerte Zeitungsberichte und Fernsehsendungen zu Natur und Umwelt hinweisen und kurzfristig Beobachtungen anregen. Für die Umweltbildung besonders wichtige botanische und zoologische Formenkenntnisse können im Rahmen der Fünf-Minuten-Biologie durch kurze Vorstellung einzelner Arten sowie Naturphänomene zur jeweils passenden Jahreszeit und in jenen Jahrgangsstufen gefördert werden, in denen der Lehrplan keine Themen aus der Systematik der Pflanzen und Tiere enthält. Aktualität, Anschaulichkeit, enger Bezug zur Lebens- und Erlebniswelt der Schüler und unmittelbare Beteiligung der Schüler selbst machen die in der Fünf-Minuten-Biologie gesetzten Impulse besonders wirksam. Sie werden - zumindest teilweise - später wieder aufgegriffen und weiter vertieft.

STICHMANN, Wilfried (1992): Das Konzept der Fünf-Minuten-Biologie. In: UNTERRICHT BIOLOGIE, Heft 176, S. 4-13.

Wilfried Stichmann

G

Gaia-Prinzip

Das Gaia-Prinzip stellt eine Gesamtsicht unserer Erde dar. Es bezeichnet ein sich selbst aktiv erhaltendes und weiterentwickelndes System (↪ sustainable development). Der Name Gaia „Göttin der Erde" stammt aus der griechischen Mythologie. Mit dem Gaia-Prinzip wird ein ↪ Weltbild, das in seiner

Zentrierung planetarisch (nicht anthropozentrisch [⇨ Anthropozentrismus]) ist, begründet. Es handelt sich um ein naturwissenschaftliches Weltbild, das von LOVELOCK (1979/dt. 1982) leicht verständlich publiziert wurde. Aus der Notwendigkeit, in ökologischer Pädgogik (⇨ Pädagogik, ökologische) die anthropozentrische Perspektive zu überschreiten, um die ökologischen Probleme (⇨ Umweltkrise) adäquat wahrnehmen und ein dem Lebenssystem Erde angemessenes Handeln etablieren zu können, ergibt sich die hohe Bedeutsamkeit eines Weltbildes nach dem Gaia-Prinzip für die ⇨ Umweltbildung. LOVELOCK ist Mediziner und Chemiker, er arbeitete als Hochschullehrer in Yale und Harvard und wurde von der NASA in ein Projekt zur Erforschung der Atmosphäre des Mars berufen, in dem festgestellt werden sollte, ob es auf dem Nachbarplaneten Leben gibt oder gab. Aus den Forschungsergebnissen entwickelte er gemeinsam mit der Mikrobiologin MARGULIS die Gaia-Hypothese. Sie besagt im Gegensatz zur bisherigen naturwissenschaftlichen Auffassung:

- daß das Leben, das sich in einer günstigen kosmisch-planetarischen Entwicklungsphase im Meer (unter Wasser, weil über Wasser zu jener Zeit die UV-Strahlung zu hoch war) entwickelte, aktiv die Atmosphäre und die Oberfläche des Planeten gestaltete;
- daß die physikalischen und chemischen Bedingungen des Planeten (der Erdoberfläche, der Ozeane, der Atmosphäre) *durch das Leben* für ein umfassendes Lebenssystem geeignet und verträglich *gemacht wurden* und weiterhin *gehalten werden*, und zwar zu einem erheblichen Teil gegen die kosmische Entwicklung des Planeten.

Mit dem Fortschreiten der kosmischen Entwicklung (u.a. der Strahlungsintensität der Sonne) wurde ein immer größerer Aufwand des Lebenssystems und eine immer umfänglichere Steuerung der Lebensvorgänge zum Überleben notwendig. Noch haben wir nur eine schwache Ahnung, wie diese komplexen globalen Steuerungsmechanismen funktionieren und in Gang gehalten werden. LOVELOCK hat mit seiner Forschung bereits einige Mosaiksteine für das Verständnis dieses riesigen hochkomplexen, sich selbsterhaltenden und weiterentwickelnden Systems, das er Gaia-Prinzip nennt, zusammengetragen. So liefert das Gaia-Prinzip nicht nur ein bedeutungsvolles Weltbild für die Umweltbildung, sondern kann auch ein wichtiges heuristisches Modell für die wissenschaftliche Forschung sein.

KLEBER, Eduard W. (1993): Grundzüge ökologischer Pädagogik. Weinheim.
LOVELOCK, James (1979/dt. 1982): A new Look at Life on Earth. Dt.: Unsere Erde wird überleben: GAIA - eine optimistische Ökologie. München.
LOVELOCK, James (1988/²1991): Das Gaia-Prinzip. Die Biographie unseres Planeten. Zürich.

Eduard W. Kleber

Ganzheitlichkeit
Ganzheitlichkeit (griech. ↝ Holismus) geht im Deutschen auf das Wort 'ganz' zurück, das laut Grimmschem Wörterbuch folgende Grundbedeutungen hat: unverletzt, unbeschädigt, vollzählig, ungeteilt, vollständig.
Die erkenntnistheoretische Debatte um Ganzheitlichkeit, insbesondere das Verhältnis von Ganzem und Teilen, reicht in der Philosophiegeschichte bis zu den Vorsokratikern (EMPEDOKLES, DEMOKRIT) zurück. Als ideologischer Begriff hatte Ganzheitlichkeit stets dann Konjunktur, wenn die historischen Verhältnisse sie vermissen ließen; so nach dem Ersten Weltkrieg wie in der Gegenwart. Als pädagogisches Prinzip wurde Ganzheitlichkeit sowohl von der nationalsozialistischen ('Kampf ums Ganze') als auch der stalinistischen Erziehungsideologie ('Kollektiv') vereinnahmt. In der neuhumanistischen Tradition wird ganzheitliche Bildung verstanden als befreiender Prozeß der Identitätsbildung auf der Grundlage der Einheit von gestaltbarer Welt und sich bildendem Geist. Dabei stellt sich heute die bildungstheoretische Frage, ob diese Einheit noch vorausgesetzt werden kann, ob Welt angesichts der schon eingetretenen und sich abzeichnenden Umweltkatastrophen (↝ Umweltkrise; ↝ Naturkatastrophe) noch gestaltbar ist und eine ganzheitliche Identitätsbildung ermöglicht.
In gestaltpsychologischer und systemtheoretischer Sicht kann davon ausgegangen werden, daß ganzheitliche Erkenntnisprozesse eine Vielzahl sich wechselseitig bedingender Beziehungsmuster umfassen. Unter ganzheitlichem Lehren und Lernen kann dann ein Erkenntnis- und Handlungsprozeß verstanden werden, in den lebensgeschichtlich frühere Erfahrungen wie auch künftige Handlungsperspektiven in die gegenwärtige Situation ('Hier und Jetzt') mit einfließen und dabei körperliche Empfindungen, Gefühle und Gedanken integrativ erlebt und reflektiert werden.

DAUBER, Heinrich (1997): Grundlagen Humanistischer Pädagogik. Integrative Ansätze zwischen Therapie und Politik. Bad Heilbrunn.

Heinrich Dauber

Garten
Nüchtern gesehen war der Garten ein vom Menschen umhegtes Stück Land, in unmittelbarer Nähe seiner Behausung, wo in „Urproduktion" Nahrungs-, Heil- und Gewürzpflanzen sowie Blumen intensiv kultiviert wurden. Er erlangte kulturhistorische Bedeutung, als sich in ihm, in seiner Gestaltung und in seiner Nutzung Mensch-Natur-Beziehungen, soziale Beziehungen, religiöse Vorstellungen, ästhetische Empfindungen oder Wünsche und Träume von Menschen materialisierten. In der geschichtlichen Entwicklung entstand so eine breite Diversität von Gärten in allen Kulturen. Heute findet man Gärten mit vielfältigen Funktionen und Formen (Nutz-, Zier-, Obst-, Kräuter-, Gemüsegärten; Botanische und Zoologische Gärten; Schreber-, Haus-, Vor-,

Dachgärten). Der ↪ Schulgarten soll herausgehoben werden, da er als Erlebnis-, Erfahrungs- und Handlungsraum den Schülerinnen und Schülern u.a. primäre Naturerfahrungen ermöglicht und damit an Bedeutung für Umwelterziehung gewinnen wird. Nicht zuletzt kann der Garten hier als „teilanaloges Abbild des Lebenssystems unseres Planeten" (KLEBER/KLEBER 1999, S. 19) die Chance bieten, durch Verstehen umweltfreundliches Handeln anzubahnen.

KLEBER, Eduard W./KLEBER, Gerda (1994): Handbuch Schulgarten - Biotop mit Mensch. Weinheim.
KLEBER, Eduard W./KLEBER, Gerda (1999): Gärtnern im Biotop mit Mensch - der nachhaltige, zukunftsfähige Garten nach Prinzipien der Permakultur. Xanten.
WIMMER, Clemens A. (1989): Geschichte der Gartentheorie. Darmstadt.

Hans Baier

Gartenarbeitsschule
Die Gartenschule war eine Schule, in der sich alles um Gartenarbeit drehte. Der interessante Ansatz lag somit in deren Zentrierungsbereich, der Schulgartenarbeit. Fast alle Fächer waren an dieser praktischen Gartenarbeit und einer praxisorientierten Naturkunde ausgerichtet. Themen der Schulgartenarbeit bestimmten so die Inhalte dieser Fächer und alle weiteren didaktischen Überlegungen. Die von HEYN um 1920 in Berlin begründeten Gartenarbeitsschulen lehnten sich konzeptionell an das Philanthropinum SALZMANNs in Schnepfental an, woraus sich auch eine Gewichtung anderer Fächer im Stundenkanon ergab. So fanden mit Turnen als zweitwichtigstem Fach, gefolgt von Schreiben, Lesen und Rechnen Gedanken von GUTSMUTHS Eingang in das Schulkonzept. Neben diesem Bezug lassen sich auch andere Wurzeln der Gartenarbeitsschule zum Ende des Ersten Weltkrieges ausmachen, nachdem bereits eine „Gartenschule" in Düsseldorf 1913 (vgl. TEUSCHER/MÜLLER 1926, S. 11) davon ausgegangen war, daß die Kinder neben Naturbeobachtungen lernen sollten, daß die Arbeit erst dem Leben Inhalt gibt. In Anlehnung an LOCKE, ROUSSEAU und PESTALOZZI wurden Konzepte von Arbeitsschulen entwickelt, die zum Beispiel den Werkunterricht (SEINIG, SCHERER) als eine Möglichkeit zur Herausbildung der körperlichen, geistigen, sittlichen und ästhetischen Kräfte der Kinder und damit als Mittel der harmonischen Menschenbildung ansahen. Nach KERSCHENSTEINER war es Sinn der Arbeitsschule, „mit einem Minimum an Wissensstoff ein Maximum an Fertigkeiten, Fähigkeiten und Arbeitsfreude im Dienste staatsbürgerlicher Gesinnung auszulösen" (1955, S. 104). Dabei sollte es Ziel sein, Schüler zu erziehen, die ihren Willen bedingungslos dem Gesetz der Sache unterwerfen, aber auch durch selbständige geistige Arbeit ihre logische Denkfähigkeit entwickeln. Auch bei KERSCHENSTEINER sollte die Gartenarbeit im Anschauungsunterricht der ersten und zweiten Klasse sowie dem heimatkundlichen Unterricht der dritten und vierten Klasse eine wichtige Rolle spielen.

Parallel dazu hatte sich der Schulgarten auch als volkswirtschaftlicher Faktor in Deutschland und anderen europäischen Ländern etabliert. So nahm die Gartenarbeit in den Erwerbsschulen bereits einen zentralen Platz ein, der in Folge des Ersten Weltkrieges notbedingt an Bedeutung wuchs und zur Produktionsschule tendierte. Auch die Gartenarbeitsschule läßt sich in dieser Traditionslinie verstehen.

KERSCHENSTEINER, Georg (1955): Begriff der Arbeitsschule. München.
TEUSCHER, Adolf/MÜLLER, Max (1926): Vom Wesen der Gartenschule. Leipzig.

Hans Baier

Gärtnern, alltagsorientiert

Gärtnern läßt sich verschieden interpretieren. Im herkömmlichen Sinn versteht man darunter die Gesamtheit gärtnerischer Tätigkeit bei Anbau und Zucht verschiedenartiger Nutz- und Zierpflanzen in Gärten oder gärtnerisch bearbeiteten Feldern sowie deren Anlage und Unterhaltung. Dabei ist ein hoher Aufwand an menschlicher Arbeit und von Produktionsmitteln sowie der Gebrauch von Handgeräten charakteristisch. Gärtnern bezieht sich dabei auf Gemüse-, Zierpflanzen-, Stauden-, Pilzzucht, Baumschulen, Obstbau, Pflanzenzüchtung, Samenanbau, Garten-, Landschafts-, Sportstättenbau, Friedhofsgärtnerei und schließt ausführungstechnisch-praktische Aufgaben wie Vermessung, Bodenbearbeitung, Aussaat, Bepflanzung, Pflege, Be- und Entwässerung, Wegebau, Anlage von Steingärten, Wasserbecken usw. ein.

Gärtnern als Bewußtseinskonzept ist dagegen eine Haltung gegenüber den Grundlagen des Lebenssystems unseres Planeten. Es beginnt mit dem Wahrnehmen der Mitwelt und ist dann auch pädagogisch orientiert. In diesem Sinne heißt Gärtnern (↪ Permakultur), über das Umgehen mit Pflanzen, unseren Mitlebewesen, ein Verhältnis zu unserer eigenen Basis, zum Boden und der Welt gewinnen, das wiederum Voraussetzung ist für ein Lebenskonzept, das im Einklang mit dem Lebenssystem steht (vgl. KLEBER/KLEBER 1994, S. 30; 1999; ↪ Biotop mit Mensch; ↪ Mitwelt).

KLEBER, Eduard W./KLEBER, Gerda (1994): Handbuch Schulgarten - Biotop mit Mensch. Weinheim.
KLEBER, Eduard W./KLEBER, Gerda (1999): Gärtnern im Biotop mit Mensch - der nachhaltige, zukunftsfähige Garten nach Prinzipien der Permakultur. Xanten.

Hans Baier

Gärtnern, kulturhistorisch

Gärtnern ist eine Tätigkeit des Menschen, die bereits in den mesopotamischen Hochkulturen als erster Fachberuf ausgewiesen wurde. Sie kann neben der bildnerisch darstellenden Kunst und Musik dem musischen Bereich zugeordnet werden. In den asiatischen Kulturen ist sie eng mit Philosophie und Literatur verknüpft. Gärtnern ist darüber hinaus der Tätigkeitsbereich des

Menschen, der über zwei Jahrtausende nicht nur Kunstform war und ist, sondern auch eine außerordentliche Anziehungskraft auf Menschen aller Bevölkerungsschichten ausübte. Es dient der Gestaltung von Lebensräumen wie des persönlichen Umfelds und trägt zur Selbstverwirklichung bei (WIMMER 1989; KLEBER/KLEBER 1999).

Gärtnern ist insofern ein Thema von Umweltbildung, als in den vergangenen Jahrzehnten zur Sättigung des „schönen Scheins" und des Bedürfnisses nach Makellosigkeit von den privaten Haushalten in unvorstellbarem Umfang Pestizide und Herbizide in der Garten"pflege" eingesetzt wurden. Zudem beeinflußt die Vorliebe fürs Gärtnern in noch nicht erforschtem, aber wahrscheinlich in erheblichem Ausmaß unsere Bewußtseinsstrukturen sowohl im Hinblick auf eine Toleranz der „Natur" gegenüber als auch in bezug auf unsere Ernährungsgewohnheiten.

Gärtnern war früher überwiegend auf Maximierung des Nutzens für den Menschen ausgelegt. In den wohlhabenden Gesellschaften entwickelte sich die Gartenkunst, in der es meist darum ging, Versatzstücke der Natur zum Gestalten eines Ambientes für den Menschen zu nutzen; die daraus entstandenen Gärten sind eher kultur- und geist- als naturanalog (KLEBER/KLEBER 1999). Gärtnern entwickelt in dieser Tradition umfassende Konzepte, um Sehnsüchte der Menschen zu erfüllen. Dazu gehört es, der Natur ein Schnippchen zu schlagen, sie zu übertölpeln, das möglich zu machen, was von Natur aus nicht geht, bis hin zu Ex-und-Hopp-Gärten und im Extremfall auch dahingehend, daß Natur erst kaputt gemacht werden muß, damit man eine „schöne Natur" haben kann. Neben den unterschiedlichen Strömungen des Gärtnerns entwickelt sich seit drei Jahrzehnten eine nachhaltige und zukunftsfähige Art, bei der es darum geht, ausschließlich „mit der Natur" zu arbeiten, die Gruppierungen Nutz-, Zier-, Repräsentations- und Luxusgärten in ein einheitliches Miteinander aufzulösen und so ein Modell für ↪ sustainable development Platz greifen zu lassen (↪ Permakultur; ↪ Biotop mit Mensch; ↪ Leben, saisonales). In dieser neuen nachhaltigen zukunftsfähigen Form gewinnt Gärtnern die neue Qualität, um Naturvorgänge tiefgreifend verstehen zu lernen und sich gelassen auf Sich-Entwickelndes einzulassen (↪ Entschleunigung). Im Sinne neuer Wohlstandsmodelle und einer Freiheit der Tätigkeit (VON WEIZSÄCKER 1989/⁴1994), verknüpft mit saisonalen Happenings oder Gartenfesten (KLEBER/KLEBER 1999), könnte Gärtnern neue Attraktion gewinnen (↪ Wohlstandsmodelle, neue). Nicht unberücksichtigt soll bleiben, daß mit Gärtnern von der gleichen Fläche erheblich mehr Menschen ernährt werden können als mit jeder anderen Art der Landwirtschaft.

KLEBER, Eduard W./KLEBER, Gerda (1999): Gärtnern im Biotop mit Mensch - der nachhaltige, zukunftsfähige Garten nach Prinzipien der Permakultur. Xanten.
WEIZSÄCKER, Ernst U. von (1989/⁴1994): Erdpolitik. Damstadt.
WIMMER, Clemens A. (1989): Geschichte der Gartentheorie. Darmstadt.

Eduard W. Kleber

Gemeinlastprinzip

Nach dem Gemeinlastprinzip werden Maßnahmen zur Verringerung der Umweltbelastung aus Steuermitteln finanziert. Die Finanzierung kann direkt erfolgen, indem der Staat selbst Umweltschutzinvestitionen tätigt, oder indirekt, indem er Umweltschutzaktivitäten der Privaten subventioniert. Nach dem Konzept einer rationalen Umweltpolitik gelten Maßnahmen nach dem Gemeinlastprinzip als umweltpolitischer Notbehelf (WICKE 1982/⁴1993), weil sie, anders als Maßnahmen nach dem ↝ Verursacherprinzip, die Marktkräfte nicht gleichzeitig in die ökologisch erwünschte Richtung lenken. Veränderungen der relativen Preise ergeben sich hier nach den Zufälligkeiten des Steuerlastverteilungsprozesses, nicht aber nach Maßgabe der Umweltbeanspruchung. Gleichwohl wird es als Ergänzung des Verursacherprinzips für unverzichtbar gehalten, wenn Verursacher sich nicht mehr feststellen lassen, Verursacherketten vorliegen oder Maßnahmen nach dem Verursacherprinzip mit zu starken Einbußen bei anderen für wichtig gehaltenen Zielen verbunden sind. Die Praxis der Umweltpolitik trägt diesem streng subsidiären Charakter des Gemeinlastprinzips aber häufig keine Rechnung mit der Folge, daß ökologisch gewünschte Anreizwirkungen nicht zustande kommen.

↝ Ökonomische Rahmenbedingungen für ökologisches Handeln

HANSMEYER, Karl-H./SCHNEIDER, Hans (1990): Umweltpolitik - ihre Fortentwicklung unter marktsteuernden Aspekten. Göttingen, S. 38 ff.
WICKE, Lutz (1982/⁴1993): Umweltökonomie. München.
ZIMMERMANN, Horst/HANSJÜRGENS, Bernd (Hrsg.) (1994): Prinzipien der Umweltpolitik in ökonomischer Sicht. Bonn.

Gerd-Jan Krol

Gemeinwohl ↝ Wohlwollen; ↝ Allmende

Generationenvertrag, ökologischer

Der Begriff ökologischer Generationenvertrag bezieht sich auf die Frage, in welchen moralischen Verhältnissen Angehörige zeitlich separierter Generationen zueinander stehen, die gleichermaßen auf die Nutzung naturaler Ressourcen und auf eine Biosphäre (↝ Biospärenreservat) angewiesen sind.

Der Rekurs auf moralische Pflichten gegenüber zukünftigen Generationen ist ein Standardargument zugunsten eines verbesserten Ressourcen-, ↝ Umwelt- und ↝ Naturschutzes. Dieses Argument wird auch in der Staatszielbestimmung Umweltschutz des deutschen Grundgesetzes (Art. 20a GG) vorausgesetzt. Das Argument entspricht unseren moralischen Alltagsintuitionen, erweist sich jedoch bei näherer Betrachtung als rätselhaft und voller Paradoxien. Diese beruhen darauf, daß zukünftige Personen nicht oder nur potentiell existieren, in ihrer Individualität unbestimmbar sind, keine Träger von Rechten sind und mit uns nicht kommunizieren können. Das Verhältnis zwischen lebenden und zukünftigen Personen ist aufgrund der Irreversibilität des Zeitstrahls prinzipiell nicht reziprok. Zwischen uns und entfernteren Generationen treten andere Generationen, deren Verhalten wir nicht direkt beeinflussen können. Letztlich ist sogar der Begriff des ökologischen Generationenvertrages paradox, da Mitglieder zukünftiger Generationen keine Vertragsbeziehungen eingehen können. Vertreter einer Vertragstheorie moralischer Richtigkeit (Kontraktualismus) haben sich skeptisch gegen einen ökologischen Generationenvertrag gewandt (LASLETT 1992).

Aufgrund dieser Schwierigkeiten haben etliche Autoren die These vertreten, daß wir Heutigen *keine* oder nur schwache Pflichten gegenüber zukünftigen Generationen haben („no-obligation-argument"). Wer an Pflichten gegenüber zukünftigen Generationen in bezug auf eine sparsame und nachhaltige Nutzung ökologischer Ressourcen im weiteren Sinne festhält, wählt den Weg, zunächst (a) das no-obligation-argument zu widerlegen, aus dieser Widerlegung heraus, (b) einen Umkehrschluß auf einen ökologischen Generationenvertrag zu ziehen, (c) eine Beziehung zwischen einem solchen Vertrag und dem Konzept der nachhaltigen Entwicklung herzustellen und (d) die so gewonnenen Prämissen auf Sachfelder anzuwenden (Biodiversität, Klima, Wasser, Boden, Müll usw.). Gründliche Widerlegungen des no-obligation-argument finden sich bei PARTRIDGE (1990) und BAIER (1990), die Beziehung zu ↝ „sustainable development" und die Anwendung auf Sachthemen werden durch die Beiträge in LEMONS/BROWN (1995) hergestellt.

Andere Ethiker haben ein Gesprächsmodell zwischen vier Generationen konstruiert, um Pflichten gegenüber zukünftigen Generationen zu begründen, indem sie Sprechhandlungen vom moralischen Standpunkt überprüfen, die innerhalb dieser Modellsituation möglich sind. Unter der Voraussetzung eines Moralprinzips kann man in dieser Situation nicht dafür argumentieren, daß die Kette von moralisch-rechtlichen Verpflichtungen, durch die sich eine Generationenfolge kulturell konstituiert, bei den Jetzigen abreißen darf. Da dies für alle möglichen Gesprächssituationen gilt, folgt, daß diese Kette niemals abreißen darf. Die Idee eines ökologischen Generationenvertrages erweist sich somit als ethisch begründbar. In der Anwendungsdimension tauchen etliche Schwierigkeiten auf: 1. das Problem der optimalen Hinterlassenschaft an Gütern, Ressourcen, Chancen, Zugängen („access"), Wissen usw., 2. die Frage nach der Substituierbarkeit von naturalen Ressourcen durch künstliche (Technik, Wissen, Kapital), 3. die Frage nach der Zulässigkeit des sogenannten Diskontierens, 4. die Lösung von Konflikten zwischen intra- und intergenerationeller Verteilungsgerechtigkeit angesichts gegenwärtiger Armut. Diese Fragen werden im Grenzbereich von ↝ Umweltethik und Ressourcenökonomie kontrovers diskutiert. Eine Mehrheit der Umweltethiker und Ressourcenökonomen lehnen das Diskontieren und die Annahme der völligen Substituierbarkeit ab. Zwischen den Zielen der Bekämpfung gegenwärtiger Armut und der Verhütung zukünftigen Mangels kann nicht nach starren Regeln entschieden werden. Hier bedarf es genauer Fallstudien.

⇒ Effizienzrevolution; ⇒ Gerechtigkeit; ⇒ Wirtschaften, nachhaltiges

BAIER, Annette (1990): For the Sake of Future Generations. In: REGAN, Tom (Ed.) (1990): Earthbound. Prospect Heights. Illinois, p. 214-246.

LASLETT, Peter (1992): Is there a Generational Contract? In: LASLETT, Peter/FISHKIN, James (Ed.): Justice between Age Groups and Generations. Yale, p. 24-47.

LEMONS, John/BROWN, Donald (Ed.) (1995): Sustainable development: Science, Ethics and Public Policy. Boston.

PARTRIDGE, Ernest (1990): On the Rights of Future Generations. In: SCHERER, Donald (Ed.): Upstream/Downstream - Issues in Environmental Ethics. Philadelphia.

Konrad Ott

Gerechtigkeit

Gerechtigkeit ist bei PLATON - als die höchste der vier Kardinaltugenden - für das richtige Gleichgewicht der übrigen Kardinaltugenden, Weisheit, Tapferkeit und Besonnenheit (Mäßigung) verantwortlich. ARISTOTELES versteht die ethische Tugend der Gerechtigkeit (subjektive Gerechtigkeit) als einen Habitus, „vermöge dessen man fähig und geneigt ist, gerecht zu handeln, und vermöge dessen man gerecht handelt und das Gerechte will". Er bestimmt deren Ausübung in der Mesótes-Lehre als die Mitte zwischen den beiden Extremen Unrecht tun und Unrecht leiden, während die Ungerechtigkeit als Laster diese Extreme hervorbringt.

In modernen Ethiken wird Gerechtigkeit als politische Gerechtigkeit (objektive Gerechtigkeit) thematisiert, so bei RAWLS als „erste Tugend sozialer Institutionen". Politische Gerechtigkeit ist der höchste moralische Anspruch, der an eine politisch-soziale Ordnung gestellt werden kann, im Rahmen einer normativen Rechts- und Sozialtheorie zugleich ein Legitimations- und Beurteilungskriterium für Politik, Staat, Recht und soziale Institutionen.

RAWLS entwickelt in seiner Theorie der Gerechtigkeit zwei Prinzipien der Gerechtigkeit als Fairneß. Der erste Grundsatz gesteht jedermann ein „gleiches Recht auf das umfangreichste Gesamtsystem gleicher Grundfreiheiten, das für alle möglich ist," zu. Der zweite Grundsatz (Differenzprinzip) erklärt soziale und wirtschaftliche Ungleichheiten für legitim, sofern sie (a) „unter der Einschränkung des gerechten Spargrundsatzes den am wenigsten Begünstigten den größtmöglichen Vorteil bringen" und (b) mit Ämtern und Positionen verbunden sind, „die allen gemäß fairer Chancengleichheit offenstehen". In der Wirtschaftsethik sind insbesondere die Tausch-Gerechtigkeit (Äquivalenz von Leistung und Gegenleistung) und die Verteilungs-Gerechtigkeit (Verteilung von Gütern und Lasten) relevant. In der ökologischen Ethik werden die irreversible Ausbeutung der natürlichen Ressourcen ebenso wie die ökologischen Hinterlassenschaften der modernen Industriegesellschaft unter dem Stichwort der intergenerationalen Gerechtigkeit thematisiert, d.h. als Problem der Verantwortung jetziger Generationen gegenüber künftigen Generationen (⇒ Generationenvertrag, ökologischer).

BOLLNOW, Otto F. (1958): Wesen und Wandel der Tugenden. Frankfurt a.M.
HÖFFE, Otfried (1984): Politische Gerechtigkeit. In: APEL, Karl O./BERLICH, Alfred (Hrsg.): Funkkolleg praktische Philosophie. Ethik. Studientexte. Weinheim, S. 735-762.
RAWLS, John (1979/⁵1990): Eine Theorie der Gerechtigkeit. Frankfurt a.M.

Thomas Retzmann

Geschichte der Umwelterziehung und Umweltbildung
Frühe Ansätze der Umwelterziehung und der Umweltbildung gründen in der Naturschutzbewegung (↪ Naturschutz). Es gab verschiedene regionale Ansätze, z.B. in England die Keele Konferenz über Erziehung und Naturschutz im Jahre 1965. Ein maßgeblicher Anlaß für eine ökologische Bewegung über viele Nationen war der Bestseller „Der stumme Frühling" (CARSON 1962/¹²1987). Jetzt wurde vielen klar, daß wir die „Natur", in jedem Falle aber unsere biologische Lebensgrundlage, zerstören und daß es einer Veränderung in der Erziehung bedarf. In den Mittelpunkt trat ↪ Umweltschutz in unserer unmittelbaren Lebensumgebung. Nach der UN-Konferenz „Mensch und Umwelt" 1972 folgte die Konferenz in Tiflis 1977, in der ein umfassendes Umwelterziehungsprogramm beschlossen und verkündet wurde. Alle Unterzeichnernationen verpflichteten sich, in ihren Ländern umfängliche Umweltoffensiven durch Aufklärungsprogramme in den Medien, Schaffung von exekutiven Organisationen (Zentralstellen, Abteilungen in der Verwaltung und Ministerien) und Erziehungsprogramme einschließlich Einführung der Umwelterziehung in Schulen (UNESCO 1979) durchzuführen.
Die Forderungen von Tiflis wurden wirkungsvoll von den Medien in Szene gesetzt. In der Schule blieb Umwelterziehung/-bildung dem individuellen Engagement einzelner Lehrer überlassen. Viele Länder anderer Kulturkreise (neben der sog. westlichen Welt) haben sich bereits in Tiflis (1977) distanziert verhalten. Alle Staaten Afrikas lehnten die Teilnahme unter dem Hinweis ab, solange sich ihre Länder nicht vergleichbar der sog. „westlichen Welt" entwickelt hätten, sei Umwelt für sie kein Thema.
Durch den Beschluß der Kultusministerkonferenz (1980) „Umwelt und Unterricht" wird Umwelterziehung zu einer besonderen Aufgabe der Schule. Umwelterziehung wird im Folgenden zum Unterrichtsprinzip gemacht. Es werden Schwerpunktfächer und Komplementärfächer ausgewiesen. In der ersten Phase der Umwelterziehung liegt der Schwerpunkt auf den naturwissenschaftlichen Fächern. Federführend wird konsequenterweise in der BRD das Institut für Pädagogik der Naturwissenschaften (IPN) in Kiel.
Im Jahre 1990 erläßt das Land Bayern als erstes Bundesland Richtlinien für Umwelterziehung. Dort wird festgelegt, in welchem Umfang Themen einer Umwelterziehung Gegenstand der verschiedenen Unterrichtsfächer sein soll (vgl. RICHTLINIEN 1990). In dieser Zeit entstand eine große Anzahl teils divergierender Bücher zur Umwelterziehung. Von 1970 bis 1997 verschob

sich die Titelbezeichnung von Umweltschutz über Umwelterziehung und ↪ naturbezogene Pädagogik hin zur ökologischen Pädagogik und Umweltbildung (↪ Pädagogik, ökologische). In jüngeren Publikationen wird verschiedentlich von einer „geisteswissenschaftlichen Wende" bei dieser Entwicklung gesprochen (↪ Umweltbildung). Demnach läge heute der Schwerpunkt der Umweltbildung nicht mehr bei den Natur-, sondern bei den Geisteswissenschaften. Lebensstil, Verantwortung, Wertebildung sind dann die zentralen Anliegen. In das Zentrum der Umweltbildung tritt ab 1992 ↪ sustainable development (BUND/MISEREOR 1996; ↪ Leben, saisonales).

BUND/MISEREOR (Hrsg.) (1996): Zukunftsfähiges Deutschland. Basel.
CARSON, Rachel (1962/[12]1987): Der stumme Frühling. München.
KLEBER, Eduard W. (1993): Grundzüge ökologischer Pädagogik. Weinheim.
MEADOWS, Dennis L. (1972): Die Grenzen des Wachstums. Stuttgart.
RICHTLINIEN FÜR UMWELTERZIEHUNG (1990): Bekanntmachung des Bayrischen Staatsministeriums KWMBII Nr. 12/1990. München.
UNESCO-Konferenzbericht (1979) Nr. 4. München.

Eduard W. Kleber

Geschichte des Naturschutzes

Die Geschichte des Naturschutzes als Teil des geistig-kulturellen, sozialen und wirtschaftlichen Geschehens des ausgehenden 19. und des 20. Jahrhunderts ist erst in jüngster Zeit thematisiert worden (WEY 1982, BRÜGGEMEIER/ROMMELSPACHER 1987, STIPPROWEIT 1987, WETTENGEL 1993). Bestrebungen, die Natur vor den Eingriffen des Menschen zu schützen, formierten sich im ausgehenden 19. Jahrhundert als Reaktion auf die sich rasch durchsetzende Industrialisierung mit ihrem tiefgreifenden sozialen, ökonomischen und landschaftlichen Strukturwandel und führte in mehreren europäischen Ländern, vor allem in bürgerlichen Kreisen, zur Gründung zahlreicher und mitgliederstarker Naturschutzverbände (↪ Naturschutzvereine). In Deutschland sind es im wesentlichen drei Strömungen, deren Appelle und praktische Strategien nach der Jahrhundertwende in den Aufbau von Organen und einer staatlichen Organisation des Naturschutzes und 1935 in ein einheitliches Naturschutzrecht mündeten:
- der *Heimatschutz*, eine kulturhistorische Bewegung (↪ Heimatkunde),
- der *Natur(denkmal)schutz*, vorrangig eine wissenschaftlich orientierte Bewegung, und
- die *Landespflege-/Grün-/Gartenstadtbewegung*, die u.a. sozialpolitisch motiviert war (↪ Gartenarbeitsschule).

Staatlicher Naturschutz begann mit Einrichtung der „Staatlichen Stelle für Naturdenkmalpflege in Preußen" 1906 unter Leitung von H. CONWENTZ in Danzig, ab 1910 in Berlin. Naturschutz wurde als Schutz und Pflege der „Naturdenkmäler" verstanden, d.h. von Zeugnissen der Natur, Kultur und Geschichte eines Volkes, in Anlehnung an die etablierte Kulturdenkmalpfle-

ge. Die Schutzbemühungen richteten sich auf Einzelobjekte, Tier- und Pflanzenarten und den Erhalt des Landschaftsbildes.
Während der Weimarer Republik kamen sozialpolitisch motivierte Bereiche wie die Sicherung und Erhalt von Grünflächen und des Baumbestandes in Wohngebieten sowie Erhalt und Schaffung von Uferwegen im Interesse der Volksgesundheit hinzu. Die Erweiterung der rechtlichen Basis während der Weimarer Republik und durch das Naturschutzgesetz von 1935/36 bewirkten dann auch den Schutz von großflächigeren Landschaftsbereichen.
Aus der „Staatlichen Stelle für Naturdenkmalpflege" ist 1935 die „Reichsstelle für Naturschutz", nach dem Zweiten Weltkrieg die „Zentralstelle für Naturschutz und Landschaftspflege", 1976 die „Bundesforschungsanstalt für Naturschutz und Landschaftsökologie" und letztlich das „Bundesamt für Naturschutz" hervorgegangen. Die Namensänderungen weisen auf die Ausweitung und teilweise Neuorientierung der fachlichen Arbeit im Naturschutz, der aus sehr engem, ästhetisierendem und zivilisationskritischem Blickwinkel operierenden, ohne mit wesentlichen Befugnissen, Finanz- und Personalressourcen ausgestatteten Naturdenkmalpflege hin.

BRÜGGEMEIER, Franz-J./ROMMELSPACHER, Thomas (Hrsg.) (1987): Besiegte Natur - Geschichte der Umwelt im 19. und 20. Jahrhundert. München.

STIPPROWEIT, Adelheid (1987): Naturschutzbewegung und staatlicher Naturschutz in Deutschland - ein historischer Abriß. In: CALLIESS, Jörg/LOB, Reinhold (Hrsg.): Handbuch der Umwelt- und Friedenserziehung. Düsseldorf, S. 29-41.

WETTENGEL, Michael (1993): Staat und Naturschutz 1906-1945. Zur Geschichte der Staatlichen Stelle für Naturdenkmalpflege in Preußen und der Reichsstelle für Naturschutz. In: HISTORISCHE ZEITSCHRIFT, Band 257, S. 355-399.

WEY, Klaus G. (1982): Umweltpolitik in Deutschland. Kurze Geschichte des Umweltschutzes in Deutschland seit 1900. Opladen.

Adelheid Stipproweit

Gesundheitsbildung

Gesundheit wird im wissenschaftlichen Diskurs als Wertaussage („höchstes Gut"), Abgrenzungskonzept („mehr als Abwesenheit von Krankheit") und Funktionsaussage („körperliches – seelisches - soziales Gleichgewicht") bestimmt. Mit Durchsetzung der Ottawa-Charta der Weltgesundheitsorganisation (WHO) von 1986 als sozialpolitisch fundierte Bestimmungsgröße von Gesundheit ist das salutogenetische Gesundheitskonzept des Medizinsoziologen ANTONOVSKY in den Sozialwissenschaften rezipiert worden. Er fragt nicht nur, was Menschen gesund erhält, sondern auch, was sie befähigt, sich dem gesunden Ende des „health-ease/dis-ease" Kontinuums (Gesundheit/Wohlsein vs. Krankheit/Unwohlsein) anzunähern.
Auf der Grundlage personinterner und -externer Ressourcen (soziale und ökologische) entfaltet sich die Fähigkeit des Subjekts, sich in bezug auf sich selbst und das äußere Milieu in physischer, psychischer und sozialer Hin-

sicht zu verstehen, zu erleben und zu kontrollieren, mit dem Ziel, zwischen innen und außen ein lebensfähiges Gleichgewicht herzustellen. Gesundheitsbildung ist die Ausbildung der Fähigkeit, ein Gleichgewicht zwischen Körper (biologischem Aspekt), Bewußtsein (psychischem Aspekt) und ökosozialem Wirkzusammenhang (Gemeinwesen, Gesellschaft) herstellen zu können.

Gesundheitsbildung in ökosozialer Verantwortung befähigt, für sich und die Mitwelt im Sinne einer Gegenwirkung zur drohenden globalen Zerstörung eintreten zu können. Beides zusammen bildet eine Einheit: Persönliche Gesundheit ist nur im Kontext von Mit- und Außenwelt entwickelbar. Gesundheitsbildung ermöglicht als persönliche und auf Interpersonalität ausgelegte Gesundheitsförderung Leibbewußtsein und Bewußtsein von ökosozialer Verantwortung, und zwar lebensbegleitend und lebenslang. Für die Wissenschaft von der Gesundheit und ihrer Bildung ergibt sich die Verpflichtung zur Interdisziplinarität (von Ökologie, Ökonomie, Soziologie, Ernährungs-, Erziehungswissenschaft u.a.) und für die Profession eine Verpflichtung zu ökosozialem Arbeiten im kategorialen Feld von Selbstbestimmung, (Inter-)Subjektivität, Selbsthilfe, Eigenaktivität, Empowerment, Lebenswelt.

Seit den 80er Jahren hat sich Gesundheitsbildung durch ihre Institutionalisierung in der Erwachsenenbildung (VHS, Familienbildungsstätten, Kurbetrieben) in pädagogisch-andragogischer Ausrichtung profiliert, indem z.B. Konzepte zur (Wieder-)Aneignung und Verarbeitung sinnlich-leiblicher Wahrnehmungs-, Verstehens- und Erlebensfähigkeit entwickelt wurden. Zentrale Themenfelder sind Ernähren (Essen), Bewegen, Entspannen und Streßbewältigen, Kleiden, Naturerleben und Umweltgestalten sowie bislang weniger entwickelt, aber nicht minder wichtig: Sexualität, Spiritualität und auch Erwerbs- sowie Versorgungsarbeit. Ausgewählte Methoden sind Übungen zur sinnlichen Wahrnehmung, zur biographischen Reflexion (z.B. Phantasiereisen), zum körpergerechten Sitzen, Gehen, Stehen, Liegen, aber auch zum Bäumeertasten, zum Fühlen, Riechen und Schmecken von Kräutern.

HAUG, Christoph von (1991): Gesundheitsbildung im Wandel. Bad Heilbrunn.
HOMFELDT, Hans G. (Hrsg.) (1993/²1994): Anleitungsbuch zur Gesundheitsbildung. Baltmannsweiler.
KNÖRZER, Wolfgang (Hrsg.) (1994): Ganzheitliche Gesundheitsbildung in Theorie und Praxis. Heidelberg.
WALLER, Heiko (1995): Gesundheitswissenschaft. Stuttgart.

Hans G. Homfeldt

Gewissen, ökologisches

Die Vorstellung des Gewissens als individuelle Instanz für ethisches bzw. moralisches Handeln ist vermutlich so alt wie die Menschheit selbst. Mit der Bewußtwerdung der ökologischen Krise (↪ Umweltkrise) geht alltagssprachlich die Kombination von Gewissen und Ökologie z.B. in Formulierungen wie „umweltfreundlich sein, um ein gutes ökologisches Gewissen zu haben" oder „nicht mehr ohne schlechtes Gewissen in der Sonne baden können" einher. Wissenschaftlich rekonstruiert wird „ökologisches Gewissen" nach einem Modell von SOHR als Synthese der philosophischen Prinzipien „Angst" (ANDERS), „Hoffnung" (BLOCH) und „Verantwortung" (JONAS). Ein lebendiges ökologisches Gewissen, das auch Parallelen zu der „Ehrfurcht vor dem Leben" nach SCHWEITZER aufweist, mündet, wenn es handlungsrelevant wird, in ökologischem Handeln.

↪ Biozentrismus; ↪ Holismus; ↪ Physiozentrismus

SOHR, Sven (1997): Ökologisches Gewissen. Chemnitz.

Sven Sohr

Gewohnheitsbildung, kollektive
Die ↪ Umweltkrise ist ein gesellschaftliches Problem, genauer gesagt ein Problem des gewohnheitsmäßigen gesellschaftlichen Umgangs mit der Natur. In der ↪ Risikogesellschaft läßt sich die Komplexität der Umweltprobleme auf der individuellen Lernebene nicht hinreichend erfassen und schon gar nicht lösen. Die Vorstellung, über ein institutionell vermitteltes ↪ Umweltbewußtsein das individuelle Umwelthandeln (↪ Umweltverhalten; ↪ Handeln, ökologisches) nachhaltig beeinflussen zu können, ist deshalb naiv. Für die Schule zwar ungewohnt, aber erfolgversprechender erscheint der Weg eines arbeitsteiligen sozialen Lernprozesses, bei dem im ersten Schritt die bestehenden Alltagsgewohnheiten (↪ Alltag; ↪ Alltagsbewußtsein) im sozialen Feld der Schule auf ihre Umwelt- und Sozialverträglichkeit untersucht werden. Damit wird die Schule als soziales System *selbstreflexiv* (↪ Erziehungswissenschaft, systemisch-ökogogisch) und kann im zweiten Schritt - in gemeinsamer und arbeitsteiliger Arbeit von Lehrenden und Lernenden - umwelt- und sozialverträgliche Handlungsalternativen entwickeln. Im entscheidenden dritten Schritt wird es schließlich um eine *sozial kontrollierte und unterstützte Ausbildung stabiler ökologieverträglicher Gewohnheiten* gehen. Im didaktischen Konzept der selbstreflexiven Schule werden dazu drei Schlüsselfragen gestellt: 1. Was macht die Schule mit uns? 2. Was macht die Schule mit unserer Umwelt? 3. Was machen wir in der Schule mit uns und unserer Umwelt? Diese Schlüsselfragen können auf vielfältige Untersuchungsfelder bezogen sein, wie z.B. den Energieverbrauch, die Produkte des Schulkiosks, die Verkehrsanbindung der Schule und das Verkehrsverhalten von Schülern und Lehrern (vgl. BUDDENSIEK 1996).

↪ Alltagsökologie; ↪ Sozialisation, naturbezogene

BUDDENSIEK, Wilfried (1996): Ökologisches Denken und Handeln lernen. Unsere Schule unter der Lupe. Stuttgart. (Schüler- und Lehrerheft)

BUDDENSIEK, Wilfried (1998): Grenzübergänge: Nachhaltiges Leben lernen. Perspektiven für die soziale Selbstorganisation. Paderborn.

Wilfried Buddensiek

Globalisierung
Globalisierung ist einer der meist gebrauchten Begriffe unserer Zeit. Er bezieht sich auf einen fortschreitenden Prozeß der Veränderung von Raum- und Zeitverhältnissen (↬ Zeit) und der sich ständig verkürzenden Entfernungen in der Ausprägung von zivilisatorischen und wirtschaftlichen Wertschätzungen und Muster der Wahrnehmung, des Denkens und Verhaltens. Diese Vorgänge verlaufen erdumspannend, transethnisch und transkulturell. WALLERSTEIN (1997) datiert den Beginn der Globalisierung in das 16. Jahrhundert mit der neuzeitlichen Imperialismusbewegung und der weltweiten Missionierung. Globalisierung ist aber auch eine ständig gebrauchte Legitimationsmetapher, welche die wahren Absichten und Interessen verschleiert. In der ökonomisch-politischen Ausprägung ist Globalisierung als ein völlig neuartiges Konzept zu begreifen, das nicht nur ferne Länder, sondern auch die hochentwickelten Industrienationen in neuer Weise kolonialisiert. Als ein solches wird das Globalisierungsspiel auf der Hauptbühne unter der Regie der Global Players inszeniert.

Auf der Nebenbühne läuft das „Global Village-Spiel", das von ökologisch und sozial interessierten Kleingruppen als „Humanisierungsspiel" entwickelt wird. Dabei scheint eine gewisse Sprachverwirrung, die eine Vermischung beider Spiele vortäuscht, im Kapitalinteresse zu liegen. Hieraus ergibt sich eine besondere Problemlage für die Akteure der Nebenbühne, in dem sie in die Gefahr geraten, ihre eigenen Ziele zu verlieren, sich zu weit in das Globalisierungsspiel der Global Players hineinziehen zu lassen und zu „nützlichen Idioten" in diesem Spiel zu werden. BECK versucht eine Präzisierung des komplexen Prozesses durch begriffliche Gliederung: Globalität meint, wir leben längst in einer Weltgesellschaft, so daß die Vorstellung geschlossener Räume fiktiv wird. In diesem Sinne ist Weltgesellschaft als Vielheit ohne Einheit zu begreifen.

Globalismus bezeichnet die Auffassung, daß der Weltmarkt politisches Handeln verdrängt oder ersetzt. Globalismus unterstellt, daß ein so komplexes Gebäude wie eine Nation, daß ein Staat, die Gesellschaft, die Kultur wie ein Wirtschaftsunternehmen zu führen sei. Globalisierung meint demgegenüber die Prozesse, in deren Folge die Nationalstaaten und ihre Souveränität durch transnationale Akteure ihre Machtchancen, Orientierungen, Identitäten und Netzwerke unterlaufen werden. „Die neue Zauberformel heißt: Kapitalismus ohne Arbeit plus Kapitalismus ohne Steuern" (BECK 1997a, S. 20). „Das Pikante ist - ausgerechnet die Reichsten werden zu virtuellen Steuerzahlern ... Sie untergraben auf eine (meist) legale, aber illegitime Weise das demokratische Gemeinwohl, das sie (selbst) voll in Anspruch nehmen" (BECK 1997a, S. 19). Gleichzeitig vervielfachen und verschärfen sich im Weltsystem die Konflikte, weil dieses System nicht nur ungeheure Reichtümer, sondern auch ungeheure Armut erzeugt - Globalität ist unvermeidbar, Globalismus und Globalisierung müßten politisch gestaltet werden - aber wie?

BECK, Ulrich (1997a): Was ist Globalisierung? Frankfurt a.M.
BECK, Ulrich (Hrsg.) (1997b): Perspektiven der Weltgesellschaft. Frankfurt a.M.
HUNTINGTON, Samuel P. (1996/²1997): Kampf der Kulturen. München.
WALLERSTEIN, Immanuel (1983): Klassenanalyse und Weltsystemanalyse. In: KRECKEL, Reinhard (Hrsg.): Soziale Ungleichheiten-Soziale Welt. Göttingen, S. 301-320.

Eduard W. Kleber

Greenteam
Greenteam ist die Bezeichnung für das Kinder- und Jugendprojekt von Greenpeace. Das Projekt wurde im Jahre 1990 mit dem Ziel gegründet, Menschen zwischen 10 und 14 Jahren die Möglichkeit zu geben, sich mit Hilfe von Greenpeace ökologisch zu engagieren. Ein Greenteam besteht aus einer Gruppe von etwa zwei bis zehn Kindern, die zusammen an einem Thema arbeiten und von einer erwachsenen Begleitperson unterstützt werden sollten. Mitte der 90er Jahre waren in Deutschland weit über 1000 Greenteams aktiv, wobei die genaue Zahl aufgrund der permanenten Neugründungen bei gleichzeitigen Auflösungen nicht exakt zu ermitteln ist. Ähnliche Projekte gibt es inzwischen auch in anderen europäischen Ländern sowie in Australien und Neuseeland.
GREENPEACE (Hrsg.) (1996): Das Greenpeace-Buch. Hamburg, S. 104 ff.

Sven Sohr

Grenzen des Wachstums
Unter diesem Titel veröffentlichten 1972 MEADOWS und Mitarbeiter die Ergebnisse von Studien zur Entwicklung der Welt. Angesichts steigender Bevölkerungszahlen (↪ Bevölkerungsexplosion), progressivem Ressourcenverbrauch sowie zunehmender Umweltverschmutzung untersuchten sie mit Hilfe von ↪ Computersimulationen und unter Berücksichtigung zahlreicher Faktoren das Verhalten des globalen Systems. Sie zeigten, daß bei gleichbleibender Entwicklung die Grenzen der Belastbarkeit bald erreicht seien. 1992 veröffentlichte diese Forschungsgruppe die „Neuen Grenzen des Wachstums". Neben einigen positiven Entwicklungen fanden die Autoren die negativen Trends prinzipiell weiter bestätigt.
Offensichtlich wird die Begrenztheit natürlicher Systeme von den Menschen weder erkannt noch berücksichtigt. Unter anderem liegt das daran, daß bestimmte Wachstumsverläufe in ihrer Dynamik nur schwer erfaßt werden können. Beispiele dafür sind schleichende und unmerkliche Entwicklungen, exponentielle Verläufe, zeit- und raumversetzte Beziehungen sowie komplexe und vernetzte Wirkgefüge (PREUSS 1991, DÖRNER 1996).
Vereinfachte Computerprogramme zu Weltsimulationen stehen inzwischen auch für den Bildungsbereich zur Verfügung (z.B. „World 3" „Weltsimula-

tion & Umweltwissen"). Im Umgang mit diesen Programmen können die Lernenden dynamische Verläufe kennenlernen und nachhaltige Entwicklungen (⇨ sustainable development) simulieren. Unverzichtbarer Bestandteil muß dabei immer die Diskussion des Modellcharakters dieser Programme, die Herstellung realer Bezüge, die Erörterung moralisch-ethischer Fragen und die Ausarbeitung handlungsorientierter Konzepte sein.

DÖRNER, Dietrich (1996): Der Umgang mit Unbestimmtheit und Komplexität und der Gebrauch von Computersimulationen. In: KÖLNER ZEITSCHRIFT FÜR SOZIOLOGIE UND SOZIALPSYCHOLOGIE, Sonderheft 3, S. 489-515.
MEADOWS, Dennis L. (1972): Die Grenzen des Wachstums. Stuttgart.
MEADOWS, Dennis L./MEADOWS, Donella (1992): Die neuen Grenzen des Wachstums. Die Lage der Menschheit: Bedrohung und Zukunftschancen. Stuttgart.
PREUSS, Sigrun (1991): Umweltkatastrophe Mensch. Über unsere Grenzen und Möglichkeiten, ökologisch bewußt zu handeln. Heidelberg.

angeführte Software:
BOSSEL, Hartmut/MEADOWS, Dennis L. (1993): Das Simulationsprogramm World 3-91: Die neuen Grenzen des Wachstums. Stuttgart.
NOWAK, Hans P./BOSSEL, Hartmut (1994): Weltsimulation & Umweltwissen. Unsere Umwelt und die Zukunft der Erde. Braunschweig.

Georg Pfligersdorffer

H

Handeln, ökologisches
Der Begriff ökologisches Handelns betont im Gegensatz zum Begriff Verhalten, der aus der behavioristischen Psychologie stammt, die souveränen Möglichkeiten von Personen (⇨ Umweltverhalten). Er geht davon aus, daß Menschen nicht nur reagieren, sondern geplant und zielorientiert die Umwelt verändern bzw. erhalten können. Der Begriff „ökologisch" ist dabei nicht als zum Teilgebiet Biologie gehörig zu verstehen, sondern bedeutet, daß das Handeln im Bereich des ⇨ Natur- und ⇨ Umweltschutzes mit dem Ziel der Erhaltung oder der minimalen Veränderung der Umwelt erfolgt.

Meist wird beim ökologischen Handeln „direktes" (persönliches, individuelles, privates) und „indirektes" (politisches, kollektives, öffentliches) Handeln unterschieden. Im ersteren wirken die Handelnden auf Objekte der Natur und Umwelt ein, beim zweiten auf andere Personen oder Organisationen. Die ökologischen Handlungstheorien enthalten Aussagen darüber, welche unabhängigen Variablen die Motivation zum Handeln bzw. das Handeln selbst hervorrufen oder stabilisieren. Es gibt dabei kognitive Ansätze, welche sich auf vorausgehende Prozesse der Einstellungen, des Urteilens oder Abschätzens bei den Personen als unabhängige Variablen konzentrieren (ROST 1996), und solche, die emotionale, soziologische oder ökonomische Bedingungen betonen (DE HAAN/KUCKARTZ 1996, S. 219 ff).

Die empirische Forschung zu den Bedingungen ökologischen Handelns hat wiederholt gefunden, daß (ökologische) Einstellungen, Wissen und Umweltbildung nur geringen Einfluß auf das ökologische Handeln ausüben. Diese „empirische Ernüchterung" geht einher mit einer intensiven Kritik von Vertretern der Umweltpädagogik an dem ökologischen Handeln als Lernziel. Es wird hier sogar der Vorwurf der „Indoktrination" erhoben (LEHMANN 1997).

⇝ Ökonomische Rahmenbedingungen für ökologisches Handeln

HAAN, Gerhard de/KUCKARTZ, Udo (1996): Umweltbewußtsein. Denken und Handeln in Umweltkrisen. Opladen.

LEHMANN, Jürgen (1997): Handlungsorientierung und Indoktrination in der Umweltpädagogik. 43. Jg., Heft 4, Juli/August, S. 631-638.

ROST, Jürgen (1997): Theorien menschlichen Handelns. In: MICHELSEN, Gerd (Hrsg.): Handbuch zur Umweltberatung. Bonn, S 55-60.

Jürgen Lehmann

Handlungsstrategie

Greifen in einem Realitätsbereich bekannte Handlungsregeln nicht, oder reicht das Wissen nicht für Problemlösungen aus, muß vom wissens- bzw. regelbasierten Handeln auf die Ebene des Problemlösens und damit der Strategiebildung gewechselt werden.

Im Sinne der Handlungstheorie ist eine Strategie ein Handlungsentwurf, der Oberziele sowie Teil- und Zwischenziele beinhaltet. Eine Strategie ist die geistige Vorwegnahme von Zielen und Ergebniszuständen einer Handlungssequenz. Im Gegensatz zur Taktik muß in einer Strategie keine Handlungs- oder Ausführungsplanung gemacht werden. Die Strategie beachtet vielmehr die grundlegenden Merkmale einer Situation, ihre Dynamik, ihre „Fallstricke" und das Zusammentreffen je einzigartiger Bedingungen zu einer mehr oder weniger komplexen Konstellation. Strategien liefern Informationen darüber, *was* unter bestimmten Bedingungen als Ziel zu verfolgen ist und *wie* bei bestimmten Problemtypen vorzugehen ist (z.B. defensiv oder offensiv, massiv oder zurückhaltend eingreifen). Strategien begrenzen somit den möglichen Handlungsspielraum. Sie liefern einfache Kontrollkriterien für den gesamten Problemlöseprozeß.

Handlungsstrategien sollten so beschaffen sein, daß zu
- dem Problem/sachlichen Gegenstand angemessene Ziele benannt sind
- und zu den verfügbaren individuellen, sozialen und organisationellen Ressourcen entsprechende Maßnahmen ergriffen werden können.

Letzteres erfordert über die Entwicklung einer inhaltlichen Strategie hinaus, über Fähigkeiten zu verfügen, einen Denkprozeß strategisch zu *managen*. Zu

diesen (Problemlöse-)Fähigkeiten, die sich als „strategisches Denken" zusammenfassen lassen, gehören:
- Handeln organisieren: zentrale Absichten formulieren, Ziele setzen, besondere Bedingungen/Rückschläge einplanen, Effekte kontrollieren;
- eigene Denkprozesse flexibel regulieren: Wahl eines angemessenen Auflösungsgrades, sich Überblick verschaffen, ein Bild der Zusammenhänge gewinnen, Prioritäten setzen, Schwerpunkte wechseln können, kritische Punkte erkennen, an denen ins Detail gegangen werden muß;
- Motivation und Emotion regulieren: Gleichgewicht zwischen Beharrlichkeit und Offenheit für Strategiewechsel, Kompetenzschutz, Streßbewältigung, Einfluß von Emotionen auf Informationsverarbeitung;
- soziale Beziehungen gestalten: delegieren, kommunizieren, motivieren, Kritik akzeptieren, Unterstützung nutzen.

BUERSCHAPER, Cornelius/HOFINGER, Gesine (im Druck): Strategisches Denken aus dem Computer? Über den Nutzen eines Trainings allgemeiner Problemlösekompetenzen. In: BLÖTZ, Ulrich (Hrsg.): Planspiele in der beruflichen Bildung. Nürnberg.

FRANKE, Guido (Hrsg.) (im Druck): Strategisches Handeln im Arbeitsprozeß. Gütersloh.

STROHSCHNEIDER, Stefan/WETH, Rüdiger von der (Hrsg.) (1993): Ja, mach nur einen Plan: Pannen und Fehlschläge - Ursachen, Beispiele, Lösungen. Bern.

Gesine Hofinger

Heimat

Heimat (abgeleitet von „heim" durch Suffix „-oti") meinte begriffsgeschichtlich zunächst „Ort, an dem man sich niederläßt", „Heim, Haus, Wohnort, Geburtsort, Siedlung" bzw. „Gehöft und Heimwesen" (Heimatl, Hoamatl). Seit dem 17. und verstärkt im 19. und 20. Jahrhundert entwickelte sich Heimat zu einem der vielschichtigsten Begriffe der deutschen Geistesgeschichte (⇨ Heimatkunde). Im Zuge der Industrialisierung und diverser Wanderungsbewegungen wurde er mit starken Affekten aufgeladen und nach 1848 bzw. 1871 mit einem Wust von zivilisationspessimistischen und anti-aufklärerischen Ideologemen besetzt. Seit der (deutschen) Romantik verbindet sich Heimat u.a. mit der Sehnsucht nach intakter Natur und sozialer Harmonie („Gemeinschaft"). In der Heimat(kunst)bewegung avanciert Heimat zur Sinn-Norm und zum Mythos. Seine Integration in die nationalsozialistische „Blut-und-Boden-Ideologie" bildete den Höhepunkt des ideologischen Mißbrauchs des Heimatgedankens. Während sich linke Kritik nach 1968 mehrheitlich von dem Heimatgedanken (GRASS: „Markenartikel der Demagogen") distanzierte, suchten einzelne Gruppen in den 70er Jahren im Umfeld von Ökologiebewegung, Alternativkultur und neuem Regionalismus (jenseits des traditionellen Heimatgedankens) nach einem neuen, kritisch-konstruktiven Heimatverständnis. Im Kontext der umweltpädagogischen

Diskussion ist erneut die Bedeutung des lokalen Handlungsraumes, des alltäglichen „kleinen Milieus" erkannt worden. Er wird zum zentralen Lernort für Umweltbildung, steht dabei aber früh im globalen Kontext und wird pädagogisch zum Ausgangspunkt für planetarische Betrachtungsweisen und Lösungsmodelle (Wechselbeziehung von „oikos" und „oikumene", vgl. KLEBER 1993; Formel: „lokal handeln - global denken"). - Angesichts der ideologischen Okkupierbarkeit des Heimatbegriffs (Integrationsformel, „Fahnenwort"), empfiehlt es sich, ihn mit einer Reihe kritischer Prüffragen zu konfrontieren, z.B. mit der Frage nach der Zugehörigkeit von Minderheiten und Andersdenkenden (vgl. BAUSINGER 1980) und nach dem tatsächlichen „Satisfaktionswert" (Identität, ökologische Qualität) des konkreten Territoriums. Es spricht einiges dafür, von verschiedenen Heimatbegriffen auszugehen und „Heimat" - individuell - auch im Plural zu denken. Am Übergang zum 21. Jahrhundert bleibt überdies die Definition eines neuen „Rechts auf Heimat" im ökologischen (Recht auf intakte, gesundheitsfördernde Umwelt) und sozialpolitischen Kontext (Recht auf Arbeit, erweiterte Partizipationsrechte) einzufordern.

⇨ Ortsbindung

BAUSINGER, Hermann (1980): Heimat und Identität. In: MOOSMANN, Elisabeth (Hrsg.): Heimat - Sehnsucht nach Identität. Ästhetik und Kommunikation. Berlin, S. 13-29.

KLEBER, Eduard W. (1993): Grundzüge ökologischer Pädagogik. Weinheim.

KROCKOW, Christian von (1989): Heimat. Erfahrungen mit einem deutschen Thema. Stuttgart.

Hartmut Mitzlaff

Heimatkunde

Heimatkunde bezeichnet(e) die (z.T. vorwissenschaftlich betriebene) Lehre von der Geschichte, Erd-, Natur-, Kultur- und Sozialkunde des Raumausschnittes (Geotop, Soziotop) der ⇨ „Heimat" (⇨ Welt- und Lebensorientierung) sowie von 1920 bis 1968 ein Fach im Lehrplan der Grundschule. Aus der Kritik der Heimatkunde entwickelte sich Ende der 60er Jahre der heutige ⇨ Sachunterricht der Grundschule, der in einigen Bundesländern als „Heimat- und Sachkunde" (z.B. Bayern, Sachsen) oder „Heimat- und Sachunterricht" (z.B. Baden-Württemberg) bezeichnet wird. Seit der frühen Kritik wird die komplexe Geschichte der Heimatkunde, wenn überhaupt, nur sehr bruchstückhaft und betont selektiv wahrgenommen. Die notwendige Unterscheidung verschiedener historischer Entwicklungs- bzw. Quellenebenen ist erst wenig entwickelt.

Die Anfänge der ganzheitlich-integrativen Heimatkunde, die aus dem „Gemengsel" der alten ⇨ „Realien" und gemeinnützigen Kenntnisse „ein Ganzes schaffen" wollten (HARNISCH 1816), liegen im frühen 19. Jahrhundert und stellen sich im Zeitkontext überwiegend als progressiv, aufklärerisch und liberal dar. Ihre erziehungs- und unterrichtstheoretischen Wurzeln reichen bis ins 16. und 17. Jahrhundert hinein und lassen sich zurückverfolgen bis zu den Utopien von MORUS und CAMPANELLA (Sachwissen), bis zu RATKE, COMENIUS, A. REYHER (1657 erstes gedrucktes Realienbuch) und später zu ROUSSEAU (Emile 1762), den Vertretern des *Philanthropismus* und zu PESTALOZZI. Dessen Mitarbeiter HENNING publizierte 1812 für Schüler von 8-12 Jahren das Modell einer propädeutischen, fachintegrativen „Elementargeographie", auf das Christoph W. HARNISCH in seinem Modell einer „Heimatskunde" zurückgreifen konnte (1816). Bei dieser ersten Heimatkunde, die sich als Fundament einer „Weltkunde" versteht, handelt es sich um einen umwelt- bzw. lebensweltbezogenen Realunterricht, der sich auf der Höhe seiner Zeit befindet, fachwissenschaftliche (insbesondere geographische) und pädagogische Erkenntnisse namhafter Zeitgenossen integriert, auf das Leben in der bürgerlichen Industriegesellschaft vorbereiten will und die Umsetzung progressiver Realmethoden („Sommerweg" mit Exkursionen, Beobachtungen im Garten des Lehrers) empfiehlt. Diese progressiven, von einer gewissen Orientierung am Kind getragenen Ansätze hat 1844 F. A. FINGER in seiner lokalen, geographie-propädeutischen „Heimatskunde ... der Gegend von Weinheim" weiterentwickelt. Mit JUNGES „Dorfteich als Lebensgemeinschaft" wurde schon 1885 das erste Modell einer ökologischen Heimatkunde vorgestellt. - Versuchte man von klerikaler und politischer Seite zunächst die heimatkundliche Sachbildung breiter Volksschichten ganz zu unterbinden (STIEHL 1854), so suchte man nach 1870/72 nach einer ideologischen Verschalung, die sich in einem struktur-konservativen bis reaktionären, eskapistisch-illusionistischen Heimatideal und einer anti-aufklärerischen Heimaterziehung artikulierten. Nachdem sich die Heimatkunde erstmals 1902 in den Lehrplänen der Berliner Anfangsklassen etablieren konnte, wurde sie 1920 zum festen Bestandteil der allgemeinen deutschen Grundschule. Im Kontext der (zivilisationspessimistischen) Kulturkritik des fin de siècle (LANGBEHN, DE LAGARDE u.a.), der Jugend- und Wandervogelbewegung, der Heimat(kunst)bewegung und der geisteswissenschaftlichen Pädagogik findet aber auch eine Ideologisierung des Heimatgedankens statt, in der man rückblickend einen Resonanzboden für die Blut- und Bodenideologie der nationalsozialistischen Theoretiker einer völkischen Heimatkunde und -erziehung entdecken kann.

Nach 1945 wurde Heimatkunde - abgesehen von einem kurzen Reformintermezzo in den Jahren 1945-1948 - nach reformpädagogischem Vorbild wiederhergestellt, ohne daß eine inhaltlich-intentionale Anpassung an die veränderte gesellschaftliche Realität, die veränderte Kindheit und die Erziehungsbedürfnisse eines demokratischen Staates stattfanden. Resultat war ein dem obsoleten Ideal der volkstümlichen Bildung verpflichteter Unterricht, der sich zunehmend von der Lebenswirklichkeit und den Interessen der Kinder entfernte (Kleinstadtidylle ohne Technik), diese unterforderte und zunehmend hinter bildungspolitischen Bedürfnissen einer demokratischen Industriegesellschaft zurückblieb („time lag"). Seine Weiterentwicklung in Form des Sachunterrichts, die von vielen als „Bruch" und „Ablösung" erlebt oder inszeniert wurde, war deshalb zwangsläufig. - Bei aller berechtigten Kritik an der Nachkriegsheimatkunde sollte nicht unerwähnt bleiben, daß sich die reformpädagogische Heimatkunde sehr früh - und überwiegend im Kontext einer neo-romantischen Kulturkritik - für Fragen des Natur- und Landschaftsschutzes und für Schulgartenarbeit (↝ Gartenarbeitsschule; ↝ Schulgarten) engagiert hat; mit Sicherheit hat diese „früh-grüne" Tradition (MITZLAFF 1985) nach 1968 in Grundschulen einen günstigen Resonanzboden für Gedanken der Umweltbildung hinterlassen. Neben JUNGEs ökologischer Heimatkunde sind hier u.a. die Arbeiten des pädagogisch engagierten Botanikers Hugo CONWENTZ zu nennen, der schon 1904 vor den Gefahren der sogenannten „Rauchgase" gewarnt hat, zur Anlage von Schulgärten (↝ Biotop mit Mensch), Volieren und Aquarien aufrief und einen Ausbau heimatkundlicher und naturschützerischer Exkursionen empfahl. Nach 1945, als der materielle Wiederaufbau und die Re-Industrialisierung den Ton angaben, konnten sich derartige Ansätze in der Heimatkunde allerdings kaum entfalten. Gefragt wäre heutzutage Welt- und Lebenorientierung (KLEBER 1993).

HARNISCH, Christoph W. (1816): Leitfaden beim Unterricht in der Weltkunde. In: DER SCHULRAT AN DER ODER/ERZIEHUNGS- UND SCHULRAT, Heft 4, S. 27-63; Heft 5, S. 1-60; Heft 6, S. 63-144; Heft 7, S. 28-83.

KLEBER, Eduard W. (1993): Grundzüge ökologischer Pädagogik. Weinheim.

MEIER, Richard (1989): Heimatkunde-Sachunterricht - Woher? Wozu? Wohin? In: DIE GRUNDSCHULZEITSCHRIFT, 21. Jg., Heft 21, S. 20-27.

MITZLAFF, Hartmut (1985): Heimatkunde und Sachunterricht. Historische und systematische Studien zur Entwicklung des Sachunterrichts. Dortmund.

Hartmut Mitzlaff

Holismus

Holismus wird in der Umweltbildungsdiskussion einerseits gleichbedeutend mit radikalem ↝ Physiozentrismus, also der umweltethischen Position, nach der die ganze Natur („holos" = ganz) einen Eigenwert hat, andererseits aber auch als Bezeichnung für einen bestimmten physiozentrischen Ansatz, nach dem die Natur ganzheitlich (↝ Ganzheitlichkeit) zu betrachten ist und sich ein dualistisches Denken, das den Menschen der Natur gegenüberstellt, verbietet (↝ Land-Ethik; ↝ Tiefenökologie; ↝ Umweltethik; ↝ Umweltethik, feministische) verwendet.

Die holistische These, daß der Mensch als Teil der Natur zu begreifen ist, ist mehrdeutig. Will die These erstens nur besagen, daß der Mensch aus der Natur hervorgegangen ist, daß es graduelle Übergänge zwischen Mensch und Natur gibt und daß der Mensch für sein gutes Leben auf bestimmte natürliche Bedingungen angewiesen ist, dann ist die These zweifelsohne richtig, aber sie begründet keinen Eigenwert für die Natur. Soll die These zwei-

tens bedeuten, daß das gute Leben des Menschen nur im Einklang mit dem „Guten" des Naturganzen zu haben ist, gar in ihm besteht (wie bei einem Symphonieorchester), dann ist sie gefährlich. Denn Erdbeben, Dürren, Eiszeiten, AIDS-Viren mögen dem Gedeihen des Naturganzen, aber nicht dem der Menschheit dienen. Gegen die Unterordnung von Menschenrechten unter das Florieren des Naturganzen hat man denn auch den Vorwurf des ↝ Ökofaschismus erhoben. Geht es der These drittens um eine ontologische Identität des Menschen mit der Natur (wir sind nur Knoten im biotischen Netz, Tänzer im kosmischen Tanz der Energie, Mikrokosmen, die den Makrokosmos in sich tragen), dann ist sie falsch. Denn man kann Menschen sehr wohl vom Rest der Natur unterscheiden, etwa dadurch, daß Menschen Zwecke verfolgen und Verantwortung tragen, was man von einem Baum, einem Stein oder einem Ökosystem nicht sagen würde.
↝ Sonderstellung des Menschen

Angelika Krebs

Humanität/Vitanität
Die europäische Kultur versteht sich seit der Renaissance als eine Kultur der Humanität. Auch wenn viele Kritiker in unserem Jahrhundert zuvorderst und unermüdlich (FROMM 1955/[10]1980) das Verschwinden der Humanität beklagen und unsere Zivilisation als eine inhumane oder enthumanisierte entlarven, verstehen wir uns in der Mehrheit weiterhin als eine Kultur der Humanität. Prinzipien der Humanität, z.B. Rücksichtnahme gegenüber Schwächeren, friedliche einvernehmliche Lösungen von Konflikten, sind einerseits trotz entgegengesetztem Wirtschaftsgebaren in Diskussionen allgegenwärtig, sie tragen andererseits mit zu unseren Problemen in der Welt bei, indem sie zu einem extremen ↝ Anthropozentrismus führen und uns dadurch oft das Verstehen des Lebenssystems des Planeten Erde verstellen (↝ Schranken der Wahrnehmung und des Verständnisses). Humanität wird als das Ziel der Höherentwicklung der Menschheit angesehen. Sie wird, so glauben ihre Verfechter, in einer glorreichen Zukunft alle Gewalt, Krieg, Mißgunst, Ausbeutung und letztlich die Egoismen und den Krieg gegen die Natur beenden.
Humanismus macht den Menschen zum Maß aller Dinge, den Göttern gleich. Humanität ist die positive Verbrämung eines grenzenlosen Anthropozentrismus, in dem verständnislos die Grundbedingungen des Lebenssystems unseres Planeten zerstört werden. Die rücksichtslosen Vertreter dieser Ideologie behaupten, daß wir die Natur humanisieren müßten, um der Natur zu helfen. Natur kann nicht human sein. Humanität generalisieren heißt alle wichtigen Regelmechanismen der Natur außer Kraft setzen. Um Zukunftsprobleme in unserem Lebenssystem zu minimieren oder zu beseitigen ist es deshalb notwendig, den Anthropozentrismus zu überschreiten, die anthropozentrische Perspektive mit der planetarischen zu verschränken, das heißt auch, Humanität zu relativieren und zu begrenzen, das heißt, sich nicht län-

ger generell und immer am Menschen als Maß schlechthin (in seiner Ebenbildlichkeit Gottes) zu orientieren, sondern an dem Leben als Ganzes (KLEBER 1993).

Ist die Menschorientierung die Humanität, so ist die Lebensorientierung die Vitalität. Zu berücksichtigen bleibt, daß wir die ⇨ Sonderstellung des Menschen nicht hinweg diskutieren können (⇨ Holismus). Sie ist Fakt, aber sie sollte nicht länger dazu führen, alles andere Leben gering zu achten. Gefragt ist eine Verschränkung von Anthropozentrismus und ⇨ Physiozentrismus, nach dem Grundmuster der Verschränkung von Individual- und Gemeinschaftsethik (KLEBER 1993). Auf dieser Grundlage könnte Vitalität als Orientierung am Leben als Gesamtheit ein bevorzugter Gegenstand der Umweltbildung werden. Wir sind noch immer so im Prinzip der Humanität gefangen, daß wir für die nicht mehr nur anthropozentrische Weltorientierung bisher noch gar keinen Begriff gebildet haben und somit auch kein Bildungsprogramm für diesen Bereich: über die Humanität hinaus zur Vitalität.

FROMM, Erich (1955/^{10}1980): Wege aus einer kranken Gesellschaft. Frankfurt a.M.
FROMM, Erich (1968/dtv.^{2}1991): Die Revolution der Hoffnung. München.
KLEBER, Eduard W. (1993): Grundzüge ökologischer Pädagogik. Weinheim.

Eduard W. Kleber

Humanökologie
Die Humanökologie bildet keine homogene Wissenschaftsdisziplin, sondern eher ein theoretisches Rahmenprogramm, das natur- und sozialwissenschaftliche Modelle zur Erklärung, Strukturierung und Integration der wechselseitigen Beziehungen zwischen Mensch, Natur und Umwelt unter evolutionärer und systemtheoretischer Perspektive entwickelt. Kennzeichnend sind integrative und interdisziplinäre Forschungsansätze, die ökologisch-naturwissenschaftliche wie auch kultur- und sozialwissenschaftliche Forschungen aufeinander beziehen (⇨ Interdisziplinarität). Begriff und Konzept der Humanökologie haben ihren Ursprung in der Soziologie der Chicagoer Schule, die durch PARK und BURGESS in den 20er Jahren unseres Jahrhunderts begründet wurde; sie wurden dort in Analogie zur Evolution von Pflanzenpopulationen eingeführt, um Urbanisierungsprozesse zu kennzeichnen. Folgende Modellannahmen charakterisieren diesen Ausgangspunkt der Humanökologie: ein methodisch-struktureller Determinismus von Subjekt und Gesellschaft durch Umgebungsfaktoren (u.a. Raum, Klima, Ressourcen); eine Konzentration auf stofflich-energetische Prozesse der Mensch-Natur-Beziehungen; eine ontologische und epistemische Naturalisierung des Menschen unter funktionaler, systemtheoretischer und evolutionärer Perspektive; ein ethischer Naturalismus, der Sollensforderungen aus empirischen Befunden herleitet. Die anthropologische ⇨ Sonderstellung des Menschen in der Natur als dessen Fähigkeit, vorfindliche Umwelt zu gestalten, zu deuten und zu transzendieren, wurde hingegen kaum beachtet. Das gegenwärtige Spektrum

humanökologischer Ansätze ist methodisch, konzeptionell und begrifflich äußerst heterogen. Humanökologische Perspektiven finden sich in Geographie, Stadt- und Raumplanung (Sozialökologie), ↝ Anthropologie (Kulturökologie), Medizin, Biologie und Sozialisationsforschung (SEIFERT/GUKENBIEHL 1990) ebenso wie in Politik, Psychologie und Soziologie (GLAESER 1989). Gemeinsam ist die Absicht, Wechselwirkungen zwischen materiellen, sozialen, kulturellen und individuellen Faktoren der Mensch-Natur-Umweltbeziehung konzeptionell zu bestimmen, theoretisch zu integrieren und praktische Ansätze zur Bewältigung ökologischer Problemstellungen zu entwikkeln. Während naturwissenschaftliche Ansätze der Humanökologie (NENTWIG 1995) überwiegend anthropogene Veränderungen von Umwelt und Natur thematisieren, untersuchen sozialwissenschaftliche Ansätze der Humanökologie die kulturellen, sozialen und individuellen Voraussetzungen der Wahrnehmung, Interpretation und Gestaltung von Natur und Umwelt (SCHLEICHER 1987). „Umwelt" wird danach nicht als biophysische Umgebung, sondern als Konstruktion und Ergebnis kultureller, sozialer und individueller Aneignungs- und Transformationsprozesse verstanden. Die Humanökologie befaßt sich folglich mit der Genese von Natur- und Wertvorstellungen wie mit der Struktur und Dynamik der sozial und kulturell vermittelten Interaktion zwischen Mensch und Natur. Symbolsysteme (z.B. Sprache), Sozialisationseinflüsse und handlungstheoretische Überlegungen gewinnen dabei an Bedeutung (↝ Handlungsstrategie). Aufgrund des heterogenen Forschungsgegenstandes ist die Humanökologie inhaltlich und methodisch auf komplementäre Wissenschaften angewiesen. Ein Desiderat stellen empirische Forschungen dar, insbesondere zur Aneignung und Transformation von Mensch- und Umweltbeziehungen durch Lern- und Bildungsprozesse (↝ Umweltbildung).

GLAESER, Bernhard (Hrsg.) (1989): Humanökologie. Grundlagen präventiver Umweltpolitik. Opladen.
NENTWIG, Wolfgang (1995): Humanökologie: Fakten - Argument - Ausblicke. Berlin.
SCHLEICHER, Klaus (1987): Natur- und Humanökologie sind aufeinander angewiesen. In: ERZIEHUNGSWISSENSCHAFT-ERZIEHUNGSPRAXIS, 3. Jg., Heft 4, S. 7-15.
SEIFERT, Michael J./GUKENBIEHL, Hermann L. (1990): Humanökologische Perspektive. Ein interdisziplinärer Versuch zur Erforschung von Sozialisationsumwelten früher Kindheit. In: ZEITSCHRIFT FÜR INTERNATIONALE ERZIEHUNGS- UND SOZIALWISSENSCHAFTLICHE FORSCHUNG, 7. Jg., Heft 2, S. 325-357.
STEINER, Dieter/NAUSER, Markus (Hrsg.) (1993): Human Ecology. Fragments of anti-fragmented views of the world. London.

Matthias Doebler

Informationsgesellschaft
Der Begriffsbestandteil 'Information' läßt sich etymologisch und ideengeschichtlich bis in die antike Philosophie bei PLATON und ARISTOTELES zurückverfolgen. Die Genese des Begriffs und der Idee Informationsgesellschaft nimmt ihren Anfang beim Mathematiker und Informationstheoretiker SHANNON (1949), von wo aus Information zu einem zentralen Begriff der wissenschaftlichen und anschließend auch gesellschaftlichen und soziologischen Diskussion wurde. Die Informationsgesellschaft wird als gesellschaftliches Entwicklungs- und Fortschrittsziel und als wissenschaftlich-politisches Programm Anfang der 70er Jahre von MASUDA in Japan entwickelt, bevor BELL (1975) ihren sozial-technologischen Gehalt als zentrales Strukturmerkmal einer post-industriellen Gesellschaft in seine Analyse aufnimmt.

In Rekurs auf FOURASTIÉ stellt die Informations- und Kommunikationstechnologie (IuK) neben den drei klassischen ökonomischen Sektoren den vierten dar, der gegenüber den anderen ökonomisch-technologisch bestimmend wird. Als Arbeitsdefinition kann gelten: „Der rasante Bedeutungszuwachs von Information und Kommunikation einschließlich der (Technologien) zu ihrer Verbreitung, Verarbeitung und Speicherung ist unübersehbar und wird unter dem Begriff „Informationsgesellschaft" zusammengefaßt" (BEHRENDT u.a., 1998, S.9). Im ökologischen Diskurs wird diese Bestimmung erweitert durch eine soziale und ökologische Folgenabschätzung (⇨ Diskurs, ökologischer). Mit ihrer weiteren Verbreitung, der damit einhergehenden Veränderung bestehender Zeit-, Raum-, Informations- und Entscheidungsstrukturen des gesellschaftlichen Zusammenlebens und der resultierenden Wachstumsdynamik entsteht ein Ressourcenverbrauch, der kritisch zu hinterfragen ist.

Kritiker sehen in der eher beschworenen als existenten Informationsgesellschaft keine post-materielle Ablösung der Industriegesellschaft, sondern deren Fortgang bis zur Kolonialisierung noch nicht erreichter Sphären der alltäglichen Lebenswelt (HAUF 1996). Anhand der IuK-Technologie dringt die instrumentelle Vernunft in die letzten Winkel des Alltags- und Berufslebens ein. Die Beschleunigung des gesamtgesellschaftlichen Strukturwandels vermag die Information(stechnologie) zu leisten, da sie sich in vier Wirkungsfeldern zugleich und interdependent entfaltet: als Produktionsfaktor, als Konsumgut, als Kontrollmittel und als private über die gewerbliche bis zur öffentlichen Meinungsäußerung (SPINNER 1984).

Mit dem Begriff Informationsgesellschaft geht eine Unschärfe einher, die im pädagogischen Gebrauch des Wortes 'Information' bis Ende des 18. Jahrhunderts nicht vorhanden war, bis er vom Bildungsbegriff abgelöst wurde. Es geht um die bildungstheoretisch bedeutsame Differenz von fundiertem Wissen gegenüber flüchtiger Information, um ein mit der Information der neuen Prägung verlorengegangenes Orientierungswissen. Objektiv zeichnet sich ab, daß 98% des täglichen Informationsangebots vom potentiellen Rezipienten nicht aufgenommen werden können. Hinzu tritt die mitunter auftretende psycho-soziale Belastung, über mögliche neue und aktuelle Informationen nicht zu verfügen. So entsteht eine quantitative und zeitökonomisch begründete psycho-soziale Überlastung, der mit Zeit- und Informationsmanagement begegnet werden soll.

In dieser Entwicklung kommt es zu einem konnotativen Wandel des Informationsbegriffs, der gegenwärtig durch einen technisch-mathematischen Bedeutungsgehalt geprägt wird, worin der Wissensgehalt, die Anbindung an das, was in deutscher Tradition mit Bildung zu tun hat, verloren zu gehen droht. Von dieser technischen Seite läßt sich auch der gegenwärtig diskursive Mainstream der Informationsgesellschaft verstehen. Die Auseinandersetzung mit dieser als ökonomischer Kategorie ruft die ↝ Umweltbildung bzw. die Überlegung nachhaltiger gesellschaftlicher Entwicklungsprozesse (↝ sustainable development; ↝ Entschleunigung) auf den Plan. In ihr und mit ihr ist bedeutsam nicht nur auf der Phänomenebene eine Mediengesellschaft verbunden, sondern auch Beschleunigungsprozesse und der ökologische Rucksack der mit ihr verbundenen Informationstechnologien und -dienstleistungen, die zur modernen ↝ Lebensweise gehören (↝ Rucksack, ökologischer).

Wird dem Kybernetiker WIENER die Aussage zugeschrieben, daß Information als dritter Grundstoff weder Materie noch Energie sei, so verdeckt diese Sichtweise die materielle Seite der Informationsgesellschaft.

Die Herausforderung für eine kritisch-ökologische Pädagogik wie andere gesellschaftliche Praxen einer wie auch immer definierten und gearteten Informationsgesellschaft ist auf zwei Ebenen zu lokalisieren: (1.) einer materiellen und (2.) einer sozialisationsbedeutsamen symbolischen Ebene:
1. Die materielle Problemlage fragt und bewertet den Natur- und Ressourcenverbrauch bei der Produktion, dem Gebrauch und der Entsorgung von Produkten und Dienstleistungen der IuK-Technologien.
2. Auf der symbolischen Ebene wird nach der Beeinflussung und Konstruktion von ↝ Mensch-Natur-Verhältnissen, gesellschaftlichen Naturverhältnissen und Naturvorstellungen durch die informatisierte Produktion und damit verbundene Reproduktion von Natur und ↝ Zeit gefragt (↝ Naturverhältnisse, gesellschaftliche).

Dazu tritt die Überlegung, daß der zunehmende informationstechnologische Umgang mit sozialer Umwelt und Natur den Modus der technischen Konstruktion im Rahmen der prinzipiellen Möglichkeiten der IuK-Technologien in sich trägt. Wurde im Verhältnis des Menschen zur Natur diese immer kulturell geprägt und gedeutet, so tritt nun eine Konstruktion in den Grenzen dieser Technologien hinzu, die auch die Beherrschung dessen in sich trägt. Es findet eine Industrialisierung all dessen statt, was dem Kommunikationsmodus der Informationsgesellschaft unterworfen ist (synthetischer Mensch).

↝ Globalisierung; ↝ Kommunikationsökologie; ↝ Kultur, postbiologische; ↝ Lernbericht; ↝ Naturidealisierung; ↝ Risikogesellschaft

BEHRENDT, Siegfried/PFITZNER, Ralf/KREIBICH, Rolf/HORNSCHILD, Kurt (1998): Innovationen und Nachhaltigkeit. Ökologische Aspekte der Informations- und Kommunikationstechniken. Berlin.
HAUF, Oliver (1996): Die Informationsgesellschaft. Anatomie einer Lebenslüge. Frankfurt a.M.
MITTELSTRASS, Jürgen (1992): Leonardo-Welt. Frankfurt a.M.
POLITISCHE ÖKOLOGIE (1997): Ökologie der Informationsgesellschaft, 15. Jg, Nr. 49.
SPINNER, Helmut F. (1984): Der Mensch in der Informationsgesellschaft. In: DIE NEUE GESELLSCHAFT, 31. Jg., S. 797-804.
STEINMÜLLER, Wilhelm (1993): Informationstechnologie und Gesellschaft. Darmstadt.

Oskar Brilling/Wolfgang D. Großmann

Interdisziplinarität
Interdisziplinarität ist ein Prozeß, der Ergebnisse und Methoden verschiedener (Wissenschafts-)Disziplinen miteinander verbindet. Die Vielfalt wissenschaftlicher Spezialdisziplinen und das Übermaß linear-kausaler Forschungsansätze und -ergebnisse, bei steigender Einsicht in hochkomplexe Problemlagen zwingt zu universellen Zugriffsversuchen. Damit verbunden ist die Auflösung des universitären Wissenschaftskanons als Erbe einer Zivilisation, die im Gefolge und im Sinne der Aufklärung den Fortschritt in einer immer größer werdenden Spezialisierung sah. Neue, zentrale Fragen und die Fülle von naturwissenschaftlichen, z.B. ökologischen, Problemen können nur noch im fächerübergreifenden Wissenschaftsdiskurs mit Erkenntnisgewinn behandelt werden. Radikale Wissenschaftskritik (FOUCAULT) stellt die traditionellen Disziplinen in Frage, ist interessiert an Verbindung, einem Verhältnis zwischen den Fragekomplexen und an einem Diskurs innerhalb eines Netzwerkes (↝ Retinität). Damit wird eine Integration aller Disziplinen mit permanenter Diskussion und Selbstreflexion ihrer Methoden und Konzepte angestrebt. Die Umsetzung dieser Sichtweise zeigt sich in der Konstituierung interdisziplinär angelegter Studiengänge, die nicht methodologisch strukturiert, sondern zukunftsoffen ausgerichtet sind. Eigenständige Profile der Disziplinen werden zugunsten thematischer Fragekomplexe zu neuen wissenschaftlichen Schwerpunkten transformiert, die über die gegenwärtige Bereitschaft zur Interdisziplinarität hinaus zur Übernahme und Erforschung diskursiver Netzwerke führen könnten. Ähnliches gilt im schulischen Bereich: Nicht ohne Sparzwang werden traditionelle Schulfächer zu „Fachbereichen", fächerübergreifende Ansätze sollen zu „komplexen Lernsituationen" aus der Sicht des Kindes werden (↝ Welt und Lebensorientierung).

FOUCAULT, Michel (1996): Die Ordnung des Diskurses. Frankfurt a.M.

Rainer Schlundt

Interesse
Der Begriff Interesse stammt vom lateinischen Verb „inter-esse", zu deutsch: dazwischen sein. Merkmale von Interesse sind Gegenstandsbezogenheit, Verknüpfung von Interesse mit ↝ Bedürfnis, Handlung, Aktivität, Verknüpfung von Interessengegenstand mit Werten, ↝ Werthaltung, ↝ Werturteil (und Sachverhalt). Interessengegenstand und auf ihn gerichtete Aktivität haben emotionale Bedeutung. Gefühle begleiten die Interessenaktivität. So entsteht ein affektives Verhältnis zum Gegenstand, Gefühlserlebnisse beim Handeln, eine kognitive Erfassung des Gegenstandes und kognitive Ausrichtung des Handelns. Interesse als Erziehungsziel ist eine normativ-pädagogische Position. Nach dem Gegenstand werden u.a. unterschieden: geistiges, materielles, wissenschaftliches, künstlerisches, sportliches Interesse. Diese können in verschiedenen Tätigkeitsbereichen (Spielen, Lernen, Arbeiten, Erholen) liegen, Interesse kann auf Resultate, Ziele und Tätigkeitsverläufe gerichtet sein. Bedeutungsvoll ist das Lern-Interesse, z.B. ↝ Lernen, entdeckendes.
Pädagogische Tätigkeit und ↝ Umweltbildung sollten darauf gerichtet sein, die Interessensphäre über den egozentrischen auf Besitz und Konsum bezogenen Bereich hinaus auszudehnen. Letztere erfolgte bisher für den Bereich Soziales, im Sinne der Umweltbildung kommt der Bereich des Lebenssystems, dem wir angehören, dazu (↝ Bindung).
PRENZEL, Manfred (1988): Die Wirkungsweise von Interesse. Opladen.

Hans-Joachim Schwier

J

Jugendarbeit, ökologische
Mit Beginn der 80er Jahre wird Ökologie Thema der Jugendarbeit über den sozialökologischen Ansatz zur Beschreibung und Erklärung des Verhaltens Jugendlicher und über Artikel zu den historischen Bezügen von Jugendbewegung und Ökologie (BAACKE 1976/³1983). Zuvor war Umwelt und Natur schon Thema der Jugendarbeit, sei es beim Wandervogel oder der proletarischen Jugendbewegung - allerdings ohne eine konzeptionelle Hervorhebung.
Seit Mitte der 80er Jahre entwickelt sich eine systematischere Form ökologischer Jugendarbeit. Auf der Ebene der Ziele werden die Schonung der Ressourcen und der Erhalt der Natur thematisiert. Die unterschiedlichen Anbieter von Jugendarbeit entdecken ein Aufgabenprofil von der Bewahrung der Schöpfung bis zur Ökologie von ↝ Arbeit neu. Das Naturerlebnis rückt methodisch stärker in den Vordergrund, und die Angebotsformen „Fahrt und Lager" erhalten neuen Zuspruch bei Jugendlichen. Anknüpfungen an Ansätze des ↝ Outward Bound werden wiederbelebt. Die Inhalte entwickeln sich

von Biologie und Naturkunde über ressourcenschonendes Wirtschaften und das Ende des quantitativen Wachstums bis zum Zusammenhang von Nord-Süd-Entwicklung und ↪ Nachhaltigkeit im Sinne der ↪ Agenda 21. Mit ökologischer Jugendarbeit entwickelten sich didaktische Prinzipien wie ↪ Ganzheitlichkeit, ↪ Interdisziplinarität, Situationsbezogenheit und Handlungsorientierung (BOLSCHO/SEYBOLD 1996). Für handlungsorientierte ökologische Lernprozesse öffnet sich ein Markt an Beispielen, Arbeitshilfen und Anleitungen für naturkundliche Projekte, ↪ Artenschutz und -pflege, Simulationsspiele (↪ Simulationsmethode), ↪ Zukunftswerkstätten und ökologische Umbaumaßnahmen (WESSEL/GESING 1995). Im Vordergrund stehen neben der Herausbildung eines Umweltbewußtseins die nicht- oder gering investiven Wege der Verhaltensänderung, um die Umwelt zu schonen.

Das ohnehin über die sinkende Beteiligungsbereitschaft Jugendlicher in Bewegung geratene Gefüge der traditionellen Anbieter von Jugendarbeit verschiebt sich verstärkt über das Thema Ökologie. Ökologisch glaubwürdig sind weniger die traditionellen Anbieter, sondern umweltpolitisch aktive und attraktive Organisationen, wie z.B. Greenpeace, die mit einem Unterstützungsnetz informeller örtlicher Gruppierungen (↪ Greenteams) arbeiten. Hier zeigt sich eine Abwanderungstendenz Jugendlicher zu den neuen Anbietern und freien Initiativen der neuen sozialen Bewegungen.

Nach etwa zehnjährigen Profilierung ökologischer Jugendarbeit zeigen sich seit Anfang der 90er Jahre Auflösungseffekte. Die Massenmedien sind erster Lieferant für Umweltwissen, an Schulen werden entsprechende Projektwochen durchgeführt und Unterrichtsmodelle vorgestellt, Naturerlebnisse werden eher privat oder in kleinen Gruppen organisiert (↪ Erlebnispädagogik). Ökologische Jugendarbeit kann im Verhältnis weniger attraktive Lernorte, aktuelle Informationen und identitätsbildende Aktionen anbieten (↪ Naturerlebnisgebiet). Die Abnahme der Teilnahmebereitschaft zeigt, daß ökologische Jugendarbeit in den Modernisierungsschüben jugendlichen Lebens für Sinngebung, Orientierung, Selbsterfahrung und Spaß an Bedeutung verliert. Dem steht nicht entgegen, daß in repräsentativen Befragungen Jugendliche Ökologie und Schutz der Umwelt sehr hoch bewerten. Offensichtlich ist vielmehr, daß ökologische Jugendarbeit ihren vorhandenen appellativen Überhang zu mindern und ihre Nähe zu jugendlichem Leben zu erhöhen hat.

BAACKE, Dieter (1976/31983): Die 13- bis 18jährigen. Einführung in die Probleme des Jugendalters. Weinheim.
BOLSCHO, Dietmar/SEYBOLD, Hansjörg (1996): Umweltbildung und ökologisches Lernen. Berlin.
BRENNER, Gerd/WALDMANN, Klaus (1994): Eingriffe gegen Umweltzerstörung. Ökologische Aktionen, ökologisches Lernen. München.
WESSEL, Johannes/GESING, Harald (Hrsg.) (1995): Umwelt - Bildung: spielend die Umwelt entdecken. Neuwied.

Martin Beyersdorf

K

Katastrophe, ökologische

Ökologische Katastrophe ist ein in der Umweltdiskussion viel beschworenes Konzept. Dabei geht es um ökologische Katastrophen in einer noch unbestimmten Zukunft, in der im Extremfall der Mensch und ein großer Teil der Tierwelt der menschlichen Epoche in diesem Lebenssystem nach extremer Beschleunigung der Veränderungen ausscheiden könnten.

Bisherige ökologische Katastrophen waren der Übergang vom anaeroben zum aeroben Leben, von der Epoche der Saurier zu der der Säugetiere. Wenn bei aktuellen Ereignissen von ökologischen Katastrophen gesprochen wird, ist dies ein mißverständlicher Gebrauch des Begriffs. Wenn z.B. der größte Teil von Bangladesch im Wasser versinkt und die Überschwemmungen von Jahr zu Jahr katastrophaler ausfallen, dann handelt es sich nicht um eine ökologische Katastrophe, sondern um durch menschliche Einwirkung (Abholzung, Erosion) verstärkte, rhythmisch wiederkehrende Naturereignisse. Vom Menschen verursachte und ihn katastrophal treffende Ereignisse, sind auch, wenn die Natur beteiligt ist, im eigentlichen Sinne weder eine ↪ *Naturkatastrophe* noch gar eine ökologische, höchstens eine menschliche Katastrophe.

Eduard W. Kleber

Katastrophenbewußtsein

Katastrophenbewußtsein ist ein Modus des ↪ Alltagsbewußtseins, der primär aus den Sozialisationsbedingungen einer Mediengesellschaft und dem durch diese geprägten ökologischen Diskurs hervorgeht (↪ Diskurs, ökologischer). Es wird nicht nur häufig mit dem empirisch auftretenden ↪ Umweltbewußtsein gleichgesetzt, sondern die Gefährdung von bestimmten Naturzuständen und Mensch(heit) werden an singulär und medial registrierten Natur- und sogenannten 'Umweltkatastrophen' festgemacht (↪ Naturkatastrophe). Die systematische Entfremdung von Natur und ein grundständig problematisches Zivilisationskonzept werden von diesem medial induzierten Modus des Alltagsbewußtseins nicht registriert (↪ Naturentfremdung). Ist einerseits hier eine Wahrnehmungssensibilität erst mit Eintritt von Katastrophen erreicht, so kann andererseits damit auch die Gefahr einer Reaktionstendenz zu ↪ Aktionismus verbunden sein.

RUFF, Frank M. (1990): „Dann kommt halt immer mehr Dreck in den Körper". In: PSYCHOLOGIE HEUTE, 19. Jg., Heft 9, S. 32-38.

STENGER, Horst (1990): Vom Katastrophenwissen zum Umweltbewußtsein. In: DREITZEL, Hans P./STENGER, Horst (Hrsg.): Ungewollte Selbstzerstörung. Frankfurt a.M., S. 177-196.

Oskar Brilling

Kategorischer Imperativ

Ein Kategorischer Imperativ ist ein unbedingt, d.h. ohne jede Einschränkung gültiges Gebot, dessen Geltung nicht an empirische Bedingungen geknüpft ist. Kategorische Imperative gebieten Handlungen, die für sich selbst gut sind und nicht lediglich gut für die Verfolgung eines anderen Zwecks. Dagegen hängt die Gültigkeit hypothetischer Imperative von nicht notwendigen Voraussetzungen ab, technische Imperative von den Absichten des Subjekts, pragmatische Imperative von dessen Glücksstreben. Der Kategorische Imperativ antwortet auf die praktische Grundfrage: „Was soll ich tun?" Immanuel KANT hat den Kategorischen Imperativ als Grundgesetz der reinen praktischen Vernunft wie folgt formuliert: „Handle so, daß die Maxime deines Willens jederzeit zugleich als Prinzip einer allgemeinen Gesetzgebung gelten könne." Das Kriterium sittlichen Handelns ist die Verallgemeinerbarkeit der Maxime, das ist ein allgemeiner Willensgrundsatz. Die Autonomie des Willens ist die Bedingung der Möglichkeit sittlichen Handelns. Da bei KANT allein ein guter Wille als uneingeschränkt gut gilt, wird er vielfach als rigoristischer Gesinnungsethiker kritisiert, dem es allein auf die Reinheit der Gesinnung und nicht auf die ↝ Verantwortung für die Folgen des Handelns ankomme. Insbesondere das politische Handeln sei an einer ↝ Verantwortungsethik zu orientieren, die die Berücksichtigung aller voraussichtlichen Handlungsfolgen, die Prüfung ihrer Zumutbarkeit für den Handelnden und ihrer Verantwortbarkeit gegenüber den Betroffenen gebiete. J. HABERMAS formuliert als Moralprinzip der Diskursethik: „Jede gültige Norm muß der Bedingung genügen, daß die Folgen und Nebenwirkungen, die sich aus ihrer *allgemeinen* Befolgung für die Befriedigung der Interessen *jedes* Einzelnen voraussichtlich ergeben, von *allen* Betroffenen zwanglos akzeptiert werden können." In Anbetracht der globalen ↝ Umweltkrise und des Zerstörungspotentials der technisch-wissenschaftlichen Zivilisation betont Hans JONAS mit seinem „neuen" Kategorischen Imperativ die gebotene Verantwortung für zukünftige Generationen: „Handle so, daß die Wirkungen deiner Handlung verträglich sind mit der Permanenz echten menschlichen Lebens auf Erden."

HABERMAS, Jürgen (1991/²1992): Was macht eine Lebensform rational? In: HABERMAS, Jürgen: Erläuterungen zur Diskursethik. Frankfurt a.M., S. 31-48.
HÖFFE, Otfried (1983/³1992): Immanuel Kant. München.
JONAS, Hans (1979): Das Prinzip Verantwortung. Versuch einer Ethik für die technologische Zivilisation. Frankfurt a.M.

Thomas Retzmann

Kindergipfel

Unter dem Motto „Kinder reden - Erwachsene hören zu" trafen sich 1991 erstmals 600 Kinder in Frankfurt, um auf einem Kindergipfel öffentlich und vor Politikern ihre Meinung zu sagen und auf ihre Wünsche aufmerksam zu machen. In Arbeitskreisen, Diskussionsgruppen sowie einem Markt der Möglichkeiten wurden von Kindern gewünschte Themen wie Umwelt, Zukunft und Kinderrechte behandelt und anschließend gemeinsame Forderungen aufgestellt. Anwesende, hochrangige Politiker verpflichteten sich mit ihrer Unterschrift, für die Wünsche der Kinder einzutreten. Kinder aus München überprüften nach einem Jahr diesen ersten „Generationenvertrag" und gaben den Prominenten aus Politik und Wirtschaft Noten für ihren Einsatz. Gefördert wurde diese neue und phantasiefördernde Form der Kommunikation zwischen Kindern und Erwachsenen von verschiedenen Sponsoren, u.a. der Zeitschrift „Natur", die den „Natur-Kindergipfel" über die Medien bekannt machte und die Gründung des „Kindergipfel-Vereins" als Träger weiterer Veranstaltungen unterstützte. Die Idee wurde rasch in verschiedenen Städten Deutschlands und Österreichs von Schulen, Umweltorganisationen oder Vereinen aufgegriffen und in sogenannten lokalen oder regionalen Kindergipfeln umgesetzt. Die Kindergipfel müssen Kinder- und keine Erwachsenenveranstaltungen sein, d.h. Kinder bestimmen - soweit wie möglich - Form und Inhalte der Veranstaltung, werden an der Vorbereitung beteiligt und stehen im Mittelpunkt. Erwachsene helfen bei der Organisation und stehen mit den Kindern in einem gleichberechtigten Dialog- und Lernprozeß. Zum 2. Kindergipfel trafen sich 1993 in Stuttgart mehrere hundert Kinder aus zehn Ländern Europas, um über das Schwerpunktthema „Tier und Umwelt" zu diskutieren. Der ⇨ Generationenvertrag wurde um neue Forderungen erweitert (⇨ Generationenvertrag, ökologischer). Der bislang letzte Kindergipfel fand 1995 in Berlin zur UN-Kinderrechtskonvention unter dem Titel „Rechte der Kinder" statt. Weitere Veranstaltungen sind vom Kindergipfel-Verein geplant, doch gestaltet sich die Sponsorensuche sehr schwierig.

KINDERGIPFEL-VEREIN E.V. (Hrsg.) (1994): Kindergipfel-Leitfaden. München.

Jürgen Forkel-Schubert

Kinderrechte

Anfang des Jahrhunderts wurden in den modernen Staaten der Welt erstmals verbindliche Gesetzesgrundlagen geschaffen, um die Situation der Kinder zu verbessern. Auf internationaler Ebene einigte man sich bereits 1924 in der „Genfer Deklaration" auf wichtige Grundrechte für Kinder. Sie wurden jedoch erst 1959 von der Vollversammlung der Vereinten Nationen (UNO) angenommen und zu einem Bestandteil der „Allgemeinen Menschenrechte" erklärt. Da Deklarationen keine Rechtsverbindlichkeit besitzen, wurde nach außerordentlich zähem Ringen endlich 1989 die „Konvention über die Rechte des Kindes" (KRK) verabschiedet. Auf globaler Ebene bestehen jedoch bezüglich der Grundrechte für Kinder bis heute krasseste Ungleichheiten. Die Konvention führt in 54 Artikeln die Grundrechte von Kindern auf und regelt die Umsetzung durch die Vertragsstaaten. Besonders bemerkenswert ist Artikel 24, der das Recht des Kindes auf Gesundheit und Behandlung von Krankheiten beinhaltet und auf die Umweltproblematik hinweist: „Die Vertragsstaaten bemühen sich, Krankheiten sowie Fehl- und Unterernährung auch im Rahmen der gesundheitlichen Grundversorgung zu bekämpfen ..., wobei die Gefahren und Risiken der Umweltverschmutzung zu berücksichtigen sind." In Deutschland beinhaltet das Bürgerliche Gesetzbuch spezielle Rechte für Kinder, wie das Recht auf Erziehung, Bildung und Gesundheit, Schutz vor Mißhandlungen, sexuellem Mißbrauch, Vernachlässigung und Ausbeutung durch übermäßige Kinderarbeit. Die BRD hat die „Konvention über die Rechte des Kindes" am 5.4.1992 ratifiziert und muß sich nun davon leiten lassen, daß bei allen Maßnahmen, die Kinder betreffen, das Wohl des Kindes vorrangig zu berücksichtigen ist. Eine „National Coalition" (NC), in der über 70 Nichtregierungsorganisationen zusammengeschlossen sind, begleitet die Arbeit der Bundesregierung in kritischer Weise. Ausführlich diskutiert werden in letzter Zeit die „ökologischen Kinderrechte". Die „National-Coalition" fordert angesichts der alarmierenden Zunahme umweltbedingter Krankheiten bei Kindern (Allergien, Pseudokrupp, Asthma, Hautreizungen), verstärkt Maßnahmen gegen die Umweltzerstörung zu ergreifen, die Gesundheitspolitik im Interesse der Kinder zu fördern, ökologische Kinderrechte anzuerkennen und diese in die UN-Kinderrechtskonvention mit aufzunehmen. Die Bundesregierung bestätigt zwar die Häufigkeitszunahme bestimmter Krankheiten, bestreitet aber den eindeutigen Zusammenhang mit Umweltbelastungen.

BUNDESMINISTERIUM FÜR FRAUEN UND JUGEND (Hrsg.) (1994): Bericht der Bundesrepublik Deutschland an die UN über die Rechte des Kindes. Bonn.
GIEBELER, Karl/KREUZINGER, Steffi (Hrsg.) (1996): Aufstand - für eine lebenswerte Zukunft. München.
KID/KINDER-INFORMATIONSDIENST, 7. Jg., 1997, Nr. 2, Kindschaftrecht/Subjektorientierung.

Jürgen Forkel-Schubert

Kirche und Umwelt
Kirche in der Tradition von Schöpfungstheologie und ↝ Schöpfungsethik weiß sich der Schöpfungsverantwortung in Spiritualität (biblischer Gottesdienste), Lehre und Praxis verpflichtet. In neuerer Zeit ist es zunehmend zur Kritik an dem Verhältnis von Kirche und Natur gekommen (vgl. AMERY 1972; ↝ Materialismus, ökologischer). Parallel dazu haben fast alle Landeskirchen und Diözesen Arbeitsstellen für Umweltaufgaben gegründet und mit Fachleuten aus Theologie, Naturwissenschaften oder Pädagogik besetzt. Diese Arbeitsstellen werden häufig durch eine Gruppe von verschiedenen Fachleuten begleitet (Fachausschüsse).
Kirchliche Umwelt- bzw. Mitweltarbeit hat eine Schöpfungsethik zur Grundlage, an der sie sich orientiert. Zielrichtung ist ein politisch-gesellschaftlicher sowie innerkirchlicher Beitrag zur praktizierten Schöpfungsbewahrung. Alle kirchlichen Umweltarbeitsstellen haben ökologische Leitlinien für um-

weltschonendes und energiesparendes Wirtschaften in den Gemeinden herausgegeben und häufig auch entsprechende Kampagnen durchgeführt, z.B. Ersatz von Glühfadenlampen durch Energiesparbirnen. Für den Baubereich ist im evangelischen Raum ein komplettes Handbuch erstellt worden. Auch im Naturschutz, z.B. in der Gestaltung von Freianlagen, engagieren sich Kirchengemeinden, indem sie z.B. Naturhecken pflanzen und ökologische Sorgfalt in Anlage und Unterhaltung von Friedhöfen und Freiflächen zeigen.

Kirchliche Umweltarbeit ergreift in gesellschaftlichen Umweltkonflikten häufig Partei für betroffene Bürger und/oder bedrohte Natur, z.B. in der Auseinandersetzung um die zivile Nutzung der Kernenergie, industrielle oder verkehrstechnische Großprojekte. Sie in solchen Konflikten auch als Moderator zwischen verschiedenen Interessen auf. In Fällen besonderer Betroffenheit, z.b. bei Bewohnern von Altlasten, leistet die Kirche neben fachlich-beratendem auch seelsorgerlich-stabilisierenden Beistand.

Die Kirchen betreiben auf allen Handlungsebenen Umwelt-Bildungsarbeit (↷ Erwachsenenbildung, ökologische). Sie geschieht in Gemeindegruppen vor Ort an konkreten bis hin zu Akademietagungen zu allgemeinen Umweltproblemen. An Akademien werden Grundsatzpositionen diskutiert und formuliert, z.B. zur Biotechnologie. Die Kirchen veröffentlichen in gewissen Zeitabständen Stellungnahmen zu bestimmten Umweltproblemen, z.B. zur Gentechnik. Damit vermitteln sie ihren Mitgliedern Orientierung und versuchen gleichzeitig, die öffentliche Meinungsbildung und die politischen Entscheidungsorgane in ihrem Sinne zu beeinflussen. In größeren Zeitabständen formulieren die Großkirchen gemeinsame Grundsatzpositionen zu Umweltproblemen. Sie sind allgemeiner gehalten, vermitteln aber eine Grundorientierung für kirchliches Reden und Tun zur Schöpfungsbewahrung.

Schöpfungsverantwortung wollen die Kirchen auch im Rahmen der Europäischen Union (Brüssel) und des Europarates (Straßburg) wahrnehmen. Die „Konferenz Europäischer Kirchen" (KEK) und der „Rat Europäischer Bischofskonferenzen" (CCEE) organisieren Konferenzen europäisch-kirchlicher Umweltarbeit mit dem Ziel ihrer Institutionalisierung.

Entscheidend bleibt, inwieweit es gelingt, kirchliches Reden mit kirchlichem Tun in Einklang zu bringen. Unter diesem Dilemma leiden auch die Kirchen. Aber mit der Institutionalisierung kirchlicher Umweltarbeit haben sie selber dafür gesorgt, daß dieser Konflikt nicht zur Ruhe kommt.

AMERY, Carl (1972/³1982): Das Ende der Vorsehung. Die gnadenlosen Folgen des Christentums. Reinbek.

BARNER, Konrad/LIEDKE, Gerhard (1986): Schöpfungsverantwortung konkret. Neukirchen-Vluyn.

Heinrich Vokkert

Kollektivgut ↷ Allmende

Kommunikation

Kommunikation ist das zentrale Medium menschlichen Verhaltens, menschlicher Möglichkeiten überhaupt (LUHMANN 1995). Sie bedingt deshalb - wenn nicht überhaupt, dann doch im einzelnen nicht selten das Schicksal des Menschen (WATZLAWICK u.a. 1969/⁷1985). Kommunikation erfolgt durch Botschaften von einem *Sender* zu einem *Empfänger*. Sie erfolgt mehrperspektivisch auf vier Ebenen. Bei der Übermittlung, d.h. genauer bei der Ankunft der gesendeten Botschaft beim Empfänger, können wirksam werden: Selbstoffenbarung (des Senders), Beziehungsebene, Appell und Sachebene (eigentliche Botschaft). Die Kommunikation im ökologischen Kontext wird besonders leicht dadurch gestört, daß sie häufig den Appell enthält, Verhalten oder Lebensweise zu ändern, was der Empfänger oft nicht akzeptiert und deshalb den Sachinhalt negiert oder „abheftet", oder er reagiert mit Ressentiments gegenüber der Selbstoffenbarung des Senders. Wegen eines schon vorhandenen oder durch die Botschaft mit induzierten, schlechten Gewissens weist der Empfänger gegebenenfalls die Botschaft zurück, und es kommt zu Störungen auf der Beziehungsebene. Wegen dieser erhöhten Problematik in der ↪ Umweltkommunikation können häufig Personen oder auch Gruppen in der Umweltdiskussion nicht mehr konstruktiv miteinander kommunizieren. Hauptziel von Umweltkommunikation ist jedoch, Informationen über Umweltangelegenheiten zu verbreiten. Sie beabsichtigt nicht unmittelbar Bewußtseinsänderung (↪ Umweltbildung).

LUHMANN, Niklas (1995): Interventionen in die Umwelt? Die Gesellschaft kann nur kommunizieren. In: HAAN, Gerhard de (Hrsg.): Umweltbewußtsein und Massenmedien. Berlin, S. 37-45.

WATZLAWICK, Paul u.a. (1969/⁷1985): Menschliche Kommunikation. Formen, Störungen, Paradoxien. Bern.

Eduard W. Kleber

Kommunikationsökologie

Die Kommunikationsökologie fragt nach den Bedingungen, unter denen Menschen miteinander kommunizieren (↪ Kommunikation). Wo Technik zum Medium der Verständigung wird, droht eine „Entsinnlichung" und „Entmaterialisierung" der Kommunikationsgegenstände und Kommunikationsprozesse (METTLER-MEIBOHM 1987, insbesondere S. 53ff.). In diesem Zusammenhang fallen den Bildungsinstitutionen die kompensatorischen Aufgaben der Technikbegrenzung und der Förderung kommunikativer Kompetenzen zu. Kooperationsbereitschaft und Teamfähigkeit lassen sich nur in solchen Lernräumen angemessen fördern, in denen eine ungestörte *Kleingruppenarbeit* ebenso möglich ist, wie die Bildung von *Gesprächskreisen*. Kommunikationsökologische Studien zeigen, daß diese Bedingungen in herkömmlichen Klassenräumen nicht gegeben sind und sich nicht ohne weiteres herstellen lassen. Vielmehr erweist sich die rechteckige Form von Schultischen sowohl für Gruppenarbeit als auch für die Bildung von Gesprächskreisen als hinderlich. Mit einer Umrüstung auf Trapeztische lassen sich Lernräume dagegen im Sinne sozialer Architektur gestalten (BUDDENSIEK 1998):

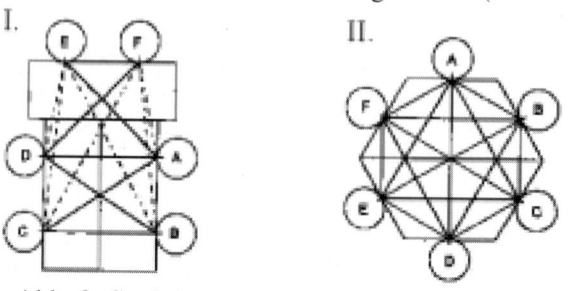

Abb. 3: Soziale Integration an Gruppentischen

BUDDENSIEK, Wilfried (1998): Grenzübergänge: Nachhaltiges Leben lernen. Perspektiven für die soziale Selbstorganisation (Skript). Paderborn.
METTLER-MEIBOHM, Barbara (1987): Soziale Kosten in der Informationsgesellschaft. Überlegungen zu einer Kommunikationsökologie. Frankfurt a.M.

Wilfried Buddensiek

Kompetenz, umweltpädagogische
Umweltpädagogische Kompetenz bezeichnet die Gesamtheit fachlicher, kommunikativer sowie pädagogischer Kenntnisse und Fähigkeiten zur Planung, Durchführung und Evaluation umweltbezogener Lernprozesse (↪ Kommunikation). Neben ökologisch-systemischen Kenntnissen der Struktur, Vernetzung und Veränderung biophysischer Lebensbedingungen zählen hierzu die kritisch-reflexive Aneignung sozialer, gesellschaftlicher wie kultureller Wertmaßstäbe der Umweltgestaltung, die Kenntnis entwicklungsbedingter, alterstypischer wie lebenslaufbezogener Aneignungs- und Verarbeitungsmuster von Umwelterfahrungen, ein differenziertes methodisch-didaktisches Repertoire alternativer Lehr- und Unterrichtsmethoden sowie organisatorische und kommunikative Fähigkeiten für außerschulische, fachübergreifende ↪ Lernorte. Um Lernende auf dynamische Anforderungen der Berufswelt vorzubereiten, sind rechtliche, ökonomische und politische Kenntnisse der Umweltgestaltung auf lokaler, nationaler wie transnationaler Ebene zu erwerben (↪ Umweltpädagogik). Umweltpädagogische Kompetenz beruht auf der Fähigkeit der Lehrenden, innerhalb eines konflikthaften, durch raschen wissenschaftlichen wie technologischen Wandel und konkurrierende ethische Anforderungen gekennzeichneten Handlungsfeldes intersubjektiv nachvollziehbare Maßstäbe pädagogischen Handelns zu erwerben. Das Engagement der Lehrenden findet dabei seine Grenze in der Freiheit der Lernenden, eigene Ziele als Entwurf einer offenen, unverplanten ↪ Zukunft zu entwickeln.
↪ Alltagsstrukturdidaktik; ↪ Curriculum, umweltbezogenes; ↪ Didaktik

SCHLEICHER, Klaus (Hrsg.) (1994): Umweltbildung von Lehrern. Studien- und Fortbildungsaufgaben. Hamburg.
WOLLERSHEIM, Heinz W. (1993): Kompetenz-Erziehung: Befähigung zur Bewältigung. Frankfurt a.M.

Matthias Döbler

Komplexität
Komplexe Realitätsbereiche lassen sich in einer systemischen Perspektive ganz allgemein durch folgende Merkmale beschreiben:
- große Anzahl von Wirkgrößen,
- viele und verschiedenartige Verbindungen zwischen den Wirkgrößen (Vernetztheit), Spontanveränderungen des Systems (Eigendynamik; ↪ Retinität),
- Zeitverzögerungen (Totzeiten) in Entwicklungen (↪ Schranken der Wahrnehmung und des Verständnisses),
- Irreversibilität von Entwicklungen und Zustandsveränderungen,
- Intransparenz: Wichtige Wirkgrößen sind nicht erkennbar; Zusammenhänge sind undurchschaubar.

Die Komplexität, besonders die Intransparenz eines Realitätsbereiches hängt vom Wissen und den Vorerfahrungen einer Person ab, ist also immer subjektiv ausgeprägt. Aber auch die anderen Komplexitätsmerkmale, z.B. Vernetztheit und Menge der Elemente, sind nicht einfach „vorhanden", sondern werden dem System von den handelnden Personen nach verfügbarem Wissen, aktuellen Interessen und bewährten Wahrnehmungsmustern zugeschrieben. Komplexität kann aus dieser Perspektive als Konstruktion der handelnden Personen beschrieben werden (↪ Konstruktivismus); was für den einen ein komplexes Problem ist, ist es für andere nicht. Ob die jeweilige Komplexitätszuschreibung dem Realitätsbereich angemessen ist, kann nur aus Ergebnissen des Handelns bestimmt werden.

Aus den Merkmalen komplexer Realitätsbereiche ergeben sich für die handelnden, problemlösenden Personen weitere Problemeigenschaften:
- Zeitdruck,
- Zielpluralität (Notwendigkeit, mehrere Ziele zugleich zu verfolgen),
- Existenz vieler Handlungsmöglichkeiten, deren Verfügbarkeit und Auswirkungen nicht vollständig bekannt sind (↪ Handlungsstrategie; ↪ Handeln, ökologisches).

Wir fassen Komplexität also als ein Bündel von Problem- oder Aufgabeneigenschaften auf, die sich für die handelnden Personen als ein Resultat der Interaktion ihrer Ressourcen mit den wahrgenommenen Eigenschaften der Aufgabe oder des Realitätsbereiches ergeben.

Komplexe Probleme erfordern neben der Lösung der inhaltlichen Anforderung die Regulation der eigenen Emotionen und die Organisation der eigenen Denkprozesse (Selbstregulation). Da sie im allgemeinen in sozialen Kontexten eingebettet sind, ergibt sich zusätzlich die Anforderung, soziale Prozesse zu balancieren, z.B. mit unterschiedlichem Wissen, Machtbestrebungen, Kommunikationshemmnissen umzugehen. Handelt es sich um umfangreichere Probleme, wird auch die Organisation der Problemlösungsprozesse zur wichtigen Anforderung (z.B. Projektkoordination).

Wir können die Anforderungen, die sich für das Handeln in komplexen Realitätsbereichen stellen, also auf vier Ebenen beschreiben als
- inhaltliche Problemkonstellation *(Inhaltskomplexität)*,
- individuelle Denk- und Handlungsprozesse *(Selbstregulation)*,
- Balancierung sozialer Prozesse *(soziale Komplexität)*,
- Steuerung der Problemlöseprozesse *(Prozeßkomplexität)*.

BUERSCHAPER, Cornelius/HOFINGER, Gesine (Manuskript): Herausforderung Komplexität: Welche Kernkompetenzen fordert die Zukunft? Bamberg.
DÖRNER, Dietrich (1976): Problemlösen als Informationsverarbeitung. Stuttgart.
DÖRNER, Dietrich (1989/^{5}1998): Die Logik des Mißlingens. Reinbek.

Gesine Hofinger

Konflikte

Konflikte (lateinisch: confligere = zusammen-, aufeinanderprallen) sind Auseinandersetzungen verschiedener Intensität zwischen Personen, Gruppen, Organisationen, Gesellschaften und/oder Staaten. Analytisch lassen sich Interessen- und Wertekonflikte unterscheiden: Während Interessenkonflikte Antagonismen unterschiedlicher vorteilhaft erscheinender Handlungsalternativen umfassen, bestehen Wertekonflikte aus divergierenden Vorstellungen über verallgemeinerungsfähige Urteile, darüber was richtig bzw. normativ angemessen ist. Auseinandersetzungen um die Errichtung von Kraftwerken, Flughäfen, Industrie- und Abfallanlagen und um die Festsetzung von Umweltgrenzwerten und -gesetzen verdeutlichen, daß umweltrelevante Konflikte ein ubiquitäres Kennzeichen unserer Zeit sind. Interessenbedingte Umweltkonflikte speisen sich aus konfligierenden Ressourcenansprüchen an Umweltnutzungen. Als zentrale Ursache hierfür ist die Knappheit von Umweltressourcen zu sehen: So resultiert aus der Realisation einer Abfallanlage eine Inanspruchnahme knapper Umweltressourcen und deren (weitere) Verknappung. An eine vollständige Ausräumung dieser umweltnutzungsbedingten Interessenkonflikte ist nicht zu denken, da sich die Knappheit von Umweltressourcen zwar mindern, aber nicht beseitigen läßt. Insofern kann es nur darum gehen, entgegenstehende Interessen über bestimmte Regeln insoweit zu koordinieren, als divergierende Nutzungsansprüche so klein wie möglich gehalten werden. Ursache von umweltbedingten Wertekonflikten sind divergierende Moralvorstellungen, Wahrnehmungen, ↪ Normen und Ideologien. Wenngleich umstritten ist, ob und inwieweit Wertekonflikte als sozial dysfunktional zu betrachten sind, oder ob sie vielmehr eine unabdingbare Stimulans des sozialen Wandels darstellen, besteht Einigkeit darüber, daß die Bearbeitung von Wertekonflikten im gesellschaftlichen Diskurs zu erfolgen hat (↪ Anthropozentrismus). Die Schwierigkeit der Bearbeitung von Umweltkonflikten besteht darin, daß Interessen- und Wertekonflikte regelmäßig unauflöslich miteinander verknüpft sind. Das hat zur Konsequenz, daß sich Koordinationsregeln nicht ausschließlich auf die Ebene konfligierender Ressourcenansprüche, sondern vielmehr auch auf die Ebene unterschiedlicher mentaler, normengeleiteter Wahrnehmungsmodelle zu beziehen haben. Daher ist der geeignete Hebel zur Entschärfung von Umweltkonflikten in Verfahren zu sehen, die zum einen die Nutzungskonflikte minimieren und die zum anderen kommunikative und partizipative Elemente enthalten (↪ Mediation; ↪ Planungszelle).

KARPE, Jan (1997): Rationalität und mentale Modelle - Standortkonflikte um Abfallanlagen aus ökonomischer Sicht. Frankfurt a.M.
KNIGHT, Jack (1997): Institutionen und gesellschaftlicher Konflikt. Tübingen.
SANDOLE, Dennis/MERWE VAN DER, Hugo (Ed.) (1993): Conflict Resolution Theory and Practice - Implication and Application. Manchester.

Jan Karpe

Konstruktivismus

Konstruktivismus ist ein erkenntnistheoretisches Modell („wie wissen wir, was wir zu wissen glauben", WATZLAWICK 1981/^{10}1998), das in verschiedenen wissenschaftlichen Kontexten entfaltet wurde. Konstruktivistische Positionen sind so alt wie die Philosophie. Über die Nicht-Erkennbarkeit der Welt wurde von jeher philosophiert.

Für den neuen Konstruktivismus (JENSEN in: RUSCH 1994; MATURANA/VARELA 1987/^{7}1997) sind vor allem fünf Positionen hervorzuheben:
- die These von der prinzipiellen Nicht-Erkennbarkeit objektiver Realität und der Notwendigkeit einer epistemologischen Bescheidenheit;
- die pragmatische Gelassenheit;
- die These von der Selbstorganisation des Lebendigen und der Selbstreferenz (Autopoiesis);
- die These von der Unvermeidbarkeit ungewollter Nebenwirkungen und
- die Strategie des ganzheitlichen Umgangs mit vernetzter Komplexität.

FÖRSTER (1993) und GLASERSFELD (1987) entwickelten auf dieser Basis eine als „radikaler Konstruktivismus" bezeichnete Variante. Letzterer sucht die Organisation im Aufbau unseres Wissens in biologisch-ökologischen Begründungen. Diese Richtung ist in bezug auf ihren Naturalismus zu kritisieren. Die Variante, welche soziale System in den Mittelpunkt stellt (RUSCH 1994), wird insbesondere in bezug auf ihren Relativismus kritisiert. Beide Kritiken aufnehmend, versucht der Kulturalismus (HARTMANN/JANICH 1996), den Konstruktivismus weiterzuentwickeln. Pädagogische Konsequenzen zieht REICH (1997) in seiner systemisch-konstruktivistischen Pädagogik.

Zur weiteren Befassung verweise ich auf ↪ Erziehungswissenschaft, systemisch-ökologische.

FOERSTER, Heinz von (1993): Wissen und Gewissen: Versuch einer Brücke. Frankfurt a.M.
GLASERSFELD, Ernst von (1987): Wissen, Sprache und Wirklichkeit: Arbeiten zum radikalen Konstruktivismus. Braunschweig.
HARTMANN, Dirk/JANICH, Peter (Hrsg.) (1996): Methodischer Kulturalismus: zwischen Naturalismus und Postmoderne. Frankfurt a.M.
MATURANA, Humberto R./VARELA, Francisco J. (1987/^{7}1997): Der Baum der Erkenntnis: Die biologischen Wurzeln des menschlichen Erkennens. München.
REICH, Kersten (1996/^{2}1997): Systemisch-konstruktivistische Pädagogik. Neuwied.
RUSCH, Gebhard (Hrsg.) (1994): Konstruktivismus und Sozialtheorie. Frankfurt a.M.
WATZLAWICK, Paul (Hrsg.) (1981/^{10}1998): Die erfundene Wirklichkeit: wie wissen wir, was wir zu wissen glauben? Beiträge zum Konstruktivismus. München.

Eduard W. Kleber

Konsum

In ökonomischer Perspektive gilt Konsum als Verzehr von Sachgütern und Dienstleistungen zum Zwecke der Bedürfnisbefriedigung. Entsprechend der grundlegenden Annahme der Unersättlichkeit der ↪ Bedürfnisse bei nur begrenzten Mitteln zu ihrer Befriedigung ergibt sich ein Knappheitsproblem, zu dessen Entschärfung man sich auf eine Effektivierung der Produktion mit dem Ergebnis wirtschaftlichen Wachstums (↪ Wachstum) konzentrierte. Seit A. SMITH gilt Konsum als eigentliches Ziel der Produktion und im Wirtschaftswachstum steigende Einkommen und materielle Güterversorgung unter dem Paradigma der Konsumentensouveränität als Synonym für individuelle Wohlfahrtssteigerungen. Dieser Konnex wird in Massenkonsumgesellschaften zunehmend als brüchig betrachtet. Auf der einen Seite haben außerordentliche Einkommensanstiege den Verwendungsspielraum der Konsumenten hinsichtlich des Zeitpunktes der Verausgabung (Konsum versus Sparen), wie auch hinsichtlich der Struktur der Einkommensverwendung stark erhöht. Ermöglicht wurde dies durch Arbeitsteilung, Spezialisierung und funktionale Differenzierung, deren immanente Logik mit abnehmenden Entfaltungsmöglichkeiten in einer durchrationalisierten Arbeitswelt korrespondierte. Hierdurch gleichzeitig ermöglicht und gefördert, wuchs dem Konsumbereich eine über eine bloße Güterversorgungsfunktion hinausreichende sozio-kulturelle Bedeutung zu. Konsum diente zunehmend zur Befriedigung „sozialer" Bedürfnisse. Die symbolischen Gehalte der jeweiligen Konsummuster wurden zu einem wichtigen Argument im Statuswettbewerb, dessen gleichzeitig differenzierende und egalisierende Tendenzen das Statusversprechen mit zunehmender Verfügbarkeit des Begehrten durch andere entwerteten. Gemeinsam mit anderen Gründen für „demonstrativen Konsum" ergab sich eine außerordentliche Konsumdynamik. Kauf- und Ersatzzeitpunkte von Konsumgütern bestimmen sich immer weniger nach, im übrigen durch den Wettbewerb weitgehend auf hohem Niveau angeglichenen, technisch-funktionalen Qualitätsmerkmalen des Konsumgüterangebotes, sondern nach den vielfältigen, aber sich mit zunehmender Gewöhnung und mit zunehmender Verbreitung als obsolet erweisenden Versprechen „sozialen Zusatznutzens". Die Pluralisierung von Konsummustern und ↝ Lebensstilen erhöht die Unübersichtlichkeit dieser Konsumdynamik. Unter ökologischen Aspekten ist festzuhalten, daß die in hochindustrialisierten Staaten vorherrschenden Konsummuster weder langfristig durchzuhalten noch auf einen globalen Kontext übertragbar sind (↝ Rucksack, ökologischer). Beispielsweise werden heute etwa 40% der gesamten Umweltschäden den ökologischen Wirkungen des Konsums zugerechnet (↝ Ökobilanz).

Zwei Ansatzpunkte zur Entschärfung der ökologischen Problematik des Konsums stehen im Zentrum der Diskussion. 1. Steigerung der Ressourcenproduktivität und Verringerung der Emissionen pro konsumierter Produkteinheit: Dies ist die Effizienzstrategie (↝ Effizienzrevolution), die unter Bezugnahme auf das klassische Paradigma auf eine Effektivierung der Mittel zur Befriedigung von Bedürfnissen abstellt. 2. Selbstbegrenzung und Verzicht: Diese als Suffizienz (↝ Suffizienzrevolution) bezeichnete Strategie zielt auf Begrenzung der Bedürfnisdynamik und fordert eine kritische Reflexion der Bedarfe (↝ Wohlstandsmodelle, neue). Optimisten sehen neue ökologieverträglichere Formen des Konsums durch Arbeitszeitverkürzungen, durch einen Wertwandel vom Materiellen zum Immateriellen sowie durch ein zunehmendes Bewußtsein für die ökologischen Grenzen tradierten Konsumverhaltens. Tatsächlich scheinen ökologische Kriterien bei Vermarktung und Kauf von Produkten eine zunehmende Rolle zu spielen. Es wird sogar davon gesprochen, daß der Kauf sich von einem reinen Konsumakt zu einem moralischen und politischen Ausdrucksmittel wandelt und so „moralische Märkte" entstehen. Skeptiker verweisen hingegen darauf, daß die Bereitschaft zu ökologieverträglicherem Verhalten sich auf ökologisch weniger bedeutsame Randbereiche konzentriert und auf einen „Low-Cost-Bereich" beschränkt ist, in dem Verhaltensänderungen mit geringem Aufwand zu realisieren sind. Transaktionskostentheoretische Argumente heben die prinzipiell reaktive Konsumentenrolle in hochentwickelten Industriegesellschaften hervor und betonen, daß Menschen in der Konsumentenrolle generell nach Verringerung ihrer Entscheidungsbelastung streben, und nicht bereit und in der Lage sein werden, die Vielzahl alltäglicher Konsumentscheidungen nach informations- und entscheidungsaufwendigen Verfahren abzuwickeln. Diese Position hebt die besondere Bedeutung der Nutzung des Wettbewerbs als Entdeckungsverfahren zur Aufdeckung ökologieverträglicherer Verhaltensalternativen hervor. Durch Veränderung der institutionellen Rahmenbedingungen muß der aktuellen Situation Rechnung getragen werden, daraus ergibt sich umweltverträglicheres Wettbewerbsverhalten der Anbieter (↝ Umweltpolitik; ↝ Verbraucherbildung; ↝ Wirtschaften, nachhaltiges/ökologisches).

KNOBLOCH, Ulrike (1997): Theorie und Ethik des Konsums. Herausforderung Sustainability - Konzepte für einen zukunftsfähigen Konsum. Düsseldorf.
SCHERHORN, Gerhard (1975): Verbraucherinteresse und Verbraucherpolitik. Göttingen.

Gerd-Jan Krol

Konsumerziehung ⇨ Verbraucherbildung

Kooperationsprinzip
Die Umweltpolitik in der BRD basiert erklärtermaßen neben dem ⇨ Verursacherprinzip und dem ⇨ Vorsorgeprinzip auf dem Kooperationsprinzip. Dieses enthält Aussagen zum Mitwirkungsgrad der Beteiligten (Industrie/Verbände, Umweltverbände, Bürgerinitiativen, Schädiger, Geschädigte) bei der Auswahl, dem Einsatz und der Kontrolle umweltpolitischer Maßnahmen. Einerseits erhoffen sich die umweltpolitischen Entscheidungsträger von einer frühzeitigen Beteiligung von Betroffenen Hilfe bei der Operationalisierung der Umweltpolitik durch Verbesserung der Informationsbasis, andererseits soll die Mitwirkung die Herausbildung von Umweltbewußtsein fördern und damit die Akzeptanz und Legitimation für umweltpolitisches Handeln verbessern. Allerdings ist damit in der Regel auch eine stärkere Abhängigkeit von den Interessen der Beteiligten nach Maßgabe ihres (durchaus ungleichen) Sanktionspotentials verbunden. Die Anwendung des Kooperationsprinzipes kann dann mit einer geringeren Eingriffsintensität umweltpolitischen Handelns verbunden sein.

WICKE, Lutz (1982/⁴1994): Umweltökonomie. München.
ZIMMERMANN, Horst/HANSJÜRGENS, Bernd (Hrsg.) (1994): Prinzipien der Umweltpolitik in ökonomischer Sicht. Bonn.

Gerd-Jan Krol

Kultur
Ein Schicksal von Grundbegriffen ist, daß sie selten eindeutig oder intersubjektiv verbindlich definiert sind. Der Begriff „Kultur" bietet ein krasses Beispiel für diese Tendenz in den Sozialwissenschaften. Selten dürften Variationsbreite und Unterschiedlichkeit höher gewesen sein als im Fall Kultur. Dennoch zeigt ein Blick auf neuere kultursoziologische und -psychologische Ansätze einen kleinen gemeinsamen Nenner für dieses Konzept. Kultur ist das in Interaktionen zwischen Mensch und Umwelt geschaffene Handlungsfeld, dessen Inhalte von vom Menschen geschaffenen oder genutzten Objekten bis zu Institutionen und Ideen oder Mythen reichen. Wesentlich sind bestimmte Handlungsweisen, die mit den selbst geschaffenen Umwelten zusammenhängen. Diese Handlungen sind sachbezogen, indem Artefakte geschaffen werden; sie sind sozial, indem Gruppen gebildet werden, Men-

schen untereinander kommunizieren; sie sind ideell, weil Menschen sich Vorstellungen von der Welt und von sich selbst bilden, denen sie symbolisch Ausdruck verleihen in Kunst, Institutionen, Religion, Recht, Alltagsethiken und -ästhetiken usw. Als Handlungsfeld bietet Kultur Handlungsmöglichkeiten, stellt Handlungsbedingungen und setzt Grenzen des möglichen und „richtigen" Handelns. Es ist das Handeln, das einerseits die Valenzen des Umfeldes verteilt und andererseits das Handlungsfeld zu einem System von Bedeutungen werden läßt. Diese Bedeutungen sind sozial geteilt. Kultur ist somit ein System kollektiver Sinnkonstruktionen, mit denen Menschen die Wirklichkeit definieren. Kultur wird damit einerseits als orientierungs-, erlebnis- und handlungsstrukturierendes Deutungs- und Interpretationskonstrukt verstanden. Andererseits meint Kultur die alltäglichen Formen der Bedeutungsgenerierung zwecks Strukturierung von Kommunikation. In der französischen Tradition von DURKHEIM und SAUSSURE über LÉVI-STRAUSS zu FOUCAULT und BOURDIEU wird Kultur als Code gefaßt, der intern nach binär angelegten Dichotomien geordnet ist und eine klar geschnittene Klassifikation von gesellschaftlichen Repräsentationsweisen erlaubt. In der deutschen, an KANT orientieren Tradition wird unter Kultur von WEBER über CASSIRER zu MANNHEIM ein Komplex von Wertideen, ein Set von Symbolen oder eine Konfiguration von Wissen verstanden. Kultur ist die symbolische Dimension individuellen und sozialen Handelns und verweist auf die Sinn- und Bedeutungskomponente menschlichen Handelns, ohne die eine Orientierung in der Gesellschaft und das Verstehen individuellen und sozialen Handelns sowie gesellschaftlicher Prozesse unmöglich wäre. Zieht man die MARXsche Tradition und die anthropologische Tradition mit ein, kommen auch die Praxis und damit Praxisformen und Praktiken mit ins Blickfeld. Folglich kann Kultur als aus Symbolen, Ritualen und Praktiken bestehend verstanden werden, um die symbolische, prozessuale und handlungsbezogene Ebene von Kultur zu betonen. Diese abstrakte Bestimmung von Kultur hat den Vorzug, die drei relevanten Ebenen des Kulturbegriffs auseinanderzuhalten: die Ebene der Symbole, der Zeichen und ihrer sinnhaften Bedeutungen, die sich zu kulturellen Systemen verdichten können; die prozessuale Ebene, die über die Institutionalisierung durch Sozialisation und soziale Kontrolle kultureller Elemente auf Dauer anbieten kann; die Ebene der Praktiken, die kulturbezogenes Handeln ausmacht und im Einklang mit oder im Widerspruch zu dem vorherrschenden kulturellen System erfolgen kann. Kultur in diesem Sinne ist letztlich ein System von Symbolen, Institutionen und Praktiken, die einerseits als Kontext von Handlungen begriffen wird, andererseits aber selbst im Vollzug der Handlungspraxis gebildet, rekonstruiert bzw. verändert wird.

BOESCH, Ernst (1980): Kultur und Handeln. Bern.
NEIDHARDT, Friedhelm/KÖNIG, René (Hrsg.) (1986): Kultur und Gesellschaft. Opladen.

Urs Fuhrer

Kultur, postbiologische
Kultur ist der Rahmen für die geistige Welt des Menschen und zugleich die eigentliche menschliche Umwelt. Als solche steht sie der Natur diametral und als Konkurrenz gegenüber (KLEBER 1999; KLEBER/STEIN 1999). VERBEEK (1998) sieht analog zur Evolution der Biosphäre einen Entwicklungszyklus der Kultursphäre, und er arbeitet Wechselwirkungen heraus. Von einem rein materialistischen Standpunkt aus ist Kultur als ein nicht organischer Anteil des Biologischen zu begreifen. Aus dieser Position kann neben anderen Attributen wie „abendländisch" oder „jüdisch/christlich" unsere Kultur auch das Attribut „biologisch" beanspruchen, denn sie basiert auf dem biologischen Menschen. Nach MORAVEC (1990) haben die Gene bereits zu dem Zeitpunkt, als ihre Reproduktionsmaschinen das Lernen lernten, den Wettlauf um die Zukunft verloren. Die Zukunft ist in der Prolongation der Maschinen, der maschinellen Intelligenzen und der Auskopplung des Menschen aus dem Biologischen (synthetischer Mensch) sowie aus dem Lebenssystem des Planeten Erde zu sehen. Dies nennt MORAVEC „die postbiologische Kultur". - Letzteres ist für die Belange der ↪ Umweltbildung von großer Bedeutung, weil die postbiologische Kultur bereits ihre Schatten vorauswirft. Wahrscheinlich rühren die meisten Probleme, die wir mit dem Lebenssystem des Planeten Erde haben, daher und sind deshalb so schwerwiegend, weil wir anscheinend bereits Bewußtseinsstrukturen eines postbiologischen, synthetischen Menschen entwickelt haben.

MORAVEC, Hans (1990): Mind Children. Hamburg.
KLEBER, Eduard W. (1998): Die Entwicklung des Bewußtseins eines „synthetischen Menschen" oder der projektierte Ausstieg aus der Evolution. In: ETHIK UND SOZIALWISSENSCHAFTEN, 9. Jg., Heft 2, S. 302-304.
KLEBER, Eduard W./STEIN, Roland (1999): Lernkultur 2000. Baltmannsweiler.
VERBEEK, Bernhard (1998): Organismische Evolution und kulturelle Geschichte: Gemeinsamkeiten, Unterschiede, Verflechtungen. In: ETHIK UND SOZIALWISSENSCHAFTEN, 9. Jg., Heft 2, S. 269-360.

Eduard W. Kleber

Kulturlandschaft
Der Begriff - obwohl gegenwärtig in vieler Munde - entbehrt einer scharfen, allgemein akzeptierten Definition. Im weitesten Sinne meint er jede vom Menschen mehr oder weniger stark veränderte Naturlandschaft. Danach handelte es sich in Mitteleuropa - mit Ausnahme einiger Watten- und Küstengebiete und der alpinen und nivalen Stufe der Alpen - ausschließlich um Kulturlandschaften. Nach dem Grad der Überformung der Landschaft durch den Menschen und der Art der Nutzung wird vielfach zwischen agrar geprägter und urban-industriell geprägter Kulturlandschaft unterschieden. Häufig spielt bei der Wahl des Begriffs auch eine Wertung insofern eine Rolle, als man ihn vorzugsweise auf überkommene, meistens strukturreiche und na-

turnähere Landschaften anwendet, die als historische Kulturlandschaften bezeichnet werden sollten und ebenfalls sowohl durch die Landwirtschaft als auch durch Siedlung und Gewerbe/Industrie, häufig durch beides, geprägt sind. - Nach dem Verständnis vieler Naturschützer beschränkt sich die Kulturlandschaft auf den agraren Raum, der aus Feldern, Wiesen und Weiden besteht, von Hecken, Feldgehölzen und Resten historischer Landnutzungsformen durchsetzt, von Gräben und Fließgewässern durchzogen ist und den dörflichen Siedlungsraum sowie historische Sekundärbiotope wie alte Mergelkuhlen, Steinbrüche, Kalköfen und Hohlwegsysteme, aber auch moderne anthropogene Strukturen wie Straßen und Eisenbahnlinien mit einbezieht. - Kulturlandschaften unterliegen einem ständigen Wandel (↪ Landschaftsgeschichte), der meistens phasenweise schneller oder langsamer verläuft. Früher allein durch die Nutzung der Flächen geprägt, werden Bilder und Potentiale bestehender Kulturlandschaften heute zunehmend geschützt (konservierender Natur- und Landschaftsschutz) oder auf planerischer Grundlage weiterentwickelt (Flurbereinigung, Landschaftsplanung, Aufstellung von Leitbildern und Zielkulissen der Kulturlandschaftsentwicklung).

Es ist heute die Frage zu stellen, ob Landschaftsschutz, der in vielen Bereichen der Bundesrepublik eine neue Waldlandschaft verhindert, noch ökologieverträglich oder zukunftsfähig sein kann. (Anm. d. Hrsg.)

FELS, Edwin (1935/²1954): Der wirtschaftende Mensch als Gestalter der Erde. Leipzig.

KOHLER, Alexander/BÖCKER, Reinhard (Hrsg.) (1993): Die Zukunft der Kulturlandschaft. Hohenheimer Umwelttagung 25. Weikersheim.

KONOLD, Werner (Hrsg.) (1996): Naturlandschaft - Kulturlandschaft. Landsberg.

TISCHLER, Wolfgang (1980): Biologie der Kulturlandschaft. Stuttgart.

Wilfried Stichmann

L

Land-Ethik

Das Konzept Land-Ethik entstand ca. 1933-1948 durch LEOPOLD (amerik. Wildtierökologe, 1882-1948). Es beeinflußte nachhaltig die Environmental Ethic und die Entwicklung des Wildnisschutzes in den USA. Die Land-Ethik wurde nicht aus der Philosophie entwickelt, sondern entsprang der Reflexion der Lebenserfahrung LEOPOLDs, der Wildtier- und Jagdforschung, den Einsichten in das Landmißmanagement der USA und der Auseinandersetzung mit staatlichem Natur- und Ressourcenschutz in der Ära des New Deal. Er setzte sich anläßlich einer Forstinspektionsreise nach Deutschland 1935 mit dem Jagd- und Naturschutzwesen im Dritten Reich auseinander und ver-

suchte, ein devastiertes Stück Farmland ökologisch zu restaurieren (FLADER 1974, MEINE 1988). Der staatlichen Naturschutzagenda stand nach LEOPOLD der private Landbesitzer gegenüber, der sich nicht zu ökologisch verantwortlichem Handeln gegenüber der „Biota" des Landes verpflichtet fühlte. (Mit „Biota" bezeichnet er die Bodensoziologie, die umfassende ökologische Gemeinschaft und Abhängigkeit der Lebewesen des Landes; der Begriff „Land" ist durch die Biota geprägt.) Die Land-Ethik richtet sich daher an das persönlich verantwortliche Individuum und fordert es auf, nicht wie ein Sklavenhalter über die Biota zu verfügen. Ökologische ↝ Vernunft gebietet, nicht nur ökonomisch-nützlich, sondern auch ethisch und ästhetisch den Umgang mit der Biota des Landes zu rechtfertigen, um die „Integrität, Stabilität und Schönheit der biologischen Gemeinschaft" sichern zu können; denn (Beispiel) „95% der Arten Wisconsins" sind ökonomisch wertlos, „können weder verkauft, verfüttert oder gegessen werden" (CALLICOT 1987, S. 213). Die Land-Ethik enthält als grundlegende Axiome einen holistischen (↝ Holismus), ökologisch geprägten Land-Begriff und die Ausdehnung des christlichen Liebesgebots vom Menschen zum Land (Extensionismus).
↝ Biophilie

CALLICOT, John B. (1987): Companion to a sand county almanac. Madison.
FLADER, Susan (1974) : Thinking like a mountain. Aldo Leopold and the evolution of an ecological attitude towards deer, wolves, and forests. Madison.
LEOPOLD, Aldo (1966): A Sand County Almanac with essays on Conservation from Round River. New York.
MEINE, Aldo (1988): Leopold. His Life and Work. Madison.

Gerhard Trommer

Landschaftsgeschichte

Der Wandel der Kulturlandschaft, der sich unter dem Einfluß des wirtschaftenden Menschen auch in Mitteleuropa zum Teil seit mehr als 3.000 Jahren vollzieht, stößt zunehmend auf das Interesse von Umweltwissenschaftlern, Geographen und Biologen. Sowohl in der Unweltgeschichte als auch in der Historischen Geographie werden die Spuren historischer Landnutzungsformen sowie Landschafts- und Wirtschaftsbeschreibungen samt Karten-, Bild- und Archivmaterial zur Rekonstruktion historischer Landschaftsbilder und -potentiale benutzt. Die heutige Kulturlandschaft als historisches Erbe zu verstehen, zu behandeln und weiterzuentwickeln, wird inzwischen als wichtige Aufgabe von Naturschutz und Landschaftspflege verstanden. Damit ist die wissenschaftliche Bearbeitung der Landschaftsgeschichte zum Tätigkeitsfeld einer angewandten historischen Geographie geworden, die fächerübergreifend arbeitet und sowohl Ergebnisse der Wirtschafts- als auch der Biowissenschaften einbezieht. Als bisher einzige deutsche Universität besitzt Bonn ein Seminar für Historische Geographie; Umweltgeschichte kann an der Universität Göttingen studiert werden.

DIX, Andreas (Hrsg.) (1997): Angewandte Historische Geographie im Rheinland. Köln.
HERRMANN, Bernd (1994): Umweltgeschichte. In: UNTERRICHT BIOLOGIE, Heft 195, S. 4-12.
JELLICOE, Geoffrey/JELLICOE, Susan (1988): Die Geschichte der Landschaft. Frankfurt a.M.

Wilfried Stichmann

Landschaftspflege

Der Begriff Landschaftspflege hat im Laufe der Zeit einen Bedeutungswandel vollzogen. Die ursprüngliche Definition lautet: „Die Landschaftspflege erstrebt die Ordnung, den Schutz, die Pflege und die Entwicklung von Landschaften mit dem Ziel einer nachhaltig leistungsfähigen und für den Menschen gesunden Landschaft. Sie soll insbesondere Schäden im Landschaftshaushalt und im Landschaftsbild vorbeugend verhindern und bereits eingetretene Schäden ausgleichen oder beseitigen. (...) Sie umfaßt die Landschaftsanalyse und -diagnose, die Landschaftsplanung, den Landschaftsbau und die pflegliche Nutzung der natürlichen Hilfsquellen [Lebensgrundlagen] (...). Sie erstreckt sich auf die freie Landschaft" (BUCHWALD/ENGELHARDT 1968). Landschaftspflege bezog sich demnach, im Gegensatz zum ⇨ Naturschutz, nur auf die freie Landschaft. Als Teil der Landespflege hatte sie einen planerischen und einen praktischen Aspekt. In diesem Sinne ist der Begriff auch in der Benennung des Bundesnaturschutzgesetzes (BNatSchG) von 1987 als „Gesetz über Naturschutz und Landschaftspflege" zu verstehen.

Heute steht der Begriff *Landschaftsplanung* für dieses weite Aufgabenfeld, und der Begriff Landschaftspflege wird im allgemeinen in einem sehr viel engeren Sinne verwendet. Seine Bedeutung ist reduziert auf den praktischen Anteil, also den Einsatz und die technische Durchführung „von Maßnahmen zur Sicherung der nachhaltigen Nutzungsfähigkeit der Naturgüter sowie der Vielfalt, Eigenart und Schönheit von Natur und Landschaft" (ANL 1991). Diese Sinnverschiebung wurde nicht zuletzt durch die Benennung der zahlreich entstandenen „Landschaftspflegeverbände" forciert, deren Tätigkeit auf die praktische Durchführung von Pflege- und Entwicklungsmaßnahmen in der Landschaft beschränkt ist.

⇨ Kulturlandschaft; ⇨ Nachhaltigkeit

AKADEMIE FÜR NATURSCHUTZ UND LANDESPFLEGE (ANL) (1991): Begriffe aus Ökologie, Umweltschutz und Landnutzung. Information 4. Laufen.
BUCHWALD, Konrad/ENGELHARDT, Wolfgang (1968): Handbuch für Landschaftspflege und Naturschutz. München.

Christina von Haaren

Landwirtschaft, ökologische
Für eine ökologische Landwirtschaft gibt es drei tradierte Konzepte:
- die biologisch-dynamische Wirtschaftsweise (Rudolf STEINER 1861-1925);
- die organisch-biologische Wirtschaftsweise (Hans MÜLLER 1891-1988)
- und die ↝ Permakultur (Bill MOLLISON, Zeitgenosse).

In der Praxis werden häufig Kombinationen realisiert, und die organisch-biologische Wirtschaftsweise hat sich in eine Reihe von Warenzeichen aufgespalten, von denen die erfolgreichsten Bioland und Ecovin sind.

Alle drei Wirtschaftsweisen haben die Pflege der Böden und den Ausbau der Bodensoziologie, das Gesamt der Bodenlebewesen, als zentrales Ziel. Gesunde Böden liefern gesunde Lebensmittel, ohne daß der Einsatz von Kunstdüngern notwendig wäre. Sie verzichten konsequent auf den Einsatz von Chemie bei der Produktion von Nahrungsmitteln und akzeptieren ausschließlich artgerechte Tierhaltung, die bisher von STEINER am klarsten definiert und von seinen Schülern durchgängig praktiziert wird. (Für weitere Information und Planung in bezug auf den Gartenbau: KLEBER/KLEBER 1999). Die ökologische Landwirtschaft als eine dieser tradierten Richtungen und Varianten oder Kombination aus deren Prinzipien und Zielperspektiven ist Ziel der ↝ Biosphärenreservate und sollte Zielhorizont der gesamten Landwirtschaft sein, jedoch das Gegenteil ist der Fall. Die reichhaltigen Subventionen des Landwirtschaftssektors der EU gehen fast ausschließlich in Transport und Lagerhaltung der dem ↝ Agrobusiness verpflichteten industriellen, chemieabhängigen Landwirtschaft. Auch zu Zeiten der „rot-grünen" Regierung scheint sich nichts an diesen Tatbeständen zu ändern. Ein zentraler Ansatz scheint nunmehr in einer konsequenten ↝ Verbraucherbildung (↝ Umweltbildung) zu liegen.

KLEBER, Eduard W./KLEBER, Gerda (1999): Gärtnern im Biotop mit Mensch. Der nachhaltige zukunftsfähige Garten nach Prinzipien der Permakultur. Xanten.
MOLLISON, Bill (1988): Permaculture. A Designer Handbook. Tyalgum (Australien).
MOLLISON, Bill/HOLMGREEN, David (1978/²1984): Permakultur: Landwirtschaft und Siedlungen in Harmonie mit der Natur. Darmstadt.
MÜLLER, Maria (1968/⁵1972): Praktische Anleitung zum organisch-biologischen Gartenbau. Großhochstätten.
STEINER, Rudolf (1924): Geisteswissenschaftliche Grundlagen zum Gedeihen der Landwirtschaft. Dornach.

Eduard W. Kleber

Leben, saisonales und sustainable living
Ein Charakteristikum allen Lebens sind Rhythmen. Ein zentral bedeutsamer Rhythmus sind die Jahreszeiten. Mit einer extremen Verschwendung von Energie können wir unser Leben von den Jahreszeiten abkoppeln. In der

Energieverschwendungsgesellschaft können wir uns alles leisten (Obst, Gemüse - ganzjährig, jede Art, immer frisch). Wir können heute sogar alpinen Skilauf indoor (im Sommer) machen (⇝ Erlebnisgesellschaft). Wir machen fast schon grundsätzlich im Winter Sommerurlaub (Fernreisen) und leben zunehmend mehr von Lebensmitteln der entgegengesetzten Welthalbkugel. Doch wir verändern durch den dadurch notwendigen zusätzlichen Energiebedarf das Lebenssystem unseres Planeten, so daß für unsere Nachkommen die Zukunft in Frage gestellt wird. Unsere Ernährungswirtschaft setzt fast ausschließlich auf Pflanzen, die bei uns nicht mehr selbständig wachsen (extreme Abhängigkeit von der chemischen Industrie; ⇝ Permakultur). Wir haben die einfachen Techniken und Möglichkeiten des saisonalen Lebens, z.B. Gemüse- und Obstüberschuß aus der eigenen Region im Winter zu haben, abgeschafft (⇝ Gärtnern). Saisonales Leben heißt immer auch weitestgehend regionale Versorgung, Rückkehr zu sich-selbst-gärtnernden Pflanzen, mehr Gesundheit und enorme Energieeinsparung. Saisonales Leben heißt auch Subventionierung von ⇝ Arbeit, anstelle von Transport und Energie durch arbeitsintensive Nahrungsmittelerzeugung (KLEBER/KLEBER 1999). Sustainable Living ist erstens saisonales Leben, zweitens heißt es, dem Ansatz der Dematerialisierung unserer Lebenshaltung zu folgen (SCHMIDT-BLEEK 1994). Der Dematerialisierungsansatz geht davon aus, daß eine Reduzierung der globalen Stoffströme notwendig ist, um einen wesentlichen Beitrag zur Verringerung der Umweltbelastung zu liefern (⇝ Entschleunigung). Dematerialisierung impliziert eine innovative Betrachtungsweise von Stoffströmen, die durch ein neues am Wuppertal Institut entwickeltes Maß für ökologisches Wirtschaften möglich wird: MIPS (Material-Intensität-pro-Service-Einheit; ⇝ Rucksack, ökologischer). Insgesamt verdeutlicht MIPS, wieviel Materialinput in Anspruch genommen wurde, um ein Produkt zu erzeugen, zu gebrauchen und zu entsorgen (FACTOR 10 CLUB 1994).

FACTOR 10 CLUB (Hrsg.) (1994): Carnoules Declaration. Wuppertal.
SCHEFFRAN, Jürgen/VOGT, Wolfgang R. (Hrsg.) (1998): Kampf um die Natur. Darmstadt.
KLEBER, Eduard W./KLEBER, Gerda (1999): Gärtnern im Biotop mit Mensch - der nachhaltige, zukunftsfähige Garten nach Prinzipien der Permakultur. Xanten.
SCHMIDT-BLEEK, Friedrich (1994): Wieviel Umwelt braucht der Mensch? MIPS - das Maß für ökologisches Wirtschaften. Berlin.

Eduard W. Kleber

Lebensqualität
Der Begriff „Lebensqualität" wird in jüngster Zeit als zentrales Konzept in verschiedenen Kontexten (insbesondere in der Medizin und in der Umweltdiskussion) verwendet. Grundsätzlich ist es ein individualistisches und subjektives Konstrukt (REICH 1996/²1997), das die erlebte Gesamtheit meiner Lebensumstände beschreibt. Ich konstruiere meine Realität in Übereinstim-

mung mit einem erlebten befriedigenden Lebensqualitätsgefühl, oder ich konstruiere sie zur Verbesserung meiner Lebensqualität. Lebensqualität hat als konstruktivistische Erlebniskategorie viel mit einem Sich-Einrichten in vorliegende Lebensumstände zu tun, was dann als relatives Wohlergehen erlebt wird und eine gewisse Zufriedenheit hervorruft. Sie kann in sehr unterschiedlicher Weise und unter sehr unterschiedlichen Bedingungen vorliegen, in objektivem Reichtum oder Armut, nicht einmal Gesundheit ist eine Grundvoraussetzung (↝ Konstruktivismus).

„Lebensqualität" ist zu einer medizinischen Ordnungskategorie geworden: Je näher der Allgemeinzustand einer Person einem „gesunden Gesamtbild" gleicht (innerhalb der Grenzwerten der Humanphysiologie, wie sie von der World Health Organization festgesetzt werden) und je höher die Leistungs-, Lust- und Genußfähigkeit, desto höher wird die Lebensqualität angesehen. In vielen Fällen, in denen eine Heilung nicht möglich ist, begründet der Arzt Maßnahmen und Ausgaben mit einer Verbesserung der Lebensqualität. Hier entwickelt sich ein System, in dem schließlich Krankenkassen entscheiden, ob sie dem ärztlichen Vorschlag folgen und die Maßnahmen finanzieren (Zuweisung von Lebensqualität). Auch in der Politik kann Lebensqualität neben Umweltraum (BUND/MISERIOR 1996), Energieeffizienz (VON WEIZSÄCKER 1989/^{4}1994) und Dematerialisierung (↝ Rucksack, ökologischer) zu einem zentralen Kriterium für Mittelzuweisungen führen.

In der Umweltdiskussion scheint ein möglichst objektiviertes Konzept „Lebensqualität" eine ähnliche Bedeutung wie in der Medizin zu gewinnen. So schreibt VON WEIZSÄCKER in seiner Argumentation zu den neuen Wohlstandsmodellen: „Die Privatisierung der Lebensqualität in den eigenen vier Wänden und auf den eigenen vier Rädern sowie durch hohe Verbrauchs- und Wegwerfraten und der parallel laufende Verfall des öffentlichen Raumes war sowohl ökologisch wie sozial seine Fehlentscheidung. Die Umweltpolitik darf sich nicht nur auf Abfälle, Abwasser, Abluft, Lärm und Altlasten beschränken, sondern sie muß sich auch um Lebensqualität im Lebensraum Stadt kümmern. Sie kann damit beitragen, die genannte Fehlentwicklung zu korrigieren." (1989/^{4}1994, S. 194). „Neue Wohlstandsmodelle" heißt „neue Lebensqualität" unter den Rahmenbedingungen des ↝ sustainable development mit ↝ Entschleunigung, hoher Wertschätzung von sozialen, spirituellen und künstlerischen Erlebnissen usw. (vgl. ebd. 1989/^{4}1994, S. 261 ff.).

↝ Gesundheitsbildung; ↝ Wohlstandsmodelle, neue

BUND/MISEREOR (Hrsg.) (1996): Zukunftsfähiges Deutschland. Basel.
REICH, Kersten (1996/^{2}1997): Systemisch-konstruktivistische Pädagogik. Neuwied.
WEIZSÄCKER, Ernst U. von (1989/^{4}1994): Erdpolitik. Darmstadt.

Eduard W. Kleber

Lebensraum

Als Begriff findet Lebensraum in verschiedenen Disziplinen wie Biologie, Geographie, Ökologie, Ökonomie, Psychologie und Soziologie Verwendung (⇝ Biotop; ⇝ Ökosystem; ⇝ Heimat). Grundsätzlich aber bezeichnet Lebensraum ein Begriffsfeld, das es ermöglicht, verschiedene disziplinäre Zugänge zu ökologisch relevanten Aspekten zu bündeln, um sie interdisziplinär (mehrperspektivisch und fächerübergreifend) zu bearbeiten (⇝ Interdisziplinarität). Dies gilt vor dem Hintergrund, daß der human beanspruchte Lebensraum als Ausschnitt aus einem Lebenssystemganzen begriffen wird, in dem anthropozentrische und biozentrisch planetarische Perspektiven verschränkt werden (⇝ Anthropozentrismus; ⇝ Biotop mit Mensch).

Bezeichnete er im geopolitischen Kontext in der Wende zum 20. Jahrhundert jene Gesamtheit geographisch-wirtschaftlicher Gegebenheiten und Ressourcen, derer ein Volk als Existenz- und Entwicklungsvoraussetzung bedurfte, so wurde dies in der Zeit des Dritten Reiches ideologisch besetzt und reichte bis in Erziehungskonzepte. Der beanspruchte Lebensraum wurde zum Legitimationshintergrund für kriegerische Expansionsbestrebungen von Völkergruppen und Staaten. Im Kampf *um* die Behauptung *von* Besitzansprüchen an lebensnotwendigen Naturressourcen (Wasser, Boden, Bodenschätze, Ernteerträge) hat dies bis heute Kontinuität (SCHEFFRAN/VOGT 1998).

Im Konzept des 'ökologischen Fußabdrucks' (WACKERNAGEL/REES 1997) wird deutlich, daß die ökonomisch starken Industrienationen der Nordhalbkugel durch die dort herrschenden ⇝ Lebensweisen und ⇝ Lebensstile Naturressourcen beanspruchen, die bis zum 3fachen über der ökologischen Kapazität ihres eigenen (national-territorialen) Lebensraums als ⇝ Umweltraum liegen, womit die Existenz- und Entwicklungsvoraussetzungen der sog. Entwicklungsländer beschnitten werden (⇝ Dritte Welt; ⇝ sustainable development; ⇝ Friedenspädagogik; ⇝ Gerechtigkeit). Dies gilt es zu beachten, wenn heute im Kontext von ⇝ Umweltbildung mit dem Begriff Lebensraum operiert wird, um damit nicht hinterrücks rassistischen und nationalistischen Argumentationsweisen zu unterliegen ('Blut-und-Boden-Ideologie').

KLEBER, Eduard W. (1993): Grundzüge ökologischer Pädagogik. Weinheim.
SCHEFFRAN, Jürgen/VOGT, Wolfgang R. (Hrsg.) (1998): Kampf um die Natur. Darmstadt.
TROMMER, Gerhard (1990/²1993): Natur im Kopf. Die Geschichte ökologisch bedeutsamer Naturvorstellungen in deutschen Bildungskonzepten. Weinheim.
WACKERNAGEL, Mathis/REES, William (1997): Unser ökologischer Fußabdruck. Basel.

Oskar Brilling

Lebensstile

Einer der Leitgedanken des Konzepts der nachhaltigen Entwickung (↪ sustainable development) ist die Suche nach Wohlstandsmodellen (↪ Wohlstandsmodelle, neue), die es erlauben, den Lebensstandard der armen dem der reichen Länder anzugleichen, ohne natürlichen Ressourcen und die Aufnahmefähigkeit der Umwelt zu übernutzen. Ein Hauptaugenmerk richtet sich daher auf die Konsumgewohnheiten der Menschen in den Industrieländern, die einen nicht unerheblichen Anteil an den globalen ökologischen und sozialen Problemen haben. Es ist *der* westliche Lebensstil, der im Mittelpunkt der Kritik steht. Entsprechend propagiert wird auch *der* ökologische Lebensstil (vgl. DE HAAN/KUCKARTZ 1996). In Anbetracht neuerer Ergebnisse der empirischen Lebensstilforschung in Soziologie und Marktforschung wird deutlich, daß die Sozialstruktur moderner, konsumorientierter Gesellschaften nur durch eine Vielzahl differenzierter Lebensstile erklärt werden kann.

Insbesondere in der Marktforschung wird die Lebensstilanalyse erfolgreich für die Erklärung und Prognose von Konsumverhaltensmustern verwendet. Diese differenzierte Betrachtungsweise des Verbraucherverhaltens ist notwendig, weil der Konsum von Produkten und Dienstleistungen nicht nur quantitativer Natur ist, sondern eine Zeichenfunktion hat. Das 'Sich-vom-anderen-Unterscheiden-wollen', das Bedürfnis nach individueller Befriedigung von Konsumwünschen ist elementar in den westlichen Industriegesellschaften (↪ Postmoderne). Als ökologisches Problem stellt sich der Konsum besonders komplex dar: Wo der Prozeß des Kaufens eine besondere Qualität hat, da erscheint ein prinzipieller Konsumverzicht eher unwahrscheinlich. Das Ausmaß ökologisch notwendiger Veränderungen kann jedoch seinen Schrecken verlieren, wenn berücksichtigt wird, daß die Pluralität der Lebensstile auch in ökologischer Hinsicht besteht (vgl. REUSSWIG 1994). Will man Verhaltensformen offerieren, die zukunftsfähig und gleichzeitig attraktiv sind, so muß man wissen, welche Lebensstile gepflegt werden, damit ökologische Verhaltensalternativen überhaupt anschlußfähig sein können.

Auf der Basis umfangreicher empirischer Untersuchungen offeriert das Sinus-Institut ein Beschreibungsmodell der bundesrepublikanischen Gesellschaft, das auf folgenden neun sozialen Milieus basiert: das traditionelle Arbeitermilieu, das kleinbürgerliche Milieu, das konservativ-gehobene Milieu, das traditionslose Milieu, das aufstiegsorientierte Milieu, das technokratisch-liberale Milieu, das hedonistische Milieu, das neue Arbeitnehmermilieu und das alternative Milieu (vgl. FLAIG/MEYER 1993/²1994).

Die Bedeutung der Lebensstilforschung für die Umweltbildung liegt vor allem darin, daß man Tendenzen und Orientierungen gewinnt, die Aufschluß darüber geben, warum Wahrnehmung und Verhalten in ökologischer Hinsicht so unterschiedlich und widersprüchlich sind. Damit entschärft sich vielleicht auch ein wenig die Hilflosigkeit, die sich angesichts der Kluft zwischen Umweltbewußtsein und Umweltverhalten aufgetan hat.

FLAIG, Berthold B./MEYER, Thomas (1993/²1994): Alltagsästhetik und politische Kultur. Zur ästhetischen Dimension politischer Bildung und politischer Kommunikation. Bonn.
HAAN, Gerhard de/KUCKARTZ, Udo (1996): Umweltbewußtsein. Denken und Handeln in Umweltkrisen. Opladen.
REUSSWIG, Fritz (1994): Lebensstile und Ökologie. Gesellschaftliche Pluralisierung und alltagsökologische Entwicklung unter besonderer Berücksichtigung des Energiebereichs. Frankfurt a.M.

Anke Rheingans

Lebensweise
Lebensweise meint jenen makro-sozialen gesellschaftlichen Gegenstandsbereich oberhalb von Lebensstilen, der aus einer Melange sozialer, ökonomischer und kultureller Strukturen besteht, die den Rahmen für die Ausgestaltung von Lebensstilen darstellen. Darin sind grobe Spielräume für ⇨ Lebensstile definiert, wie sie etwa im bekannten Beispiel des 'american way of life' als Orientierungsmaßstab vorzufinden sind. So wäre im nationalen Maßstab im Gefolge der Diskussion um ⇨ Nachhaltigkeit (zunächst) eine nachhaltige Lebensweise hoffähig zu machen. Die Realisierung dessen ist allerdings an ökonomische Rahmenbedingungen und ordnungspolitische Rahmensetzungen gebunden (⇨ Ökonomische Rahmenbedingungen ...).
⇨ Experimentiergesellschaft; ⇨ Wirtschaften, nachhaltiges/ökologisches
MAYER, Lothar (1991/²1993): Ein System siegt sich zu Tode. Der Kapitalismus frißt seine Kinder. Oberursel.
POLSTER, Werner/VOY, Klaus (1991): Eigenheim und Automobil - Die Zentren der Lebensweise. In: VOY, Klaus (Hrsg.): Gesellschaftliche Transformationsprozesse und materielle Lebensweise. Marburg, S. 263-320.

Oskar Brilling

Lehrerbildung
Die kontroverse Diskussion um die Reform der Lehrerbildung dreht sich im Kern um die Gewichtung und Beziehungen der Faktoren Wissenschaft, Praxis und Person. Die ⇨ Umweltbildung als bisher vernachlässigte, zentrale Zukunftsaufgabe der Schule wird in ihren Konsequenzen für die Lehrerbildung bisher nur unter Umweltpädagogen thematisiert und nur vereinzelt realisiert. Mögliche Schlußfolgerungen für die Umweltbildung von Lehrern sind: systematische Berücksichtigung von Aspekten der Ökologie und Nachhaltigkeit in allen Fächern; interdisziplinäres Lehrangebot (⇨ Interdisziplinarität), das auch in Form von Projekten durchgeführt werden sollte, für die eine lokale Ausrichtung und die Berücksichtigung des Berufsfeldes Schule, der Lebenswelten der Schüler sowie der persönlichen Interessen der Studierenden konstitutiv sein sollten („Öffnung der Universität"); allgemeine

Schlüsselqualifikationen in den Bereichen Kommunikation, Reflexion, Umgang mit Widersprüchen, Kooperation, Selbstorganisation, adressatenspezifische Vermittlung u.a. Eine umweltpädagogische Lehrerbildung kann nur im Rahmen einer grundlegenden Gesamtreform der Lehrerbildung und der sie tragenden Institutionen realisiert werden: Zum einen sollten die 2. Ausbildungsphase (Referendariat) und berufsbegleitende Fortbildung einbezogen werden (⇨ Öffnung der Schule; ⇨ Umweltzentren); zum anderen sollten in der Hochschulphase verschiedene fächerübergreifende „epochaltypische Schlüsselthemen" angeboten werden, z.B. im Sinne eines 4-Säulen-Strukturmodells: Neben dem Studium von zwei Fächern einschließlich ihren Didaktiken und den Erziehungs- und Gesellschaftswissenschaften könnte es einen eigenständigen, fächerübergreifender Themenbereich als Wahlpflichtbereich geben (z.B. Umwelt/Umweltbildung), der gemeinsam von allen Lehrenden in abgestimmter, integrativer Form organisiert und angeboten werden müßte.

BAYER, Manfred/CARLE, Ursula (Hrsg.) (1997): Brennpunkt Lehrerbildung. Opladen.
BECKER, Gerhard (1996): Interdisziplinarität und Ganzheitlichkeit in der universitären Umweltbildung. In: BALSIGER, Philipp u.a. (Hrsg.): Ökologie und Interdisziplinarität - eine Beziehung mit Zukunft? Basel, S. 143-160.
SCHLEICHER, Klaus (Hrsg.) (1994): Umweltbildung von Lehrern. Hamburg.

Gerhard Becker

Lehrpfade - Lernpfade - Erlebnispfade

Lehrpfade erfreuten sich - als Idee aus den USA übernommen - in den 1960/70er Jahren in der BRD großer Beliebtheit. Als Wald-, Baum-, Heide-, Bach-, Landschafts-, Natur- und neuerdings auch als Stadtlehrpfade dienen sie auch heute noch an vielen Orten in Mitteleuropa der Besucherlenkung in Erholungsgebieten, der Wissensvermittlung und der Unterhaltung der Besucher. Ein gewisser Wert für die ⇨ Umweltbildung ist den meisten Lehrpfaden nicht abzusprechen, wenn auch die Aufstellung von Schildern in der Landschaft zunehmend als störender Eingriff empfunden wird. Die Weiterentwicklung zum *Lernpfad* holt die Benutzer aus der rein rezeptiven Rolle des Lesers von Informationen über Baumarten, Wälder, landschaftliche Besonderheiten usw. Lernpfade, bei denen meistens Faltblätter an die Stelle großer Informationstafeln treten, können Jugendliche ebenso wie Erwachsene zu eigenen Überlegungen, zum Vergleichen, zur Artenbestimmung, zum Messen, Werten usw. anregen. Für die schulische Arbeit und die Umweltbildung kommt ihnen eindeutig die größere Bedeutung zu. Dasselbe gilt auch für *Erlebnispfade*, bei denen es sich ebenfalls um eine „Ansammlung von mehreren Stationen in der Landschaft handelt, die direkten Bezug zur Umwelt haben". Sie sollen Informationen liefern und durch sinnliche Wahrnehmung, schöne und anregende Begegnungen und interaktive Wissensvermittlung für Natur und Umwelt bereitstellen und obendrein Freude bereiten.

EBERS, Sybill/KOCHANEK, Hans-M. (1997): Vom Lehrpfad zum Erlebnispfad. Wetzlar.
STICHMANN, Wilfried (1985): Wie sollen Lehrpfade aussehen? In: UNTERRICHT BIOLOGIE, Heft 107, S. 43-44.

Wilfried Stichmann

Leitbild

STREICH beschreibt Leitbilder als ein neuzeitliches Phänomen, das als Reaktion auf den Verlust der in normativer Hinsicht einheitlichen Gesellschaft des Mittelalters entstand. Die Funktion von Leitbildern bestehe darin, „die aufgespaltenen Handlungsbereiche wieder zusammenzuführen, ihnen eine gemeinsame Zielsetzung zu verleihen und damit rationale Begründungen für bestimmte, in die Zukunft gerichtete Entscheidungen zu liefern" (1986, S. 32). Kristallisationspunkte für Leitbilder sind Problem- und Konfliktsituationen (z.B. das Leitbild der Stadthygieneverbesserung als Reaktion auf die Hamburger Cholera Epidemie von 1892) oder Vorsorge vor erwarteten Problemen (z.B. entstand vor dem Hintergrund globaler Schädigung der Ökosphäre das Leitbild der „nachhaltigen Entwicklung" [↪ Nachhaltigkeit; ↪ sustainable development]). Dabei bieten Leitbilder aus sich heraus noch keine zureichenden Voraussetzungen für die Lösung konkreter Konfliktkonstellationen. Sie benennen nur Orientierungslinien, beschreiben entscheidende Entwicklungsleitlinien und können lediglich „höchst komplexen langfristigen Zusammenhängen und Anliegen eine grundsätzliche Richtung weisen und Suchprozesse in die gezeigte Richtung in Gang setzen" (1986, S. 32).

Seit einigen Jahren wird in verschiedenen Fachdisziplinen der Einsatz von Leitbildern als Instrument zur „weichen Steuerung" gesellschaftspolitischer Entwicklungsprozesse diskutiert (↪ Leitbildanalyse). Als Voraussetzung hierfür wird die kooperative und konsensorientierte Erarbeitung des Leitbildes angesehen. Gemeinsam getragene Leitbilder gelten als Basis für den Prozeß der Lokalen Agenda 21 (↪ Agenda 21, lokale).

BUND/MISEREOR (Hrsg.) (1996): Zukunftsfähiges Deutschland. Basel.
DIERKES, Meinolf/MARZ, Lutz (1992): Leitbild Technik. Berlin.
STREICH, Bernd (1986): Zum Begriff und zur Entstehung von städtebaulichen Leitbildern. In: ARCHIV FÜR KOMMUNALE WISSENSCHAFT, Heft I, S. 24 ff.

Adelheid Stipproweit

Leitbildanalyse

In der ↪ Umweltkommunikation ist der Begriff ↪ Leitbild ein eher schillernder Terminus, der häufig in alltagssprachlicher Weise gebraucht wird. Im Unterschied zum Begriff „Vorbild" ist das Leitbild stärker abstrakt und weniger personenbezogen. Der Begriff verweist auf Zukunft und richtunggebende Imaginationen. Geisteswissenschaftliche Konnotationen verweisen auf den kollektiven Charakter von Leitbildern, die für bestimmte Schichten und Epochen typisch sind. In der Tradition der Kulturanthropologie lassen sich Leitbilder als Grundstrukturen sozial bedingter Wahrnehmung auffassen: als Denkstil oder Denkrahmen (⇀ Denken, neues), nicht immer scharf vom Begriff Idealtypus zu unterscheiden.

Die Leitbildanalyse ist ein analytisches Verfahren der Sozialforschung. Sie zielt nicht auf die Entwicklung und normative Vorgabe von Leitbildern, sondern auf deren Rekonstruktion und Identifikation im Denken und Alltagshandeln von Individuen (⇀ Alltag), Sozietäten und Institutionen. Sie wurde Anfang der 90er Jahre im Rahmen der Technikgeneseforschung am Wissenschaftszentrum Berlin (WZB) entwickelt. Seither ist das Verfahren in einer Vielzahl von Forschungsprojekten der Umweltbewußtseins- und Umweltbildungsforschung eingesetzt worden.

In der Technikgeneseforschung sind Leitbilder jene Vorstellungen über technische Möglichkeiten, die sich zu vorausdeutenden Technikentwürfen verdichten und als wahrnehmungs-, denk-, entscheidungs- und handlungsleitender Orientierungsrahmen für individuelle und kollektive Akteure wirken. Dabei sind Leitbilder nicht nur technischer, sondern auch sozialer Natur: Sie enthalten, implizit oder auch explizit, bestimmte Menschen- und Gesellschafts-, Welt- und Naturbilder. Betonen Leitbilder einerseits immer bestimmte Aspekte, so blenden sie andererseits aber immer auch bestimmte Aspekte aus (BARBEN/DIERKES/MARZ 1993).

DE HAAN (1996) differenziert in der Leitbildanalyse sechs Dimensionen:
1. Wunsch- und Machbarkeitsprojektionen;
2. semantische Sukzessionen;
3. coenästhetische Resonanzen (ganzheitliche Wahrnehmung, z.B. Haut-, Körperkontakt, Spannung, Temperatur, Stimmlage);
4. sozietätsstiftende Imaginationen;
5. perspektivische Synchronisationen;
6. perspektivische Desynchronisationen.

Sie geben der Analyse Perspektiven vor, die bei der Auswertung des Datenmaterials zu durchlaufen sind. KUCKARTZ (1996) beschreibt den aus fünf Phasen bestehenden Analyseprozeß der computergestützten Leitbildanalyse:
1. Grobcodierung - Zuordnung von Textstellen zu Leitbilddimensionen;
2. Dimensionalisieren - Bildung von Leitbilddimensionen zweiter Ordnung, d.h. von Subdimensionen zu jeder Leitbilddimension;
3. Feincodierung und Bewertung - Codieren der Textsegmente auf der Basis der in der 2. Phase gebildeten Leitbilddimensionen zweiter Ordnung; Bildung von bewertenden Dimensionen dritter Ordnung;
4. Klassifikation der Leitbilddimensionen auf Akteurebene;
5. Leitbildidentifikation mittels typenbildender Verfahren (z.B. Clusteranalyse, Konfigurationsfrequenzanalyse).

BARBEN, Daniel/DIERKES, Meinolf/MARZ, Lutz (1993): Leitbilder - ihre Rolle im öffentlichen Diskurs und in der wissenschaftlich-technischen Entwicklung der Biotechnologie. Berlin.
HAAN, Gerhard de (1996): Leitbilder im Diskurs um Ökologie-Gesundheit-Risiko. In: HAAN, Gerhard de (Hrsg.): Ökologie-Gesundheit-Risiko. Perspektiven ökologischer Kommunikation II. Berlin.
KUCKARTZ, Udo (1996): Argumentationen und Leitbilder computergestützt analysieren. In: HISTORISCHE SOZIALFORSCHUNG, 21. Jg., Heft 3, S. 115-136.

Udo Kuckartz

Lernbericht
Lernbericht ist die inoffizielle deutsche Bezeichnung für den 2. Bericht des Club of Rome: „No Limits to Learning" (BOTKIN/ELMANDJRA 1979); der offizielle deutsche Titel lautet: „Das menschliche Dilemma". Dem eher pessimistisch endenden 1. Bericht: „Limits of Growth" (↪ Grenzen des Wachstums; MEADOWS 1972) folgend, stellte der Lernbericht durch Umlernen, Neulernen ein lebenslanges und innovatives Lernen in Aussicht. Das zentrale Thema neben Lernen in diesem Bericht ist ↪ Komplexität. „Wir müssen wenigstens zwei Dinge verstehen lernen. Das erste ist, daß die Menschheit sich einem Scheideweg nähert, an dem kein Fehler mehr gestattet ist. Das andere ist, daß wir den Teufelskreis von zunehmender Komplexität und unzureichendem Verständnis durchbrechen müssen, solange es noch möglich ist, unser Schicksal und unsere Zukunft zu beeinflussen" (BOTKIN/ELMANDJRA 1979, S. 18). „Das menschliche Dilemma ist die Diskrepanz zwischen der zunehmenden Komplexität aller Verhältnisse und unsere Fähigkeit, ihr wirksam zu begegnen" (S. 25). Das tradierte „expansive" Lernen ist grenzenlos und doch beschränkt, denn es kann weder die Komplexität noch notwendige Grenzen erkennen. Es vergrößert somit ständig das menschliche Dilemma. Expansives Lernen allein führt uns direkt in das Verderben, deshalb fordert der Bericht ein neues „innovatives Lernen" mit folgenden Merkmalen (vgl. Abb. 4; siehe nächste Seite).
Die Endziele des innovativen Lernens sind: Das „Überleben der Menschheit" und „die Würde des Menschen". Der Lernbericht trifft aufgrund seiner hochkomplexen Anlage auf viele Widerstände, welche die Autoren größtenteils bereits vorhersehen. Er ist deshalb auf unser Schulsystem ohne Wirkung geblieben. Ich sehe dies nicht primär als *seinen* Fehler. Mir scheint eine ausführliche Auseinandersetzung mit dem Bericht für ↪ Umweltbildung fruchtbar zu sein (vgl. TREML 1981, KERN/WITTIG 1981).
BOTKIN, James W./ELMANDJRA, Mahdi (1979): Das menschliche Dilemma. Wien.
KERN, Peter/WITTIG, Hans G. (1981): Der „Lernbericht" des Club of Rome. In: ZEITSCHRIFT FÜR PÄDAGOGIK, 27. Jg., Heft 1, S. 127-138.
MEADOWS, Dennis L. (1972): Die Grenzen des Wachstums. Stuttgart.
TREML, Alfred K. (Hrsg.) (1980): Entwicklungspädagogik. Frankfurt a.M.

TREML, Alfred K. (1981): Lernen oder Untergehen? In: ZEITSCHRIFT FÜR PÄDAGOGIK, 27. Jg., Heft 1, S. 139-143.

```
                           LERNEN
        ┌─────────────────────┐/ /
        │ tradiertes Lernen   │/
        │ expansives Lernen   │
        └─────────────────────┘
            ┌──────────────────┐
            │ Lernen nach Schock│
            └──────────────────┘
                ┌──────────────────┐
                │ innovatives Lernen│
                └──────────────────┘
                    zielt auf
        Überleben der        Würde              - Endziele
         Menschheit   und   des Menschen

         Autonomie          Integration         - Zwischenziele
              └──────┬──────┘
              ( Verantwortung )
              ┌──────┴──────┐
        ( Antizipation )  ( Partizipation )     - Hauptmerkmale
         ┌────┬────┐        ┌─────┬─────┐
         │Spr.│bild│        │zwi- │Werte│       - Elemente
         │u.W.│lich│        │schen│     │
         └────┴────┘        └─────┴─────┘
```

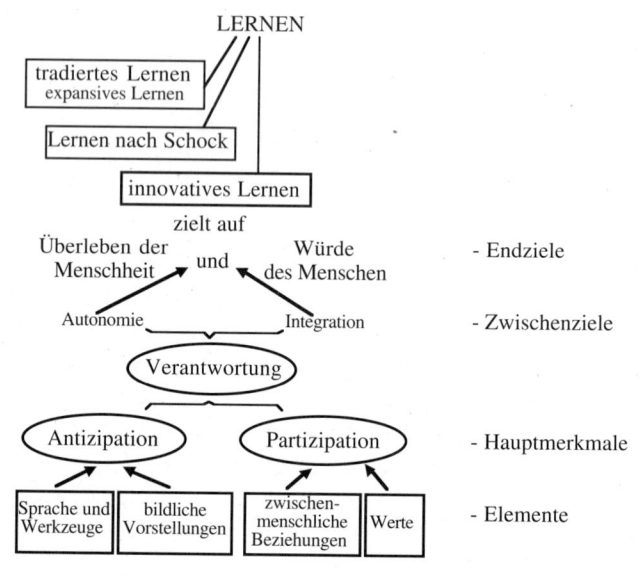

Abb. 4: Merkmale innovativen Lernens

Eduard W. Kleber

Lernen, entdeckendes

Entdeckendes Lernen (auch: forschendes Lernen) ist ein didaktisch-methodisches Prinzip, das dem Lernenden das aktive Nach-Entdecken von Zusammenhängen und Gesetzmäßigkeiten in Natur und Gesellschaft ermöglichen soll. In Ausnahmefällen (z.B. nationale Wettbewerbe wie „Jugend forscht") kommt es dabei sogar zu Primärentdeckungen (Erfindungen, Patente). Ausgangspunkt des entdeckenden Lernens ist eine ursprüngliche Fragehaltung und Neugier gegenüber der Umwelt. Dies soll durch möglichst authentische Problemsituationen (selbst Forscher sein) ermöglicht werden und zu selbständigem und produktivem Denken führen. Die Konfrontation mit einem Problem führt zur Formulierung einer Hypothese (Fragestellung) und zur Aufstellung eines Untersuchungsplans (Lösungsstrategie). In Beobachtungen, Experimenten oder Erkundungen (Fragebögen, Interviews) werden sodann Daten gesammelt. Die Auswertung deckt Zusammenhänge und Regelmäßigkeiten auf und erfordert komplexe kognitive Leistungen wie Klassifizieren, Schlußfolgern, Interpretieren, Begründen, Werten, Darstellen. Auch Irrtümer und Sackgassen sind Bestandteil dieses entdeckenden Lernweges. Der Lernende erwirbt in diesem Arbeitsprozeß Methodenkompetenz im Sinne eines natur- bzw. sozialwissenschaftlichen Werkzeugkastens (das Lernen

lernen, methodenorientiertes Lernen), welche auf neue Problemlösungen übertragen werden kann (Transferkompetenz). In Projekten zum entdeckenden Lernen können z.B. die unterschiedlichen subjektiven Wahrnehmungen von objektiven Lärmquellen durch unterschiedliche Verkehrsträger in städtischen Wohngebieten (verkehrsberuhigt/nicht verkehrsberuhigt) vergleichend untersucht werden (Methoden: Lärmmessungen, Befragungen). Entdeckt werden könnte die Diskrepanz von objektiven Meßwerten und subjektivem Belastungsempfinden. Entdeckendes Lernen ist gut durch systematische Lehrgänge (reproduktives Lernen) zu ergänzen.

BRUNER, Jerome S. (1973/³1981): Der Akt der Entdeckung. In: NEBER, Heinz (Hrsg.): Entdeckendes Lernen. Weinheim, S. 15-27.

JOHANSEN, Ortwin (1995): Unser Schulteich als Lebensgemeinschaft - „Ein Abglanz des Ganzen"? Elementare Ökologie frei nach Junge im Gymnasium Philippinum Marburg. In: BERG, Hans C./SCHULZE, Theodor (Hrsg.): Lehrkunst. Lehrbuch der Didaktik. Neuwied, S. 310-327.

LAX, Elisabeth/NIERMANN, Jochen (1988): Darstellendes Lehren oder entdeckendes Lernen. In: VERWALTUNG UND FORTBILDUNG, 16. Jg., Heft 3, S. 103-126.

NEBER, Heinz (Hrsg.) (1973/³1981): Entdeckendes Lernen. Weinheim.

Tilman Grammes

Lernen, genetisches

Das genetische Prinzip wird von DEWEY treffend beschrieben: „Indem wir es im Werden studieren, wird manches unserem Verständnis zugänglich, das heute zu verwickelt ist, um unmittelbar erfaßt zu werden ... Der Weg zum Verständnis eines verwickelten Produktes führt durch das Studium seines Werdeganges" (1916/⁴1993, S. 283). Dieser „Krebsgang der Bildung" soll durch originale Begegnungen und entdeckendes Lernen der Entsinnlichung alltäglicher Lebenspraxis entgegenwirken (↪ Lernen, entdeckendes). Genetisches Lernen versucht insbesondere eine exemplarische „Einwurzelung" natur- und sozialwissenschaftlicher Erkenntnisse in alltäglichen Erfahrungen (WAGENSCHEIN 1968/⁹1991). Umweltprobleme sind der unmittelbaren Wahrnehmung unter den Bedingungen von ↪ Risikogesellschaften jedoch oft entzogen (z.B. Ozonloch, Nahrungsketten, ↪ Begegnung, sekundäre). Wissenschaftliche Erkenntnisse sind contraintuitive Einsichten, die Unsichtbares sichtbar machen oder auf verborgene Zeitfallen (↪ Schranken der Wahrnehmung und des Verständnisses) menschlichen Handelns verweisen. Das genetische Prinzip muß diesen Bruch mit der Alltagserfahrung als Leistungspotential von Wissenschaft deutlich machen (MUCKENFUSS 1995).

Genetische Lernprozesse können durch unterschiedliche didaktisch-methodische Operationen gefördert werden: 1. Ein Problem kann aus seiner historischen Ursprungssituation heraus verstanden werden, z.B. Waldrodungen in der Antike und der Gegenwart aus der drückenden sozioökonomischen Situation der Landarbeiter heraus. 2. Ein Problem kann durch Vergleich „verflüssigt" werden, z.B. machen unterschiedliche gesetzliche Regelungen in europäischen Ländern bewußt, daß Umweltnormen nicht naturgegeben („Sachzwang"), sondern Produkt politischer Willensbildungsprozesse und damit veränderbar sind (mehrperspektivischer Unterricht; HILLER/NESTLE 1973). Die Betrachtung von Genesen legt konstruktive Handlungsalternativen frei und schützt vor moralisierender Appellpädagogik in der ↝ Umweltbildung.

DEWEY, John (1916/⁴1993): Demokratie und Erziehung. Weinheim.
HILLER, Gotthilf/NESTLE, Werner (1973): Konstruktive Didaktik. Düsseldorf.
MUCKENFUSS, Heinz (1995): Lernen im sinnstiftenden Kontext. Berlin.
WAGENSCHEIN, Martin (1968/⁹1991): Verstehen lehren. Genetisch - sokratisch - exemplarisch. Weinheim.

Tilman Grammes

Lernen, globales

Globales Lernen bezeichnet seit Ende der 80er Jahre ein neues, offenes, vorläufiges Konzept allgemeiner und politischer Bildung. Globales Lernen will eine erweiterte und übergreifende Bildungsperspektive angesichts von Problemen und Chancen der ↝ Globalisierung vermitteln. Globales Lernen problematisiert, was und wie wir zukünftig lernen sollen, um in der zusammenwachsenden Weltgesellschaft Orientierung gewinnen, Handlungskompetenz erwerben und Verantwortung wahrnehmen zu können. Globales Lernen nimmt zur Herausarbeitung gemeinsam zu lösender Aufgaben Impulse aus der Dritte-Welt- bzw. entwicklungspolitischen, Umwelt-, Friedens-, Menschenrechts- und interkulturellen Erziehung auf und stellt deren Zusammenhänge, Überschneidungen und gemeinsame Grundsätze unter die inhaltlichen Zielperspektiven Zukunftsfähigkeit und nachhaltige Entwicklung (↝ Friedenspädagogik; ↝ Umweltpädagogik; ↝ sustainable development). Kritisch zu fragen ist, inwieweit die bisherige Praxis entwicklungspolitischer Bildung mit globalem Lernen nicht lediglich einen neuen Namen bekommt. UNESCO und UNICEF arbeiten bereits seit Jahren mit Konzepten zum globalen Lernen unter dem Begriff „development education". - Pädagogische Ziele des globalen Lernens sind in Anlehnung an den KLAFKI'schen Bildungsbegriff emanzipatorisch verstandene Kompetenzen mündiger WeltbürgerInnen mit der besonderen Betonung einer Handlungsfähigkeit gegenüber globalen und generationenübergreifenden Umwelt- und Entwicklungsproblemen. Angestrebt wird die Erweiterung des eigenen Bildungshorizonts angesichts globaler Zusammenhänge, die Reflexion der eigenen Identität im Zusammenhang mit der Fähigkeit, die Welt aus der Sicht anderer zu betrachten, das Überdenken des eigenen ↝ Lebensstils im Hinblick auf die globalen sozialen und ökologischen Folgen. Didaktisch geht globales Lernen von der thematischen Behandlung von Schlüsselproblemen aus (vgl. Schlüsselprobleme bei KLAFKI, u.a. Friedensfrage, Sinn und Problematik des Nationalitätenprinzips/Kulturspezifik und Interkulturalität, ökologische Frage, Wachstum der Weltbevölkerung, gesellschaftlich produzierte Ungleichheit). Globales Lernen favorisiert erfahrungs- und prozeßorientierte, ganzheitliche, kreative, aktive, kooperative, partizipatorische, handlungsorientierte Lehr-/Lernmethoden mit ideologiekritischer Zielorientierung. - Die didaktisch weiteste Entwicklung von globalem Lernen findet sich beim Schweizer Forum „Schule für Eine Welt". Das Forum sieht die Aufgabe globalen Lernens darin, die „Frage der eigenen Identität" zu bearbeiten und einen „Beitrag zur Bewältigung globaler Probleme" zu leisten. Der Globalitätsbegriff wird bezogen auf die Ganzheitlichkeit der Person und den weltweiten Horizont: „Unter globalem Lernen versteht das Forum die Vermittlung einer globalen Perspektive auf allen Stufen der Bildungsarbeit. Die Fähigkeit, Sachlagen und Probleme in einem weltweiten und ganzheitlichen Zusammenhang zu sehen, bezieht sich nicht auf einzelne Themenbereiche. Sie ist vielmehr eine Perspektive des Denkens, Urteilens, Fühlens und Handelns, eine Beschreibung wichtiger sozialer Fähigkeiten für die Zukunft" (FORUM SCHULE FÜR EINE WELT 1996, S. 19).

BÜHLER, Hans (1996): Perspektivenwechsel? Unterwegs zu „Globalem Lernen". Frankfurt a.M.

FORUM SCHULE FÜR EINE WELT. In: GLOBALES LERNEN, SERVICE FÜR LEHRERINNEN UND LEHRER, 2. Jg., 1996, Nr. 3.

KLAFKI, Wolfgang (1985/⁵1996): Neue Studien zur Bildungstheorie und Didaktik. Weinheim.

Susanne Lin

Lernen, ökologisches

Die Anfänge einer ökologischen Lernbewegung finden sich in den grün-alternativen und kirchlichen Basisgruppen der 70er Jahre, die sich gegen die mit großtechnologischen Anlagen verbundenen ökologischen und sozial-kulturellen Zerstörungen wandten und sich frühzeitig verbanden mit regionalen politischen Bewegungen (Dreyeckland: Wyhl 1974, Wendland: Gorleben 1976) und sich auf überregionale wissenschaftliche Aufklärungskampagnen (Umdenken-Umschwenken, Kassel 1976) berufen konnten. Inzwischen wird ökologisches Lernen von großen Umweltverbänden (Greenpeace, BBU, BUND u.a.) wie auch von den Kultusministern propagiert. Als pädagogisches Prinzip sollte ökologisches Lernen zwei Dinge vermeiden: (a) Ohnmachtsgefühle durch eine Katastrophendidaktik zu erzeugen, (b) sich durch lokale Schulgartenidyllen von den weltumspannenden Bedrohungen ablenken zu lassen. In den letzten Jahren vollzieht sich ein Umdenken von einem vorwiegend kognitiven Informationslernen zu einem umfassenden, ganzheitlichen Partizipationslernen auf allen Ebenen. Bei letzterem geht es darum zu erkennen und praktisch erfahrbar werden zu lassen, daß wir Teil eines größeren Ganzen sind, daß wir uns selbst immer nur 'in Beziehung zu

und Bezug auf' verstehen können (BATESON). Dazu ist es notwendig, verschiedene logische Ebenen ökologischen Lernens zu unterscheiden:
- Auf einer ersten Ebene des Lernens von Verhaltensalternativen sind Vorschläge zur Umwelterziehung angesiedelt: im Alltag schonender mit natürlichen Ressourcen umzugehen, den individuellen Material- und Energieverbrauch zu reduzieren, mit zur Verfügung stehenden Flächen sparsamer umzugehen. Gefragt sind hier vor allem technologische Lösungen.
- Auf einer zweiten Ebene geht es um den Prozeß des Lernens selbst, um den Kontext der Erfahrung in einer immer weniger sinnlich erfahrbaren (Um-)Welt. Hier sind umweltpädagogische Konzepte und soziale Erfindungen gefragt, mit deren Hilfe unsere Beziehungen zu unserer natürlichen Umwelt neu erfahren und gestaltet werden können.
- Auf einer dritten Ebene stehen die grundlegenden Muster unserer Gewohnheiten auf dem Spiel: z.B. nicht viel zu haben und mehr zu konsumieren, sondern gut zu leben, im weiteren Sinne zukunftsfähig zu werden.
- Auf einer vierten Ebene lautet die entscheidende (im weiteren Sinne spirituelle) Herausforderung: „Wie können Menschen lernen, die kulturell geprägte Fixierung auf die einseitig mentale Kontrolle (ihrer selbst und ihrer Umwelt) zugunsten anderer Formen der Gewinnung von Erkenntnis und Orientierung aufzugeben und zu erweitern?" In diesem Sinn geht es bei ökologischem Lernen nicht (nur) ums Überleben, sondern darum, in Würde zu leben und um 'Ehrfurcht vor dem Leben': „Ich bin Leben, das leben will, inmitten von Leben, das leben will." (Albert SCHWEITZER 1934, S. 130). Im Zentrum einer mit diesen Überlegungen korrespondierenden sozialen und pädagogischen Praxis ökologischen Lernens müßte die Entwicklung und Förderung von Vorstellungskraft, Erfahrungs- und Gefühlsfähigkeit stehen, die es erlauben, die Muster zu erkennen, die uns untereinander und mit der Welt verbinden (BATESON), um auf dieser Grundlage Selbstbegrenzung als Voraussetzung freier Selbstbetätigung (ILLICH) zu begreifen und zu praktizieren und dadurch die Voraussetzungen zu schaffen, für 'kraftvolles, anmutiges und intelligentes Verhalten, das sich nur ereignet, wenn es möglich ist, in ungezwungener und direkter Art und Weise auf die physische und soziale Umwelt zu antworten' (GOODMAN).

⇨ Lernbericht; ⇨ Ökologiebewegung; ⇨ Pädagogik, ökologische

BATESON, Gregory (1981/³1990): Ökologie des Geistes. Frankfurt a.M.
DAUBER, Heinrich/SIMPFENDÖRFER, Werner (Hrsg.) (1981): Eigener Haushalt und bewohnter Erdkreis. Ökologisches und ökumenisches Lernen in der 'Einen Welt'. Wuppertal.
DAUBER, Heinrich (1997): Lernfelder der Zukunft. Perspektiven Humanistischer Pädagogik. Bad Heilbrunn.

GOODMAN, Paul S. (1960/²1972): Aufwachsen im Widerspruch. Darmstadt.
HAAN, Gerhard de (Hrsg.) (1997): Berliner Empfehlungen Ökologie und Lernen. Die 200 besten Materialien im Überblick. Weinheim.
ILLICH, Ivan (1975): Selbstbegrenzung. Reinbek.
SCHWEITZER, Albert (1934): Kultur und Ethik. München.

Heinrich Dauber

Lernen, selbstbestimmtes

Selbstbestimmt ist Lernen dann, wenn Wahlmöglichkeiten zu Inhalt und Form des Unterrichts- bzw. Lerngegenstandes vorliegen. Die Wahloptionen können sich beispielsweise auf die Frage des Lernortes, der Zeiten, der Wahrnehmungen, der auszuführenden Handlungen oder der Ritualisierung des sozialen Miteinanders beziehen.

Historisch ist der Ansatz des selbstbestimmten Lernens in der Aufklärung und den darin enthaltenen Werten von Freiheit, Gleichheit und Gerechtigkeit verankert. Dies war die Grundlage für die Reformpädagogik, eine Erziehung vom Kinde aus zu fordern und selbstbestimmte Elemente zu forcieren. In der handlungsorientierten Pädagogik wird das Prinzip des selbstbestimmten Lernens vor allem von BENNER als selbsttätiges Lernen gefaßt.

Auch in der ↪ Umweltbildung stößt man allenthalben auf den didaktischen Ansatz eines „selbstbestimmten Lernens". Man ist sich mittlerweile im Klaren darüber, daß Umweltbildung nicht die Aufgabe zufällt, vermeintlich umweltgerechtes Verhalten einzuüben. Insbesondere im Kontext der Diskussion um die nachhaltige Entwicklung (↪ sustainable development) rücken Fragen der Bürgerbeteiligung (↪ Planungszelle) und Schülerbeteiligung mehr und mehr in den Blick.

Die Notwendigkeit von selbstbestimmten Lernprozessen wird in der Umweltbildungsliteratur in drei unterschiedlichen Begründungsketten abgeleitet. Man sieht es erstens als Konsequenz eines veränderten Generationenverhältnisses, zweitens als Alternative zu einem Beherrschungsdenken und -handeln gegenüber der Natur und drittens als eine Implikation der Forderung nach einer offenen Zukunft. Jede dieser Begründungsketten führt zu einer etwas anders gelagerten Umsetzung und Konnotation selbstbestimmten Lernens, indem unterschiedliche Bereiche (Zeit, Raum, Handlung etc.) zur Aushandlung zur Disposition stehen (SCHAAR 1998).

BENNER, Dietrich (1987/²1991): Allgemeine Pädagogik. Weinheim.
SCHAAR, Katrin (1998): Selbstbestimmtes Lernen in der Umweltbildung. Ethnographische Beobachtungen. Opladen.

Katrin Schaar

Lernorte

Umweltlernorte sind Orte (↪ Lern-Orte-Netz), in denen sich durch direkte Wechselwirkungen zwischen den Lernenden und der Umwelt fachliche, personale und soziale Wissens-, Handlungs- und Verhaltensdimensionen entwickeln. Umwelterziehung am Lernort heißt, die Zusammenhänge zwischen dem Verhalten der Lernenden im Lokalen und dessen Auswirkungen auf höheren Ebenen zeitlich und räumlich entfernt herauszuarbeiten. Lernortforschung zielt auf pädagogische Strategien zur Bewältigung ökologisch-lebensweltlicher Spannungsfelder. Dabei stehen exemplarische Nutzungs- und Interessenkonflikte (↪ Konflikt) im Kontext umweltvorsorgender Gestaltung im Vordergrund der Betrachtung. Im Sinne ganzheitlicher Erschließung sind wesentliche inhaltliche Merkmale eines Lernortes zu berücksichtigen: Die verschiedenen Nutzungsansprüche bzw. Eingriffe des Menschen (Wohnen, Arbeit, Freizeit, Verkehr, Landwirtschaft) in die Naturressourcen (Boden, Wasser, Luft, Landschaft, Tiere, Pflanzen) sind darzulegen und mit den Nutzungsfolgewirkungen in ein Beziehungsgefüge zu stellen. Darauf aufbauend sind Handlungen und Maßnahmen zu Schutz und Vorsorge zu entwickeln (↪ Agenda 21, lokale). Die skizzierten Kriterien und Qualitätsmerkmale zielen auf die Etablierung eines kommunalen Umwelt-Lernortverbundes. Hierbei sind neuartige Materialien, Informationsbestände und Ressourcen, Ämter, Institutionen und Personen einzubeziehen und didaktisch zu nutzen. Die am Lernort Agierenden treten in einen komplexen Kommunikationsprozeß und Planungsdialog ein (↪ Partizipation). Damit ist angedeutet, daß sich die Auseinandersetzung mit lokalen Umweltproblemen nicht im Fachlich-Kognitiven erstreckt, sondern personal bedeutsam wird und dem Lernenden soziale Erfahrungen ermöglicht.
↪ Alltagsstrukturdidaktik

SCHLEICHER, Klaus (Hrsg.) (1992): Lernorte in der Umwelterziehung. Hamburg.

Helmut Gärtner

Lern-Orte-Netz

Mit Lern-Orte-Netz wird ein Konzeptentwicklungsansatz zur dauerhaften institutionellen Verankerung der ökologischen Problematik bezeichnet, in dem zwei zentrale Aspekte zu unterscheiden sind: Die Fragen nach dem „Was" und dem „Wie". Das „Was" - also die Frage nach der inhaltlichen Substanz - läßt sich nach den Erfahrungen von 20 Jahren Umwelterziehung zusammenfassend wie folgt beantworten: Es geht um die differenzierte Aufschlüsselung und um die Möglichkeiten einer kontinuierlichen Entfaltung der wesentlichen Dimensionen einer zukunftsfähigen „Mensch-Natur-Beziehung" (↪ Zivilisierung, ökologische). Dieser anspruchsvolle inhaltliche Auftrag läßt sich aber nur mit einer adäquaten institutionellen Infrastruktur bearbeiten. Diese sollte von den Akteuren im regionalen Kontext vor Ort selbst aufgebaut werden. Im Mittelpunkt steht dabei die Herausforderung, die Faktoren ➭ 'Zeit' und 'Raum' unter Bildungsaspekten neu zu reflektieren (vgl. ECARIUS/LÖW 1997, HELD/GEISSLER 1993) und in Form der Gestaltung geeigneter ➭ Lernorte und -atmosphären (wieder) in Wert zu setzen. Die dabei gemachten Erfahrungen belegen folgende Hauptthesen (vgl. 'Marburger Modell'; BÖLTS 1996): Der gelingende Prozeß eines selbstgestalteten Lern-Orte-Netzes zum Aufbau von spezifischen Raum-Zeit-Strukturen für umweltpädagogisches Lernen stellt so etwas wie einen „qualitativen Sprung" in einem institutionellen Vernetzungsprozeß dar. Alle Beteiligten sind auf Dauer mit ihrem Werk identifiziert; jedes Werk für sich und im Zusammenhang spricht unterschiedliche Lernbedürfnisse und -potentiale an und bietet die Chance einer eher ganzheitlichen Bildung für alle. Außerdem ist jeder Lernort selbstproduzierend im Sinne einer stetigen Anregung neuer Phantasien und Kräfte und produziert somit eine entscheidende Wirkung: Das Ringen um Kontinuität bei der Realisierung von Zielen, die nur in langfristig angelegten Vorhaben erreicht werden können. Kurz: Das Lern-Orte-Netz-Konzept als Prozeß verändert eine Institution und ermöglicht qualitativ neue Lern- und Bewußtseinsprozesse - eine nicht unerhebliche Voraussetzung für die ökologische Umorientierung einer Gesellschaft!

BÖLTS, Hartmut (1996): Ökologisch-soziales Lernen im 'Lernorte-Netz'. Ein Beitrag zur nachhaltigen Entwicklung in Schule und Lehrerbildung. In: DGU-NACHRICHTEN, Nr. 14, S. 47 ff.
ECARIUS, Jutta/LÖW, Martina (1997): Raumbildung-Bildungsräume. Opladen.
HELD, Martin/GEISSLER, Karlheinz A. (1993): Ökologie der Zeit. Stuttgart.

Hartmut Bölts

M

Marktwirtschaft, ökosoziale
Abgeleitet von dem ➭ Leitbild der sozialen Marktwirtschaft ist die ökosoziale Marktwirtschaft eine auf den deutschen Sprachraum begrenzte Begriffssetzung. Sie bezeichnet eine Wirtschaftsordnung, die Elemente der freien Marktwirtschaft mit jenen des Sozialstaats und des ➭ Umweltschutzes verbindet. Ihre Zielsetzung heißt gesellschaftlicher Wohlstand unter Wahrung ökologisch vertretbarer Umweltstandards. Der neue Wohlstandsbegriff (➭ Wohlstandsmodelle, neue) umfaßt neben materiellen auch immaterielle ➭ Bedürfnisse des Menschen, wie Gesundheit, Bildung und den Wunsch nach einer sauberen ➭ Umwelt. Die Festlegung der Umweltstandards fällt in die Zuständigkeit des Staates. Seine Aufgabe im Rahmen des Modells ist es, Kontingente in Form von Höchstbelastungswerten als Immissions- und Emissionsnormen festzulegen; das Problem der knappen Ressourcen mit Blick auf zukünftige Generationen wird vernachlässigt.

In der ökosozialen Marktwirtschaft wird idealtypisch nach dem ➭ Verursacherprinzip gehandelt. Mit Hilfe des umweltpolitischen Instrumentariums sollen die Kosten der Umweltverschmutzung dem Verursacher angelastet werden. Er muß sich dann als Anbieter oder Nachfrager auf einem Markt behaupten, auf dem Güter angeboten werden, welche die Umweltkosten berücksichtigen. Die ökosoziale Marktwirtschaft setzt auf die Anreizwirkung des Preises und die 'Gesetze' des Marktes: Der Verbraucher sollte die billigeren umweltfreundlicheren Güter kaufen und der Unternehmer entsprechend der neuen Nachfrage produzieren. Typische Politikinstrumente sind Auflagen in Form von Ge- und Verboten, Abgaben als Sonderabgaben, Gebühren oder Steuern und ➭ Umweltzertifikate, die gegen Bezahlung ein Recht auf eine in Art und Menge festgelegte Verschmutzung lizensieren. Im Falle besonderer Dringlichkeit oder aus Gründen der Wettbewerbsfähigkeit kann statt des Verursachers die Allgemeinheit die Kosten in Form von vom Staat gewährter Subventionen oder von ihm getätigter Investitionen übernehmen.

➭ Ökonomische Rahmenbedingungen für ökologisches Handeln

WICKE, Lutz/WOLFF, Jessica de (1990): Von der Sozialen zur Öko-Sozialen Marktwirtschaft in Deutschland. In: BUNDESZENTRALE FÜR POLITISCHE BILDUNG (Hrsg.), Band 292, S. 367-381.

Günther Seeber

Massenmedien/Medien

Unter Massenmedien werden „technische Verbreitungsmittel verstanden, die den Prozeß der Massenkommunikation ermöglichen. Massenkommunikation wiederum bezeichnet eine besondere Form der ➭ Kommunikation, die unterschiedliche Gesellschaften, soziale Gruppen und einzelne als 'disperses Publikum' (breit gestreut, unbestimmt) erreicht" (BAACKE 1981, S. 136). Treffender ist mitunter die Bezeichnung 'öffentliche Medien' statt Massenmedien. Denn neben der Massenhaftigkeit der produzierten Aussagen oder der Vielzahl der erreichten Rezipienten steht bei den Massenmedien vor allem die Öffentlichkeit im Blickpunkt und die damit verbundenen Kriterien der Medienproduktion und des Mediendiskurses (➭ Informationsgesellschaft).

Es lassen sich auditive, visuelle, audio-visuelle, Print- und Neue Medien unterscheiden. Die seit den 80er Jahren geführte Diskussion um Neue Medien brachte eine Ausdehnung der Mediennutzung in weite Lebensbereiche und Abläufe der Alltags- und Berufswelt mit sich und die Vernetzung verschiedener 'alter' Medien mit zum Teil neuen Technologien wie den Dialogsystemen e-mail und Internet. Von da an wird durch die Ausdehnung der Informationsflut und Kommunikationsdichte auch von einer Informationsgesellschaft gesprochen. Für Kommunikationswissenschaftler wie auch für Medien- und Umweltpädagogen ist das kommunikative, diskursive und machtspezifische Verhältnis von Produktionsstätte, Medienprodukt und Rezipient bedeutsam, da das dargebotene Medienprodukt eine Fülle an Filter-

und Selektionsprozessen durchläuft, bis ein Thema oder Sachverhalt als Information in bestimmter Weise erscheint. Spielt für die Herstellung von Medienprodukten nicht nur die Dialektik von Form und Inhalt eine Rolle, so kommt auf die Journalisten insofern eine (neue) wichtige Aufgabe zu, als sie ökologische Problemstellungen nicht nur in vernetzten Zusammenhängen darstellen, sondern auch ein anderes Zeitmuster (↝ Zeit), jenseits von Beschleunigung und Aktualitätshast gewärtigen müssen, um ökologischen Prozesse in ihrer Eigenart zu transportieren. Zu beachten ist dabei, daß eine Information bestimmten Kriterien der Medienwürdigkeit unterliegt, die neben dem geringen umweltorientierten Problembewußtsein der Journalisten dafür verantwortlich zeichnet, daß komplexe ökologische Sachverhalte nicht medienpräsent und mediengängig sind. Diese Filter- und Selektionsprozesse verschwinden im Horizont des ↝ Alltagsbewußtseins bei der Rezeption von Nachrichten, so daß diese häufig als realitätsgerechter Indikator für Ereignisse und Sachverhalte als auch für die wesentlichen Ereignisse in der Welt gehalten werden. „Massenmedien sind jene 'Foren' (oder 'Arenen'), in denen über öffentliche Bedeutung oder Bedeutungslosigkeit von ökologischen 'Botschaften' entschieden wird" (BRAND u.a. 1997, S. 34). So kann das Umweltbewußtsein, besonders aber das ↝ Katastrophenbewußtsein als Produkt massenmedialer Kommunikation gelten.

Bei in Medien dargestellten 'Umwelt-Katastrophen' (↝ Katastrophe, ökologische) kommt es oft zu verkürzten Darstellungen des Zusammenhangs. Die Genese des anthropogenen Anteils daran verschwindet. Die Medien konstruieren eine verkürzte Realität (↝ Konstruktivismus): „Langfristigkeit und Prozeßhaftigkeit sind gerade charakteristische Züge ökologischer Probleme, die dementsprechend auch meist nicht überraschend auftauchen - obwohl in den Medien häufig dieser Eindruck erweckt wird." (HÖMBERG 1993, S. 84).

Insgesamt läßt sich sagen, daß die Umweltbildung den Stellenwert medienpädagogischer Arbeit und Reflexion nicht hinreichend rezipiert hat. So ist für den Gehalt und die Strukturen des ökologischen Diskurses die Rolle der Massenmedien insofern zu beachten, als Abteilungen der Öffentlichkeitsarbeit an der Konstruktion medial vermittelter Welten beteiligt sind (Großkonzerne, Greenpeace u.a.; ↝ Diskurs, ökologischer). Bis hin zu den jeweiligen Marketingabteilungen nehmen sie nicht nur Einfluß auf den öffentlichen ökologischen Diskurs, sondern auch auf die medialen Konstruktionen von Naturvorstellungen (↝ Naturidealisierungen).

BAACKE, Dieter (1981): Massenmedien. In: HÜTHER, Jürgen/SCHORB, Bernd/BREHM-KLOTZ, Christiane: Grundbegriffe der Medienpädagogik. Ehningen, S. 136-141.
BECK, Ulrich (1991): Politik in der Risikogesellschaft. Frankfurt a.M.
BRAND, Karl-Werner/EDER, Klaus/POFERL, Angelika (1997): Ökologische Kommunikation in Deutschland. Opladen.
HÖMBERG, Walter (1993): Ökologie: ein schwieriges Medienthema. In: BONFADELLI, Heinz/MEIER, Werner A. (Hrsg.): Krieg, Aids, Katastrophen. Konstanz, S. 81-93.

POSTMAN, Neil (1992): Das Technopol. Die Macht der Technologien und die Entmündigung der Gesellschaft. Frankfurt a.M.
VIDAL, John (1995): Umweltjournalismus contra Establishment. In: HAAN, Gerhard de (Hrsg.): Umweltbewußtsein und Massenmedien. Berlin, S.187-196.

Oskar Brilling

Materialismus, ökologischer
Ökologischer Materialismus ist ein von mir in der Schrift *Natur als Politik* (1976/⁴1982, S. 183f.) geprägter Terminus. Dort ist definiert: „Wir halten ... an einem wesentlichen Teil der marxistischen Erkenntnis fest: nämlich an der Einsicht, daß das Problem der gesellschaftlichen Krise ein Problem der Materie ist. Unsere Anstrengung wird also eine materialistische genannt werden müssen. Wir gehen jedoch einen Schritt weiter als der marxistische Ansatz: Wir verbieten uns den voreiligen Rekurs auf rein innermenschliche, auf rein gesellschaftliche Verhältnisse. Wir fragen vielmehr nach dem grundsätzlichen Verhältnis zur Materie, wie es allen bisherigen Systemen zugrunde liegt - und jedem denkbaren gesellschaftlichen Organisationsschema zugrunde liegen könnte. Dieses grundsätzliche Verhältnis, zweifellos anthropologisch und nicht erst gesellschaftlich angelegt, ist das der Ausbeutung." Durch diese Definition komme ich zur Beschreibung des herrschenden Industriesystems als Ausdruck des inkonsequenten Materialismus in 11 Thesen zum ökologischen Materialismus, in denen ich die Überlegungen zusammenfasse:
1. Die Welt gehört nicht einer bestimmten Gattung; sie gehört der Welt (Buch Lüh-Shih, 4. Jahrhundert vor Christus).
2. In dieser Welt nimmt der Mensch als Art den ihm zukommenden Platz ein: den Platz einer Raubtierart dritter oder vierter (ökologischer) Ordnung. Sie ist ähnlichen Kreisläufen wie jede vergleichbare Art untergeordnet.
3. Die Fähigkeit des Menschen, sein überorganisches Potential in die ökologischen Kreisläufe eingreifen zu lassen, ändert an diesem Status materiell nichts. Sie bewirkt nicht das Privileg einer ökologischen Mittelpunkts- oder Sonderstellung.
4. Ein Materialismus, der das überorganische Potential des Menschen unreflektiert zur Expansion seiner Art auf Kosten anderen Lebens und anderer Materie einsetzt, ist ein inkonsequenter Materialismus.
5. Die politisch-gesellschaftliche Konkretisierung des inkonsequenten Materialismus ist das Industriesystem. Es ist
   historisch: die logische Ausdehnung des Sklavensystems ... auf die Beziehung Mensch-Natur;
   philosophisch: das Festhalten an einem Dualismus Mensch-Materie ...;
   politisch: der zwangsläufige Verzicht auf jede Langzeitplanung und damit auf jedwede Bereitstellung irgendeiner humanen Zukunft; ...
   physikalisch: die Beschleunigung der Entropie auf Kosten der Lebens-

vielfalt und ihrer Fähigkeit, Entropie umzukehren oder mindestens zu optimieren.
Das Industriesystem ist also letzten Endes die Option des Menschen gegen das Leben und für die Wüste."
6. Da die Theorie/Praxis des inkonsequenten Materialismus, das heißt das Industriesystem, den Widerspruch der Entropiebeschleunigung in sich trägt (und damit den Untergang), sind nur zwei Möglichkeiten gegeben: Entweder das Industriesystem bricht vor dem Ökosystem - oder Ökosystem bricht vor dem Industriesystem zusammen.
Die Logik des Überlebens der Menschheit erfordert deshalb die raschestmögliche Zerstörung des Industriesystems, und zwar fast um jeden Preis.
7. Konsequenter Materialismus bedeutet in der Praxis den Einsatz des überorganischen Potentials des Menschen zur Bestimmung seiner Möglichkeiten innerhalb der erkennbaren ökologischen Kreisläufe, zur Stabilisierung seiner Existenzweise innerhalb dieser Kreisläufe - und damit zur Neuorientierung seiner politisch-gesellschaftlich-wirtschaftlichen Tätigkeit. Dies bedeutet: Die Leitvorstellungen aus der politischen Ökonomie, welche das Zeitalter des inkonsequenten Materialismus bestimmten, müssen theoretisch und praktisch den Leitvorstellungen der Ökologie untergeordnet werden.
8. Der Einsatz von politischen, wirtschaftlichen, gesellschaftlichen Mitteln erfolgt in der Praxis des ökologischen Materialismus nicht mehr nach anthropozentrischen Gesichtspunkten. Entscheidend ist vielmehr die möglichst umfassend gesicherte Ökostabilität und das Minimum an impact, das heißt an nichtmenschlicher Auswirkung.
9. Solche Entscheidungsgänge sind nicht antihuman, sondern sichern den einzig noch möglichen Humanismus. Sie beziehen die bisher vernachlässigten Faktoren von Raum, Zahl und Zeit in den Entscheidungsprozeß mit ein; Faktoren, deren Nichtbeachtung bisher immer zu unmenschlicher Praxis gegen immer größere Gruppen von menschlichem 'Abschaum' geführt hat.
10. Der Tod des Verletzlichen signalisiert den Tod der Menschheit selbst. Das Heil des Verwundbarsten ist das Heil der Menschheit selbst. Es ist auf der zarten Vielfalt der Lebensketten erbaut, die zu schonen und zu respektieren unsere zentrale politische Pflicht für jede vorstellbare Zukunft ist und bleiben wird.

Daraus ergibt sich:
11. Bisher hat sich der Materialismus begnügt, die Welt zu verändern; jetzt kommt es darauf an, sie zu erhalten (AMERY 1976/^{4}1982, S. 184 f.)

AMERY, Carl (1976/^{4}1982): Natur als Politik. Die ökologische Chance des Menschen. Reinbek.

Carl Amery

Mediation

Als Reaktion auf die Kritik an herkömmlichen politisch-administrativen Entscheidungsverfahren (defizitäre Partizipationsmöglichkeiten, fehlende Akzeptanz der Entscheidungsergebnisse) wurden seit Ende der 70er Jahre innovative Verfahren der Konfliktregelung entwickelt, deren Kennzeichen informelle Aktivitäten, die induktive Entwicklung von Problemlösungen, die Hervorhebung prozeßorientierter Elemente sowie die Flexibilität möglicher Umsetzungsstrategien sind. Das bekannteste dieser Verfahren stellt die Mediation dar. Mediation ist ein konsensorientiertes Verhandlungsverfahren zwischen den Konfliktparteien unter Einschaltung eines neutralen Konfliktmittlers mit dem Ziel einer interaktiven, kooperativen Konfliktbearbeitung. Der Grundgedanke von Mediation besteht darin, über die Einigkeit zwischen den Konfliktparteien über die wesentlichen Streitfragen (Konsens über Dissens) und über die Schaffung einer kooperativen Verhandlungsatmosphäre die verhärteten Positionen der Verhandlungspartner durch Offenlegung ihrer wirklichen Interessen aufzulösen (Trennung von Interessen und Verhandlungspositionen) und in Nutzengewinne für alle Beteiligten zu überführen (Schaffung von Win-Win-Situationen). Durch die transparente und frühzeitige Einbeziehung der Konfliktparteien werden erhöhtere Akzeptanz und Legitimation konflikträchtiger administrativer und politischer Entscheidungsprozesse sowie adäquatere Entscheidungsergebnisse erwartet als bei traditionellen Verfahren, bei denen sich die Entscheidungen exklusiv im Akteursdreieck politischer Entscheidungsträger, Verwaltungsmitglieder und Antragsteller herausbilden. Der Anwendungsbereich von Mediation umfaßt ein Kontinuum, welches von partnerschaftlichen Konflikten über umweltrelevante Entscheidungen auf lokaler Ebene mit begrenzten Auswirkungen bis hin zu politisch-programmatischen Grundsatzentscheidungen reicht. Neben erforderlichen technisch-ökonomischen, juristischen und psychosozialen Kompetenzen des Mediators werden als zentrale Bedingungen für eine erfolgreiche Mediation in der Literatur genannt: die Identifikation und Einbeziehung aller Konfliktparteien, die perzipierte Vorteilhaftigkeit der Teilnahme am Mediationsverfahren, die Schaffung annähernd gleichgewichtiger Macht- und Verhandlungspositionen (wechselseitiger Tauschmacht), die Sicherstellung der Verhandlungsergebnisse, die Klärung der Finanzierungsfrage sowie die Abwesenheit fundamentaler Wertkonflikte ('mittlere Reichweite des Problems').

DALLY, Andreas/WEIDNER, Helmut (Hrsg.) (1994): Mediation als politischer und sozialer Prozeß. Loccumer Protokolle 73/93. Rehburg-Loccum.
ZILLESSEN, Renate (Hrsg.) (1997): Mediation - Kooperatives Konfliktmanagement in der Umweltpolitik. Opladen.

Jan Karpe

Medien ⇨ Massenmedien; ⇨ Multimedia und Umweltbildung

Meditation
Meditation (lat.: meditari = nachsinnen; meditatio = Besinnung, besinnliche Betrachtung) bezeichnet die durch entsprechende Übung bewirkte oder angestrebte geistige Sammlung. Sie soll als „Kontemplation" den Menschen zu seinem innersten Grund führen. Meditation ist von alters her eine zentrale Methode östlicher Religionen (Buddhismus, Hinduismus). Sie gewinnt heute in hochindustrialisierten Zivilisationen eine säkularisierte, ständig steigende Bedeutung für die individuelle Gesundheit des in seinem beschleunigten Leben und durch seine beschleunigte Umwelt gestreßten Menschen; Meditation ist eine Methode, die Beschleunigung unterbricht - eine individuelle entschleunigende Methode (↪ Entschleunigung). In der Umweltpädagogik, im Umgang mit unseren Mitlebewesen (Tieren, Pflanzen), aber auch im Hinblick auf neue Wohlstandsmodelle ist es notwendig, Innehalten zu lernen, Besinnung ist vor Aktion angezeigt (↪ Wohlstandsmodelle, neue). Dies alles ist für uns beschleunigte Menschen sehr schwer, und wir bedürfen dazu brauchbarer Methoden. Am besten ausgearbeitet sind derzeit dafür Autogenes Training (BRENNECKE 1983) und Meditation (WALSH 1983; CARRINGTON 1992). Für die pädagogische Praxis regen an PALLASCH/PALLASCH (1998) und für das Innehalten im Umgang mit der Natur CORNELL (1987/^{2}1991).

BRENNECKE, Heide (1983): Autogenes Training. In: CORSINI, Raymond J. (Hrsg.): Handbuch der Psychotherapie. Weinheim, S. 52-65.
CARRINGTON, Patricia (1992): Das große Buch der Meditation. Bern.
CORNELL, Joseph-B. (1987/^{2}1991): Auf die Natur hören. Nevada City.
PALLASCH, Waldemar/PALLASCH, Constanze (1998): Schweigen, dann schweigen - sonst nichts. Weinheim.
WALSH, Roger H. (1983): Meditation. In: CORSINI, Raymond J. (Hrsg.): Handbuch der Psychotherapie. Weinheim, S. 652-678.

Eduard W. Kleber

Mensch-Natur-Verhältnis
Der Mensch ist ein biologisches Wesen und bedarf der natürlichen Umwelt des Lebenssystems des Planeten Erde. Selbst in seiner nackten Existenz, das heißt zur Aufrechterhaltung der Lebensprozesse Stoffwechsel, Wachstum, Vermehrung, Reizbarkeit und Bewegung ist er abhängig von den verschiedenen Komponenten dieser natürlichen Umwelt, denn er braucht eine in seinem genotypischen Toleranzbereich liegende abiotische und biotische Umwelt. Damit ist seine ökologische Potenz genetisch fixiert, wobei mutative Veränderungen außer acht gelassen sind. So wirken Umweltfaktoren, wie das Zellmilieu bereits in frühen Stadien der menschlichen Keimentwicklung lebensdeterminierend. Die Mikroumgebung einer Embryonalzelle ist z.B. maßgeblich an der Regulation ihrer Genaktivität beteiligt, und quantitative Veränderungen der „Umwelt" des sich entwickelnden Keimes führen zur

Ausbildung von Zelldifferenzierungen. In dieser frühembryonalen Entwicklungsphase und auch in den späteren Lebensabschnitten benötigt der Mensch ebenso wie die anderen Lebewesen genetisch determinierte Umweltbedingungen. Mit den anderen Lebewesen hat er damit gleiche oder ähnliche Voraussetzungen für die Existenz, und diese sind Bedingungen für sein Überleben; Umweltveränderungen sind aus den genannten Gründen nur in engen Grenzen überlebbar. Ohne natürliche Umwelt mit adäquaten Lebensbedingungen gibt es keine Überlebensmöglichkeit für das biologische Wesen Mensch, die Menschheit und auch allen anderen Lebens auf der Erde. Der Mensch ist jedoch fähig, seine Umwelt zu gestalten, sie seinen Bedürfnissen entsprechend zu verändern und sich so auch eine unwirtliche Natur untertan zu machen, um sie als Lebensraum zu nutzen. Die höhere Nerventätigkeit, die Denkprozesse, die Fähigkeit zu eigener Reflexion und zur sprachlichen Kommunikation sowie zu Analyse und Synthese befähigen ihn, seine eigene Stellung in der Natur auszumachen, die vielfältigen Wechselbeziehungen eines Ökosystems zu erkennen und seine Position in diesem Netzwerk zu bestimmen. Als psychischem Wesen, zu Denken und Sprache fähig, gelingt dem Menschen das Erfassen von Zusammenhängen; er erlangt die Fähigkeit zu antizipatorischer Tätigkeit und damit die Möglichkeit der bewußten zielgerichteten Gestaltung der Umwelt (↪ Antizipation). Aus den beiden bisher betrachteten Aspekten, dem biologischen und dem psychischen, kann bereits geschlossen werden, daß der Mensch nicht in der Lage ist, einzeln oder vereinzelt zu leben. Letztlich waren die phylogenetische Herausbildung des Psychischen wie auch seine ontogenetische Entfaltung einem Einzelindividuum unmöglich. Nur dem Menschen eigen sind die an die menschliche Gesellschaft gebundenen Prozesse der Sozialisation und Enkulturation, durch die im Laufe der Geschichte die in den jeweiligen Kulturkreisen entstandenen Wert- und Normensysteme (↪ Umweltethik; ↪ Normen), die kulturspezifischen Verhaltensmuster, der über Generationen angehäufte Erfahrungsschatz, das Wissen, einschließlich der Kulturtechniken, an die Folgegeneration weitergegeben werden. Als sozialem Wesen Mensch steht diesem mit über Generationen von Populationen angehäuftem Erfahrungsschatz ein Selektionsvorteil zur Verfügung, der den Nachteil einer nur mittelmäßigen biologischen Leistungsfähigkeit aufwiegt und der Gattung Mensch seine augenblicklich dominierende Stellung unter den Lebewesen verschaffte.

↪ Sozialisation, naturbezogene; ↪ Naturbegriff; ↪ Naturverhältnisse, gesellschaftliche; ↪ Zivilisierung, ökologische

Hans Baier

Milieu

Milieu bezeichnet in Deutschland die kulturell-soziale Umwelt, in den Niederlanden dagegen die natürliche Umwelt. Viel verwendet wurde der Milieubegriff Anfang des 20. Jahrhunderts in der Psychologie. Die Milieutheorie besagt, daß der Mensch Produkt seiner Umwelt sei (konträr zur Vererbungstheorie). Seit die geringe Reichweite der soziologischen Schichtentheorie offensichtlich geworden ist, gewinnt der Begriff zur Stratifizierung der Gesellschaft neue Bedeutung, insbesondere in der Lebensstilforschung (↝ Lebensstil). Jede Subkultur pflegt ihr eigenes Milieu, und dieses ist lebensstilbildend. In der Diskussion über die Diskrepanz zwischen ↝ Umweltwissen und ökologischem Handeln hat der Lebensstil und damit das Milieu (REUSSWIG 1994), zu dem eine Person gehört, eine besondere Bedeutung (KLEBER 1997; ↝ Handeln, ökologisches).

KLEBER, Eduard W. (1997): Lebensstil-Motivation-Problembewußtsein und umweltverträgliches Handeln. In: HAAN, Gerhard de/KUCKARTZ, Udo (Hrsg.): Umweltbildung und Umweltbewußtsein. Opladen, S. 103-120.

REUSSWIG, Fritz (1994): Lebensstile und Ökologie. Frankfurt a.M.

Eduard W. Kleber

Mitgeschöpflichkeit
Mitgeschöpflichkeit bezeichnet die Geschwisterlichkeit aller Lebewesen relativ zur Vaterschaft des göttlichen Schöpfers. Es ist eine theologische Form des natürlichen Mitseins (↝ Mitwelt, natürliche), sie sieht dieses in der Gemeinsamkeit des Geschaffenseins durch den Schöpfer. Eine naturgeschichtliche Interpretation der Schöpfung wird dadurch nicht ausgeschlossen. Alttestamentlich ist Mitgeschöpflichkeit dadurch belastet, daß dem Menschen als Ebenbild des Schöpfers eine ↝ Sonderstellung zuerkannt wird, die er in einem physiozentrischen Welt- und Menschenbild nicht hat (↝ Physiozentrismus). In der Naturkrise der wissenschaftlich-technischen Welt kann man mit guten Gründen der Meinung sein, der mit dieser Sonderstellung verbundene Herrschaftsanspruch, uns die Erde untertan zu machen, habe zumindest die Christenheit überfordert. Im Neuen Testament ist demgegenüber der Gedanke angelegt, die ganze Welt sei „in Christus" als einem Bild Gottes geschaffen (KOL 1,16). In einem so verstandenen kosmischen Christentum wäre Mitgeschöpflichkeit anders zu denken als bisher. Theologisch ist dies bisher jedoch nicht geschehen.

Klaus M. Meyer-Abich

Mitwelt, natürliche
Die natürliche Mitwelt umfaßt die gesamte außermenschliche Natur, einschließlich ihrer Gestaltung durch den Menschen. So wie die Menschheit ist auch unsere natürliche Mitwelt ein Teil des Ganzen der Natur, allerdings der größere. Der Begriff Natur bleibt dem Ganzen vorbehalten, und zwar in dem Doppelsinn (a) der Natur der Dinge, wenn der alles verbindende Zusammenhang (das Natursein) angesprochen werden soll, und (b) der Dinge der Natur, wenn die Vielheit der in diesem Zusammenhang stehenden Dinge und Le-

bewesen (das Naturseiende) gemeint ist. In der philosophischen Tradition ist (a) die *natura naturans*, die schöpferische Kraft, aus der die Welt entstanden ist, und (b) die *natura naturata*, die Mannigfaltigkeit der Naturdinge oder die 'Welt'.

Der Ausdruck „natürliche Mitwelt" ist 1984 von mir eingeführt worden, weil der Ausdruck „Umwelt" anthropozentrisch klingt und in der Regel auch so gemeint wird (↪ Anthropozentrismus). Durch Mitsein soll betont werden, daß die übrige Welt nicht nur um uns herum oder nur für uns da ist, um uns 'Ressourcen' darzubieten, derer wir zu bedürfen meinen, sondern zunächst einmal mit uns – sie mit uns und wir mit ihr. Das Mitsein ist symmetrisch, der Mensch steht nicht immer schon in der Mitte. Der Ausdruck 'Umwelt' war von J. VON UEXKÜLL, der ihn eingeführt hat, ursprünglich auch so gemeint, daß jedes Lebewesen seine spezifische Umwelt hat, so daß die menschliche Umwelt nur der menschliche Lebensraum im Kosmos ist. Im anthropozentrischen Verständnis ist davon nachgeblieben, daß der ganze Kosmos nichts als der menschliche Lebensraum sei.

Der Ausdruck Mitwelt stammt von GOETHE. In der Philosophie des 20. Jahrhunderts ist er durch LÖWITH und HEIDEGGER so verengt worden, daß es ein Mitsein nur unter Menschen gebe. Dem entspricht die Abwertung der außermenschlichen Natur zu einem Ensemble von Ressourcen. Um diese Verengung wieder zu überwinden, wird die Mitwelt im ursprünglichen, Goetheschen Sinn nun durch den Zusatz 'natürlich' als natürliche Mitwelt charakterisiert, wohingegen die bloß menschliche die *soziale Mitwelt* heißen kann (vgl. SCHÜTZ 1932/⁶1992).

Das natürliche Mitsein hat Konsequenzen für das Selbstverständnis des Menschen. So wie sich ein Mensch als soziales Wesen nur im Mitsein mit anderen Menschen entwickeln kann, beruht die physiozentrische Anthropologie auf einem entsprechend erweiterten Menschenbild. Ein Mensch kommt danach nur im natürlichen Mitsein mit Tieren, Pflanzen und den Elementen – Erde, Wasser, Luft und Licht – ganz zu sich und zur Welt. Bloß für mich bin ich nicht Ich (menschliches Mitsein), und bloß für uns sind wir nicht Wir, sondern wir sind es nur im natürlichen Mitsein der Gemeinschaft der Natur.

↪ Biophilie; ↪ Holismus; ↪ Land-Ethik; ↪ Physiozentrismus

MEYER-ABICH, Klaus M. (1984): Wege zum Frieden mit der Natur – Praktische Naturphilosophie für die Umweltpolitik. München.

MEYER-ABICH, Klaus M. (1997): Praktische Naturphilosophie – Erinnerung an einen vergessenen Traum. München.

SCHÜTZ, Alfred (1932/⁶1992): Der sinnhafte Aufbau der sozialen Welt. Frankfurt a.M.

Klaus M. Meyer-Abich

Mobilität
Mobilität heißt Beweglichkeit (lateinisch: mobilitas) und bezeichnet die subjektive und objektive Fähigkeit zum Ortswechsel, zur Raumüberwindung. Sie gehört zu den Grunderfahrungen des Menschen als eines Wesens, das sich im physischen, psychischen und sozialen Kontext seine eigenen Maßstäbe nicht nur ständig neu schaffen muß, sondern sie als Ansprüche an das Leben auch unablässig erhöhen kann (z.B. *Beschleunigung*). Die Menschen werden mit beinahe gleicher Mobilität geboren. Ihre natürliche Befähigung zur Mobilität spricht für die individuelle Freiheit eines jeden, zu gehen, wohin immer er will. *Gleichheit (Gleichheitsgrundsatz)* und *Freiheit* sind also die ursprünglichen Merkmale des *automobilen* (= des sich selbst bewegenden) Menschen. Dort, wo Menschen sich dank technischer Intelligenz in ihrer Mobilität motorisch steigern und fremde Hilfsmittel gebrauchen, sind sie nicht mehr automobil, sondern fremdbewegt (heteromobil). Das Automobil und andere Verkehrsmittel machen uns abhängig, ungleich und unfrei: abhängig und unfrei, weil wir durch die ständige Vergrößerung unseres Aktionsradius von technischen Vehikeln und einer funktionierenden Verkehrsinfrastruktur abhängig sind (*Zwangs-Mobilität*); ungleich, weil die Chancen zur Teilnahme am Verkehr höchst ungleich verteilt sind (z.B. *Frauen-Mobilität/Männer-Mobilität*, unterschiedliche Automobilisierung in einzelnen Ländern). Obwohl die tägliche Bewegungszeit des Menschen relativ konstant geblieben ist (ca. 80 Min/Tag) hat sich sein Aktionsradius etwa um das 100fache gesteigert (von ca. 15 km auf 1.500 km). Wäre die Verkehrsdichte nach dem Maßstab Deutschlands auf der ganzen Welt realisiert, dann hätten wir weltweit nicht 500 Millionen Autos, sondern zirka 3 Milliarden, was den alsbaldigen Kollaps des Planeten *Erde* bedeuten würde.
⇝ Freizeitmobilität; ⇝ Mobilität und Jugend; ⇝ Rucksack, ökologischer
BODE, Peter/HAMBERGER, Sylvia (1984/^{5}1991): Alptraum Auto. München.
Peter Weinbrenner

Mobilität und Jugend
Jugendliche gehören zu den Bevölkerungsgruppen mit der höchsten Mobilitätsrate. Schülerinnen und Schüler verlassen die Wohnung zu durchschnittlich 2,3 Aktivitäten pro Tag, Erwachsene zu 1,7 Aktivitäten. ⇝ Mobilität wird hier als räumliche Mobilität, d.h. als Verkehr verstanden. Quasi selbstverständlich eignen sich Kinder und Jugendliche beim Aufwachsen die dominierenden Muster der Mobilitätsgesellschaft an. Sie erlernen den Umgang mit den verfügbaren Verkehrsmitteln im Kontext infrastruktureller Rahmenbedingungen und der Mobilitätsstile ihrer Eltern.
Erste Mobilitätserfahrungen von Kindern sind durch eine Bring- und Begleitkultur geprägt. In städtischen Räumen können sie nur begrenzt Nah- und Streifräume eigenständig für sich erschließen. Diese Restriktionen beeinflußen ihre Entwicklungsmöglichkeiten, ihre Chancen, selbständig Erfah-

rungsbereiche zu erweitern und soziale Kontakte zu knüpfen. Räumliche Mobilität von Kindern und Jugendlichen ist erforderlich und gesellschaftlich gewünscht, um die Schule zu besuchen, eine Ausbildung zu absolvieren, einer beruflichen Tätigkeit nachzugehen. In der Freizeit dient Mobilität dazu, gesellschaftlich ausdifferenzierte Erlebnis- und Lebensbereiche zu erreichen, an attraktiven Veranstaltungen teilzunehmen, Freunde zu treffen. Mobilität ist für Jugendliche gesellschaftliche ↪ Partizipation.

Fahrrad und Auto sind bei Kindern und Jugendlichen die beliebtesten Verkehrsmittel. Kinder betrachten das Auto noch relativ skeptisch, mit zunehmendem Alter wächst jedoch die Zustimmung. Die 'Autoorientierung' ist bei Jungen wesentlich stärker ausgeprägt als bei Mädchen (vgl. FLADE/LIMBOURG 1997). Im Jahr 1991 besaßen 86% der jungen Männer und 75% der jungen Frauen zwischen 18 und 25 Jahren eine Fahrerlaubnis für den PKW (DIW/BUNDESVERKEHRSMINISTERIUM 1997). Die Tendenz ist bei Annäherung geschlechtsspezifischer Differenzen steigend. Der Besitz eines Führerscheins und die Verfügung über ein Auto werden von vielen Jugendlichen mit Unabhängigkeit und Freiheit gleichgesetzt. Jugendliche aus Großstädten schätzen das Fahrrad auch in Zukunft als ihr wichtigstes Verkehrsmittel ein oder nutzen häufiger sportive Formen der Mobilität (z.B. Inline-Skating).

↪ Erlebnisgesellschaft; ↪ Erlebnispädagogik; ↪ Freizeitmobilität

DIW/BUNDESVERKEHRSMINISTERIUM (Hrsg.) (1997): Verkehr in Zahlen. Berlin.
FLADE, Antje/LIMBOURG, Maria (1997): Das Hineinwachsen in die motorisierte Gesellschaft. Darmstadt.

Klaus Waldmann

Modellversuch in der Umweltbildung

Modellversuche im Bereich der ↪ Umweltbildung werden durch die Bund-Länder-Kommission (BLK) für Bildungsplanung und Forschungsförderung seit 1987 gefördert (Deutscher Bundestag 1994, S. 166). Bei der Durchführung tragen zumeist das jeweilige Bundesland und der Bund zu gleichen Teilen die Kosten des Versuchs. Man erhofft sich über die Förderung der Modellversuche Innovationen im Bereich der Umweltbildung. Sie haben dabei exemplarischen Charakter: Unabhängig von finanziellen und organisatorischen Zwängen der „normalen" Schulpraxis können neue Wege und Modelle von Umweltbildungsunterricht ausprobiert werden. Tendenziell werden dabei solche Bemühungen unterstützt, die in Richtung selbständiges Schülerhandeln, ↪ Öffnung der Schule und die Organisierung primärer Erfahrung in Natur und Gesellschaft weisen (vgl. EULEFELD/BOLSCHO 1993, S. 43).

Ein Modellcharakter kann nur soweit eingelöst werden, als Ergebnisse ausgewertet und weitergetragen werden. Es bestehen derzeit Defizite in der Transparenz von Modellversuchen, was zu Problemen bei Transfermöglichkeiten in die Praxis führt. So bleiben Modellversuche häufig mit hohen finanziellen Mitteln geförderte, jedoch singuläre Ereignisse. Deshalb wird mittlerweile vorgeschlagen, das vorhandene Informationsinstrumentarium zu erweitern, um mehr Transparenz für politische Entscheidungsträger, Bildungsanbieter und -nachfrager zu erreichen und die Effizienz, aber auch die Bedeutung von Umweltbildung in der Öffentlichkeit insgesamt zu erhöhen.

DEUTSCHER BUNDESTAG (1994): Umweltgutachten des Rates von Sachverständigen für Umweltfragen für eine dauerhaft-umweltgerechte Entwicklung. 12. Wahlperiode. Bonn.

EULEFELD, Günter/BOLSCHO, Dietmar (1993): Entwicklung und Praxis schulischer Umwelterziehung in Deutschland. Kiel.

Katrin Schaar

Moderne, erste

In bezug auf den ↬ Anthropozentrismus hat die Moderne ihre Wurzeln in der Renaissance. Sie beginnt mit der Naturwissenschaft der Neuzeit und deren Anwendung zur Entwicklung umfassender technischer Konzepte, die zur Befreiung des Menschen von den Zwängen der Natur (↬ Naturentfremdung) dienen. Die Aufklärung lieferte die Grundlage für die Emanzipation des Menschen aus sozialen Herrschaftsansprüchen. Autonomie des Individuums, Emanzipation von gesellschaftlicher Herrschaft und von den Zwängen der Natur, Abschaffung der Knochenarbeit, wenn nicht gar der ↬ Arbeit, und Überfluß an allen notwendigen Gütern, wenn nicht allen Gütern überhaupt, sind die großen Versprechungen der Moderne.

Die Basis der Modernisierung ist der Fortschritt auf obengenannte Ziele hin. Er ist gleichzeitig die Grundlage für die meisten unserer Probleme in der Welt, und er liefert uns die Daten für die Szenarien von drohenden ökologischen Katastrophen (↬ Katastrophe, ökologische). Ergebnisse der Moderne sind die massenhafte Freisetzung von Individuen aus traditionellen Lebenszusammenhängen (↬ Arbeit), die Massenproduktion von Konsumgütern und die ansteigende Naturferne (↬ Kultur, postbiologische).

Am Ausgang der Moderne, der sich dadurch andeutet, daß ihre Versprechungen als verhängnisvolle Illusion erscheinen (FROMM 1968/²1991) und offensichtlich geworden ist, daß wir so nicht weiter machen können, weder sozial, noch im Umgang mit der Natur, wird eine Veränderung der gesellschaftlicher Situation immer deutlicher. Mittlerweile gibt es eine Vielzahl von Beschreibungen für die gesellschaftliche Entwicklung: ↬ Postmoderne; ↬ Moderne, zweite oder reflexive; ↬ Risikogesellschaft; ↬ Informationsgesellschaft. ↬ Umweltbildung hat sich mit der Moderne, ihrer Nachfolger und den Folgen auseinanderzusetzen: ↬ Modernisierung, ökologische; ↬ Wirtschaften, nachhaltiges; ↬ Wohlstandsmodelle, neue.

BECK, Ulrich (1997): Kinder der Freiheit. Frankfurt a.M.
FROMM, Erich (1968/²1991 dtv.): Die Revolution der Hoffnung. München.

Eduard W. Kleber

Moderne, zweite (reflexive) ↪ Risikogesellschaft

Modernisierung, ökologische
Der Begriff ökologische Modernisierung bezeichnet sowohl ein theoretisches Konzept als auch ein politisches Programm der ökologischen Umstrukturierung von Wirtschaft, Gesellschaft und Staat. Im Zentrum dieser Debatte stehen vier Aspekte: (a) die zentrale Rolle technisch-wissenschaftlicher Innovationen für die Entwicklung umweltfreundlicher, ressourceneffizienter Technologien; (b) die entscheidende Bedeutung des Marktes und innovativer Unternehmer für die Entwicklung einer 'ökologischen Kreislaufwirtschaft'; (c) die politisch modernisierenden Effekte präventiver Umweltpolitik, die den Wandel von zentralistisch-bürokratischer Regulierung hin zu 'dezentraler Kontextsteuerung' und dialogisch-partizipativen Politikformen begünstigt; (d) die neue Rolle von Umweltorganisationen als innovative Akteure institutioneller Transformation. Anders als die anhaltende Kritik an der fortschreitenden Verschlechterung globaler Umweltbedingungen betont das Konzept der ökologischen Modernisierung die von der ökologischen Herausforderung ausgelösten institutionellen Transformationsprozesse. 'Ökologie und Ökonomie' erscheinen aus dieser Perspektive grundsätzlich versöhnbar. Das erfordert allerdings den Bruch mit der Annahme, daß das Problem der Umweltverschmutzung mit Hilfe von end-of-pipe Technologien (↪ End-of-pipe-Umweltschutz) bewältigt werden könne. Das Konzept der ökologischen Modernisierung plädiert vielmehr für eine systematische Internalisierung ökologischer Folgeprobleme in die Binnenrationalität ökonomischen Handelns.

↪ Ökonomische Rahmenbedingungen ...; ↪ Zivilisierung, ökologische

HUBER, Joseph (1993): Ökologische Modernisierung. In: KÖLNER ZEITSCHRIFT FÜR SOZIOLOGIE UND SOZIALPSYCHOLOGIE, 45. Jg., Nr. 1, S. 288-304.
PRITTWITZ, Volker von (Hrsg.) (1993): Umweltpolitik als Modernisierungsprozeß. Opladen.

Karl-Werner Brand

Moral
Moral (lateinisch: mores = Sitten, Charakter) bietet einen normativen Grundrahmen aus sittlichen Handlungsregeln, Konventionen und Wertmaßstäben für individuelles Verhalten. Grundsätzlich läßt sich Moral entweder unmittelbar an die Einstellungen, Denkweisen und Motive von Individuen oder an die das individuelle Verhalten kanalisierenden Rahmenbedingungen (Institutionen) knüpfen. Die in der ↪ Umweltbildung bis dato vorherrschende Ausrichtung der Moral auf die individuellen Einstellungen impliziert moralische Appelle an die gesellschaftlichen Akteure, sich aus Einsicht in die ökologische Notwendigkeit und sozialer Verantwortung umweltverträglicher zu verhalten (individualpolitischer Ansatz). Innerhalb der gegenwärtigen Pro-

blembereiche mit Kollektivgutbedingungen ist umweltverträgliches (= gesellschaftlich erwünschtes) Verhalten nur mit erheblichen Mühen, Unbequemlichkeiten und höherem Zeit- und Geldaufwand zu realisieren. Dagegen ist es einfach umweltschädigende (= gesellschaftlich unerwünschte) aber individuell vorteilhafte Handlungsalternativen zu wählen. Weil der individualpolitisch-moralisierende Ansatz dem einzelnen aber abverlangt, sich permanent und systematisch gegen die aus individueller Sicht vorteilhafteste Alternative zu entscheiden, kann er zur Erosion moralischer Standards beitragen. Daher empfiehlt es sich, den für Bildungsprozesse unverzichtbaren moralischen Impetus stärker auf die den Individuen vorgegebenen Rahmenbedingungen und die Möglichkeiten ihrer umweltverträgliche Konsum- und Produktionsprozesse anregende Gestaltung zu richten.

PRIDDAT, Birger (1994): Ökonomische Knappheit und moralischer Überschuß. Hamburg.

PRIDDAT, Birger u.a. (Hrsg.) (1997): Ökonomie und Moral - Beiträge zur Theorie ökonomischer Rationalität. München.

WEISE, Peter (1995): Moral: Die Handlungsbeschränkung für den Deppen? In: SEIFERT, Eberhard/PRIDDAT, Birger (Hrsg.): Neuorientierungen in der ökonomischen Theorie. Marburg, S. 73-105.

Jan Karpe

Motivation/Umweltmotivation

Motivation ist ein Konstrukt, das zur Erklärung von Handlungsvollzügen in der Mensch-Umwelt-Beziehung Verwendung findet. Die umgangssprachliche Bedeutung von Gefühlswörtern und Motivbezeichnungen weist auf Gemeinsamkeiten von Emotionen und Motiven hin. In der neueren Motivationsforschung wird in Verbindung mit Motivation auch Volition berücksichtigt (KUHL/HECKHAUSEN 1996). In Motivation gehen im weiteren Sinne soziale, ökonomische, politische, religiöse und eventuell auch ökologische Komponenten mit ein, die die aktive Teilnahme einer Person in umweltbezogenen Angelegenheiten beeinflussen. Am stabilsten und handlungsrelevantesten sind die Motivationen, die sich unmittelbar aus primären → Bedürfnissen herleiten. Das sind Motive aus den physiologischen Bedürfnissen: Macht, Leistungsmotiv/Selbstwirksamkeit, Anschlußmotiv, Sicherheit/Geborgenheit.

Für umweltverträgliches Handeln gibt es keine primäre Motivlage. Die Forderung nach einem solchen Handeln kann deshalb nur auf Volition/Willensentscheidung (psychologisch) oder als Pflicht (philosophisch) begründet werden. Solche Willensentscheidung für sittliches (KANT) oder verantwortungsbewußtes (JONAS) Handeln kann von der Motivationsseite durch ein aus den physiologischen Bedürfnissen abgeleitetes Gesundheitsmotiv und über das Anschlußmotiv gestützt werden. Damit das letztere zum Tragen kommen kann, bedarf es noch der Veränderung gesellschaftlicher Rahmenbedingungen. Umweltverträgliches Handeln müßte hohe oder höchste gesellschaftliche Geltung (Geltungsbedürfnis) nach sich ziehen (vgl. KLEBER 1996, 1998).

CLAYDEN, Eileen u.a. (1994): Authentic Activity and Learning. In: BRITISH JOURNAL OF EDUCATIONAL STUDIES, 60. Vol., p. 163-173.
KLEBER, Eduard W. (1996): Individuelle Hemmnisse umweltverträglichen Handelns. Berlin.
KLEBER, Eduard W. (1998): Lebensstil-Motivation-Problembewußtsein und umweltverträgliches Handeln. In: HAAN, Gerhard de/KUCKARTZ, Udo (Hrsg.): Umweltbildung und Umweltbewußtsein. Opladen, S. 103-119.
KUHL, Julius/HECKHAUSEN, Heinz (Hrsg.) (1996): Motivation, Volition und Handlung. Göttingen.

Walter Leal Filho/Eduard W. Kleber

Multimedia und Umweltbildung

Sind Verbindungslinien zwischen dem technologischen Konzept *Multimedia* und dem um Naturnähe bemühten Bildungskonzept überhaupt denkbar? Beim Begriff Multimedia lassen sich zwei Verständnisebenen unterscheiden: Auf der Hardware-Ebene meint Multimedia die Verbindung verschiedener Geräte wie (Bild-)Telefon, Modem, Fax, Fernsehen, Stereo-Anlage und klassischem PC in einem System namens Multimedia-PC. Auf der Software-Ebene umfaßt Multimedia mindestens vier Aspekte: 1. die Integration von Informationen aus verschiedenen Medien (z.B. Foto, Videosequenz, Musik, Sprache, Text) bzw. deren parallele Präsentation, 2. die interaktive Steuerung durch einen Benutzer, 3. die technische Steuerung über einen Computer und 4. die Möglichkeit der Einbindung in ein weltweites Netzwerk digitaler Datenübertragung. Als Hypermedia werden Multimedia-Programme mit hypertextähnlicher Vernetzung (über Hyperlinks) bezeichnet, die dem Benutzer eine assoziative, stark individualisierte Navigation erlaubt. Die beschriebenen Aspekte lassen Multimedia-Produkte als Lern- und Informationssysteme auch in der ⇨ Umweltbildung interessant erscheinen, wobei ihre „werkzeugartige" Nutzung zumeist in projektartigen Arbeitszusammenhängen empfohlen wird (vgl. MITZLAFF/UHLEMANN 1989; KLARNER 1995). Multimediale Programme (auch „Arbeits- und Lernumgebungen") bieten z.B. Anregungen zu ökologischen Projekten im Schulumfeld (vgl. „Winnies Welt" von Cornelsen Software; „Ollis Welt" von Navigo). Anwenderprogramme (Textverarbeitung, Datenbanken, Präsentation und Animation), die in derartige Lernumgebungen integriert sein können, erlauben die computergestützte Verarbeitung und Verbreitung der Projektdaten. Das www (world wide web) ermöglicht einen schnellen weltweiten Austausch von multimedialen Umweltinformationen und eröffnet auch Schülern Möglichkeiten zur Kooperation in weltumspannenden Umweltprojekten. Ein beachtenswertes Beispiel für die junge Verbindung von Umweltbildung und Computereinsatz bzw.

Multimediaentwicklung bietet das UFOS-Projekt der Naturfreundejugend Deutschlands (vgl. KLARNER 1995; nfjd@gaia.cl.sub.de; ⇨ Computernetzwerke).

KLARNER, Günter (1995): Ökologische Forschungsstationen. Remagen.
MITZLAFF, Hartmut/UHLEMANN, Bernd (1989): Kreative Computerfreizeiten in der Jugendherberge Paderborn. Hagen.
MITZLAFF, Hartmut (1997): Lernen mit Mausklick. Frankfurt a.M.

Hartmut Mitzlaff

Museumspädagogik

Die Museumspädagogik ist ein neues Arbeitsfeld in Museen. Sie stärkt die Funktion des Ausstellens und Vermittelns, als vierter der klassischen Funktionen neben Sammeln, Forschen und Bewahren. In Deutschland wird Museumspädagogik seit den 60er Jahren institutionalisiert. Der Begriff beschreibt eine heterogene Praxis, die zudem oft stark von den jeweiligen Museumspädagogen abhängt. Sie umfaßt Vermittlung durch persönlich anwesende Pädagogen und Vermittlung durch Medien; die Spannweite reicht von Führungen und Kursen über didaktische Materialien bis hin zur Mitarbeit an Ausstellungen; manchmal gehört auch Öffentlichkeitsarbeit dazu. Die Museumspädagogik gestaltet die Interaktion zwischen den Besuchern und den Inhalten und Objekten des Museums und hilft, daß Menschen dort lernen können. Sie versteht sich auch als Anwalt des Besuchers. Museumspädagogik bewirkt eine Besucherorientierung besonders dann, wenn sie mit ihren Schwerpunkten Fach- bzw. Ausstellungsdidaktik und Besucherforschung bei der Entwicklung der Ausstellungen gleichrangig neben die Fachwissenschaften tritt; dabei kann die Museumspädagogik erreichen, daß die Frage nach dem Ziel einer Ausstellung Maßstab für Auswahl und Anordnung der Inhalte wird. Eindeutige Qualifikationsanforderungen für die Museumspädagogik gibt es bis heute nicht, und viele Museumspädagogen sind Quereinsteiger. Das führt einerseits zu dem Problem einer mangelnden Verwurzelung der Museumspädagogik in den Erziehungswissenschaften, der Allgemeinen Didaktik und den Fachdidaktiken; sie hat deshalb oft einen umstrittenen Stellenwert in den Museen gegenüber den Fachwissenschaften, andererseits macht dies die Museumspädagogik bunt und vielfältig.

FAST, Kirsten (Hrsg.) (1995): Handbuch museumspädagogischer Ansätze. Opladen.
NOSCHKA-ROOS, Annette (1994): Besucherforschung und Didaktik. Ein museumspädagogisches Plädoyer. In: INSTITUT FÜR MUSEUMSKUNDE (Hrsg.): Berliner Schriften zur Museumskunde. Band 11. Opladen.

Willm Prasse

N

Nachhaltigkeit
Nachhaltigkeit ist in Europa als „nachhaltige Nutzung" in der Forstwirtschaft lange bekannt. So heißt es in der Brockhaus Enzyklopädie: Nachhaltige Nutzung ist gebunden an die Erhaltung der Produktivität, an dauernde Zuwachshöchstleistungen. Umgangssprachlich wird „nachhaltig" für einen über längere Zeit dauernden beliebigen Vorgang verwendet. So wird auch erwartet, daß der Trend von Betrieben an die Börse zu gehen, nachhaltig ist.
Wirtschaftsunternehmen arbeiten dann ökonomisch nachhaltig, wenn sie ihren Bestand sichern und ihre Profitrate halten oder ausbauen. Sichern und halten sie zusätzlich die Zahl der Arbeitsplätze, dann arbeiten sie darüber hinaus sozial nachhaltig. Schulen arbeiten nachhaltig, wenn sie sich aus sich selbst am Leben erhalten, selbst dann, wenn sie sich überlebt haben sollten.
Wenn neuerdings „sustainability", ein Schlüsselbegriff in der Ökokrisendiskussion (⇨ sustainable development), mit Nachhaltigkeit übersetzt wird, dann ist dies nicht falsch, aber es gibt aufgrund des vielfältigen, skizzierten partikulären Gebrauchs zu mancherlei Mißverständnissen Anlaß.
⇨ Wirtschaften, nachhaltiges/ökologisches

Eduard W. Kleber

Nächstenliebe als Lebensorientierung
Unser Nächster ist heute nicht mehr nur der Mensch, sondern es sind alle Tiere und Pflanzen, auch die „toten" Elemente wie Luft, Wasser, Erde und sogar der nähere Weltraum, den wir uns technisch verfügbar gemacht, aber nicht ökologisch behandelt haben. Jede seriöse Analyse von ⇨ Kommunikation, Mitleid, Mitmenschlichkeit, Liebe usw. unter den gesamtplanetarischen Bedingungen von heute beweist, daß wir uns eine anthropozentrisch (⇨ Anthropozentrismus) und narzißtisch verengte Individualethik auf keinen Fall mehr leisten können. Man kann das einzelne menschliche Individuum nicht mehr aufrichtig lieben, wenn man sich nicht schon vorher um die ökologischen Bedingungen unseres kollektiven Überlebens auf und mit dieser Erde gekümmert hat. Die Evolution zeigt ebenfalls, daß „Symbiose", also das Zusammenwirken von Lebewesen, eine noch wichtigere Rolle für Überleben und Höherentwicklung spielt als der Kampf. Im Rahmen der plausiblen Hypothese des Panpsychismus dürfen wir uns mit dem Innenleben von Tieren und Pflanzen verwandt fühlen. Letztere zeigen, manchmal noch mehr als Tiere, einen erstaunlichen Umfang sinnlicher Wahrnehmungen, der Erregbarkeit und Reaktionsfähigkeit durch bzw. auf Musik, sie verfügen über wetterprognostische Fähigkeiten, ein Langzeitgedächtnis, hohe Sensibilität und sogar telepathische Möglichkeiten. Manche Pflanzenarten sind äußerst

feinfühlige Indikatoren latenter Schadensgefahren für Mensch und Tier. Wer das Seelische, Kosmische in Pflanze, Tier und Mensch, den Strom des einen Lebens, der durch sie alle hindurchgeht, nicht wahrhaben will, wird sie auch nicht lieben können. Dankbarkeit sollte uns ebenfalls zur Nächstenliebe gegenüber Pflanzen und Tieren verpflichten. Sie sind durch das Band der Evolution mit uns genetisch verbunden, sind unsere Schwestern und Brüder, ohne die wir nicht wären, die die Stafette des Lebens an uns weitergereicht haben. Tierhaltung, Jagd, Tier- und Pflanzenexperimente sowie das Schlachten von Tieren (von der EU mit Milliarden DM subventioniert) müssen unter diesem Gesichtspunkt wesentlichen und einschneidenden Korrekturen unterzogen werden. Nicht die Vernünftigkeit (die der Mensch gerade im 20. Jahrhundert besonders vermissen läßt), sondern die Leidens- und Empfindungsfähigkeit muß das Kriterium für Tier- und Pflanzenschutz sein. „Warum sollte das Gesetz irgendeinem empfindungsfähigen Wesen (sensitive being) seinen Schutz versagen? Es wird soweit kommen, daß der Mantel der Menschlichkeit alles umfängt, was atmet" (J. BENTHAM). Notwendig ist eine »kosmische Rechtsgemeinschaft aller Dinge«, oder die Menschheit wird in ihrer anthropozentrischen, alles dem Profit unterordnenden Verblendung nicht überleben. Das kapitalistische Profitstreben auf Kosten der Tiere würde schon eingeschränkt, wenn immer mehr Menschen sich zu einer Form der Nächstenliebe wie dem gemäßigten Vegetarismus (kein Fleischverzehr, aber Konsum von Tierprodukten wie Eier, Milch etc.) entschließen könnten.

↪ Holismus; ↪ Mitgeschöpflichkeit; ↪ Mitwelt, natürliche; ↪ Physiozentrik; ↪ Naturentfremdung

MEYER-ABICH, Klaus M. (1984): Wege zum Frieden mit der Natur – Praktische Naturphilosophie für die Umweltpolitik. München.
MYNAREK, Hubertus (1986/²1990): Ökologische Religion. Ein neues Verständnis der Natur. München.
TOMPKINS, Peter/BIRD, Christopher (1971/³1975): Das geheime Leben der Pflanzen. Bern.

Hubertus Mynarek

Nationalpark

Ein Nationalpark ist ein Schutzgebiet, das hauptsächlich zum Schutz von Ökosystemen und zu Erholungszwecken verwaltet wird. Die Verwaltung folgt den sechs Managementkategorien für Schutzgebiete der World Conservation Union (IUCN). Mit ihnen wird das Schutzziel der dauerhaften Sicherung und Erhaltung repräsentativer Ausschnitte des Welt-Naturerbes verfolgt. Zweck ist die Sicherstellung der natürlichen Entwicklung von Lebensgemeinschaften und Ökosystemen in großräumigen, natürlichen oder naturnahen Landschaften ohne lenkende oder nutzende Eingriffe durch den Menschen. Damit sie international als Nationalparks anerkannt werden, muß dieses Schutzziel für mindestens Dreiviertel der Fläche gelten.

Soweit es der Schutzzweck erlaubt, ist im Nationalpark naturnahe Erholung, Naturerleben, Begegnung mit ursprünglicher Natur möglich und erwünscht. Ein vorrangiges Ziel ist naturkundliche Bildung und Erziehung zu einem besseren Naturverständnis. Soweit durch Nutzung veränderte Landschaften zu Nationalparks erklärt werden, sind bestehende Nutzungen in einer Übergangszeit einzustellen. Land- und Forstwirtschaft, Jagd und Fischerei, Bergbau und andere Bodennutzungen sind in einem Nationalpark grundsätzlich nicht zulässig. Auf untergeordneter Fläche ist es dagegen zulässig, kulturhistorisch interessante Landschaftselemente und Kulturdenkmäler zu erhalten. Auf maximal 25% der Fläche sind lenkende Maßnahmen für die Sicherung bestimmter, seltener oder gefährdeter Arten möglich, vor allem wenn deren Lebensräume die Grenzen des Nationalparks überschreiten.

In Deutschland gibt es am 1.1.1998 13 Nationalparks.

↪ Biosphärenreservat; ↪ Naturbildung; ↪ Naturerlebnisgebiet; ↪ Naturpark; ↪ Rucksackschule; ↪ Wildnis

BUNDESAMT für NATURSCHUTZ (Hrsg.) (1997): Studie über bestehende und potentielle Nationalparks in Deutschland. Bonn-Bad Godesberg.

Hans Biebelriether

Naturbegriff

In der Alltagssprache wird die natürliche Welt (↪ Mitwelt, natürliche) als Gegensatz zur menschlichen Welt aufgefaßt. Natur ist ein Gegenbegriff zu den Begriffen Geist, Kunst, Technik, Kultur, Konvention etc. In der Antike bedeutet der Naturbegriff einerseits das selbständige Werden und Wachsen der Dinge, zu denen auch die Menschen zählen (empirischer Naturbegriff) sowie die Gesamtheit der natürlichen Dinge, andererseits die Wesensbeschaffenheit der Dinge (metaphysischer Naturbegriff). Das Entstehen der neuzeitlichen Naturwissenschaft ist mit einem neuen Naturbegriff verbunden. Natur wird nun als ausgedehnte Materie verstanden, die sich nach universellen mechanistischen Gesetzen bewegt. Der Mensch wird als denkende Substanz von der Natur unterschieden (Cartesianischer Dualismus). Die Kenntnis der Naturgesetze dient der Naturbeherrschung. Die Steigerung der materiellen Wohlfahrt durch wirtschaftlich-technische Naturnutzung soll zu einem Fortschritt der Menschheit führen. Natur ist als Ressource für Menschen Objekt ihrer Willkür. Mit der ↪ Ökologie entsteht im 20. Jahrhundert der Naturbegriff der Biosphäre: Die Natur besteht aus Lebensgemeinschaften von Organismen, die zusammen mit der unbelebten Natur ↪ Ökosysteme bilden, die sich entwickeln. Die Menschen sind als Organismen Teil der Biosphäre. Sie verändern durch die wirtschaftlich-technische Naturnutzung die Biosphäre, von der sie abhängen. Die Auswirkungen des materiellen Wachstums der Zivilisation (↪ Grenzen des Wachstums) und des Bevölkerungswachstums (↪ Bevölkerungsexplosion) auf die Biosphäre gefährden den Fortbestand der Zivilisation (↪ Umweltkrise). Natur wird in der Umweltdebatte zu einem gefährdeten Gut (normativer Naturbegriff), das um seiner selbst willen (⇒ Biozentrismus) oder aus anthropozentrischen Gründen (⇒ Anthropozentrismus) zu erhalten ist. Der Naturalismus (⇒ Fehlschluß, naturalistischer) fordert, die Gesellschaft nach ökologischen Prinzipien zu ordnen.

SCHÄFER, Lothar/STRÖKER, Elisabeth (Hrsg.) (1993): Naturauffassungen in Philosophie, Wissenschaft und Technik. Freiburg.
SCHWEMMER, Oswald (Hrsg.) (1987): Über Natur. Philosophische Beiträge zum Naturverständnis. Frankfurt a.M.

Gertrude Hirsch

Naturbeobachtung ⇒ Naturwahrnehmung

Naturbezogene Pädagogik
Die Naturbezogene Pädagogik beinhaltet ein handlungsorientiertes Modell für diejenigen, die Natur und Menschen gleichermaßen lieben. Da jedoch beide Begriffe - sowohl „Natur" wie „Pädagogik" - unterschiedlich verwendet werden, muß ein Autor die von ihm gewählte Bedeutung darlegen.
- Pädagogik einerseits sieht den jungen Menschen meist als unfertiges Wesen an, das durch Erwachsene mittels Erziehung und Bildung zur „Reife" gebracht wird, andererseits denkt und handelt Pädagogik von den Bedürfnissen und Interessen des jungen Menschen aus. „Die Pädagogik vom Kinde aus" blieb zwar meist auf halbem Wege stehen, aber es gibt mittlerweile konsequentere Ansätze wie etwa die Nicht-Erziehungs-Bewegung (VON SCHOENEBECK 1985/^{2}1989, VON BRAUNMÜHL 1975/^{4}1983). „Ich liebe dich so wie du bist" ist hier ein Motto, „Zeit für Kinder" ein anderes. Erziehung und Bildung werden in ihrer repressiven Dimension kritisiert (⇒ Schule und Umweltbildung). Die Pädagogik dieser Deutung wendet sich vor allem an Erwachsene. Anzustrebende Fähigkeiten wären etwa: Ausübung herrschaftsfreier Kommunikation, Anerkennung freiheitlicher Selbstbestimmung eines jeden Menschen, was auch juristische Konsequenzen nach sich ziehen muß, Erkennen der Bedürfnisse und Interessen des jungen Menschen und die Fähigkeit, ihnen angemessen zu begegnen.
- Das Verständnis von Natur wird in unserer Gesellschaft vor allem von den Naturwissenschaften geprägt. Ihr vorrangiges Ziel ist es, die Gesetzmäßigkeiten der Natur zu erforschen, was der Beherrschung und Ausbeutung von Natur dient. Die Alternative, die fast alle vorzivilisatorischen Kulturen vorlebten, ist ein einfühlsamer Umgang mit Natur in dem Bewußtsein, daß wir Menschen selbst Naturwesen sind. ⇒ „Naturerfahrung" - nicht im naturwissenschaftlichen, sondern ganzheitlichen Sinn verstanden - und „Naturerlebnis" (⇒ Naturerleben) sind hier zentrale Begriffe. Im Gegensatz zu einem naturwissenschaftlichen Weltbild sind Faszination und Charme, Mächtigkeit und Winzigkeit, Anmut und

Schönheit, Pfiffigkeit, Witz und Klugheit des Lebendigen, die Einmaligkeit alles Lebendigen Orientierungspunkte für Kontakte mit der Natur.
In der Zusammenschau beider Begriffe habe ich als Motto einer Naturbezogenen Pädagogik herausgestellt (GÖPFERT 1988/³1994): Naturbezogen leben und andere Erwachsene, Kinder und Jugendliche an diesem Leben teilhaben lassen. Die Einladung zu dieser Art von Mitleben schließt Selbstbestimmung mit ein: mitmachen wollen bzw. ablehnen können. Diese Einladung kann nicht nur von Erwachsenen ausgehen: Kinder fordern uns oft zum Mitmachen auf, und indem wir auf ihr Angebot eingehen, bereichern wir unser Leben und verändern es. „An der natürlichen Lebensfülle teilhaben lassen", lautet die Aufforderung an die Erwachsenen. Sie zielt auf die Verwirklichung einer umfassend lebensbejahenden ↪ Kultur.
Selbstverständlich schließt ein so verstandenes Leben vielfältiges Wissen über die Natur mit ein; ja die Erfahrung eines solchen Lebens dürfte die Neugierde bis ins hohe Alter wachhalten. Wissen steht aber nicht im Dienste von (isolierten und repressiven) Bildungssystemen. Fragen nach der Wirklichkeit erwachsen aus der erlebten Lebensfülle, Aneignung von Wissen geschieht im Kontext einer humanen und an Selbstbestimmung orientierten Kultur. Ein naturbezogenes Verhalten entwickelt sich oftmals auf der Basis eines - meist in kleinen (Lebens-)Gemeinschaften entstandenen, durch sie mitbedingten oder in ihnen gefestigten - anderen Lebensgefühls oder -stils stetig weiter. (Der Begriff „Ökologie" wird hier wegen seines naturwissenschaftlichen und (daher) isolationistischen Charakters nicht verwendet.)

BRAUNMÜHL, Ekkehard von (1975/⁴1983): Antipädagogik. Weinheim.
GÖPFERT, Hans (1988/³1994): Naturbezogene Pädagogik. Weinheim.
SCHÖNEBECK, Hubertus von (1985/²1989): Antipädagogik im Dialog. Weinheim.

Hans Göpfert

Naturbildung

Naturbildung wurde 1815 von dem philanthropischen Lehrer und Naturphilosophen BLASCHE (1766-1832) definiert: Bildung des Menschen für die Natur, diese zu erkennen und in der Erkenntnis zu „lieben" (zu respektieren), und Bildung der Natur im Menschen, damit die Natur zu dem ihr eigenen, höheren Bewußtsein gelange. Entgegen diesem umfassenden, dialektischen Bildungsanspruch entstanden die modernen naturwissenschaftlichen Fächer Biologie, Chemie, Physik und Geographie mit der Tendenz zu immer feinerer Aufspaltung und Reduktion, welche den Anspruch einer philosophischen Naturbildung ausklammert. Erneute Zugriffe einer ganzheitlicheren, fächerübergreifenden Naturbildung entstanden im Rezeptionsbereich der Ökologie und durch die Heimat- und Naturschutzbewegung um die Jahrhundertwende (↪ Heimatkunde). Der ideologische Mißbrauch des Heimat-, Natur- und Naturschutzbegriffs im Nationalsozialismus erforderte eine ideologiekritische Auseinandersetzung, in deren Folge Traditionsbrüche unvermeidlich waren.

Auf international vereinbarten Grundsätzen der „Environmental Education" gestützt, entstand als Leitkonzept Anfang der 70er Jahre die neue Umwelterziehung (später ↝ Umweltbildung). Die Diskussion eines Eigenwertes auch der nichtmenschlichen Natur, die Aufwertung individuellen ↝ Naturerlebens mit allen Sinnen als Ergänzung zur rationalen Wissensvermittlung, neue Dynamikkonzepte in der Ökologie, Berufungen auf Natur als notwendige Kontrasterfahrung zur Zivilisation, fortschreitender Naturverlust (durch Zersiedlung, Biodiversitätsverluste, technische Manipulation etc.) und neue Herausforderungen an die Naturbildung angesichts der internationalen Ausbreitung von Naturschutzkategorien (↝ Nationalparks, ↝ Biosphärenreservate, Wildnisgebiete) berühren Defizite herrschender, anthropozentrischer Umweltbildung und fordern eine Überschreitung des ↝ Anthropozentrismus. Daraus begründet sich eine Naturbildung, die Natur nicht nur in ihrer ökologisch dynamischen Eigenart materiell, sondern als Psychotop begreift.

GÖPFERT, Hans (1988/³1994): Naturbezogene Pädagogik. Weinheim.
TROMMER, Gerhard/NOACK, Reimund (Hrsg.) (1997): Die Natur in der Umweltbildung. Weinheim.

Gerhard Trommer

Naturentfremdung
Heute ist häufig die Meinung zu hören, der Mensch habe sich der Natur entfremdet, bzw. sei der Natur entfremdet worden. Eine solche Feststellung ist in der Regel Teil der Ideologie, „daß der Mensch einst, ja noch vor kurzem in Eintracht mit der Natur" gelebt habe.

Der klassische Entfremdungsbegriff (MARX) besagt, daß der Mensch aufgrund von Unterdrückung ohne oder wider seinen Willen eines von ihm Geschätzten verlustig geht. In der Regel kann er dann nicht mehr seiner Bestimmung folgen. (Die entfremdete Arbeit verhindert, daß sich der Mensch in seiner Arbeit selbst verwirklichen kann, er wird durch die von außen bewirkte Entfremdung defizitär.) Das Verhältnis des Menschen zum Lebenssystem dieses Planeten Erde (der Natur) ist kein solches Entfremdungsverhältnis.

Evolutionstheoretisch betrachtet, verhält sich der Mensch gemäß seiner Bestimmung. Er ist „the fittest for survival" (VERBEEK 1998), er tut als Art genau das, was jede andere Art in diesem Lebenssystem tun würde. Er besetzt möglichst viel Terrain und viele Nischen, bringt möglichst viele Ressourcen an sich und verhindert gleichzeitig, daß andere sie nutzen können. Er ist eindeutig der Sieger im evolutionären Rennen. Er versteht sich seit langem als ein geistiges, kulturelles Wesen und setzt alle seine Möglichkeiten ein, sich aus den Zwängen der Natur zu emanzipieren (KLEBER 1998). Er erfüllt anscheinend seine Bestimmung in der Evolution (KLEBER/KLEBER 1999). Seine eigengesetzte Bestimmung, die Natur zu überwinden, erfüllt er in erheblichem Maße. Er ist, wenn man konsequent weiterdenkt, auf dem Wege zur postbiologischen Kultur und entwickelt zunehmend mehr Bewußtseinsstrukturen eines von der Natur abgekoppelten, synthetischen Menschen (⇨ Kultur, postbiologische). So empfindet sich der Mensch als der Sieger. Jeder Versuch einer Annäherung an das Lebenssystem des Planeten Erde (Natur pur) löst bei ihm nicht Heimkehrreaktion, Freude oder Zufriedenheit, sondern eine Art Kampfreflex aus. Er möchte sich als Überwinder erneut bestätigen, den Berg besteigen, das Unkraut beseitigen, die Insekten vernichten; positiv formuliert: Er möchte kultivieren.

Wird dem Entfremdeten im klassischen Sinne die Rückkehr ermöglicht, so erfüllt ihn das mit Freude, und er fühlt sich zu Hause. Wird dem Besieger die Rückkehr zur Natur ermöglicht, so empfindet das die Mehrzahl als Verlust an Zivilisation, Bequemlichkeit, Lebensqualität. Bereits ein nur in Aussicht stellen, erzeugt bei vielen schon Panik - „zurück zur Steinzeit, nein danke". Der Mensch ist nicht von der Natur entfremdet, er hat sie überwunden und sich in seinem Bewußtsein willentlich und erfolgreich von der Natur emanzipiert. Dieser Unterschied dürfte für die Umweltbildung bedeutsam sein.

KLEBER, Eduard W. (1998): Das Bewußtsein eines synthetischen Menschen oder der projektierte Ausstieg aus der Evolution. In: ETHIK UND SOZIALWISSENSCHAFTEN, 9. Jg., Heft 2, S. 302-304.

KLEBER, Eduard W./KLEBER, Gerda (1999): Gärtnern im Biotop mit Mensch - der nachhaltige, zukunftsfähige Garten nach Prinzipien der Permakultur. Xanten.

VERBEEK, Bernhard (1990): Die Anthropologie der Umweltzerstörung. Darmstadt.

VERBEEK, Bernhard (1998): Organismische Evolution und kulturelle Geschichte: Gemeinsamkeiten, Unterschiede, Verflechtungen. In: ETHIK UND SOZIALWISSENSCHAFTEN, 9. Jg., Heft 2, S. 269-280.

Eduard W. Kleber

Naturerfahrung

Naturerfahrung meint einen ganzheitlichen Aneignungsprozeß relativ naturnaher Lebensumwelt (⇨ Naturbegriff). Sie basiert auf dem unmittelbaren subjektiven Empfinden, Wahrnehmen und Erleben (sinnlich-ästhetische Erschließung) von natürlichen Gebilden, Erscheinungen und Prozessen im Zusammenhang mit einer jeweils unterschiedlich tiefgehenden gedanklichen und begrifflichen Verarbeitung. Die sich zunächst im vorrangig emotional-affektiven Erleben (⇨ Naturerleben; ⇨ Erlebnispädagogik) einstellende Betroffenheit wird „bearbeitet", indem gedanklich geordnet wird und vorhandenes Wissen sowie gesammelte Erfahrungen einfließen (rational-reflektierende Verarbeitung). Naturerfahrung erlangt in ⇨ Umweltbildung, Umwelterziehung und -gestaltung als Erkenntnismethode Bedeutung. Sie trägt dazu bei, daß sich der Mensch seiner natürlichen Lebensgrundlagen bewußt ist und motiviert ihn ggf. zu einem Umwelthandeln, das der Forderung nach ⇨ Umweltvorsorge und nachhaltiger Entwicklung (⇨ Nachhaltigkeit; ⇨ sustainable development) gerecht wird.

Ralf Bachmann

Naturerleben

Naturerleben ist eine Lernform, die sich als Gegenbewegung zur operationalisierten, lehrzielorientierten, fachlichen Curriculumentwicklung der 70er Jahre etablierte. Mit Naturerleben soll, vor allem in den naturwissenschaftlichen Fächern, der bedrückenden Informationsflut in der Umweltkrisendiskussion entgegengewirkt werden. Es betont die einzigartige Wahrnehmungskompetenz des lernenden Subjektes, dessen Empfinden, Gefühle und Befindlichkeit beim Lernen in und mit Natur, worüber das Subjekt nur selbst Auskunft geben kann. Inszeniert und reflektiert werden vor allem wohltuend bekräftigende Naturerfahrungen mit allen Sinnen. Naturerleben ist auf ästhetische und ethische Wertbildung und das dadurch begründete Handeln im Bereich des ↝ Natur- und ↝ Umweltschutzes gerichtet, knüpft aber nicht an historische Vorbilder der Reformpädagogik an, die mit der Heimat- und Naturschutzbewegung der 20er Jahre verbunden sind. Vielmehr wurden praktische Anregungen aus der Naturinterpretation (in den USA) assimiliert und weitergeführt (CORNELL 1979). Theoretisch wird an die pädagogisch fundierte Kritik am eingefahrenen, institutionalisierten Lehrbetrieb angeknüpft (RUMPF 1981). Naturerleben ist als Lernform zunächst in außerschulischen Umweltbildungseinrichtungen (↝ Rucksackschule, Bildungsdienste in Nationalparks, ↝ Umweltzentren) erprobt worden, dort u.a. mit Schulklassen.

Dem Naturerleben steht ein zunehmend durch Werbung in Anspruch genommener, vervielfältigter, inflationär gebrauchter Erlebnis-Begriff gegenüber (SCHULZE 1992/³1995; ↝ Erlebnisgesellschaft; ↝ Erlebnispädagogik).

CORNELL, Joseph-B. (1979): Mit Kindern die Natur erleben. Oberbrunn.
RUMPF, Horst (1981): Die übergangene Sinnlichkeit. München.
SCHULZE, Gerhard (1992/³1995): Die Erlebnisgesellschaft. Frankfurt a.M.
TROMMER, Gerhard (1988/²1991): Naturerleben - ein naturwissenschaftlich unmöglicher aber notwendiger Begriff für Umweltbildung. In: HOMFELDT, Hans G. (Hrsg.): Erziehung und Gesundheit. Weinheim, S. 200-223.

Gerhard Trommer

Naturerlebnisgebiet

Mit der Bezeichnung Naturerlebnisgebiet werden im ↝ Naturschutz Flächenkategorien diskutiert, die in besonderer Weise dem freien ↝ Naturerleben der Menschen, deren Lernen, Spielen und deren Erholung in der Landschaft und nicht primär klassischen Naturschutzzielen vorbehalten sind. Diese auch als „Naturerfahrungsraum" zu charakterisierende Flächenkategorie wird definiert als ein „naturnahes Gebiet mit dem Vorrang nachhaltiger Formen des Landschaftserlebens" (SCHEMEL 1997, S. 143). Zu differenzieren sind mit abnehmend strenger Reglementierung: Gebietsausweisungen in ↝ Nationalparks, in Kulturlandschaften (außerhalb von Schutzgebieten) oder in Städten. Das Landesnaturschutzgesetz von Schleswig-Holstein sieht die Schaffung von Naturerlebnisgebieten vor.

SCHEMEL, Hans J. (1997): Erholung in „wilder" Landschaft: die neue Flächenkategorie „Naturerfahrungsraum". In: LAUFENER SEMINARBEITRÄGE, Heft 1, S. 141-147.
TROMMER, Gerhard (1997): Über Naturbildung. Natur als Bildungsaufgabe in Großschutzgebieten. In: TROMMER, Gerhard/NOACK, Reimund (Hrsg.): Die Natur in der Umweltbildung. Weinheim, S. 9-116.

Gerhard Trommer

Naturethik ↪ Umweltethik

Naturgarten
Der ursprüngliche Sinn von Gärten ist es, in einer unwirtlichen oder sogar feindlichen Umgebung einen angenehmen Aufenthalt zu bieten (↪ Garten). Gärten sollen - inmitten der irdischen Unzulänglichkeit - kleine Ausschnitte aus dem Paradies sein (pairi daéza awestisch = „der umhegte Garten").

Zu verschiedenen Zeiten und in verschiedenen Kulturkreisen hat man sich von einem solchen Paradies ganz unterschiedliche Vorstellungen gemacht. Immer aber haben Gärten etwas mit dem ↪ Weltbild des Kulturkreises zu tun, dem sie entstammen. Sehr oft werden sie auch - wie schon die ersten Gärten im alten Ägypten - als Abbild des Weltenmythos verstanden. Dies gilt sowohl für die Gärten der Antike als auch für mittelalterliche Klostergärten, symmetrisch angelegte Gärten der Renaissance, verspielte Barockgärten, in denen sich Beete, Bäume und Weganlagen ganz der Ornamentik des barokken Baustils anpaßten oder den weitläufigen englischen Landschaftsgärten des vorigen Jahrhunderts mit großen Rasenflächen und Baumgruppen.

Eine Gartenidee unserer Zeit ist der Natur- oder naturnahe Garten. Während früher der paradiesische Zustand die gezähmte, veränderte, manipulierte, gestutzte Natur war, ein gepflegter Hort in der Wildnis, ist heute Wildnis so selten geworden, daß der Naturgärtner versucht, in der Kulturlandschaft ein Stück Wildnis als sein Paradies zu erhalten. Je nachdem, ob Naturgenuß und Sehnsucht nach Wildnis, der Naturschutzgedanke oder das Ziel, Gesetzmäßigkeiten und Abläufe eines natürlichen Biotops kennenzulernen, im Vordergrund stehen, unterscheidet man verschiedene Naturgartentypen:

- In einem „wilden Garten", wie er z.B. von dem niederländischen Landschaftsarchitekten LE ROY (1978) propagiert wird, greift der Gartenbesitzer allenfalls dort steuernd ein, wo es die Lichtverhältnisse oder die Rücksicht auf Nachbarn angeraten erscheinen lassen. Im übrigen wird der natürlichen Sukzession freier Lauf gelassen.
- Im „Biotopgarten" (KLAUSNITZER 1994) ist es das Ziel, eine bestimmte Lebensgemeinschaft zu realisieren. Dabei geht es in der Regel um Lebensgemeinschaften, die in ihrer natürlichen Verbreitung bedroht sind und deshalb besonders des menschlichen Schutzes bedürfen wie etwa Magerwiesen, Trockensteinmauern, Wallhecken, Feuchtwiesen bzw. Teiche, Tümpel und Weiher, Heideflächen oder Sanddünen.

- Im naturnahen Ziergarten werden Blumen in großer Vielfalt und ursprünglicher Form („botanische Arten") - möglichst heimische - angepflanzt.
- Im naturnahen Gemüse- und Obstgarten sind Mischkulturen, häufiger Fruchtwechsel, Mulchen, mechanische Bodenbearbeitung ohne Biozide, Humus- und Kompostwirtschaft sowie Hochbeete, Hügelbeete u.ä. wichtige Strukturmerkmale (↝ Biotop mit Mensch; ↝ Nutzgarten). Artenreiche Wiesen mäht man nur ein oder allerhöchstens zweimal im Jahr und so spät, daß die meisten Pflanzen reife Samen entwickeln können.
- In einem naturnahen Gehölzgarten entwickelt sich eine große Artenvielfalt heimischer Gehölzarten, wobei Laub- im allgemeinen gegenüber Nadelgehölzen bevorzugt werden. Holzabfälle sollen weitgehend im System belassen werden. Holzschnitt oder Reste von gefällten Bäumen oder Sträuchern werden zu Reisighaufen oder -stapeln aufgeschichtet.

Ziel des Naturgartens ist es nicht nur, einen friedlichen Ausgleich mit der Natur zu erreichen. Er bietet auch Möglichkeiten zu abenteuerlichen und phantasievollen Spielen. Lange Zeit waren Freizeitaktivitäten von Kindern und Jugendlichen eng an eine naturnahe Landschaft gebunden. Durch das veränderte Freizeitverhalten, aber auch durch das starke Zurückdrängen solcher naturnahen Landschaften wurden die Möglichkeiten für solche Spiele in naturnaher Umgebung immer geringer. Naturnahe Gärten und Grünanlagen könnten hier Ausgleichsmöglichkeit in Form von „Naturerlebnisräumen" für Kinder und Erwachsene bieten (↝ Naturerlebnisgebiet).

KLAUSNITZER, Ulrich (1994): Biotope im Garten. Radebeul.
KREUTER, Marie-Luise (1988): Der Biogarten. München.
LE ROY, Louis G. (1978): Natur ausschalten, Natur einschalten. Stuttgart.
SCHWARZ, Urs (1980): Der Naturgarten. Frankfurt a.M.

Wilfried Probst

Naturidealisierungen
Naturidealisierung beschreibt eine emotionalisierende Verklärung von Natur. Sie erscheint u.a. in folgenden Formen: (a) ökologisch (u.a. „wilde", „intakte" Natur), (b) umweltpolitisch (u.a. „re"-naturiere Natur als „richtige"), (c) umweltpädagogisch (u.a. Natur als Ideal „harmonischen" Lebens mit der Natur). Naturidealisierung ist abhängig von aktuellen gesellschaftlichen Geisteshaltungen (Zeitgeist). Technische Aneignung von Natur bewirkte seit dem Mittelalter zunehmende Veränderung ihrer Wahrnehmung durch Zerfall von Handlungs-Wahrnehmungs-Ketten. Voraussetzung mentaler Überhöhung von Natur zur (ontologisiert) „guten" Natur ist die lebensweltliche Distanzierung von der stofflichen Natur (z.B. Fleischkonsum ohne die Notwendigkeit der Tötung eines Tieres). Das Bedürfnis nach Natur in modernen Industriegesellschaften ist ästhetisch geprägt: „schöne" Natur kompensiert gefühlten Mangel in einer sozial zersplitterten und technisch wie prozessual

unübersichtlichen Welt. Der Tod des Singvogels durch den Biß der Katze wird mitleidsvoll als widerspruchsvolles Natur-Verhältnis beklagt, aber der eigene menschliche Körper nicht als schonungsbedürftige Natur begriffen. Die idealisierende Rede über Natur bezieht sich auf (subjektiv-)kulturell erzeugte sozialpsychologisch funktionale 'Bilder' von Natur. Naturidealisierung blendet das Gräßliche und Lebenszerstörende von Natur ebenso aus, wie den (strukturell) lebenspraktisch mitgetragenen Raubbau an ihr (z.B. über Ernährung: Massentierhaltung). In kultureller Perspektive der Naturidealisierung wird der Mensch von Natur abgezogen (sog. Substraktionsanthropologie) und Natur durch die Projektion sozialer Normen überhöht. Naturidealisierungsdenken ist strukturell blind gegenüber einer Natur, die sich als natura naturans (↪ Mitwelt, natürliche) in naturwissenschaftlichen Prozessen evolutionär generiert - gleichsam „jenseits von gut und böse".

Naturidealisierung in der Politik: Naturidealisierung hat im öffentlichen Diskurs durch Gebrauch symbolischer Interpretationen, Normen und Werte politischen Charakter (z.B. suggerieren naturschutzbehördliche „Re-Naturierungen", die historisierend idealisiert aufgebaut werden, es gäbe die „ursprüngliche" Natur noch). Kritik politischer Naturidealisierung verlangt eine Rekonstruktion offizieller symbolischer Diskurse über Natur in Politik, Ökonomie und Kultur. Aktuelle politische Aufgaben im Umgang mit Natur bestehen in der Aushandlung von Natur-Zuständen, die gesellschaftlich und politisch angestrebt werden.

Naturidealisierung in der ↪ *Umweltbildung:* Orientieren sich an einem Bild ethisch „guter" Natur und wirken dadurch gegenaufklärerisch (z.B. (a) durch emotionalisierende Verklärung spezifischer Arten wie Robben, Wale; (b) durch Tabuisierung alltagssprachlicher Etikettierungen wie „Unkraut" oder (c) durch Ästhetisierung von Natur). In der Sprache der Lehrbücher (z.B. positivierender Gebrauch des Terminus „ökologisches Gleichgewicht") und in der unterrichtlich Praxis (z.B. in gefühligem „Lernen mit allen Sinnen") wird oft der pädagogisch-anthropologische Rückbezug (z.B. „Bäume streicheln") vernachlässigt. Historisch-gesellschaftliche Verhältnisse zur Natur werden im Unterricht auch durch die Biographie und Vergesellschaftungserfahrung geprägt. Jedes Verhältnis zur Natur ist geschichtlich und kann nur aus der Dimension der Zeit heraus 'gelesen' werden. Aufgabe aufklärungsorientierter kritischer Umweltbildung ist die historische Rekonstruktion der Herkunft individueller und gesellschaftlicher Blicke auf Natur wie der Verhältnisse zu ihr (praktisch, theoretisch, ästhetisch). Zu fordern ist eine Naturhermeneutik als Interpretation von Formen der Naturidealisierung vor dem Hintergrund strukturverschiedener Defiziterfahrungen in sozialen Systemen sowie in und mit (transformierter) Natur und die Einsicht in die Unmöglichkeit authentischer Natur-Erfahrung, da durch Wissenschaft, Technik und Kultur der Blick auf Natur erst hergestellt und imprägniert wird.

↪ Naturentfremdung; ↪ Naturverhältnisse, gesellschaftliche

BÖHME, Gernot (1992): Natürlich Natur. Natur im Zeitalter ihrer technischen Reproduzierbarkeit. Frankfurt a.M.
IMMLER, Hans (1989): Vom Wert der Natur. Opladen.
PICHT, Georg (1990): Der Begriff der Natur und seine Geschichte. Stuttgart.

Jürgen Hasse

Naturkatastrophe
Eine Naturkatastrophe ist ein durch abiotische Faktoren (geologische, klimatologische) verursachtes und schwere Schäden bewirkendes Ereignis, das ein größeres Areal betrifft und bei dem Menschen unmittelbar oder mittelbar zu Tode kommen oder schwere materielle Schäden entstehen. Hierzu zählen Erdbeben, Vulkanausbrüche, Dürren, schwere Stürme und Überschwemmungen. Während sie ursprünglich als natürliche Ereignisse betrachtet wurden, sind sie zwar unmittelbar natürlichen Ursprungs; Dürren, Überschwemmungen und vielleicht Stürme sowie prinzipiell auch Erdbeben (durch Änderung der Belastung der Erdkruste durch große Stauseen oder Bergbauaktivitäten) können aber auch mittelbar anthropogenen Ursprungs sein. ↪ Ökosysteme werden durch Naturkatastrophen meist kaum geschädigt, oder sie gehören zu den abiotischen Gegebenheiten eines ↪ Biotops, welche die Ausbildung des jeweiligen Ökosystems erst ermöglichen oder darin ablaufende Sukzessionen immer wieder neu initiieren. Naturkatastrophen, die Ökosysteme dauerhaft verändern oder zerstören, betreffen kleinräumige Ökosysteme (Vulkanausbrüche auf kleinen Inseln) oder sind globale Ereignisse wie starker, großräumiger Vulkanismus (COURTILLOT u.a. 1988) sowie Einschläge großer Meteorite (ALVAREZ/ALVAREZ 1980), welche klimatische Veränderungen verursachen und zum Aussterben vieler Arten führen können. Demgegenüber kann ein durch biotische Faktoren verursachtes Ereignis, das schwere Veränderungen eines Ökosystems bewirkt, als ökologische Katastrophe (↪ Katastrophe, ökologische) bezeichnet werden. Hierbei kann der Mensch als biotischer Faktor angesehen werden. Allerdings können sich viele Ökosysteme auch nach schweren Veränderungen regenerieren, und da nur wenig über ihr Verhalten in langen Zeiträumen bekannt ist, könnten einige ökologische Katastrophen zu den normalen Lebenszyklen eines Ökosystems gehören. Die wohl wesentlichste ökologische Katastrophe in der Erdgeschichte war die Bildung von Sauerstoff in der Photosynthese, wodurch vermutlich die überwiegende Zahl aller damals lebenden Arten ausstarb und nahezu alle Ökosysteme völlig neu strukturiert wurden (↪ Biotop).

ALVAREZ, Luis W./ALVAREZ, Walter (1980): Extraterrestrial Cause for the Cretaceous/Tertiary Extinction. In: SCIENCE 208, p. 1095-1108.
COURTILLOT, Vincent E. u.a. (1988): The Deccan Flood Basalts and the Cretaceous/Tertiary Boundary. In: NATURE, Nr. 333, p. 843-846.

Heribert Kock

Naturkonzept

Naturverständnis und menschliches Selbstverständnis hängen zusammen. In Naturkonzepte fließen normative Vorentscheidungen und Beziehungsmuster des Menschen zur Natur ein. Die Begriffe „Umwelt" und „Mitwelt" sind weniger Begriffe über die Natur als vielmehr solche des menschlichen Bezuges zu ihr (↪ Mitwelt, natürliche). „Natur" ist ein Begriff, der deshalb schwer zu fassen ist. Als „objektiv Seiendes" etwa im Sinne der griechischen „*physis*" kann damit alles Existierende bezeichnet werden. Heraklit zufolge ist Natur ewig und damit auch unentstanden. Das lateinische Wort „natura" bezeichnet dagegen das Geborenwerden (nasci = geboren werden). Natur wäre danach etwas, das aus sich heraus existiert bzw. entsteht. Oft wird der Begriff „Natur" symbolisch gebraucht. In der romantischen Naturphilosophie wird „Natur" zum Symbol für paradiesische, auch utopische Zustände, kennzeichnet eine Sehnsucht nach Unentfremdetheit, Ganzheit und Glück. Das „Naturschöne" wurde historisch erst möglich, nachdem eine reale Entfremdung (und/oder Emanzipation) von der Natur durch Naturwissenschaft und Technik eingetreten ist (↪ Naturentfremdung). Die gesuchte Nähe zur Natur setzt Distanz zu ihr voraus. Vor allem die gezähmte Natur wird als schön angesehen. SCHÄFER (1994) kennzeichnet drei historische Umbrüche im Naturbegriff:

Die vorgegebene Natur: Vorgegeben sind beständige Gestalten: die Ideen. Diese manifestieren sich in der unveränderlichen Regelmäßigkeit des Kosmos. Das geordnete Himmelsgebäude anzuschauen (theoria), darin erfüllt sich das Leben der Menschen. Eine himmlische Ordnung kann nur entstehen durch die Herrschaft der göttlichen Vernunft; Ordnung ist ohne Hierarchie für Platon undenkbar. Von diesem Naturkonzept macht Platon instrumentellen Gebrauch: Politische und gesellschaftliche Verhältnisse werden als natürlich dargestellt, damit gerechtfertigt und konserviert. Das, was als Natur, als ewige Ordnung definiert wird, wird zugleich zur normativen Grundlage.

Die zu unterwerfende Natur: Der Umbruch zu neuzeitlichen Konzepten von der Natur setzt entscheidend mit Johannes KEPLER (1571-1630) ein. Indem er mathematisch gesetzmäßige Proportionen zwischen den damals bekannten sechs Planeten ermittelt, preist er die vollkommene göttliche Schöpfung, in der der Mensch sich aufgehoben und sicher fühlen kann. Die Ablösung vom theologischen Naturverständnis zeigt sich bei Galileo GALILEI (1564-1642). Menschliche Neugier entdeckt am Ende des 16. Jahrhunderts eine neue Welt - sein Denken schafft sich eine solche. Die beginnende Instrumentalisierung der Natur findet in Francis BACON (1566-1624) ihren vehementesten Apologeten. Natur soll nicht mehr platonisch bewundert und keplerisch als göttlich verehrt werden, sondern mit Hilfe der Wissenschaft dem menschlichen Wohl dienen. Wissen ist Macht. Wissenschaft wird zum neuen Werkzeug (so der Titel des „Novum Organon", 1620), das den Menschen die Macht gibt, ihr Dasein durch Inanspruchnahme der Natur zu verbessern. Naturforschung und Naturnutzung sind nicht nur ethisch erlaubt, sondern geradezu geboten.

Die schonungsbedürftige Natur: Der Umbruch zur Neuzeit wird heute oft für die ökologische Krise verantwortlich gemacht (⇨ Umweltkrise). Die menschliche Vernunft habe durch ihre wenig fürsorgliche, nicht nachhaltige Unterwerfung der Natur die Grundlagen dieser so radikal verändert, daß menschliches Überleben in Frage stehe. Konsequent wird deshalb eine neue ⇨ Ethik gefordert, in der wir Verantwortung für zukünftige Generationen und für die Natur übernehmen (⇨ Generationenvertrag, ökologischer). Nicht mehr die menschlichen Interessen hätten im Mittelpunkt zu stehen (⇨ Anthropozentrismus), sondern das Eigenrecht der Natur (⇨ Physiozentrismus).

Naturkonzepte haben sich historisch mehrfach geändert, in ihren Aussagen sind sie teilweise widersprüchlich. Erstaunlich gleichartig ist allerdings die Instrumentalisierung der jeweiligen Naturkonzepte. Entscheidend ist, daß das Bild von der Natur mit dem Selbstbild des Menschen verschränkt ist und damit die Umbrüche zwischen den Naturvorstellungen nicht primär durch (natur-)wissenschaftlichen Erkenntnisgewinn verursacht, sondern Ausdruck gewandelter Selbstentwürfe des Menschen sind.

GEBHARD, Ulrich u.a. (1997): Natur als Leitbild? Normative Orientierung und Naturbezug. In: GRUNDSCHULE, 29. Jg., Heft 5, S. 11-14.

SCHÄFER, Lothar (1994): Wandlungen des Naturverständnisses. In: BIEN, Günther u.a. (Hrsg.): „Natur" im Umbruch. Stuttgart.

Ulrich Gebhard

Naturkunde

Naturkunde war ein relativ ganzheitlicher, heimatlich auf die Kulturlandschaft bezogener Unterricht über die Natur (⇨ Heimat; ⇨ Heimatkunde). Begriff und Fach Naturkunde entwickelten sich aus der schulischen Naturgeschichte, in der die drei Bereiche Botanik, Zoologie und Mineralogie unterrichtet wurden.

Vor allem im elementaren Schulwesen der Volksschule und der darauf bezogenen Seminarlehrerbildung konnte die klassische Gliederung der Naturgeschichte der drei Reiche nicht befriedigen, ging es doch in diesem Teil des Bildungswesens darum, eine im praktischen Alltag besser verwendbare Unterrichtslehre zu entwickeln. Naturkunde war daher als realistischer Teil einer Weltkunde zu verstehen, zu der außerdem die kulturkundlichen Fächer Erdkunde und Geschichte gehörten.

Die Naturkunde entwickelte sich Anfang des 19. Jahrhunderts mit den preußischen Schulreformen und seinem Seminarlehrerwesen. Sie ist Ausdruck populärwissenschaftlicher, autodidaktischer und emanzipatorischer Volksschullehrerbildung. Diese wurde vor allem von ROSSMÄSSLER (1806-1867) und DIESTERWEG (1790-1866) mit dem Hinweis eines Rechtes des Volkes auf naturwissenschaftliches Wissen und Kenntnis der Heimatnatur begründet und spielte bildungspolitisch vorerst nur bis zur Märzrevolution eine Rolle.

Unter Hinweis auf die Autorität Alexander VON HUMBOLDTs forderte z.B. DIESTERWEG die lokale Natur- und Heimatforschung der Lehrer, und ROSSMÄSSLER gründete die sogenannten Humboldtvereine, die als Pendent zur wissenschaftlichen Naturforscher- und Ärzteversammlung der Popularisierung naturwissenschaftlichen Wissens für die Volksbildung dienen sollten.

In naturkundlichen Vereinen und Lehrervereinen blieb der Gedanke naturkundlicher Bildung lebendig und erlebte in der Reform des Naturgeschichtsunterrichts durch das Buch „Der Dorfteich als Lebensgemeinschaft" (1885) durch den Kieler Hauptlehrer JUNGE (1832-1905) einen weiteren Höhepunkt. Vorträge durch den Kieler Meereszoologen MÖBIUS (1825-1908), die den ökologischen Lebensgemeinschaftsbegriff (↝ Biozönose) popularisierten, haben dazu Anstoß und Vorlage gegeben. Die JUNGEsche Reform des Naturgeschichtsunterrichts gilt als biologische Unterrichtsreform. Von nun an wurde unter Naturkunde der biologische Unterricht der Volksschule verstanden, der sich von der Naturlehre (= Physik und Chemie) abgrenzte. Die Naturkunde war vor allem an heimatlichen Lebensgemeinschaften orientiert und bildete zusammen mit Erdkunde und Geschichte das Fundament der ↝ Heimatkunde. Das heimatkundlich orientierte Fach Naturkunde hielt sich in der Volksschule in diesem Jahrhundert etwa bis zur curricularen Schulreform Ende der 60er Jahre und unterwies Schüler neben der Schulgartenarbeit auch in Natur- und Tierschutz (↝ Gartenarbeitsschule; ↝ Schulgarten).

Die alte Naturkunde wurde durch wissenschaftsorientierten Biologieunterricht, durch fächerübergreifende ↝ Umweltbildung und ein neues modernes ökosystemares Naturverständnis abgelöst.

JUNGE, Friedrich (1885/²1985): Der Dorfteich. Berlin.
TROMMER, Gerhard (1990/²1993): Natur im Kopf. Die Geschichte ökologisch bedeutsamer Naturvorstellungen in deutschen Bildungskonzepten. Weinheim.

Gerhard Trommer

Naturlehrpfad ↝ Lehrpfade - Lernpfade - Erlebnispfade

Naturpark
Naturpark ist definiert als großräumige, abwechslungsreiche Kulturlandschaft von besonderem landschaftlichen Reiz und hohem Erholungswert. Soweit ein gesetzlicher Schutz sichergestellt ist, werden sie in die Kategorie V der sechs Management-Kategorien der World Conservation Union (IUCN) eingeordnet. Dort heißt es: „Geschützte Landschaft/Geschütztes marines Gebiet ist ein Gebiet, dessen Management hauptsächlich auf den Schutz einer Landschaft oder eines marinen Gebietes ausgerichtet ist und die der Erholung dient."

Das Schutzziel der Naturparks in Deutschland besteht in der Erhaltung der Vielfalt, Schönheit und Eigenart von Kulturlandschaften, ihres Landschaftsbildes und Landschaftshaushaltes. Rechtsverordnungen, durch die Naturparks begründet werden, sollen sicherstellen, daß durch gezielte Schutz- und Pflegemaßnahmen sowie nachhaltige Landnutzungsformen der Charakter der Landschaft auf Dauer erhalten wird. Naturparks werden sowohl für die Wochenend- als auch für die Ferienerholung systematisch entwickelt, soweit es der Schutzzweck der „Landschaftserhaltung" erlaubt.

Für die derzeit in Deutschland bestehenden über 80 Naturparks sind unterschiedliche Träger verantwortlich, in der Regel eingetragene Vereine oder kommunale Zweckverbände. Vielfach fehlen hauptamtliche Verwaltungen. Die Naturparks sind häufig unzureichend mit Personal- und Geldmitteln ausgestattet, so daß oftmals die anstehenden Aufgaben nicht angemessen erfüllt werden können. Ihre Großräumigkeit und differenzierten Besitzverhältnisse verlangen eine enge Zusammenarbeit zwischen den Naturparkverwaltungen und anderen regionalen und lokalen Organisationen und Dienststellen.
↪ Nationalpark; ↪ Wildnis

Hans Biebelriether

Naturphilosophie
Naturphilosophie in der Antike befaßt sich mit den sinnlich wahrnehmbaren Dingen sowie den Bedingungen ihrer Erkenntnis und ist gleichbedeutend mit Naturwissenschaft. Sie gehört neben Logik und Theologie bzw. Ethik zu den theoretischen Wissenschaften. Zur Zeit GALILEIs entsteht im 17. Jahrhundert die experimentelle und mathematisch beschreibende Naturwissenschaft, die sich mit NEWTON im 18. Jahrhundert von der Naturphilosophie verselbständigt. Naturphilosophie wird nun einerseits als Wissenschaftstheorie der empirischen Naturwissenschaft verstanden, die sich mit den Grundbegriffen und Methoden vor allem der Physik befaßt. Andererseits werden in der idealistisch-romantischen Tradition (SCHELLING, HEGEL, HERDER, GOETHE) metaphysische Naturphilosophien als Gegenpositionen zur empirisch-experimentellen, am Paradigma der Mechanik orientierten Naturerkenntnis entworfen. Diese spekulativen Ansätze gehen von einer Einheit von Geist und Natur aus und begreifen Natur als ein beseeltes Ganzes, das sich nach geistigen Prinzipien in einem Entwicklungsprozeß entfaltet. Im 20. Jahrhundert entwirft WHITEHEAD eine metaphysische Naturphilosophie, die Natur als kreativen Prozeß auffaßt, unter Einschluß von Subjektivität und Gott. Auch die Naturphilosophie des Vitalismus ist eine Gegenposition zur mechanistischen Naturphilosophie. Dem Vitalismus zufolge können biologische Phänomene nicht durch physikalisch-chemische Prinzipien des Unbelebten erklärt werden, sondern verlangen eigene Erklärungsprinzipien wie z.B. eine Lebenskraft (WOLFF), eine Entelechie (DRIESCH) oder eine Theorie hierarchisch organisierter offener Systeme (V. BERTALANFFY). Naturphilosophie im Kontext der Umweltdebatte soll Grundlage für die Gestaltung der Zivilisation sein (↪ Naturbegriff; ↪ Fehlschluß, naturalistischer), die den Prinzi-

pien der lebendigen Natur Rechung trägt (⇨ Nachhaltigkeit; ⇨ sustainable development) und Natur nicht bloß als eine der menschlichen Willkür unterworfene Ressource behandelt (⇨ Biosphärenreservat; ⇨ Naturkonzept).

BOEHME, Gernot (Hrsg.) (1989): Klassiker der Naturphilosophie. Von den Vorsokratikern bis zur Kopenhagener Schule. München.

SCHIEMANN, Gregor (Hrsg.) (1996): Was ist Natur? Klassische Texte zur Naturphilosophie. München.

Gertrude Hirsch

Naturrecht

Im Unterschied zum ⇨ Naturschutzrecht bezeichnet dieser Begriff einen rechtsphilosophischen Begründungsansatz für normative Ordnungen. Während das christliche Naturrecht den Orientierungsmaßstab für jedes von Menschen gesetzte Recht in der von Gott vorgebenen Ordnung sieht, verlegt das rationale Naturrecht des 17. und 18. Jahrhunderts den Bezug der überpositiven Grundwerte rechtlicher Normen in das vernunftbegabte Individuum. Beide Begründungstraditionen haben in ihrer historischen Entwicklung für ein „Naturrecht der Natur" wenig Raum gelassen. Demgegenüber postulieren viele naturphilosophische und -ethische Ansätze (⇨ Naturphilosophie) ein Recht der Natur als Angelpunkt eines zu schaffenden ökologischen Rechts, das sich vom ⇨ Anthropozentrismus abwenden und ⇨ Gerechtigkeit für die Natur durch die Einräumung eines Status der ⇨ Mitgeschöpflichkeit schaffen soll. Soweit diese Ansätze auf die Notwendigkeit verweisen, den Belangen von Natur und Umwelt eine herausgehobene Wertigkeit im positiven Recht einzuräumen, enthalten sie wichtige Anregungen. Als darüber hinausgehender Begründungsversuch eines modernen ⇨ Umweltrechts laufen sie jedoch weitgehend leer. Naturgesetze geben Auskunft darüber, wie sich Naturprozesse vollziehen. Sie zu beachten, kann ein Gebot der Klugheit sein, aus ihnen lassen sich keine normativen Maßstäbe gewinnen, wie sich Menschen in Konfliktfällen zwischen sozialen Nutzungsinteressen und ökologischen Belangen verhalten sollen. Es resultiert nicht aus einem „Naturrecht der Natur", sondern bleibt den Entscheidungen der Menschen vorbehalten, welche Wertigkeit sie dem Schutz ihrer natürlichen Lebensgrundlagen einräumen. Da das moderne Recht nicht nur ein Wertesystem, sondern auch ein Handlungssystem ist, wird die Natur damit, selbst wo ihr im Umweltrecht ein herausragender Wert zugewiesen ist, nicht zu einem handlungsfähigen und verantwortungsbefähigten Mitglied der Rechtsgemeinschaft. Insoweit fehlt die entscheidende Voraussetzung für die Begründung eines Rechts der Natur. Sie kann daher immer nur Schutzobjekt und niemals autonom agierendes Rechtssubjekt im System eines modernen Umweltrechts sein.

⇨ Fehlschluß, naturalistischer

Rainer Wolf

Naturreligion (und Naturvölker)
Naturreligion ist gebunden an die immer mehr in Randgebiete der Erde abgedrängten und nur noch spärlich vorhandenen Naturvölker. Wir finden noch Reste im Pazifikgebiet (Australien, Neu-Guinea, Polynesien, Mikronesien, Melanesien), in Indonesien, in weniger zugänglichen Regionen Indiens, Südost- und Nordasiens, Afrikas südlich der Sahara und bei einer Reihe schriftloser Völker in Nord- und Südamerika. Naturvölker sind nicht kulturlos, sie unterscheiden sich von sog. Kulturvölkern lediglich durch einen geringeren Grad an zivilisatorisch-technischen Lebenserleichterungen und den Umstand, daß sie fast ausnahmslos schriftlos sind. Zwischen Naturvölkern gibt es noch gewaltige Unterschiede; was sie aber verbindet, sind die größere Nähe zur Natur und die viel tiefer als von uns empfundene Einheit des Lebens, was in den Naturreligionen zum Ausdruck kommt. Fast alle erleben die mystische Zusammengehörigkeit von Mensch, Tier, Pflanze und abiotischer Natur. In Naturreligionen sind diese vier wesensverwandt, vereint in einer großen kosmischen Gleichheitsdemokratie alles Seienden. Die Glaubensvorstellungen und Gebräuche der Naturvölker (Totemismus, Magie, Managlaube, Schamanismus, Animismus, Totenkult) bezeugen dies. Die Welt wird unendlich viel tiefer empfunden und erfahren als unsere Welt. Von unserer zerteilenden, spezialisierenden, analysierenden Naturforschung unterscheidet sich das „Weltbild" der Naturvölker durch seinen organischen, beseelten, partizipatorischen, ganzheitlichen Charakter. Alles ist belebt, kraftvoll wirkend und hat Seele. Unterschiede zwischen beseelt und seelenlos, lebend und leblos, immateriell und materiell bestehen nicht. Auch ein Stein hat Seele. Ganz ähnlich sprechen einige führende Naturwissenschaftler des 20. Jahrhunderts vom psychischen Innencharakter aller Wirklichkeit und bezeichnen die sogenannte tote Materie als protopsychisch. Den Naturreligionen eignet ein mystischer Partizipationsglaube („alle Teile nehmen teil am vollen Wesen des Ganzen und spiegeln es wider"). Dieser Glaube hat ebenfalls gewisse Entsprechungen im modernen physikalischen Weltbild (Mikro- und Makrokosmos; Atom- und Astrophysik; holografische Methode). Auch das logische und kausalgesetzliche Denken der Naturvölker ist nicht primitiver als unseres. Es ist nur teilweise anders wegen seiner anderen Ausgangspunkte und Zusammenhänge. Wir berücksichtigen nur die physisch-chemischen Kräfte; für Naturvölker ist auch das Seelische und Geistige eine wirkende Ursache im Naturgeschehen. Heute, da sich der „Stoff", die harte „Masse" der mechanistischen Physik in Energie, in Wellenbewegung und Kraftfeld aufgelöst hat, da moderne Physik von elektromagnetischen Wirkungen, Gravitationsfeldern u.ä. spricht, wirkt der Glaube der Naturvölker an die Natur als Fluidum, als Netzwerk wirkender Kräfte nicht mehr so fremdartig. Freilich werden die Wirkkräfte, die die ganze Welt der Naturvölker durchwalten (das Mana der Melanesier, das Orenda, Wakanda oder Manitu der Indianer, das Hamingja der Nordgermanen, das Hasina auf Madagaskar usw.), auch meist als heilig und geheimnisvoll verehrt, und daran

stößt sich der säkularisierte Mensch. Doch bleibt auch für diesen gültig, was der größte Physiker des 20. Jahrhunderts, A. EINSTEIN, so formuliert hat: „Das tiefste und erhabenste Gefühl, dessen wir fähig sind, ist das Erlebnis des Mystischen. Aus ihm allein keimt wahre Wissenschaft. Wem dieses Gefühl fremd ist, wer sich nicht mehr wundern und in Ehrfurcht verlieren kann, der ist seelisch bereits tot." (BARNETT 1957, S. 133).

BARNETT, Lincoln (1957): Einstein und das Universum (mit einem Vorwort von Albert Einstein). Frankfurt a.M.
LEEUW, Geradus van der (1956): Phänomenologie der Religion. Tübingen.
MENSCHING, Gustav (1959): Die Religion. Stuttgart.
MYNAREK, Hubertus (1988): Die Vernunft des Universums. Lebensgesetze von Kosmos und Psyche. München.

Hubertus Mynarek

Naturschutz

Der Naturschutz bezieht sich auf den Schutz und die Pflege von Tier- und Pflanzenarten (↪ Artenschutz), deren Lebensgemeinschaften (Biozönosenschutz; ↪ Biozönöse) und Lebensräumen (Biotopschutz; ↪ Biotop; ↪ Biotop mit Mensch; ↪ Biospärenreservat).

Grundlage des nationalen Naturschutzes war bis 1976 das Reichsnaturschutzgesetz von 1935, welches in der BRD Ländergesetz wurde. Heute ist es das Bundesnaturschutzgesetz (BNatSchG) von 1976, ein Rahmengesetz, welches von den Bundesländern in Ländergesetze umzusetzen ist. Der Naturschutz fällt entsprechend dem föderalistischen Aufbau der BRD in den Aufgabenbereich der Länder. Der Bund besitzt die Kompetenz der Rahmengesetzgebung sowie für den internationalen Naturschutz.

Ziele des Naturschutzes und der Landespflege sind Natur und Landschaft im besiedelten und unbesiedelten Bereich so zu schützen, zu pflegen und zu entwickeln, daß die Leistungsfähigkeit des Naturhaushalts, die Nutzungsfähigkeit der Naturgüter, die Pflanzen- und Tierwelt sowie die Vielfalt, Eigenart und Schönheit von Natur und Landschaft als Lebensgrundlage des Menschen und als Voraussetzung für seine Erholung in Natur und Landschaft nachhaltig zu sichern sind (↪ Nachhaltigkeit; ↪ sustainable development). Das Instrument zur Umsetzung ist die Landschaftsplanung mit ihren Schutzmaßnahmen (Arten- und Gebietsschutzprogramme). Der moderne Naturschutz erhebt einen gesamträumlichen Anspruch.

Eine Strategie in diesem Kontext ist das Bemühen, auf der Basis von Arten- und Biotoperfassungsprogrammen, einer systematischen Sicherung, Wiederentwicklung und Vernetzung von Lebensräumen auf der ganzen Landesfläche, um damit dem drastischen Aussterben bzw. Rückgang von Tier- und Pflanzenarten und der zunehmenden Destabilisierung von Ökosystemen gezielt entgegenwirken zu können.

↪ Landschaftspflege; ↪ Nationalpark; ↪ Naturschutzrecht

JEDIKE, Eckhard (1990): Biotopverbund. Stuttgart.
KAULE, Giselher (1986): Arten- und Biotopschutz. Stuttgart.
DER RAT VON SACHVERSTÄNDIGEN FÜR UMWELTFRAGEN (SRU) (Hrsg.) (1996): Umweltgutachten 1996. Stuttgart.

Adelheid Stipproweit

Naturschutz, ehrenamtlicher
Ehrenamtlicher Naturschutz ist konstitutiver Bestandteil der Naturschutzorganisation, der Naturdenkmalpflege (➩ Geschichte des Naturschutz) bis in die 70er Jahre dieses Jahrhunderts. Mit der Gründung von staatlichen Organisationen wie der „Staatlichen Stelle für Naturdenkmalpflege in Preußen" von 1906 war zwecks Aufgabenbewältigung und Festigung der Struktur eine Regionalisierung der Organisation in Provinzial-, Bezirks-, Landschafts- und Kreiskomitees für Naturdenkmalpflege, angesiedelt. Die Geschäftsführung der Komitees hatten in der Regel naturwissenschaftlich gebildete Privatpersonen (Lehrer, Professoren, Ärzte, Apotheker, Forstbeamte etc.) inne. Zur Aufgabenbewältigung vor „Ort" wurden von diesen sog. „Arbeitsausschüsse" gebildet, deren Mitglieder sich aus fachkundigen und interessierten Laien, aus wissenschaftlichen Anstalten, aus Vereinen etc. rekrutierten. Die Tätigkeit der Geschäftsführer und Ausschußmitglieder war ehrenamtlich, die Beschaffung der Verwaltungskosten Aufgabe der Komitees. Erst der ehrenamtliche Naturschutz ermöglichte eine landesweite Naturschutzarbeit mit einem Mindestmaß an Finanz- und Personalressourcen (ERZ 1983). Neben der umfangreichen fachlichen wissenschaftlichen Arbeit, die vom ehrenamtlichen Naturschutz geleistet wurde, trug er durch vielfältige Bildungsarbeit dazu bei, daß Bedeutung und Ziele des Naturschutzes weiten Teilen der Bevölkerung bekannt wurden. Diese Form der staatlichen, aber ehrenamtlichen Naturschutzorganisation ist 1935 vom Reichsnaturschutzgesetz praktisch übernommen worden („Stellen für Naturschutz" und „Beauftragte für Naturschutz") und bestand in der Bundesrepublik bis 1976. Durch die aufgezeigte Organisation des Naturschutzes bedingt, wurden die fachlichen Aufgaben im Naturschutz nahezu gänzlich von den „Geschäftsführern" bzw. „Beauftragten" und den Arbeitsausschüssen ehrenamtlich wahrgenommen. Dieses hat zur Entwicklung eines recht kämpferischen und selbstbewußten und in weiten Bereichen fachlich kompetenten ehrenamtlichen und vereinsmäßig organisierten Naturschutz geführt.
Die starke Gewichtung des ehrenamtlichen Naturschutzes ist in jüngster Zeit kritisiert und als Fehlentwicklung beurteilt worden. Im Naturschutz wurde, so ERZ (1981), der Aufbau einer arbeitsfähigen Behörde versäumt und Naturschutz in seiner Arbeits- und Wirkungsweise zum „Feierabend- Naturschutz" degradiert. Ehrenamtlicher Naturschutz in der tradierten Linie besteht heute nur noch in Form der „Beiräte für Naturschutz und Landespflege" bei den Landesbehörden in beratender Funktion, die auf der Grundlage

des BNatSchG und den entsprechenden Ländergesetzen von Naturschutzverbänden entsandt werden können (↪ Naturschutzvereine).

ERZ, Wolfgang (1981): Zur zeitgeschichtlichen Entwicklung von Naturschutz und Landespflege. In: RHEINISCHER VEREIN FÜR DENKMALPFLEGE UND LANDSCHAFTSPFLEGE (Hrsg.): Jahrbuch des Rheinischen Vereins für Denkmalpflege und Landschaftsschutz. Neuss, S. 367-388.

ERZ, Wolfgang (1983): 75 Jahre Bundesforschungsanstalt für Naturschutz und Landschaftsökologie im Spiegelbild deutscher Naturschutzgeschichte. In: ARBEITSGEMEINSCHAFT DEUTSCHER BEAUFTRAGTER FÜR NATURSCHUTZ UND LANDSCHAFTSPFLEGE (Hrsg.): Jahrbuch Naturschutz und Landschaftspflege. Band 33. Bonn, S. 177-193.

Adelheid Stipproweit

Naturschutzgebiet ↪ Nationalpark; ↪ Naturpark; ↪ Biosphärenreservat

Naturschutzrecht

Unter Naturschutzrecht wird der Teilbereich des ↪ Umweltrechts verstanden, der sich speziell mit dem Schutz von Tieren und Pflanzen, ihrer Lebensräume, der Leistungsfähigkeit des Naturhaushaltes sowie der Vielfalt, Eigenart und Schönheit der Landschaft befaßt. Rechtsgrundlage dafür ist das Bundesnaturschutzgesetz (BNatSchG). Es wird durch die Naturschutzgesetze der Länder konkretisiert und setzt seinerseits internationale Übereinkommen wie das Washingtoner Artenschutzabkommen oder Regelungen der EG wie die Flora-Fauna-Habitat-Richtlinie in nationales Recht um. Die große konzeptionelle Schwäche liegt in der gesetzlichen Vermutung, daß die ordnungsgemäße Landwirtschaft den Zielen des ↪ Naturschutzes dient. Das BNatSchG umfaßt im wesentlichen drei eigenständige Regelungskomplexe: Regelungen zum Artenschutz (§§ 20 ff.), Vorschriften zur Ausweisung von Schutzgebieten (§§ 12 ff.) sowie Bestimmungen über die Naturschutzplanung (§§ 5-7). Daneben enthält es auch allgemein geltende und querschnittsorientierte Regelungen. Von besonderer Bedeutung ist die naturschutzrechtliche Eingriffsregelung (§ 8 BNatSchG). Sie besagt, daß Eingriffe in Natur und Landschaft nur zulässig sind, wenn sie unvermeidbar sind. Unvermeidbare Eingriffe sind dadurch auszugleichen, daß die gestörten Funktionen durch sogenannte Ausgleichsmaßnahmen wiederhergestellt werden. Läßt sich keine gleichartige Kompensation bewerkstelligen, so ist der Eingriff nur zulässig, wenn die mit ihm verfolgten Belange dem Integritätsinteresse der Natur im Rang vorgehen. Wird dies bejaht, sind Ersatzmaßnahmen, mit denen ein gleichwertiger Ersatz an Stelle der gestörten Funktionen im betroffenen naturräumlichen Zusammenhang geschaffen werden kann, vorzusehen (↪ Naturrecht).

BENZ, Heribert (1989): Natur- und Umweltschutzrecht. Heidelberg.
GASSNER, Erich (1995): Das Recht der Landschaft. Radebeul.

Rainer Wolf

Naturschutzvereine

Naturschutzvereine und -verbände sind Zusammenschlüsse von Personen und Vereinen, die sich in ihrer Zielsetzung ausschließlich oder zumindest überwiegend auf den Schutz der Natur oder deren Teilbereiche beziehen. Als Interessengruppen versuchen sie zum einen den Staat direkt zu beeinflussen. Zum anderen werden durch die Aktivierung einer kritischen politischen Öffentlichkeit und durch gesellschaftliche Willensbildung Interessen in den politischen Entscheidungsbereich gebracht.

Entstanden sind Naturschutzvereine im ausgehenden 19. und zu Beginn des 20. Jahrhunderts als Antwort auf die Verlusterfahrung von Natur, verursacht durch die sich rasch ausbreitende Industrialisierung (⇨ Geschichte des Naturschutzes). Ihre hohe Affinität zu konservativen, nationalistischen Strömungen ermöglichte ihre Inanspruchnahme durch den Nationalsozialismus. Im Verlauf der Polarisierung der umweltpolitischen Debatte entwickelten sie sich zusammen mit der neu entstandenen Umwelt- und Friedensbewegung zum „Problemanzeiger", „Erzeuger einer kritischen Öffentlichkeit für umweltpolitische Fragen" und zum „Promotor von ökologischen Belangen" (DER RAT VON SACHVERSTÄNDIGEN FÜR UMWELTFRAGEN 1996).

In der BRD räumten das BNatSchG von 1976 und die entsprechenden Ländergesetze über Beteiligungsrechte den Naturschutzvereinen weiterhin eine gesellschaftliche Stellvertreterfunktion zur Wahrnehmung allgemeiner umweltrelevanter Interessen mit beratender Funktion bei den Landesbehörden ein (z.B. Einsichtnahme und Anhörung bei Eingriffen in die Landschaft, bei bestimmten Planverfahren sowie zur Entsendung von „Beiräten für Naturschutz und Landschaftspflege"; zur Entwicklung in der DDR vgl. DER RAT VON SACHVERSTÄNDIGEN FÜR UMWELTFRAGEN 1996).

Eine bedeutende Rolle kommt den Naturschutzvereinen zudem aufgrund ihrer Öffentlichkeitsorientierung bei der Ausbildung eines ⇨ Umweltbewußtseins und eines Ethos integrierter Verantwortung zu. Entsprechend erheben landesweit oder international operierende Natur- und Umweltschutzvereine und -verbände zunehmend das ⇨ Leitbild einer zukunftsfähigen Entwicklung (⇨ sustainable development) zur Handlungsmaxime.

⇨ Naturschutz, ehrenamtlicher

DER RAT VON SACHVERSTÄNDIGEN FÜR UMWELTFRAGEN (SRU) (Hrsg.) (1996): Umweltgutachten 1996. Stuttgart.

Adelheid Stipproweit

Naturverhältnisse, gesellschaftliche

Zusammen mit der Befriedigung überlebensnotwendiger Grundbedürfnisse bilden sich in jeder Gesellschaft spezifische Beziehungen zur natürlichen Mitwelt (⇨ Mitwelt, natürliche), zu anderen Menschen und zum jeweiligen kulturellen Umfeld aus. Diese gesellschaftlichen Naturverhältnisse müssen dauerhaft reguliert werden, damit menschliches Leben möglich und der gesellschaftliche Lebensprozeß intergenerativ fortsetzbar ist (JAHN 1991). Ihre materielle Regulierung erfolgt in einem kulturellen Nexus, der ohne Arbeit und Produktion nicht möglich wäre: Produktion von Nahrungsmitteln, Werkzeugen, Kleidung und Wohnung oder von Fortbewegungsmitteln, aber auch von jenen symbolischen Formen, die insgesamt eine Kultur ausmachen und vorprägen, was jeweils als ausreichend, sauber, gesund, sicher, befriedigend, lustvoll und schön gelten soll. Schon deshalb müssen die verschiedenen gesellschaftlichen Naturverhältnisse nicht nur materiell reguliert, sondern immer auch kulturell symbolisiert werden. Ernährung, Arbeit und Produktion, Fortbewegung und Fortpflanzung sind basale Verhältnisse von denen andere (wie Kleidung, Wohnung und Schutz vor Bedrohungen, Bildung und Erziehung) abhängen. Den verschiedenen materiellen Regulationsformen entsprechen zugleich Elemente einer symbolischen Ordnung - vermittelt über Sprache, Riten, Mythen, Religion, Kunst und Wissenschaft (CASSIRER 1990). Sie bestimmen auch die Formen und Möglichkeiten der individuellen Teilhabe am gesellschaftlichen Leben. Produktionsverhältnisse und Geschlechterverhältnisse bilden gewissermaßen Pole einer Regulationsordnung.

Durch Verschränkung ökologischer, kultureller und ökonomischer Probleme im Industrialisierungsprozeß ist es weltweit zur Krise der gesellschaftlichen Naturverhältnisse gekommen. Jeder „Lösungsversuch" bedeutet einen Eingriff in deren Dynamik - mit unvorhersehbaren und unerwünschten gefährlichen Nebenfolgen (↪ Wirtschaften, nachhaltiges). In dem Maße, wie diese Verhältnisse von ausdifferenzierten gesellschaftlichen Funktionssystemen abhängig sind - ökonomisiert, technisiert, verrechtlicht, verwissenschaftlicht - schwächt sich die Regulationskraft traditioneller symbolischer Ordnungen; es entsteht ein gesellschaftlicher Zwang zu neuen technischen, ökonomischen oder wissenschaftlichen 'Lösungen'. In der ökologischen Krise werden nicht nur die Ökosysteme, sondern auch die „sozialen Funktionssysteme" überlastet, gestört und deren Ressourcen aufgezehrt - anders gesagt: Die institutionalisierten Regulationsweisen der Gesellschaft sind überfordert; Gesellschaft wird zum ökologischen Risiko (BECKER 1996; ↪ Risikogesellschaft).

Der Verbrauch materieller Ressourcen und die Umweltverschmutzung sind sowohl Voraussetzung, als auch Folgen der Art und Weise, wie ein zentrales gesellschaftliches Naturverhältnis reguliert wird, nämlich ↪ Arbeit und Produktion. In den destruktiven Wachstumsprozessen drückt sich aus, daß materielle Regulationsweisen gestört sind, was nach sich zieht, daß weltweit symbolische Ordnungen zerbrechen und nach und nach durch mediale Inszenierungen und politisch-administrative Regulationen ersetzt werden. Arbeit und Produktion vollziehen sich inzwischen fast vollständig unter den Bedingungen des Weltmarktes nach kapitalistischem Grundmuster. Ein basales gesellschaftliches Naturverhältnis ist dadurch weitgehend von der Befriedigung menschlicher Grundbedürfnisse abgekoppelt. Traditionelle Formen, mit denen Geschlechterverhältnisse und darüber Fortpflanzung und Sexualität reguliert werden - der zweite Pol jeder symbolischen Ordnung -, verselbständigen sich in diesem Prozeß gegenüber den Produktionsverhältnissen und verlieren ihre kulturelle Regulationskraft. Auf der globalen Ebene zeigt sich dies als scheinbar ungebremstes Bevölkerungswachstum (↪ Bevölkerungsexplosion). Damit verändern sich aber nicht nur die tradierten Muster symbolischer Ordnungen, sondern das gesamte Ensemble gesellschaftlicher Naturverhältnisse wird krisenhaft. Die global-ökologische Krise - abgelesen am anthropogenen Treibhauseffekt oder am Verlust von Biodiversität - ist lediglich der quantitative Ausdruck dieser Krise. Versucht man sie ernsthaft zu bearbeiten, dann geht es nicht mehr abstrakt um Wachstumsbegrenzungen, sondern um tiefgreifende Änderungen der Produktions- und Konsumformen sowie der Verhältnisse zwischen den Geschlechtern und Generationen.

↪ Naturentfremdung; ↪ Sonderstellung des Menschen

BECKER, Egon (1996): Risiko Gesellschaft. In: UNIVERSITAS, Nr. 2, S. 166-179.
CASSIRER, Ernst (1990): Versuch über den Menschen. Frankfurt a.M.
JAHN, Thomas (1991): Krise als gesellschaftliche Erfahrungsform. Umrisse eines sozial-ökologischen Gesellschaftskonzepts. Frankfurt a.M.

Egon Becker

Naturwahrnehmung

Naturwahrnehmung findet zunächst über das sensorische System als direktes Bindeglied zu der umgebenden Natur statt. Man kommt mit der Natur „in Berührung" und nimmt sie mit allen Sinnen wahr. Die Wahrnehmung ist jedoch kein Abbild objektiver Naturmerkmale, sondern wird in starkem Maße durch personale und situationale Faktoren (z.B. Erwartungshaltungen, Aufmerksamkeit, Einstellungen, Bedürfnisse, Stimmungen) beeinflußt. Sie kann daher auf der Basis kognitiver und konstruktivistischer Forschungstraditionen als ein aktiver und konstruktiver Prozeß angesehen werden, bei dem Wahrnehmungsinhalte nach bestimmten Kriterien organisiert, ergänzt oder neu gebildet werden (↪ Konstruktivismus). Große Bedeutung haben bei diesem Prozeß vor allem Kriterien für die Qualität der wahrgenommenen Natur (↪ Naturentfremdung). In der Tradition naturbezogener Pädagogik wird von Betrachtungsweisen oder Leitbildern gesprochen, die die Naturwahrnehmung strukturieren und in individuelle Handlungssysteme integrieren (z.B. die geliebte, die beherrschte, die bedrohte, die verehrte, die benötigte Natur). So verstanden wird Naturwahrnehmung schon beim unmittelbaren Kontakt mit der Natur zu einem Element von Kulturaneignung (↪ Umweltwahrnehmung). Für Umweltbildung hat dies zur Konsequenz, durch Natursensibilisierung nicht so sehr eine positive Einstellung zur Natur im Sinne einer allgemein anerkannten Betrachtungsweise der Natur zu initiieren, sondern eher die Unterschiedlichkeit der Naturwahrnehmung von Kindern einer Erörterung und damit einer Bewußtwerdung zugänglich zu machen.

↪ Naturkonzept

SEEL, Hans-Jürgen/SICHLER, Ralph (Hrsg.) (1995): Mensch – Natur. Zur Psychologie einer problematischen Beziehung. Opladen.

TROMMER, Gerhard (1990/²1993): Natur im Kopf. Die Geschichte ökologisch bedeutsamer Naturvorstellungen in deutschen Bildungskonzepten. Weinheim.

Hansjörg Seybold

Naturwissenschaft, soziale

Soziale Naturwissenschaft thematisiert die historische Entwicklung des realen Verhältnisses von Gesellschaft und äußerer Natur in einer mittleren Größenordnung (Umwelt) sowie mögliche und wünschenswerte Fortsetzungen in der Zukunft. Soziale Naturwissenschaft ist Programm für eine „Wissenschaft von der sozial konstituierten (beeinflußten) und konstruierten Natur". Mit den zentralen Begriffen „Stoffwechsel", ↪ „Arbeit" und „ökologisches Gefüge" sollen die konzeptionellen Gegensätze zwischen den Sozial- und Naturwissenschaften bei der Behandlung des Umweltproblems überwunden werden (↪ Sonderstellung des Menschen).

Durch Arbeit an der äußeren Natur werden „ökologische Systeme" zu „ökologischen Gefügen"; damit wird der „Stoffwechsel" (Stoff- und Energieströme) zwischen Gesellschaft und äußerer Natur für menschliche Zwecke eingerichtet. ↪ Leitbild einer zukünftigen Entwicklung ist nicht der Rückzug aus der äußeren Natur, sondern die Einrichtung von ökologischen Gefügen, die auf Dauer die Produktivität der Natur mit der Produktivität der Gesellschaft verbinden. Wenn äußere Natur gesellschaftlich gestaltbar ist, so muß auch gesellschaftlich ausgehandelt werden, welche Natur die Gesellschaft haben will. Dies erfordert eine neue Naturpolitik.

↪ Ökologisierung; ↪ Ökosystem; ↪ sustainable development; ↪ Zivilisierung, ökologische

BÖHME, Gernot/SCHRAMM, Engelbert (Hrsg.) (1985): Soziale Naturwissenschaft. Wege zu einer Erweiterung der Ökologie. Frankfurt a.M.

DENEKE, Michael/SCHRAMM, Engelbert (1998): „Soziale Naturwissenschaft" - zwischen Sozialwissenschaften und Naturwissenschaften. In: HAUSKELLER, Michael/ REHMANN-SUTTER, Christoph (Hrsg.): Naturerkenntnis und Natursein - Für Gernot Böhme. Frankfurt a.M, S. 258-270.

Michael Deneke

Normen

Bei Normen handelt es sich um Gewohnheiten, Sitten, Traditionen und Konventionen, welche sich zu dem Zweck herausgebildet haben, wiederholte menschliche Interaktion zu koordinieren. Bereits von Geburt an werden Personen mit regionen- bzw. kulturspezifischen Verhaltensnormen konfrontiert. Diese beeinflussen menschliche Verhaltensweisen auf zweifache Weise. So muß ein Individuum im Falle der Nicht-Einhaltung von Normen damit rechnen, in mehr oder weniger hohem Ausmaß mit Sanktionen bzw. Kosten seitens Dritter belastet zu werden (Freundschafts-, Solidaritäts- und Vertrauensentzug). Hier kann von gesellschaftlich sanktionierten Verhaltensnormen gesprochen werden. Zum anderen kann die Erfüllung der Erwartung ein eigenständiges Handlungsmotiv der Individuen sein. Die Norm wird Teil der Persönlichkeit. In diesem Sinne sind Normen internalisiert und als intern bindende Verhaltenskodizes bzw. Regeln wirksam. Beide Wirkungsebenen hängen miteinander zusammen.

Jedoch ist zu beachten, daß die Bindungsfähigkeit von Normen begrenzt ist, da Normen zumindest nicht systematisch gegen institutionell gesetzte Restriktionen und Anreizbedingungen (z.B. Preise) wirken. Die Wirksamkeit normorientierter Lösungen der Umweltproblematik hängt demnach entscheidend von der Höhe der Kosten für die Ingangsetzung, Beibehaltung und Kontrolle normorientierten Verhaltens ab:

- Bei wenigen Akteuren ist die Verhaltenswirksamkeit von Umweltnormen möglich, weil einzelne Trittbrettfahrer identifiziert und mit sozialen Kosten wie Entzug von Solidarität und Vertrauen bestraft werden können. In lokalen Umweltproblemen eines abgrenzbaren sozialen Netzwerks können durch Appelle an Umweltnormen umweltfreundliche Verhaltensweisen verbreitet werden. Da in den mentalen Modellen der Menschen soziale Beziehungen als Bezugspunkt für Identität und Zugehörigkeit bestehen, bildet im unmittelbaren sozialem Umfeld persönliche Anerkennung einen wirksamen Handlungsanreiz.
- Dies ändert sich, wenn die Zahl der Beteiligten anwächst und der Kontext anonymer ist. Dann ist es infolge hoher Anbahnungs-, Beibehaltungs- und Kontrollkosten von Umweltnormen für einzelne Akteure vorteilhaft, die Trittbrettfahrerposition einzunehmen, für eine intakte Umwelt zu plädieren, aber einen tatsächlichen Beitrag zur Herbeiführung einer verbesserten Umwelt zu meiden. Das hat die gravierende Konsequenz, daß zwischen dem Interesse an der Verbindlichkeit einer Umweltnorm und dem tatsächlichen normenkonformen Verhalten unterschieden werden muß. Der einzelne, der in anonymen Handlungszusammenhängen normenkonform handelt, bleibt ausbeutbar. Allzu leicht werden in anonymen Kontexten Umweltnormen erodieren. Aufklärerisch-erzieherische Maßnahmen, die sich ausschließlich an die individuellen Dispositionen richten, laufen unter dieser Konstellation Gefahr, daß sie eine zynische Haltung bei den Betroffenen provozieren. Insofern können Appelle an die individuelle Umweltmoral allein zu einer (ungewollten) Verschärfung der Probleme beitragen.

⇨ Moral

KARPE, Jan/KROL, Gerd-J. (1997): Ökonomische Verhaltenstheorie, Theorie der Institutionen und ökonomische Bildung. In: KRUBER, Klaus-P. (Hrsg.): Konzeptionelle Ansätze ökonomischer Bildung. Bergisch Gladbach, S. 75-102.

NORTH, Douglas C. (1992): Institutionen, institutioneller Wandel und Wirtschaftsleistung. Tübingen.

SCHMID, Michael (1996): Das Problem der Normentstehung. In: GADENNE, Volker/ WENDEL, Hans J. (Hrsg.) (1996): Rationalität und Kritik. Tübingen, S. 151-182.

Jan Karpe

Nullwachstum ↝ Wirtschaftswachstum

Nutzgarten
Die ersten Gärten in Mitteleuropa (keltische Gärten, 2000 v. Chr.) waren gegen Wild eingezäunte Felder, Nutzgärten (↝ Gärtner, kulturhistorisch). Die berühmt gewordenen Gärten der Perser und mediteranen Antike stellten ein geordnetes Gesamt aus Nutz-, Zier-, Lust- und auch Repräsentationsgarten dar (WIMMER 1989). Der Nutzgarten wurde über viele Jahrhunderte auch als der „schöne Garten" angesehen (vgl. Kloster-, Bauerngärten). Im letzten Jahrhundert, in Europa nach den Weltkriegen, wurde mit der Emanzipation von der Natur und der Delegation der Ernährung an das ↝ Agrobusiness (KLEBER 1993) sowie dem Triumpf der Gefrier-Mikrowellen-Kette und dem Aufkommen von Designerfood der Nutzgarten streng vom Zier- und Lust- bzw. Repräsentationsgarten getrennt. Diese Trennung wurde konsequent schon vor den Weltkriegen in angelsächsischen Ländern, insbesondere den USA und Australien, durchgesetzt. Der Nutzgarten wurde in vom öffentlichen Leben abgetrennte Bereiche verbannt (backyard). Im Vorgarten durfte bei Strafe keine Nutzpflanze wachsen. In vielen wohlhabenden Wohngegenden wurde ein Nutzgarten zum Makel, die Nutzgärtner wurden stigmatisiert und vertrieben. Soweit ist es in Mitteleuropa nicht gekommen, jedoch herrscht dieser Trend vor. Der „schöne Garten" ist heute der Repräsentationsgarten, das mit Versatzstücken der Natur garnierte Out-door-Ambiente des erfolgreichen modernen Menschen (↝ Naturentfremdung; ↝ Kultur, postbiologische).

Seit den 80er Jahren gibt es eine Gegenbewegung; ↝ Permakultur hat den Vor- und Repräsentationsgärten den Kampf angesagt. ↝ Sustainable development (zukunftsfähige nachhaltige Entwicklung) ist Thema der Permakultur. Damit wird das Böden, Luft und Wasser vergiftende Agrobusiness abgelehnt; auch für die Erzeugung unserer Nahrungsmittel müssen wir umdenken, umlernen. Ein Garten ist nach diesen Prinzipien immer eine Integration von Zier-, Lust- und Nutzgarten; er ist immer möglichst naturnah, wird niemals, ohne einen Ernährungsbeitrag für Menschen zu leisten, angelegt; er ist ein Modell für zukunftsfähige nachhaltige Erzeugung (↝ Nachhaltigkeit) von Nahrungsmitteln - ein ↝ Biotop mit Mensch (KLEBER/KLEBER 1999). Ein solch integrierter Nutzgarten ist ein wichtiger Erfahrungsraum für ↝ Umweltbildung, für saisonales Leben (↝ Leben, saisonales) und das „Sich-Auf-Sich-Entwickelndes" einlassen, ein Zugang für ↝ Entschleunigung und konstruktive Langsamkeit (REHEIS 1996).

KLEBER, Eduard W. (1993): Grundzüge ökologischer Pädagogik. Weinheim.
KLEBER, Eduard W./KLEBER, Gerda (1999): Gärtnern im Biotop mit Mensch - der nachhaltige, zukunftsfähige Garten nach Prinzipien der Permakultur. Xanten.
REHEIS, Fritz (1996/²1998): Die Kreativität der Langsamkeit. Neuer Wohlstand durch Entschleunigung. Darmstadt.
WIMMER, Clemens A. (1989): Geschichte der Gartentheorie. Darmstadt.

Eduard W. Kleber

O

Öffentliches Gut ⇒ Allmende

Öffnung der Schule
Öffnung der Schule ist Leitbild für die Fortentwicklung von „offenen" Unterrichtskonzepten (Freiarbeit, Projekte, Gliederung des Klassenraums), die subjektzentriertes und soziales Lernen in einer lernfreundlichen Umgebung in den Mittelpunkt stellt und zu einer darauf basierenden qualitativen Schulentwicklung beitragen will. Begründet durch diagnostizierte Veränderungen der Lebens- und Lernbedingungen sowie Kompetenzerfordernisse, angeregt durch Ansätze der Reformpädagogik (Lebensnähe) und aus dem angelsächsischen Raum (Community Education) wird Öffnung der Schule in Deutschland mit unterschiedlichen Zielsetzungen seit ca. 20 Jahren entwickelt - anfangs primär im Grundschulbereich. Vorreiter der internationalen Bewegung ist in Deutschland der Verein Community-Education (COMED). „Öffnung nach innen" umfaßt gegen einseitige Lernzielorientierung die Erneuerung der Methoden- und Unterrichtskultur und will das Schulleben partizipativ gestalten (Schule als Lebensraum, umweltfreundliche Schule). „Öffnung nach außen" beinhaltet Stadtteil- bzw. Gemeinwesenarbeit, Elternarbeit, den Aufbau eines ⇒ Lern-Orte-Netzes, Kooperation mit außerschulischen Einrichtungen, Gruppen und Personen und stellt (zum Teil umgekehrt) die Schule für die Bürger des Stadtteils und kommunale Entwicklungsaufgaben zur Verfügung (vgl. NRW-Programm „Gestaltung des Schullebens und Öffnung von Schule [GÖS]"). Mit einer systematischen Öffnung der Schule und Tendenz zu einer verstärkten Autonomie wird die staatlich-kommunale Bestimmung schulischer Bildung in eine gesellschaftliche transformiert.

Für ⇒ Umweltbildung ist die umfassende Öffnung der Schule in methodischer, inhaltlicher und institutioneller Hinsicht, insbesondere in der Schule und zum Stadtteil/zur Region (⇒ Lernorte) ein fundamentales Prinzip; Umweltbildung wurde zu einem Motor der Öffnung der Schule. Durch wahrnehmungs-, erfahrungs- und handlungsorientierten Unterricht wird eine erfolgreichere Umweltbildung und -politik erwartet. In der Perspektive einer nach-

haltigen Entwicklung (↝ Nachhaltigkeit; ↝ sustainable development) geht es zudem um die Verknüpfung lokaler Themen mit konkreten Fragen in entfernten Regionen/Ländern und globalen Fragen (↝ Agenda 21; ↝ Agenda 21, lokale; ↝ Lernen, ökologisches). Zur Unterstützung der Öffnung der Schule sind regionale Institutionen (↝ Umweltzentren) mit Initiierungs- und Dienstleistungsfunktion sinnvoll (↝ Curriculumentwicklung, lokale).
↝ Kommunikationsökologie; ↝ Ökoschule

BECKER, Gerhard (1996): Öffnung von Schule und ökologische Stadtentwicklung. In: BURMEISTER, Hans-P. u.a. (Hrsg.): Lebensraum Schule. Rehburg-Loccum, S. 137-156.

REINHARDT, Klaus (1992): Öffnung der Schule. Weinheim.

SCHLEICHER, Klaus (Hrsg.) (1992): Lernorte in der Umwelterziehung. Hamburg.

Gerhard Becker

Öko-Audit

Der Begriff „Audit" stammt ursprünglich aus der Wirtschaftsprüfung. Er wird bezogen auf die Revision des Finanzbereichs und für die Sicherung der Produktqualität eines Unternehmens verwendet. Analog dem Zweck einer Bilanz soll das „Öko-Audit" die Ablegung einer betriebsinternen Rechenschaft (Bilanzprüfung) über die Umweltleistungen gewähren. Sogenannte „Qualitäts-Audits" dienen vor allem der Anpassung der Unternehmen im Hinblick auf wachsende gesetzliche Anforderungen an die Gebrauchstauglichkeit der Produkte. Vorläufer eines Öko-Audits entstanden Ende der 60er Jahre in den USA und wurden dort in der Rüstungsindustrie angewendet.

Das Öko-Audit ist ein Managementinstrument für einen verbesserten Umweltschutz in den Unternehmen der Europäischen Gemeinschaft (↝ Wirtschaften, nachhaltiges). Trotz steigender Regelungsdichte und Kosten für den Umweltschutz wurde die Umweltsituation in den letzten Jahrzehnten ständig schlechter. Vor diesem Hintergrund findet eine teilweise Umorientierung der Umweltpolitik statt, weg von Geboten und Verboten hin zu ökonomischen Instrumenten.

Rechtsgrundlage des Öko-Audits bildet die Verordnung Nr. 1836/93 des Rates der EU vom 29.06.1993 über die freiwillige Beteiligung gewerblicher Unternehmen an einem Gemeinschaftssystem für das Umweltmanagement und die Umweltbetriebsprüfung. In der Bundesrepublik bildet das Umweltauditgesetz (UAG) vom Dezember 1995 die entsprechende, ergänzende Rechtsgrundlage zur Verordnung. Die EU-Kommission setzt mit der Verordnung auf ein Anreizsystem für Unternehmen, über bestehende Gesetze hinaus im ↝ Umweltschutz aktiv zu werden. Damit sollen nicht nur Haftungsrisiken minimiert, Kosten eingespart und Vorteile gegenüber Konkurrenten erzielt, sondern auch tatsächliche Verbesserungen der Umweltsituation erreicht werden (↝ Ökobilanz).

Ziel der Verordnung ist es, daß die Unternehmen eine Umweltpolitik festlegen, die nicht nur die Einhaltung aller einschlägigen Umweltvorschriften vorsieht, sondern auch Verpflichtungen zur angemessenen kontinuierlichen Verbesserung des betrieblichen Umweltschutzes umfaßt (Artikel 3a). Weiter sollen die Umweltauswirkungen in einem solchen Umfang verringert werden, wie es sich mit der wirtschaftlich vertretbaren Anwendung der besten verfügbaren Technik erreichen läßt (Artikel 3a). D.h. die Umweltleistungen eines Unternehmens sollen gezielt über die gesetzlichen Anforderungen und Mindeststandards hinausgehen. Vor diesem Hintergrund läßt sich auch die Freiwilligkeit der Teilnahme erklären, da es widersinnig wäre, Betriebe zur Übererfüllung der selbst festgelegten Umweltbestimmungen zu verpflichten.

Unternehmen, die an einem oder mehreren Standorten gewerbliche Tätigkeiten ausüben (Dienstleistung und Handel ausgenommen), können an der Umweltbetriebsprüfung teilnehmen. Eine Erweiterung für nicht-gewerbliche Betriebe ist durch den nationalen Gesetzgeber umsetzbar und in der Bundesrepublik geplant. Zur Eintragung des Standortes in die Liste, die einmal jährlich im Amtsblatt der EU veröffentlicht wird, müssen alle im folgenden beschriebenen Elemente erfüllt sein:

Der formale Ablauf der Umweltbetriebsprüfung:
Zunächst muß eine betriebliche Umweltpolitik festgelegt werden, die den oben genannten Anforderungen entspricht. Im Anschluß daran wird die erste Umweltprüfung an dem Standort durchgeführt, für den die Teilnahme beantragt wurde. Auf der Basis der Ergebnisse der ersten Umweltprüfung soll dann ein Umweltprogramm aufgestellt werden, das der Erfüllung der Verpflichtungen zur Verbesserung der Umweltsituation dient. Darüber hinaus soll ein Umweltmanagementsystem implementiert werden. Daraufhin wird die eigentliche Umweltbetriebsprüfung durchgeführt. Auf höchster Managementebene werden, basierend auf den Ergebnissen der Umweltbetriebsprüfung, Ziele festgelegt, die auf kontinuierliche Verbesserung des betrieblichen Umweltschutzes ausgerichtet sind. Anschließend wird eine Umwelterklärung erstellt, die zusammen mit der Umweltpolitik, dem Umweltprogramm, dem Umweltmanagementsystem sowie der Umweltprüfung oder dem Prüfverfahren von einem anerkannten Umweltgutachter auf Übereinstimmung mit den Bestimmungen der Verordnung überprüft und für gültig erklärt werden muß.

In der BRD sind etwa 800 Standorte validiert (Stand 9/1997), und es existieren zahlreiche branchenbezogene oder branchenübegreifende Leitfäden, so daß die Orientierung für die Firmen leichter geworden ist.

⇨ Umweltverträglichkeitsprüfung

KLEMISCH, Herbert (Hrsg.) (1997): Öko-Audit und Partizipation. Köln.
LINDLAR, Angela (1995): Umwelt-Audit. Bonn.

Herbert Klemisch

Ökobilanz

Die Ökobilanz ist eine Methode zur Untersuchung der Auswirkungen eines Unternehmens oder Produktes (⇨ Rucksack, ökologischer) auf die Umwelt. Die betriebliche Ökobilanz erfaßt das Unternehmen in seiner stofflichen und energetischen Gesamtheit. Bei den produkt- oder stoffbezogenen Ökobilanzen stehen einzelne Produkte oder Produktlinien über ihre verschiedenen Entwicklungsstufen von der Rohstoffgewinnung, über die Verarbeitung bis zur Entsorgung im Mittelpunkt der Analyse. Betriebliche und produktbezogene Ökobilanzen gehören zu den weichen umweltpolitischen Instrumenten, deren Einführung präventiven Umweltschutz ermöglicht und planbar macht.

Bei unternehmensbezogenen Ökobilanzen kann man vier Teilbilanzierungskonzepte unterscheiden:

1. Bei der Betriebsbilanz wird der Betrieb als „black box" betrachtet und durch eine Stoff- und Energiebilanz abgebildet. Dabei werden die Ströme der eingesetzten Stoffe und Energien (Input) den Strömen der entstehenden Produkte und Emissionen (Output) gegenübergestellt.
2. Im Rahmen einer Prozeßbilanz werden die Umweltwirkungen eines Produktionsprozesses wiedergegeben, wobei die Betriebsbilanz in kleinere Einheiten gebrochen wird.
3. In der Produktbilanz werden die hergestellten Produkte über ihren Produktlebenszyklus betrachtet.
4. Zur Standortbilanz gehören Aspekte wie Flächennutzung und Bebauung, Landschaftsverbrauch, Boden und Gewässerverunreinigungen.

Betriebliche Ökobilanzen sind Teil des ⇨ Öko-Audits. Methodisch unterschiedliche Ausprägungen sind verschiedenen Theorieschulen geschuldet. Vom wissenschaftlichen Anspruch am weitesten entwickelt ist das Öko-Controlling. Hier werden für alle vier Produktionsstufen (Prozesse, Produkte, Betrieb und Substanz) Teilbilanzen erstellt, in denen die Stoff- und Energieflüsse in Form von Input/Output-Analysen erhoben werden. Der Bewertung liegt ein standardisiertes, allerdings subjektives Verfahren mit sieben Kriterien zugrunde, innerhalb derer jeweils eine Abstufung von A (hohes ökologisches Risikopotential) bis C (nach derzeitigem Forschungsstand kein Risikopotential) erfolgt.

Produktökobilanzen:
Nach den bisherigen Vorschlägen des Umweltbundesamtes soll sich eine Produkt-Ökobilanz aus folgenden Teilen zusammensetzen:
1. Die *Zieldefinition* beinhaltet eine Eingrenzung des Untersuchungsrahmens und des Untersuchungszieles.
2. Die *Sachbilanz* ist zweidimensional angelegt: Die vertikale Betrachtung umfaßt den Produktlebenszyklus; die horizontale Ebene will die mit dem Lebensweg verbundenen Luft-, Wasser- und Bodenbelastungen durch Schadstoffe, den Verbrauch an Roh-, Hilfs- und Betriebsstoffen, Energie, Wasser etc. erfassen.

3. Die *Wirkungsbilanz* beschreibt die in der Sachbilanz festgestellten Umweltbelastungen in bezug auf die jeweiligen Umweltprobleme (z.B. Klimaveränderung oder Abfallaufkommen).
4. Die *Bilanzbewertung* faßt die Ergebnisse zusammen, identifiziert Schwachstellen und macht Umsetzungsvorschläge.

Produktlinienanalyse:
Im Unterschied zur produktbezogenen Ökobilanzierung, bei der ausschließlich die Umweltaspekte des Produktes betrachtet werden, sind bei der Produktlinienanalyse (PLA) auch soziale und wirtschaftliche Auswirkungen Untersuchungsgegenstand. Die Betrachtung eines Produktes oder einer Produktgruppe bezieht sich auf den gesamten Lebenszyklus, d.h. von der Rohstofferschließung und -verarbeitung, über die Produktionsstufen, den Vertrieb, die Verwendung und Entsorgung des Produktes bis hin zum Transport zwischen den einzelnen Stufen. Das aufwendige Verfahren stößt jedoch an finanzielle Grenzen und auf Widerstände in den Unternehmen. Betriebe sind offenbar noch eher bereit, der Öffentlichkeit reine Umweltinformationen zur Verfügung zu stellen, als sie über soziale Belange zu informieren.

Während sich die betriebliche Ökobilanz im Rahmen des Audits durchgesetzt hat und in der BRD bisher in über 800 Fällen zur Anwendung kam (Stand: Herbst 1997), führen Produktökobilanzen eher ein Schattendasein. Weltweit wurden bis 1996 ca. 400 erfaßt, davon 130 in Deutschland. Die Produktlinienanalyse wurde dagegen bis heute nicht vollständig umgesetzt. Die Ökobilanz war ursprünglich gedacht als umweltpolitisches Steuerungsinstrument in Betrieb und Gesellschaft. Dieser Anspruch muß nach den bisherigen Erfahrungen unter den Gesichtspunkten ↝ Partizipation und Aufklärung für Beschäftigte und Verbraucher eher skeptisch bewertet werden.

KLEMISCH, Herbert/HILDEBRANDT, Eckart (Hrsg.) (1994): Betriebliche Umweltinformationssysteme und gewerkschaftliche Beteiligung. Düsseldorf.
RUBIK, Frieder/TEICHERT, Volker (1997): Ökologische Produktpolitik. Stuttgart.

Herbert Klemisch

Ökodiktatur

Diktatur ist die Ausübung der unbeschränkten Macht durch eine oder mehrere Personen (souveräne Diktatur). Es gab schon immer mächtige Personen oder Gruppen, die versuchten, Gemeinwesen oder Staaten zu dominieren und das gesellschaftliche und private Wirtschaften zu lenken oder direkt zu bestimmen „zum Wohle des Ganzen". Unter dieser ideologischen Formel wird rücksichtslos die eigene Macht gefestigt, ausgebaut und der Reichtum der Gruppe bis hin zur unbeschränkten Macht gemehrt. Zum Wohle bzw. zur Rettung des Gemeinwesens wurden in den antiken griechischen Stadtstaaten oder auch in Rom Diktatoren auf Zeit demokratisch ernannt bzw. gewählt (kommissarische Diktatur). Am Ausgang der Moderne sind die hoch technisierten Zivilisationen höchst individualisiert (einen Aspekt der Maximierung zeigt die Single-Kultur). Im Zuge der ➪ Globalisierung werden potente zu virtuellen Steuerzahlern (BECK 1997), die Gemeinwesen drohen zu zerfallen, gleichzeitig führen die rasanten menschgemachten Beschleunigungen der Veränderungen im Lebenssystem des Planeten Erde zu steigenden Verknappungen an Ressourcen. Hinzu kommt, daß ökologische Bewegungen die Eingliederung des Menschen in das Lebenssystem sowie die Naturverträglichkeit seines Wirtschaftens und seiner Lebensstile als Programm haben müssen. Kreisläufe in der Natur sind nicht human, es entsteht eine Tendenz zum ➪ Biozentrismus. Mit der Betonung biologischer Regelsysteme wächst die Gefahr der Modellübertragung in soziale Systeme, und es entwickelt sich eine Nähe zum Faschismus (vgl. KLEBER 1993, S. 81f.). ➪ Nachhaltigkeit läßt sich am elementarsten in relativ geschlossenen Wirtschaftseinheiten erfahren, damit verknüpft sich das Konzept der Nachhaltigkeit mit Autarkie. Im Angesicht drohender ökologischer Katastrophen und des Zerfalls der Gemeinwesen könnte eine Diktatur als die ultima ratio erscheinen (➪ Katastrophe, ökologische); jedenfalls ließe sich eine Diktatur nie besser rational legitimieren, als dies in kommenden und schon vorhersehbaren Problemsituationen möglich sein wird. Soweit historische Erfahrungen herangezogen werden können, ist auch in einem „Zeitalter der Umwelt" (VON WEIZSÄCKER), welches das Projekt Moderne ablösen könnte und angesichts gravierender ökologischer Katastrophen eine Ökodiktatur, auch einer kommissarischen, sehr skeptisch zu sehen. „Erdpolitik" (VON WEIZSÄCKER 1989) ist der Versuch, mit allen denkbaren Mitteln einer Ökodiktatur entgegenzuwirken.

BECK, Ulrich (1997): Was ist Globalisierung? Frankfurt a.M.
KLEBER, Eduard W. (1993): Grundzüge ökologischer Pädagogik. Weinheim.
WEIZSÄCKER, Ernst U. von (1989/⁴1994): Erdpolitik. Darmstadt.

Eduard W. Kleber

Ökofaschismus
Mit dem Begriff Ökofaschismus verbindet sich ein Vorwurf an holistische Positionen in der ➪ Umweltethik wie ➪ Land-Ethik und ➪ Tiefenökologie, die dem Naturganzen einen Eigenwert beimessen. Er besagt, daß solche Positionen die Menschenrechte nicht schützen können, da sie wie der Faschismus die Rechte von Individuen dem Gedeihen eines Kollektivs unterordnen. Kaschiert würde die Preisgabe der Menschenrechte im ➪ Holismus durch die These, daß das menschliche Gedeihen mit dem Gedeihen der Natur einhergehe oder gar darin bestehe. Dieser These liege aber ein falsches, harmonistisches Naturbild zugrunde: Würde die Natur nicht ohne den Menschen besser gedeihen? Und geht es dem Menschen nicht besser in einer gemäß seinen Bedürfnissen umgestalteten Natur?
Der Begriff Ökofaschismus wird aber auch, ebenso wie „Ökoschweine" als Ressentiment, denen gegenüber gebraucht, die die Benutzer der Begriffe in

ihrer egoistischen Haltung stören oder ihnen ein schlechtes Gewissen machen (Anm. der Hrsg.).
REGAN, Tom (1983): The Case for Animal Rights. Berkeley.

Angelika Krebs

Ökologie

Ökologie (griech.: oikos = Haus; logos = Lehre, Wissenschaft) ist eine Wissenschaft, die als „Lehre vom Haushalt der Natur" aus der Biologie hervorgegangen ist. Der Begriff Ökologie wurde 1866 von dem Biologen Ernst HAECKEL geprägt und als „gesamte Wissenschaft von den Beziehungen des Organismus zur umgebenden Außenwelt" definiert. Objektbereich der Betrachtung sind die Wechselbeziehungen zwischen Organismen und Faktoren ihrer belebten (biotische Faktoren, z.B. Konkurrenz) wie unbelebten Umwelt (abiotische Faktoren, z.B. Klima, Boden). Ökologie untersucht die Umweltfaktoren, die auf die Lebewesen einwirken, und die Lebensbedürfnisse der Organsimen, also die Ansprüche, die die Lebewesen an ihre ⇨ Umwelt stellen. Je nach Komplexität der Betrachtungsebene wird zwischen Autökologie (Individuen einer Art), Populations- oder Demökologie (Populationen) und Synökologie (⇨ Ökosysteme) unterschieden. Hinsichtlich der Beschränkung auf bestimmte Lebensräume, Lebensgemeinschaften oder Organismengruppen lassen sich verschiedene Teildisziplinen differenzieren, z.B. terrestrische und aquatische Ökologie, Landschafts-, ⇨ Stadt- oder ⇨ Humanökologie. Eine besondere Rolle in der Ökologie spielt der Mensch. Als Lebewesen unterliegt er wie jeder andere Organismus dem Einfluß von Umweltfaktoren. Als Kulturwesen aber ist er das einzige Lebewesen, das seine Umweltbedingungen unter weitestgehender Abkopplung von der Natur aktiv gestalten kann. Für den Untersuchungsbereich der Ökologie ist er gleichzeitig betroffener Organismus und handelndes Subjekt (Verursacher).

Ökologie im umfassenden Sinn ist Synökologie. Gegenstand synökologischer Forschung sind Ökosysteme mit ihren spezifischen Lebensgemeinschaften (⇨ Biozönose) und Lebensräumen (⇨ Biotop) sowie ihren funktionalen Zusammenhängen. Der Untersuchungsbereich erstreckt sich auf die gesamte Biosphäre, nicht nur auf weitgehend naturnahe Ökosysteme, sondern auch auf Ökosysteme, die von Menschen geschaffen wurden. Diese hochkomplexe Ökosystemforschung ist von Biologen allein nicht zu leisten, sondern erfordert die Beteiligung anderer natur- und sozialwissenschaftlicher Disziplinen, z.B. Klimatologie, Bodenkunde, Systemtheorie. Auf dieser Ebene kann Ökologie die Folgen einseitiger Eingriffe in den Naturhaushalt (Bodenversiegelung) oder nachhaltiger Veränderung von Umweltfaktoren (Luftverschmutzung, Gewässerversauerung, Ozonloch) aufzeigen und Auskünfte über die Belastbarkeit von verschiedenen Ökosystemen geben.

Im Zusammenhang mit der zunehmenden globalen Störung ökologischer Gleichgewichte (⇨ Umweltkrise) erfolgte in den letzten Jahren unter Beteiligung verschiedenster Disziplinen eine starke Ausweitung der Objektbereiche der Ökologie und eine allgemeine Ökologisierung der Wissenschaften. Entsprechend wird der Begriff Ökologie heute mit unterschiedlichen Bedeutungen und Anforderungen belegt und kennzeichnet einen polyvalenten Wissenschaftsverbund, der sich mit Umweltlehre im weiteren Sinne befaßt. Um einen Wissenschaftsbereich als ökologische Disziplin zu charakterisieren, reicht aber der Rekurs auf ökologische Prinzipien und Methoden ohne direkten Bezug auf den Organismus-Umwelt-Zusammenhang nicht aus.

⇨ Naturentfremdung

HAECKEL, Ernst (1866): Generelle Morphologie der Organismen. Band 2: Allgemeine Entwicklungsgeschichte der Organismen. Berlin.

ODUM, Eugene (1980/²1983): Grundlagen der Ökologie. Stuttgart.

OSCHE, Günther (1971/⁶1977): Ökologie. Freiburg.

TISCHLER, Wolfgang (1984): Einführung in die Ökologie. Stuttgart.

Gesine Hellberg-Rode

Ökologie, soziale

Durch Übertragung von Vorstellungen und Begriffen aus der biologischen Ökologie in den sozialen Bereich sind verschiedene Ansätze einer Human-, Kultur- und Sozialökologie entstanden. Dabei geht es immer um wechselseitige Beziehungen zwischen Menschen und ihrer sozio-kulturellen, biologischen und physischen Umwelt, wobei in den Ansätzen einzelne Beziehungsmuster besonders hervorgehoben werden (⇨ Erziehungswissenschaft, ökologische). So wurde in den 20er Jahren in den USA von der „Chicago Schule" unter dem Titel Sozialökologie eine mit ökologischen Konzepten arbeitende raumbezogene Soziologie entwickelt, die eng mit Problemen der Stadt- und Regionalplanung verknüpft war und „community" scharf von Gesellschaft abgrenzt. Das Forschungsinteresse richtet sich besonders auf die sozio-kulturelle Umwelt. Untersucht werden (a) die räumliche Organisation und Verteilung sozialer Aktivitäten und Funktionen, aus denen typische Muster und Entwicklungen städtischer Flächennutzung bestimmt werden; (b) die Verteilung einer nach sozialen Schichten, Familienstruktur, Ethnien und Kulturen differenzierten Bevölkerung über die Wohngebiete. Die hierdurch entstehende charakteristische sozialräumliche Verteilung („Segregation") von Subkulturen und Milieus bildet den Ansatzpunkt einer stadtteilbezogenen sozialen Arbeit (BRONFENBRENNER 1981). Sie arbeitet mit der Methode der Sozialraumanalyse, die es ermöglicht, Lebenslagen und Lebensformen in einzelnen Wohnquartieren differenziert zu untersuchen. Die Beziehungen zur physischen und biologischen Umwelt spielen eine untergeordnete Rolle.

Umgekehrt wurden in der seit den 70er Jahren entstandenen Umweltforschung die Beziehungen zur anorganischen und organischen Umwelt hervorgehoben. Aus einer Kritik an der unreflektierten Übertragung biologischer Vorstellungen auf die Gesellschaft und in engem Kontakt mit der politischen

Ökologiebewegung ist eine interdisziplinäre und problemorientierte sozialökologische Forschung entstanden. Der Problembezug ergibt sich durch konkrete ökologische Krisenerscheinungen (Müll, Wasser- und Luftverschmutzung, Verkehrschaos, großtechnische Risiken etc). Interdisziplinär muß hier schon deshalb gearbeitet werden, weil in komplexen sozial-ökologischen Krisenphänomenen sich gesellschaftliche Handlungsmuster, technisch-ökonomische Problemlösungen und ökologische Wirkungsketten dynamisch verflechten (BECKER 1997). In einem Strang dieser Forschungen werden diese Krisen als gesellschaftlich produzierte Risiken untersucht (↪ Risikogesellschaft; BECK 1986), in einem anderen als gestörter Stoffwechsel zwischen Gesellschaft und Natur (FISCHER-KOWALSKI/MACHO 1997) oder als tiefgreifend gestörte gesellschaftliche Naturverhältnisse (JAHN 1991): Arbeit und Produktion, Ernährung und Fortbewegung, Sexualität und Fortpflanzung müssen materiell-energetisch reguliert und kulturell symbolisiert werden (↪ Sonderstellung des Menschen). Aus einer sozial-ökologischen Perspektive erscheint z.B. Erziehung als eine Form der Regulierung und Symbolisierung des Verhältnisses zwischen den Generationen und Geschlechtern. Durch Problemanalysen, empirische Studien und theoretische Modellbildungen wird in der sozial-ökologischen Forschung versucht, Szenarien für alternative gesellschaftliche Entwicklungswege und Regulationsformen zusammen mit den davon Betroffenen auszuarbeiten und politisch umzusetzen.

BECK, Ulrich (1986): Risikogesellschaft. Frankfurt a.M.
BECKER, Egon (Hrsg.) (1997): Jahrbuch für sozial-ökologische Forschung. Band 3. Frankfurt a.M.
BRONFENBRENNER, Urie (1981): Die Ökologie der menschlichen Entwicklung. Frankfurt a.M.
FISCHER-KOWALSKI, Marina/MACHO, Thomas H. (Hrsg) (1997): Gesellschaftlicher Stoffwechsel und Kolonialisierung von Natur. Amsterdam.
JAHN, Thomas (1991): Krise als gesellschaftliche Erfahrungsform. Umrisse eines sozial-ökologischen Gesellschaftskonzepts. Frankfurt a.M.

Egon Becker

Ökologiebewegung

Für Natur- und ↪ Umweltschutz als organisierter Bewegung werden oft die Kampagnen gegen Tierquälerei und für Vogelschutz der frühen viktorianischen Zeit als Wurzeln benannt. Anfänge eines romantisch inspirierten Denkmal- und ↪ Naturschutzes in Deutschland werden oft als Vorläufer bezeichnet. Diese Ansätze verdichten sich gegen Ende des 19. Jahrhunderts zu einer ersten, breiten Welle verschiedenster „Zurück-zur-Natur"-Bewegungen sowie der Gründung von Heimat- und Naturschutzverbänden. Während diese Gründerphase des Naturschutzes durch die Idee der Bewahrung ursprünglicher Landschaftsräume als Quelle ästhetischer und moralischer Erbauung geprägt war, begreift die in den späten 60er Jahren des 20. Jahrhunderts zunächst in den USA auflebende „Umweltschutz"-Bewegung die diversen Umweltprobleme sowie die Risiken moderner „Großtechnologien" umfassender als eine Frage der industriellen ↝ Lebensweise. „Ökologie" wird in den 70er Jahren zur integrierenden Metapher einer Bewegung, die anhand wechselnder Themen eine mehr oder weniger fundamentale Kritik am technischen Fortschrittsglauben und an der Priorität wirtschaftlichen Wachstums entwickelt. Organisatorisch-ideologisch weist die Ökologiebewegung drei Strömungen auf: den traditionellen „Naturschutz", den gemäßigt-reformistischen „Umweltschutz" und politisch radikalere Varianten der „politischen Ökologie". Letztere dominierten insbesondere in den 70er Jahren die Ökologiebewegung. Während für diese hoch polarisierte Phase die Mobilisierung im Rahmen dezentraler Netzwerke basisdemokratischer Initiativen und die Gründung „grün-alternativer" Parteien typisch ist, gewinnt in den 80er Jahren, im Gefolge der breiten Institutionalisierung und Verwissenschaftlichung der Umweltthematik, eine neue Generation professionell - auch transnational - arbeitender Umweltschutzverbände (Greenpeace, BUND, WWF, Öko-Institute etc.) erheblich an Gewicht. Die nach der UNCED-Konferenz in Rio 1992 einsetzende Debatte um ↝ „sustainable development" bietet der Ökologiebewegung dann, insbesondere auf lokaler Ebene (↝ Agenda 21, lokale), einen neuen, integrativen Rahmen der Mobilisierung zugunsten „nachhaltiger" ↝ Lebensstile und Wirtschaftsformen.

KRIESI, Hanspeter u.a. (1996): Ökologische Bewegungen im internationalen Vergleich: Zwischen Konflikt und Kooperation. In: KÖLNER ZEITSCHRIFT FÜR SOZIOLOGIE UND SOZIALPSYCHOLOGIE, Sonderheft 36, S. 324-349.

Karl-Werner Brand

Ökologie und Ökonomie
Die Beziehungen zwischen Ökologie und Ökonomie lassen sich in der Weise beschreiben, daß das ökonomische System dem ökologischen System einmal regenerierbare und nicht-regenerierbare Ressourcen als Input in produktive und konsumtive Aktivitäten entzieht (Extraktionsleistungen der natürlichen Umwelt) und daß zum anderen im Gefolge von Produktion und Konsum unerwünschte Kuppelprodukte (Schadstoffemissionen) auftreten, die an das ökologische System abgegeben werden und von ihm zu assimilieren und zu deponieren sind (Depositionsleistungen der natürlichen Umwelt). Hinzu kommt, daß intakte ↝ Ökosysteme zentrale Voraussetzung für Gesundheit und Wohlbefinden des Menschen sind. Dies gilt seit jeher. Die spezifische Problematik der Beziehungen zwischen ökologischem und ökonomischem System der Gegenwart liegt in einer Überforderung der ökologischen Kreisläufe infolge exponentiell wachsender ökonomischer Aktivitäten, die die Stabilität der vielfältig vernetzten ökologischen Kreisläufe gefährden und in vielen Fällen zusammenbrechen lassen. Spürbar wird dies dadurch, daß es nicht mehr möglich ist, die vielfältigen Leistungen der natürlichen

Umwelt gleichzeitig und nebeneinander ohne wechselseitige Nutzeneinbußen in Anspruch zu nehmen. So gefährdet die Inanspruchnahme der Umwelt als Aufnahmemedium für Schadstoffe gleichzeitig die Funktion der Umwelt als elementares Konsumgut (z.B. saubere Luft) und als Ressourcenlieferant (z.B. sauberes Wasser für die Produktion von Nahrungsmitteln). Insoweit sind die Beziehungen zwischen dem in seinen Beständen im wesentlichen gegebenen ökologischen System und einem nach tradierten Muster wachsenden ökonomischen System mit den exponentiell wachsenden Durchflüssen von Stoffströmen durch sich verschärfende Konflikte geprägt, die ökologische Beschränkungen des Wirtschaftens unabweisbar machen.

Die traditionelle ⇨ Umweltökonomie sieht eine wesentliche Ursache für diese Konflikte in fehllenkenden, die Knappheiten von Umweltressourcen nicht oder nur unzureichend reflektierenden Preissignalen (⇨ Wirtschaften, nachhaltiges; ⇨ Umweltverträglichkeit). Folglich wird vor allem in geeigneten Formen der Internalisierung sogenannter externer Effekte durch anreizschaffende, marktkonforme Instrumente wie Umweltabgaben, handelbare Umweltnutzungslizenzen oder Veränderungen des Haftungsrechts ein unverzichtbarer Schritt zur Entschärfung des Konfliktes zwischen Ökologie und Ökonomie gesehen (⇨ Umweltauflagen; ⇨ Ökosteuern). Weitergehende Forderungen erheben Vertreter der ökologischen Ökonomie, die die Ökonomie in der Ökosphäre eingebettet und das Niveau der ökonomischen Aktivitäten strikt an den ökologischen Belastungsgrenzen ausgerichtet sehen wollen. Angesichts unsicheren Wissens über solche Belastungsgrenzen präferiert dieses Konzept ein strenges Vorsichtprinzip. Es führt allgemein zu härteren und weitergehenden Umweltnutzungsbeschränkungen. Offen bleibt, inwieweit diese von den Bürgern mitgetragen werden und damit im Rahmen von Demokratie und Marktwirtschaft realisierbar sind. Hinsichtlich der Beziehungen zwischen Ökologie und Ökonomie sind nämlich nicht nur ökologische Belastungsgrenzen und ökonomische Aktivitäten zu beachten, sondern es existieren auch Belastungsgrenzen des ökonomischen und (sozialen) Systems, die um so deutlicher werden, je härter die Umweltziele formuliert werden und je schneller diese Ziele erreicht werden sollen (⇨ Ökodiktatur).

⇨ Ökonomische Rahmenbedingungen ...; ⇨ Sonderstellung des Menschen

JAEGER, Franz (1993/²1994): Natur und Wirtschaft. Auf dem Weg zu einer ökologischen Marktwirtschaft. Chur.
STEPHAN, Gunther/AHLHEIM, Michael (1996): Ökonomische Ökologie. Berlin.

Gerd-Jan Krol

Ökologisierung

Unter Ökologisierung ist allgemein die Einbeziehung von Perspektiven des Umweltschutzes in das Handeln von einzelnen, Sozietäten und Institutionen zu verstehen. Seit der Umwelt- und Entwicklungskonferenz der Vereinten Nationen in Rio de Janeiro 1992 und auf der Basis der dort verabschiedeten

↪ Agenda 21 wird man diese allgemeine Definition dahingehend modifizieren und präzisieren müssen, daß es sich bei der Ökologisierung um die Ausrichtung des Handelns von einzelnen, Sozietäten und Institutionen am Leitbild der „nachhaltigen Entwicklung" (↪ sustainable development) handelt. Die ENQUETE-KOMMISION „Schutz des Menschen und der Umwelt" des 13. Deutschen Bundestages hat die Prinzipien der ↪ Nachhaltigkeit in folgenden von ihr als Managementregeln bezeichneten vier Kernpunkten zusammengefaßt (vgl. ENQUETE-KOMMISION 1997, S. 25):

1. Die Abbaurate erneuerbarer Ressourcen soll deren Regenerationsrate nicht überschreiten.
2. Nicht-erneuerbare Ressourcen sollen in dem Umfang genutzt werden, in dem ein physisch und funktionell gleichwertiger Ersatz in Form erneuerbarer Ressourcen oder höherer Produktivität geschaffen wird.
3. Stoffeinträge in die Umwelt sollen sich an der Belastbarkeit der Umweltmedien orientieren, wobei alle Funktionen zu berücksichtigen sind, nicht zuletzt auch die „stille" und empfindlichere Regelungsfunktion.
4. Das Zeitmaß anthropogener Einträge bzw. Eingriffe in die Umwelt muß im ausgewogenen Verhältnis zum Zeitmaß der für das Reaktionsvermögen der Umwelt relevanten natürlichen Prozesse stehen.

Zur Ökologisierung gehört also einerseits ein nachhaltiger Umgang mit Ressourcen und andererseits eine entsprechende Umorientierung der gesellschaftlichen Institutionen auf dieses neue Leitbild von „Weltentwicklung". Die auf der Rio-Konferenz verabschiedete Agenda 21 stellt eine diesbezügliche programmatische Erklärung dar, die aber noch der Konkretisierung auf nationaler, regionaler und lokaler Ebene bedarf. In Deutschland haben das Umweltbundesamt und das Wuppertal-Institut für Klima, Umwelt und Energie sehr detaillierte Überlegungen zur Umsetzung der Perspektive der nachhaltigen Entwicklung angestellt.

In der Agenda 21 werden insbesondere den Prozessen der ↪ Umweltbildung und der ↪ Umweltkommunikation zentrale Rollen zugesprochen. Eine Ökologisierung der Gesellschaft bedarf zuallererst einer Verankerung des ↪ Leitbildes des „sustainable developments" in den Köpfen der Menschen und deshalb ist eine „Bildung für Nachhaltigkeit" in den Curricula aller Bildungsinstitutionen - von der Vorschule bis zur Universität - zu verankern.

↪ Ökonomische Rahmenbedingungen für ökologisches Handeln

AGENDA 21 (1992): Konferenz der Vereinten Nationen für Umwelt und Entwicklung im Juni 1992 in Rio de Janeiro. Dokumente. Bonn.

ENQUETE-KOMMISSION „SCHUTZ DES MENSCHEN UND DER UMWELT" DES 13. DEUTSCHEN BUNDESTAGES (Hrsg.) (1997): Konzept Nachhaltigkeit. Fundamente für die Gesellschaft von morgen. Bonn.

UMWELTBUNDESAMT (Hrsg.) (1997): Studie „Nachhaltiges Deutschland - Wege zu einer dauerhaft-umweltgerechten Entwicklung". Berlin.

Udo Kuckartz

Ökonomie, lokale

Der Begriff der lokalen Ökonomie ist noch weitgehend ungeklärt. Die in Deutschland geläufigste Definition ist die Übertragung des englischen Begriffes „local economy" (ROMMELSPACHER 1997). Damit ist die Gesamtheit ökonomischen Handelns in einem geographisch begrenzten Raum, der durch seine kulturelle Identität und seine historisch gewachsene Struktur definiert ist, gemeint. Bezogen auf einen Stadtteil würde die lokale Ökonomie alle Dienstleistungen und Waren produzierenden Aktivitäten genauso umfassen wie Wohlfahrtsleistungen, Nachbarschafts- und Selbsthilfetätigkeiten sowie den Sektor der öffentlich finanzierten Beschäftigung und Qualifizierung. Eine Umschreibung hierfür ist die „Gemeinwesenökonomie" oder auch soziale Ökonomie (⇨ Allmende).

In Stadtteilen oder Regionen, in denen die Produktion oder Reproduktion der modernen Industriegesellschaft zusammenbricht, steht das Gemeinwesen vor der schwierigen Aufgabe, die sozialen und strukturellen Grundlagen zu erhalten. Die Bemühungen der Entscheidungsträger, die Betroffenen von sozialpolitischen Alimentierungen weitgehend unabhängig zu machen bzw. von der Abwanderung abzuhalten, ihnen eine Existenzsicherung durch Eigenarbeit zu ermöglichen und die Stützen des Gemeinwesens zu stärken, bedeuten, einen gemeinsamen Bezugspunkt auf lokaler Ebene zu finden. Somit ist die Kommune bzw. das Gemeinwesen als handelndes Wirtschaftssubjekt Ausgangspunkt, die in ihr lebenden Menschen und ihre Fähigkeiten als entscheidende Ressource um regionale und lokale Wirtschaftskreisläufe aufzubauen oder zu erhalten.

Eine Ausrichtung der lokalen Ökonomie an sozial und ökologisch nützlichen Produkten und Dienstleistungen, die von vorhandenen wirtschaftlichen Unternehmungen nicht oder nicht mehr versorgt werden können, bedarf innovativer Formen wirtschaftlicher Unternehmungen, Kooperationen, Austauschbeziehung und den Einsatz spezieller Finanzierungsinstrumente wie z.B. lokale Kreditsysteme. In der Veröffentlichungsreihe des Interdisziplinären Forschungsprojektes Lokale Ökonomie, Technologie-Netzwerk (IEP) werden viele praktische Beispiele publiziert.

ROMMELSPACHER, Thomas (1997): Die Bedeutung der lokalen Ökonomien für die städtische Wirtschaftsstruktur und -entwicklung. In: INSTITUT FÜR LANDES- UND STADTENTWICKLUNGSFORSCHUNG DES LANDES NORDRHEIN-WESTFALEN (Hrsg.): Lokale Ökonomie und Wirtschaftsförderung in Stadtteilen mit besonderem Erneuerungsbedarf. Dortmund.

Monika Settele

Ökonomie, ökologische

Seit Mitte der 80er Jahre ist ökologische Ökonomie in der ⇨ Umweltökonomie als eigene Fachrichtung präsent. Sie wendet sich von der neoklassischen Umweltökonomie ab und orientiert sich stärker an den fachwissenschaftlichen Diskursen der Naturwissenschaften. Somit setzt sich ökologische Ökonomie aus unterschiedlichen Teildiskursen zusammen: Sie adaptiert u.a. evolutorisch-thermodynamische Umweltmodelle, systemtheoretische Modelle und beschäftigt sich mit der theoretischen Bearbeitung normativer Problemlagen, wie sie auch mit dem Konzept ↝ sustainable development aufgeworfen werden. Insgesamt handelt es sich deshalb auch um eine heterogene Forschungsrichtung. Als Beispiele seien die Diskussionen um die Selbstorganisation und ihre Integrierbarkeit in die ökologische Ökonomie sowie die Entropiedebatte genannt (BECKENBACH/DIEFENBACHER 1994). Durch die Analyse von Knappheiten und Formulierung von Prinzipien rationaler Bewirtschaftung komplexer Ökosysteme, Landschaften und sogar der Biosphäre verläßt sie die Einzelbetrachtung von unbelebten und belebten Ressourcen. Dadurch bewegt sie sich themenbedingt z.B. in ungelösten Fragestellungen der Nutzen-Kosten-Analyse der ↝ Umweltpolitik (HAMPICKE 1995). Das Konzept der nachhaltigen Entwicklung (↝ Nachhaltigkeit) ist auch Thema einer Debatte um inter- und intragenerelle ↝ Gerechtigkeit und somit als normativer Rahmen dem ökonomischen Diskurs vorgelagert.

BECKENBACH, Frank/DIEFENBACHER, Hans (Hrsg.) (1994): Perspektiven einer ökologischen Ökonomie. Marburg.
HAMPICKE, Ulrich (1995): Ökologische Ökonomie. In: JUNKERNHEINRICH, Martin/ KLEMMER, Paul (Hrsg.): Handbuch zur Umweltökonomie. Berlin, S. 139 ff.

Monika Settele

Ökonomische Rahmenbedingungen für ökologisches Handeln
Inwieweit individuelles Handeln ökologischen Kriterien (↝ Handeln, ökologisches) folgt, hängt nicht nur von Handlungszielen und -motiven, sondern auch von Handlungsmöglichkeiten ab, die wesentlich durch die Rahmenbedingungen der jeweiligen Entscheidungssituation bestimmt sind. Die ökonomischen Rahmenbedingungen (Preise, Zeit- und Geldkosten, Einkommen) beeinflussen die Anreiz- und Sanktionsstrukturen, welche die Individuen bei der Verfolgung ihrer ökologischen Ziele zu beachten haben. Sie bestimmen letztlich die „Kosten" für ökologisches bzw. nicht-ökologisches Handeln. Gegenwärtig gilt in den für die Umweltproblematik zentralen Bereichen, daß der mit der Realisation einer ökologischen Handlungsalternative verbundene Aufwand an Geld, Mühen und Zeit höher ist als der für ihre umweltunverträglicheren Alternativen. Die Höhe dieses Aufwandes wird von der Intensität der Handlungsbeschränkung bestimmt. So existieren in einigen sozialen Handlungsfeldern ökonomische Rahmenbedingungen mit einem geringen Beschränkungsgrad, so daß ökologisches Handeln mit relativ geringen zusätzlichen Kosten für den einzelnen korrespondiert (z.B. Mülltrennung). Man spricht in diesem Zusammenhang von 'Low-Cost-Entscheidungssituationen'. Viele ökologisch bedeutsame Handlungsfelder haben allerdings *Anreizstrukturen*, bei denen ökologieverträglicheres Handeln mit relativ hohen

Kosten für den einzelnen verbunden ist (z.B. Autoverzicht). Solche 'High-Cost-Entscheidungssituationen' sind dadurch charakterisiert, daß ökologisches Handeln die Wahl einer spürbar teureren, unbequemeren und zeitaufwendigeren Alternative bedeutet. Damit muß sich ökologisches Handeln *gegen* das durchsetzen, was dem einzelnen aus individueller Perspektive am günstigsten erscheint. Eine wesentliche Ursache hierfür ist darin zu sehen, *daß die historisch gewachsenen institutionellen Rahmenbedingungen von Marktwirtschaften bezüglich der ökologischen Problematik einen systematischen Konstruktionsfehler enthalten,* der die Entstehung von Umweltproblemen begünstigt. Dieser liegt darin, daß die wirtschaftenden Akteure die mit der Inanspruchnahme der natürlichen Umwelt verbundenen Handlungsfolgen nicht oder nicht vollständig tragen müssen. Wirtschaftliches Verhalten führt zur Entstehung negativer externer Effekte. Ihr ökonomisches Maß sind die sozialen Zusatzkosten, die nicht in die Wirtschaftsrechnung der privaten Produzenten und Konsumenten eingehen. Diese tragen lediglich die privat zu verrechnenden Kosten mit der Folge, daß nicht nur die Produkte besonders wettbewerbsfähig sind, die einen vergleichsweise hohen Teil der mit ihrer Produktion bzw. ihrem Konsum anfallenden Kosten in Form von Umweltbelastungen auf Dritte abwälzen (externalisieren), sondern daß gleichzeitig ökologieverträglichere Alternativen diskriminiert werden. In einer Marktwirtschaft sind die Preise die Leuchtfeuer, an denen Konsumenten und Produzenten ihre wirtschaftlichen Entscheidungen ausrichten. Sind die Kosten, auf deren Basis die Preise kalkuliert werden, in bezug auf die ökologischen Folgen systematisch verzerrt, werden die auf Basis dieser Preise getroffenen Entscheidungen zwangsläufig zu ökologisch unerwünschten Wirkungen führen. Bisher abgewälzte Kosten der Umweltbeanspruchung sollten also in die Preise eingerechnet werden, damit die an den Preisen orientierten Entscheidungen zu ökologisch akzeptableren Ergebnissen führen können (↝ Ökosteuern).

Schließlich ist darauf zu verweisen, daß viele Umweltprobleme die Struktur eines *sozialen Dilemmas* (↝ Dilemmasituation) haben. Soziale Dilemmata sind dadurch gekennzeichnet, daß die Realisierung eines gemeinsamen Interesses und damit auch der Nutzen des eigenen Beitrages vom Verhalten anderer abhängt. Der Nutzen der eigenen Verhaltensänderung ist also unsicher und in der Zukunft liegend, wohingegen die Kosten der Verhaltensänderungen sicher und spürbar sind. In Entscheidungssituationen mit so gelagerten Anreizkonstellationen besteht die Gefahr, daß moralisches Verhalten systematisch durch Trittbrettfahrer ausgebeutet wird. Dann aber bleiben auf einem individual-ethisch moralisierenden Paradigma basierende Strategien, die auf der Bereitschaft zu freiwilligen Nutzungsbeschränkungen aufbauen, nicht nur unwirksam in bezug auf die Entschärfung der Umweltproblematik, sondern führen insbesondere in „High-Cost-Situationen" zur Aushöhlung moralischer Standards. Hier muß der Staat eine Veränderung der Rahmenbedingungen vornehmen, die den Anreiz zum Einnehmen der Trittbrettfahrerposition wirksam beschränkt. Er hat zwei konzeptionell zu unterscheidende Möglichkeiten. Erstens kann er dies im Rahmen des gegenwärtig vorherrschenden ordnungsrechtlichen Ansatzes tun, indem er den Akteuren auf administrativem Wege mittels Auflagen die Nutzungsbedingungen für Umweltleistungen zuteilt und ihre Einhaltung kontrolliert (↪ Umweltauflagen). Zweitens kann der Staat einen ordnungspolitisch anreizorientierten Ansatz institutionalisieren, der eine Umpolung der Interessen dadurch bewirkt, daß er die Inanspruchnahme der Umwelt selbst zu einem Kostenfaktor werden läßt. Umweltabgaben, Emissionslizenzen, aber auch Fortentwicklungen des Haftungsrechtes in Richtung einer Gefährdungshaftung bewirken, daß nun die Inanspruchnahme der Umwelt selbst zu einem Kostenfaktor wird und Produzenten und Konsumenten nach (preiswerteren und damit umweltverträglicheren) Substituten suchen läßt. Während der heute dominierende ordnungsrechtliche Ansatz den Umweltschutz bürokratischer Routine anheim gibt und das kreative Wettbewerbssystem in die Rolle eines Bremsers drängt, lassen anreizkonforme Veränderungen des institutionellen Rahmens die Nutzung des Wettbewerbs als Entdeckungsverfahren auch für die Ökologieproblematik möglich erscheinen. Die durch marktkonforme Instrumente (↪ Ökosteuern) institutionalisierbaren dynamischen Anreizwirkungen können die Organisation eines gesellschaftlichen Suchprozesses bewirken, bei dem jedes erreichte Niveau im Umweltschutz zum Ausgangspunkt der Suche nach seiner ökologieverträglicheren Alternative wird, so wie der Wettbewerb jedes erreichte (Lohn-) Kostenniveau zum Ausgangspunkt der Suche nach kostengünstigeren Alternativen genommen hat.

DIEKMANN, Andreas/PREISENDÖRFER, Peter (1992): Persönliches Umweltverhalten. Diskrepanz zwischen Anspruch und Wirklichkeit. In: KÖLNER ZEITSCHRIFT FÜR SOZIOLOGIE UND SOZIALPSYCHOLOGIE, Heft 2, S. 226-251.

KARPE, Jan/KROL, Gerd-J. (1997): Ökonomische Verhaltenstheorie. In: KRUBER, Klaus-P. (Hrsg.): Konzeptionelle Ansätze ökonomischer Bildung. Bergisch Gladbach, S. 75-102.

KROL, Gerd-J. (1992): Umweltprobleme aus ökonomischer Sicht. Zur Relevanz der Umweltökonomie für die Umweltbildung. In: MAY, Hermann (Hrsg.): Handbuch zur ökonomischen Bildung. München, S. 525-546.

Jan Karpe/Gerd-Jan Krol

Öko-Optimismus
Der Öko-Optimismus ist eine im Jahre 1996 aufgekommene Bewegung für eine neue Sichtweise durch Teile der ökologischen Bewegung, die die Veränderungen der letzten 25 Jahre berücksichtigt. Nach Ansicht von Öko-Optimisten sind zahlreiche Erfolge zu verzeichnen: Von der Erholung der Gewässer bis zur Luftreinhaltung, von der Lösung des Müll-Problems bis hin zum Verbot der ozonschädigenden Fluorchlorkohlenwasserstoffe, von der drastischen Ressourceneinsparung in der Industrie-Produktion bis hin zur

Umweltschutzstellung von ca. 8.500 Wildnisgebieten weltweit. Die Umweltbewegung ist danach eine der erfolgreichsten Bewegungen des Jahrhunderts. Weder die Frauen- noch die Arbeiterbewegung, noch die kolonisierten Völker schafften in so kurzer Zeit so viel Veränderungen. Dies wird aber von großen Teilen der Umweltbewegung (↬ Ökologiebewegung) und der Öffentlichkeit nicht wahrgenommen. Statt dessen dominieren ↬ Umweltängste. Öko-Optimismus (vgl. MAXEINER/MIERSCH 1986) sagt, daß die großen ökologischen Probleme lösbar sind (und nicht, daß alle Probleme bereits gelöst sind). ↬ Umweltschutz und ↬ Naturschutz sind am besten mit Naturwissenschaft und kritischer Rationalität zu erreichen, nicht mit sentimentalen Gefühlen und Untergangsängsten. Die Autoren treten für eine positive Veränderungskultur ein. Nur Zuversicht und positive Zukunftsentwürfe motivieren nach Ansicht des Öko-Optimismus die Menschen auf Dauer.
↬ Kultur, postbiologische; ↬ Naturentfremdung

MAXEINER, Dirk/MIERSCH, Michael (1986): Öko-Optimismus. Düsseldorf.
PFLÜGERT, Friedbert (1992): Ein Planet wird gerettet. Düsseldorf.

Dirk Maxeiner/Michael Miersch

Ökopädagogik

Der Terminus Ökopädagogik bezeichnete in den 80er Jahren ein spezifisches Konzept der ↬ Umweltbildung und diente zur Abgrenzung gegenüber Umwelterziehung und ökologischem Lernen (BEER/DE HAAN 1987; ↬ Lernen, ökologisches).

Ökopädagogik hat als Entstehungshintergrund vor allem zwei Traditionen zu verzeichnen. Das war zum einen die Bürgerinitiativbewegung der 70er und 80er Jahre. In dieser Bewegung entwickelte sich ein neues Lernverständnis: Aus dem Protest gegen Atomkraft, Autobahnbau, Waldsterben, sauren Regen, Chemieunfälle, großtechnologische Anlagen, Aufrüstung etc. entstand das Bedürfnis und die Notwendigkeit, mehr Kompetenz in Form von Sachwissen, Diskursformen und Zukunftsvisionen zu erlangen. Diese Kompetenzen wurden im Prozeß selbständiger Aneignung erworben. Die Rolle der Lehrenden wandelte sich zu der von Moderatoren (BEER 1978), eine Position, die in diesem Jahrzehnt mehr und mehr in der Pädagogik anerkannt wird. Der zweite Traditionsstrang liegt in der Kritischen Theorie von HORKHEIMER und ADORNO und der damit verbundenen Kritik am unkontrollierten, technischen Fortschritt sowie ungehemmten wirtschaftlichen Wachstum. Danach führen die in der Moderne betriebene Form des auf Expansion setzenden Wirtschaftens und die technologischen Entwicklungen nicht notwendig zu mehr Freiheit und Glück unter den Menschen und zur Emanzipation von der eigenen wie äußeren Natur, sondern geradewegs immer tiefer in Zwänge hinein (DE HAAN 1985). Die ökologischen Krisen zeigen genau dieses an: Mehr Naturbeherrschung durch Wissenschaft und Technik führte in nicht mehr oder kaum noch bewältigbare Krisen (atomare Verseuchung,

Atommüll, Klimawandel). Beide Traditonen wurden von BEER/DE HAAN (1987) unter dem Begriff Ökopädagogik gebündelt.

Der Ansatz der Ökopädagogik war von daher gleichzeitg reflexiv - aus der Tradition der Kritischen Theorie - und zukunftsoffen - aus der Tradition der Initiativen, eine andere Kultur zu wollen als die herrschende. Damit verbunden war eine intensive Kritik der Industriegesellschaften und der Formen der Naturbeherrschung westlicher wie östlicher Prägung. Der Erwerb von Wissen über die historische Gewordenheit der Naturaneignung, die gesellschaftliche Funktion von Wissenschaft und Technik, um sie in den Dienst der „Menschwerdung" stellen zu können, anstatt sie in erster Linie für Wirtschaftswachstum einzusetzen, hatte in der Ökopädagogik großes Gewicht. Damit verbunden war auch eine Kritik an naiven Vorstellungen von einem „natürlichen Leben" im Einklang mit der Natur, zumal alle Vorstellungen vom Natürlichen idealisierte oder ideologische Vorstellungen sind.

Hinsichtlich der offenen Zukunft trat die Ökopädagogik dafür ein, in Lehr- und Lernprozessen sich den eigenen Zukunftsvorstellungen und -wünschen zuzuwenden, sich mit Utopien zu befassen und die so entfalteten Vorstellungen zu messen an dem, was auf der Basis der bestehenden Kenntnisse über Natur möglich ist und entwickelt werden kann.

Kritische Distanz zu gesellschaftlichen Verhältnissen und aktuellen Formen der Naturaneignung, das Eintreten für Selbstbestimmung und Reflexion markierten die Ökopädagogik vom Grundkonzept her. Der Begriff wurde jedoch von der Seite der Vertreter anderer Positionen zum „Kampfbegriff" erklärt, falsch oder mißverständlich und oft ohne Rekurs auf die Literatur zum Begriff rezipiert, nach eigenem Gutdünken willkürlich neu gefüllt und erdacht, so daß er zum Schlagwort verkam, das zum Schwadronieren herhalten mußte. Seit den frühen 90er Jahren muß der Terminus Ökopädagogik daher als untauglich für die konzeptionelle Unterscheidung angesehen werden, wenn man ihn nicht detailliert entfaltet. Daher rührt auch das Plädoyer von DE HAAN (1993), sich vom Terminus Ökopädagogik zu verabschieden und unter dem unspezifischen und zunächst unbelasteten Begriff ↪ Umweltbildung jeweils auszuführen, wie das Verhältnis von Ökologie, Kultur, Natur und Pädagogik zu verstehen sei.

BEER, Wolfgang (1978): Lernen im Widerstand. Hamburg.
BEER, Wolfgang/HAAN, Gerhard de (1987): Ökopädagogik - neue Tendenzen im Ver hältnis von Ökologie und Pädagogik. In: CALLIESS, Jörg/LOB, Reinhold (Hrsg.): Praxis der Umwelt- und Friedenserziehung. Band 2. Düsseldorf, S. 32-42.
HAAN, Gerhard de (1985): Natur und Bildung. Perspektiven einer Pädagogik der Zukunft. Weinheim.
HAAN, Gerhard de (1993): Reflexion und Kommunikation im ökologischen Kontext. In: APEL, Heino/HAAN, Gerhard de/SIEBERT, Horst: Orientierungen zur Umweltbildung. Bad Heilbrunn, S. 119-172.

Gerhard de Haan

Ökoschule
Vor dem Hintergrund der didaktischen Literatur (vgl. BUDDENSIEK 1991, 1996) läßt sich eine Ökoschule zusammenfassend beschreiben als ein in ökologischer und sozialer Hinsicht *vorbildlich gestalteter Lebens- und Erfahrungsraum* für Schüler, Lehrer, Eltern und die Bewohner des angrenzenden Stadtteils (↝ Alltagsökologie; ↝ Lebensstile; ↝ Lebensweise). Sie wird von den Menschen verantwortet und ausgestaltet, die in ihr arbeiten, leben und lernen (↝ Lernen, entdeckendes; ↝ Lernen, ökologisches; ↝ Lernorte). Eine Ökoschule versteht sich als dynamisches soziales System, das sich durch vielfältige Prozesse der ↝ *Selbstorganisation* fortentwickelt und stabilisiert. Ein solches System kennt die Bedeutung flacher Hierarchien und teilautonomer Subsysteme und entwickelt deshalb konsequente sozialökologische Konzepte der *Dezentralisation* und der Selbststeuerung bis in die einzelnen Schulklassen und Arbeitsgruppen hinein (vgl. GEMEINNÜTZIGE GESELLSCHAFT GESAMTSCHULE 1982/⁴1989).
Das Lernen, die praktische Arbeit sowie das gesamte Schulleben orientieren sich an dem *Ziel*, angesichts einer zunehmenden Umweltzerstörung aus ↝ Verantwortung für die nachfolgenden Generationen (↝ Generationenvertrag, ökologischer) eine *nachhaltige Lebensweise* (↝ Nachhaltigkeit; ↝ sustainable development; ↝ Umwelthandeln; ↝ Umweltraum) zu entwickeln und zu erproben. Nach dem Motto „global denken - lokal handeln" wird die Ökoschule zu einer der gesellschaftlichen Keimzellen für den ökologischen Umbau. Sie versteht sich als *Polis* und als *Umweltzentrum*. Ihre sozialen und ökologischen Aktivitäten dehnt sie zunehmend auf die Nachbarschaft (Gemeinde oder Stadtteil) aus und steht dieser als Begegnungszentrum und als Anschauungsobjekt zur Verfügung.
Eine Ökoschule setzt neue Schwerpunkte bei der *Lernorganisation* und der Auswahl der *Lerninhalte*. An Stelle von im 45-Minuten-Takt verabreichten lebensweltfernen Lerninhalten in zersplitterten Einzelfächern tritt exemplarisches, projekt- und handlungsorientiertes Lernen, das sich vorrangig auf Aneignung *überlebensnotwendiger Qualifikationen* für das nächste Jahrtausend konzentriert (↝ Unterricht, fächerübergreifender). Zentrale Lerngegenstände und Handlungsfelder sind:
- das ↝ Ökoaudit als umfassende Bestandsaufnahme der komplexen Beziehungen zwischen Schule und Umwelt (B.A.U.M., ↝ Umweltverträglichkeitsprüfung);
- das ökologische Wirtschaften der Schule (Nahrungsmittel, Büromaterial, sonstige Arbeitsmittel, Abfallvermeidung und -verwertung; ↝ Wirtschaften, ökologisches);
- die ressourcenschonende Nutzung der bestehenden Energie- und Wasserversorgung sowie deren schrittweiser ökologischer Umbau;
- die baubiologische und kommunikationsökologische Gestaltung von Klassenräumen und Schulgebäuden (↝ Architektur, soziale; ↝ Kommunikationsökologie);

- die soziale und ökologische Ausgestaltung der Außengelände (↪ Biotop mit Mensch; ↪ Schulgarten);
- die umweltfreundliche Verkehrsanbindung der Schule;
- Vernetzung mit außerschulischen Lernorten und internationalen Öko-Netzwerken (↪ Computernetzwerke; ↪ Lern-Orte-Netz; ↪ Retinität);
- die Ökologieverträglichkeitsprüfung der herkömmlichen Schulfächer und Lerninhalte;
- die selbstkritische Betrachtung des eigenen Alltagsverhaltens (↪ Alltagsökologie);
- die diskursive Verständigung über eine sich fortentwickelnde Schulphilosophie (↪ Diskurs, ökologischer).

Eine Ökoschule ist *selbstreflexiv*. Sie hat sich und ihre Umwelt-Beziehungen zum Lerngegenstand und versteht sich als soziale Organisation, die die Fähigkeit lebenslangen Lernens nicht nur vermittelt, sondern besitzt.

BUDDENSIEK, Wilfried (1991): Wege zur Öko-Schule. Lichtenau.
BUDDENSIEK, Wilfried (1996): Ökologisches Denken und Handeln lernen. Stuttgart.
GEMEINNÜTZIGE GESELLSCHAFT GESAMTSCHULE - GGG (Hrsg.) (1982/⁴1989): Das Team-Kleingruppen-Modell. Arbeitsmaterialien 2179. Aurich.

Wilfried Buddensiek

Ökosteuern

Ökosteuern sind eine spezielle Form von Zwangsabgaben, zu denen auch Gebühren, Beiträge und Sonderabgaben zu rechnen sind. Sie haben eine Lenkungs- und Finanzierungsfunktion. Die Lenkungsfunktion basiert auf den verhaltenskanalisierenden Wirkungen von Preisen. Begründet werden Ökosteuern vor allem mit allokativem Marktversagen. Da die privaten Kosten von Produktion und Konsum die Schädigungen der natürlichen Umwelt nicht oder nur unzureichend berücksichtigen, sind die tatsächlich entstehenden Kosten wirtschaftlicher Aktivitäten höher als die privat verrechneten. Entsprechend sind die Preise zu gering (falsche oder ungerechte Preise) und begünstigen so umweltbelastende wirtschaftliche Aktivitäten. Ökosteuern sollen diese ökologischen Lenkungsdefizite des Marktes korrigieren, indem bisher kostenlose, aber knappe Umweltleistungen einen Preis in Form der Steuer zugewiesen bekommen bzw. bisher externalisierte Kosten den Verursachern zugerechnet werden (↪ Ökonomische Rahmenbedingungen ...). Im letzten Fall spricht man auch von wahren oder „gerechten" Preisen. Mit hoher Umweltbelastung einhergehende wirtschaftliche Aktivitäten verlieren ihren bisherigen Wettbewerbsvorteil und werden teurer. Erwartet werden Substitutionsprozesse hin zu nun preiswerteren ökologieverträglicheren Alternativen sowie auf mittlerer Sicht eine Forcierung umwelttechnischen Fortschritts, weil mit der durch die Ökosteuer erfolgenden Verpreisung von Umweltnutzungen die Suche nach umweltverträglicheren Alternativen für die Unternehmen auch ökonomisch attraktiv werden kann. Beispielsweise loh-

nen sich für ein Unternehmen Investitionen in emissionssenkende Technologien, wenn die Kosten der Emissionsvermeidung geringer sind als die sonst anfallenden Ökosteuern. Allerdings sind die erwarteten ökoogischen Wirkungen vor allem kurzfristig mit großen Unsicherheiten behaftet, weil der Staat weder die Vermeidungskosten der Unternehmen noch die Nachfrageelastizitäten der Verbraucher kennt. Für die angestrebte ökologische Wirkung wird damit die „richtige" Höhe der Steuer zu einem zentralen Problem.
Die Finanzierungsfunktion der Ökosteuer bezieht sich auf die Steuereinnahmen als Hauptquelle der Finanzierung von Staatsausgaben. Die Einführung von Ökosteuern führt zu einem wachsenden Steueraufkommen, das auch für zusätzliche Umweltschutzaktivitäten verwendet werden kann. Es steigt dann aber die Abgabenbelastung. Will man dies durch Aufkommensneutralität der Ökosteuer vermeiden, sind andere Steuern bzw. Abgaben zu verringern. Verwiesen wird insbesondere auf Möglichkeiten der Verringerung der Kosten des Produktionsfaktors Arbeit. In dieser Sicht versprechen Ökosteuern eine „zweifache Dividende", nämlich eine Entschärfung der Umwelt- und Beschäftigungsproblematik. Allen Positionen, die ein bestimmtes Aufkommen einer Ökosteuer voraussetzen, ist aber der unauflösbare Zusammenhang zwischen Lenkungs- und Finanzierungsfunktion entgegenzuhalten. Eine ökologisch wirksame Ökosteuer wird mit sinkendem Steueraufkommen verbunden sein, wenn - wie angestrebt - die besteuerten umweltbelastenden Aktivitäten stark zurückgehen. Die Sicherung der Finanzierungsfunktion verlangt hingegen die Aufrechterhaltung der besteuerten Aktivitäten.
↪ Effizienzrevolution; ↪ Rucksack, ökologischer

GAWEL, Erik (1995): Zur politischen Ökonomie von Umweltabgaben. Tübingen.
MACKSCHEIDT, Klaus/EWRINGMANN, Dieter (Hrsg.) (1974): Umweltpolitik mit hoheitlichen Zwangsabgaben? Berlin.
MICHAELIS, Peter (1996): Ökonomische Instrumente in der Umweltpolitik. Heidelberg.

Gerd-Jan Krol

Ökosystem

Ökosystem ist ein von TANSLEY (1935) eingeführter Begriff. Es wird meist als funktionelle und strukturelle (in einigen Definitionen auch als räumlich klar umrissene) Einheit aus Lebewesen (↪ Biozönose) und unbelebter Umwelt (↪ Biotop) aufgefaßt. Ökosysteme sind offene Systeme (Stoff- und Energieaustausch mit der Umgebung sind möglich), bei denen Stoffe überwiegend in Kreisläufen im System gehalten werden, während Energie meist in Form von Lichtenergie in das System aufgenommen und letztlich als Wärmeenergie aus dem System freigesetzt wird. Insgesamt stellt sich sowohl bezüglich des Stoff- als auch des Energieflusses ein Fließgleichgewicht ein. Verschiedene Autoren (u.a. PHILLIPS 1934, 1935) vergleichen Ökosysteme mit Organismen. Grundlegender Gedanke ist hierbei, daß ihre Eigenschaften nicht aus der Summe der sie bildenden Teile vorhergesagt werden können. Heute wird allerdings die von LOTKA (1925) aufgestellte These favorisiert, nach der Ökosysteme durchaus der Summe ihrer Komponenten entsprechen.

LOTKA, Alfred J. (1925): Elements of Physical Biology. Baltimore.
PHILLIPS, John (1934): Succession, development, the climax and the complex organism I. In: JOURNAL OF ECOLOGY, 22. Vol., p. 554-571.
PHILLIPS, John (1935): Succession, development, the climax and the complex organism II, III. In: JOURNAL OF ECOLOGY, 23. Vol., p. 210-246/p. 488-508.
TANSLEY, Athur G. (1935): The use and abuse of vegetational concepts and terms. In: ECOLOGY, No. 16, p. 204-307.

Heribert Kock

Oikos

Oikos (griech.) bedeutet: Haus, Haushalt, alles was zum Haus gehört, Menschen, Tiere, Felder, das ganze Hauswesen und der Hausstand. ↪ Ökologie 1864 vom Zoologen HAECKEL als Begriff ('Lehre vom natürlichen Haushalt') eingeführt, geht auf oikos zurück. Die urchristlichen Gemeinden lebten in 'oikoi' (pl.) als kommunitären, egalitären und spirituellen Gemeinschaften. Ihre Verbindung untereinander bildet die oikumene, den 'bewohnten Erdkreis'. - Der Grundgedanke, der im Griechischen mit dem Wort oikos ausgedrückt wird, findet sich in unterschiedlicher Akzentuierung in allen Kulturen und Sprachen: Menschen und ihre Lebenswelt bilden ein Netz von Beziehungen. Das dabei entstehende Beziehungsmuster in Vergangenheit, Gegenwart und Zukunft bildet den oikos; in dieser Bedeutung ist der Begriff oikos im Deutschen dem Begriff ↪ 'Heimat' verwandt. So war für die Römer der oikos bestimmt durch zwei Arten von Hausgöttern: den penates als den Schutzgöttern der Familie und den lares als den Schutzgöttern des Orts. Wo beide zusammenwirken, könnte man sagen, entsteht ein lebendiger oikos - ein sich ständig wandelndes Beziehungsmuster in Raum und Zeit (↪ Biotop und Chronotop). In diesem Sinne lautet im Anschluß an BATESON die entscheidende ökologische Frage: „Welches ist das Muster, das alle Lebewesen verbindet?"

BATESON, Gregory (1982): Geist und Natur. Eine notwendige Einheit. Frankfurt a.M.

Heinrich Dauber

Ortsbindung

Der Begriff Ortsbindung (engl. place attachment) schließt verwandte Konzepte wie Ortsverbundenheit, Ortsidentität, emotionale Ortsbezogenheit, ↪ Heimat, territoriale Bindung ein und ist als wissenschaftliches Konzept seit über zwanzig Jahren im Blickfeld von Umweltpsychologie und Sozialgeographie. Während Ortsidentität eine eher kognitive Orientierung bezeichnet, betont Ortsbindung eher emotionale Aspekte von engen Person-Umwelt-Beziehungen: Wenn man sich mit einem Ort verbunden fühlt, besteht eine „intime" emotionale Beziehung zu ihm (↪ Wohnen). Ortsbindung definiert sich insofern als ein transaktionales Konzept, als es Besonderheiten im Verhältnis von Person-Umwelt-Beziehungen beschreibt und zur Erklärungsgrundlage nimmt. Mit einem Ort fühlt man sich emotional verbunden, wenn er einem erlaubt, seine persönliche und soziale Identität zu sichern, sein Bedürfnis nach sozialer Autonomie (Privatheit) und sozialer Zugehörigkeit zu pflegen und seine emotionalen Bedürfnisse (Sicherheit, Autonomie, Erregung) zu regulieren. Ein wesentlicher Faktor der Ortsbindung ist außer der Wohndauer die Art des Mietverhältnisses: Mieter sind weniger in ihrer Wohnumwelt verwurzelt als Eigentümer.

FUHRER, Urs/KAISER, Florian (1994): Multilokales Wohnen. Bern.

Urs Fuhrer

Outward Bound
Outward Bound ist ein Begriff aus der englischen Seefahrt: Ein Schiff kann - zu grosser Fahrt ausgerüstet und bereit - auslaufen. Dieses Bild wurde von Kurt HAHN (1886-1974) in die Pädagogik übertragen: Der junge Mensch soll auf eine aktive und verantwortungsbewußte Lebensführung vorbereitet werden - eben auf seine „Fahrt ins Leben".
Outward Bound-Veranstaltungen wollen und sollen den von Kurt HAHN seinerzeit analysierten und so benannten „Verfallserscheinungen" in der Gesellschaft entgegenwirken:
- Verfall der menschlichen Anteilnahme,
- der Sorgfalt,
- der Initiative und
- der körperlichen Tauglichkeit.

Outward Bound-Veranstaltungen fördern junge Menschen auf ihrem Weg zur Selbständigkeit und Eigenverantwortung, sie unterstützen den Findungsprozeß von Heranwachsenden, der eine selbstbewußte und sozial eingebettete Lebensführung ermöglichen soll, durch
- körperliches Training,
- Expedition,
- Projekt und
- Rettungsdienst (↪ Erlebnispädagogik, Outdoor-Aktivitäten).

FUNKE, Jürgen (1986): Gutachterliche Stellungnahme zum Begriff „Outward Bound" aus erziehungswissenschaftlicher Sicht. In: ZIEGENSPECK, Jörg (Hrsg.): Outward Bound. Geschütztes Warenzeichen oder offener pädagogischer Begriff? Stellungnahmen und Dokumente zu einem Streitfall. Lüneburg, S. 48-52.

ZIEGENSPECK, Jörg (Hrsg.) (1987): Kurt Hahn. Erinnerungen - Gedanken - Aufforderungen. Lüneburg.

Jörg Ziegenspeck

P

Pädagogik, naturbezogene ⇨ Naturbezogene Pädagogik

Pädagogik, ökologische
Ökologische Pädagogik befaßt sich im Gegensatz zur ökologischen Erziehungswissenschaft mit Umweltproblemen im Sinne der natürlichen ⇨ Umwelt und somit mit der Ökologie des Lebenssystems des Planeten Erde, mit Synökologie (⇨ Ökologie), in der die unterschiedlichsten Lebensformen gemeinsam betrachtet werden (KLEBER 1993; ⇨ Erziehungswissenschaft, ökologische). Ökologische Pädagogik wendet sich gegen das tradierte anthropozentrische ⇨ Weltbild (⇨ Anthropozentrismus), das Lebenssystem zerstörerische Konsequenzen hat, und führt dafür die Verschränkung der anthropozentrischen mit der planetarischen Perspektive ein (⇨ Humanismus; ⇨ Vitanität). Sie entwickelt Prinzipien für Umweltbildung und stellt die Verantwortungsfrage und moralische Erziehung als zentrale Aufgabe neben die Bemühungen, die Zusammenhänge in unserem Lebenssystem zu verstehen. Letztere sind von besonderer Bedeutung, wenn ⇨ Umweltbildung auf ⇨ Verantwortungsethik und weniger auf Gesinnungsethik setzt. Ökologische Pädagogik arbeitet auf ordnungspolitische Rahmen und deren Akzeptanz (⇨ Ökonomische Rahmenbedingungen für ökologisches Handeln) als Weg aus der sozialen Falle hin (KLEBER 1993, S. 91 ff.). Sie setzt auf Entschleunigung (gegen ⇨ Aktionismus) und will neue Wohlstandsmodelle vorbereiten (VON WEIZSÄCKER 1989/⁴1994; KLEBER/KLEBER 1999; REHEIS 1996; ⇨ Wohlstandsmodelle, neue). Ökologische Pädagogik betreibt die Erweiterung (Ökologisierung) des Gegenstandes und der Prinzipien der Allgemeinen Pädagogik (⇨ Umweltbildung als neue Allgemeinbildung). Konkret geht es dabei neben der „sozialen" um die „ökologische Rückbindung" als Begrenzung der Freiheit des Individuums und der Menschen allgemein (KLEBER/STEIN 1999). Wenn auch die Anwendung primär Bewußtseinsbildung sein muß (allgemeine Notwendigkeit der Pädagogik), so bedingt die Bewußtseinsarbeit und -veränderung auch und zunehmend deutlicher politisches Handeln. Der ökologisch Gebildete ist eine politische Person.

KLEBER, Eduard W. (1993): Grundzüge ökologischer Pädagogik. Weinheim.
KLEBER, Eduard W./KLEBER, Gerda (1999): Gärtnern im Biotop mit Mensch - der nachhaltige, zukunftsfähige Garten nach Prinzipien der Permakultur. Xanten.
KLEBER, Eduard W./STEIN, Roland (1999): Lernkultur 2000. Baltmannsweiler.
REHEIS, Fritz (1996/²1998): Die Kreativität der Langsamkeit. Neuer Wohlstand durch Entschleunigung. Darmstadt.
WEIZSÄCKER, Ernst U. von (1989/⁴1994): Erdpolitik. Darmstadt.

Eduard W. Kleber

Partizipation
Partizipation ist ein demokratisches Essential. Im Kontext politischer Bedeutung sind Mitbestimmung und Machtkontrolle die entscheidenden Stichworte. Partizipation ist Thema in der Reformpädagogik und gewinnt für die Umweltbildung wesentliche Bedeutung in der ökologischen Planung. Partizipation heißt Teilhabe und Beteiligung und zielt im pädagogischen Sinne als Beteiligungslernen auf Fähigkeiten des Mitplanens, des Mitentscheidens und des Mitgestaltens. Partizipatorische Lernprozesse fördern die Motivation und das persönliche Engagement. Sie führen über eigenständige Erkundungs-, Planungs- und Handlungsstrategien zur Verbindung von individueller Verantwortung einerseits und Kooperation im Sinne einer Konsensbildung andererseits. Partizipation ist wesentlicher Bestandteil außerschulischer Erkundung (↪ Lernorte) und steht in engem Zusammenhang zur kommunalen Öffentlichkeitsbeteiligung im Umweltbereich (Planungsökologie und ↪ Umweltverträglichkeitsprüfung).
↪ Bildung, polititsche; ↪ Lernen, ökologisches; ↪ Planungszelle
GÄRTNER, Helmut (1992): Ökologische Partizipation. Hamburg.

Helmut Gärtner

Pathozentrismus (Sentientismus)
Pathozentrismus ist eine Ethik oder Weltsicht, nach der allen leidensfähigen Wesen („pathos" = Leiden) ein moralischer Status (Eigenwert, Würde) zukommt, neben dem Menschen also auch den Tieren und Pflanzen, vgl. ↪ Nächstenliebe als Lebensorientierung. Der Pathozentrismus steht zwischen dem ↪ Anthropozentrismus der traditionellen Ethik, nach der nur der Mensch einen moralischen Status hat, und radikaleren Formen der ↪ Umweltethik, nach der alles Leben (↪ Biozentrismus) oder sogar auch die unbelebte Natur (↪ Physiozentrismus; ↪ Holismus; ↪ Land-Ethik; ↪ Tiefenökologie) einen Eigenwert haben.
Das Argument für den Pathozentrismus, wie es heute z.B. Peter SINGER in Australien, Tom REGAN in den USA und Ursula WOLF in Deutschland vortragen, gliedert sich in fünf Schritte: 1. Die intersubjektiven Kriterien für die Zuschreibung von Empfindungen an andere Menschen lassen sich auf Tiere anwenden. Tiere zeigen in ihrem Ausdrucksverhalten durch Zittern, Stöhnen, Fluchtbestreben, daß sie Schmerz etc. empfinden. 2. In Empfindungen ist im Unterschied zu Wahrnehmungen ein Moment der positiven oder negativen Bewertung eingelassen. 3. Moralisch handelt, nach dem traditionellen anthropozentrischen Moralverständnis, wer auf das gute Leben aller Menschen gleichermaßen Rücksicht nimmt. 4. Nun haben aber nicht nur Menschen, sondern auch Tiere ein gutes Leben, auf das Rücksicht genommen werden könnte. Der Ausschluß von Tieren aus dem moralischen Universum aufgrund ihrer Nichtzugehörigkeit zur menschlichen Gattung ist so willkürlich und moralisch verwerflich wie der Ausschluß von Schwarzen aufgrund ihrer

„Rasse" oder von Frauen aufgrund ihres Geschlechts. 5. Moralisch handelt daher nur, wer auch auf das gute Leben von Tieren gleichermaßen Rücksicht nimmt. Konkreter bedeutet moralische Rücksicht auf Tiere, den Verzicht auf Tierhaltung und Tierversuche, die schwere Schmerzen, große Angst, ständige Isolation oder Bewegungsunfreiheit mit sich bringen.

Das pathozentrische Argument ist in der ↪ Tierethik umstritten. Zentrale Einwände sind: 1. ein moraltheoretischer Einwand (das Argument beruhe auf einem utilitaristischen, mitleidsethischen oder aristotelischen Moralverständnis, haltbar sei aber nur das kontraktualistische oder kantische Moralverständnis, danach hätten nur Vertragspartner oder Vernunftwesen moralischen Status [J. HABERMAS und E. TUGENDHAT]), 2. ein sprachanalytischer Einwand (Moral handle von ↪ Interessen, und die seien an das Vorliegen von Sprache gebunden [R. FREY]), 3. ein anti-egalitärer Einwand (gleiche Rücksicht auf Tiere sei menschenverachtend, denn sie impliziere, daß man bei einem Unfall auch dem verletzten Tier zuerst helfen dürfte), 4. der „Policing-Nature"-Einwand (das Argument führe zu der absurden Konsequenz, daß Beutetiere vor Raubtieren zu schützen seien und man Tigern Tofuburger hinzulegen hätte).

In Antwort auf den Policing-Nature-Einwand (4.) ist auf das erwartbar größere menschliche und tierische Leid hinzuweisen, das ein menschliches Polizeispielen in der Natur zur Folge hätte. Will der Anti-Egalitarist (3.) die Hierarchie Mensch-Tier nicht gattungsegoistisch begründen, dann muß er auf Gründe zurückgreifen (wie Intelligenz oder Moralfähigkeit), die bereits im menschlichen moralischen Universum Hierarchien bedeuteten, etwa die Hierarchie zwieschen verschiedenen Personen, sogenannte „human marginal cases" (Schwerstgeistigbehinderte, Kleinkinder, Föten etc.). Solcherlei Hierarchien widersprechen aber der Idee der moralischen Gleichheit aller Menschen. Gegen den sprachanalytisch verengten Interessenbegriff (2.) läßt sich ein erweiterter Interessenbegriff setzen, nach dem ein Wesen ein Interesse an etwas hat, wenn dies sein gutes Leben befördert. Den moraltheoretischen Einwand (1.) schließlich kann man entkräften, indem man auf die Schwierigkeiten verweist, die sowohl der Kontraktualismus als auch der Kantianismus mit der Begründung moralischen Respekts für nicht-kontraktfähige und nicht-vernünftige human marginal cases haben.

KREBS, Angelika (Hrsg.) (1997): Naturethik. Grundtexte der gegenwärtigen tier- und ökoethischen Diskussion. Frankfurt a.M.

Angelika Krebs

Permakultur

Es tritt zunehmend ins Bewußtsein, daß es für unsere Probleme in der Welt keine singulären Lösungen gibt. Wir beschleunigen nicht nur die Veränderung im Lebenssystem unseres Planeten in beängstigender Weise, weil wir einiges falsch machen, sondern weil unser privates und gesellschaftliches Wirtschaften auf diese Veränderungen hinsteuert und unser ↪ Lebensstil, der sowohl Ursache als auch Ergebnis unseres Wirtschaftens ist, diese Richtung vorgibt. Seit Beginn der 80er Jahre gibt es ein Umweltbildungskonzept, das ↪ sustainable development als zentrales Prinzip hat: Permakultur (MOLLISON/HOLMGREEN 1978/²1984; MOLLISON 1988; KLEBER/KLEBER 1999); Perma = dauerhaft, ausdauernd. Permakultur ist ein Gesamtlebenskonzept, dessen Vertreter gegen die Energieverschwendungsgesellschaft, gegen die neue Kolonialisierung der Welt durch die multinationalen Konzerne, das ↪ Agrobusiness und den Transportwahnsinn kämpfen. - ↪ Saisonales Leben und, soweit dies ohne Krampf möglich ist, regionale Versorgung und Selbstverantwortung für das eigene Leben sind Forderungen der Permakultur.

Die erste Umgestaltung des Planeten durch den Menschen dürfte, nach Meinung der Permakulturbegründer, in wenigen Jahren abgeschlossen sein. Die Regenwälder sind dann abgeholzt, die Bergwälder auf dem Rückzug. Mit Hilfe der Gentechnologie werden die letzten Bauern in der Dritten Welt enteignet sein. Dies geschieht über das Monopol eines teuren Saatgutes und der für das Gedeihen dieser Pflanzen mitgelieferten teuren Pflanzenpflegeprodukte (Kunstdünger, Herbizide, Pestizide). Dies alles können sich die Bauern der Dritten Welt nicht leisten, gleichzeitig werden sie systematisch an der Verwendung eigenen Saatgutes gehindert (↪ Agrobusiness). Die Erdoberfläche wird sich nach dieser ersten Umgestaltung des Planeten in Städte, Industrieareale, Agrarsteppen, Agrarwüsten und endgültige Wüsten verwandelt haben. Solange es noch einige Restwälder gibt, rufen die Permakulturplaner zur zweiten Umgestaltung des Planeten auf: „Voran zur Natur." Permakultur will unseren Planeten renaturieren (eine Ersatznatur schaffen), die Monokultur- und Neuwüstenflächen in neuartige, sich selbsterhaltende Ökotope mit Mensch verwandeln (sustainable systems) (KLEBER/KLEBER 1999). Von der Wegwerfgesellschaft zur Gesellschaft mit dauerhaften Gebrauchsgütern auf der Basis einer Sonnen-Wasserstoff-Energiewirtschaft geht der Weg der Permakultur. Sie beginnt bei dem individuellen alltäglichen Leben, unserem ↪ Wohnen (Niedrig- oder Nullenergiehaus), unserem privaten Wirtschaften und unserer Ernährung. Soweit wie möglich soll die menschliche Ernährung ausdauernde und ortsständige vitale Pflanzen nützen, die alle im Interesse des Agrobusiness und der Energiemultis vom Markt verschwunden sind. Hierzu bedarf es neuer Erfahrungsräume und Bildungsanstrengungen für eine neue Gesellschaft und eine neue Kultur: „sustainable human culture", die nachhaltige, zukunftsfähige humane Kultur. Implizit verlangt Permakultur eine Kulturrevolution: Sie ist ↪ Umweltbildung von Anfang an.

KLEBER, Eduard W./KLEBER, Gerda (1999): Gärtnern im Biotop mit Mensch - der nachhaltige, zukunftsfähige Garten nach Prinzipien der Permakultur. Xanten.
MOLLISON, Bill/HOLMGREEN, David (1978/²1984): Permakultur: Landwirtschaft und Siedlungen in Harmonie mit der Natur. Darmstadt.
MOLLISON, Bill (1988): Permaculture: Designers' Manual. Tyalgum.

Eduard W. Kleber

Philosophieren

Ökologisches Philosophieren bezieht in die Frage nach dem „guten Leben" des Menschen die Natur insgesamt (Tiere, Pflanzen, Landschaft) im gemeinsamen „Haus" (griechisch: oikos) der Erde ein; möglicherweise wird die expandierende Weltraumtechnik auch eine interplanetarische Ausweitung nahelegen, etwa als Problem der Weltraum- oder Mondverschmutzung. Die Zielfrage nach dem „guten Leben" sowie dem richtigen Tun und Lassen muß gegen ethizistische Verkürzungen auch in ihren erkenntnistheoretischen und anthropologischen Voraussetzungen geklärt werden, d.h. in ihrem Vernunftverständnis (Vernunft nur kognitiv oder auch moralisch-praktisch und ästhetisch), Naturverständnis (Natur als kausaler Mechanismus oder als Lebenszusammenhang) und Selbstverständnis (der Mensch als Gegenüber einer Umwelt oder als Teil einer Mitwelt). Ein derart unverkürztes ökologisches Philosophieren bedeutet didaktisch eine Wahrnehmungs-Bildung im dreifachen Sinne als (im weiteren Sinne) ästhetisches Wahrnehmen der Natur mit allen Sinnen, als kognitives „Nehmen des Wahren" mit der begrifflich-argumentativen Vernunft und als moralisch-praktisches Wahrnehmen unserer Verantwortung. Die methodisch angemessene Handlungs- und Projektorientierung (↪ Projektunterricht/Projekte; ↪ Projektmethode) ist nicht mit einem unvermittelten Konkretismus und Praktizismus zu verwechseln. Philosophieren stellt vielmehr den Versuch dar, scheinbar Bekanntes zu erkennen und was uns vage ergreift zu begreifen, um Täuschungen und Selbsttäuschungen über ein bloß scheinbar „gutes Leben" zu bearbeiten. Die Spannung von holistischem und analytischem sowie von emotionalem und rationalem Philosophieren ist als „Liebe zur Weisheit" unaufhebbar.

↪ Humanität/Vitanität; ↪ Mitwelt, natürliche; ↪ Naturbegriff; ↪ Oikos; ↪ Umweltethik; ↪ Vernunft, praktische; ↪ Vernunft, ökologische

BIRNBACHER, Dieter (Hrsg.) (1997): Ökophilosophie. Stuttgart.
MARTENS, Ekkehard (1997): Ökologisches Philosophieren und mit Kindern über Natur philosophieren. In: SCHREIER, Helmut: Mit Kindern über Natur philosophieren. Hainsberg, S. 98-108.

Ekkehard Martens

Physiozentrismus

Physiozentrismus ist ein Natur- und Menschenbild, in dem der Mensch zur Gemeinschaft der Natur gehört und von dorther als Mensch gewordene Natur zu verstehen ist. Die physiozentrische Naturphilosophie beruht auf dem holistischen Grundsatz: In jedem Geschöpf ist das Ganze der Natur dieses Geschöpf (Nikolaus VON KUES; ↪ Holismus). Dies gilt für die einzelnen Arten wie auch für die Individuen je einer Art. Der Mensch hat von daher allenfalls die Sonderstellung, Mensch zu sein, aber in demselben Sinn hat ein Baum die Sonderstellung, Baum zu sein.

Physiozentrisch verstanden ist der Mensch nur im natürlichen Mitsein, was er ist. Dasselbe gilt für alle anderen Dinge und Lebewesen. Da das Mitsein in der Gemeinschaft der Natur allen gemein ist, haben je zwei Individuen oder Arten in der Regel mehr gemeinsam, als sie unterscheidet. Unsere natürliche Mitwelt ist deshalb nicht 'die Natur (⇨ Mitwelt, natürliche), die wir nicht sind', sondern wir sind auch Tier, Pflanze und Erde, Wasser, Feuer (Energie), Luft. Im physiozentrischen Weltbild können wir also nicht – wie im anthropozentrischen – Mensch *sein*, indem wir die übrige Welt nur *haben* wollen, sondern wir *sind* auch diese.

Der Ausdruck Physiozentrismus wurde 1984 von mir in Analogie und im Gegensatz zur ⇨ Anthropozentrismus gebildet. In beiden Fällen wird unter dem 'Zentrum' der Referenz-'Punkt' verstanden, von dem her Handlungen bewertet werden. Von der Natur her urteilen zu wollen, setzt ein normatives Naturverständnis und das Menschenbild voraus, daß die Natur in uns zur Sprache kommt. Eine Gewißheit, als Mensch gewordene Natur richtig zu handeln, gibt es allerdings ebensowenig wie anthropozentrisch im Namen der Menschheit. Die Ungewißheit, ob man richtig handelt, gehört hier wie dort zur conditio humana.

⇨ Humanität/Vitanität

MEYER-ABICH, Klaus M. (1984): Wege zum Frieden mit der Natur – Praktische Naturphilosophie für die Umweltpolitik. München.

MEYER-ABICH, Klaus M. (1997): Praktische Naturphilosophie – Erinnerung an einen vergessenen Traum. München.

Klaus M. Meyer-Abich

Planungszelle

Diese seit Anfang der 70er Jahre entwickelte bürgernahe Planungsmethode steht konstitutiv im Kontext von (agierender) ⇨ Partizipation, wie sie heute wieder verstärkt im Gefolge der ⇨ Agenda 21 (⇨ Agenda 21, lokale) diskutiert und gefordert wird. Sie kann im mediativen Sinne hohe Akzeptanz beanspruchen (⇨ Mediation), da sie vom Charakter her loyal ist und Systemvertrauen zu schaffen verspricht.

Idealtypisch setzt sich eine Planungszelle (DIENEL 1978/³1992) aus einer Gruppe von 25 zufällig ausgewählten Bürgern zusammen, die für eine begrenzte Zeit (ca. eine Woche) von ihren beruflichen Verpflichtungen vergütet freigestellt werden. Unterstützt von Prozeßbegleitern werden Planungsaufgaben und Konfliktstellungen über mehrere Bewertungs-, Kontroll-, Meinungsbildungs- und Planungsphasen von lokaler bis zu nationaler Reichweite bearbeitet, deren Ergebnisse in sog. *Bürgergutachten* zusammengefaßt werden. Die dabei eingenommene Rolle des 'Laienplaners' führt zu dem Effekt einer deutlichen Reduktion eingebrachter Eigeninteressen zugunsten eines Handelns im allgemeinen Interesse. Dabei kommt es zu verblüffenden

Ergebnissen, die mitunter in ihrem innovativen und zukunftsbezogenen Gehalt über den Erwartungshorizont von Experten (Planer, Politiker) hinausreichen (vgl. DIENEL/GARBE 1985).

Der für das Verfahren Planungszelle behauptete 'Kriseneinspareffekt' entspricht einer sozial-kulturellen Evolution, in der *traditionelles Lernen* oder manifeste Krisenerscheinungen durch innovatives Lernen ersetzt werden (vgl. BRILLING 1997). Sie ermöglicht in ihrer Praxis nicht nur Zukunft, sondern begünstigt ein zukunftsorientiertes ↪ Alltagsbewußtsein.

Einen pädagogischen Beitrag im politischen Feld leistend, kann die Planungszelle als bedeutsamer Baustein wie Motor einer Lern- und Bildungskultur im Sinne einer gemeinwesenorientierten Bildungsarbeit eingestuft werden. Darüber hinaus wird in diesem Verfahren eine sachorientierte Langsicht und Akzeptanz zukunftsfähiger (nachhaltiger) Entscheidungen auf dem Weg zu einer ökologischen Zivilisierung möglich (↪ Zivilisierung, ökologische).

↪ Bildung, politische; ↪ Experimentiergesellschaft; ↪ Zukunftswerkstatt

BRILLING, Oskar (1997): Kritik des Umweltbewußtseins. Marburg.
DIENEL, Peter C. (1978/³1992): Die Planungszelle. Opladen.
DIENEL, Peter C./GARBE, Detlef (Hrsg.) (1985): Zukünftige Energiepolitik: ein Bürgergutachten. München.

Oskar Brilling

Postmoderne

Der Begriff Postmoderne taucht zuerst 1870 in der Malerei in England auf. In der Literaturwissenschaft wird er für eine Periode der hispano-amerikanischen Dichtung (bis 1914) verwendet („postmodernismo"), die dann durch die Periode des „ultramodernismo" abgelöst wurde. - Dies erinnert zumindest formal an die jetzige Diskussion über die gesamtgesellschaftliche Entwicklung: Moderne - Postmoderne - Zweite Moderne.

Der Begriff Postmoderne wurde in diesem Jahrhundert zunächst als kritische Kategorisierung für Literatur, Architektur, Malerei und Kultur verwendet und avancierte in den 80er Jahren zum Schlüssel- und Leitbegriff für Kultur- und Gesellschaftsdeutung. Nichts desto trotz bleibt er unpräzise, schillernd, mißverständlich, ein Sammelbecken für sämtliche Spielarten des sozial-kulturellen Wandels in einer Zeit, als die Vorsilbe „post" Furore machte: postindustriell, postmateriell, postmodern (EUCHNER 1988).

Für BECK (1986) scheint „post" ein Codewort für Ratlosigkeit, weshalb er sich ratsuchend auf den Weg in eine „andere Moderne" machte, hin zur ↪ Risikogesellschaft und zur zweiten (reflexiven) Moderne.

Die Metapher Postmoderne steht für eine Analyse und Deskription der gesellschaftlichen und kulturellen Entwicklung aus einer erkenntnistheoretischen Skepsis heraus (↪ Konstruktivismus). Realität bleibt letztlich verborgen. Wir leben in Konstruktionen, deshalb haben wir es immer nur mit „Erzählungen" zu tun (LYOTARD 1987) und nicht mit objektiven Erkenntnissen. Unser Wissen hat Entsprechungen zu den Erzählungen. Unser Handeln in der Realität ist - soweit es planvoll geschieht - am korrektesten mit „Spiel" zu beschreiben. Wir alle sind immer und grundsätzlich „Spieler" (MEDER 1987). Aus der Kombination von „Erzählung" und „Spiel" ergibt sich eine oft etwas gestelzte und hochredundante Sprachalgebra. Am Ausgang der Moderne (⇨ Moderne, erste), die HABERMAS als unvollendet, unvollendbar und LYOTARD als notwendigerweise zerstört betrachten (1987), bleibt die anscheinend unaufhaltsam fortschreitende Individualisierung, die massenhafte Freisetzung von Individuen aus traditionellen Lebenszusammenhängen. Die so freigesetzten („emanzipierten") Individuen müssen, aus allen Rollen- und Stände- oder Institutionenrahmen entlassen, sich nun ihre Biographie erfinden und selbst basteln (FERCHHOFF/NEUBAUER 1997, S. 87).

In diesem Rahmen steht die Ästhetik vor der Moral. Das erfolgreich freigesetzte und entlassene Individuum ist nach GOEBEL/CLERMONT der „Lebensästhet", um ständige ästhetische Selbstverbesserung bemüht, an dazu notwendigen vielfältigen Selbstinszenierungen arbeitend, hat er bereits ohne Lohnarbeit eine Art Vollzeitjob. Er folgt oft sehr stringenten autonomen, moralischen Maßstäben, ohne die seine Selbstinszenierungen nicht klappen würden. Der Lebensästhet stellt eine eigene kleine Nation dar, deren Souveränität nicht angetastet werden darf, letzteres ist der erste Grundsatz seiner Moral. Er bedarf einer demokratisch liberalen Gesellschaft und soll zu temporären Allianzen zu motivieren sein (⇨ Moderne, zweite). Er ist Ökooptimist, denn die Weltprobleme relativieren sich hinter der Größe des eigenen Universums. ⇨ Umweltbildung muß, folgt sie dieser Auffassung, die Souveränität der Lebensästheten unterstützen, kann sie dann aber für temporäre Allianzen gewinnen.

⇨ Ökooptimismus; ⇨ Risikogesellschaft

BECK, Ulrich (1986): Risikogesellschaft. Auf dem Weg in eine andere Moderne. Frankfurt a.M.
EUCHNER, Walter (1988): Die Vereinnahmung des postmodernen Zeitgeistes durch den Konservativismus. In: NEUE GESELLSCHAFT, Heft 5, S. 500-503.
FERCHHOFF, Wilfried/NEUBAUER, Georg (1997): Patchworkjugend. Opladen.
GOEBEL, Johannes/CLERMONT, Christoph (1997/³1998): Die Tugend der Orientierungslosigkeit. Berlin.
LYOTARD, Jean-François (1987): Postmoderne für Kinder. Wien.
LYOTARD, Jean-François (1994): Das postmoderne Wissen. Wien.
MEDER, Norbert (1987): Der Sprachspieler. Köln.

Eduard W. Kleber

Preise, gerechte ⇨ Ökosteuern

Produktbilanzen/Produktlinienanalyse ⇨ Ökobilanz

Projektmethode

Die Projektmethode ist ein von der Bildungsreform der 70er Jahre in Anknüpfung an Traditionen deutscher Reformpädagogik (u.a. KERSCHENSTEINER, PETERSEN) und des amerikanischen Pragmatismus (DEWEY/ KILPATRICK 1935) wiederentdeckter „alter Weg zu neuem Lernen". Sie hatte schon in ihren historischen Ursprüngen als didaktische Konzeption zur Demokratisierung von Lernprozessen eine Bedeutung, die weit über eine bloße methodische Bereicherung des Lernens hinauswies. Die Projektmethode bietet den Teilnehmern die Möglichkeit, an der Auswahl und Konkretisierung der Inhalte sowie an der Gestaltung des Lernprozesses und der daraus hervorgehenden Produkte zu partizipieren, dabei eigene Interessen, Fähigkeiten einzubringen und das ihnen angemessene Lerntempo zu berücksichtigen. Durch offene Lernsituationen sollen Autonomie sowie kommunikative und kooperative Kompetenz besonders gefördert werden.

FREY (1990/²1993) benennt sieben Komponenten der Methode:
1. Projektinitiative;
2. Auseinandersetzung mit der Projektinitiative (Projektskizze);
3. gemeinsame Entwicklung des Betätigungsgebietes (Projektplan);
4. Aktivitäten im Betätigungsgebiet (Projektdurchführung);
5. Beendigung (Abschluß, Rückkopplung zur Initiative, Auslaufenlassen).

Nach Bedarf lassen sich Fixpunkte zur gemeinsamen Orientierung und Organisation (6.) und Phasen der Metainteraktion (7.) einschieben. Letztere ermöglichen eine vertiefte Reflexion des Lernprozesses in der Gruppe. Die Projektmethode wird im schulischen Bereich (↪ Projektunterricht/ Projekte), in der außerschulischen Jugendarbeit und der Erwachsenenbildung eingesetzt. Vorteile für ↪ Umweltbildung liegen u.a. in der fächerübergreifenden Herangehensweise (↪ Unterricht, fächerübergreifender), die der Komplexität der Gegenstände entgegenkommt, und in der Möglichkeit, Unterricht erfahrungs- und situationsbezogen zu gestalten.

Die Projektmethode gewinnt aufgrund ihres interdisziplinären (↪ Interdisziplinarität) und Komplexität berücksichtigenden Ansatzes in der Umweltbildung eine neue Bedeutungsverstärkung.

BASTIAN, Johannes/GUDJONS, Herbert (Hrsg.) (1986/³1998): Das Projektbuch. Theorie – Praxisbeispiele - Erfahrungen. Hamburg.
DEWEY, John/KILPATRICK, William H. (1935): Der Projekt-Plan. Grundlegung und Praxis. Weimar.
FREY, Karl (1990/²1993): Die Projektmethode. Weinheim.
JOSTES, Monika/WEBER, Reinhold (1987): Projektlernen. Handbuch zum Lernen von Veränderungen in Schule, Jugendgruppen und Basisinitiativen. Köln.

Dorothee Harenberg

Projektunterricht/Projekte
Projektunterricht meint eine besondere Form praxis- und handlungsorientierter pädagogischer Tätigkeit, in der die ↪ Projektmethode konsequent angewandt wird. Er stellt eine Alternative zu den herkömmlichen, an Fachdidaktiken orientierten Unterrichtsformen dar. Projektunterricht ist nicht an Stundentafeln, Schulräume, Fächer oder Klassen gebunden, sondern findet über einen gewissen Zeitraum interdisziplinär und jahrgangsübergreifend, häufig unter Einbeziehung verschiedener Fachlehrer, die im Team arbeiten, statt. Inhaltlich befassen sich Projekte mit Problemen oder Sachverhalten, die aus der Lebenswelt und den Interessen der Beteiligten erwachsen sind. Besondere Anlässe liefern Umwelt-, Friedens- und Gesundheitserziehung. Daher werden oft Eltern, Institutionen, Behörden oder Berufsgruppen in Projekte mit einbezogen. Beabsichtigt ist dabei das freie, selbstbestimmte Lernen, das in gemeinsamer Anstrengung und durch handelnde Auseinandersetzung mit der Wirklichkeit stattfindet. Daraus ergibt sich eine typische Verlaufsstruktur des Projektprozesses: Der Formulierung des Problems folgt ein gedanklicher Entwurf möglicher Lösungen, aus dem sich dann ein Plan zur bestmöglichen Bearbeitung entwickelt. Daran schließen sich die praktische Erprobung der Planung und die abschließende Beurteilung der Problemlösung an. Allgemein zielt die Anwendung dieser Unterrichtsform auf eine Veränderung von Mensch und Welt in einem sehr umfassenden Sinn. Gemeint ist die Humanisierung (↪ Humanität/Vitalität), d.h. die Entwicklung der Selbstbestimmungsmöglichkeiten der Menschen, um sie zu befähigen, ihre gemeinsamen Anliegen in ökologischer, politischer, gesellschaftlicher, wirtschaftlicher und kultureller Hinsicht kompetenter als bisher entscheiden und ihre Entscheidungen demokratischer kontrollieren zu können.

BÖNSCH, Manfred (1991): Variable Lernwege: ein Lehrbuch der Unterrichtsmethoden. Paderborn.
GUDJONS, Herbert (1986/³1997): Handlungsorientiert lehren und lernen. Schüleraktivierung-Selbsttätigkeit-Projektarbeit. Bad Heilbrunn.
HÄNSEL, Dagmar (Hrsg.) (1997): Handbuch Projektunterricht. Weinheim.

                                                            Renate Golisch-Presecki

R

Rat von Sachverständigen für Umweltfragen ↪ Sachverständigenrat für Umweltfragen

Rationalität

Rationalität wird *formal* als funktioneller und logischer Zusammenhang von Handlungen, Mitteln und vorgegebenen Zwecken begriffen (Zweck-Rationalität). Sie ist als bloßes *Effizienzprinzip* ethisch indifferent. Das *materiale* Rationalitätsprinzip hingegen fordert auch Vernünftigkeit in der Zielwahl und ist insofern *absolut* (Wert-Rationalität). Es bezieht sich auf die *Rechtfertigung* der auszuwählenden Handlungsalternativen und Nebenwirkungen vor sich und anderen. *Substantielle Rationalität* wird konstatiert, indem man die vom Akteur gewählten Ziele und Mittel mit als richtig angesehenen Zielen vergleicht (vgl. HARTFIEL/HILLMANN 1982, S. 226). In den Naturwissenschaften und vor allem in der Ökonomie ist die Zweckrationalität zum zentralen Axiom des wissenschaftlichen Selbstverständnisses geworden. Diese Eingrenzung der Rationalitätskriterien auf die Zweck-Rationalität als Wissenschaftsprinzip, die damit verbundene Subjekt-Objekt-Trennung und die Ausklammerung von Ziel- und Normfragen (Wertfreiheitspostulat) hat die Wirtschaft aus allen traditionellen, religiösen, sozialen und politischen Verankerungen und Begrenzungen herausgelöst und sie immer mehr zum bestimmenden Motor der gesellschaftlichen Entwicklung werden lassen (*ökonomischer Imperialismus*). Eine ökologische Wirtschaftstheorie hingegen wendet sich gegen die Reduktion des Menschen auf ein 'Wirtschaftssubjekt', dessen soziale Aktivität lediglich in der Ausnutzung seiner ökonomischen Dispositionsfreiheit besteht (↪ Materialismus, ökologischer; ↪ Wirtschaften, nachhaltiges). In diesem Sinne setzt auch ULRICH (1986/²1987) das Programm einer „Transformation der ökomischen Vernunft" *von der utilitaristischen zur kommunikativen Ethik, gegen das eindimensionale Rationalitätsverständnis der herrschenden Ökonomie.* Hierbei wird von zwei lebenspraktischen Dimensionen der Rationalität ausgegangen, nämlich
1. dem *technisch-rationalen Handeln* als dem Verfügbarmachen und Kontrollieren von Objekten (ökonomisch-technische Rationalität),
2. dem *kommunikativ-rationalen Handeln* als Orientierung am Gesichtspunkt der intersubjektiven Verständigung über gemeinsame Wertvorstellungen und Handlungsorientierungen *(gesellschaftlich-politische Rationalität).*

Neue ↪ *Normen* wie ↪ *Umweltverträglichkeit* und ↪ *Sozialverträglichkeit* sind danach das Ergebnis von gelungenen Verständigungsprozessen über gemeinsame Wertvorstellungen. Sie sind „weiche" Rationalitätskriterien, da sie nur *kommunikativ* bestimmt und vermittelt werden können und in jeder historischen Situation neu definiert und politisch ausgehandelt werden müssen. Dagegen sind *Produktivität* und *Rentabilität* „harte", *technisch-ökonomische* Rationalitätskriterien, weil sie mengenmäßig und monetär exakt bestimmbar und berechenbar sind. Die technisch-ökonomischen Rationalitätskriterien der Produktivität und Rentabilität müssen daher mit den gesellschaftlich-politischen Rationalitätskriterien der Umwelt- und Sozialverträglichkeit vermittelt werden, und zwar dergestalt, daß die letzteren die höherrangigen Normen darstellen (Primat der Politik). Hierbei ergeben sich oft Rationalitätskonflikte (⇨ Konflikte). Obwohl eine solche Position von LUHMANN bestritten wird, weil es für ihn neben der *Teil-Rationalität* gesellschaftlicher Subsysteme (*System-Rationalität*) keine darüberliegende „*Gesamt-Rationalität*" geben kann, stellt er selbst in Rechnung, daß eine *ökologische Rationalität* nur dann erreicht wäre, „wenn die Gesellschaft die Rückwirkungen ihrer Auswirkungen auf die Umwelt und auf sich selbst in Rechnung stellen könnte" (LUHMANN 1986, S. 247). Im Kontext einer so verstandenen *ökologischen Rationalität* gehört die Suche nach operationalen Kriterien für die Umwelt- und Sozialverträglichkeit von Produktion und Konsum sowie der Wirtschaftsentwicklung zu den wichtigsten Aufgaben einer zukunftsorientierten ⇨ Umweltforschung und ⇨ Umweltbildung.

⇨ Ökonomie, ökologische; ⇨ Retinität; ⇨ sustainable development

HARTFIEL, Günter/HILLMANN, Karl-H. (1972/⁴1994): Stichwort „Rationalität". In: HARTFIEL, Günter/HILLMANN, Karl-H. (Hrsg.): Wörterbuch der Soziologie. Stuttgart, S. 226-227, S. 626.

LUHMANN, Niklas (1986): Ökologische Kommunikation. Kann die moderne Gesellschaft sich auf ökologische Gefährdungen einstellen? Opladen.

ULRICH, Peter (1986/²1987): Transformation der ökonomischen Vernunft. Bern.

Peter Weinbrenner

Retinität

DER RAT VON SACHVERSTÄNDIGEN FÜR UMWELTFRAGEN hat im Umweltgutachten 1994 den Begriff Retinität geprägt. Darunter versteht er die Gesamtvernetzung der Kulturwelt mit der Natur. Es ist das Schlüsselprinzip der Umweltethik, als deren wichtigste Aufgabe angesehen wird, die Gesamtheit des menschlichen Umgangs mit der Natur auf den Begriff zu bringen. „Es geht um die Frage der Stimmigkeit im Verhältnis von Mensch und Natur als ganzer, um die Rückbindung der menschlichen Kulturwelt (...) in das sie tragende Netzwerk einer sich ebenfalls dynamisch auslegenden Natur" (DER RAT VON SACHVERSTÄNDIGEN FÜR UMWELTFRAGEN (SRU) 1994, S. 54).

Die Gesamtvernetzung wird als zentraler Begriff gesehen, wobei hierfür die aus dem lateinischen „rete" (Netz) abgeleitete Bezeichnung verwendet wird. Umweltethisch heißt das, daß der Mensch seine personale Würde als Vernunftwesen im Umgang mit sich und anderen nur wahren und verantwortlich gegenüber Natur und Umwelt agieren kann, wenn er die Retinität all seiner Aktivitäten und die damit verbundenen Konsequenzen für Natur und Umwelt zum grundlegenden Prinzip seines eigenen Handelns macht.

Eng in Verbindung mit dem Prinzip der Retinität sieht der DER RAT VON SACHVERSTÄNDIGEN FÜR UMWELTFRAGEN (SRU) das Prinzip der Personalität, das die ethische ⇨ Sonderstellung des Menschen gegenüber Natur und Umwelt betont. Mit diesem Verständnis ist allerdings nicht verbunden, daß nur der Mensch allein Inhalt umweltethischer Forderungen wird (↪ Humanität/Vitanität), sondern der Vernunftstatus des Menschen fordert geradezu Empathiefähigkeit gegenüber Natur und Umwelt sowie eine entsprechende Ausgestaltung seiner moralischen Pflichten im Umgang mit den übrigen Kreaturen (↪ Bioethik; ↪ Umweltethik). Daraus wiederum leitet sich ein besonderes ↪ Mensch-Natur-Verhältnis ab, wobei sich Natur als das die menschliche Natur Übergreifende erweist.

Als Konsequenz für die ↪ Umweltbildung wird die Vermittlung der Retinität als *ökologische Schlüsselqualifikation* gesehen. Das Verstehen dieses ökologischen Schlüsselprinzips der Vernetzung setzt beim Menschen die grundlegende Fähigkeit des Denkens in Zusammenhängen voraus. Neben dem Erkennen von gesetzmäßigen Abläufen gehört hierzu das Aufspüren und Beheben von „Störfaktoren", die einen Einfluß auf Natur und Umwelt ausüben. Dies schließt zugleich die Fähigkeit zur Reflexion ein, die das individuelle Verhalten wie auch gesellschaftliches Handeln hinterfragt, wie auch antizipatorische Fähigkeiten, die es ermöglichen, künftige Entwicklungen und Beeinflussungen von Natur und Umwelt abzuschätzen. Hinsichtlich der Bewertung von Natur- und Umweltzuständen sind durch ökologische Schlüsselqualifikationen außerdem Chancen für die Beteiligung an diesen Bewertungsprozessen zu eröffnen. Als wichtige Faktoren ökologisch orientierter Schlüsselkompetenz können somit Kognition, Reflexion, ↪ Antizipation und ↪ Partizipation festgehalten werden.

Das Verstehen des ökologischen Schlüsselprinzips der Vernetzung verleiht den Menschen allgemeine Kompetenzen, die wiederum ein Beitrag zur Allgemeinbildung einer Person sind und Einfluß auf ihre Verantwortungs- und Sittlichkeitsfähigkeit ausüben. Somit schließt sich der Kreis vom Erkennen der Komplexität ökologischer Probleme über die Einsicht in die Verantwortung für diese Probleme bis hin zur Entwicklung entsprechend veränderter Verhaltens- und Handlungsweisen zu deren Überwindung.

DER RAT VON SACHVERSTÄNDIGEN FÜR UMWELTFRAGEN (SRU) (Hrsg.) (1994): Umweltgutachten 1994. Stuttgart.

MICHELSEN, Gerd (1994): Bildungspolitische Instrumentarien einer dauerhaft umweltgerechten Entwicklung. Materialien zur Umweltforschung 22. Stuttgart.

Gerd Michelsen

Rio-Gipfel ↪ Agenda 21

Risikogesellschaft
Der Begriff Risikogesellschaft ist eng mit dem Soziologen BECK verbunden, der Mitte der 80er Jahre konstatierte, daß sich die von anderen Autoren als „postmodern" apostrophierte Gesellschaft grundlegend von ihren Vorläufern unterscheidet. Die Gesellschaft der „zweiten Moderne", so bezeichnet er die gegenwärtige Phase der Gesellschaftsentwicklung, besitze kein Steuerungs-

zentrum, sondern sei in starkem Maße selbstreferentiell, d.h. sie wird durch die Wirkungen und unbeabsichtigten Folgen ihres eigenen Handelns gesteuert. Der Modernisierungsprozeß ist „reflexiv" geworden, hat sich selbst zum Thema und zum Problem. Im Kern bedeutet Risikogesellschaft, daß es Verteilungskämpfe um Risiken sind, die heute dominieren, während es in der „Arbeitsgesellschaft" der „ersten Moderne" um Reichtumsverteilung ging. BECK folgt dem THOMAS-Theorem, wenn er feststellt: „Wenn Menschen Gefährdungen als real wahrnehmen, dann sind sie auch real". Damit rücken Fragen der Risikokommunikation, d.h. der Art und Weise wie in der Gesellschaft über ökologische Risiken kommuniziert wird, in den Vordergrund. Die ökologische Risikokommunikation bewegt sich in einem „Viereck der Risikowahrnehmung" (DE HAAN 1996), nämlich im Beziehungsgefüge von wahrgenommenen Umweltbelastungen, verbreiteten Informationen, dominierenden Mentalitäten und behaupteten Gesundheitsgefährdungen. Die Risikoforschung untersucht systematisch, wie Personen auf ihnen gegebene Informationen reagieren und kommt zu dem Ergebnis, daß identische Informationen nicht zu identischen Urteilen führen. In diesem Kontext sind auch die Ergebnisse der Umweltbewußtseinsforschung (➪ Umweltbewußtsein, soziologisches) zu interpretieren, die zeigen, daß zwischen dem Wissen, das Personen über heutige Umweltzustände und Umweltbelastungen haben, und ihrem tatsächlichen Verhalten nur marginale Zusammenhänge bestehen.

BECK, Ulrich (1986): Risikogesellschaft. Auf dem Weg in eine andere Moderne. Frankfurt a.M.
HAAN, Gerhard de (Hrsg.) (1996): Ökologie-Gesundheit-Risiko. Perspektiven ökologischer Kommunikation. Berlin.

Udo Kuckartz

Risikogesellschaft, didaktische Implikationen

Der Begriff Risikogesellschaft entstand am Schreibtisch des Soziologen U. BECK (1986). Während Hunger, Armut und Mangel die Ausgangspunkte der Industriegesellschaft bildeten, zeigen sich mit fortschreitender industrieller Wohlstandsproduktion Risiken, Selbstgefährdungspotentiale und damit einhergehende ➪ Umweltängste. Diese markieren den Ausgangspunkt der Risikogesellschaft. In der fortschreitenden Industriegesellschaft gewinnen die gesellschaftlich produzierten Gefährdungspotentiale eine neue Qualität. Sie lassen sich weder *räumlich* noch *zeitlich* eingrenzen (vgl. Tschernobyl), sondern können globale Ausmaße erreichen und zu irreversiblen Schäden führen (vgl. Treibhauseffekt). In sozialer Hinsicht bedeuten sie das Ende der Privatheit, weil - über alle Grenzen hinweg - jeder betroffen sein kann. Damit sind selbst die nicht vor den Risiken sicher, die sie produziert haben. Da die industriell produzierten Großrisiken (Radioaktivität, Schadstoffe in Luft, Wasser, Boden und Nahrung) im Kern *unsichtbar* sind, lassen sie sich lange Zeit *leugnen* und *verdrängen*. Ihr Gefährdungspotential läßt sich durch Eigenerfahrung erst erschließen, wenn es für die Risikoabwehr zu spät und ein meist katastrophaler Schaden tatsächlich eingetreten ist. Das (vorbeugende) Wissen um Risiken ist dagegen angewiesen auf aufwendige Meßinstrumente, Analysen und kausale Interpretationen spezialisierter Wissenschaftler. Damit ist es *eigenerfahrungslos* und wird *fremdwissenabhängig*. Die sinnlich nicht wahrnehmbaren Risiken müssen geglaubt und sozial anerkannt werden, bevor sie den engen Kreis von Insider-Zirkeln verlassen und ins öffentliche Bewußtsein rücken. Dort sind sie kontroversen Interpretationen und Verschleierungen ausgesetzt (↪ Diskurs, ökologischer). Diese führen zu *Glaubensauseinandersetzungen,* weil das versammelte Wissen über Gefahrenpotentiale der technischen Entwicklung um etliche Jahrzehnte hinterher hinkt. Die meisten ökologischen Schlüsselthemen der ↪ Risikogesellschaft wie Klimakatastrophe, Artensterben, Vergiftung von Boden, Wasser und Luft, Ausbeutung der natürlichen Rohstoffe etc. versperren sich didaktischen Zugriffen, die auf *Anschaulichkeit* und *Eigenerfahrung* der Lernenden setzen. Anstelle der Eigenerfahrung rückt Fremdwissenabhängigkeit. Anstelle von Anschaulichkeit und sinnlicher Erfahrbarkeit rückt abstraktes und komplexes Expertenwissen, das erst über verfeinerte Meßinstrumente einer ausgefeilten Technik zu gewinnen ist. (Beispiel: Ob ich die Luft im Wald unbedenklich einatmen kann oder meine Lungenbläschen mit hohen Ozonkonzentrationen schädige, erfahre ich nur durch Meßwerte einer verfeinerten Luftanalytik; ich muß den entsprechenden Aussagen der Experten glauben, weil ich die Frage nicht aus eigenem Wissen entscheiden kann.) Eine auf lernende Individuen abzielende ↪ Umweltbildung stößt angesichts abnehmender Eigenerfahrbarkeit bei gleichzeitig zunehmender Komplexität und Unanschaulichkeit von Umweltwissen an die Grenzen individueller Informationsaufnahme und -verarbeitungskapazität. Wer diese Barrieren überwindet, mag über ein breites ↪ Umwelt*wissen* verfügen, muß dieses aber permanent gegen die hartnäckigen psychischen Mechanismen der kognitiven Verdrängung verteidigen (↪ Alltagsbewußtsein). Wer dieses Kunststück schafft, steht vor der Frage, wie er die Balance zwischen Risikowissen und den damit einhergehenden ↪ Umwelt*ängsten* halten soll. Selbst wenn dieser Akt gelänge, wäre damit lediglich ein angemessenes Umwelt*bewußtsein,* aber noch kein ↪ Umwelt*handeln* erreicht. Lösen läßt sich das skizzierte didaktische Problem allenfalls mit einem Konzept der kollektiven Gewohnheitsbildung (↪ Gewohnheitsbildung, kollektive; ↪ Schranken der Wahrnehmung und des Verständnisses).

↪ Begegnung, sekundäre; ↪ Computersimulation

BECK, Ulrich (1986): Risikogesellschaft. Auf dem Weg in eine andere Moderne. Frankfurt a.M.

BUDDENSIEK, Wilfried (1998): Grenzübergänge: Nachhaltiges Leben lernen. Perspektiven für die soziale Selbstorganisation. Paderborn.

Wilfried Buddensiek

Rucksack, ökologischer
Ökologischer Rucksack ist ein Bestandteil des neuen auf Steigerung der Ressourcenproduktivität und -effizienz (⇒ Effizienzrevolution) zielenden umweltpolitischen Ansatzes einer *Dematerialisierung* (SCHMIDT-BLEEK 1994). Dieser am Wuppertal Institut für Klima, Umwelt und Energie entwickelte Ansatz geht davon aus, daß eine Reduzierung der globalen Stoffströme notwendig ist, um einen wesentlichen Beitrag zur Verringerung der Umweltbelastung zu leisten (LOVINS/LOVINS/VON WEIZSÄCKER 1995). Um das zu erreichen, müssen einerseits die lebenszyklusweiten Verbräuche von Material und Energie (*ökologischen Rucksäcke*) aller Produkte möglichst reduziert werden, andererseits müssen die Produkte selbst länger und intensiver genutzt werden. *Ökologischer Rucksack* umfaßt alle Material- und Energieströme, die während des gesamten Lebenszyklus eines Produktes - d.h. in der Produktions-, Gebrauchs- und Entsorgungsphase - in Bewegung gesetzt werden; von der gesamten Summe des Material- und Energieinputs wird dann das Eigengewicht des Produkts abgezogen. Bei der Rucksackermittlung werden fünf Kategorien getrennt erfaßt: abiotische und biotische Stoffe, Wasser, Luft und Bodenbewegung/bzw. Erosion (SCHMIDT-BLEEK u.a. 1996). Mit den ökologischen Rucksäcken wird verdeutlicht, daß ⇒ Umweltschutz nicht erst bei Mülltrennung und Recycling beginnt. Der ökologische Rucksack erinnert daran, wieviel Kilo Umwelt ein Produkt auf seinem gesamten Lebensweg „auf dem Buckel" hat. Der Rucksack berücksichtigt die Eingriffe in die Natur von Beginn an. Für die Berechnung der Größe des Rucksackes wurde die Maßeinheit MIPS (Materialinput pro Serviceeinheit) entwickelt. MIPS führt zu

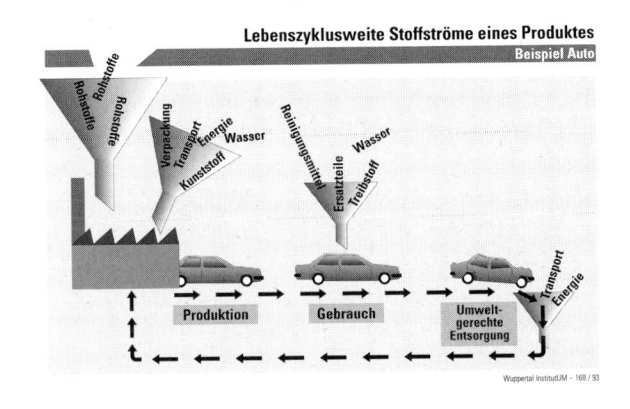

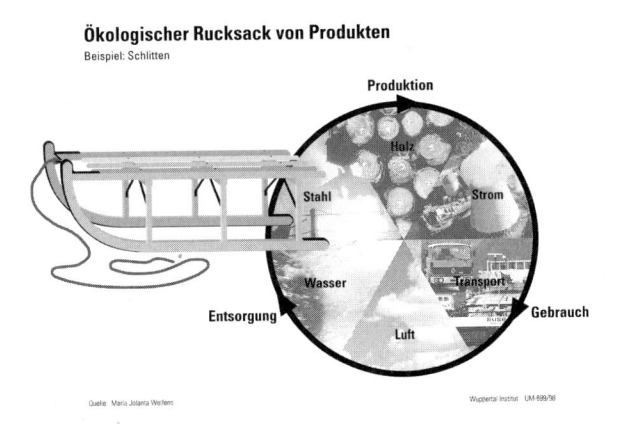

einer neuen inputorientierten Sichtweise im ökologischen Denken generell und auch in der ↬ Ökologie vermittelnden Pädagogik (↬ Pädagogik, ökologische). Die Idee des ökologischen Rucksacks läßt sich gut in Umweltbildungsprojekten für Kinder und Jugendliche vermitteln.

Zur Einführung des ökologischen Rucksacks dient das Projekt: *MIPS für Kids: Wie Kinder gebrauchen und gestalten.* In dem Projekt werden verschiedene pädagogische Umsetzungsmöglichkeiten entwickelt, die zu einer altersgerechten Handlungsorientierung im Sinne zukunftsfähiger Entwicklung führen sollen. So entstehen Projektbausteine, die auf eine Altersgruppe in Medium, Methoden und Inhalt jeweils besonders zugeschnitten sind:

- *Figurentheaterstück* (Kindergarten, erste Grundschuljahre) vermittelt auf spannende Weise, daß Produkte und Dienstleistungen ökologische Rucksäcke haben. In nachfolgenden Spielaktionen entdecken die Kinder den Inhalt der Rucksäcke und finden Wege, ihn klein zu halten.
- *Ökologisches Einkaufsspiel* (Grundschulalter): Beim Einkauf für ein Kinderfest gilt es, nicht nur mit dem Geld hauszuhalten, sondern den ökologischen Rucksack auch innerhalb einer Grenze zu halten.
- Ein *Computerspiel* auf CD-ROM (10-14 Jahre) ist ein spannendes, interaktives adventure game, in dem Wissen über ökologische Rucksäcke und über „MIPS-freundliche" Konsumoptionen vermittelt wird.
- *MIPS-Test* für Jugendliche als Fragebogen in einer Jugendzeitschrift,
- *Grundlagenbroschüre* als Begleitheft für das ganze Projekt.

Diese Bausteine sind jeweils ein Initial für weitergehende Aktionen von Kindern und Jugendlichen.

↬ Ökobilanz; ↬ Wirtschaften, nachhaltiges

FACTOR 10 CLUB (Hrsg.) (1994): Carnoules Declaration. Wuppertal.
LOVINS, Amory B./LOVINS, L. Hunter/WEIZSÄCKER, Ernst U. von (1995): Faktor vier. Doppelter Wohlstand – halbierter Naturverbrauch. Der neue Bericht an den Club of Rome. München.
SCHMIDT-BLEEK, Friedrich (1994): Wieviel Umwelt braucht der Mensch? MIPS - das Maß für ökologisches Wirtschaften. Berlin.
SCHMIDT-BLEEK, Friedrich/BRINGEZU, Stefan (1996): MAIA - Einführung in die Materialintensitätsanalyse nach dem MIPS-Konzept. Wuppertal.

M. Jola Welfens/Michael Kalff

Rucksackschule

Die Rucksackschule gehört zum Spektrum außerschulisch entwickelter Naturbildung. Sie wurde als „Rucksackschule Naturpark Harz" (1985-1987) in Goslar als Arbeitsbeschaffungsmaßnahme (Träger Heimvolkshochschule Goslar) eingerichtet. Die Dienstleistungen haben sich in enger naturräumlicher Abstimmung mit den Forstämtern im Harz auf Kurse, Führungen (u.a. für Schülergruppen in Jugendherbergen, Schullandheimen) und die Einrichtung von Kinder- und Jugendlagern erstreckt, in denen gruppendynamisch erlebnishafte Animation zur Wahrnehmung und Interaktion mit der Natur erprobt und Anregungen aus der Praxis der Interpretation in US National Parks assimiliert wurden (⇒ Erlebnispädagogik; ⇒ Naturerlebnisgebiet). Dem Konzept Rucksackschule liegt der Anspruch einer pädagogischen Symbiose zugrunde, die das individuell vielfältige ⇒ Naturerleben fordert und mit prinzipiellem ökologischen Naturverstehen verbindet. Die Rucksackschule verkörpert eine mobile, nach draußen in die Natur orientierte Spazier- und Wanderschule, die einfaches Unterwegssein ohne aufwendige Instrumente, Medien und lehrzielhafte Programmatik fördert, von kreativer Improvisation lebt und auf ein gegebenes Erlebnispotential der Landschaft mit Übungen zur ⇒ Naturwahrnehmung vom Wegesrand aus differenziert und behutsam reagiert (⇒ Naturentfremdung). Dabei werden vier Erfahrungsebenen mobilisiert: 1. Natur mit allen Sinnen erleben, 2. Natur beobachten/untersuchen, 3. sich über individuelle Naturwahrnehmungen/-interpretationen in der Gruppe austauschen und verständigen, 4. in Natur umweltbewußt handeln. Idee und Konzept wurden seither durch zahlreiche Neugründungen unter dem Namen Rucksackschule weiter differenziert (z.B. im Harz, im Westerwald, in der Schweiz) und haben die Bildungsarbeit in deutschen Großschutzgebieten (⇒ Naturparks; ⇒ Nationalparks; ⇒ Biosphärenreservate) angeregt.

TROMMER, Gerhard (1990): Rucksackschule - Inspirierende Wahrnehmung von Natur. In: SELLE, Gert (Hrsg.): Ästhetisches Handeln, Ästhetisches Verstehen. Reinbek, S. 67-76.

TROMMER, Gerhard/PRASSE, Willm (Hrsg.) (1991): Natur wahrnehmen mit der Rucksackschule. Braunschweig.

UMWELTSTIFTUNG WWF-DEUTSCHLAND (1996): Rahmenkonzept für Umweltbildung in Großschutzgebieten. Frankfurt a.M.

Gerhard Trommer

S

Sachunterricht

Sachunterricht (oft auch Sachkunde, Sachkundeunterricht) bezeichnet in den deutschen, österreichischen und schweizerischen Grundschulen seit 1969 jenen realistischen Lernbereich, der den Kindern Hilfen bei der systematischen Erschließung und theoretischen Aufarbeitung ihrer Lebenswirklichkeit vermitteln will und sich mit den natürlichen, technischen, sozialen (und psychosozialen bzw. humanen) Phänomenen dieser Wirklichkeit sowie den Querverbindungen zwischen diesen auseinandersetzen soll.

Der Sachunterricht trat in den 70er Jahren an die Stelle der alten ⇒ „Heimatkunde". In seiner nahezu dreißigjährigen Geschichte (ohne die Vorgeschichte in Gestalt der „Heimatkunde") lassen sich auf der Ebene der didaktischen Theoriediskussion bereits vier verschiedene Phasen und entsprechende Brüche ausmachen. Dabei führte die Entwicklung von einem (problematisch definierten) wissenschaftsorientierten, lernzielfixierten, fächerpropädeutischen bzw. fachlich aufgesplitterten (in bis zu 11 „Vorfächer") Unterricht seit Mitte der 70er Jahre zu reformpädagogisch beeinflußten Konzepten, die sich als offen und kindorientiert darstellen und entdeckenlassende bzw. handlungsorientierte Lernformen (an unterschiedlichen Lernorten) propagieren (↪ Lernen, entdeckendes; ↪ Lern-Orte-Netz). Neben positiven Entwicklungen verband sich mit dieser Revision der Reform in weiten Bereichen eine inhaltlich-intentionale Trivialisierung, ein Verzicht auf (ideologie-)kritische Themen (z.B. „Werbung und Manipulation"), eine Segmentierung des Lehrplans in (nahezu beliebige) Themenfelder sowie eine deutliche Reduzierung der anfangs tonangebendenen physikalisch-technischen Themen bzw. eine völlige Ausklammerung der neuen Technologien (Computer und Grundschule).

Seit Ende der 80er Jahre suchen Didaktiker verstärkt nach einer integrativen Neubestimmung des Sachunterrichts. Zu den tragfähigsten Ansätzen dieser Phase gehört KLAFKIs Theorie eines allgemeinbildenden Sachunterrichts, in dessen Zentrum (a) die Auseinandersetzung mit sechs „epochaltypischen Schlüsselproblemen" und (b) die vielseitige Förderung der kindlichen Interessen und Fähigkeiten steht. Ausgehend von diesem ergänzungsbedürftigen Konzept, das auf der kritisch-konstruktiven Didaktik und Konzepten der internationalen Reformpädagogik basiert, haben FAUST-SIEHL/GARLICHS (1996) ein vierpoliges „Suchraster" zu einem nach-sachunterrichtlichen Lernbereich „Welterkundung" vorgelegt. Über die Alltagswirklichkeit des aktuellen Sachunterrichts liegen kaum gesicherte Erkenntnisse vor. Die empirische Erforschung beginnt erst in den späten 90er Jahren. Dem Soll-Wert nach gilt der Sachunterricht neben den Kulturtechniken als „Kernbereich" der Grundschule; neuere Publikationen greifen die Vorstellung KÜHNELs und der Leipziger Reformer (1907) auf und definieren den Sachunterricht als eigentliches „Zentrum" der Grundschularbeit. Im Widerspruch dazu steht der geringe Zeitanteil des Sachunterrichts in vielen Lehrplänen bzw. die alltägliche Tendenz, den Sachunterricht angesichts der wachsenden Vermittlungsprobleme in den Kulturtechniken in eine Randposition zu drängen. Wichtige Impulse hat der Sachunterricht seit Beginn der 70er Jahre durch die ↪ Umweltbildung erhalten. Trotz der aktuellen fächerübergreifenden Ansätze (↪ Unterricht, fächerübergreifender) gilt er in der Primarstufe nach wie vor als „Zentrierungsfach" der frühen Umweltbildung und -erziehung. Zu seinen grundlegenden Aufgaben gehört die unmittelbare Begegnung mit der Natur, die Sensibilisierung für den Leitgedanken des „Pflegens" sowie die basale Erziehung zur „Ehrfurcht vor dem Leben" (SCHWEITZER). Die Modellwirkung, die der integrativ-vernetzende Ansatz des naturwissenschaftlich-technischen, sozial- und humanwissenschaftlichen Sachunterrichts für das Curriculum der Sekundarstufen haben könnte, wird bisher weder theoretisch noch praktisch ausgeschöpft (↪ Welt- und Lebensorientierung). Eine bereichsdidaktisch-integrative Begründung wird bisher nur vom übergreifenden Standpunkt einer wissenschaftlichen Grundschulpädagogik und praxisnahen Grundschulforschung im Kontext einer - erst in Ansätzen erkennbaren - integrativen Theorie der Kindheit in der ↪ „Risikogesellschaft" (BECK) sowie einer engagierten Zukunftspädagogik zu erwarten sein.

↪ Lernortdidaktik; ↪ Öffnung der Schule

FAUST-SIEHL, Gabriele/GARLICHS, Ariane (1996): Die Zukunft beginnt in der Grundschule. Reinbek.
KLAFKI, Wolfgang (1993): Zum Bildungsauftrag des Sachunterrichts in der Grundschule. In: GRUNDSCHULUNTERRICHT, Heft 1, S. 3-6.
MITZLAFF, Hartmut (1985): Heimatkunde und Sachunterricht. Dortmund.
MITZLAFF, Hartmut (1991): Heimat und Umwelt - Ortserkundung und Umwelterziehung im Grundschulunterricht. In: GESING, Harald u.a.: Umwelterziehung in der Primarstufe. Heinsberg, S. 129-174.

Hartmut Mitzlaff

Sachverständigenrat für Umweltfragen (SRU)

DER RAT VON SACHVERSTÄNDIGEN FÜR UMWELTFRAGEN (abgekürzt: Sachverständigenrat für Umweltfragen [SRU]) wurde am 28. Dezember 1971 als Teil des Umweltprogramms der seinerzeitigen Bundesregierung gegründet. War er zunächst noch dem Bundesinnenministeriums unterstellt, so änderte sich dies mit der Gründung des Bundesministerium für Umwelt, Naturschutz und Reaktorsicherheit im Jahre 1986. Hieraus, wie auch aus dem Wandel wissenschaftlicher Politikberatung, angezeigte Veränderungen führten zu einer reduzierten Mitgliederzahl und modifizierten Arbeitsweise, was 1990 per Erlaß neu geregelt wurde. Ab 1992 wurde die Anzahl der Mitglieder von 12 auf 7 herabgesetzt. Dieses Gremium soll sowohl die ↪ Umweltpolitik beraten als auch die Umweltsituation in der Bundesrepublik begutachten und auf Fehlentwicklungen in diesen Feldern hinweisen. Dazu ist alle zwei Jahre ein Gutachten an die Bundesregierung zu übergeben.

Das Gutachten 1994 befaßte sich erstmals ausführlich mit ↪ Umweltbildung. Dort wurde nicht nur deren Relevanz unterstrichen, sondern in dem neu eingeführten Begriff ↪ Retinität wurde ein Terminus geprägt, der als ethisches Prinzip in den umweltpädagogischen Diskurs hineingetragen und diskutiert wird. Dies entspricht auch dem Bemühen, den Schwerpunkt der Beratungsleistung auf die Entwicklung und Ausformulierung des neuen Leitbildes einer dauerhaft nachhaltigen Entwicklung auszurichten (↪ Nachhaltigkeit; ↪ sustainable development).

Von Kritikern wird die sozialwissenschaftliche Unterbesetzung dieses Beratungsgremiums beklagt, insofern damit suggeriert wird, daß ökologische Problemstellungen primär durch natur- und ingenieurwissenschaftliche Zugänge geregelt werden könnten; außerdem sollte der Rat sich explizit als aktiver Anwalt der Natur verstehen (vgl. SCHREIBER/TIMM 1990). Die neuerliche Besetzung des RATES VON SACHVERSTÄNDIGEN FÜR UMWELTFRAGEN (SRU) entspricht diesem Ansatz der Kritiker hingegen nicht. Der Rat formuliert folgendes Selbstverständnis: Er möchte „in der Vielfalt der Interessen, Meinungen und Lösungsmodelle Orientierungen geben, um der Politik ... Handlungsalternativen zu verdeutlichen und Verständigung initiieren; dies schließt die „Übersetzung" quantitativer Aussagen der Wissenschaft über Belastungsgrenzen und Wahrscheinlichkeiten ein" (REHBINDER 1997, S. 77).

↝ Wirtschaften, nachhaltiges

DER RAT VON SACHVERSTÄNDIGEN FÜR UMWELTFRAGEN (SRU) (Hrsg.) (1994): Umweltgutachten 1994. Stuttgart.

DER RAT VON SACHVERSTÄNDIGEN FÜR UMWELTFRAGEN (SRU) (Hrsg.) (1996): Umweltgutachten 1996. Stuttgart.

REHBINDER, Eckard (1997): Der Sachverständigenrat für Umweltfragen heute und morgen. In: MERKEL, Angela (Hrsg.): Wissenschaftliche Politikberatung für die Umwelt. Berlin, S. 73-79.

SCHREIBER, Helmut/TIMM, Gerhard (Hrsg.) (1990): Im Dienst der Umwelt und der Politik. Berlin.

Oskar Brilling

Schöpfungsethik, biblische
Schöpfungsethik stützt sich auf die Schöpfungstheologie, wonach die Natur als Gabe Gottes an die Menschen interpretiert wird. Der Mensch wiederum ist Gott gegenüber verantwortlich für seinen Umgang mit der Natur. Die Schöpfungsethik geht von dem Schöpferauftrag aus, die Erde „zu bebauen und zu bewahren" (1. Mose 2, 15). Schöpfungsethisch steht der Mensch im Spannungsfeld zwischen dem Kulturauftrag (Kunst, Technik, Ökonomie) und der Erhaltungspflicht (Ökologie). Biblische Schöpfungsethik zielt darauf, in diesem Spannungsfeld das richtige Maß zu finden, so z.B. in der Selbstbegrenzung aus Freiheit (HUBER). Alttestamentarische Beispiele dafür finden sich im Sabbatgebot (2. Mose 20, 9-11) und in der Bodennutzungsordnung (3. Mose 25, 1-24). Schöpfungsethik ist trotz hier vorliegender Kodifizierung kein starres Normensystem, sondern ein dynamischer Prozeß des Ausgleichens zwischen Nutzung und Erhaltung der Natur. Der Mensch steht der Natur als Gestalter und Erhalter nicht nur gegenüber, sondern er ist in dieser Funktion zugleich Teil der Natur: von Erde zu Erde (1. Mose 3, 19).

In den letzten Jahrzehnten sind verschiedene Schöpfungsethiken erschienen: u.a. Ethik der Ehrfurcht vor allem Lebendigen (ALTNER), Ethik der Selbstbegrenzung (HUBER), Tugendlehre (MIETH), Ethik des Maßhaltens (SPIEGEL, STÜCKELBERGER). Auch feministische Schöpfungsethiken sind erschienen (HALKES, SÖLLE). Als Schöpfungsethiken im weiteren Sinne sind

auch manche Wirtschaftsethiken anzusehen (z.B. RICH). In Schöpfungsethiken geht es auch um die Stellung des Menschen in der Natur. Christliche Schöpfungsethiken haben vielfach das Grundmuster des ↪ Anthropozentrismus (Vorrangstellung des Menschen) und berufen sich dabei auf 1. Mose 1, 28. Andere gehen von einem ↪ Biozentrismus (Ehrwürdigkeit alles Lebendigen) aus (↪ Physiozentrismus). Biblische Schöpfungsethik ist ein System von Handlungsregeln für den Umgang mit der Schöpfung (↪ Umweltehtik).
↪ Materialismus, ökologischer; ↪ Sonderstellung des Menschen
STÜCKELBERGER, Christoph (1997): Umwelt und Entwicklung. Stuttgart.

Heinrich Vokkert

Schranken der Wahrnehmung und des Verständnisses
Neben den Schwierigkeiten, die durch die evolutionstheoretischen Verhaltensdispositionen, die kapitalistischen Wirtschaftsinteressen und sozialen Dilemmata (↪ Dilemmasituation) dem umweltverträglichen und zukunftsfähigen Handeln entgegenstehen, gibt es noch zusätzliche Verständnisschranken, die ein entsprechendes Verhalten hemmen:
1. *Zeitschranke*: Viele Vorgänge in der Natur und die meisten Entwicklungen im Lebenssystem des Planeten Erde verlaufen in Zeiträumen, die unsere Lebenszeit weit überschreiten. Unser individuelles Zeitfenster entspricht in den weitläufigen Zusammenhängen dem von Eintagsfliegen. Viele Nebeneffekte, die wir erzeugen, werden erst lange nach unserem Ableben in bestimmten Konsequenzen sicht- oder fühlbar. Es ist schwer, für etwas Verantwortung zu übernehmen oder es auch nur zu verstehen, was aufgrund der Zeitschranke nicht wahrnehmbar und erfahrbar ist.
2. *Komplexitätsschranke*: Das sich aktiv erhaltende und weiterentwickelnde Lebenssystem, dem wir angehören, ist hoch komplex. Wir sind für den aktiven Umgang, wie für die Steuerung so komplexer Zusammenhänge nicht ausgestattet (DÖRNER 1989/²1995). Wir reagieren dann, wenn uns solche hochkomplexen Phänomene als wissenschaftliche Szenarien über die Medien angetragen werden, mit Un- oder Mißverständnis, Abwehrmechanismen oder gar „Übersprunghandlungen".
3. *Ästhetikschranke*: Wir haben über die Entwicklung unserer Kultur ein besonderes ästhetisches Empfinden aufgebaut, das primär Natur als das Ungestalte(te) sieht. Einige Komponenten der Natur werden als schön empfunden (Vögel, Schmetterlinge, bestimmte Blüten, Bäume); sie werden gerne als Natur-Versatzstücke in einer kulturierten Landschaft verwendet (↪ Garten; ↪ Gärtnern, kulturhistorisch). Das Lebenssystem als Ganzes (natur in natura) ist für viele Menschen kaum auszuhalten, es folgt nicht dem von uns entwickelten ästhetischen Empfinden. Die Ästhetikschranke ist mächtig. Anwohner, die ihren Garten nach ↪ Permakulturgrundsätzen (weitgehend naturbelassen) betreiben wollten, wurden vielerorts in der westlichen Zivilisation gerichtlich verfolgt und vertrieben.

Unsere Vorgärten gleichen überwiegend einer 'Naturkatastrophe'. Bis heute müssen wir Natur kaputt machen, damit sie schön werden kann. Um sie aushalten zu können, brauchen wir behutsame Annäherungen an die Wildnis (KLEBER/KLEBER 1999; ↜ Naturidealisierung).
4. *Humanitätsschranke*: Innerhalb der Ethikdiskussion begegnen wir Versuchen, die Natur zu humanisieren, damit sie zu ihrem Wert kommt (KATTMANN 1997). A. SCHWEITZER verzweifelte daran, daß er um Leben zu retten, ständig Leben zerstören mußte - ein unaushaltbarer Widerspruch in seiner universellen Ethik. Die Grausamkeit des Lebenssytems, dem er angehörte, veranlaßte ihn, die Natur als sinnlos zu bezeichnen, die Humanität verstellte ihm das Verständnis. Gleiches kann man auch heute oft erleben. Die Humanitätsschranke läßt uns aus Unverständnis oder Ignoranz immer mehr „Regelmechanismen" im Lebenssystem zerstören (↜ Humanität/Vitalität).
5. *Kommunikationsschranke*: Ökologische Bildung und ↜ Umweltbildung sind sehr jung. Sie haben noch keine ausreichende eigene Begrifflichkeit entwickelt, so daß viele Phänomene nicht richtig bezeichnet werden können. DE HAAN sagt: „Was wir für ökologisch halten, ist für manche Lebewesen schlicht eine ökologische Katastrophe" (1982, S.35; ↜ Katastrophe, ökologische). - „Ökologisches Gleichgewicht" gibt es nicht, es handelt sich um dynamische Balancen, die zu jedem beliebigen Zeitpunkt höchst ungleich sein können, allerdings wird das Pendel zurückschlagen. Der Mensch verhält sich evolutionstheoretisch als „Zerstörer", d.h. ökologisch: Er besetzt mit allen ihm zur Verfügung stehenden Mittel seine ökologische Nische und dehnt sie aus. Um aus dem Zerstörungszirkel auszutreten, muß er sich „überökologisch", nämlich ethisch oder moralisch verhalten (↜ Bindung; ↜ Selbstverpflichtung; ↜ Sonderstellung des Menschen). Die Unzulänglichkeit der exakten Bezeichnung „des Gegenstandes" der Umweltbildung führt zu Mißverständnissen, zu Unverständnis: Es besteht eine Kommunikationsschranke, die sich nur mit viel Geduld und verständnisvollen Rückversicherungen überwinden läßt.

DÖRNER, Dietrich (1989/²1995): Die Logik des Mißlingens. Frankfurt a.M.
HAAN, Gerhard de (1982): Die falsche Natürlichkeit. In: ÖKOPÄDAGOGIK, 3. Jg., S. 32-38.
KATTMANN, Ulrich (1997): Der Mensch in der Natur. Die Doppelrolle des Menschen als Schlüssel für die Tier- und Umweltethik. In: ETHIK UND SOZIALWISSENSCHAFTEN, 8. Jg., Heft 2, S. 123-131.
KLEBER, Eduard W. (1993): Grundzüge ökologischer Pädagogik. Weinheim.
KLEBER, Eduard W./KLEBER, Gerda (1999): Gärtnern im Biotop mit Mensch - der nachhaltige, zukunftsfähige Garten nach Prinzipien der Permakultur. Xanten.

Eduard W. Kleber

Schulbiologiezentrum ↜ Umweltzentren

Schule und Umweltbildung
Verschiedene Probleme, mit denen eine Gesellschaft nicht oder nur schwer zu Rande kommt, pflegt diese als Erziehungs- oder Bildungsanliegen zu definieren und in die Schule aufzunehmen. Damit wird die Arbeit an Problemlösungen verschoben oder auch die Unterlassung anderer gesellschaftlicher Gruppen verschleiert. Im ungünstigsten Fall wird darüber hinaus die Schule zum Buhmann gemacht. Friedens- und Umwelterziehung sind derartige Erziehungssparten. Wenn schon Erwachsene die Probleme nicht lösen oder meistern können oder wollen, sollen diese Probleme der nachfolgenden Generation durch Erziehung aufgegeben werden. Allerdings spricht man wegen des repressiven Charakters von Erziehung heute lieber von Bildung. Mit solchen Strategien wird Schule zudem immer neu legitimiert.

Bildung - ↬ Umweltbildung ist integrativer Bestandteil - bedeutet in unserer Gesellschaft vor allem berufliche Aufstiegschancen, soziales Prestige. Dies hat Auslese zur Konsequenz. Damit diese jeden erfaßt - also das demokratische Gleichheitsprinzip verwirklicht wird - wird sie durch Schule zwangsweise betrieben. Zwangsprüfung hat Schulzwang, Zwangsbelehrung und Lernzwang zur Voraussetzung. Zwangsweise verordnete Bildung ist möglich, weil Kinder als nur beschränkt rechtsfähig angesehen werden, die für sie im Grundgesetz verankerte Rechte werden kaum zur Anwendung gebracht.

Erst eine Bildungsinstitution, die von rechtsfähigen Kindern und Jugendlichen besucht wird (↬ Kinderrechte), d.h. in der das Recht auf freie Bildung gewährleistet ist, wird freies, der Würde des Menschen angemessenes Lernen garantieren. Das schließt nicht aus, daß Schule sich den Möglichkeiten und Anforderungen einer naturbezogenen Pädagogik (↬ Pädagogik, naturbezogene), der ↬ Umweltkrise schon heute stellt. Am besten sind die Voraussetzungen hierfür in freien Interessens- und Arbeitsgemeinschaften.

OSTERMEYER, Helmut (1966): Das Kind im Recht. In: BRAUNMÜHL, Ekkehard von/ OSTERMEYER, Helmut: Die Gleichberechtigung des Kindes. Frankfurt a.M., S. 57-109.

Hans Göpfert

Schulgarten
Die neuzeitliche Einrichtung von Schulgärten geht auf die mittelalterlichen Klostergärten zurück. Arbeit im Dienste der Menschenveredlung, die Erzeugung von nützlichen Produkten wie Gemüse, Färbe- und Heilpflanzen sowie von Honig und Seide, später auch die Verbreitung des Kartoffelanbaus und des Obstbaus bzw. Streuobstbaus bestimmten bis ins 19. Jahrhundert die Tradition der Schulgärten. In der Schulstadt August Hermann FRANCKES in Halle/Saale und im Philanthropin Schnepfenthal bei Gotha haben Schulgärten eine wesentliche Einnahmequelle gebildet (↬ Gartenarbeitsschule). 1873 präsentierten Österreich-Ungarn und das Deutsche Kaiserreich auf der

Wiener Weltausstellung Schulgärten, und um die Jahrhundertwende forderte das US-Außenministerium Konsularberichte über europäische Schulgärten an. Dies verweist auf die nationale Bedeutung dieser Bildungseinrichtung, die sich Anfang des 20. Jahrhunderts zu einer kaum noch überschaubaren Vielfalt differenzierte. Auch aus Gartenbauvereinen und Kleingartenvereinen kamen Impulse. Neben Gärten an der Schule wurden in größeren Städten zentrale Pflanzenliefergärten („Zentralschulgärten") eingerichtet. Neben der Fortsetzung des traditionellen wirtschaftlichen Gartenbaus wurden unter dem Einfluß der ökologischen Lebensgemeinschaften auch Teichanlagen, Wiesen und Steingärten präsentiert. Auf dem Gelände der Schulgärten entstanden Spiel- und Turnplätze. Schwere körperliche Arbeit (Graben, Karreschieben, Bäumepflanzen) war den Knaben, der Küchengarten sowie der Betrieb der Schulküche und die Vorratswirtschaft den Mädchen zugeordnet.

In Deutschland wurde diese Gartentradition durch die Hungersnot nach dem Ersten Weltkrieg, aber auch durch Konzepte der Arbeitsschule belebt. Auch später noch trugen Schulgärten (als Lehrergärten der Dorfschullehrer) wesentlich zur Ernährung der Lehrer bei, lieferten für die Dorfschule wichtiges Anschauungsmaterial und wurden gegen Ende des 19. Jahrhunderts nicht selten auch Keimzelle für die Heimat- und Regionalforschung der Lehrer (↪ Heimatkunde). Durch die Autarkiebestrebungen im Dritten Reich und die „Blut und Boden"-Ideologie erfolgte weitere Nachfrage in den 30er und 40er Jahren. Erst mit dem Wirtschaftswunder, der Revision des Curriculums und dem Schulneubau der 60er und 70er Jahre wurde in der Bundesrepublik Deutschland die Tradition der Schulgärten beendet. In der DDR dagegen lebte der Schulgarten in der polytechnischen Erziehung fort.

Fragmentarisch wurden unter dem Einfluß handlungsorientierter Umwelterziehung der 80er Jahre Elemente der Schulgartentradition neu belebt: z.B. Einrichtung von Kräuterspiralen, ↪ Biotopen auf dem Schulgelände. Die Angebote der ↪ Umweltzentren für Lehrer und Schüler sind sehr vielfältig; sie reichen vom Bau einer Komposttoilette, der Anleitung zur Dachbegrünung, der Lehmbauweise, über Bau und Betrieb einer Pflanzenkläranlage bis zum Bau von Solarkollektoren und der Zubereitung von Vollwertkost aus dem Permakulturgarten (↪ Biotop mit Mensch; ↪ Permakultur). Freilandlaboratorien (z.B. Flensburg) zeigen, wie man Böden und Pflanzengesellschaften untersucht oder Nisthilfen für Insekten, Vögel und Fledermäuse baut. Aus dem ehemaligen zentralen Pflanzenliefergarten der Stadt Hannover hat sich ein Schulbiologiezentrum für das gesamte Spektrum des Biologieunterrichts entwickelt mit Modellcharakter auch für andere Städte.

TROMMER, Gerhard (1990/²1993): Natur im Kopf. Die Geschichte ökologisch bedeutsamer Naturvorstellungen in deutschen Bildungskonzepten. Weinheim.
WINKEL, Gerhard (Hrsg.) (1990): Das Schulgarten Handbuch. Hannover.

Gerhard Trommer

Selbstbeschränkung/Selbstbegrenzung
Der grenzüberschreitende Vitalimpuls des abendländischen Menschen konzentrierte sich in den letzten zwei Jahrhunderten zunehmend auf den greifbaren Erfolg und den deutlich ansteigenden ökonomischen Sektor von Güterproduktion und -konsumtion. Damit wurden die in der Werteskala früher niedrigeren ökonomisch-utilitaristisch-hedonistischen Werte an die Spitze der Werterangordnung gesetzt und mit dem Nimbus der Verheißung unendlichen Glücks ausgestattet. Das war eine katastrophale Illusion (FROMM 1971/⁵1979). Der ↝ kategorische Imperativ einer die Klassen der Werte wieder in ihren richtigen Rang einsetzenden Ethik muß „Selbstbegrenzung" heißen, Begrenzung unseres ungehemmten wirtschaftlichen Expansionsdrangs. Die den Göttern des Profits, des Erwerbs- und Besitzstrebens, der Wachstums- und Globalisierungsideologie nicht länger sklavisch Folgenden werden das Glück der höheren ethischen Werte der Mäßigung, der ökologischen Selbstbescheidung und Natürlichkeit, des Verzichts von Konsum zugunsten größerer Kommunikation und Solidarität mit Mensch, Tier und Pflanze wiederentdecken. Sie werden ethische Prinzipien für die Legitimation von Strategien einer „Organisation des Mangels" und des „Glücks der Selbstbeschränkung" entwickeln; werden umfassend informieren über die Mechanismen, die die Weckung immer neuer Bedürfnisse und den wahllosen, manipulierten Verbrauch vermeintlich notwendig machen; über Askese, d.h. notwendige Auswahl unter den Antrieben, ohne deren Beschränkung es nie irgendeine Form von Freiheit gab; über die Schaffung eines Wertekatalogs von „alternativen Bedürfnissen" als Gegensatz zur herrschenden flachen Konsumentenmoral. Notwendig wäre eine neue Rechtsordnung, die vorhandene Besitz- und Produktionsverhältnisse sowie die Ideologie wirtschaftlichen Wachstumszwanges kontrolliert und eine Rechtsbasis für die Entwicklung kultverweigernder Akte gegenüber dem „Goldenen Kalb" des wirtschaftlichen „Fortschritts" garantiert, dessen Krebscharakter längst manifest geworden ist.
Für nachhaltiges Wirtschaften und ökologisches Handeln im Sinne von ↝ Entschleunigung sind Begrenzung und Selbstbeschränkung notwendig (↝ Wirtschaften, nachhaltiges/ökologisches; ↝ Handeln, ökologisches).

FROMM, Erich (1968/⁵1979): Revolution der Hoffnung. Für eine humanisierte Technik. Reinbek.
MYNAREK, Hubertus (1977): Religion - Möglichkeit oder Grenze der Freiheit? Köln.
MYNAREK, Hubertus (1989): Die Kunst zu sein. Philosophie, Ethik und Ästhetik sinnerfüllten Lebens. Düsseldorf.

Hubertus Mynarek

Selbstbindung ↝ Bindung; ↝ Selbstverpflichtung

Selbstorganisation

Der Begriff Selbstorganisation wird zunehmend als Formel benutzt, mit der unterschiedlichste soziale, ökologische, ökonomische und politische Schlüsselprobleme zur Lösung kommen sollen. Die ↝ Agenda 21 beläßt den Prozeß der nachhaltigen Entwicklung (↝ Nachhaltigkeit) der sozialen Selbstorganisation auf nationaler und regionaler Ebene. Die Bildungskommission von NRW (1995) setzt auf eine Schulreform, in der die Selbstbestimmung, Selbststeuerung bzw. Selbstorganisation von einzelnen Schülern, Lerngruppen, Schulklassen, Schulen und Schulverbünden eine zentrale Rolle spielt. Selbstorganisation funktioniert allerdings nicht so einfach, wie der Begriff es erscheinen läßt. Jeder Selbstorganisationsprozeß bedarf eines Initiators oder eines geeigneten Impulses. Das Phänomen der Selbstorganisation ist in den letzten 25 Jahren von Naturwissenschaftlern und Mathematikern intensiv erforscht worden und hat unter anderem zur Theorie dynamischer Systeme, zur Chaostheorie und zur nicht-linearen, fraktalen Geometrie geführt.

Selbstorganisation ist eine ambivalente dynamische Grundeigenschaft aller natürlichen und sozialen Systeme: 1. Natürliche und soziale Systeme - vom Einzeller über den einzelnen Menschen und seinen sozialen Organisationen bis zum planetaren System (↝ Gaia-Prinzip) - sind offene Ganzheiten, deren dynamische Eigenschaften sich durch die Analyse ihrer Teile nicht erfassen lassen. Sie sind mehr als die Summe ihrer Teile und können nur verstanden werden, wenn man die komplexen Wechselwirkungsbeziehungen *zwischen* ihren Teilen und der Systemumwelt betrachtet. 2. Dynamische Systeme steuern sich selbst. Diese Selbstorganisation erfolgt innerhalb der Rahmenbedingungen, die durch die jeweilige Systemumwelt gegeben sind. Diese wiederum wird durch ihre jeweiligen Subsysteme mitgestaltet. 3. Systeme bewahren durch Selbstorganisation eine dynamische Stabilität. Sie neigen zur Selbsterhaltung durch Ausbildung von Gewohnheiten, Verhaltensmustern und festen Bewegungsabläufen, die sie durch negative (selbstbegrenzende) Rückkopplungsprozesse aufrechterhalten. Dies geschieht nach nicht linearen Gesetzmäßigkeiten, bei denen auch große Ursachen über einen längeren Zeitraum kaum erkennbare Wirkungen zeigen. 4. Aufgrund veränderter Bedingungen in der Systemum- oder Systeminnenwelt kann ein System plötzlich instabil werden und aufgrund kleiner Ursachen durch positive (sich selbst verstärkende und aufschaukelnde) Rückkopplungen in turbulente Fluktuationszustände geraten. In diesen Phasen haben die bisherigen Bewegungsabläufe, Verhaltensmuster und Gewohnheiten keinen Bestand. Unter zumeist hohem energetischen Aufwand entwickelt das System aus sich selbst heraus eine neue Ordnung (wenn dies nicht gelingt, kollabiert es). Derartige Selbstorganisationsprozesse folgen nicht linearen Gesetzmäßigkeiten, bei denen kleinste Ursachen zu riesigen Auswirkungen führen.

Die Selbstorganisationsdynamik von Systemen kann also sowohl konservativ im Sinne der Selbsterhaltung (3), als auch progressiv im Sinne einer

Selbsttranszendenz (4) wirken. Umwelt- und bildungspolitische Konzepte zur Selbstorganisation setzen in der Regel auf soziale Selbsttranszendenz. Die praktische Umsetzung dieser Konzepte scheitert dagegen nicht selten an der Tendenz von sozialen Systemen, sich selbst zu erhalten. Wann die Selbstorganisationsdynamik von der Selbsterhaltungstendenz in eine Selbsttranszendenz umschlägt, läßt sich nicht exakt vorhersagen. Fortdauernde gesellschaftliche Krisenerscheinungen (⇨ Umweltkrise) sind jedoch ein Indikator für instabile Zustände, die einem unkalkulierbar auftretenden Umschlagen der Selbstorganisationsdynamik vorausgehen. Selbstorganisation wird als Idealfall für ⇨ sustainable development intendiert.

⇨ Ökosystem; ⇨ Naturkatastrophe

BILDUNGSKOMMISSION NRW (1995): Zukunft der Bildung - Schule der Zukunft. Denkschrift der Kommission „Zukunft der Bildung - Schule der Zukunft" beim Ministerpräsidenten des Landes Nordrhein-Westfalen. Neuwied.

BUDDENSIEK, Wilfried (1998): Grenzübergänge: Nachhaltiges Leben lernen. Perspektiven für die soziale Selbstorganisation. Paderborn.

CAPRA, Fritjof (1996): Lebensnetz. Ein neues Verständnis der lebendigen Welt. Bern.

Wilfried Buddensiek

Selbstverpflichtung

Selbstverpflichtung ist ein Begriff aus dem Bereich Umweltbildung. Zunächst hat er mit Verbindlichkeit und Sich-Verpflichtet-Fühlen zu tun. Er bezeichnet das Stehen zu bestimmten Werten, zu einer ⇨ Bindung, in der man sich grundsätzlich weiß oder die man eingeht. Das „Selbst" in dem Wort bezeichnet den Unterschied zu einer auferlegten Pflicht, es steht für eine Pflicht, die man bewußt übernimmt. Selbstverpflichtung ist eine oft untersuchte Variable im Therapiekontext und in sozialen und pädagogischen Bezügen. Sie ist eine der wenigen effektiven Variablen für die Veränderung eines Verhaltens. In diesem Kontext wird sie mit Vorhaben, Vorsatz und Vertragszusage synonym gebraucht. Als Vornahme ist es ein Konzeptbegriff aus der Willenspsychologie: Wenn sich eine Person im „Kampf der Motive" für eine Alternative entscheidet und sich diese Entscheidung auf komplexe zukünftige Handlungen bezieht, wird von einer Vornahmeentscheidung gesprochen. LEWIN nannte eine solche Vornahme „Quasibedürfnis", das eine Kraft hin auf ein Handlungsziel darstellt und einen Druck zur Erreichung des Ziels ausübt. Er fand heraus, daß die öffentliche Bekanntgabe einer solchen Vornahme (Selbstverpflichtung) die Wahrscheinlichkeit der Zielerreichung erheblich erhöht. Das Vorsatz-Konzept wurde in der Verhaltenstherapie, insbesondere von KANFER sowie MARLATT und KAPLAN untersucht (HARTIG 1973). Vornahme und Selbstverpflichtung spielen heute in der Motivationspsychologie wieder eine größere Rolle (KUHL/HECKHAUSEN 1996). Aus dieser Kurzdarstellung ergibt sich, daß die Variable Selbstverpflichtung in der ⇨ Umweltbildung, soweit es um Wahrnehmung und Verhalten geht, eine

hervorragende Rolle spielt. Dies entspricht auf institutioneller, nicht personaler Ebene öffentlichen Entscheidungsprozessen hin zu Nachhaltigkeitszielen im Zusammenhang mit der lokalen Agenda 21 (↛ Agenda 21, lokale).
↛ Handeln, ökologisches; ↛ Motivation

HARTIG, Monika (1973): Die Anwendung von Techniken der Selbstkontrolle in der Verhaltenstherapie. In: RAIKER, Christoph K. (Hrsg.): Handbuch der Verhaltenstherapie. München, S. 325-350.
KUHL, Julius/HECKHAUSEN, Heinz (Hrsg.) (1996): Motivation, Volition und Handlung. Göttingen.

Eduard W. Kleber

Simulationsmethoden
Bei Simulationsmethoden handelt es sich um eine vorwiegend im Wirtschaftslehre- und Politikunterricht eingesetzte methodische Option. Die wichtigsten Simulationsmethoden sind Rollenspiel, Fallstudie und Planspiel. Allen ist gemeinsam, daß sie auf einer Nachahmung der Realität im Modell beruhen. Sie unterscheiden sich vor allem im Hinblick auf ihre Komplexität und Dynamik. Die wichtigsten Vorteile gegenüber herkömmlichen Unterrichtsmethoden sind: 1. Realitätsbezug - das Lernen erfolgt an realen Problemfeldern. 2. Sie erlauben die Auseinandersetzung mit vielgestaltigen und vernetzten Problemstellungen, ein für ↛ Umweltbildung hoch einzuschätzender Vorteil. 3. Sie sind handlungsorientiert. Während der Lehrer sich auf die Moderatorenrolle zurückzieht, lernen die Schüler aktiv. 4. Durch ihre Vielseitigkeit fördern sie den Erwerb von Schlüsselqualifikationen (Fach-, Methoden- und Handlungskompetenz). 5. Sie fördern einen entscheidungsorientierten Unterricht. Deshalb sind für die Umweltbildung Simulationsmethoden, denen ↛ Konflikte zugrunde liegen, von besonderer Bedeutung, da sie ein Abwägen unterschiedlicher Positionen und die Suche nach Lösungsmöglichkeiten fordern.
Eine einfache Simulationsmethode ist das *Rollenspiel*. Durch die Übernahme fiktiver oder realer Rollen erfahren die Spieler über das Mittel der Empathie die Motive und Handlungsweisen anderer Personen. Gewöhnlich wird die Klasse in drei Gruppen aufgelöst. Zwei davon interagieren aufgrund einer vorgegebenen, konflikthaften Ausgangssituation. Die dritte beobachtet die Spieler und faßt z.B. Lösungsvorschläge zusammen.
Eine mehr kognitive Orientierung hat die Arbeit mit *Fallstudien*, die exemplarisch für bestimmte Problemstrukturen stehen. Die Schüler lösen in Gruppen einen schriftlich fixierten, idealtypisch der Realität entnommenen Fall. Es existiert keine Musterlösung, sondern die Schüler entscheiden aufgrund mitgelieferter oder selbst ausfindig gemachter Materialien.
Ein gut strukturiertes *Planspiel* vereint die Muster des Rollenspiels und der Fallstudie. Die Schüler übernehmen Rollen und agieren nach Maßgabe einer

modellhaften Fallkonstruktion. Sie spielen in mehreren Gruppen, der Lehrer übernimmt die Spielleitung. Durch die Gliederung in Spielrunden ist die Dynamik hoch: Nach jeder Runde stehen die Spieler vor einer veränderten Ausgangssituation und müssen neue Entscheidungen treffen. In der Regel haben Planspiele einen Sieger und motivieren die Schüler zusätzlich über die Wettbewerbssituation. Sie können aber auch so aufgebaut sein, daß sie die Suche nach Konfliktlösungen durch kooperative Strategien fördern (z.B. bei KLIPPERT 1984).

Für Simulationsmethoden gilt: Am Ende steht nicht nur eine Plenumsdiskussion und eine Darstellung der speziellen Lösungen, sondern der Transfer zur Erarbeitung allgemeiner Erkenntnisse. Viele ↝ Konflikte im ↝ Umweltschutz haben wiederkehrende Strukturen, z.B. im Handlungsfeld von Verbraucher und Umwelt oder Unternehmen und Umwelt. Simulationsmethoden sind deshalb geeignete Methoden der Umweltbildung.

↝ Szenariotechnik

KAISER, Franz-J./KAMINSKI, Hans (1994/²1997): Methodik des Ökonomie-Unterrichts. Grundlagen eines handlungsorientierten Lernkonzepts mit Beispielen. Bad Heilbrunn.

KLIPPERT, Heinz (1984): Wirtschaft und Politik erleben. Planspiele für Schule und Lehrerbildung. Weinheim.

Günther Seeber

Sinne
Sinne sind unsere Fenster zur Welt. Ihre Rezeptoren an der Körperoberfläche senden dem Gehirn Informationen über die Umwelt. Dort werden sie zu Wahrnehmungen verarbeitet, so daß wir reagieren können mit Sprache, Gebärden oder Bewegungen. Fünf Sinne werden seit alters her genannt: Sehen, Hören, Tasten, Riechen und Schmecken. Heute fügt man weitere Sinne hinzu wie den Temperatur-, Schmerz- und Gleichgewichtssinn. Allen Sinnen kann man eigene Signalempfänger zuordnen. Ein Beispiel sei der Sehsinn: Das Auge lenkt die Lichtreize auf Lichtrezeptoren, die „erregt" werden und elektrische Impulse erzeugen. Diese werden via Nervenbahnen an das Gehirn weitergeleitet. Dort wird die Erregung integriert und zu Sinneseindrücken, Empfindungen und schließlich Wahrnehmungen verarbeitet; dabei zieht das Gehirn die in ihm vorliegenden Erwartungen, Erfahrungen oder Stimmungen hinzu. Objektive und subjektive Faktoren verbinden sich dort also zu einem jeweils einzigartigen Bild der Umwelt. Es entsteht das Bewußtsein, das man als mentalen Zustand beschreiben kann mit seiner „Welt im Kopf", die von der objektiven Realität draußen getrennt ist (↝ Konstruktivismus). ARISTOTELES unterscheidet deshalb auch (objektive) Realität von (subjektiver) Wirklichkeit; letztere allein bestimme unser Bewußtsein und mache unsere Überzeugungen aus (↝ Alltagsbewußtsein). Der Dichter NOVALIS hat diesen Sachverhalt ausgedrückt, indem er sagte, wir könnten nur sehen, was

unsere Seele zu sehen bereit sei. Unsere Sinne werden nun durch eine ungeheure Zahl von Reizen geradezu überflutet. Erregungsleitende Nerven und Gehirn filtern deshalb den Strom der Informationen.
Auch die Bildungsinstitutionen bemühen sich, unser Bewußtsein über die Sinne zu beeinflussen. Sie konzentrieren sich dabei mit ihren Methoden und Medien auf Auge und Ohr und vernachlässigen die vorsprachlichen Gefühle. Dem entspricht die stark wissenschaftlich-kognitiv orientierte Naturbeschreibung, die Natur auf das Prinzip reduziert, abstrakte Modelle dominieren läßt und dabei Sinn- bzw. und Wertfragen notgedrungen vernachlässigt.
↪ Umweltbildung will dem entgegenwirken. Sie bemüht sich deshalb, durch Naturerfahrungen den Reichtum subjektiver Erlebnisse mit der Natur zu fördern. Dazu setzt sie Übungen ein wie das Baumtasten oder die blinde Barfußraupe, bei denen bestimmte Sinne ausgeschaltet werden und die Wahrnehmungsfähigkeit des jeweils aktiven Sinnes auf diese Weise eindrucksvoll gesteigert wird. Das Ergebnis sind tiefe und wohltuende Naturerlebnisse, die ein mehrdimensionales Lernen bewirken.
↪ Naturbildung; ↪ Naturwahrnehmung; ↪ Rucksackschule

MAELICKE, Alfred (Hrsg.) (1990): Vom Reiz der Sinne. Weinheim.
MATURANA, Humberto R./VARELA, Francisco J. (1987/[7]1997): Der Baum der Erkenntnis: Die biologischen Wurzeln des menschlichen Erkennens. München.
ROTH, Gerhard (1994): Das Gehirn und seine Wirklichkeit. Frankfurt a.M.
TROMMER, Gerhard/PRASSE, Willm (Hrsg.) (1991): Natur wahrnehmen mit der Rucksackschule. Braunschweig.

Willm Prasse

Solidarität
Solidarität bezeichnet: 1. das Verhalten einer Gruppe von Menschen, die aus unterschiedlichen (z.B. sozialen, religiösen, schichtspezifischen, politischen) Gründen miteinander verbunden ist. Diese Menschen arbeiten gemeinsam auf die Beibehaltung ihrer als positiv oder auf die Verbesserung ihrer als benachteiligt empfundenen Lebenslage hin. 2. das Gefühl der Verpflichtung und das unterstützende Handeln für andere Menschen, deren Ziele man für richtig erachtet, die von diesen selbst aber nicht umgesetzt werden können. Solidarität schützt das Individuum vor Repressalien unterschiedlicher Art, z.B. vor staatlicher Gewalt. Werte, Einstellungen, Einfühlungsvermögen und weitere internale Prozesse haben für solidarisches bzw. prosoziales Handeln eine leitende Funktion. Unter der Perspektive einer „zukunftsfähigen" Entwicklung der Erde und der auf ihr lebenden Menschen bedarf es eines aus dem Bewußtsein der Einen Welt (↪ Dritte Welt) erwachsenden solidarischen Handelns, nämlich eines ökologischen, wirtschaftlichen und sozial verantwortlichen Verhaltens von einzelnen, Gruppen und Völkern. Deshalb ist Solidaritätsfähigkeit in der ↪ Umweltbildung und ↪ Friedenspädagogik,

im Konzept des Globalen Lernens (⇨ Lernen, globales), im Bildungsbegriff und der didaktischen Schlüsselproblemkonzeption KLAFKIs ein angestrebtes Erziehungsziel.
⇨ Oikos; ⇨ Wohlwollen

GUGEL, Günther/JÄGER, Uli (1994/²1995): Gewalt muß nicht sein. Eine Einführung in friedenspädagogisches Denken und Handeln. Verein für Friedenspädagogik. Tübingen.
KLAFKI, Wolfgang (1985/⁵1996): Neue Studien zur Bildungstheorie und Didaktik. Weinheim.
STAUB, Ervin (1981): Entwicklung prosozialen Verhaltens. Zur Psychologie der Mitmenschlichkeit. München.

Susanne Lin

Sonderstellung des Menschen
Die Sonderstellung des Menschen im Lebenssystem des Planeten Erde wurde vielfach begründet (von Anthropologie, Philosophie, Religionen usw.). Sie ist Faktum, die Interpretation ihrer Bedeutung führt in eine kontroverse Diskussion (AMERY 1972/³1982; KLEBER/KLEBER 1999). Neben der Ebenbildlichkeit Gottes spielt die Vorstellung des Vernunftwesens (Erbe der Aufklärung) und die exorbitante Mächtigkeit (JONAS 1979) in dieser Diskussion eine besondere Rolle. Die Höherentwicklung der Menschheit ist seit der Renaissance eine beliebte Denkfigur innerhalb der Philosophie und der Pädagogik. Dagegen weisen die anthropofugale Philosophie und Evolutionstheoretiker darauf hin, daß der „alte Adam", das Zoon, weiterhin die Menschen beherrscht (HORSTMANN 1983; VERBEEK 1998). Der Mensch verhält sich bezogen auf das Lebenssystem des Planeten Erde genau wie jede andere Art innerhalb des Evolutionsprozesses:
- Er weitet seine ökologische Nische aus und besetzt alles, was ihm möglich ist,
- er reißt möglichst viele Ressourcen an sich und verbraucht sie, bevor andere sie nützen können,
- er dominiert alles Leben so weit wie möglich.

Daß er dabei seine eigene Lebensgrundlage zerstört, liegt an seiner exorbitanten instrumentellen Mächtigkeit. Dies zu erkennen und das dazu führende Verhalten zu ändern, wäre eine Forderung der Vernunft, doch gerade dies scheint völlig unmöglich. Wir alle sitzen in der anthropozentrischen Falle und feiern die instrumentellen Fortschritte unserer Mächtigkeit als fragliche Höherentwicklung. Die Sonderstellung des Menschen macht, bezogen auf das globale Lebenssystem, dem er angehört, eine dieses und ihn schützende Ethik unabdingbar notwendig (KLEBER 1998). Hierin und in deren konsequenten Anwendung liegt die Chance, die Konsequenzen der Sonderstellung zum Guten zu wenden.

AMERY, Carl (1972/³1982): Das Ende der Vorsehung. Die gnadenlosen Folgen des Christentums. Reinbek.
HORSTMANN, Ulrich (1983): Das Untier: Konturen einer Philosophie der Menschenflucht. Wien.
JONAS, Hans (1979): Das Prinzip Verantwortung. Versuch einer Ethik für technologische Zivilisation. Frankfurt a.M.
KLEBER, Eduard W. (1998): Lebensstil-Motivation - Problembewußtsein und umweltverträgliches Handeln. In: HAAN, Gerhard de/KUCKARTZ, Udo (Hrsg.): Umweltbildung und Umweltbewußtsein. Opladen, S. 103-120.
KLEBER, Eduard W./KLEBER, Gerda (1999): Gärtnern im Biotop mit Mensch - der nachhaltige, zukunftsfähige Garten nach Prinzipien der Permakultur. Xanten.
VERBEEK, Bernhard (1998): Organismische Evolution und kulturelle Geschichte. In: ETHIK UND SOZIALWISSENSCHAFTEN, 9. Jg., Heft 2, S. 269-280.

Eduard W. Kleber

Sozialisation, naturbezogene

Bezeichnet Sozialisation den Prozeß der Entwicklung eines Menschen zu einer Persönlichkeit in Abhängigkeit von einer je historisch-gesellschaftlich vermittelten Umwelt (HURRELMANN 1983/⁴1993), so sind unter dem adjektivischen Zusatz 'naturbezogene' die darin eingebundenen ↝ Mensch-Natur-Verhältnisse zu thematisieren, da Umwelt in der genannten Definition nicht systematisch die konstitutive Naturbeziehung des Menschen mit meint. Dies aber erscheint notwendig, da ansonsten in der Genese von Persönlichkeit im Prozeß der Sozialisation vorfindliche und konstitutive Naturverhältnisse anthropozentrisch negiert werden (↝ Anthropozentrismus). Mensch-Natur-Verhältnisse sind auf verschiedenen sozialen Ebenen einzuholen, wie dies durch Sozialisationstheorien mit gesellschaftstheoretischem und sozial-ökologischem Ansatz geschieht (BRILLING 1997, S. 251 ff., S. 322 ff.). Darin konstituierte Naturverhältnisse sind zunächst zu rekonstruieren (↝ Alltagsökologie; ↝ Alltagsbewußtsein). Gelingt dies, so kann die anthropozentrische Verkürzung bisheriger Sozialisationstheorien insofern überwunden werden, als diese bislang lediglich die menschliche Natur in ihrer Bedürfnis- bzw. Triebnatur in Anlehnung an psychoanalytische Theoriebildung aufgenommen haben. Eine naturbezogene Sozialisationstheorie ist zentraler Bestandteil ökologischer Erziehungswissenschaft (↝ Erziehungswissenschaft, ökologische), die Grundlage und Reflexionskontext von ↝ Umweltbildung sein will.

Daher ergeben sich für eine Theorie naturbezogener Sozialisation folgende Konstitutiva und Arbeitsbereiche als Desiderata:

- Im Prozeß menschlicher Aneignung von Natur und in der Genese eines Naturverständnisses ist von einem *doppelten Naturbezug* auszugehen: einem *symbolischen* und einem *materiellen*. Dabei scheint der symbolische gegenüber dem materiellen dominant zu sein und dieses weitgehend zu bestimmen.

- Zudem ist das Verständnis einer naturbezogenen Sozialisation in einer *triadischen Beziehungsstruktur* zur Ausbildung eines (➜ Alltags-)Bewußtseins und einen *dreifachen Reproduktionsprozeß* eingebunden. Die triadische Beziehung umfaßt *Individuum* (ego), *Natur/Mitwelt* und *Individuum* (alter ego), wobei deren instrumentelle Aneignung bzw. interaktive Beziehung durch einen systematischen kulturellen Bruch im gegenwärtigen Naturverständnis bestimmt ist. Eine naturbezogene Sozialisation ist eingebunden in interdependente Reproduktionsprozesse von Natur, Ontogenese und Gesellschaft.
- Wenn auch nicht alle Felder aufgezählt werden können, so sei doch ein Arbeitsfeld kritischer Sozialisationstheorie genannt, das in der
- Bearbeitung der *Ideologie- und Kompensationsfunktion von* ➜ *Naturidealisierungen* liegt (BRILLING 1997, S. 310 ff.), die die Thema-Horizont-Struktur des ➜ Alltagsbewußtseins bestimmen.

Der Ansatz naturbezogener Sozialisation ist Grundlagenkonzept zur Rekonstruktion der Thema-Horizont-Struktur des Alltagsbewußtseins. Die Genese, Rezeption und Reproduktion sozialer Naturverhältnisse kann mit Hilfe einer dieses menschliche Grundverhältnis thematisierenden Konzeption erst sozialwissenschaftlich hinreichend angeleitet aufgenommen werden. Einen ersten systematischen Ansatz für ➜ Umweltbildung liefert GEBHARD (1994) in seiner Arbeit, in der er nach der Notwendigkeit und den Folgen von Naturbeziehungen im Prozeß kindlicher Sozialisation fragt.

Der Versuch einer Integration des Phänomens einer naturbezogenen Sozialisation in eine allgemeine Sozialisationstheorie wurde in dem Konzept eines ökologisch orientierten Habituskonzepts vorgelegt, das den menschlichen Naturbezug konstitutiv setzt (BRILLING 1997, S. 332 ff.).

BRILLING, Oskar (1997): Kritik des Umweltbewußtseins. Marburg.
GEBHARD, Ulrich (1994): Kind und Natur. Opladen.
HURRELMANN, Klaus (1983/^{4}1993): Einführung in die Sozialisationstheorie. Weinheim.
REHEIS, Fritz (1996/^{2}1998): Die Kreativität der Langsamkeit. Neuer Wohlstand durch Entschleunigung. Darmstadt.

Oskar Brilling

Sozialverträglichkeit
Während ➜ *Umweltverträglichkeit* die ökologischen Voraussetzungen des menschlichen Überlebens bestimmen will, steht im Mittelpunkt der Sozialverträglichkeit die *Reproduktion des gesellschaftlichen Systems*. Sozialverträglichkeitskriterien müssen sich deswegen sowohl auf die sozialen Bestandsvoraussetzungen einer Gesellschaft als auch auf die individuellen Bestandsvoraussetzungen einer humanen und lebenswerten Existenz beziehen. Indikatoren für die *sozialen* Bestandsvoraussetzungen sind z.B., (positiv) daß gemeinschaftliches Handeln zugunsten individueller Bezogenheit ab-

nimmt, (negativ) wenn soziale ↬ *Normen* ins Leere laufen, die soziale Absicherung bröckelt, die Koordination von ↬ *Interessen* und Erwartungen in der Gemeinschaft mißlingt. Indikatoren für die *individuellen* Bestandsvoraussetzungen sind z.B.: Grad der technischen Determiniertheit der menschlichen Arbeit, Möglichkeiten zur Kommunikation, Notwendigkeit oder Möglichkeit kooperativer Arbeitsformen, Chancen des Erwerbs neuer Qualifikationen oder Gefahr der Dequalifikation, „Zeitsouveränität" (↬ Zeit; ↬ Entschleunigung), räumliche Bewegungsspielräume, Handlungs- und Entscheidungsspielräume, ↬ Verantwortung, Mitbestimmungs- und Gestaltungsmöglichkeiten (↬ Planungszelle), ganzheitlicher oder zerstückelter Arbeitsvollzug, Hierarchien und Autoritätsverhältnisse, soziale Sicherheit, Lohn- bzw. Einkommenschancen, Grad der Überwachung und Kontrolle, Gefährdungen und Belastungen.

Im Rahmen der Umweltdiskussion gewinnt Sozialverträglichkeit als Rationalitätskriterium (↬ Rationalität) zunehmende Bedeutung bei der Analyse und Bewertung von Produkten (*Produktbilanz* [↬ Ökobilanz], *Produktlinienanalyse*), Produktionsprozessen und Technologien *(Technologiefolgenabschätzung)*. Hierbei ergeben sich oft *Rationalitätskonflikte* zwischen der *Sozialverträglichkeit*, der *Umweltverträglichkeit* und der *Wirtschaftlichkeit* einer Technologie oder eines Produkts. Diese lassen sich nur durch einen *kommunikativen Konsensbildungs- und Entscheidungsprozeß* (↬ *Mediation*) lösen und müssen in jeder historischen Situation politisch immer wieder neu ausgehandelt und entschieden werden.

Peter Weinbrenner

Spiritualität, ökologische

Ökologische Spiritualität ist erstens sowohl die geistige und gefühlsmäßige Verinnerlichung und Vertiefung der Einsicht des (naturwissenschaftlichen) Verstandes in den engen Zusammenhang aller Wirklichkeitsfaktoren des Universums als auch einfühlende Einübung ethischer Verantwortlichkeit für alle uns zugänglichen Wirklichkeitsbereiche; sie ist zweitens der Aufbau geistiger Ordnung im Haus (griech.: ↬ oikos) des eigenen geistig-seelisch-physischen Seins, aber auch im Verhältnis zur Tier- und Pflanzenwelt und zur Gesamtheit der von uns erkannten kosmischen Gesamtwirklichkeit, und sie ist drittens tiefere und vollere Wahrnehmung der Wirklichkeit. Betrachten wir Lebewesen lediglich als hochorganisierte, jedoch letztlich zufällige Produkte der Materie, als Mechanismen, als Reproduktionsmaschine der Gene bzw. heute als genetisch programmierte „Informationsspeicher", dann ist es um den selbständigen, unableitbaren Wert des architektonischen Aufbaus der Organismen, ihre Schönheit, Ganzheitlichkeit, den Adel ihrer evolutiv aufsteigenden Gestaltungstypen usw. geschehen. Dann sind sie graue Masse, konturloser Rohstoff, freigegeben an die Manipulationswollust des Menschen. Dann muß aber auf Dauer die Öde da draußen auch uns da drinnen (in der Psyche) veröden, das äußere Chaos führt das innere herbei. Es ist wichtig, sehen zu lernen, daß jede Pflanze, jedes Tier die Idee einer bestimmten Schönheit und Vollkommenheit in sich trägt, daß die terrestrische Evolution trotz aller Zufälligkeiten der Mutations-Selektions-Prozesse immer auch ein zur Harmonie drängender Gestaltungsvorgang war. Die Gesamtanschauung, damit auch das Geheimnis der Pflanze, der Blume, jeden Tieres müßte durch entsprechende Bilder Kindern nahegebracht werden, ehe sie in der Schule kühl-nüchtern-analytisch zerlegend lernen, aus welchen Teilen diese „Naturobjekte" bestehen und wozu sie verwendbar, verwertbar sind. Nur so vermag eine der Tiefe der Wirklichkeit entsprechende Einstellung des Menschen eine tragfähige Ethik zu ermöglichen. „Wahrhaft ethisch ist der Mensch nur, wenn er der Nötigung gehorcht, allem Leben, dem er beistehen kann, zu helfen, und sich scheut, irgendetwas Lebendigem Schaden zu tun ... Das Leben als solches ist ihm heilig ... Ethik ist ins Grenzenlose erweiterte Verantwortung gegen alles, was lebt." (SCHWEITZER 1923, S. 240 f)

MYNAREK, Hubertus (1986/²1990): Ökologische Religion. Ein neues Verständnis der Natur. München.
MYNAREK, Hubertus (1988): Die Vernunft des Universums. Lebensgesetze von Kosmos und Psyche. München.
MYNAREK, Hubertus (1991): Mystik und Vernunft. Freiburg i.B.
SCHWEITZER, Albert (1923): Kultur und Ethik. München.

Hubertus Mynarek

Stadt und Natur

Städte wurden in ihrer langen und vielfältigen Geschichte sowohl als Orte des gesellschaftlichen Fortschritts, der entwickelten Kultur und eines attraktiven Lebens als auch als Orte der Herrschaft, des kulturellen Niedergangs und unmenschlicher Lebensverhältnisse sowie des diametralen Gegensatzes zur Natur angesehen. Moderne Ökologiebewegungen interpretierten die seit der Industrialisierung schnell wachsenden Städte und Ballungszentren bzw. ihre Lebensformen als Erscheinungsformen oder gar Ursachen des gestörten oder entfremdeten Verhältnisses zu Natur und Umwelt (⇝ Naturentfremdung). Abkehr von der Stadt, romantische Vorstellungen einer außerstädtischen idealisierten Natur (⇝ Naturidealisierung), ja antistädtische Orientierungen dominierten die Sichtweisen der ökologischen Krise. Die Ambivalenz der Stadt drückt sich in der stadtgeschichtlichen Literatur aus: radikale Stadtkritik, Apologie der Stadt, Ignoranz der ökologischen Krise. Für die Perspektive einer nachhaltigen Stadtentwicklung (⇝ sustainable development) bietet es sich an, die Stadt differenzierter als ein besonderes, historisch gewachsenes und gesellschaftlich definiertes ⇝ Mensch-Natur-Verhältnis zu sehen und historisch zu untersuchen. Die dabei in Erscheinung tretenden soziokulturell vielfältigen und widersprüchlichen Formen städtischer Umwelten, zu entdeckende historische Alternativoptionen sowie spezifische Formen von Stadtnatur bieten differenzierte Einsichten, aber auch gedankliche Ansatzpunkte für zukünftige urbane Lebensformen und -stile sowie Transformationsmöglichkeiten. Ein solches historisches Erkenntnisinteresse erfordert interdisziplinäre (↪ Interdisziplinarität), insbesondere detailliertere und lokale stadthistorische Untersuchungen, bietet aber auch Ansatzmöglichkeiten für eine Lokalgeschichte „von unten" (↪ Umweltbildung, urbane).

BECKER, Gerhard (Hrsg.) (1991): Stadtentwicklung im gesellschaftlichen Konfliktfeld. Naturgeschichte von Osnabrück. Pfaffenweiler.

CALLIESS, Jörg/RÜSEN, Jörn (Hrsg.) (1989): Mensch und Umwelt in der Geschichte. Pfaffenweiler.

MUMFORD, Lewis (1979): Die Stadt. Geschichte und Ausblick. München.

Gerhard Becker

Stadt und ökologischer Umbau
Für die ↪ Ökologiebewegungen des 20. Jahrhunderts war die Stadt kaum Handlungsfeld (↪ Umweltgeschichte). Erst in den 80er Jahren entwickelte sich in Deutschland eine von mehreren Disziplinen getragene ↪ Stadtökologie. Ökologischer Stadtumbau und ökologische Stadterneuerung sind seither die Bezeichnungen und Schlagwörter für stadtplanerische und politische Programme mit unterschiedlicher Reichweite. Angesichts der weltweit ungebrochenen Tendenz zur Verstädterung kommt darin die Einsicht zum Ausdruck, daß die ökologische Krise gerade in und mit den Städten bewältigt werden muß (↪ Umweltkrise). Das sich allmählich durchsetzende Leitbild einer globalen nachhaltigen Entwicklung (↪ sustainable development) bietet Chancen und einen Rahmen für eine umfassende Neugestaltung aller Bereiche städtischen Lebens, die neben stadtökologischen Aspekten grundsätzlich und systematisch vor allem soziale, ökonomische, kulturelle Aspekte und das Verhältnis zur umliegenden Region berücksichtigen soll (vgl. UN-Weltkonferenz Habitat II, 1996). Stützen kann sich eine solche Perspektive auf bisher getrennte Traditionen der Stadtkritik, auf existierende Reformstrategien („gesunde Städte" u.ä.), auf verschiedene ökologische und kommunikative Vorteile eines städtischen Lebens und auf das intellektuelle Potential der Städte. Ein verbindendes, umsetzungsfähiges Leitbild einer „nachhaltigen Urbanität" ist allenfalls in Umrissen erkennbar. Ein neues Stadtbewußtsein und die unabdingbare, innerstädtische ↪ Partizipation ist auf eine urbane (Umwelt-) Bildung angewiesen (↪ Umweltbildung, urbane). Im Kontext der ↪ Agenda 21 und der dort vorgesehenen Partizipation der Kommunen beginnen viele Städte ihre Probleme selbst anzugehen (↪ Agenda 21, lokale). Unabhängig von gesamtstaatlicher Politik organisieren sie sich dazu auf nationaler, europäischer (Charta von Aalborg) und weltweiter Ebene (z.B. der Internationale Rat für kommunale Umweltinitiativen [ICLEI]).
↪ Planungszelle

DEUTSCHER STÄDTETAG (Hrsg.) (1995): Städte für eine umweltgerechte Entwicklung. Köln.
FORUM UMWELT UND ENTWICKLUNG (Hrsg.) (1996): Habitat II. Konferenz der Vereinten Nationen zu menschlichen Siedlungen (03. - 14.06.1996 in Instanbul), Abschlußbericht. Bonn.
GIRADET, Herbert (1996): Das Zeitalter der Städte. Neue Wege für eine nachhaltige Stadtentwicklung. Holm.
POLITISCHE ÖKOLOGIE, 1996, Heft 44: Nachhaltige Stadtentwicklung.

Gerhard Becker

Stadtökologie
Stadtökologie ist eine Teildisziplin der ↷ Ökologie, die sich auf die Erforschung ökologischer Funktionszusammenhänge im ↷ Ökosystem bzw. Ökosystemkomplex Stadt konzentriert. Als angewandte Wissenschaft im europäischen Raum von Naturwissenschaftlern begründet, richtete sie sich anfangs primär auf die Erforschung der speziellen Situation von Natur in der Stadt (Stadtflora, -fauna, -klima). Die Urbanisierung der ökologischen Frage in der Stadtökologie korrespondiert mit der „urban wildlife"-Forschung in Amerika, während die „urban ecology" dort soziologisch orientiert ist und sich auf Verhältnisse der menschlichen Gesellschaft in der Stadt konzentriert. In Europa wird die soziale Frage in der Stadt traditionell von der sozialgeographischen Stadtforschung bearbeitet.
Seit den 70er Jahren gewinnen in der Stadtökologie Fragen nach Auswirkungen der städtischen Umweltbedingungen auf den Menschen zunehmend an Relevanz (↷ Humanökologie), und parallel dazu wird in der klassischen Stadtforschung die Stadt verstärkt auch als ökologischer Lebensraum wahrgenommen. Insgesamt ist eine starke Verschmelzung natur- und sozialwissenschaftlicher Fragestellungen in der städtischen Umweltforschung zu beobachten, die soziale und ökologische Aspekte integriert. Stadtökologie im weiteren Sinne bezieht auch die sozialen, psychologischen und kulturellen Implikationen des Stadtlebens mit ein und steht in engem Zusammenhang mit der ökologischen Stadterneuerung (↷ Stadt und ökologischer Umbau). Integrale Stadtökologie richtet sich auf die Aufklärung ökosystemarer Zusammenhänge im Lebensraum Stadt, die Verbesserung der Lebensbedingungen allgemein und eine möglichst menschenfreundliche Gestaltung.
↷ Umweltbildung, urbane
SUKOPP, Herbert/WITTIG, Rüdiger (1993): Stadtökologie. Stuttgart.

Gesine Hellberg-Rode

Stadtplanung, kinderfreundliche
Grundvoraussetzung einer kinderfreundlichen Stadtplanung ist es, daß Kinder überhaupt als gesellschaftliche Gruppe wahrgenommen und in ihrem

entwicklungsbezogenen Handeln gefördert werden. Als Kriterien einer kinderfreundlichen Stadt sind zu nennen die Transparenz des Anregungspotentials, die Stabilität der Umwelt und ihre Reagibilität. Unter Transparenz des Anregungspotentials der Umwelt wird das Ausmaß verstanden, in dem deutlich wird, was an Anregungen für die eigene Entwicklung erwartet werden kann. Die Stabilität der Umwelt, damit auch die Beständigkeit und Vorhersagbarkeit ihres Anregungspotentials, kann in ihrer Bedeutung für die Entwicklung kaum unterschätzt werden. Von Reagibilität einer Umwelt wird dann gesprochen, wenn das Handeln eines Akteurs zu mehr oder weniger unmittelbar erfahrbaren Konsequenzen führt, die als selbst verursacht und relevant wahrgenommen werden. „Alles Beton", dieser unter Kindern vor einiger Zeit geläufige Spruch, prangerte das Fertige, Unverrückbare einer nicht für sie gemachten Wohnumwelt an. Die Offenheit gegenüber der Gestaltung durch Kinder ist ein Topos, der den Anfang einer umweltorientierten Kinderforschung markiert. Eine kinderfreundliche Stadtplanung hat demnach folgenden Anforderungen zu genügen: Gewährleistung von Sicherheit (z.B. über Verkehrsberuhigung) im öffentlichen Raum, Schaffung entwicklungsbezogener Lebensräume (z.B. Veränderbarkeit räumlich-physischer Umwelten, Reduktion von Handlungsvorgaben im öffentlichen Wohnraum) sowie die Beteiligung und Mitsprache von Kindern im Planungsprozeß.

⇨ Kindergipfel; ⇨ Kinderrechte

FUHRER, Urs u.a. (1998): Gebaute Umwelt als kultivierbarer und gesundheitsfördernder Lebensraum für Kinder? In: KALS, Elisabeth (Hrsg.): Umwelt und Gesundheit. Weinheim, S. 199-213.

Urs Fuhrer

Standortplan
Ein Standortplan enthält sowohl Naturobjekte (alte, naturgeschützte Bäume, Wallhecken, Vogelbrutkolonien, Teiche, verbaute und renaturierte Bäche) als auch Einrichtungen (auf Besucher eingestellte Bauernhöfe, Kleingartenanlagen, Zoos, Wassergewinnungs- und Abwasserbeseitigungsanlagen), die sich im Umfeld einer Schule oder einer Umweltbildungsstätte befinden und sich zur unterrichtlichen Arbeit vor Ort eignen. Ein Standortplan, der aus einem Karten- und einem Textteil besteht, sollte jeweils von den Lehrern bzw. Dozenten der Schule bzw. Bildungsstätte erarbeitet worden sein, auf deren Standort und Umland er sich bezieht. Jederzeit für alle Lehrkräfte nutzbar, gestattet er es auch neuen und weniger ortskundigen Lehrern und Dozenten, bestimmte Naturobjekte und Einrichtungen im Sinne außerschulischer Lernorte zu nutzen, um Schülern die Möglichkeit zu originaler Begegnung zu bieten (⇨ Begegnung, originale).

⇨ Lehrpfade - Lernpfade - Erlebnispfade

Wilfried Stichmann

Steuerreform, ökologische
Unter ökologischer Steuerreform wird manchmal die Ergänzung des bestehenden Steuersystems um eine Besteuerung bestimmter umweltbelastender Aktivitäten verstanden. Hier stehen die Lenkungswirkungen im Vordergrund. In der Regel verbirgt sich hinter der ökologischen Steuerreform eine umfassende Umgestaltung des bestehenden Besteuerungssystems, bei dem Bemessungsgrundlagen auf ihre umweltrelevanten Verhaltensanreize hin überprüft und ersetzt werden sollen. Gleichzeitig soll das jährliche Aufkommen zwei- bis dreistellige Milliardenbeträge umfassen. Neben die Gewährleistung der umweltpolitischen Lenkungsfunktion soll die fiskalische Funktion der Einnahmeerzielung zur Finanzierung der Staatsaufgaben treten. Die Erwartungen an eine ökologische Steuerreform beziehen sich dabei nicht nur auf eine Verminderung umweltbelastender Aktivitäten durch deren steuerinduzierte Verteuerung, sondern auch auf mehr öffentliche Mittel für ↝ Umweltschutz. Soweit von einer aufkommensneutralen Umstrukturierung des Steuersystems ausgegangen wird, werden Steuer- und Abgabensenkungen gleichzeitig mit Erwartungen der Realisierung anderer Ziele, z.B. Bekämpfung der Arbeitslosigkeit durch Senkung von Lohn-Nebenkosten verbunden. Dies ist Gegenstand der „Double dividend-These" einer ökologischen Steuerreform. Allerdings besteht zwischen der ökologischen Wirksamkeit eines an umweltbelastenden Aktivitäten ansetzenden Steuersystems und seiner fiskalischen Ergiebigkeit ein Widerspruch. Eine hohe ökologische Wirksamkeit bedingt über die schrumpfenden Bemessungsgrundlagen gleichzeitig ein schrumpfendes Steueraufkommen, während ein in der Zeit konstantes oder wachsendes Steueraufkommen nichtschrumpfende Bemessungsgrundlagen voraussetzt. Dieser letztlich nicht aufhebbare Widerspruch stellt sich um so schärfer, je umfassender eine ökologische Steuerreform die bestehenden Bemessungsgrundlagen durch ökologierelevante ersetzt.
↝ Ökonomische Rahmenbedingungen für ökologisches Handeln

MAUCH, Samuel P./ITEN, Rolf(1996): Ökologische Steuerreform. Chur.
NUTZINGER, Hans G./ZAHRNT, Angelika u.a. (Hrsg.) (1990): Für eine ökologische Steuerreform. Frankfurt a.M.
NUTZINGER, Hans G. u.a. (Hrsg.) (1995): Zur politischen Ökonomie von Umweltabgaben. Tübingen.
OECD (Hrsg.) (1997): Environmental Taxes and Green Tax Reform. Paris.

Gerd-Jan Krol

Strukturwandel, ökologischer
Der ökologische Strukturwandel bezeichnet Veränderungen in allen Subsystemen der Industriegesellschaft zur Bearbeitung von ökologischen Problemen. Diese sind Störungen des Stoffwechsels von Populationen in ihrem Lebensraum infolge von zu umfangreichen oder unverträglichen Stoffnutzungen (z.B. zu viel fossile Energie, toxische Chemikalien). Ökologische

Fragen sind naturwissenschaftlich zu formulieren. Ihre Beantwortung bedarf in jedem Fall eines Wandels im Subsystem von Naturwissen, Technik und Arbeit, weil hier der Stoffwechsel operativ vollzogen wird. Nach einer Phase des bloß nachgeschalteten ↝ Umweltschutzes (z.B. Abluftfilter, Kläranlagen) treten nun integrierte Umweltproblemlösungen durch technologische Innovationen in den Vordergrund (wie saubere Energie aus Brennstoffzellen, Solarwasserstoff, neue Materialien, biologische Verfahren in der Chemie).

Gesteuert wird der technische Stoffwechsel durch gesellschaftliche Faktoren, die sozial- und geisteswissenschaftlich zu verstehen sind (↝ Sozialverträglichkeit). So wird die Zuteilung von Ressourcen unmittelbar wirtschaftlich, vor allem preislich mittels Geld gesteuert. Zum ökologischen Strukturwandel gehört daher ein Wandel im Subsystem der Wirtschaft, so auch die Inrechnungstellung bisher abgewälzter Umweltkosten (↝ Ökosteuern). Wirtschaft wiederum ist u.a. bedingt durch das Subsystem des Rechts und durch informell geltende Verhaltensnormen. Das Umweltrecht umfaßt bereits so viele Gesetze und Verordnungen, daß die Problematik der Bürokratisierung des Umweltschutzes entstanden ist. Nicht zuletzt impliziert ökologischer Strukturwandel Veränderungen in kulturellen Subsystemen, im Bereich der Weltanschauung, des Menschenbildes (z.B. Kritik des Utilitarismus), des Umweltbewußtseins, der Umwelterziehung u.a. Aktuelles ↝ Leitbild des ökologischen Strukturwandels ist eine Modernisierung von Technik, Wirtschaft, Recht, Bewußtsein, Weltanschauung und ↝ Lebensstil zugunsten einer nachhaltigen Entwicklung, die sich den Tragekapazitäten der Ökosysteme dauerhaft einfügt.

↝ Agrobusiness; ↝ Alltagsbewußtsein; ↝ Nachhaltigkeit; ↝ Landwirtschaft, ökologische; ↝ Ökologisierung; ↝ Zivilisierung, ökologische

HUBER, Joseph (1995): Nachhaltige Entwicklung. Strategien für eine ökologische und soziale Erdpolitik. Berlin.

JÄNICKE, Martin (Hrsg.) (1996): Umweltpolitik der Industrieländer. Entwicklung, Bilanz, Erfolgsbedingungen. Berlin.

Joseph Huber

Studium, umweltbezogenes

Umweltstudien werden grundständig oder weiterführend, als Studiengang oder -richtung, bisweilen auch als Studienschwerpunkt angeboten (UMWELTBUNDESAMT 1977/^{5}1993). Vermittelt werden Kenntnisse und Fähigkeiten zur Analyse, Erklärung und Gestaltung von Umweltbedingungen. Das Angebot umweltbezogener Studienmöglichkeiten wurde in Deutschland seit den 70er Jahren erweitert und qualitativ verändert. Weiterhin überwiegen technisch-naturwissenschaftliche vor sozial- und geisteswissenschaftlichen Studienangeboten (DÖBLER 1994), und im Lehramtsstudium werden Umweltthemen vorwiegend in Biologie und Geographie angeboten. In den sozial- und erziehungswissenschaftlichen Umweltstudien sind bisher kaum systematisch aufbauende, vertiefende und prüfungsrelevante Studiensequenzen vorhanden, so daß Studierende weitgehend individuell eine Selektion und Kombination fachlicher wie interdisziplinärer Studienabschnitte durchführen müssen. Kontroverse gesellschaftliche Erwartungen sowie die ↝ Komplexität der kognitiven wie emotionalen Integrationsaufgaben erfordern eine kontinuierliche, unterstützende Beratung der Studierenden (vgl. SCHLEICHER 1998). Hinweise für fach- und institutionenübergreifende Forschungs- wie Handlungsanforderungen bieten europäische Bildungsinitiativen (z.B. Erasmus, Tempus).

↝ Computersimulation; ↝ Projektmethode; ↝ Simulationsverfahren

DÖBLER, Matthias (1994): Umweltbildung an Hochschulen. In: INFORMATIONEN ZUR BERUFLICHEN UMWELTBILDUNG, 4. Jg., Heft 2, S. 1-8.
SCHLEICHER, Klaus (Hrsg.) (1998): Ratgeber zur Umweltbildung. Orientierungsaufgaben - Studien- und Ausbildungsplanung - Berufsoptionen. Münster.
UMWELTBUNDESAMT (Hrsg.) (1977/^{5}1993): Studienführer Umweltschutz. Berlin.

Matthias Döbler

Suffizienzrevolution
Mit Suffizienzrevolution (lateinisch: sufficere; zu deutsch: genügen, ausreichen) ist eine kritische Überprüfung der gegenwärtigen, vor allem in Industrieländern praktizierten ↝ Lebensweisen gemeint, soweit aus ihnen lokal und global nicht mehr zu bewältigende Belastungen der natürlichen und sozialen Umwelt resultieren. Im Blick sind in erster Linie: Energieverbrauch, Konsummuster, Ernährungsverhalten und Mobilitätsansprüche (↝ Mobilität). Die Suffizienzrevolution richtet sich vorrangig an die in entwickelten Ländern lebenden Menschen, da die Übertragung ihrer Lebensweisen auf die noch nicht entwickelten Länder die Tragfähigkeit der Erde überschreiten würde. Umstritten ist, wie die Suffizienzrevolution umgesetzt werden kann. Weitgehenden Konsens finden Positionen, die darauf zielen, die Suffizienzrevolution als Teil der ↝ Effizienzrevolution zu sehen und gleichzeitig die Suffizienzrevolution zum Anliegen der Menschen selbst über einen Wertewandel zu machen.

↝ Lebensstile; ↝ Rucksack, ökologischer; ↝ sustainable development

FRITZ, Peter/HUBER, Joseph (1995): Nachhaltigkeit in naturwissenschaftlicher und sozialwissenschaftlicher Perspektive. Stuttgart.

Dietmar Bolscho

sustainable development
Sustainable development wird als nachhaltige oder auch als zukunftsfähige Entwicklung übersetzt (vgl. BUND/MISEREOR 1996). Das Konzept wurde weltweit, zuerst als Basis der ↝ Permakultur (MOLLISON/HOLMGREN 1978/^{2}1984), publiziert. Bei der von der UNO eingesetzten Weltkommission für

Umwelt und Entwicklung im Jahre 1987, unter Leitung der ehemaligen norwegischen Ministerpräsidentin BRUNDTLAND, erlangte der Begriff ↪ 'Nachhaltigkeit' große Beachtung. Es war damals der Versuch, die Interessen der Industriestaaten, der Länder der ↪ Dritten Welt und der künftigen Generationen wenigstens begrifflich auf einen Nenner zu bringen. Doch erst durch die Umweltkonferenz von Rio 1992 gewann 'sustainable development' seine weitergehende Bedeutung. Es geht um die Erhaltung aller Ressourcen, insbesondere Luft, Wasser und Böden. Privates und gesellschaftliches Wirtschaften soll dahingehend geändert und beschränkt werden, daß zukünftige Generationen ähnliche Ressourcenbedingungen wie wir vorfinden (↪ Generationenvertrag, ökologischer).

↪ Agenda 21; ↪ Nachhaltigkeit; ↪ Leben, saisonales

BUND/MISEREOR (Hrsg.) (1996): Zukunftsfähiges Deutschland. Basel.
LEAL FILHO, Walter u.a. (1995): Module on Education and Sustainability Geared to European Secondary Schools. Bradford.
MOLLISON, Bill/HOLMGREN, Dave (1978/²1984): Permakultur. Darmstadt.
SMITH, Gordon (1992): Education and the Environment: Learning to Live with Limits. Albany.

Walter Leal Filho/Eduard W. Kleber

Syndrom

Syndrom ist ursprünglich ein medizinischer Begriff. Er wurde vom Wissenschaftlichen Beirat der Bundesregierung Globaler Wandel (WBGU 1994, 1996) in die Umweltdebatte eingeführt. Dabei handelt es sich - in Anlehnung an den medizinischen Sprachgebrauch - um das komplexe Zusammenwirken von wichtigen Trends des globalen Wandels (wachsender Verbrauch von Rohstoffen, Energien, Globalisierung der Märkte, Reduktion der Biodiversität, verstärkter Treibhauseffekt) aus allen Teilsphären des Erdsystems (z.B. Wirtschaft, Gesellschaft, Boden, Atmosphäre). Ein Syndrom ist ein charakteristisches Muster krisenhafter Mensch-Natur-Interaktion (↪ Mensch-Natur-Verhältnis), das sich sowohl phänomenologisch aufweisen als auch messen, geographisch verorten sowie - im Rahmen neuerer Verfahren der qualitativen Modellierung - auf Computern implementieren und simulieren läßt. Ein Beispiel ist das Suburbia-Syndrom: Das Zusammenwirken von Trends wie der zunehmenden Anspruchssteigerung, wachsendem Verkehrsaufkommen, wachsender Flächeninanspruchnahme für Siedlungs- und Verkehrszwecke sowie das damit verknüpfte typische Muster der Boden-, Wasser- und Luftbelastungen ist für viele hochentwickelte Industrieländer charakteristisch (↪ Computersimulation). Der WBGU hat 16 Syndrome globalen Wandels identifiziert, deren Dynamik in ihrer Gesamtheit den Bereich der nicht-nachhaltigen Entwicklung umschreibt. Nachhaltigkeit (↪ sustainable development) kann umgekehrt als globaler gesellschaftlicher Entwicklungskorridor verstanden werden, der sich eröffnet, wenn die Syndrom-Dynamik gebremst bzw. dem möglichen (regionalen oder globalen) Ausbrechen von Syndromen vorgebeugt wird. Der Syndrom-Ansatz stellt einen innovativen Versuch zur interdisziplinären ⇨ Umweltforschung unter Einbeziehung natur- und sozialwissenschaftlicher Ansätze dar (SCHELLNHUBER u.a. 1997). Er findet nicht nur im Rahmen der Politikberatung praktische Anwendung, sondern bietet auch dank seiner phänomenologisch-inuitiven Strukturierung der Komplexität des globalen Wandels neue Chancen für ⇨ Umweltbildung, die dieses Themenfeld bislang vernachlässigt.

SCHELLNHUBER, Hans-J. u.a. (1997): Syndromes of Global Change. In: GAIA, 6. Jg., Heft 1, S. 19-34.

WISSENSCHAFTLICHER BEIRAT DER BUNDESREGIERUNG GLOBALER WANDEL (WBGU) (1996): Welt im Wandel - Herausforderung für die deutsche Wissenschaft. Jahresgutachten 1996. Berlin.

WISSENSCHAFTLICHER BEIRAT DER BUNDESREGIERUNG GLOBALER WANDEL (WBGU) (1994): Welt im Wandel - Die Gefährdung der Böden. Jahresgutachten 1994. Bonn.

Fritz Reusswig

Szenariotechnik

Szenariotechnik ist eine Methode, mit deren Hilfe Vorstellungen über positive und negative Entwicklungen der ⇨ Zukunft zu umfassenden Bildern und Modellen, d.h. möglichen und wahrscheinlichen „Zukünften", zusammengefaßt werden. Szenarien sind keine realitätsfernen Utopien und Phantasien, wie sie in ⇨ Zukunftswerkstätten entwickelt werden, sondern bleiben immer realitätsbezogen und empiriegestützt. Grundmodell ist der „Szenario-Trichter". Für Bildungszwecke werden in der Regel drei Grundtypen von Szenarien entwickelt:

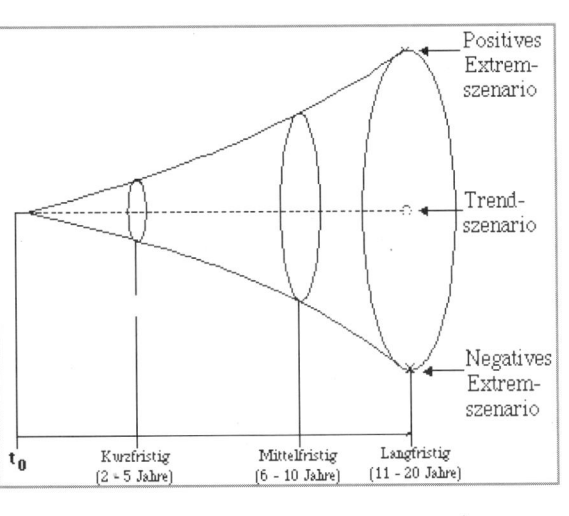

- ein *positives Extremszenario*: es bezeichnet die günstigstmögliche Zukunftsentwicklung,
- ein *Trend-Szenario*: es beinhaltet die Fortschreibung der heutigen Situation in die Zukunft,
- ein *negatives Extremszenario*: es bezeichnet den schlechtestmöglichen Entwicklungsverlauf.

Didaktisch vereinfacht wird ein Szenario in vier Schritten entwickelt:
1. Problemanalyse: Ausgangspunkt ist ein gesellschaftliches Problem, d.h. ein von einer größeren Anzahl von Menschen als unbefriedigend angesehener Sachverhalt, der als dringend lösungsbedürftig angesehen wird.
2. Bestimmung von Einflußbereichen und Einflußfaktoren: Es geht darum, die wichtigsten Einflußbereiche und Einflußfaktoren zu bestimmen, die auf das zu untersuchende Problem unmittelbar einwirken.
3. Entwicklung zweier Extrem-Szenarien: Als Höhepunkt der Szenario-Technik werden nunmehr ausführliche Szenarien, d.h. ganzheitliche „Zukunftsbilder" erstellt.
4. Strategien und Maßnahmen zur Problemlösung: In der abschließenden Phase werden die politischen Konsequenzen aus den entwickelten Szenarien gezogen und Handlungs- bzw. Gestaltungsstrategien entwickelt, die dazu dienen, unerwünschten Entwicklungen entgegenzuwirken und erwünschte Entwicklungen zu fördern.

Die spezifischen Leistungen der Szenariotechnik als neue Methode der politischen- und Umweltbildung lassen sich wie folgt zusammenfassen:
- Szenarien machen die Vielfalt möglicher Zukünfte sichtbar.
- Szenarien fördern vernetztes, systemisches, kybernetisches Denken.
- Szenarien verstärken die Einsicht, daß die Zukunft prinzipiell gestaltbar und veränderbar ist und es viele Optionen für die Zukunft gibt.
- Szenarien machen deutlich, daß Zukunftsbilder und -visionen von Werten und Normen abhängen (z.B. dem ↪ Leitbild der ↪ Nachhaltigkeit).
- Szenarien vermitteln die Erkenntnis der prinzipiellen Unsicherheit und Risikobehaftetheit aller auf Zukunft gerichteten Entscheidungen und Handlungen.
- Szenarien fördern eine „verständigungsorientierte ↪ Kommunikation"; sie erhöhen so die ↪ Rationalität von Entscheidungen und Handlungen.

↪ Computersimulation; ↪ Simulationsmethoden

REIBNITZ, Ute von (1991): Szenario-Technik. Wiesbaden.
WEINBRENNER, Peter (1995): Auto 2010 - Ein Szenario zum Thema „Auto und Verkehr". In: STEINMANN, Bodo/WEBER, Birgit (Hrsg.): Handlungsorientierte Methoden in der Ökonomie. Neusäß, S. 432-441.

Peter Weinbrenner

T

Tiefenökologie
Tiefenökologie („Deep Ecology") ist eine in den USA und Skandinavien einflußreiche Strömung der Umweltbewegung und ↪ Umweltethik. Ihr Va-

ter ist der norwegische Philosoph A. NAESS. Sie tritt für den Eigenwert der ganzen Natur ein (⇒ Physiozentrismus) und belegt anthropozentrische, an menschlichen Nutzerinteressen orientierte Gegenpositionen (⇒ Anthropozentrismus) mit dem Prädikat „oberflächlich" („Shallow Ecology"). Ihr vom Buddhismus inspirierter holistischer Grundgedanke ist, daß die Selbstverwirklichung des Menschen, wenn sie recht verstanden wird, die Überwindung des kleinen, egoistischen Selbst über die Identifikation mit der Natur auf ein großes Selbst hin verlange (⇒ Holismus).

NAESS, Arne (1997): Die tiefenökologische Bewegung: Einige philosophische Aspekte. In: KREBS, Angelika (Hrsg.): Naturethik. Grundtexte der gegenwärtigen tier- und ökoethischen Diskussion. Frankfurt a.M., S. 182-210.

Angelika Krebs

Tierethik

Tierethik ist ein Bereich der Ethik, der versucht zu begründen, weshalb wir Tiere respektieren und schützen sollen. Sie umfaßt verschiedene Positionen, die auch in der allgemeinen ⇒ Umweltethik vertreten sind. Nach anthropozentrischer Sichtweise sollten wir Tiere schützen, weil sie von instrumenteller Bedeutung für den Menschen sind (⇒ Anthropozentrismus). Sie dienen als Nahrungs-, Energie- und Rohstoffquelle, befriedigen bestimmte soziale Bedürfnisse, bieten ästhetische Reize und tragen zur Stabilität seiner Umwelt bei. Außerdem, so KANT, könnte eine Verrohung gegenüber Tieren sich auch negativ auf Einstellungen zu anderen Menschen auswirken. Nach anderen Positionen (⇒ Materialismus, ökologischer; ⇒ Pathozentrismus; ⇒ Physiozentrismus) wird Tieren ein moralischer Status unabhängig von ihrer Nützlichkeit für den Menschen zugeschrieben. Bei moralischen Erwägungen können sie als Objekte einbezogen werden, auch wenn sie selbst nicht moralfähig sind. Für einige Philosophen ist der Besitz bestimmter Eigenschaften notwendig für die Zuschreibung von moralischem Status. Bei Vertretern des Pathozentrismus wie P. SINGER, U. WOLF u.a. gilt Leidensfähigkeit als das entscheidende Kriterium. Für T. REGAN dagegen gelten nur solche Tiere als Moralobjekte, die eine Art Bewußtsein aufweisen und folglich in der Lage sind, „Subjekte einer eigenen Lebensführung" zu sein. Beide Positionen sind anthropomorph, denn die kritischen Eigenschaften, die zugrunde gelegt werden, sind menschliche Eigenschaften. Die Wahl dieser Eigenschaft ist offen für Kritik und wirft das Problem der Grenzziehung auf. Im Gegensatz zu diesen Positionen betrachten Vertreter des ⇒ Biozentrismus alle Lebewesen, folglich auch alle Tiere als Moralobjekte. Anhänger einer holistischen Position (⇒ Holismus), wozu auch manche VertreterInnen einer feministischen oder christlichen Umweltethik zählen, lehnen jegliche Grenzziehung bei der Bestimmung von moralischem Status ab und schließen die gesamte Natur, einschließlich der Tiere, in ihre Erwägungen ein.

⇒ Biophilie; ⇒ Mitwelt, natürliche

SINGER, Peter (1982): Befreiung der Tiere. München.
TEUTSCH, Gotthard M. (1987): Lexikon der Tierschutzethik. Göttingen.
WOLF, Ursula (1990): Das Tier in der Moral. Frankfurt a.M.

Patricia Nevers

Tierschutz ↝ Artenschutz; ↝ Tierethik

U

Überbevölkerung ↝ Bevölkerungsexplosion

Umwelt

Umwelt als Welt um ein „Zentrum" ist die Welt, die aus dieser Position wahrgenommen wird. Daraus kann abgeleitet werden, daß letztlich jedes Subjekt seine eigene Umwelt hat: „Jede Umwelt ist das Erzeugnis eines Subjektes" (VON UEXKÜLL 1930, S. 130). Sie entspricht den seinen Bedürfnissen gemäßen Ausschnitten der Welt (Merk- und Wirkwelt), die VON UEXKÜLL untersuchte. Sie ist Produkt seines Erlebens (seiner Interpretation), seiner Bühne, auf der es agiert. „Das Leben eines jeden Subjektes spielt sich auf einer Spezialbühne ab und nicht bloß auf unserer menschlichen Spezialbühne, die (wiederum) keineswegs die Weltbühne für alle Subjekte darstellt" (ebd. S. 131). Die heutige Umweltdiskussion bezieht sich jedoch ausschließlich auf die Spezialbühne der Gattung Mensch.

In der Literatur werden ausschließlich für den Menschen eine Vielzahl von Umwelten unterschieden: unbelebte, belebte, kulturelle, sozial/gesellschaftliche, natürliche. Ferner werden Gruppen-Umwelten definiert: die familiale, peer group, berufliche, geschlechtliche usw. (WINKEL u.a. 1990).

Die eigentliche Umwelt des Menschen ist die kulturelle, soziale und gruppenbezogene, das ist sein ↝ Milieu. Die ökologische oder die Umweltdiskussion bezieht sich zentral auf die *natürliche Umwelt*. Eine Umweltkatastrophe (↝ Katastrophe, ökologische) ereignet sich im Lebenssystem des Planeten Erde (oder Natur) „natürlich" oft mit großen Konsequenzen für die soziale Umwelt, und letztere ist oft die Ursache von großen Veränderungen im Lebenssystem (Naturzerstörung). Dessen ungeachtet wird in der derzeitigen Umweltdiskussion zentral die „natürliche Umwelt" gemeint, und zwar die natürliche Welt um das Zentrum Mensch (↝ Anthropozentrismus). Das Nicht-Überschreiten der anthropozentrischen Perspektive führt zu verzerrter Wahrnehmung und unangemessenen Strategien bei der Problemlösung (KLEBER 1993). Wenn wir dem Bühnenmodell VON UEXKÜLLs folgend die allgemeine Weltbühne, die gemeinsame Bühne für alle Lebewesen (VON UEXKÜLL nennt sie alle Subjekte) in den Blick nehmen, dann überschreiten wir die Anthropozentrik, und wir handeln über die ↝ *Mitwelt*, die gemeinsame Welt aller (MEYER-ABICH 1987). Wenn die Umweltdiskussion in eine engagierte Mitweltdiskussion übergegangen sein wird, ist der Begriff Umwelt obsolet, und wir werden die angemesseneren Strategien für die Lösung unserer Probleme haben.

↝ Schranken der Wahrnehmung und des Verständnisses

KLEBER, Eduard W. (1993): Grundzüge ökologischer Pädagogik. Weinheim.
MEYER-ABICH, Klaus M. (1987): Menschliche Wahrnehmung der natürlichen Mitwelt. In: CALLIESS, Jörg/LOB, Reinhold R. (Hrsg.): Praxis der Umwelt- und Friedenserziehung. Düsseldorf, S. 42-50.
UEXKÜLL, Jakob von (1930): Die Lebenslehre. Potsdam.
WINKEL, Gerhard u.a. (1990): Leitlinien der Natur- und Umwelterziehung. Hannover.

Eduard W. Kleber

Umweltängste bei Kindern und Jugendlichen

Die meisten Jugendstudien der vergangenen zehn Jahre zeigen, daß Jugendliche die Umweltsituation registrieren und damit Angst verbinden. Die Annahme einer pessimistischen Grundtendenz - bei weiblichen Jugendlichen noch etwas mehr als bei männlichen - wird von fast allen Untersuchungen (GEBHARD 1994) gestützt. Zusätzlich zeigt sich, daß die Zukunftsangst mit dem Alter eher abnimmt, daß sich also im Laufe der Kindheit eine psychische Abwehr angesichts dieser Zukunftsangst auszubilden scheint. Dagegen konstatieren die Shell-Jugendstudien eine ausgesprochen optimistische Zukunftsperspektive. 72% der 13-29jährigen Jugendlichen (n = 4005) sehen danach zuversichtlich in die Zukunft. Die Befunde bei jüngeren Kindern sind uneinheitlich. Weitere Hinweise dafür, daß und wie Kinder den Zustand der Umwelt wahrnehmen, sind Bilder. Bilder haben den Vorteil, daß sie nur wenig sekundär überformt sind und insofern eine sehr deutliche Sprache sprechen. Oft zeigen sie, daß die „äußeren Bilder" der Natur, die Kinder in Medien und teilweise sicherlich auch direkt sehen, auch „innere Bilder" sind.

Häufig zeigt sich die kindliche Sorge um die Umwelt als Mitleid mit Tieren (↝ Pathozentrismus). Tiere können zu Identifikationsfiguren werden, an denen sich die Umweltzerstörung in ihrem Denken und Fühlen festmachen läßt. Es zeigt sich hier, wie problematisch es ist, die animistische und anthropomorphe Besetzung von Naturphänomenen, vor allem von Tieren, zu untergraben. Es ist inzwischen ein sozial geradezu erwünschtes Verhalten, sich der allgemeinen Besorgnis und „Betroffenheit" angesichts der Umweltzerstörung mit einer ängstlichen, jedoch zugleich distanzierten Haltung anzuschließen. Diese Form von Angst ist eine besonders subtile Art der Angstabwehr. Zusätzlich erlaubt es diese gesellschaftlich erwünschte Angst auch, daß andere Ängste sich hinter ihr verstecken können. So ist es zumindest möglich, daß andere Kinderängste auf die Angst angesichts der Umweltzerstörung verschoben werden. Jedenfalls kann ständig über Ursachen, Erscheinungen, Folgen der Umweltzerstörung geredet und informiert werden, ohne daß nachhaltige Konsequenzen gezogen werden. Wissen um die Umweltzerstörung hat offenbar nicht - jedenfalls nicht notwendig - eine entsprechend emotionale Besorgnis zur Folge. Das Wissen kann sogar die Abwehrnotwendigkeit erhöhen, denn die Ansammlung von zahlreichen Daten über die Umweltzerstörung eignet sich durchaus für eine distanzierende Abwehr, womit allerdings nicht die Bedeutung von ökologischen Kenntnissen generell bestritten werden soll. Vielleicht nährt das Anhäufen von erklärenden Informationen über die Umweltzerstörung auch die Illusion der Beherrschbarkeit über eben diese Situation. Wissen in diesem Sinne wäre gleichsam Macht über die Affekte. Das Subjekt erlebt möglicherweise eine gefährliche Situation deshalb als weniger bedrohlich, weil es durch die Aneignung von Wissen darüber seine beunruhigenden Affekte kontrolliert. Eine derart rationale oder besser rationalisierende Auseinandersetzung mit der Umweltzerstörung bringt es fertig, sich konkret dem Problem zu stellen, ohne sich tatsächlich - d.h. emotional - von ihm berühren zu lassen.

GEBHARD, Ulrich (1994): Kind und Natur. Die Bedeutung der Natur für die psychische Entwicklung. Opladen.
JUGENDWERK DER DEUTSCHEN SHELL (Hrsg.) (1997): Jugend 97: Zukunftsperspektiven, Gesellschaftliches Engagement, Politische Orientierungen. Opladen.
PETRI, Harald (1992): Umweltzerstörung und die seelische Entwicklung unserer Kinder. Zürich.
UNTERBRUNER, Ulrike (1991): Umweltangst - Umwelterziehung. Vorschläge zur Bewältigung der Ängste Jugendlicher vor Umweltzerstörung. Linz.

Ulrich Gebhard

Umweltauflagen

Umweltauflagen sind direkte staatliche Verhaltensvorschriften (Ge- und Verbote). Als Verbote können sie bestimmte Aktivitäten untersagen, wie Produktions- oder LKW-Durchfahrtverbote aus Lärmschutzgründen etc. Als Gebote definieren sie auf unterschiedliche Art und Weise Bedingungen, unter denen Umweltleistungen in Anspruch genommen werden dürfen, beispielsweise Vorgabe von Grenzwerten für Schadstoffemissionen oder Vorschriften, nach denen bei Neuinvestitionen modernste Umwelttechnologie zum Einsatz kommen muß. Die bisher betriebene ↪ Umweltpolitik basiert im wesentlichen auf Auflagen. Für einzelne mediale Probleme lassen sich unterschiedliche Arten der Umweltauflagen festlegen, die relativ schnell und sicher wirken. Sie passen in das administrative System; ihre Einhaltung kann vergleichsweise leicht kontrolliert werden. Sie eignen sich insbesondere zur Abwehr unmittelbar drohender Gefahren. Unter längerfristigen und unter Vorsorgeaspekten entfaltet der auf Auflagen basierende ordnungsrechtliche Ansatz der Umweltpolitik aber gravierende Nachteile. Er macht den ↪ Umweltschutz teurer als nötig, weil er keine Rücksicht auf die für einzelne Akteure unterschiedlichen Kosten der Verringerung von Umweltbelastungen nimmt. Darüber hinaus bietet er keine Anreize für über die Auflagen hinausgehende Umweltverbesserungen, da er diese Restemissionen zum konkurrenzlos günstigen Nulltarif zuteilt. Die für die Lösung des Umweltproblems auf längere Sicht zentrale Frage der Entwicklung, des Einsatzes und der Verbreitung umweltverträglicherer Produktions- und Konsummuster wird mit der Auflagenpolitik weitgehend dem hierfür nicht geeigneten administrativen System anheim gegeben, während das gerade unter Innovationsaspekten kreative Wettbewerbssystem in die Rolle eines Bremsers gedrängt wird.

↪ Handeln, ökologisches; ↪ Ökosteuern; ↪ Ökonomische Rahmenbedingungen für ökologisches Handeln

BINSWANGER, Hans C./BONUS, Holger (1981): Wirtschaft und Umwelt - Möglichkeiten einer ökologieverträglichen Wirtschaftspolitik. Stuttgart.

WICKE, Lutz (1982/⁴1993): Umweltökonomie. München.

JAEGER, Franz (1993/²1994): Natur und Wirtschaft. Auf dem Wege zu einer ökologischen Marktwirtschaft. Chur.

Gerd-Jan Krol

Umweltberatung

Seit Mitte der 80er Jahre wird Umweltberatung zur Verbesserung der Umweltsituation diskutiert und praktisch eingesetzt. Die Diskrepanz zwischen ↪ Umweltbewußtsein und umweltgerechtem Handeln (↪ Handeln, ökologisches) auf individueller wie auch gesellschaftlicher Ebene ist entscheidender Ausgangspunkt für Umweltberatung. Sie richtet sich an Bürgerinnen und Bürger, Institutionen, Behörden und Unternehmen unterschiedlicher Art und wird von verschiedenen Institutionen, Organisationen, Verbänden sowie Privatunternehmen angeboten und durchgeführt.

Es ist ein Hauptziel der Umweltberatung, beim Adressaten ein Verständnis und Bewußtsein zu entwickeln, das motiviert, umweltbewußt zu leben bzw. der Umwelt keine Schäden zuzufügen oder zumindest die Belastung der Umwelt zu verringern. Sie kann aber auch dazu führen, daß in einem Unternehmen Produktionsabläufe geändert, andere Produkte hergestellt oder Produkte, die negative Umweltauswirkungen hatten, nicht mehr hergestellt werden. Ähnliche Veränderungen sind auch für Behörden oder politische Entscheidungsgremien denkbar, die aufgrund von Ergebnissen der Umweltberatung Planungsprozesse grundlegend ändern oder auch ganz fallen lassen.

Die Entwicklung von Umweltberatung muß im umweltpolitischen Kontext betrachtet werden. Seit Beginn der 70er Jahre hat sich Umweltpolitik in der Bundesrepublik zu einem eigenen Politikbereich entwickelt. Als deren oberstes Ziel wird formuliert, Leben und Gesundheit der Menschen vor Schädigungen zu bewahren. Als politische Handlungsmaximen gelten das Vorsorge-, Verursacher-, Gemeinlast- und Kooperationsprinzip:

- Das ↪ *Vorsorgeprinzip* soll die zusätzlichen Kosten von Umweltmaßnahmen ermitteln und ökonomische Effizienzkriterien aufstellen,
- das ↪ *Verursacherprinzip* weist den Verursachern von Umweltschäden u.a. die finanzielle Verantwortung zur Behebung dieser zu,
- das ↪ *Gemeinlastprinzip* verteilt aus Umweltschädigungen entstandene Kosten auf die Allgemeinheit, und
- das ↪ *Kooperationsprinzip* beinhaltet rechtliche Beteiligungsmöglichkeiten bei Planungs- und Genehmigungsverfahren sowie freiwillige Absprachen.

Die Umweltberatung ist vor allem in Verbindung mit dem Vorsorge- und Kooperationsprinzip zu betrachten. Ordnet man sie in das umweltpolitische Instrumentarium ein, so gehört sie zu den 'persuasiven' (= der Überredung dienenden) Instrumenten. In den letzten Jahren haben diese zunehmend an Bedeutung gewonnen. Bei Verhandlungslösungen sind staatliche Instanzen beteiligt. Kooperationslösungen setzen auf Vereinbarungen zwischen einzelnen umweltpolitischen Akteuren unter Ausschluß des Staates. Hierzu gehören freiwillige Selbstverpflichtungen (↪ Bindung) und Absprachen (unternehmens-, branchen-, verbandsintern oder -übergreifend), Vereinbarungen zwischen Verursachern und Betroffenen (z.B. Kompensationsleistungen) sowie Betriebsvereinbarungen über ökologische Mitbestimmungsrechte.

Die informationellen und appellativen Instrumente dienen zur indirekten Steuerung umweltbezogenen Verhaltens von Konsumenten und Produzenten durch staatliche (Behörden, öffentlich-rechtliche Körperschaften) und nichtstaatliche Akteure (Wirtschaft, Medien, wissenschaftliche Einrichtungen, Umwelt- und Verbraucherschutzverbände, Beratungsfirmen). Dieser Instrumententyp umfaßt staatliche und nicht-staatliche Umweltberichterstattung, Aktionen (Tag der Umwelt), Boykott-, Werbe- und Aufklärungskampagnen, Demonstrationen sowie die Berücksichtigung von Umweltaspekten in Verbrauchertests (Stiftung Warentest, TÜV, Öko-Test u.a.) oder das ↪ Umweltzeichen. Zu diesem Instrumentarium ist auch die Umweltberatung zu zählen.

Umweltberatung hat sich bis heute zu einer professionellen Dienstleistung mit oder ohne Bürgerbeteiligung entwickelt, die allerdings auf kommunaler Ebene noch eine breite Institutionalisierung vermissen läßt. Insgesamt ist Umweltberatung in Deutschland durch eine große Vielfalt von Organisations-, Finanzierungs-, Trägerschafts-, Ausbildungs- und Kooperationsmodellen gekennzeichnet. Man schätzt, daß es zur Zeit etwa 4000 Umweltberatungsstellen in Deutschland gibt.

Der Blick in andere europäische Länder zeigt, daß Umweltberatungsaktivitäten vor allem in der Schweiz, in Österreich, Frankreich, Belgien, Luxemburg und Italien festzustellen sind; erste Ansätze sind auch in der Tschechischen Republik und Ungarn zu erkennen. Auf europäischer Ebene gibt es die Vereinigung „Umweltberatung Europa" mit Sitz in Wien, die die Idee und das Instrument Umweltberatung international verbreitet.

MICHELSEN, Gerd (Hrsg.) (1997): Umweltberatung. Grundlagen und Praxis. Bonn.
MOHR, Peter C. (1989): Umweltberatung durch Privatpersonen und Behörden. In: NATUR UND RECHT, 11. Jg., Nr. 3.
OBLADEN, Hans-P. (1993): Grundlagen der Umweltberatung. Ziele, Inhalte, Modelle. Berlin.
PARTICIP GMBH (Hrsg.) (1992): Methoden in der Umweltberatung. Wehingen.
ZIMMERMANN, Monika (Hrsg.) (1988): Umweltberatung in Theorie und Praxis. Basel.

Gerd Michelsen

Umweltbewußtsein, psychologisch
Alltagssprachlich versteht man unter dem Umweltbewußtsein vor allem die Befürchtungen, Unzufriedenheit und Betroffenheit angesichts der in den letzten Jahren sichtbar gewordenen und sich vergrößernden Umweltprobleme (➭ Katastrophenbewußtsein). In der ➭ Umweltpsychologie hat der Begriff Umweltbewußtsein je nach Verwendungszusammenhang einen unterschiedlichen Bedeutungsumfang. Weit gefaßt ordnet man aus psychologischer Sicht dem Umweltbewußtsein folgende Komponenten zu: Umweltwissen, -erleben und -betroffenheit, umweltbezogene Wertorientierungen und umweltrelevante Verhaltensintentionen. Umweltbewußtsein kann auch als Einstellung begriffen werden, worunter kognitive (Wissen, Bewertungen), affektive (Betroffenheit, evaluative Gefühlsäußerungen) und konative Komponenten fallen. Empirische Umweltbewußtseinsforschung hat sich einerseits mit dem Stand und der Veränderung des Umweltbewußtseins in der Bevölkerung befaßt, andererseits mit den Bedingungen, unter denen eine Person umweltbewußt handelt oder nicht. Dabei gibt es eine Reihe von Beispielen für das Auseinanderklaffen von Umweltbewußtsein und Verhalten (➭ Umweltverhalten). Als Gründe für die fehlende Konsistenz zwischen Umweltbewußtsein und Verhalten wird auf positive Verhaltensanreize, auf den Mangel an angemessenen Verhaltensmöglichkeiten oder auch auf konkurrierende verhaltensrelevante Einstellungen hingewiesen. Zwecks einer gezielten Veränderung des Umweltbewußtseins wird auf die Wichtigkeit massiver Verhaltensanreize hingewiesen sowie auf die Möglichkeiten, die Konsequenzen des eigenen Verhaltens sichtbar zu machen und gar die Kontrolle dieses Verhaltens durch andere zu ermöglichen. Außerdem macht es Sinn, Umweltbewußtsein aus dem Blickwinkel sozialer Bezugssysteme zu betrachten.
➭ Alltagsbewußtsein; ➭ Motivation; ➭ Umweltbewußtsein, soziologisch

FUHRER, Urs u.a. (1997): Von den sozialen Grundlagen des Umweltbewußtseins. Bern.
PREUSS, Sigrun (1991): Umweltkatastrophe Mensch. Über unsere Grenzen und Möglichkeiten, ökologisch bewußt zu handeln. Heidelberg.

Urs Fuhrer

Umweltbewußtsein, soziologisch
Die sozialwissenschaftliche Beschäftigung mit dem Thema „Umweltbewußtsein" setzte in den 70er Jahren in den USA ein. Zunächst wurden in der klassischen Weise der Einstellungsforschung Instrumente zur Erfassung des Konstrukts „Umweltbewußtsein" entwickelt (DE HAAN/KUCKARTZ 1996). Bereits aus dieser Zeit stammt eine Ausdifferenzierung des Begriffs Umweltbewußtsein, die sich in der Forschung weitgehend bewährt hat, nämlich die Unterscheidung der drei Dimensionen: Umweltwissen, Umwelteinstellungen und Umweltverhalten.

Unter ↪ Umweltwissen („knowledge") wird der Kenntnis- und Informationsstand einer Person über Natur und Umwelt verstanden. Unter Umwelteinstellungen („attitudes") werden außer Einstellungen gegenüber Umweltschutz im engeren Sinne auch Ängste, Empörung, Zorn, normative Orientierungen und Werthaltungen subsumiert. Teil der Umwelteinstellungen ist die Betroffenheit („affect"), d.h. die emotionale Anteilnahme, mit der Personen auf von ihnen wahrgenommene Prozesse der Umweltzerstörung reagieren. Mit ↪ Umweltverhalten („actual commitment") wird das Verhalten in umweltrelevanten Alltagssituationen bezeichnet. Davon zu unterscheiden sind Handlungsbereitschaften bzw. -absichten („verbal commitment"), d.h. die verbal bekundete, in die Zukunft weisende Absicht, sich in einer bestimmten Art und Weise zu verhalten. Zu beachten ist allerdings, daß es in der Umweltbewußtseinsforschung gängig ist, unter Umweltverhalten selbstberichtetes Verhalten zu verstehen.

Empirische Studien zeigen, daß soziale Merkmale wie Geschlecht, Bildungsstand und Berufsgruppe keine entscheidenden Einflußfaktoren für Umweltbewußtsein darstellen. Zwar existieren je nach Berufsgruppe, Geschlecht oder Bildungsstand auch Unterschiede, doch überwiegen Gemeinsamkeiten. Positive Umwelteinstellungen kontrastieren mit einem nach wie vor wenig umweltgerechten Verhalten. Auch wenn in einzelnen Feldern - z.B. dem Abfallverhalten und Teilbereichen des Konsumverhaltens - Verhaltensänderungen zu registrieren sind, so hängt dies nicht mit den Umwelteinstellungen und dem Umweltwissen der Personen zusammen.

Lange Zeit dominierte in der Umweltbewußtseinsforschung das Paradigma der Einstellungs-Verhaltens-Forschung, das eine Wirkungskette Wissen, Einstellungen, Verhalten unterstellt. Die empirischen Daten zeigen jedoch, daß sich mit solchen Modellen nicht mehr als 15% bis 20% der Varianz des Umweltverhaltens erklären lassen. Nach DE HAAN/KUCKARTZ (1996, 1998) erscheinen vier Ansätze aussichtsreich, um die Kluft zwischen Umweltbewußtsein und Umweltverhalten zu erklären: Die ökonomische Verhaltenstheorie sieht Umweltverhalten als Resultat von Rational Choice, ein soziologisches Erklärungsmuster sieht Umweltverhalten als Teil des ↪ Lebensstils. Weitere Zugänge fokussieren Wohlbefinden als Faktor für Umweltverhalten oder sehen dies im Kontext eines Normierungskonfliktes, einer ↪ Dilemmasituation zwischen Egoismus und Gemeinschaft. Die Erklärungskraft der Ansätze hängt in starkem Maße von der konkreten Verhaltensweise ab.

⇨ Alltagsbewußtsein; ⇨ Kommunikation; ⇨ Motivation

BUNDESMINISTERIUM FÜR UMWELT, NATURSCHUTZ UND REAKTORSICHERHEIT (1996): Umweltbewußtsein in Deutschland 1996. Ergebnisse einer repräsentativen Bevölkerungsumfrage. Bonn.
ENQUETE-KOMMISSION „SCHUTZ DES MENSCHEN UND DER UMWELT" DES 13. DEUTSCHEN BUNDESTAGES/KUCKARTZ, Udo (1998): Umweltbewußtsein und Umweltverhalten. Berlin.
HAAN, Gerhard de (Hrsg.) (1995): Umweltbewußtsein und Massenmedien. Perspektiven ökologischer Kommunikation. Berlin.
HAAN, Gerhard de/KUCKARTZ, Udo (1996): Umweltbewußtsein. Denken und Handeln in Umweltkrisen. Opladen.
HAAN, Gerhard de/KUCKARTZ, Udo (Hrsg.) (1998): Umweltbildung und Umweltbewußtsein. Forschungsperspektiven im Kontext nachhaltiger Entwicklung. Opladen.

Udo Kuckartz

Umweltbildung (Text im Einleitungskapitel, S. 4 ff.)

Umweltbildung, berufliche
Unter beruflicher Umweltbildung werden einerseits die persönlichen Voraussetzungen für umweltverträgliches Berufshandeln verstanden und andererseits all die Bildungskonzeptionen, Ansätze und Maßnahmen, die auf die Förderung diesbezüglicher Voraussetzungen abstellen. Berufliche Umweltbildung in Deutschland ist anders als allgemeinbildende Umweltbildung erst gegen Ende der 80er Jahre verstärkt zum bildungspolitischen Thema geworden und hatte ihre Hochphase zwischen 1992 und 1995.

Berufliche Umweltbildung findet sowohl in der beruflichen Ausbildung (insbesondere im Rahmen der Ausbildungsberufe des dualen Systems) wie in der beruflichen Weiterbildung statt. Ihre Träger sind Betriebe, berufliche Schulen, über- und außerbetriebliche Bildungsstätten sowie mehr als 1.200 Weiterbildungseinrichtungen (Kammern, Fach- und Berufsverbände, private Träger). Zum Teil werden auch die Hochschulen hinzugerechnet. In der Wirtschaft nimmt der Stellenwert der beruflichen Umweltbildung tendenziell mit der Betriebsgröße zu. Allerdings bestehen je nach Berufsfeld und Berufsgruppe starke Unterschiede in der ⇨ „Ökologisierung" der Berufsbildung. Diese sind Ausdruck der herrschenden Meinung zur jeweiligen Umweltrelevanz von Berufen sowie der verschiedenen berufspolitischen Gestaltungsinteressen. Beispielsweise ist die Umweltbildung in den Chemieberufen oder Berufen des Sanitär-, Heizungs- und Klimagewerbes viel stärker verankert als in kaufmännischen Berufen.

In der beruflichen Umweltbildung wird zwischen integrierter Umweltbildung und eigenständiger, umweltspezifischer Berufsbildung unterschieden. Erstere Form ist vorherrschend und zielt auf die Aufnahme von Umweltthemen in existierende berufsfachliche Bildungsgänge ab. Zur zweiten gehören Umweltberufe (z.B. Ver- und Entsorger/in, Umwelttechniker/in, Umweltschutzingenieur/in), Weiterbildungsberufe (wie Umweltberater/in; ⇒ Umweltberatung) sowie kurz- und mittelfristige Weiterbildungsangebote im Umweltschutz (Tages- und Wochenveranstaltungen).

Wesentliche Regelungs-, Steuerungs- und Förderungsinstrumente beruflicher Umweltbildung sind Aus- und Fortbildungsordnungen, (Rahmen-)Lehrpläne umweltrechtliche Qualifikationsvorschriften (⇒ Öko-Audit), Betriebsvereinbarungen, die öffentlich geförderte Entwicklung von Lernmedien und bildungspolitische Modellversuche. Da das Gros der Umweltbelastungen durch berufliches Handeln und die damit verbundene Einwirkung auf Stoff- und Energieströme verursacht wird, liegt die Bedeutung der beruflichen Umweltbildung in der Möglichkeit zum Handeln „an der Quelle" und im „Ernstcharakter". Eine konsequente ⇒ Umweltbildung führt zur unmittelbaren Begegnung mit dem Spannungsverhältnis von ⇒ Ökologie und Ökonomie, was zugleich Chancen und Risiken mit sich bringt. Vor diesem Hintergrund hat berufliche Umweltbildung eine Vielzahl von methodischen Ansätzen hervorgebracht bzw. wiederbelebt (z.B. gewerbliche Realprojekte wie Solaranlagenbau, betriebliche Umweltrallye, Produktkreislaufbetrachtung, vernetztes Denken, ökologische Juniorenfirma), die zu einer Modernisierung beruflicher Bildung beigetragen haben. Mit Blick auf die Zukunft wird es darauf ankommen, daß die berufliche Umweltbildung ihren relativen Nischenstatus verläßt und Berufsbildung sich an der Einheit eines berufsfachlichen, ökologischen, ökonomischen und sozialen Qualitätsbewußtseins orientiert.

Christoph Nitschke

Umweltbildung, europäische
Europäische Umweltbildung ist ein Sammelbegriff für Initiativen im Umweltbildungsbereich, in denen Europa bzw. europäische Länder im Mittelpunkt stehen. Wegen der Unterschiede zwischen den Ländern sind trotz Initiativen der Europäischen Union mehrere Entwicklungsniveaus zu finden. Es gibt Länder wie Schottland und Norwegen, in denen Umweltbildung offiziell im Bildungssystem etabliert ist und Länder wie Spanien und Portugal, in denen der Diskussionsprozeß über eine offizielle Einführung noch nicht abgeschlossen ist. In Deutschland geht die Diskussion in die zweite Runde. 1982 wurde Umwelterziehung (ein Anti-Umweltverschmutzungsprogramm) als Prinzip in den Unterricht eingeführt. Nach der „geisteswissenschaftlichen Wende" befaßt sich ⇒ Umweltbildung mit ⇒ sustainable development, den ⇒ Lebensstilen und dem privaten und gesellschaftlichen Wirtschaften hin auf nachhaltige, zukunftsfähige Entwicklungszyklen.

⇒ Geschichte der Umwelterziehung und Umweltbildung
COMMISSION OF THE EUROPEAN COMUNITIES (CEC) (1992): Towards Sustainability. Brüssel.
KLEBER, Eduard W. (1993): Grundzüge ökologischer Pädagogik. Weinheim.
LEAL FILHO, Walter (Ed.) (1997): Practices of Environmental Education. Frankfurt a.M.

Walter Leal Filho/Eduard W. Kleber

Umweltbildung, kulturorientierte
Mit dem Begriff kulturorientierte Umweltbildung soll kein komplexes eigenständiges Konzept der ⇒ Umweltbildung markiert werden, sondern eine Aufmerksamkeitsrichtung. Sie besagt, daß die Wahrnehmung ökologischer Phänomene und deren Verarbeitung als ökologische Probleme immer kulturgebunden geschieht (⇒ Retinität). Es gibt - so kann man mit LUHMANN formulieren - kein Umweltproblem, es sei denn, man kommuniziert es. Was in unterschiedlichen Kulturen als Umweltproblem kommuniziert wird, fällt auch unterschiedlich aus. Menschen in hochindustrialisierten Ländern der westlichen Welt glauben, daß es um die Umwelt in ihrer unmittelbaren Nähe besser bestellt sei als insgesamt im eigenen Land. Alle glauben, bei ihnen sei es besser als bei allen anderen (DE HAAN/KUCKARTZ 1996, S. 173 ff.). Was bei den einen als Beitrag zur Zerstörung des Weltklimas gilt - die Brandrodung nämlich -, gilt in anderen Kulturen als Beitrag zur Selbsterhaltung. Werturteile, Wahrnehmungen und Zeithorizonte (⇒ Zeit) sind unterschiedlich.

Kulturorientierte Umweltbildung signalisiert damit einen Perspektivwechsel in der Umweltbildung: Weg von primär naturwissenschaftlich-technischen Sichtweisen und hin zu geistes-, sozial- und politikwissenschaftlichen Fragestellungen und -analysen. Die Wahrnehmung und Beurteilung von Risiken, die Notwendigkeit von Entscheidungen in ökologischen Fragen auf der Basis akkumulierten Nichtwissens, die Motive für die Entfaltung und die Struktur des Umweltbewußtseins geraten in den Vordergrund. Das sind kulturell dominierte Wahrnehmungs- und Handlungsmuster, die dann sichtbar werden und letztlich wohl eher zu Unterscheidungen als zu einheitlichen Sichtweisen führen. Die Konsequenz lautet: Kulturorientierte Umweltbildung dient der Differenzpflege und nicht dem Propagieren von Entscheidungssicherheit, wo nicht einmal eine einheitliche Wahrnehmung in der Sache zu haben ist.

⇒ Risikogesellschaft; ⇒ Schranken der Wahrnehmung und des Verständnisses; ⇒ Umweltkrise

HAAN, Gerhard de (1993): Reflexion und Kommunikation im ökologischen Kontext. In: APEL, Heino/HAAN, Gerhard de/SIEBERT, Horst: Orientierungen zur Umweltbildung. Bad Heilbrunn, S. 119-172.
HAAN, Gerhard de/KUCKARTZ, Udo (1996): Umweltbewußtsein. Denken und Handeln in Umweltkrisen. Opladen.

Gerhard de Haan

Umweltbildung, urbane

Die in der neueren Ökologiebewegung in Deutschland dominierende Hinwendung zur außerstädtischen Natur (↪ Stadt und Natur) spiegelt sich auch in der ↪ Umweltbildung wider: Trotz einer Vielzahl von Konzepten und Praxisansätzen ist der städtische Bereich als Themen- und Handlungsfeld defizitär. Für einen ökologischen Umbau der Stadt (↪ Stadt und ökologischer Umbau) kann Umweltbildung zur Schaffung von ökologischem Stadtbewußtsein sowie von Handlungsdispositionen und -kompetenzen beitragen. In erweitertem Sinne gilt dies für eine nachhaltige Stadtentwicklung (sustainable city) und die lokale ↪ Agenda 21, bei der regional-städtische, ökonomische, soziale, (inter)kulturelle, global-internationale und ethische Aspekte Berücksichtigung finden sollen. Ganzheitlich bzw. interdisziplinär zu behandelnde Themen sind z.B. Wohnen, Gewerbeflächen, Verkehr/Mobilität, Müll/Altlasten, Konsum, Handelsbeziehungen, Stadtnatur, Energie, Wasser sowie die Ökologisierung der eigenen Bildungseinrichtung (↪ Ökoschule). Sie stellen wegen ihrer ↪ Komplexität, Vernetztheit, Widersprüchlichkeit und häufigen sinnlichen Nichtwahrnehmbarkeit, aber auch wegen der Individualisierung der Lernenden eine große didaktische Herausforderung für alle Bildungsstufen dar. Erfolgversprechend ist eine lokale Orientierung, die Alltags- und Handlungssituationen sowie individuelle ↪ Lebensstile der Lernenden themenbezogen in den Mittelpunkt stellt. Phantasievolle Erkundungen und umweltgeschichtliche Recherchen können die Wahrnehmungssensibilisierung und -differenzierung sowie erweiterte Problemhorizonte fördern; moderne diskursive, reflexive, kooperative und partizipative Methoden können zudem zu konkreten Handlungskompetenzen beitragen. Das städtische Themenfeld, in dem sich mehrere „epochaltypische Schlüsselprobleme" (KLAFKI) bündeln und verschränken, eröffnet reichhaltige, subjektbezogene Bildungschancen. Die gesellschaftliche und pädagogische Nutzung dieses Potentials erfordert eine ↪ Öffnung der Schule und des Bildungswesens, eine grundlegende, wissenschaftlich unterstützte, curriculare Innovation (↪ Curriculumentwicklung, lokale) sowie eine kooperative Vernetzung mit regionalen nicht-pädagogischen Einrichtungen und Aktivitäten (↪ Umweltzentren).

BECKER, Gerhard (1997): Zukunftsfähige Stadtentwicklung und lokale Umweltbildung. In: HAAN, Gerhard de/KUCKARTZ, Udo (Hrsg.): Umweltbildung und Umweltbewußtsein. Opladen, S. 241-260.
FORKEL, Jürgen (1993): Naturerleben in der Stadt. Mülheim.
GÄRTNER, Helmut/HOEBEL-MÄVERS, Martin (Hrsg.) (1991): Umwelterziehung - Ökologisches Handeln in Ballungsräumen. Hamburg.

Gerhard Becker

Umweltbildungsforschung ↪ Umweltbildung; ↪ Umweltforschung, sozialwissenschaftliche

Umweltbildungspolitik
Die Umweltbildungspolitik in der BRD läßt sich in drei Phasen unterteilen. Die erste Phase von den 70er Jahren bis 1989 läßt sich als Phase konzeptioneller Entwicklungen bezeichnen. 1971 verabschiedete das Bundeskabinett das erste Umweltprogramm in Deutschland, in dem schon auf die Notwendigkeit umweltfreundlichen Verhaltens und die Behandlung von Umweltthemen auf allen Bildungsstufen hingewiesen wurde. UNESCO-Umweltkonferenzen in Stockholm (1972) und Tiflis (1978) betonten zudem die Bedeutung der ↝ Umweltbildung. Die damit aufgelegten Umweltprogramme erfuhren eine erste handlungswirksame Konkretisierung durch die Beschlüsse der KMK zur Umwelterziehung von 1980. Aber erst 1987 wurde mit dem „Arbeitsprogramm Umweltbildung" des Bundesministeriums für Bildung und Wissenschaft eine Reihe von Modellversuchen initiiert, die einer systematischen Entwicklung der Konzeption der Umweltbildung bis auf die Ebene der Curricula und der Unterrichtsgestaltung dienen sollten. Dabei wurden die Schule ebenso angesprochen wie Berufsbildung, Hochschulbereich und Erwachsenenbildung.
Zwischen 1989 und 1992 setzte eine mehr reflexive Phase ein, in der neben der Erprobung von neuen Themen und Methoden sowie der Entfaltung neuer ökologischer Fragestellungen stärker innerpädagogisch und bildungspolitisch konzeptionell gearbeitet wurde. Dies führte 1991 zum Bericht der Bundesrepublik Deutschland zur „Umsetzung der Entschließung des Ministerrats und der im Rat vereinigten Bildungsminister der Europäischen Gemeinschaften zur Umweltbildung vom 24.5.1988" sowie zu Schußfolgerungen des Ministerrates, die 1992 veröffentlicht wurden. In allen Berichten wird für ein verstärktes Engagement in der Umweltbildung plädiert. Dabei ist nicht zu übersehen, daß die Politik in der Umweltbildung auch ein Steuerungsinstrument entdeckte, das dazu dienen sollte, ökologische Probleme vom Verursacher weg zur Gemeinlast zu erklären und alle - sei es mental, monitär oder im Verhalten - dafür einzuspannen, von anderen (etwa der chemischen Industrie oder den Kraftwerksbetreibern) verursachte Probleme zu versozialisieren.
Die dritte Phase der Umweltbildungspolitik wird mit der Konferenz von Rio 1992 eingeleitet. In Kapitel 36 der ↝ Agenda 21 wird deutlich formuliert, daß die nachhaltige Entwicklung zur neuen Grundorientierung für die Umweltbildung werden sollte (↝ Nachhaltigkeit; ↝ sustainable development). In diesem Konzept wird die Ökologie mit dem Anspruch verbunden, zugleich auf eine gerechtere Welt hinwirken zu müssen. Dieses Dokument hat eine außerordentlich große Resonanz in der Politik wie in den politikberatenden Gremien und Einrichtungen erfahren und führt aktuell zu einer neuen Welle konzeptioneller Entwicklungen und Programmatiken, hinter dem der Bildungsalltag noch weit zurückbleibt.

↝ Geschichte der Umwelterziehung ...; ↝ Umweltpolitik, nationale

CLAUSSEN, Bernhard (1997): Politische Bildung. Lernen für die ökologische Demokratie. Darmstadt.
HAAN, Gerhard de/KUCKARTZ, Udo (1996): Umweltbewußtsein. Denken und Handeln in Umweltkrisen. Opladen.
HAAN, Gerhard de u.a. (1997): Umweltbildung als Innovation. Bilanzierungen und Empfehlungen zu Modellversuchen und Forschungsvorhaben. Berlin.

Gerhard de Haan

Umweltbundesamt
Das Umweltbundesamt wurde 1974 als selbständige Bundesoberbehörde errichtet. Zu seinen Aufgaben gehört die wissenschaftliche Unterstützung des Bundesumweltministeriums auf dem Gebiet der Umwelt und der gesundheitlichen Belange des Umweltschutzes. Zudem sind die Aufklärung der Öffentlichkeit in Umweltfragen und die Bereitstellung von Umweltdaten zentrale Aufgaben des Amtes. Diese Aufgaben stehen in unmittelbarer Beziehung zu dem Arbeitsfeld ↪ Umweltbildung und -erziehung, das im Umweltbundesamt seit vielen Jahren wahrgenommen wird. In den letzten Jahren hat das Leitbild einer nachhaltigen Entwicklung (↪ Nachhaltigkeit; ↪ sustainable development) in allen Arbeitsfeldern eine zunehmende Bedeutung gewonnen, auch im Bereich Umweltbildung und -erziehung (↪ UNESCO-Verbindungsstelle für Umwelterziehung). Seine *Organisationsstruktur* gliedert sich in eine Zentralabteilung und fünf Fachbereiche: Umweltplanung und -strategien; Umweltqualität und -anforderungen; Umweltverträgliche Technik - Verfahren und Produkte; Stoffbewertung und Vollzug; Institut für Wasser-, Boden- und Lufthygiene (↪ Umweltforschung, sozialwissenschaftliche).
UMWELTBUNDESAMT (Hrsg.) (1997): Studie „Nachhaltiges Deutschland - Wege zu einer dauerhaft-umweltgerechten Entwicklung". Berlin.

Umweltbundesamt

Umweltethik (Naturethik, ökologische Ethik)
Umweltethik ist eine Mitte der 70er Jahre in Reaktion auf die „ökologische Krise" (↪ Umweltkrise) entstandene philosophische Disziplin, die sich mit der Frage nach dem ethisch richtigen Umgang des Menschen mit Natur befaßt: Hat Natur einen eigenen ethischen Wert, oder ist sie nur für den Menschen da? - Rechtliche, ökonomische, politische, pädagogische Fragen des Umweltschutzes sind dieser umweltethischen Grundfrage systematisch nachgeordnet. Man kann z.B. nicht klären, ob die Formulierung von der Würde des Menschen im Grundgesetz auf die Natur auszudehnen ist, ohne daß man den moralischen Status der Natur selbst untersucht. Ebensowenig kann man klären, wie geeignet das ökonomische Instrumentarium der Kosten-Nutzen-Analyse für Naturschutzbelange ist, ohne daß man sich auf die Frage einläßt, ob der Wert der Natur nur in ihrem Nutzen für den Menschen besteht.

Auf die umweltethische Grundfrage gibt es zwei Antworten: den ↪ Anthropozentrismus, wonach nur der Mensch, und den ↪ Physiozentrismus, wonach auch die Natur einen moralischen Status hat. Beim Physiozentrismus unterscheidet man drei Varianten: 1. ↪ Pathozentrismus („pathos" = Leiden), 2. ↪ Biozentrismus („bios" = Leben) und 3. radikalen Physiozentrismus (↪ Land-Ethik; ↪ Tiefenökologie; ↪ Holismus).

Zur Begründung physiozentrischer Positionen bedient man sich zweier Strategien: der „Ausdehnungsstrategie" und der „absoluten Strategie". Die Ausdehnungsstrategie geht von der menschlichen Wertperspcktive aus (epistemischer Anthropozentrismus) und versucht zu zeigen, daß diese auch auf Tiere, Pflanzen, Ökosysteme auszudehnen ist, da menschliche Moral das Empfindungswohl (Pathozentrismus), das Verfolgen von Zwecken (Teleologie), das Leben (Biozentrismus) aller schützen will und es Empfinden, Teleologie, Leben in der Natur gibt. Die absolute Strategie (vgl. JONAS 1979) dagegen will eine vom Menschen unabhängige (z.B. göttliche) Wertordnung in der Natur als verbindliche Instanz für menschliches Handeln ausmachen.

Bei der absoluten Strategie fragt es sich, wie wir, wollen wir nicht blindlings einem vielleicht bösen Dämon folgen, die absoluten Werte in der Natur als gut erkennen sollen, wenn nicht im Lichte der eigenen Wertperspektive. Bei der Ausdehnungsstrategie biozentrischer Prägung fragt es sich, ob menschliche Moral tatsächlich, wie etwa A. SCHWEITZER meinte, auf den Schutz des bloß biologischen Lebens (definiert über Stoffwechsel, Reproduktion und Mutagenität) oder nur auf den Schutz des subjektiv erlebten Lebens abzielt. (Dürfen wir einem Menschen, der unwiederbringlich im Koma liegt, die Unterstützung entziehen?) Bei der Ausdehnungsstrategie teleologischer Prägung fragt es sich, ob die Natur wirklich im moralisch relevanten Sinn Zwecke verfolgt (was hieße, daß es ihr etwas ausmachen müßte, ob sie ihre Zwecke erreicht oder nicht) oder ob sie nur wie ein Thermostat oder ein Computer funktional zweckgerichtet beschrieben werden kann. Die Ausdehnungsstrategie pathozentrischer Prägung schließlich hat am meisten für sich, da kaum jemand bezweifelt, daß zumindest viele Tiere leidensfähig sind und Moral etwas mit dem Schutz vor Leid zu tun hat. Wäre nur der Pathozentrismus zu rechtfertigen, dann wäre Naturschutz wesentlich auf anthropozentrische Gründe zu stützen, also auf Gründe, die sich nicht nur auf die Erhaltung der Natur als ökonomische Ressource auch noch für zukünftige Generationen beschränken dürften, sondern auch die vielfachen, z.B. ästhetischen Dimensionen menschlicher Angewiesenheit auf Natur beleuchteten.

BIRNBACHER, Dieter (Hrsg.) (1997): Ökophilosophie. Stuttgart.
JONAS, Hans (1979): Das Prinzip Verantwortung. Versuch einer ethik für die technologische Zivilisation. Frankfurt a.M.
KREBS, Angelika (Hrsg.) (1997): Naturethik. Grundtexte der gegenwärtigen tier- und ökoethischen Diskussion. Frankfurt a.M.

Angelika Krebs

Umweltethik, feministische

Feministische Umweltethik umfaßt eine Reihe von Positionen, die eine Beziehung zwischen der Herrschaft von Männern über Frauen und der Herrschaft einer wissenschaftlich-technisch orientierten menschlichen Kultur über die nichtmenschliche Natur sehen und analysieren. Nach der feministischen Umweltethik ist beiden Verhältnissen die gleiche Logik der Herrschaft gemeinsam, die sich in Werthierarchien, Machthierarchien und Diskriminierung manifestiert. Kennzeichnend ist weiterhin die besondere Bedeutung, die sie der Ethik der Fürsorge beimißt, die sich stärker mit Beziehungen, Liebe, Verantwortung und Vertrauen als mit Vernunft, Autonomie und universellen Prinzipien beschäftigt. Aber so wie es verschiedene Ausrichtungen des Feminismus gibt, sind auch verschiedene Positionen in der feministischen Umweltethik erkennbar. Vertreterinnen einer essentiellen Position, deren Ansichten denen des radikalen Feminismus nahestehen, gehen davon aus, daß es eine spezifisch weibliche Art der Erfahrung, des Verständnisses und der Wertschätzung von nichtmenschlicher Natur gibt, die u.a. durch die reproduktiven Fähigkeiten von Frauen bedingt ist. Anhängerinnen dieser Position sind der Meinung, daß Frauen der Natur grundsätzlich näher stehen. VertreterInnen einer konzeptuellen Position dagegen bestreiten nicht, daß es Unterschiede zwischen Männern und Frauen gibt oder geben kann, sie gehen jedoch nicht von einer grundsätzlich stärkeren „Naturnähe" von Frauen aus. Sie fordern den Abbau diskriminierender Herrschaftsstrukturen und die Einbeziehung alternativer Sichtweisen in die ↪ Umweltethik. Insbesondere möchten sie die Lebenserfahrungen und die Perspektiven von Frauen, vor allem hinsichtlich der Ethik der Fürsorge, stärker berücksichtigt sehen.

PLUMWOOD, Val (1993): Feminism and the Mastery of Nature. London.
WARREN, Kenneth (Ed.) (1994): Ecological Feminism. London.

Patricia Nevers

Umweltfilm

Eine einheitliche Bestimmung dessen, was unter Umweltfilm zu verstehen ist, existiert nicht. Es finden sich sehr heterogene Definitionen zu dieser Filmgattung, ohne daß ein Diskurs über diese Differenzen geführt wird. Für das Ökomedia-Institut Freiburg definiert sich die Bedeutung des Umweltfilms von seinen Zielen her: Verbreitung von Umweltwissen und Bildung von ↪ Umweltbewußtsein. Dadurch entstehen hohe Erwartungen an die Wirkungen dieser Filme, die aber weder durch die Medienwirkungsforschung noch durch die empirischen Ergebnisse der Umweltbewußtseinsforschung bestätigt werden. Neben diesem eher indoktrinären Konzept, in dem „angemessene" Umwelteinstellungen schon definiert sind, finden sich auch reflexive Konzepte. Hier möchte man die Menschen durch die Filme neugierig machen und zu einer Beschäftigung mit ökologischen Fragestellungen motivieren, ohne das „richtige" Wissen bzw. Bewußtsein gleich mitzuliefern.

Der Begriff Umweltfilm wird in der Regel synonym zum Begriff Naturfilm benutzt, obgleich dieser als Vorläufer des Umweltfilms gelten kann. Im Naturfilm werden primär Pflanzen und Tiere in ihren Lebenswelten dargestellt und damit ein naturwissenschaftlicher Sachverhalt, nicht aber die Mensch-Natur-Beziehung in ihren sozialen, politischen und kulturellen Kontexten beschrieben, was ein zentraler Aspekt des Umweltfilms ist.

Betrachtet man die Umweltfilme, die für Bildungsinstitutionen zugänglich sind, so fällt auf, daß solche Filme überwiegen, die aktuelle ökologische Probleme zum Inhalt haben, ohne grundsätzliche ökologische Fragestellungen bzw. die in der theoretischen Debatte vorfindbaren Differenzen zu thematisieren. Die Mehrzahl der Filme regt nicht dazu an, Suchprozesse in Gang zu setzen, sondern vermittelt fertige Denkkonstrukte und erfüllt damit nicht die Anforderungen einer reflexiven ↪ Umweltbildung.

BÖTTGER, Ilona (1996): Leitbilder im ökologischen Film. Beobachtungen zu einem Medium der Erwachsenenpädagogik. Paper 96-125 der Forschungsgruppe Umweltbildung. Berlin.

Ilona Böttger

Umweltforschung, sozialwissenschaftliche
Der Umweltdiskurs der 70er und 80er Jahre sowie das in diesem Zeitraum stetig anwachsende Umweltbewußtsein hat die Herausbildung einer spezifischen sozialwissenschaftlichen Umweltforschung zur Folge gehabt (↪ Umweltbewußtsein, soziologisch). In neuerer Zeit hat diese vor dem Hintergrund der Diskussion um eine „nachhaltige Entwicklung" an Bedeutung gewonnen (↪ sustainable development). So ist es weithin Konsens, daß sich allein durch technische Verbesserungen (↪ Effizienzrevolution) in den Industrieländern kein Umschwung zur ↪ Nachhaltigkeit erreichen läßt, sondern daß es eines Struktur- und Bewußtseinswandels, insbesondere einer Veränderung der Konsummuster bedarf. Wie eine solche Veränderung zum nachhaltigen Leben und Wirtschaften erreicht werden könnte, ist unklar (↪ Biophilie; ↪ Landwirtschaft, ökologische). Hier besteht erheblicher Bedarf an entsprechender Forschung. Gemessen an der ihr zugesprochenen Relevanz ist sozialwissenschaftliche Umweltforschung jedoch bislang ein eher vernachlässigtes Feld der Sozialforschung: DE HAAN/KUCKARTZ (1996) zählen im Zeitraum von 1985-1995 etwa 350 Studien zum Umweltbewußtsein, während gleichzeitig annähernd 10.000 Studien über den Erfolg von Psychotherapien durchgeführt wurden.

Das Fachgebiet „Sozialwissenschaftliche Umweltfragen" des ↪ Umweltbundesamtes unterscheidet fünf Forschungsfelder der angewandten sozialwissenschaftlichen Umweltforschung:
1. *Umweltbewußtsein und Umweltverhalten:* Zentrale Fragen sind: Wie lassen sich das Nachhaltigkeitsleitbild kommunizieren und popularisieren und die Kluft zwischen Bewußtsein und Verhalten überwinden?

2. *Nachhaltige Konsummuster:* Hier geht es um Probleme der Nachfrageseite und der Anschlußfähigkeit an existierende plurale Lebensstile.
3. *Risikokommunikation*: Wie läßt sich Kommunikation über Risiken versachlichen? Welche Rolle spielen Massenmedien? Welche Zusammenhänge gibt es zwischen Risikowahrnehmung und Innovationsfähigkeit?
4. *Partizipation* und Kommunikation: Welche Rolle können neue Partizipations- und Kommunikationsformen (z.B. in ↪ Agenda 21, lokale Initiativen) für eine zunehmend fragmentarisierte und individualisierte Gesellschaft spielen?
5. *Umweltbildung und Umwelterziehung*: Welche neuen Lehr- und Lernformen sind möglich? Wie können Wissen und Handeln verknüpft werden?

Während sozialwissenschaftliche Umweltforschung in der Vergangenheit nur einen geringen Bezug zur Nachhaltigkeitsdiskussion aufwies, ist seit 1995 eine Umorientierung festzustellen. So hat die Deutsche Forschungsgemeinschaft ein Schwerpunktprogramm „Mensch und globale Umweltveränderungen - sozial- und verhaltenswissenschaftliche Dimensionen" eingerichtet, in dem ca. 30 Forschungsprojekte gefördert werden. Die Arbeitsgruppe Umweltbildung der Deutschen Gesellschaft für Erziehungswissenschaft hat ein Umweltbildungsforschungsprogramm konzipiert, das sich auf die ↪ Agenda 21 bezieht und Ansätze einer innovativen Forschung im Kontext einer Bildung für nachhaltige Entwicklung begründet.

↪ Lebensstile; ↪ Risikogesellschaft; ↪ Umweltbildung, kulturorientierte; ↪ Umweltkommunikation; ↪ Umweltverhalten

DIEKMANN, Andreas/JAEGER, Carlo C. (Hrsg.) (1996): Umweltsoziologie. Opladen.
HAAN, Gerhard de/KUCKARTZ, Udo (Hrsg.) (1998): Umweltbildung und Umweltbewußtsein. Forschungsperspektiven im Kontext nachhaltiger Entwicklung. Opladen.
SCHEUERMANN, Michael/SPADA, Hans (1997): 2. Dokumentation des Schwerpunktprogramms der DFG „Mensch und globale Umweltveränderungen - sozial- und verhaltenswissenschaftliche Dimensionen". Freiburg i.B.

Udo Kuckartz

Umweltgeschichte

Die Umweltgeschichte ist eine noch junge Disziplin innerhalb der Geschichtswissenschaft. Abgeleitet aus Fragestellungen der Biologie (erste wissenschaftliche Definition von „Umwelt" 1909 durch den schwedischen Zoologen VON UEXKÜLL, 1921 veröffentlicht als 21 „Grundsätze zur Biologie und Umweltforschung") und Frageansätzen vor allem der Sozialwissenschaften, untersucht sie das Verhältnis des Menschen zur Umwelt in Vergangenheit und Gegenwart mit dem Ziel, mittels dieses Erkenntnisgewinns Zukunft gestalten zu helfen. Umweltforschung blieb lange Zeit ohne historische Dimension, deshalb konnten sich zwei Meinungen etablieren: Umwelt habe keine Geschichte, zumindest keine, die weiter als ein paar Jahre zurückreicht. Die nahezu diametrale Meinung lautet, daß Belastungen und Zerstörungen der Umwelt durch Menschen schon immer vorgekommen seien, etwa Abholzung von Wäldern in Italien und Spanien oder die Verschmutzung mittelalterlicher Städte. Deshalb sei wohl alles nicht so schlimm, oder man entwickelte apokalyptische Szenarien. Die fehlende historische Perspektive wurde begünstigt durch immer differenziertere Einzelwissenschaften, deren Untersuchungsergebnisse isoliert blieben und selten in einen räumlichen und zeitlichen Kontext eingebunden wurden. Stringente Untersuchungen einzelner Phänomene, wie etwa der Seuchen oder des Klimas, die trotz enormen Materials und imponierender Ergebnisse gerade wegen begrenzt gehaltener Perspektivität leicht dogmatischen Charakter annehmen, können nur in einem breiteren Vernetzungsrahmen zu relevanten weiterführenden Ergebnissen führen. Die tiefgreifende Erneuerung des wissenschaftlichen Diskurses führt zu einem neuen Verhältnis der Disziplinen untereinander. Umweltgeschichte ist deshalb wie kaum ein anderes Fach integrativ und auf vielfältige Ergebnisse und Methoden anderer Disziplinen angewiesen. Die Vorrangstellung *einer* traditionellen Disziplin wie Geographie, Geschichte oder eines Wissenschaftsbereichs, wie Kultur- und Naturwissenschaften kann nicht mehr beansprucht werden. Die Zusammenführung aller erreichbaren Forschungsergebnisse muß sorgfältig die Dominanz eines fachwissenschaftlichen Ursachen- und Faktenbündels austarieren. Als Konstante bleibt die Ambiguität Mensch und Umwelt. Somit lösen sich die traditionellen Wissenschaftsstrukturen auf (⇨ Interdisziplinarität), Umweltgeschichte nähert sich der Anthropologie. Somit kann die Definition von Joachim RADKAU gelten: „Historische Umweltforschung ordnet sich ein in die Erforschung der langfristigen Entwicklung der menschlichen Lebens- und Reproduktionsbedingungen. Sie untersucht, wie der Mensch diese Bedingungen selber beeinflußte und auf Störungen reagierte. Dabei gilt die spezifische Aufmerksamkeit der in der Umweltgeschichte unbeabsichtigten Langzeitwirkungen menschlichen Handelns, bei denen synergetische Effekte und Kettenreaktionen zum Tragen kommen". Über die sichtbaren, spürbaren und erfahrbaren Wirkungen menschlicher Handlungen richtet sich der Blick auf die Mentalitäten und Vorstellungswelten, von deren Erforschung sich viele Wissenschaftler Aufklärung über länger feststellbare und tiefersitzende menschliche Verhaltensweisen erhoffen (⇨ Biophilie). Ähnlich der Ethnologie wird eine andere, eben vergangene Welt erforscht. Daraus entsteht ein Wandel der Wahrnehmung und der Akzeptanz menschlichen Verhaltens, zugleich ein Appell an verantwortliche Orientierung für sich selbst und andere. Als zutiefst pädagogische Angelegenheit in fast allen Landesverfassungen und Lehrplänen verankert, wird somit Erziehung zu Werten angestrebt, die einer ⇨ Verantwortungsethik verpflichtet sind (⇨ Geschichte der Umwelterziehung und Umweltbildung).

HERRMANN, Bernd (Hrsg.) (1989): Umwelt in der Geschichte. Göttingen.
JÄGER, Helmut (1994): Einführung in die Umweltgeschichte. Darmstadt.
RADKAU, Joachim (1991): Unausdiskutiertes in der Umweltgeschichte. In: HETTLING, Manfred/HUERKAMP, Claudia: Was ist Gesellschaftsgeschichte? München, S. 44-57.

Rainer Schlundt

Umweltkommunikation

Umweltkommunikation kann als ein Prozeß beschrieben werden, in dem Informationen über Umweltaspekte vermittelt werden. Nach der Systematisierung einfacher Kommunikationstheorien besteht Umweltkommunikation aus einem Empfänger, einem Sender und einer umweltbezogenen Botschaft. In einer Medien- und ↪ Informationsgesellschaft stellt sich (Umwelt-)Kommunikation als ein komplexer Vorgang in einem sozial-ökologischen Netzwerk von sozialen Kräften und Wahrnehmungsweisen dar, in dem auch die Frage untersucht wird, ob und in welcher Weise Themen Gegenstand von gesellschaftlicher Kommunikation werden.

In systemtheoretischer Diktion kommt es darauf an, daß umweltbezogene Themen im Code eines bestimmten Systems (z.B. des Bildungswesens, der Ökonomie, der Politik) resonanzfähig sein müssen, um dort verstanden und in die Kommunikationsprozesse des Systems einbezogen werden zu können. Dies ist nach LUHMANN (1986) aber ein relativ schwieriger Prozeß, da Systeme im Sinne der Reduktion von Komplexität danach streben, ihren Erhalt durch Wahrung von Systemgrenzen gegen die Systemumwelt zu sichern, die kommunikativ durch den binären Code des Systems bestimmt werden. Hilft dieser systemtheoretische Ansatz zu erklären, warum Umweltbelange in den verschiedensten Systemen noch nicht den kommunikativen Widerhall finden, der im Sinne der ↪ Umweltkrise und aus Sicht von ↪ Umweltbildung wünschenswert erscheint, so rückt das Konzept des ökologischen Diskurses die Aufmerksamkeit auf die Chancen eines umfassenderen Diskurses von Umweltthemen in eine andere Perspektive (↪ Diskurs, ökologischer).

Wenn es unstrittig ist, daß Umweltbildung in Interdependenz zu anderen gesellschaftlichen Systemen (Praxen) und dem aktuellen Stellenwert des ökologischen Diskurses zu sehen ist, dann wird ihre Durchsetzungsfähigkeit und ihr pädagogischer Erfolg auch von dem Gehalt der herrschenden Umweltkommunikation mitbestimmt.

HAAN, Gerhard de (Hrsg.) (1995): Umweltbewußtsein und Massenmedien. Perspektiven ökologischer Kommunikation. Berlin.
LEAL FILHO, Walter (Ed.) (1994): Communicating Environmental Risks. Ottawa.
LUHMANN, Niklas (1986): Ökologische Kommunikation. Kann die moderne Gesellschaft sich auf ökologische Gefährdungen einstellen? Opladen.

Oskar Brilling/Walter Leal Filho

Umweltkrise

Umweltkrise ist ein streitbarer Begriff, der als soziales Phänomen nicht neu ist. Zu verschiedenen historischen Epochen und in verschiedenen lokal-regionalen Räumen gab es sogenannte Umweltkrisen, die Resultat eines überzogen ausbeuterischen Mensch-Natur-Verhältnisses waren (Entwaldung, Agrikulturen etc.). Ökologisch gesprochen hat der Mensch die Kapazität seiner Umwelt überschritten. Die qualitative Differenz der Historie zu heute besteht darin, daß beispielsweise in Antike und Mittelalter eine lokal-geographische Einschränkung der Folgen dieser Eingriffe in die Natur bestand, während heute eine Globalisierung und eine größere Eingriffstiefe als Folgen eines überzogenen Naturumgangs vorfindlich sind.

Hingegen behaupten andere, daß derartige Ansichten einer Umwelt-Hysterie zugrunde liegen, wie es den Deutschen in der 'Waldsterbens-Diskussion' von den Franzosen vorgeworfen wurde (ROQUEPLO 1986). Dies zeigt, daß die Anerkennung und Ausbreitung einer Umweltkrise an den ökologischen Diskurs einer Gesellschaft gebunden ist (↝ Diskurs, ökologischer). Das Spektrum kann vom Pol einer umfassenden Anerkennung einer Umweltkrise bis zu deren Negierung reichen, was zwischen verschiedenen gesellschaftlichen Gruppen variiert. Für die USA und später Deutschland sind Auslöser der Krisen-Diskussion in den Titeln von R. CARSON 'Der stumme Frühling' (1962) und D. MEADOWS 'Die Grenzen des Wachstums' (1972) zu finden.

↝ Umweltbildung, kulturorientierte; ↝ Umweltgeschichte

CARSON, Rachel (1962/^{12}1987): Der stumme Frühling. München.
KIRSCH, Guy (1991): Umweltbewußtsein und Umweltverhalten. In: ZEITSCHRIFT FÜR UMWELTPOLTIK & UMWELTVERHALTEN, 14. Jg., Heft 3, S. 249-261.
MEADOWS, Dennis L. (1972): Die Grenzen des Wachstums. Stuttgart.
ROQUEPLO, Philippe (1986): Der saure Regen: ein 'Unfall in Zeitlupe'. In: SOZIALE WELT, 37. Jg., Heft 4, S. 402-426.
TEUTSCH, Gotthard M. (1985): Umweltkrise. In: TEUTSCH, Gotthard M.: Lexikon der Umweltethik. Düsseldorf, S. 117 ff.

Oskar Brilling

Umweltlizenzen ↝ Umweltverträglichkeit; ↝ Umweltzertifikate

Umweltmanagement, betriebliches ↝ Öko-Audit

Umweltökonomie

Die Umweltökonomie hat sich in den 70er Jahren als Spezialdisziplin der Wirtschaftswissenschaften etabliert. Dazu war es notwendig, daß die Wechselbeziehungen zwischen dem ökonomischen und dem ökologischen System (Entnahme von Ressourcen und Abgabe von Schadstoffen im Zuge von Produktion und Konsum) als relevant erkannt wurden. Daraufhin begann die Wirtschaftswissenschaft, negative Auswirkungen für die Umwelt mit den

gängigen Theorien und Methoden der Volkswirtschaftslehre zu analysieren und aufgrund dessen Lösungsvorschläge zu erarbeiten. Diese basieren auf der Annahme, daß der Selbststeuerungsmechanismus des Marktes grundsätzlich funktioniert, eine Steuerung der Umweltprobleme also in erster Linie über den Markt erfolgen soll. Mit den Theorien der Umweltökonomie korrespondieren die Zielvorstellungen einer ökosozialen Marktwirtschaft, während der umfassendere Ansatz der ökologischen Ökonomie sich am ↝ Leitbild der nachhaltigen Entwicklung orientiert (↝ Marktwirtschaft, ökosoziale; ↝ Ökonomie, ökologische; ↝ Nachhaltigkeit; ↝ sustainable development). Strukturgebende Inhaltskategorien der Umweltökonomie sind:
- Kosten-Nutzen-Analysen,
- Entscheidungsrationalität und
- Marktallokation.

Kennzeichnend für wirtschaftliches Handeln ist die Aufrechnung von Kosten und Nutzen von Handlungsalternativen. Dieses Rationalitätsprinzip gilt in der Umweltökonomie auch für den Umweltsektor und hat zwei Konsequenzen: 1. Die Kosten der Umweltverschmutzung und der Nutzen der Unterlassung müssen erfaßt werden. Für ökonomische Überlegungen ist deshalb der Versuch einer Darstellung in Geldeinheiten (Monetarisierung) typisch. 2. Das Individuum wählt bei seinen Entscheidungen jene Alternative, bei der sein Nutzen seine Kosten maximal übersteigt. Im Bereich der Umweltproblematik sieht sich der einzelne deshalb ↝ Dilemmasituationen ausgesetzt; er möchte umweltfreundlich handeln, umweltschädigendes Verhalten bringt ihm jedoch größeren persönlichen Nutzen. Einen Ausweg aus solchen Situationen und umweltpolitische Lösungsansätze sieht die Umweltökonomie in der Ausnutzung der Anreizmechanismen des Marktes (↝ Ökonomische Rahmenbedingungen für ökologisches Handeln). Damit sie funktionieren, muß die Umwelt den Charakter eines handelbaren Gutes, also einen Preis, erhalten. Die Zuteilung des Gutes Umwelt auf die Nutzer (Allokation) erfolgt dann am effizientesten (mit den geringsten volkswirtschaftlichen Kosten) über den Markt. Der Preis kommt über die Belastung der Konsumenten und Produzenten mit den durch sie veranlaßten Umweltkosten nach der Maßgabe des ↝ Verursacherprinzips zustande. Die bisher vom Markt nicht erfaßten negativen Effekte des Wirtschaftens für das ökologische System werden durch die Internalisierung der damit verbundenen Kosten beim Verursacher in das ökonomische System integriert, das ihnen nun gegensteuert.

↝ Ökosteuern; ↝ Wirtschaften, nachhaltiges

BARTMANN, Hermann (1996): Umweltökonomie - ökologische Ökonomie. Stuttgart.

Günther Seeber

Umweltpädagogik, kommunale
Die kommunale Umweltpädagogik bezeichnet eine pädagogische Serviceleistung von Kommunen oder Kreisen, deren Ziel es ist, Lehrenden und Ler-

nenden aus dem gesamten Bildungsbereich (vom Kindergarten bis in die unterschiedlichsten Bereiche der Erwachsenenbildung) Hilfestellungen im Bereich der pädagogischen Umsetzung von Umweltbildungszielen zu geben. Ihre Ziele sind nicht in einer allgemeinen Produkt- oder Verhaltensberatung im Umweltbereich zu verankern, sondern in einer Unterstützung Lehrender und Lernender bei der pädagogischen Umsetzung aller denkbaren Umweltziele, um langfristige und grundlegende Bewußtseins- und Verhaltensänderungen zu erreichen (➪ Alltagsbewußtsein). Neben allgemeinen pädagogischen Umsetzungsmöglichkeiten von Umweltinhalten berücksichtigt kommunale Umweltpädagogik vor allem lokale Gegebenheiten („Global denken - lokal handeln!"). Kommunale Umweltpädagogik sollte Ansprechpartner für unterschiedliche Interessengruppen im Umweltbildungsbereich sein (Schule, Umweltverbände, Politik etc.) und eine Vermittlerfunktion übernehmen, d.h. einen zentralen Punkt im Netzwerk der gesamten umweltbezogenen Aktivitäten der Kommune bzw. des Kreises darstellen (vgl. WESSEL/BÜHNE 1988, S. 14). Hauptaufgaben einer kommunalen Umweltpädagogik sind:
- fachlicher, thematischer und pädagogischer Information, Vermittlung und Beratung;
- Bereitstellung und Beratung über Medien;
- Vermittlung und Entwicklung von (lokalen) Unterrichtsmaterialien;
- Planung und Durchführung von Vorträgen an Schulen;
- Vermittlung von Exkursionsmöglichkeiten;
- Förderung von und Mitarbeit an schulischer Projektarbeit; Mitwirkung bei der Umsetzung einer ➪ Agenda 21, lokale.

Je nach örtlichen/personellen Möglichkeiten kann kommunale Umweltpädagogik unter anderem außerdem noch:
- eigene Exkursionen planen und durchführen;
- bei der Planung und Durchführung der Anlage ökologischer Schulgärten beratend und unterstützend tätig sein;
- pädagogische Fortbildungsveranstaltungen selbst oder in Zusammenarbeit mit anderen planen und durchführen.

Bei Neueinrichtung einer derartigen Servicestelle hat es sich als sinnvoll erwiesen, die Aktivitäten im Schulbereich zu beginnen. Nach einer Etablierung sollte die Beratung dann über die Kindergärten in die außerschulischen Bereiche ausgeweitet werden.

Kommunale Umweltpädagogik gehörte nicht zu den Pflichtaufgaben einer Kommune. Die Idee zur Einrichtung solcher Stellen entstand Ende der 80er Jahre zur Blütezeit der Arbeitsbeschaffungsmaßnahmen, in der viele Stellen - oft befristet - im Umweltbereich eingerichtet wurden. Fehlende Finanzmittel, politischer Unwillen oder andere Hindernisse (z.B. sachliche Inkompetenz von Entscheidungsträgern) bedeuteten dann das Aus für viele Stellen. Die Einrichtung solcher Stellen hing (und hängt) aber auch vom persönlichen Engagement einzelner ab. Dieses war oft dann groß, wenn man mit der kommunalen Umweltpädagogik politisch glänzen konnte. Somit waren einige Maßnahmen nur „Alibieinrichtungen". Heute findet man ihrem ursprünglichen Sinne entsprechende Stellen nur noch in wenigen Kommunen. Andere umweltrelevante Serviceleistungen – mittlerweile oft kommunale Pflichtaufgaben - sind dagegen erhalten geblieben (allgemeine ↪ Umweltberatung, Abfallberatung).

WESSEL, Johannes/BÜHNE, Horst W. (1988): Kommunale Umwelterziehung als neue Zukunftsaufgabe - empirische Untersuchung an einem Modellprojekt in Essen. Beiträge zur Umwelterziehung. Essen.

Johannes Wessel

Umweltpädagogische Berufsfelder
Umweltpädagogische Berufsfelder lassen sich drei Tätigkeitsbereichen zuordnen: ↪ Umweltbildung/-erziehung, ↪ Umweltberatung und ↪ Mediation, Öffentlichkeitsarbeit. Ziele umweltpädagogischer Tätigkeiten im Sinne von Vorsorge und nachhaltiger Entwicklung sind: Einsicht in ökologische Zusammenhänge (↪ Umweltwissen) vermitteln, Bereitschaft zu Verhaltensänderung wecken und selbsttätiges Handeln sowie Bereitschaft zur ↪ Partizipation fördern (↪ sustainable development). Neben Kindern, Jugendlichen und Erwachsenen gehören Multiplikatoren wie Erzieher und Lehrer zur Zielgruppe. Typische Tätigkeiten sind z.B. Bildungsmaßnahmen in Kindergärten, Schulen und Ökobildungsstätten (↪ Jugendarbeit, ökologische; ↪ Erwachsenenbildung, ökologische; ↪ Naturbildung), hinzu kommen Umweltberatung, Erstellen von Schulungs- und Beratungskonzepten sowie von Broschüren und Informationsblättern, Planung und Durchführung von Ausstellungen. Umweltmediation als besondere Form der Beratung will ökologisch relevante Projekte begleiten und zwischen unterschiedlichen Interessengruppen vermitteln. Umweltpädagogische Berufsfelder werden primär von Umweltpädagogen und -beratern besetzt. Sie sind Generalisten mit besonderen umweltpädagogischen Kompetenzen: Fähigkeit zu vernetztem Denken, zu Kooperation, zu ↪ Interdisziplinarität, zu ↪ Antizipation und Partizipation; Kenntnisse des Natur- und Umweltschutzes; Problemlösungs- und Handlungskompetenz (↪ Handlungsstrategie; ↪ Komplexität), kommunikative Kompetenz, Kompetenz als Pädagoge, Berater, Mediator, Moderator. Arbeitgeber sind vor allem Kommunen, Vereine und Verbände, wobei Umweltbildung in öffentlichen Einrichtungen (Kindergärten, Schulen, Ämtern), aber auch fachspezifisch von privaten Bildungseinrichtungen und Verbänden (IHK, HWK und Gewerkschaften) angeboten wird. Ähnliches gilt für Umweltberatung und Öffentlichkeitsarbeit. In Betrieben und Unternehmen sind umweltpädagogische Berufsfelder nur aus betriebsspezifischer Sicht von Bedeutung (↪ Umweltbildung, berufliche).

↪ Kompetenz, umweltpädagogische; ↪ Retinität

MICHELSEN, Gerd (Hrsg.) (1997): Umweltberatung. Grundlagen und Praxis. Bonn.
STEPHAN, Andrea (1998): Qualifikationsprofil von Umweltpädagogen sowie berufliche Einsatzfelder und Tätigkeiten. In: GÄRTNER, Helmut (Hrsg.): Umweltpädagogik in Studium und Lehre. Hamburg, S. 217-242.

Andrea Stephan

Umweltpolitik (nationale)
Eine eigenständige programmatische und institutionelle Ausgestaltung der Umweltpolitik begann in der Bundesrepublik Deutschland mit Antritt der sozial-liberalen Koalition 1969. Im Kompetenzbereich des Bundesinnenministeriums wurde 1971 das erste Umweltprogramm der Bundesregierung erarbeitet. Als wissenschaftliches Beratergremium wurde im gleichen Jahr der „↪ Rat von Sachverständigen für Umweltfragen" berufen. 1974 erfolgte die Gründung des Umweltbundesamtes und 1986, im Gefolge des Reaktorunglücks von Tschernobyl, die Gründung eines „Bundesministeriums für Umwelt, Naturschutz und Reaktorsicherheit". Daneben entstand eine Reihe von umweltpolitisch tätigen Organisationen, deren Aktivitäten sich zunehmend von konfrontativen Strategien hin zur Mitwirkung und Mitgestaltung der Umweltpolitik verlagerten. In der ersten Hälfte der 70er Jahre wurden in medialer Ausrichtung wichtige Umweltgesetze erlassen, die in der Folgezeit novelliert und weiter entwickelt wurden, so beispielsweise das Abfallbeseitigungsgesetz oder das Emissionsschutzgesetz mit der anschließenden „TA-Luft" (Technische Anleitung zur Reinhaltung der Luft). Erst in den 80er Jahren konsolidierte sich das umweltpolitische Handeln, insbesondere auch gefördert durch die Erkenntnis, daß durch Umweltschutz Wachstumspotentiale und Beschäftigungsmöglichkeiten geschaffen werden können.
Seit dem ersten umweltpolitischen Programm basiert die Umweltpolitik erklärtermaßen auf drei Prinzipien. Der Vorrang des ↪ *Verursacherprinzips* vor dem ↪ *Gemeinlastprinzip* intendiert, wo immer möglich, den Verursachern die Kosten der Umweltbeeinträchtigung mit dem Ziel anzulasten, sie zur Verringerung der umweltbelastenden Aktivitäten zu bewegen. Das ↪ *Vorsorgeprinzip* will Umweltbelastungen möglichst von vornherein verhindern, was angesichts fehlenden bzw. unsicheren Wissens über Schadenseintritts- und Wirkungsrisiken schwer zu realisieren ist. Das ↪ *Kooperationsprinzip* zielt auf eine Einbeziehung der Beteiligten (Industrie, Umweltverbände, Bürgerinitiativen, Schädiger, Geschädigte) in den umweltpolitischen Entscheidungsprozeß, nicht zuletzt, um die informatorischen und legitimatorischen Voraussetzungen der Umweltpolitik zu verbessern.
Umweltpolitik basiert im wesentlichen auf ↪ Umweltauflagen, bei denen der Staat in Form von Ver-, aber insbesondere Geboten umweltbezogene Verhaltensvorschriften erläßt. Neben weiteren planungsrechtlichen Instrumenten kommen flankierend informationspolitische Instrumente, wie ↪ Umweltbildung, Umweltinformation und -aufklärung sowie ↪ Umweltberatung, zum

Einsatz (⇒ Umweltbildungspolitik). Marktwirtschaftliche, anreizkonforme Instrumente, wie Umweltabgaben, Lizenzlösungen (⇒ Umweltzertifikate) und haftungsrechtliche Regelungen, sind randständig und in der Regel in einen so engen ordnungsrechtlichen Rahmen eingebunden, daß ihre Anreizwirkungen in Richtung auf einen über den status quo hinausgehenden Umweltschutz stark eingeschränkt werden (vgl. z.B. die Abwasserabgabe). In der BRD besteht mittlerweile eine hohe Regelungsdichte. Das Problem sind nicht fehlende rechtliche Grundlagen, sondern ihr Vollzug. Der ordnungsrechtliche Ansatz der Umweltpolitik hat zunächst in den Anwendungsbereichen, z.B. bezüglich der Luftverschmutzung oder der Wasserqualität, beachtliche Fortschritte gebracht. Aufgrund der schnellen Einsatzmöglichkeiten und der hohen Treffsicherheit eignet sich der ordnungsrechtliche Ansatz vor allem zur Abwehr unmittelbar drohender Gefahren (Gefahrenabwehr). Allerdings macht eine auf diesem Instrumentarium basierende Umweltpolitik den Umweltschutz teurer als notwendig, weil er bei der Regelung schutzwürdiger Tatbestände nicht auf die jeweils unterschiedlichen Vermeidungskosten Rücksicht nehmen kann, und er erschwert die Entwicklung umweltverträglicherer Produktions- und Konsummuster, weil diese sich systematisch gegen ökonomisch vorteilhaftere durchsetzen müßten. So werden heute in der umweltpolitischen Diskussion zunehmend flexibler einsetzbare Instrumente gefordert, die den unterschiedlichen Vermeidungskosten mehr Rechnung tragen und Anreize für die Entwicklung und Verbreitung umweltverträglicherer Alternativen bieten. Umweltabgaben/-steuern, Umweltlizenzen, aber auch Veränderungen des Haftungsrechts wirken in diese Richtung, weil sie, anders als die Auflagenpolitik, nicht die Verringerung der Umweltnutzungen mit Kosten belegen, die verbleibenden aber zum Nulltarif zuteilen, sondern die Umweltnutzungen selbst zu einem Kostenfaktor machen.
⇒ Lernbericht; ⇒ Ökonomische Rahmenbedingungen ...

BARTEL, Rainer/HACKL, Franz (1994): Einführung in die Umweltpolitik. München.
LENDI, Martin (Hrsg.) (1991): Umweltpolitik - Strukturelemenete in einem dynamischen Prozeß. Zürich.
DER RAT VON SACHVERSTÄNDIGEN FÜR UMWELTFRAGEN (SRU) (Hrsg.) (1994): Umweltgutachten 1994. Stuttgart, Ziffern 442 ff.

Gerd-Jan Krol

Umweltpolitik (europäische/internationale)
Die Notwendigkeit einer internationalen Umweltpolitik basiert auf den grenzüberschreitenden bis hin zu globalen Wirkungen national verursachter Umweltbelastungen sowie auf deren Dilemmastruktur. Diese liegt darin, daß umweltpolitisches Handeln eines einzelnen Staates globale Umweltprobleme nicht lösen kann, diesen Staat aber unmittelbar und spürbar mit den Kosten entsprechender Maßnahmen belastet. Andererseits kann ein einzelner Staat die Vorteile der Verringerung globaler Umweltprobleme durch umweltpoli-

tisches Handeln anderer Staaten auch dann genießen, wenn er selbst keinen Beitrag leistet. Dies begründet den Anreiz zum Einnehmen von Trittbrettfahrerpositionen. Bei globalen Umweltproblemen hängt die Verwirklichung des Interesses an deren Vermeidung und damit auch der Nutzen einzelstaatlichen umweltpolitischen Handelns vor allem vom umweltpolitischen Handeln der anderen Staaten ab. Die Entschärfung grenzüberschreitender globaler Umweltprobleme macht also internationale/globale Kooperation notwendig.

Eine internationale Umweltpolitik beginnt sich erst zu entwickeln. Impulse wurden vor allem durch die Deklaration von Rio (1992) und den dort in der ⇨ Agenda 21 niedergelegten Aktionsplan gesetzt. Sie führten zur Popularisierung des globalen ⇨ Leitbildes einer „nachhaltigen Entwicklung" (⇨ sustainable development). Ersten Umsetzungsversuchen in der Klima-Rahmen-Konvention und in der Artenschutz-Konvention fehlt es noch an konkreten Durchsetzungsstrategien. Bessere Voraussetzungen bestehen auf der EU-Ebene, wo mit der einheitlichen europäischen Akte 1987 erstmals die Umweltproblematik in einen EU-Vertrag aufgenommen wurde und die Ausübung der Rechtssetzungskompetenz mit Aufnahme der Mehrheitsentscheidung im Maastrichter Vertrag erleichtert wurde. Die umweltpolitischen Maßnahmen der EU beziehen sich auf verschiedene Problembereiche, wie beispielsweise ⇨ Naturschutz, Gewässerschutz, Abfallwirtschaft, Luftreinhaltung, Gefahrstoffe, aber auch auf übergreifende Fragen, wie ⇨ Umweltverträglichkeitsprüfung, ⇨ Öko-Audit oder den Zugang zu Umweltinformationen. Heute muß die nationale Umweltpolitik, bevor sie in internationale überführt werden kann, zunächst einmal die transnationale Großraum-Umweltpolitik berücksichtigen. Sei es, daß z.B. die deutsche Umweltpolitik Richtlinien der EU in nationales Recht umzusetzen hat, sei es, daß nationale umweltpolitische Maßnahmen von der EU-Kommission oder letztlich vom Europäischen Gerichtshof daraufhin überprüft werden, ob sie aus Gründen des Umweltschutzes gerechtfertigt sind oder ob ihre wettbewerbsverzerrenden Wirkungen ihre Veränderung oder gar Unterlassung verlangen. Angesichts unterschiedlicher Umweltknappheiten und eines unterschiedlich ausgeprägten Umweltbewußtseins in den Mitgliedsstaaten der EU sind die im Rahmen der europäischen Umweltpolitik erlassenen Richtlinien immer das Ergebnis von Kompromissen. Sie fixieren Mindeststandards, die bei der Umsetzung in nationales Recht einzuhalten sind, aber auch verschärft werden dürfen, solange sich keine wettbewerbsverzerrenden Wirkungen ergeben.

⇨ Umweltbewußtsein, soziologisch; ⇨ Umweltbildungspolitik

BARTEL, Rainer/HACKL, Franz (1994): Einführung in die Umweltpolitik. München.
ECKRICH, Klaus (1994): Die Harmonisierung des Umweltschutzes in der Europäischen Union. Frankfurt a.M.
DER RAT VON SACHVERSTÄNDIGEN FÜR UMWELTFRAGEN (SRU) (Hrsg.) (1994): Umweltgutachten 1994. Stuttgart.

Gerd-Jan Krol

Umweltpsychologie

Vor dem Hintergrund steigender Bevölkerungsdichte, wachsender Lärmbelastung (am Arbeitsplatz und in Wohnbereichen), Belastung durch Luftverschmutzung in großstädtischen Ballungsräumen, durch Abgase in verkehrsdichten Zonen sowie durch Rekonstruktion von Städten und Siedlungen entwickelte sich gegen Ende der 50er Jahre ein neues psychologisches Anwendungsfeld, das in den 60/70er Jahren als Umweltpsychologie (environmental psychology) bezeichnet wird und sich als Anwendungsdisziplin der Psychologie etablierte. Umweltpsychologie untersucht die Auswirkungen belastender bis schädigender (toxischer) Umweltbedingungen auf menschliches Erleben und Verhalten und auf psycho-physiologische Wechselwirkungen. Lärm oder Luftverschmutzung sind allerdings nicht Umweltbelastungen, denen der betroffene Mensch passiv ausgesetzt ist, sondern sie sind Teil eines Musters von Umweltbedingungen, die durch menschliches Handeln, durch menschliche Motive und Einstellungen moderiert, wenn nicht wesentlich erzeugt werden. Auswirkungen von Umweltfaktoren auf menschliches Erleben und Verhalten und (direkte wie vermittelte) Einwirkungen des Menschen auf seine Lebensumgebung stehen oftmals in enger kausaler Wechselwirkung. Umweltpsychologie beschäftigt sich im weiteren mit den psychologischen Wirkungen natürlicher und künstlicher, von Menschen geschaffener Umwelten auf Menschen. Da ist einerseits die Sorge um die Erhaltung der natürlichen Umwelt und die Beschäftigung mit den psychologischen Ursachen der vom Menschen geschaffenen Umweltverschmutzung, der Ausbeutung der natürlichen Ressourcen und der Gefahr einer globalen ökologischen Katastrophe. Andererseits richtet sich das Interesse der Umweltpsychologie darauf, wie Menschen ihre selbstgeschaffenen Umwelten verändern und sich dabei selber ändern. Es interessiert, wie Menschen ihr individuelles und soziales Handeln in Räumen regulieren. Damit verbinden sich Fragen nach der Regulation des persönlichen Raums, der Gestaltung von Territorien und der Umgang mit Situationen der Beengung (engl.: crowding) und Isolation. Diese grundlegenden Regulationsprozesse werden von Umweltpsychologen in verschiedensten Umwelten und Problemzusammenhängen untersucht. Aktuell sind Fragen nach den Auswirkungen der Bevölkerungsdichte, dem Verfall von Städten und großstädtischen Wohnstrukturen auf ihre Bewohner. Hier stellen sich Fragen nach einer umweltpsychologisch fundierten Sanierung und Planung von Wohn- und Siedlungsstrukturen. Schließlich beschäftigt sich Umweltpsychologie mit speziellen Umwelten wie Wohn-, Arbeits- und Büroumwelten, Schul- und Freizeitumwelten sowie ihrer Gestaltung und Wirkungen auf menschliches Erleben und Verhalten (↪ Umweltverhalten). Es ist ein wichtiges Merkmal der Umweltpsychologie, daß sie interdisziplinär angelegt ist.

↪ Interdisziplinarität; ↪ Sozialisation, naturbezogene; ↪ Wohnen

BELL, Paul A./FISHER, Jeffrey D. (1996): Environmental psychology. London.

BONNES, Mirilia/SECCHIAROLI, Gianfranco (1995): Environmental psychology. London.
KRUSE-GRAUMANN, Lenelis (Hrsg.) (1990): Ökologische Psychologie. München.

Urs Fuhrer

Umweltraum
Der Umweltraum ist ein normatives Konstrukt, das ausdrücken soll, welches „Nutzungsrecht" an den Naturgütern Menschen zusteht. Dieses Recht wird durch zwei Faktoren bestimmt: die Belastungsgrenzen der Natur und internationale Gerechtigkeitserwägungen.
Grenzen der Naturnutzung ergeben sich aus der Verfügbarkeit von Ressourcen und der Aufnahmefähigkeit der Natur für Emissionen. Konkret wird gefragt: Welche Menge nicht-erneuerbarer Rohstoffe (Mineralien, Erze, fossile Energieträger etc.) und erneuerbarer Rohstoffe (Biomasse) kann der Natur entnommen werden, ohne daß es zu Schäden am Naturhaushalt kommt? Welche Menge an Emissionen (Abwässer, Abgase, Abfälle etc.) kann der Natur zugemutet werden, ohne ihre Aufnahmefähigkeit zu überfordern? Trotz naturwissenschaftlicher Unwägbarkeiten hat Umweltforschung sich in den letzten Jahren auf die Ermittlung von Belastungsgrenzen konzentriert. Hierzu gehören Konzepte wie „critical loads" (kritische Belastungen), „critical concentrations" (kritische Konzentrationen), „carrying capacity" (Tragekapazität).
Neben der ökologischen Dimension enthält der Begriff Umweltraum auch die der internationalen ⇨ Gerechtigkeit. Jeder Mensch, so die Definition, hat das gleiche Recht, die Natur im Rahmen ihrer Tragekapazität zu nutzen bzw. zu verschmutzen (⇨ Sonderstellung des Menschen). Dieser normative Ansatz ist jedoch umstritten. Zum einen argumentieren vor allem Ökonomen, daß Gleichverteilung und Gerechtigkeit nicht dasselbe seien, weshalb sich ihre Gleichsetzung verbiete. Zum anderen argumentieren Umweltschützer, es könne kein „Recht" auf die Nutzung oder Verschmutzung der Natur geben, da diese auch Eigenrechte habe (⇨ Holismus; ⇨ Physiozentrismus).
Trotz dieser Kritik gewinnt das Umweltraumkonzept zunehmend Einfluß auf internationale Politik und Völkerrecht. Vor allem im Rahmen der Klimapolitik gilt dies, wo Entwicklungsländer auf gleiche Emissionsrechte wie bei Industrieländern pochen (⇨ Generationenvertrag, ökologischer).
BUND/Misereor (Hrsg.) (1996): Zukunftsfähiges Deutschland. Basel.

Reinhardt Loske

Umweltrecht
Ökologisches Schutzgut des Umweltrechts sind die natürlichen Lebensgrundlagen. Dazu zählen Luft, Boden und Wasser, Tiere, Pflanzen und Landschaft, Klima und Atmosphäre. Die Staatszielbestimmung des Art. 20a Grundgesetz (GG) verpflichtet Gesetzgebung, Verwaltung und Rechtspre-

chung, sie als Kollektivgüter der Menschheit zu schützen (↪ Allmende). Soweit schädliche Umwelteinwirkungen nicht nur die ökologischen Ressourcen bedrohen, sondern übergreifende Wirkung auf die individuellen Rechte einzelner haben, dient das Umweltrecht auch dem grundrechtlich verbürgten Schutz des Lebens und der körperlichen Unversehrtheit der Menschen (Art. 2 Abs. 2 GG) sowie ihrer Sach- und Kulturgüter (Art. 14 GG). Darüber hinaus definiert das Umweltrecht auch die Möglichkeiten und Grenzen einer zulässigen Inanspruchnahme natürlicher Ressourcen (↪ Umweltraum).

Allgemeines Leitbild des Umweltrechtes ist das ↪ Vorsorgeprinzip. Es verpflichtet zum Umweltschutz nicht erst, wenn Schäden eingetreten sind oder unmittelbar bevorstehen, sondern verlangt die generelle Minimierung von ökologischen Risiken und die Beschränkung von Umwelteingriffen auf ein möglichst geringes Maß. Dem entspricht ein Modus der Umweltnutzung, der sich am Grundsatz der ↪ Nachhaltigkeit orientiert. Der gegenständlich umfassend und frühzeitig angelegte Schutzauftrag wird durch eine Vielzahl von Gesetzen des Bundes und der Länder verfolgt, die wiederum von umweltrechtlichen Regelungen der EU begleitet und gelenkt werden (↪ Umweltpolitik, europäische/internationale).

Allerdings läßt das geltende Umweltrecht wenig System erkennen. Medial konzipiert ist der Schutz der Luft durch das Bundesimmissionsschutzgesetz und des Wassers durch das Wasserhaushaltsgesetz. Ein umfassendes Schutzgesetz für das Umweltmedium Boden fehlt dagegen. Der Schutz von Tieren, Pflanzen, ihrer Lebensräume und der Landschaft ist Aufgabe des ↪ Naturschutzrechts. Technologiebezogen ist dagegen der Regelungsansatz des Gentechnik- und des Atomgesetzes. Stofforientiert versucht das Chemikalien- und Gefahrstoffrecht Produktion, Verwendung und Transport ungefährlicher Produkte zu reglementieren, während sich das Kreislaufwirtschafts- und Abfallgesetz lediglich auf eine bestimmte Phase am Ende des Produktlebenszyklus konzentriert. Von erheblicher Bedeutung für den Schutz der Umwelt ist auch das Recht der Raumordnung, der Bauleitplanung und der sogenannten Fachplanung, die sich mit der Planfeststellung flächenbeanspruchender Infrastrukturvorhaben wie Straßen, Bahntrassen oder Flughäfen befaßt. Trotz dieser Regelungsvielfalt des Umweltrechts bestehen noch immer viele Lücken im Bereich des Bodenschutzes, der Landwirtschaft, des sparsamen Umganges mit Energie und des Verkehrs. Ein einheitliches Umweltgesetzbuch wäre daher zu begrüßen. Die Instrumente des Umweltrechts sind vorwiegend regulativ im Sinne von Geboten und Verboten konzipiert. Errichtung und Betrieb von größeren Anlagen bedürfen regelmäßig einer behördlichen Genehmigung, über die in einem Verfahren mit Öffentlichkeitsbeteiligung und einer ↪ Umweltverträglichkeitsprüfung zu entscheiden ist. Die Einhaltung der Grenzwerte und anderer Betreiberpflichten wird durch behördliche Auflagen und die Überwachung der Anlagen sichergestellt. Zu den regulativ angelegten Instrumenten treten seit einigen Jahren zunehmend weichere Formen der Verhaltenssteuerung in Form von Abgaben, betriebli-

chen Umweltbeauftragten oder der umweltbewußten Unternehmensführung (⇨ Öko-Audit) hinzu. Soweit Dritte durch eine behördliche Entscheidung über die Zulässigkeit eines umweltbeanspruchenden Vorhabens in ihren Rechten verletzt werden, können sie diese vor den Verwaltungsgerichten angreifen. Ein darüber hinausgehender Rechtsschutz der natürlichen Lebensgrundlagen besteht nur, soweit die Verbandsklage von den Bundesländern eingeführt ist. Flankiert wird das verhaltenssteuernde Umweltrecht durch das Umwelthaftungsrecht, das dem Geschädigten Schadenersatzansprüche gegenüber dem Verursacher von unzulässigen Umwelteinwirkungen zuweist, und durch das Umweltstrafrecht, das grobe Verstöße gegen umweltschützende Vorschriften mit Sanktionsandrohungen in Form von Geld- oder Freiheitsstrafe belegt.
⇨ Umweltökonomie
BENDER, Bernd/SPARWASSER, Reinhard (1995): Umweltrecht. Heidelberg.
SCHMIDT, Reiner/MÜLLER, Helmut (1995): Einführung in das Umweltrecht. München.

Rainer Wolf

Umweltrisiken
Mit Umweltrisiken beschreibt man die Möglichkeit von (anthropogen verursachten) Umweltschäden. Sie resultieren aus Produktions-, Konsum-, Transport- und Entsorgungsaktivitäten. Umweltrisiken werden häufig mit der Höhe des Schadens und seiner Eintrittswahrscheinlichkeit beschrieben. Soweit dies möglich ist, läßt sich durch multiplikative Verknüpfung von Schadenshöhe und Eintrittswahrscheinlichkeit ein Erwartungswert des Schadens ermitteln. Bezüglich der politischen Handhabung von Umweltrisiken ist zunächst nach *risikoaversen*, *risikoneutralen* und *risikofreudigen* Einstellungen zu unterscheiden. So dürften risikoaverse Einstellungen im Vergleich zu risikofreudigen zu einem höheren Maß an Vorsorgeaktivitäten führen. Übersteigen die erwarteten Schäden risikoreicher Aktivitäten deren volkswirtschaftlichen Vorteil, erscheinen Verbote legitim. Weniger restriktiv sind Erlaubnisvorbehalte, die risikobehaftete Aktivitäten insoweit akzeptieren, als bestimmte Sicherheits- und Vorsorgeauflagen erfüllt werden. Dem entspricht im wesentlichen die bisher betriebene Umweltpolitik (⇨ Umweltpolitik, nationale). Aber erst eine Haftung für Umweltrisiken weckt bei den Akteuren risikoreicher Aktivitäten selbst ein Interesse an der Vermeidung von Schäden. Dies ist nicht nur von Bedeutung, weil die Akteure risikoreicher Aktivitäten häufig die Eintrittswahrscheinlichkeit von Umweltrisiken besser beurteilen können als beispielsweise staatliche Instanzen, sondern auch, weil sie kostengünstige Strategien zur Risikoreduzierung zum Einsatz bringen werden. Die zentrale Frage im Zusammenhang mit Risikoreduzierung durch Haftungsrecht lautet: Zu welchem Ausmaß an Risikovermeidung (ex ante) führt eine ex post wirkende Haftungsregelung?

Umweltrisiken beispielsweise im Gefolge von Emissionen lassen sich grob nach *Entstehungsrisiken* und *Wirkungsrisiken* unterscheiden. Nicht alle Emissionen fallen kontinuierlich im Gefolge wirtschaftlicher Aktivitäten an, sondern manche treten nur unregelmäßig und im Einzelfall nicht vorhersagbar, quasi als Unfälle bzw. Störfälle auf (Störfälle in Chemieunternehmen, Tankerunglücke etc.). Sie können allenfalls mit Eintrittswahrscheinlichkeiten belegt werden. Aber selbst wenn die Höhe der Emissionen bekannt bzw. berechenbar ist, sind ihre Wirkungen auf die natürliche Umwelt in vielen Fällen unsicher oder ungewiß. Angesichts unzureichenden Wissens über kumulative Effekte, Synergieeffekte, Langfristwirkungen und mögliche Irreversibilitäten von Emissionen bleibt bei Wirkungsrisiken eine hohe Ungewißheit bestehen. Die Akzeptanz und Legitimation von Umweltrisiken ist daher durch gesellschaftliche Verständigungsprozesse herbeizuführen (↪ Mediation). Diese werden durch eine verzerrte Risikowahrnehmung erschwert, die einen einmalig auftretenden Schaden stärker bewertet, als in der gleichen Zeit laufend auftretende geringe Schäden mit in der Summe gleicher Schadenshöhe.

↪ Agrobusiness; ↪ Katastrophenbewußtsein; ↪ Moderne; ↪ Risikogesellschaft; ↪ Umweltängste; ↪ Umweltkrise

BURSCHEL, Carlo (1995): Das moderne Risiko - Ökonomisches und ökologisches Denken im Widerstreit. In: JOUSSEN, Wolfgang/HESSLER, Armin (Hrsg.): Umwelt und Gesellschaft - Eine Einführung in die sozialwissenschaftliche Umweltforschung. Berlin, S. 257-279.

SIEBERT, Horst (1988): Haftung ex post versus Anreize ex ante. In: NICKLISCH, Fritz (Hrsg.): Prävention im Umweltrecht - Risikovorsorge, Grenzwerte, Haftung. Heidelberg, S. 111-132.

Gerd-Jan Krol

Umweltschutz

Unter Umweltschutz (environmental protection) verstehen wir die Gesamtheit der Maßnahmen zur Sicherung der natürlichen Lebensgrundlagen und der Gesundheit des Menschen einschließlich ethischer und ästhetischer Ansprüche vor schädigenden Nutzungseinflüssen. Geschützt werden soll in diesem Konzept nur die natürliche ↪ Umwelt: das nicht vom Menschen Gemachte (wenn auch häufig von ihm Beeinflußte, Gestaltete, Genutzte). Seit jeher ist der Mensch darauf angewiesen, Natur („natürliche Ressourcen") für seine Zwecke nutzbar zu machen. Entscheidend ist, ob dieser „Stoffwechsel des Menschen mit der Natur" auf Dauer (nachhaltig) angelegt ist oder nicht. Umweltschutz umfaßt als Dachbegriff den Schutz, die Pflege und Entwicklung von Boden, Klima, Grundwasser, Oberflächengewässern, Tier- und Pflanzenwelt, Landschaftsbildern (die zwei letztgenannten Aspekte werden als ↪ „Naturschutz" zusammengefaßt) sowie den Immissionsschutz (Schutz vor Luftverunreinigungen, Geräuschen, Erschütterungen, Strahlen, Licht, Wärme) einschließlich der Wechselwirkung zwischen diesen Teilbereichen.

Umweltschutz zielt auf die dauerhafte Erhaltung bzw. Entwicklung einer Umwelt, die Menschen für ein menschenwürdiges Dasein brauchen. Dazu gehört neben gesunden Umweltbedingungen auch die Erfüllung der Verantwortung des Menschen für seine ⇨ Mitwelt. Dies kann geschehen, indem schädliche Eingriffe in die Schutzgüter (Boden, Luft etc.) vermieden (vorsorgender Umweltschutz) und/oder in dem unhaltbare bzw. unbefriedigende Umweltzustände saniert bzw. verbessert werden (nachsorgender Umweltschutz). Wenn die natürlichen Lebensgrundlagen durch menschliche Einwirkungen direkt oder indirekt beansprucht oder verändert wurden oder werden (sollen), gilt es zu entscheiden, ob die beabsichtigte oder bereits erfolgte Veränderung erheblich ist und ob diese Verschlechterung der Umweltqualität toleriert werden kann. Die Entscheidung über die Tolerierbarkeit ist Ergebnis einer Abwägung zwischen den Belangen der Umwelt und den umweltbelastenden Nutzungsinteressen. Eine wichtige (wenn auch längst nicht die einzige) Grundlage eines solchen Entscheidungsprozesses sind Umweltschutz-Gesetze, -Verordnungen und -Programme, die verbindlich vorschreiben bzw. einen politischen Willen ausdrücken, welche Umweltqualität als unverzichtbar bzw. wünschenswert gilt. Solche normativen Vorgaben bieten jedoch in aller Regel einen Interpretationsspielraum. Wenn die Belange der Umwelt schon im Rahmen der Nutzungsplanung (also nicht erst „von außen" als Reaktion auf die fertige Planung) in den Entscheidungsprozeß eingeführt und angemessen berücksichtigt werden, spricht man von integriertem Umweltschutz.

Umwelt wird vielfach nicht nur als Ressource für menschliche Nutzungsinteressen gesehen, sondern ihr wird grundsätzlich auch ein Eigenwert zuerkannt (bedarf also nicht immer des Nachweises, materiellen Nutzen zu stiften), z.B. beim Schutz seltener, nicht nutzbarer Tier- und Pflanzenarten. Immer bleibt jedoch der Mensch Bezugspunkt des Umweltschutzes, indem er nach seinen (auch ideell ausgerichteten) Wertmaßstäben entscheidet, welches Qualitätsniveau oder welche Ausprägungen von Natur und Umwelt er will und als schützenswert erachtet (⇨ Anthropozentrismus; ⇨ Physiozentrismus). Das gilt auch dann, wenn es „nur" um seine immateriellen Bedürfnisse geht, z.B. um das Postulat, bestimmte Erscheinungen von Natur um ihrer selbst willen zu schützen.

⇨ Generationenvertrag; ⇨ Ökonomische Rahmenbedingungen...; ⇨ Umweltraum; ⇨ Umweltverträglichkeit; ⇨ Umweltverträglichkeitsprüfung

ANL (AKADEMIE FÜR NATURSCHUTZ UND LANDSCHAFTSPFLEGE)/DAF (DACHVERBAND WISSENSCHAFTLICHER GESELLSCHAFTEN DER AGRAR-, FORST-, ERNÄHRUNGS-, VETERINÄR- UND UMWELTFORSCHUNG E.V.) (1984/²1991): Begriffe aus Ökologie, Umweltschutz und Landnutzung. Laufen.

SCHEMEL, Hans-J./ERBGUTH, Wilfried (1992): Handbuch Sport und Umwelt. Aachen.

STORM, Peter-C./BUNGE, Thomas (Hrsg.) (1988): Handbuch der Umweltverträglichkeitsprüfung. München.

Hans-Joachim Schemel

Umweltsoziologie

Umweltsoziologie befaßt sich mit dem weiten Feld der Mensch-Natur-Beziehungen. Sie entstand mit der gesellschaftlichen Wahrnehmung der Umweltkrise und dem in den 80er Jahren vehement einsetzenden Umweltdiskurs (↪ Diskurs, ökologischer). Traditionell widmet Soziologie den Fragen von Natur und Umwelt und deren Wechselwirkungen mit der Gesellschaft eher wenig Aufmerksamkeit, sondern betrachtet Gesellschaft als eine Realität „sui generis". So stellt Umweltsoziologie zwar eine neue soziologische Perspektive dar, die durchaus die theoretischen Grundlagen des Fachs berührt, sie erhebt aber nicht den Anspruch auf ein neues, eigenständiges Paradigma. Die Ansätze und Forschungsstrategien der Umweltsoziologie sind nicht weniger vielfältig als die in anderen soziologischen Feldern. Insofern muß man eher pluralistisch von „Umweltsoziologien" sprechen: Eine einheitliche Definition von Umweltsoziologie ist derzeit ein Desiderat.

Das Spektrum unterschiedlicher umweltsoziologischer Herangehensweisen reicht von Rational-Choice-Ansätzen über Systemtheorie und Lebensstilforschung bis hin zu phänomenologischen und alltagssoziologischen Ansätzen (↪ Alltag als sozialwissenschaftliche Kategorie). Derzeit lassen sich sechs inhaltliche Schwerpunkte der Umweltsoziologie ausmachen:

1. ↪ Umweltbewußtsein und ↪ Umweltverhalten,
2. Ökologisierung von ↪ Lebensstilen und Konsummustern,
3. Wechselwirkungen zwischen sozialen und natürlichen Systemen,
4. soziales Lernen in organisatorischen und institutionellen Kontexten,
5. globaler Wandel und Weltgesellschaft, (↪ Globalisierung)
6. politische Gestaltung und ↪ Partizipation.

Seit 1997 existiert eine Sektion „Soziologie und Ökologie" in der Deutschen Gesellschaft für Soziologie mit einer eigenen Schriftenreihe. Ebenso wie den Nachbardisziplinen ↪ Umweltpsychologie und ↪ Umweltbildung ist es der Umweltsoziologie bisher nicht gelungen, sich im Wissenschaftsbetrieb institutionell zu verankern. Bisher existieren weder Studienschwerpunkte und -richtungen, noch sind in nennenswertem Umfang Professorenstellen für dieses Wissensgebiet eingerichtet worden.

↪ Generationenvertrag, ökologischer; ↪ Naturverhältnisse, gesellschaftliche; ↪ Sozialisation, naturbezogene; ↪ Umweltbewußtsein, soziologisch; ↪ Wohlstandsmodelle, neue; ↪ Zivilisierung, ökologische

BECK, Ulrich (1986): Risikogesellschaft. Auf dem Weg in eine andere Moderne. Frankfurt a.M.

DIEKMANN, Andreas/JAEGER, Carlo C. (Hrsg.) (1996): Umweltsoziologie. Opladen.

HAAN, Gerhard de/KUCKARTZ, Udo (1996): Umweltbewußtsein. Denken und Handeln in Umweltkrisen. Opladen.

LUHMANN, Niklas (1986): Ökologische Kommunikation. Kann die moderne Gesellschaft sich auf ökologische Gefährdungen einstellen? Opladen.

Udo Kuckartz

Umweltspiele

Umweltspiele stellen eine besondere Form der Vermittlung umweltrelevanter Inhalte dar. Sie können in eine primäre und eine sekundäre Ebene unterteilt werden. Der primären Ebene ordne ich alle unter dem Begriff Naturerfahrungs-, Umwelt- oder Ökospiele zusammengefaßten Spiele mit direktem Bezug zur Natur/Umwelt zu; das Spielen geschieht dabei „vor Ort": im Wald, am/im Wasser oder auf der Wiese etc. Zur sekundären Ebene zähle ich alle anderen Spielarten wie Brett- und Tischspiele, Rollen- und Planspiele, Computer- und Simulationsspiele etc. sowie Theater und sonstige Spielformen oder spielerische Betätigungen wie Musizieren oder Singen (⇒ Computersimulation; ⇒ Rucksack, ökologischer; ⇒ Simulationsmethode). Diese Spielformen behandeln die Umwelt bzw. Umweltprobleme indirekt. Sie dienen als Medium, als Träger von Gegebenheiten und Informationen aus Natur und Umwelt. Mischformen zwischen beiden Ebenen ergeben sich z.B. beim Basteln, Bauen oder auf dem Spielplatz.

Spiele tragen verstärkt den Forderungen der Allgemeinen Didaktik Rechnung, da sie soziales Lernen und Zusammenleben, vernetztes, fächerübergreifendes, ganzheitliches, entdeckendes ⇒ Lernen und Denken fördern. Die spielerische Beschäftigung mit einem Gegenstand spricht die affektive, emotionale und die kognitive Ebene des Menschen an. So kann ein Spiel aufregend und spannend oder aber entspannend und befreiend sein.

Neben der originalen Begegnung bieten Umweltspiele eigene, vielfältige Zugangsmöglichkeiten zur Natur (⇒ Begegnung, originale). Sie sollen diese nicht ersetzen, können aber Inhalte vorbereiten, vertiefen und wiederholen oder Erlebtes verarbeiten. Sehr wirkungsvoll sind Spiele auch beim Entwickeln von Problemlösungsstrategien (⇒ Handlungsstrategien).

Einen umfassenden Überblick über das Thema unter anderem mit einem Nachweis von mehr als 500 Literaturtiteln, über 450 direkt oder indirekt angesprochenen Spielen und ca. 50 Beiträgen zu Theorie und Praxis geben:

WESSEL, Johannes/GESING, Harald (Hrsg.) (1995): Umwelt - Bildung: spielend die Umwelt entdecken. Neuwied.

WESSEL, Johannes/ZENTRALSTELLE FÜR UMWELTERZIEHUNG (Hrsg.) (1995): Spielend die Umwelt entdecken – Spielen in der Umwelterziehung. Tagungsband. Essen.

Johannes Wessel/Claudia Pohle

Umweltsponsoring

Umweltsponsoring bezeichnet die Bereitstellung von Geld- oder Sachmitteln durch Unternehmen für Personen, Organisationen oder Aktionen im Tätigkeitsfeld ⇒ Umweltschutz. Die Ursprünge des Sponsorings liegen im altruistischen Mäzenatentum der Antike. Heute ist die Förderung eines 'Gesponserten' nicht altruistisch, sondern mit eigennützigen Interessen des Sponsors

verbunden. Für das Unternehmen stehen mit dem Umweltsponsoring die Ziele 'Erhöhung des Bekanntheitsgrades' bzw. 'Stärkung des Images' durch die öffentlichkeitswirksame Wahrnehmung gesellschaftspolitischer Verantwortung im Vordergrund. Möglichkeiten des Umweltsponsorings liegen in
- der Förderung von Umweltschutzorganisationen (↪ Greenteams),
- der Unterstützung von Bürgerinitiativen mit umweltschützender Zielsetzung und
- eigenen Aktionen (Biotoppatenschaften, Baumpflanzaktionen).

Die Vorteile für die 'Gesponserten' sind kostenrechnerischer Natur. Ohne finanzielle Unterstützung Dritter sind Aktionen oft nicht oder nur mit geringer medialer Wirkung durchführbar. Problematisch sind eventuelle - vom Sponsor gewöhnlich gewünschte - Image-Rückkoppelungen: Die Öffentlichkeit beurteilt Förderer und Geförderte nach dem Ansehen des Partners. Bei der Auswahl der Sponsoren ist also eine gründliche Prüfung geboten. Gemessen am Finanzvolumen ist das Umweltsponsoring nach Sport- und Kultur-Sponsoring noch von untergeordneter Bedeutung.

Günther Seeber

Umweltstation ↪ Umweltzentren

Umwelttag, kommunaler
Im Rahmen eines zukunftsfähigen Schulkonzepts (↪ Lern-Orte-Netz) und Orientierungsrahmens (↪ Zivilisierung, ökologische) wird es darauf ankommen, verläßliche Inszenierungsformen für kontinuierliche umweltpädagogische Bildungsarbeit in einer Region aufzubauen. Eine Möglichkeit sind jährlich zu veranstaltende 'kommunale Umwelttage'. Als Kooperationsveranstaltung von Kommune, Lehrerfortbildungseinrichtungen, Umweltfachbehörden, Umweltverbände, einzelner Projektinitiativen und Schulen bringt sie interessierte SchülerInnen und Gruppen einer Region zusammen. Einerseits sollen drängende Umweltprobleme - gebündelt in jeweils aktuellen Leitthemen wie „Zukunftsfähiges Deutschland - was heißt das für uns?" - in den Blickpunkt gerückt werden. Ursachen, Zusammenhänge, Lösungsansätze werden in Gesprächen mit Verantwortlichen und Experten benannt. Hauptanliegen ist es, gemeinsam herauszufinden, ob und wo es sich lohnt, aktiv im Sinne einer lokalen Agenda 21 tätig zu werden (↪ Agenda 21, lokale).

Gefragt ist die eingreifende Phantasie, die konkrete Utopie, die sich in kleinen Schritten entwickeln läßt und für die eigene Biographie bedeutsam werden kann. Die einzelnen Elemente der Veranstaltung fordern dazu auf, daß die SchülerInnen sich in ihrer Lebenswelt probehandelnd einmischen und dabei Erfahrungen sammeln, wie gemeinsame Interessen, kreatives Handeln und aktives Gestalten Veränderungen vor Ort und darüber hinaus bewirken kann. Presse und Öffentlichkeit nehmen regen Anteil an diesen Aktionen, was wiederum motiv- und prozeßfördernd ist.

⇝ Experimentiergesellschaft

BÖLTS, Hartmut (1995): Umwelterziehung - Grundlagen, Kritik, Modelle für die Praxis. Darmstadt.

Hartmut Bölts

Umweltverhalten

In der ⇝ Umweltpsychologie finden sich Begriffe wie umweltbewußtes, umweltgerechtes, umweltverantwortliches oder ökologisches Verhalten. Mit all diesen Begriffen ist umweltschützendes Verhalten gemeint, das nicht weiter zur Gefährdung der bedrohten ökologischen Umwelt beiträgt. Unterschieden wird weiter zwischen Umweltverhalten, das ökologisch indirekt (z.B. sich politisch für den Umweltschutz einsetzen, andere Personen zur Benützung öffentlicher Verkehrsmittel überreden) oder direkt (z.B. Recycling, Mobilität eingrenzen) wirksam ist. In empirischen Studien zeigt sich, daß umweltspezifische Prädiktoren, Persönlichkeitsvariablen und situative Variablen geeignet sind, Verhalten zum Schutz der Umwelt vorherzusagen. Umweltspezifische Überzeugungen und Urteile erweisen sich als einflußreiche Prädiktoren umweltgerechter Entscheidungen. Situative Variable gewinnen um so mehr an Gewicht, je konkreter und spezifischer die postulierten Kriterien sind. Die umweltpsychologische Forschung hat sich in den letzten Jahren gesellschaftlich aktuellen Verhaltensbereichen wie Energiesparen, Müllvermeidung und -trennung sowie der Verkehrsproblematik angenommen. Dabei wurden zahlreiche psychologische Verhaltens-Modifikationsprogramme entwickelt. Hier gilt es, Rahmenbedingungen des Verhaltens so umzugestalten, daß Umweltverhalten belohnt und gefördert wird, anstatt es - wie es zur Zeit meist geschieht - zu bestrafen (⇝ Handeln, ökologisches; ⇝ Motivation; ⇝ Umweltbewußtsein, psychologisch, ⇝ Umweltbewußtsein, soziologisch).

SCHAHN, Joachim/GIESINGER, Thomas (Hrsg.) (1993): Psychologie für den Umweltschutz. Weinheim.

Urs Fuhrer

Umweltverschmutzung, akustische

Der Lärmpegel unseres Alltags wird immer höher (Straßen- und Flugverkehr, Baumaschinen, Handys, akustische Signale aller Art, feiernde oder heimwerkende Nachbarn usw.). Der Schalldruck von Geräuschen und Lärm wird in Dezibel gemessen. Beispiele:

Geräusch	Lautstärke in Dezibel (dB)
Flüstern, Blätterrascheln	20
mäßiger Regen	50
Staubsauger	70-75
Straßen-, Eisenbahnverkehr	80-90
Düsentriebwerk (beim Start)	120-140

Wann ein Geräusch als störend empfunden wird, hängt auch von der Einstellung zum Geräusch und seiner Quelle ab. So wird z.B. der Geräuschpegel in einer Disco, der objektiv die Schmerzschwelle (120 dB) erreicht, von jungen Menschen oft als angenehm und stimulierend empfunden.

Viele Menschen empfinden Umweltlärm als Belästigung und reagieren darauf mit Gesundheitsstörungen, z.B. Gefäßverengungen, Bluthochdruck, Magen-Darm-Beschwerden. Diese Reaktionen gehen auf die natürliche Warnfunktion des Ohres zurück, die für eine Abwehrreaktion des Körpers sorgt, sobald plötzliche laute Geräusche (gedeutet als Hinweise auf Gefahren) erklingen: Das Herz reagiert mit erhöhter Leistung, das Nervensystem mit vermehrter Anspannung. Dieser Zustand wird auch als Streß bezeichnet. Normalerweise baut der Körper Streß durch Erholungsphasen wieder ab. Bei Dauerlärm ist dies jedoch nicht möglich.

Auch die ständige Musikberieselung in Restaurants und Kneipen, in Supermärkten, Arztpraxen und in öffentlichen Verkehrsmitteln durch Musikpartikel, die aus Walkmen anderer Fahrgäste dringen, wirkt bei vielen Menschen streßfördernd. Nachweislich gehörschädigend ist die Lautstärke der Musik in Discotheken und bei Rockmusik-Konzerten. Bereits ein mehrstündiger Dauer-Schallpegel ab 85 dB schädigt die feinen Sinneszellen des Innenohres. Heute leidet ein Viertel der 16-24jährigen Deutschen unter Hörschwäche, 10% der 18jährigen haben bleibende Hörschäden. Schwerhörigkeit steht in Deutschland an der Spitze der Berufskrankheiten.

Außer der Hörfähigkeit beeinträchtigt ein dauerhaft hoher Lärmpegel (Geräusche oder Musik) auch das vegetative Nervensystem und die Psyche des Menschen. Schlaf- und Konzentrationsstörungen, Erschöpfung, erhöhte Reizbarkeit und Aggressivität sind die Folgen. Ständiger Lärm im Hintergrund bewirkt auch Kommunikationsstörungen: Wir reden lauter und weniger miteinander und versuchen, den Geräuschpegel mit noch größerem Lärm zu übertönen. Wir stumpfen ab gegenüber leiseren Tönen. Nachgewiesen ist auch, daß ständige Lärmbelästigung uns weniger mitfühlend und hilfsbereit gegenüber anderen Menschen macht.

Mechthild von Schoenebeck

Umweltverträglichkeit

Der Begriff Umweltverträglichkeit ist ähnlich wie der Begriff ↝ Sozialverträglichkeit ein Rationalitätskriterium (↝ Rationalität) innerhalb der wissenschaftlichen und politischen Umweltdiskussion und stellt den Versuch dar, Zumutbarkeits- und Belastungsgrenzen für Natur und Gesellschaft bzw. den einzelnen Menschen zu bestimmen.

Die aus Produktionsprozessen resultierenden Umweltverträglichkeitsprobleme sind seit der industriellen Revolution von zunehmender Relevanz. Unabhängig von den im einzelnen zu betrachtenden Produktionsprozessen (wie z.B. der industriell-orientierten Landwirtschaft, der chemischen Industrie) wird klar, daß die Folgen unkontrollierter bzw. ungesteuerter Produktionsprozesse für die Umwelt zumeist nicht nur belastend, sondern oft auch katastrophal sind (⇝ Agrobusiness).

Ebenso muß die globale Bevölkerungszunahme (von ca. 100 Millionen zur Zeit Christi Geburt bis auf ca. 5 Milliarden im Jahr 1987) als mitverursachend für viele Probleme der defizitären Umweltverträglichkeit aktuellen Handelns bezeichnet werden (⇝ Bevölkerungsexplosion). Die Entstehung von Umweltproblemen soll in neuester Zeit durch Versuche der ⇝ Antizipation und Bewertung umweltgefährdender Prozesse via ⇝ Umweltverträglichkeitsprüfung und Produktlinienanalyse minimiert werden.

Die Erhaltung der natürlichen Umwelt, in der wir künftig noch überleben können, ist ein existentielles Minimum, das keine Kompromisse duldet, während bei einer lebenswerten Umweltsituation die Frage nach der Umwelt, in der wir leben wollen, aufgeworfen wird (⇝ Umwelt).

Hinsichtlich des existentiellen Minimums müssen wir die Bedingungen der Stabilität der Ökosysteme reflektieren, zumal diese Systeme innerhalb vorhandener Schwellenwerte eine offensichtlich begrenzte Elastizität haben. Ist der anthropogene Einfluß so gravierend, daß diese Schwellenwerte überschritten werden, so transformieren diese Systeme in einen neuen Zustand, der unter Umständen lebensfeindliche Bedingungen hervorbringt. Eine konkrete Operationalisierung des Umweltverträglichkeitskonzeptes fällt jedoch schwer, zumal es bisher nur unzureichend gelungen ist, die Stabilitätsbedingungen von Ökosystemen zu ermitteln, so daß die Zulässigkeit von Umwelteingriffen daran gemessen werden könnte.

Ungeachtet dieser Tatsache läßt sich die Ausrichtung an signifikanten Problemfeldern im ökologischen Kontext deutlich erkennen:

- Bodenbelastungen und Bodenverbrauch: Die Flächennutzung in der BRD nahm hinsichtlich der Verkehrs- und Siedlungsflächen von 1981 bis 1989 um 10,6% zu, vor allem zu Lasten der genutzten Landwirtschaftsfläche (UMWELTBUNDESAMT 1994, S. 187).
- Naturzerstörung und Artensterben: 1992 sind 57% der 475 in Deutschland lebenden Wirbeltierarten potentiell gefährdet oder gar vom Aussterben bedroht. (UMWELTBUNDESAMT 1994, S. 111).
- Gewässer- und Luftverunreinigungen
- Trinkwasser- und Lebensmittelbelastungen: Der Nitratgehalt im Trinkwasser hat ständig zugenommen und nähert sich dem gesetzten Grenzwert von 50 mg/l in der BRD. Bei den folgenden Stoffen sind die Grenzen zumutbarer Belastungen wahrscheinlich erreicht oder überschritten: polychlorierte Dibenzodioxine und -furane (PCDD/PCDF), polychlorierte Biphenyle (PCB) und einige chlororganische Pestizide in der Frauenmilch; Blei und Cadmium in Lebensmitteln und im Trinkwasser.
- Lärmbelästigungen: Lärm als Risikofaktor tritt erst allmählich ins Bewußtsein der Verantwortlichen (⇝ Umweltverschmutzung, akustische).

- Müllproblematik: Das jährliche Pro-Kopf-Aufkommen in der BRD liegt seit 1980 unverändert hoch, im Mittel bei 329 kg (UMWELTBUNDESAMT 1994, S. 535).
- Altlastenproblem: Bis zum Ende der 80er Jahre wurde nicht saniert, obwohl alle Fachleute z.B. davon ausgehen, daß hochgiftige Schadstoffe aus den willden Müllkippen der 50er und 60er Jahre nun allmählich die Böden kontaminieren und ins Grundwasser gelangen.
- Energieverbrauch (WIEMEYER 1996, S. 36 f.): Obwohl der Primärenergieverbrauch seit der Ölpreiskrise von 1973/74 vom Wirtschaftswachstum entkoppelt ist, stellt das hohe Energieverbrauchsniveau wertvoller nicht erneuerbarer Ressourcen ein großes Problem für die zunehmende Ressourcenerschöpfung dar. Als Folge des Energieverbrauchs entsteht das Problem der Luftverschmutzung, hervorgerufen durch Verbrennungsvorgänge im Rahmen der Energieerzeugung mit nicht erneuerbaren Ressourcen (Erdgas, Erdöl, Kohle). Der Anteil nicht erneuerbarer Ressourcen am Gesamtenergieverbrauch in der BRD ist zwar von 1970-1990 von 97,2% auf 88,3% gesunken, aber immer noch unverhältnismäßig hoch. Anstatt sich darum zu bemühen, die Grundlagen des Energieverbrauchs auf alternative erneuerbare Energiequellen, deren Gesamtanteil binnen zwanzig Jahre sogar um 0,4% sank, umzustellen, wurde Kernenergie als Energieträger ausgeweitet (WIEMEYER 1996, S. 93).

Zusammenfassend kann man sagen, daß Versuche, Umweltverträglichkeit allein durch ökologische Stabilität zu definieren, gescheitert sind. Man kann lediglich eine regulative Idee der ökologischen Integrität formulieren (Nullbelastung), die eine Richtung für die Minimierung von Eingriffen vorgibt. „Nullbelastung ist nicht nur mit technischen Eingriffen in die Natur, sondern mit jeder Nutzung der Umwelt überhaupt unvereinbar." (DAELE 1993, S. 11)

Die Ausrichtung der sozialen Bewertungsprozesse (vgl. sog. Policy-Zyklus: WINDHOFF-HÉRITIER 1987, S. 65f.) an der Dimension der Umweltverträglichkeit orientiert sich nicht primär an einer wünschenswerten Entwicklung, sondern eher negativ an dem ökologischen Schaden, den es zu verhindern gilt. Derartige negative Ziele sind „inhaltlich eindeutig und gegen pluralistische Relativierung immun, wenn sie den Schutz vor Gefahren betreffen, die den Bestand oder die Lebens- und Funktionsfähigkeit der Gesellschaft überhaupt in Frage stellen" (DAELE 1993, S. 2). Leitlinien für die soziale Bewertung von Umweltverträglichkeit bzw. eines etwaigen ökologischen Schadens müssen deswegen insbesondere politisch und kulturell definiert werden.

In der Studie „sustainable netherlands" ist für den nationalen Kontext ein Bewertungsmaßstab dafür geliefert worden, inwieweit menschliche Aktivitäten im Zusammenhang mit Produktionsprozessen noch als „umweltverträglich" bezeichnet werden dürfen. Die Autoren bemerken zu dem Beurteilungsmaßstab abschließend: „Such an exercise shows in a stark manner how far the rich countries live beyond their means" (BUITENKAMP 1993, S. 18).

Zu den reichen Ländern, deren derzeitiges Niveau der Schadstoffemissionen und Ressourcennutzung weit über das ökologisch zuträgliche Maß des nationalen Umweltraumes hinausreicht, gehört auch die BRD.

⇨ Ökologisierung; ⇨ Ökonomische Rahmenbedingungen ...; ⇨ Umweltraum; ⇨ Umweltschutz; ⇨ Zivilisierung, ökologische

BUITENKAMP, Maria (Hrsg.) (1993): Action plan sustainable Netherlands. Amsterdam.
DAELE, Wolfgang von (1993): Sozialverträglichkeit und Umweltverträglichkeit. Inhaltliche Mindeststandards und Verfahren bei der Beurteilung neuer Technik. Berlin.
MARX, Detlev (1988): Einführung. Produktionsprozesse und Umweltverträglichkeits-Folgerungen für Raumplanung und Umweltschutz. In: EWERS, Hans-J. (Hrsg.): Produktionsprozesse und Umweltverträglichkeit. Hannover, S. 1-9.
UMWELTBUNDESAMT (1994): Daten zur Umwelt 92/93. Berlin.
WIEMEYER, Carsten (1996): Wahrnehmung und Bearbeitung der ökologischen Herausforderung durch das politisch-administrative System. Bielefeld.
WINDHOFF-HÉRITIER, Adrienne (1987): Policy-Analyse: eine Einführung. Frankfurt a.M.

Peter Weinbrenner/Carsten Wiehmayer

Umweltverträglichkeitsprüfung (UVP)

Das deutsche Umweltverträglichkeitsprüfungs-Gesetz basiert auf einer Richtlinie der EG aus dem Jahr 1985. Danach sollen gemeinsam durch Projektträger, Behörden und Öffentlichkeit die wichtigsten Auswirkungen eines Vorhabens auf die Umwelt möglichst vollständig abgeschätzt und mögliche Alternativen untersucht werden.

Die deutsche Umweltverträglichkeitsprüfung ist kein selbständiges Verfahren. Sie ist Teil behördlicher Vorgänge, in denen über die Zulässigkeit von Vorhaben entschieden wird. Hierunter fallen sowohl Investitionsvorhaben der öffentlichen Hand (Gemeinden, Kreise, Land, Bund) als auch von Privaten, meist von Industrieunternehmen. Beispiele sind Kläranlagen, Mülldeponien, Verbrennungsanlagen, Fernstraßen, chemische Großanlagen etc. Diese Planungs- und Genehmigungsverfahren sind unentbehrliche Instrumente umweltpolitischer Vorsorge:

- *Planungsverfahren,* wie die Aufstellung örtlicher Bebauungspläne oder das überörtliche *Raumordungsverfahren,* sind oft Grundlage für nachfolgende Genehmigungsverfahren. Hier wird festgelegt, ob auf einer bestimmten Fläche prinzipiell Gewerbeanlagen oder z.B. Kiesgruben zulässig sind. Im *Raumordungsverfahren* wird z.B. über die Linienführung von Autobahnen oder Schienenwegen entschieden.
- *Genehmigungsverfahren* sind wesentlich durch das *Bundesimmissionsschutzgesetz* (BImSchG) geregelt. Dieses stellt bestimmte private oder öffentliche Anlagen unter Genehmigungsvorbehalt. Dies sind Betriebs-

stätten, Produktionskomplexe oder Maschinen, die aufgrund ihrer Beschaffenheit oder ihres Betriebs in besonderem Maße geeignet sind, schädliche Umwelteinwirkungen hervorzurufen (z.B. große Trocknungsanlagen, chemische Produktionsanlagen).
- Das *Planfeststellungsverfahren* ist ein besonderes Genehmigungsverfahren für großräumig bedeutsame Maßnahmen wie z.B. Flughäfen, Fernstraßen oder Kraftwerke.
- Die *Naturschutzgesetze* des Bundes und der Länder stellen viele größere und dauerhafte „Eingriffe" in den Naturhaushalt und das Landschaftsbild unter Genehmigungsvorbehalt.

Mit der Umweltverträglichkeitsprüfung werden verfahrensmäßige Mindestregelungen für die Berücksichtigung von Umweltbelangen in allen Planungs- und Genehmigungsverfahren festgeschrieben. Um mögliche schädigende Auswirkungen von Investitionsvorhaben frühzeitig und umfassend ermitteln, beschreiben und bewerten zu können, sind folgende Schritte vorgesehen:
- Die zuständige Behörde steckt im Gespräch mit dem Investor Gegenstand, Umfang und Methoden der Umweltverträglichkeitsprüfung ab. Hierbei wird insbesondere festgelegt, welche Gutachten und sonstige Unterlagen der Träger des Vorhabens beibringen muß.
- Diese Unterlagen müssen das Vorhaben ausführlich beschreiben und insbesondere Angaben enthalten über: zu erwartende Emissionen, Abfälle und Abwässer; Möglichkeiten und Verfahren, Beeinträchtigungen der Umwelt zu vermeiden, zu verringern oder auszugleichen; zu erwartende Auswirkungen auf die Umwelt und Offenlegung des technisch-naturwissenschaftlichen Kenntnisstandes und der Prüfungsmethoden.
- Beteiligung anderer Behörden, der Öffentlichkeit und in Planfeststellungsverfahren der anerkannten Naturschutzverbände. Dies geschieht durch öffentliche Bekanntmachung des Vorhabens und Auslegung der Unterlagen. Die betroffenen Bürger haben das Recht, Einwendungen vorzubringen, sei es mit dem Ziel, eine Genehmigung zu verhindern oder die Investition an bestimmte Auflagen zu binden.

Der deutsche Gesetzgeber hat die EG-Richtlinie in enger Anbindung an das bestehende Rechtssystem umgesetzt. So sind Umweltverträglichkeitsprüfungsergebnisse durch die Genehmigungsbehörde lediglich zu berücksichtigen; sie erweitern das Abwägungsmaterial und verstärken den Begründungszwang der Planer und Entscheider. Die Öffentlichkeitsbeteiligung wurde gegenüber dem bisherigen Recht nicht ausgeweitet.

⇨ Öko-Audit; ⇨ Ökobilanz

BEYWL, Wolfgang/KLEMISCH, Herbert (1993): Partizipative Umweltverträglichkeitsprüfung - Plädoyer für den Runden Tisch. In: ZIMMERMANN, Monika (Hrsg.): Öffentlichkeitsbeteiligung in der UVP. Bonn, S. 23-42.

Herbert Klemisch

Umweltvorsorge

Umweltvorsorge geht, im Unterschied zum ↝ Umweltschutz, über das Bemühen hinaus, Gefahren für Mensch und Umwelt lediglich im Nachhinein abzuwehren oder auch bestimmten Schäden vorzubeugen. Umweltvorsorge ist der Versuch, im idealtypischen Sinne von der Gefahrenabwehr über die Vorsorge (↝ Vorsorgeprinzip), von der Reparatur über die Entsorgung hin zu einer ökologischen Veränderung im Sinne von Strukturorientierung zu gelangen. Strukturorientierung meint ökologisch angepaßte Formen. Nimmt man zur Konkretisierung dieser Aussagen Bodenprobleme, so zielen Schadensreparatur und Schadensentsorgung lediglich auf nachsorgende Maßnahmen z.B. der Kalkung des Bodenaushubs. Ökologische Modernisierung und Strukturveränderung umfassen demgegenüber z.B. extensive Nutzung und ein ökologisches Netzwerk in der Landschaft. Umweltvorsorge stellt den Versuch dar, über eine Veränderung des ↝ Mensch-Natur-Verhältnisses ein grundsätzlich umweltfreundlicheres und umweltgerechteres Verhalten zu erreichen. Umweltvorsorge orientiert sich an der Akzeptanz der Begrenztheit menschlicher Kompetenz beim Eingriff in ökologische Systeme, an der Förderung von Kreativität durch gesellschaftliche Reflexions- und Kommunikationsprozesse sowie an der Lernfähigkeit im Umgang mit ökologischen Systemen schlechthin (↝ Landwirtschaft, ökologische).

GÄRTNER, Helmut (1991): Umwelterziehung. Hamburg.

Helmut Gärtner

Umweltwahrnehmung

Umweltwahrnehmung beinhaltet die Erfassung eines Umweltausschnitts als subjektive Ganzheitswahrnehmung (Angstgefühl) sowie die detaillierte sinnliche Erfassung (Sehen, Hören, Tasten, Riechen, Schmecken). Menschliche Wahrnehmungsfähigkeit ist individuell unterschiedlich ausgeprägt und gewichtet (selektive Wahrnehmung). Eine gezielte Sensibilisierung der ↝ Sinne (durch sinnlich-ästhetische Übungen oder Spiele) kann persönliche Defizite mindern. Das Wahrgenommene zu reflektieren und mit Kenntnissen und Erfahrungen zu ergänzen, führt zu Umwelterfahrungen, die ggf. ↝ Umweltbewußtsein und Umwelthandeln mitprägen (↝ Handeln, ökologisches). Bestimmte Umwelterscheinungen entziehen sich vollständig direkter menschlicher Wahrnehmung (Radioaktivität). Umweltwahrnehmungen können auch täuschen (optische Täuschungen). Die Umweltwahrnehmung bietet den idealen Anknüpfungspunkt für umweltpädagogische Problembearbeitungen.

Wahrgenommen werden kann nur, was bis zu einem gewissen Grad den Bewußtseinsstrukturen des Wahrnehmenden entspricht (↝ Alltagsbewußtsein), deshalb ist die Position des Betrachtenden (↝ Anthropozentrismus, ↝ Physiozentrismus) bedeutsam für die Wahrnehmung, und der Bewußtseinsbildung kommt eine besondere Bedeutung in der Umweltbildung zu.

Ralf Bachmann

Umweltwissen

Unter Umweltwissen wird der Kenntnis- und Informationsstand einer Person über Natur und Umwelt, über Trends und Entwicklungen in ökologischen Aufmerksamkeitsfeldern verstanden. In Anlehnung an PFLIGERSDORFFER lassen sich sechs Bereiche des Umweltwissens unterscheiden:
- allgemeine Ökologie und Ökosysteme,
- Autoökologie (Wissen über die Beziehung von Tieren und Pflanzen zu ihrer Umgebung),
- Humanökologie (Wissen über Wechselwirkungen Mensch - Umwelt),
- Wissen über Umweltprobleme und Umweltgefährdungen,
- lokales Umweltwissen,
- Freilandbiologie und Artenkenntnis.

In der Umweltbewußtseinsforschung wird Umweltwissen nur relativ undifferenziert mit wenigen Indikatoren erfaßt. So wird gefragt, warum FCKW umweltschädlich ist, wie der Bundesumweltminister heißt, wieviele Atomkraftwerke es in Deutschland gibt oder welche Wildkräuter bekannt sind.

Empirische Studien über das Umweltwissen und die Zusammenhänge zwischen Umweltwissen, Umweltbewußtsein und Umweltverhalten zeigen, daß das Umweltwissen der deutschen Bevölkerung bzw. von Teilgruppen nicht sonderlich groß ist. Häufig wurden Studien mit Auszubildenden (Schülern, Jugendlichen und Studenten) durchgeführt, beispielsweise im Kontext der Erforschung von Effekten der Umwelterziehung und Umweltbildung. Diese Studien fokussieren überwiegend schulische Wissensformen und fragen nach der Kenntnis von Pflanzen, Tieren und ökologisch-naturwissenschaftlichen Zusammenhängen. Im Hinblick auf das so definierte Umweltwissen zeigen sich Differenzen nach Schultyp und Geschlecht: Das Wissen männlicher Probanden ist umfangreicher. Zudem ist ein charakteristisches Entfernungsgefälle festzustellen: Man weiß wenig über die Umwelt in der Nähe, jedoch relativ viel über entfernte Umweltzustände, insbesondere im Kontext von Katastrophen, die durch die Medienberichterstattung weithin bekannt sind (↪ Katastrophenbewußtsein; ↪ Massenmedien/Medien).

Ergebnisse der Umweltbewußtseinsforschung zeigen nur geringe Zusammenhänge zwischen Umweltwissen, ↪ Umweltbewußtsein und ↪ Umweltverhalten. Dabei werden zwischen Wissen und Bewußtsein höhere Korrelationen als zwischen Wissen und Verhalten gemessen: Das Wissen, das jemand über Umwelt besitzt, hat keinen prognostischen Wert für sein Verhalten.

↪ Umweltbewußtsein, soziologisch

ENQUETE-KOMMISSION „SCHUTZ DES MENSCHEN UND DER UMWELT" DES 13. DEUTSCHEN BUNDESTAGES/KUCKARTZ, Udo (Hrsg.): Umweltbewußtsein und Umweltverhalten. Berlin.

PFLIGERSDORFFER, Georg (1991): Die biologisch-ökologische Bildungssituation von Schulabgängern. Salzburg.

Udo Kuckartz

Umweltzeichen

Das Umweltzeichen wurde in der BRD 1977 auf Beschluß der Umweltminister der Länder eingeführt. Ziel der vom Umweltbundesamt ausgehenden Initiative war, ein freiwilliges Instrument zu entwickeln, weil die Umweltkrise allein durch Gesetze und Verordnungen nicht zu lösen ist. Es setzt auf Information und Motivation, Freiwilligkeit und Akzeptanz sowie die Bereitschaft jedes einzelnen, einen Beitrag zum Umweltschutz zu leisten. Umweltzeichen leisten einen wichtigen Beitrag zur Umweltaufklärung und Hebung des ↪ Umweltbewußtseins. Der „Blaue Engel" erfreut sich eines Bekanntheitsgrades von ca. 62% (West) und 48% (Ost).

Derzeit (Stand: April 1997) sind für 75 Produktgruppen Vergabegrundlagen gültig; der Blaue Engel befindet sich auf ca. 4.400 Produkten von ca. 1.050 Herstellern. Drei Institutionen sind an der Vergabe beteiligt: die Jury Umweltzeichen, das Umweltbundesamt (UBA) und das Deutsche Institut für Gütesicherung und Kennzeichnung (RAL). Die Entscheidung, ob ein Produkt ein Umweltzeichen erhält, wird von der ehrenamtlich tätigen „Jury Umweltzeichen" getroffen, in der elf Vertreter von Industrie, Gewerkschaften, Umwelt- und Verbraucherverbänden mitarbeiten. Es wird für drei Jahre vergeben; eine Verlängerung ist möglich. Die beantragenden Unternehmen schließen mit dem RAL, das prüft, ob die Vergabe-Voraussetzungen erfüllt sind, einen Zeichennutzungsvertrag. Die am häufigsten vertretenen Produktgruppen sind: schadstoffarme Lacke, Gas-Spezialheizkessel, Recyclingpapierprodukte, Mehrwegflaschen. Die Verwendung des Umweltzeichens hat zu erheblichen Umweltentlastungen geführt, eine Überprüfung seiner Marktwirkung steht jedoch aus.

Seit 1992 hat der Blaue Engel auf europäischer Ebene ein Gegenstück. Das Umweltzeichen der EU wird an Produkte verliehen, die während ihrer gesamten Lebensdauer von Entwicklung und Herstellung, über Vertrieb und Verwendung bis zur Entsorgung („von der Wiege bis zur Bahre") geringere Umweltauswirkungen als vergleichbare herkömmliche Produkte haben (↪ Rucksack, ökologischer). Die EU-Verordnung geht von einem Nebeneinander des EU-Umweltzeichens mit nationalen Umweltzeichen wie dem deutschen Blauen Engel aus. Die Akzeptanz des EU-Labels bei Unternehmen und VerbraucherInnen läßt bisher zu wünschen übrig.

RAL Deutsches Institut für Gütesicherung und Kennzeichnung e.V. (Hrsg.) (1997): Umweltzeichen - Produktanforderungen, Zeichenanwender und Produkte. Sankt Augustin.

Rubik, Frieder/Teichert, Volker (1997): Ökologische Produktpolitik. Stuttgart.

Herbert Klemisch

Umweltzentren
Umweltzentrum ist ein Sammelbegriff für Einrichtungen wie Ökologiestationen, Umweltakademien, Naturschutzstationen, Naturpark-, Schulbiologie- und Umweltbildungszentren, die teils eine längere Tradition haben, meistens jedoch als Reaktion auf die ökologische Krise in den letzten 10-20 Jahren entstanden sind (⇨ Umweltkrise). Praktische und wissenschaftliche Fragen des ⇨ Natur- und ⇨ Umweltschutzes (meist regional), Öffentlichkeitsarbeit und vor allem ⇨ Umweltbildung sind die Hauptbetätigungsfelder der meist in privater Trägerschaft geführten Umweltzentren. Die meisten können deshalb auch als Umweltbildungszentren bezeichnet werden. In etlichen Fällen haben auch Schullandheime, Waldjugendheime, Jugendherbergen und eine Vielzahl anderer Einrichtungen regionale Umweltbildungsfunktionen übernommen (⇨ Umweltpädagogik, kommunale). Ein großer Teil der zur Zeit ca. 500 Umweltzentren hat sich inzwischen in der „Arbeitsgemeinschaft Natur- und Umweltbildung (ANU)" organisiert und arbeitet unter meist ungesicherten wirtschaftlichen und personellen Bedingungen. Die Umweltzentren liegen überwiegend in ländlicher Umgebung, die praktizierte ⇨ Umweltbildung basiert hauptsächlich auf ⇨ Naturerfahrung, ⇨ Naturerleben und aktiven sowie ganzheitlichen und gemeinschaftlichen Betätigungsformen in meist naturschützerischer Perspektive. Sie wird primär als wirkungsvolle Ergänzung und Alternative zum naturfernen schulischen Unterricht und städtischen Alltagsleben gesehen. Moderne Anforderungen und Zukunftschancen der Umweltbildung liegen im Kontext einer nachhaltigen Entwicklung und Lokalen Agenda 21 mit Themen wie Verkehr, Klimaschutz, Stadtentwicklung, umweltfreundliche Gestaltung von Schulen und einer Anknüpfung an den meist städtischen Lebensalltag der Schüler und Bürger (⇨ Agenda 21, lokale; ⇨ Nachhaltigkeit; ⇨ sustainable development). Weil es bei den meisten Umweltzentren große Defizite gibt, wird bei vielen zur Zeit eine grundlegende Umorientierung diskutiert. Die geographische Lage setzt jedoch häufig Grenzen. Deshalb bedarf es neuer Umweltzentren, die in den Städten liegen und den dortigen Raum thematisieren. Zukunftsweisend ist das in Niedersachsen aufgebaute flächendeckende Netz von Regionalen Umweltbildungszentren (RUZ), die - unterstützt von abgeordneten Lehrern - fördernde Dienstleistungen für eine handlungsorientierte Umweltbildung und eine umweltbezogene Öffnung und Entwicklung von Schulen anbieten (⇨ Öffnung der Schule): Beratung, Fortbildung, didaktische Materialien, Erschließung von ⇨ Lernorten (⇨ Lern-Orte-Netz), außerschulische Lernangebote. Außerdem wird versucht, dafür eine über den Schulbereich hinausgehende, regionale Vernetzung mit anderen gesellschaftlichen Bereichen zu organisieren. Der steigende umweltbezogene Dienstleistungs- und Beratungsbedarf könnte auch für andere gesellschaftliche Bereiche (z.B. Handwerk) durch Umweltzentren in einem erweiterten Verständnis befriedigt werden.
⇨ Umweltberatung

DEMPSEY, Rachael u.a. (1993): Umweltzentren im wiedervereinten Deutschland und im zukünftigen Europa. Hankensbüttel.
EULEFELD, Günter/WINKEL, Gerhard (1986): Umweltzentren - Stätten der Umwelterziehung. Kiel.
KOCHANEK, Hans M. (1996): Umweltzentren in Deutschland. München.

Gerhard Becker

Umweltzertifikate
Umweltzertifikate bzw. -lizenzen verbriefen dem Eigentümer ein Recht auf Umweltverschmutzung, genauer: das Recht, eine bestimmte Menge eines bestimmten Schadstoffs in die Umwelt zu entlassen. Die Zuteilung der Umweltzertifikate übernimmt der Staat, der stellvertretend für die Allgemeinheit als Eigentümer der Ressource Umwelt auftritt. Er legt zunächst regional begrenzte Verschmutzungsstandards fest, die sich an dem ökologisch vertretbaren Maß orientieren. Nach dieser Festlegung wird errechnet, wieviele Schadstoffeinheiten ausgestoßen (emittiert) werden dürfen, ohne die Standards zu überschreiten. Die Gesamtmenge ist dann in Anteilscheine zu stükkeln, und jeder dieser Scheine zertifiziert ein Verschmutzungsrecht. Das Wirtschaftssubjekt kann soviel Schadstoff freisetzen, wie die ihm gehörenden Umweltzertifikate zulassen. Will der Produzent/Konsument mehr emittieren, ist er gezwungen, neue Rechte aufzukaufen. Diese werden auf einem börsenähnlichen Markt gehandelt. Ein Verkäufer findet sich, wenn für ihn die Kosten der Schadstoffreduktion (Einbau von Filtern oder ähnliches) geringer sind als der für die Anteilscheine erzielbare Preis.
Die Erstausgabe der Umweltzertifikate erfolgt entweder durch Versteigerung zum Höchstgebot, zu einem Festpreis oder gratis nach einem noch zu bestimmenden Verteilungsschlüssel. Aus ökologischer Sicht ist wichtig: Sollte die Umweltsituation es erfordern, kann der Staat Rechte aufkaufen oder in bestimmten, vorher festgelegten Zeitabständen eine Abwertung der Lizenzen vorsehen, so daß der Schadstoffausstoß zurückgeht. Aus ökonomischer Sicht ist wichtig: Die mit dem Wirtschaften verbundenen Umweltschädigungen erhalten einen Marktpreis, und die Umweltschutzmaßnahme erfolgt bei dem Wirtschaftssubjekt, das sie am kostengünstigsten durchführen kann. Umweltzertifikate sind damit ein geeignetes umweltpolitisches Instrument im Rahmen einer ökosozialen Marktwirtschaft (↝ Marktwirtschaft, ökosoziale).
↝ Allmende; ↝ Öko-Audit; ↝ Ökosteuern; ↝ Rahmenbedingunen für ökologisches Handeln, ökonomische; ↝ Umweltverträglichkeitsprüfung

SEEBER, Günther (1997): Das Coase-Theorem im Unterricht. In: ARBEITEN + LERNEN/WIRTSCHAFT, Heft 25, S. 17-23.

Günther Seeber

UNESCO-Verbindungsstelle für Umwelterziehung

Die UNESCO-Verbindungsstelle für Umwelterziehung im ↔ Umweltbundesamt hat folgende *Zielsetzungen:* Beratung und Information der Fachöffentlichkeit und interessierter Bürgerinnen und Bürger, Beschaffung und Aufbereitung von Informationen, Wissenstransfer, Stellungnahmen und Konzeptentwicklung zu Fragen der Bildung für nachhaltige Entwicklung und sozialwissenschaftlicher Umweltforschung (↔ Umweltforschung, sozialwissenschaftliche). *Schwerpunkte der Arbeit sind:* regelmäßige repräsentative Umfragen zum Umweltbewußtsein in Deutschland und vertiefende qualitative Sozialforschung; Förderung und fachliche Begleitung von Unterrichtsmaterialien und Lehrerhandreichungen sowie von Studien und Modellvorhaben zu den Themen: nachhaltige Konsummuster, Risiko- und Umweltkommunikation, Kooperation und Partizipation, Bildung für nachhaltige Entwicklung (↔ Nachhaltigkeit; ↔ sustainable development).

UMWELTBUNDESAMT (Hrsg.) (1996): Umweltbewußtsein und Umweltverhalten. Sozialwissenschaftlicher Ergebnisbericht zur repräsentativen Bevölkerungsumfrage „Umweltbewußtsein in Deutschland 1996". Opladen.

UMWELTBUNDESAMT (Hrsg.) (1997): Umweltbewußtsein und Alltagsverhalten. Eine qualitative Studie. Opladen.

UNESCO-VERBINDUNGSSTELLE IM UMWELTBUNDESAMT (Hrsg.) (1997): Lehrerhandreichung zur Behandlung der Umweltproblematik aus sozialökonomischer Sicht für den Unterricht im gesellschaftlichen Aufgabenfeld der Sekundarstufe I. Opladen.

UNESCO-Verbindungsstelle

Unterricht, fächerübergreifender

Unter diesem Begriff subsumieren sich verschiedene Unterrichtsformen:
1. *ungefächerter Unterricht,* der zwar inhaltliche Aspekte und Methoden verschiedener Fächer enthält, aber diese Beziehungen nicht ausdrücklich organisiert; charakteristisch für die Primarstufe,
2. *fächerüberschreitender* und *fachverbindender* Unterricht, bei dem über die Grenzen des Faches auf andere verwiesen wird oder ein Thema eines anderen Faches weiterführend behandelt wird,
3. *fächerkoordinierender* Unterricht, bei dem Gemeinsamkeiten nicht nur aufgenommen, sondern planvoll hergestellt und im Rahmen bestimmter organisatorischer Maßnahmen (Kurse, Projekte, Epochenunterricht, „Profile") realisiert werden,
4. *Fachgruppen zusammenführender Unterricht,* als Steigerung und
5. *fächerergänzender* bzw. *fächerübergreifender* Unterricht, der endgültig den bisherigen Unterrichtsrahmen verläßt.

Fächerübergreifender Unterricht kann als Unterrichtsart verstanden werden, in der übergreifende Themen angegangen werden, an denen Schüler und

Lehrer mit verschiedenen Schwerpunkten, Interessen und Erfahrungen gemeinsam arbeiten. Fächerübergreifender Unterricht und ↪ Projektunterricht überschneiden sich. Der Wunsch nach fächerübergreifendem Unterricht hat sich aus verschiedenen Richtungen entwickelt. Die Reformpädagogen erhoben ihn parallel zum Projektgedanken, verbunden mit dem Ruf nach individualisiertem, ganzheitlichem, natürlichem Lernen. Die Wiederbelebung des Projektgedankens, verstärkt durch die Forderung nach einer neuverstandenen Allgemeinbildung, die zur Lösung epochaltypischer Schlüsselprobleme befähigt, hat dem Wunsch nach fächerübergreifendem Arbeiten weiteren Nachdruck verliehen (↪ Projektmethode). Nicht zuletzt befördert das Verlangen nach Wissenschaftspropädeutik für Projekte die Entwicklung von fachgebundenem zu fächerübergreifendem Unterricht, damit im Überschreiten der Fächergrenzen das Verhältnis von wissenschaftlicher und sonstiger gesellschaftlicher Praxis effektiver reflektiert werden kann.

HUBER, Ludwig (1997): Vereint, aber nicht eins: Fächerübergreifender Unterricht und Projektunterricht. In: HÄNSEL, Dagmar (Hrsg.): Handbuch Projektunterricht. Weinheim, S. 31-53.

KLAFKI, Wolfgang (1985/⁵1996): Neue Studien zur Bildungstheorie und Didaktik: zeitgemäße Allgemeinbildung und kritisch-konstruktive Didaktik. Weinheim.

Renate Golisch-Presecki

Utopie

Utopien (VOSSKAMP 1982) haben in der Pädagogik weniger Konjunktur als in der politischen und soziologischen Debatte um die Zukunftsgestaltung. Dabei sind Utopien von Prognosen, Trends und Szenarien zu unterscheiden, denn diese haben immer die Gegenwart zum Ausgangspunkt, die dann in die Zukunft hinein verlängert wird. Utopien basieren in der Regel demgegenüber auf einem radikalen Wandel oder Umbruch.

Die ↪ Umweltbildung hat sich auf Bewahren, Erhalt, Hege und Pflege der Natur festgelegt oder auf die Reform des Umgangs mit der Natur und der Gestaltung der Gemeinschaften in und mit ihr. Von daher gibt es eine Abstinenz gegenüber Utopien in der Umweltbildung. Eher weiß man von einer düsteren, auf den Untergang zusteuernden Zukunft zu berichten.

Ökologische Utopien sind oft rückwärtsgewandt: Zurück zur Natur heißt es darin; ein Leben auf dem Land mit Subsistenzwirtschaft wird häufig zum Ziel erhoben. Romantische, kleinstädtische und provinzielle Züge mit einem Hang zur Überwachung des einzelnen sind in der Literatur zur ökologischen Utopie kaum zu übersehen (CALLENBACH 1978). Mit der Debatte um die nachhaltige Entwicklung scheint sich allerdings einige Dynamik hin zu offeneren Entwürfen abzuzeichnen (GIRADET 1996).

Utopien können im Zusammenhang der Umweltbildung in mehrfacher Form thematisiert werden (DE HAAN 1985, S. 193-215): Zum einen lohnt eine

Auseinandersetzung mit den ökologischen Utopien als Literaturgattung, da sich darin Zukunftsentwürfe entfalten, die gerade aufgrund der Notwendigkeit einer Umgestaltung der Verhältnisse in Richtung einer nachhaltigen Entwicklung dringend erforderlich sind. Zweitens muß aber auch nach den Konsequenzen gefragt werden, die daraus resultieren, daß immer wieder versucht wird, Utopien via Erziehung Wirklichkeit werden zu lassen. Erziehung wird dann leicht funktionalisiert zum Versuch der Manipulation von Lernenden. Schließlich aber hat die Pädagogik, soweit sie die Selbstbestimmung der Lernenden zum Ziel hat, eine Affinität zur Utopie. Wie sonst soll Selbstbestimmung möglich sein, wenn nicht auf der Basis von Zukunftsentwürfen, die etwas anderes entfalten als die Fortschreibung oder allenfalls Modernisierung der bestehenden Verhältnisse?

↬ Nachhaltigkeit; ↬ Ökopädagogik; ↬ sustainable development

CALLENBACH, Ernest (1978): Ökotopia. Notizen und Reportagen von William Weston aus dem Jahre 1999. Berlin.
GIRADET, Herbert (1996): Das Zeitalter der Städte. Neue Wege für eine nachhaltige Stadtentwicklung. Holm.
HAAN, Gerhard de (1985): Natur und Bildung. Perspektiven einer Pädagogik der Zukunft. Weinheim.
VOSSKAMP, Wilhelm (Hrsg.) (1982): Utopieforschung. Interdisziplinäre Studien zur neuzeitlichen Utopie. Stuttgart.

Gerhard de Haan

V

Verantwortung

Max WEBER setzt der Gesinnungsethik, derzufolge eine Handlung gut ist, wenn sie auf gutem Willen beruht (↬ Kategorischer Imperativ), die Verantwortungsethik entgegen: eine Handlung ist gut, wenn sie gute Folgen hat. Hans JONAS versteht in seiner Zukunftsethik Verantwortung als metaphysisch-theologische Pflicht zur Fürsorge für den Fortbestand menschenwürdigen Lebens auf Erden. Der Begriff Verantwortung kommt aus dem Rechtsleben und bezeichnet die Zuständigkeit, die Rechenschaftspflicht oder die Haftung eines Verantwortungssubjekts für ein Verantwortungsobjekt vor einer Verantwortungsinstanz. Individuen (Individualverantwortung) oder Kollektive (Kollektivverantwortung) sind verantwortlich für die wissbaren negativen Folgen ihres Tuns oder Unterlassens, und zwar vor einer Instanz (z.B. Gericht, Gewissen), die aufgrund geltender Normen die Handlungsfolgen beurteilt und das Verantwortungssubjekt zur Verantwortung zieht. Voraussetzung für Verantwortung ist, daß das Verantwortungssubjekt nicht unter Zwang steht (Handlungsfreiheit) und die Schäden dem Verantwortungssubjekt als wissbare Folgen seines Tuns zugeschrieben werden können. Umweltprobleme entstehen meist durch Kumulation der Auswirkungen vieler Handlungen und treten räumlich und zeitlich weit entfernt auf, so daß die Schäden nicht einzelnen Handlungen zuzuschreiben sind. Zudem ist die individuelle Handlungsfreiheit in der arbeitsteiligen technologischen Gesellschaft durch Sachzwänge eingeschränkt. Globale Umweltprobleme unterstehen daher nicht der Individualverantwortung. Sie erfordern politische Anstrengungen zur Inkraftsetzung entsprechender Normen und zur Einrichtung kollektiver Verantwortungssubjekte sowie entsprechender Instanzen mit Sanktionsmacht, wie dies im Rio-Nachfolgeprozeß (↪ Rio-Gipfel) geschehen soll. Das Leitbild der nachhaltigen Entwicklung stützt sich auf die Verantwortung für zukünftige Generationen (↪ Rat von Sachverständigen für Umweltfragen), wobei diese Verantwortung anthropozentrisch (↪ Anthropozentrismus) begründet wird: Die Natur ist aus Gründen intergenerationeller Gerechtigkeit als Ressource für zukünftige Generationen zu erhalten (↪ Generationenvertrag, ökologischer; Gleichheitsgrundsatz ↪ Gerechtigkeit).

↪ Bindung; ↪ Selbstverpflichtung; ↪ Verantwortungsethik

BAYERTZ, Kurt (Hrsg.) (1995): Verantwortung - Prinzip oder Problem? Darmstadt.
JONAS, Hans (1979): Das Prinzip Verantwortung. Versuch einer Ethik für die technologische Zivilisation. Frankfurt a.M.
WEBER, Max (1919): Der Beruf zur Politik. In: WEBER, Max: Soziologie, Universalgeschichtliche Analysen, Politik. Stuttgart, S. 167-185.

Gertrude Hirsch

Verantwortungsethik

Bei der Suche nach wirksamen Möglichkeiten, ein auf Erhaltung und Schutz natürlicher Umwelt orientiertes Verhalten des Menschen zu befördern, wird zunehmend der Verantwortung als Handlungsauslöser Bedeutung beigemessen. Damit werden ethische Aspekte von Umweltproblemen für deren Lösung bedeutungsvoll. In der ↪ Umwelt- oder Ökoethik entsteht eine Hierarchie verschiedener „Ethiken" durch die in ethische Betrachtungen einbezogenen oder nicht einbezogenen Elemente natürlicher Umwelt. So umfaßt holistische Ökoethik (↪ Holismus) die gesamte Biosphäre mit ihren biotischen und abiotischen Komponenten. Biozentrische Ökoethik (↪ Biozentrismus) begrenzt das in menschliche Verantwortung Einzubeziehende auf alles Lebende, vor allem Pflanzen und Tiere, während pathozentrische Ökoethik (↪ Pathozentrismus) sich nur auf schmerz- und leidensfähige Tiere bezieht. Bei anthropozentrischer Ökoethik (↪ Anthropozentrismus) ist die Menschheit und deren Zukunft Betrachtungsgegenstand, und egozentrische Ökoethik stellt den einzelnen Menschen in den Mittelpunkt. Verantwortungsethik soll zudem Aussagen über Handlungsbreite, Wirkungsfeld und Einflußmöglichkeit des Handelns bereithalten. Gerade in der Begrenzung wahrnehmbarer Verantwortung liegen Perspektiven einer wirkungsvollen Umweltethik. Bei der maximalistischen Verantwortungsethik: „Wir müssen uns alle für unsere Umwelt verantwortlich fühlen" sind die Formulierungen: „Wir müssen uns alle ..." und „unsere Umwelt ..." so allgemein im Ansprechen von Verantwortungsträgern wie im Abgrenzen des Verantwortungsbereiches, daß sich kaum jemand verbindlich angesprochen fühlt, und wenn, dann kann er in dem diffusen Bereich „unsere Umwelt" kaum Einfluß nehmen. Maximalistische Verantwortungsethik führt deshalb zu Verantwortungsüberlastung des einzelnen, zu Mißerfolgen beim Handeln, zu Unmündigkeit, da auf übergeordnete Koordination gewartet wird, und schließlich zu *kollektiver Verantwortungslosigkeit*. Diese verantwortungsethische Denkrichtung hat sich deshalb für Umwelterziehung/-bildung und nicht nur für diese als ungeeignet und nicht umsetzbar, ja schädlich erwiesen. Minimalistische Verantwortungsethik dagegen fordert vom einzelnen: Ich bin für alles verantwortlich, worauf ich einwirken kann; nur für dieses, aber für dieses alles. Sie orientiert sich am Überschaubaren und folgt der Maxime: Ich bin in meinem persönlichen Umfeld für alles, worin ich tätig werden kann, zum Schutz, Erhalt und zur vorratspfleglichen Nutzung der natürlichen Umwelt voll verantwortlich. Dieses Tätigwerden erfordert Handlungskompetenz im Umweltbereich, so daß dieser als einem Ziel von Umwelterziehung (⇨ Verantwortung) nachgegangen werden sollte.

BAIER, Hans (1990): Umwelterziehung in der Schule - über Ethik und Verantwortlichkeit. In: PÄDAGOGIK, 45. Jg., Heft 5, S. 35 8 ff.

SÈVE, Lucien (1985): Wissen und Verantwortung. In: BUHR, Manfred u.a. (Hrsg.): Philosophie in weltbürgerlicher Absicht und wissenschaftlicher Sozialismus. Köln, S. 234 ff.

Hans Baier

Verbraucherbildung
Verbraucherbildung will Einfluß nehmen auf die durch Massen- und Marktkommunikation wesentlich mitgeprägte Sozialisation der Verbraucher. Gegenstand sind Fragen des Erwerbs, der spezifischen Art und der Auswirkungen konsumrelevanter Kenntnisse, Einstellungen und Fähigkeiten sowohl für die individuelle Lebensgestaltung als auch im Kontext der Verbesserung der Funktionsfähigkeit der Marktwirtschaft. In hochentwickelten, funktional differenzierten Marktwirtschaften kann die Produktionssteuerung durch Konsumenten (Konsumentensouveränität) nur dadurch zum Tragen kommen, daß sie mit einem hohen Grad an Selbstbestimmung auf ein in der Regel vorgegebenes Angebot mit Kauf/Nichtkauf (Abwanderung) oder Kritik reagieren. Deren Wirksamkeit hängt davon ab, ob Wahlmöglichkeiten bestehen (Marktstruktur), ob bestehende Wahlmöglichkeiten sowie deren Konsequenzen bekannt sind (Markttransparenz) und ob Konsumenten das Spektrum bestehender Wahlmöglichkeiten nutzen (Marktverhalten der Verbraucher). Verbraucherbildung bezieht sich auf die beiden letztgenannten Aspekte. Er-

ste Ansätze Ende der 60er, Anfang der 70er Jahre stellten rationales Marktverhalten in Form von haushälterischer Geldverwendung und Preis-/Qualitätsvergleiche in den Mittelpunkt. Informationen über Rechte und Pflichten der Marktparteien, über finanzielle und technisch-funktionale Kriterien von Marktgütern sollten den Preis- und Qualitätswettbewerb intensivieren und das Risiko von Fehlkäufen verringern. Mit zunehmender Marktsättigung bei vielen Sachgütern gewinnt nun die Reflexion über Strategien der Produktdifferenzierung an Bedeutung, die den Verbrauchern durch den Wettbewerb auf hohem Niveau und gesicherter technisch-funktionaler Qualität „sozialen Zusatznutzen" versprechen. *Der symbolische Gehalt von Konsumgütern wird im Wohlstand zu einem zentralen Kriterium der Produktwahl.* Konsum dient dem Ausweis grundlegender Einstellungen und bringt im Statuswettbewerb gleichzeitig Gruppenzugehörigkeit und Gruppenabgrenzung zum Ausdruck. Das Ergebnis ist eine Konsumdynamik, die wegen der prinzipiellen Nichteinlösbarkeit der Statusversprechen die gesellschaftlich integrative Funktion des Konsums gefährden kann und die unter ökologischen Aspekten nicht durchzuhalten ist. Entsprechend erweitert sich das Zielbündel der Verbraucherbildung über individualisiertes, marktrationales Verhalten hinaus und schließt heute auch eine kritische Reflexion der Bedarfe unter den Aspekten ihrer sozialen und ökologischen Auswirkungen und die Bereitschaft zu solidarischem Handeln ein. Die sich dabei ergebende Zielinkonsistenz zwischen marktrationalem Verhalten einerseits und der Forderung nach ökologieverträglicherem Verhalten mit der Implikation der Wahl einer in der Regel teureren (bzw. aufwendigeren) Verhaltensalternative andererseits ist bisher konzeptionell ungelöst. Jedenfalls dürfte sich die Strategie der Moralisierung angesichts bestehender Anreizstrukturen nur ausnahmsweise als tragfähig erweisen (⇨ Moral; ⇨ Ökonomische Rahmenbedingungen für ökologisches Handeln). Als wichtigste Träger intentionaler Verbrauchererziehung können die allgemeinbildenden Schulen, aber auch Volkshochschulen und Verbraucherorganisationen gelten. Insbesondere angesichts der Sozialisationswirkungen der Konsumkultur und der Massenkommunikation (⇨ Massenmedien/Medien) sind die der Verbraucherbildung zur Verfügung stehenden Ressourcen als völlig unzureichend einzuschätzen.

KUHLMANN, Eberhard (1990): Verbraucherpolitik. Grundzüge ihrer Theorie und Praxis. Berlin, S. 272-304.
PREUSS, Volker/STEFFENS, Heiko (Hrsg.) (1993): Marketing und Konsumerziehung. Frankfurt a.M.
PRIDDAT, Birger (1997): Moralischer Konsum. In: PRIDDAT, Birger u.a. (Hrsg.): Ökonomie und Moral - Beiträge zur Theorie ökonomischer Rationalität. München, S. 175-194.

Gerd-Jan Krol

Vernetzung ⇨ Retinität

Vernunft, ökologische
Ökologische Vernunft strukturiert den Umgang des Menschen mit der Natur. Form und Inhalte der jeweiligen ökologischen Vernunft sind das Ergebnis des ökologischen Diskurses, der in einer Gesellschaft geführt wird. Seit der Entstehung der ↪ Moderne hat sich zunehmend ein utilitaristisch verkürzter Begriff der ökologischen Vernunft durchgesetzt. Danach wird Natur zum Objekt wissenschaftlicher Neugierde, ökonomischer Ausbeutung und technischer Gestaltung. Natur wird zum kollektiven Gut (↪ Allmende), von dessen Nutzung niemand ausgeschlossen werden kann, oder sie wird zum Objekt privater Aneignung und privaten Wirtschaftens. In der gesellschaftlichen Praxis hat diese utilitaristische Interpretation der ökologischen Vernunft zur Krise der Natur und damit zur neuerlichen Thematisierung des Mensch-Natur-Verhältnisses geführt. Die ökologische Kritik wendet sich gegen ein rein instrumentelles Naturverhältnis, weil diese zur Selbstzerstörung der natürlichen Lebensgrundlagen führe. Sie stellt der utilitaristischen Vernunft ein Modell ökologischer Vernunft entgegen, das von einer natürlichen Ordnung der Natur ausgeht, die der Mensch nicht gefährden dürfe. Während die utilitaristische Version der Vernunft auf eine Entmoralisierung des Naturverhältnisses hinausläuft, zielt die ökologische Kritik auf eine Remoralisierung des ↪ Mensch-Natur-Verhältnisses ab, bis hin zu dem Punkt, daß der Natur Eigenrechte zugeschrieben werden. Diese ökologische Vernunft läuft allerdings Gefahr, daß Mensch-Natur-Verhältnis zu naturalisieren. Damit übersieht auch die ökologische Kritik, daß die Art und Weise der Vergesellschaftung der Natur sich immer aus der Praxis der gesellschaftlichen Auseinandersetzungen zwischen sozialen Bewegungen und gesellschaftlichen Institutionen ergibt (↪ Vernunft, praktische; ↪ Diskurs, ökologischer). Die Naturalisierung des Mensch-Natur-Verhältnisses ist nur eine mögliche Form der symbolischen Aneignung der Natur durch den Menschen (↪ Fehlschluß, naturalistischer). Daß die symbolischen und kommunikativen Grundlagen des menschlichen Naturverhältnisses wieder in den Blick geraten sind, ist eher eine Nebenfolge der ökologischen Kritik der herrschenden utilitaristischen Vernunft gewesen. Kritik und Gegenkritik der ökologischen Vernunft hatten den Effekt der Steigerung des ökologischen Diskurses über die Natur. Der Diskurs zeigt einerseits auf, daß eine utilitaristische gefärbte ökologische Vernunft zur Zerstörung der natürlichen Lebensgrundlagen tendiert. Andererseits führt die Naturalisierung der Naturverhältnisse noch nicht aus der ökologischen Krise. Sie scheint vielmehr gesellschaftliche Entwicklung zu blockieren. Ob der ökologische Diskurs und die in ihm angeregte Revision der praktischen Vernunft zu einem angemessenen Naturverhältnis führt, bleibt eine offene Frage. Die Formulierung einer angemessenen ökologischen Vernunft als gesellschaftliches Regulativ hängt nicht zuletzt davon ab, ob es den gesellschaftlichen Institutionen und Bewegungen gelingt, widersprüchliches Wissen und Moralvorstellungen über die Natur in demokratischen Verfahren zu vermitteln. Dies ist aber das Ergebnis der Mobilisierung

und Institutionalisierung einer veränderten praktischen Vernunft.
↝ Bewegungen, soziale; ↝ Naturverhältnisse, gesellschaftliche; ↝ Ökologiebewegung; ↝ Umweltethik

BRAND, Karl-W./EDER, Klaus (1997): Ökologische Kommunikation in Deutschland. Opladen.
EDER, Klaus (1988): Die Vergesellschaftung der Natur. Studien zur sozialen Evolution der praktischen Vernunft. Frankfurt a.M.

Willy Viehöver

Vernunft, praktische

Praktische Vernunft strukturiert den Umgang menschlicher Gesellschaften mit der jeweiligen Komplexität ihres theoretischen, inventiven und moralischen Wissens. Sie organisiert die Menschengeschichte der Natur (zu der mehr und mehr auch die gesellschaftlich erzeugte und verfügbar gemachte Natur zählt) einerseits und die Menschengeschichte der Gesellschaft andererseits. Eine soziologische Wendung des Begriffs 'praktische Vernunft' setzt aber nicht a priori eine regulative Idee voraus. Vielmehr ist praktische Vernunft das Ergebnis einer gesellschaftlichen Praxis, die zwar poiesis (gestaltendes Schaffen) umfaßt, sich aber nicht auf sie reduzieren läßt. Während poiesis bemüht ist, das kognitive Wissen zum Zweck der Aneignung und der Anpassung an die Natur auszudehnen, erfüllt sich der Zweck der Praxis auch darin, die Zwecke der poiesis zu definieren. Es wird angenommen, daß der Umgang des Menschen mit dem kognitiven Wissen durch moralische Lernprozesse korrigiert werden kann, die ihren Niederschlag in unterschiedlichen Formen (common sense, Recht, Ethik) und Ebenen (Alltagsmoral, institutionelle Moral, intellektuelle Moral) einer moralischen Ordnung finden.

Die Begrifflichkeit der praktischen Vernunft hält zwar an der Möglichkeit der Entwicklung kollektiver moralischer Vorstellungen über eine soziale Ordnung fest und führt diese auf konstruktive Tätigkeiten der Produktion und Reproduktion sozialer Ordnung zurück. Diese können sich in Standards von Alltags-, Gesetzesmoral und Ethik niederschlagen. Praktische Vernunft besagt aber nicht, daß der praktische Umgang mit der Entwicklung der moralischen Standards Schritt hält. Die Frage ist, ob eine systemübergreifende praktische Vernunft, die von den kognitiven und moralischen Lernprozessen selektiven Gebrauch macht, unter den Bedingungen funktionaler Differenziertheit der Gesellschaft überhaupt noch möglich ist. Gerade durch die nicht-intendierten Folgen des Umgangs mit der Natur, die auf ihre Nützlichkeit reduziert wurde, ist praktische Vernunft in den modernen Gesellschaften unter Veränderungsdruck geraten.

Nach der sozialen Frage im 19. Jahrhundert kollidieren seit den 60er Jahren des 20. Jahrhundert in der modernen Gesellschaft konkurrierende Modelle der praktischen Vernunft in der Naturfrage. Das Praxismodell einer Vernunft, die die Umwelt menschlicher Gesellschaften als (kollektive) Güter begreift, deren Ausbeutung nur durch den jeweiligen Stand der kognitiven und technischen Fähigkeiten beschränkt ist, läßt sich nicht länger legitimieren und reproduzieren. Die Folgen dieser, auf poiesis reduzierten, praktischen Vernunft zeigen sich in der Krise der Natur und in der ökologischen Kritik. Derzufolge gibt es eine praktische *Un*vernunft im Umgang mit der Natur, die auf die Zerstörung der natürlichen Grundlagen gesellschaftlicher Praxis hinausläuft. Die Sichtbarmachung der Krise der Natur durch advokatorische Akteure hat zur Formulierung einer ökologischen Vernunft angeregt, die die Notwendigkeit des Schutzes der Umweltgüter - verstanden als gemeinsames Erbe der Menschheit - einklagt und entsprechende regulative Standards (↪ Umweltbewußtsein, soziologisch; ↪ Umweltrecht; ↪ Umweltethik) formuliert.

Ideen einer veränderten praktischen Vernunft bedeuten aber nicht, daß in der gesellschaftlichen Praxis auch Gebrauch davon gemacht wird. Vielmehr kann der Zusammenhang zwischen kognitivem Wissenszuwachs, moralischen Lernprozessen und Entwicklung praktischer Vernunft nur durch die kommunikative gesellschaftliche Praxis neu reguliert werden (↪ Umweltkommunikation). Dies geschieht zunächst im Streit - d.h. in der Praxis der sozialen und politischen Auseinandersetzung - um die kulturelle Orientierung, die gesellschaftliche Entwicklung nehmen soll. Dieses kommunikativ angereicherte Modell der Praxis kann nur zur sozialen Evolution einer praktischen Vernunft führen, wenn es in und zwischen den Institutionen ausdifferenzierter Gesellschaften etabliert werden kann und Einfluß auf die gesellschaftlichen Entscheidungen nimmt. *Nicht kognitive oder moralische Lernprozesse, sondern die gesellschaftliche Praxis ihrer Verwendung ist der Mechanismus der sozialen Entwicklung der praktischen Vernunft* (↪ Sozialisation, naturbezogene). Aber erst durch die entscheidungswirksame Gebrauchsweise kognitiven und moralischen Wissens in den Institutionen kann praktische Vernunft die kulturelle Orientierung und Legitimation einlösen, die sie verspricht.

↪ Alltagsbewußtsein; ↪ Naturverhältnisse, gesellschaftliche

EDER, Klaus (1988): Die Vergesellschaftung der Natur. Studien zur sozialen Evolution der praktischen Vernunft. Frankfurt a.M.

MEIER, Viktor (1993): Natur und Politik im Kontext einer praxisorientierten ökologischen Ethik. Ökologische Krise und advokatorisches Handeln. Zürich.

Willy Viehöver

Verursacherprinzip

Mit dem Verursacherprinzip lieferte die ökonomische Theorie ein Kostenzurechnungsprinzip, das als marktkonformer Ansatz die ↪ Umweltpolitik in Deutschland und in anderen Industriestaaten nachhaltig prägte. Gemäß der beispielsweise im Zivilrecht geltenden Schadensersatzmaximen soll nach dem Verursacherprinzip auch der Umweltschädiger die Kosten seines Verhaltens angelastet bekommen: Vermeidung, Sanierung oder Kompensationsmaßnahmen sind von ihm zu finanzieren. Die Preisverhältnisse der von ihm

konsumierten bzw. produzierten Güter signalisieren das Maß der Umweltbeeinträchtigung. Die wichtigsten Instrumente einer dem Verursacherprinzip folgenden Politik sind Umweltabgaben (z.B. Abwasserabgabe, Müllgebühren) und ⇨ Umweltzertifikate. Die praktische Umsetzung des Verursacherprinzips kann an Zielkonflikten (Arbeitsplätze vs. Umweltschutz), am Problem der Monetarisierung von Umweltschäden und damit der Kostenbestimmung (z.B. Waldschäden in Geldeinheiten?) oder der Nicht-Auffindbarkeit des Verursachers scheitern. Die Politik greift deshalb häufig auf das ⇨ Gemeinlastprinzip zurück, bei dem die Allgemeinheit die Kosten trägt. Auf diese Weise können auch Industriezweige indirekt subventioniert werden.
⇨ Ökonomische Rahmenbedingungen ...; ⇨ Vorsorgeprinzip

Günther Seeber

Vitanität ⇨ Humanität

Volkshochschule
Volkshochschulen sind in ganz Deutschland verbreitete, kommunale Bildungseinrichtungen, die flächendeckend Veranstaltungen anbieten. Sie weisen trotz unterschiedlicher Schwerpunkte eine einheitliche Fachbereichsstruktur auf. Aus den detaillierten Angebots- und Teilnahmestatistiken lassen sich Trends und Tendenzen der Erwachsenenbildung ablesen.
Fast alle Volkshochschulen bieten seit den 70er Jahren Vorträge und Seminare mit ökologischer Thematik an. Während Umweltbildungskurse bis Ende der 80er Jahre kontinuierlich zugenommen haben, ist in den 90er Jahren ein Rückgang von Angebot und Nachfrage festzustellen. In den alten Bundesländern behandelten im Jahr 1992 47% der ökologischen Veranstaltungen naturkundliche Themen (incl. Naturschutz), 22% ökologische Aspekte der Gesundheitsbildung, 18% naturwissenschaftlich-technische Fragen (z.B. Energiesparen). Seminare mit politischer, globaler, ethischer Fragestellung sind - trotz des Bildungsurlaubs in mehreren Bundesländern - selten. In den neuen Bundesländern sind umwelttechnische Themen relativ häufig, das Interesse an Umweltpolitik, Naturschutz, Gesundheitsbildung ist geringer als in den alten Bundesländern. Die überwiegende Veranstaltungsform ist der Vortrag (41%), 31% der Veranstaltungen sind Exkursionen, 28% Seminare.
Je mehr die öffentlichen Zuschüsse für Volkshochschulen sinken und die Teilnahmegebühren steigen, desto geringer ist die Beteiligung an nicht praktisch/beruflich verwertbaren Themen.
Viele Volkshochschulen erproben neue Veranstaltungsformen und ungewöhnliche Lernorte oder sprechen spezielle Zielgruppen an. Ein Beispiel für solche Modellversuche ist das Projekt „Tu Was", das 1985 von Richard HÄUSLER an der Volkshochschule Grafing entwickelt wurde und sich inzwischen als Bundesverband etabliert hat. Tu-Was-Projekte kontrollieren z.B. vor Ort die (abnehmende) Wasserqualität, den Ozonsmog, den Müll in Su-

permärkten, Elektrosmog u.ä. 1996 wurde „Tu Was" mit dem Preis für „Innovation in der Erwachsenenbildung" ausgezeichnet.

APEL, Heino/HAAN, Gerhard de (1993): Orientierungen zur Umweltbildung. Bad Heilbrunn.

Horst Siebert

Vorsorgeprinzip
Nach dem Vorsorgeprinzip soll nicht erst zur Abwehr unmittelbar drohender Gefahren oder zur Beseitigung schon eingetretener Schäden gehandelt werden, sondern Schädigungen der Umwelt sollen von vornherein vermieden werden. Sein Stellenwert in der Umweltpolitik bestimmt letztlich die Eingriffsintensität umweltpolitischen Handelns. Das Vorsorgeprinzip entfaltet seine besondere Bedeutung angesichts irreversibler Schädigungen der natürlichen Umwelt. Unter diesem Aspekt verlangt das Vorsorgeprinzip, nur solche Umweltnutzungen zuzulassen, deren langfristige Unschädlichkeit erwiesen ist. Diese strenge Interpretation des Vorsorgeprinzips ist allerdings kaum durchzusetzen, weil einmal generell unzureichendes Wissen über die langfristigen ökologischen Wirkungen anthropogener Umweltnutzungen vorliegen und damit im Zweifel eine Vielzahl von auf kurze Sicht kaum zu ersetzender ökonomischer Aktivitäten unterbunden werden müßte, und weil zum anderen das vorhandene Wissen über die ökologischen Wirkungen vor allem bei denjenigen vorliegt, die als Urheber der Belastungen gelten können. Gegenwärtig sind Beschränkungen von Umweltnutzungen an den Beweis ihrer Schädlichkeit gebunden. Angesichts der Langfristigkeit und Irreversibilität von Wirkungsrisiken kann mit dieser Konstruktion kaum mehr Vorsorge realisiert werden. Eine wichtige Voraussetzung für mehr Vorsorge im Umweltschutz liegt darin, die potentiellen Schädiger der Umwelt stärker mit den durch sie initiierten ökologischen Risiken zu konfrontieren (⇨ Verursacherprinzip). Dies kann dadurch geschehen, daß die Beweislast stärker vom Geschädigten auf den Schädiger verlagert wird, wie etwa durch Umkehr der Beweislast im Zusammenhang mit der Gefährdungshaftung vorgesehen. Anders als die Auflagenpolitik, die vor allem einen nachsorgenden Umweltschutz induziert hat, können marktwirtschaftliche Instrumente nach dem Verursacherprinzip, wie Abgaben oder Emissionslizenzen, einen mehr vorsorgenden Umweltschutz bewirken, weil sie den Umweltnutzern anhaltende ökonomische Anreize zur Verringerung der Umweltinanspruchnahme geben.
⇨ Ökosteueren; ⇨ Ökonomische Rahmenbedingungen ...

HANSMEYER, Karl-H./SCHNEIDER, Hans K. (1990): Umweltpolitik - ihre Fortentwicklung unter marktsteuernden Aspekten. Göttingen.

WICKE, Lutz (1982/⁴1994): Umweltökonomie. München.

ZIMMERMANN, Horst/HANSJÜRGENS, Bernd (Hrsg.) (1994): Prinzipien der Umweltpolitik in ökonomischer Sicht. Bonn.

Gerd-Jan Krol

W

Wachstum
Wachstum ist ein ursprünglich positiv besetzter Begriff, er hat sich aber im Zusammenhang mit der ökologischen Krise ähnlich wie ⇒ Fortschritt zu einem ambivalenten Begriff gewandelt. In einer endlichen Welt ist unendliches Wachstum nicht möglich. Beim Wachstum von Populationen in Ökosystemen verstärkt sich mit zunehmender Annäherung an die Kapazitätsgrenze der Umweltwiderstand, d.h. die Gesamtheit der Faktoren, die weiterem Wachstum entgegenwirken. Die „harte" Regulation wirkt einseitig von Seiten der Umwelt, z.B. wenn auf den Zusammenbruch der Nahrungsressourcen ein Zusammenbruch der Population folgt. Ein Beispiel sind Lemminge, deren Populationsdichte in Perioden von etwa vier Jahren oft auf ein Tausendstel schrumpft. Von „sanfter" Regulation spricht man, wenn vor Erreichen der Kapazitätsgrenze eine vorbeugende Wachstumsbeschränkung, die vom wachsenden System mitgesteuert wird, auftritt. Während der Menschwerdung war Wachstum wegen natürlicher Dämpfungsfaktoren nie problematisch; damit mag zusammenhängen, daß das Verständnis dafür in unserem Erkenntnisapparat (Gehirn, ⇒ Anthropologie) kaum vorbereitet ist. Anschaulich wird dieser Mangel an Intuition, wenn wir uns vergegenwärtigen, daß die heutige Weltbevölkerung von fast 6 Mrd. Menschen in nur 1.000 Jahren durch die Nachkommenschaft eines einzigen Paares überschritten würde, wenn jede Frau im Mittel 4 Nachkommen gebiert und erfolgreich aufzieht und die Dauer einer Generation mit 30 Jahren angesetzt wird (⇒ Bevölkerungsexplosion).
Eine wichtige Größe für exponentielle Wachstumsprozesse ist die Wachstumsrate. Sie wird in % Zuwachs pro Jahr angegeben. Eine nützliche Faustformel für Wachstumsprozesse ist: Nach 10 Verdopplungszeiten nimmt die Ausgangsmenge auf ca. das Tausendfache zu (genau: $2^{10} = 1.024$). Weitere 10 Verdopplungszeiten bedeuten das Millionenfache ($2^{20} = 1.048.576$). Eine zweckmäßige Formel zur Bestimmung der Verdopplungszeit lautet:

[Verdopplungszeit] = 70 : [Wachstumsrate in %]

Ein wichtiger pädagogischer Aspekt ist, daß solche Gleichungen nicht nur Geldzuwachs und Wohlstand, sondern auch z.B. Ressourcenverbrauch, Landschaftsversiegelung, Müll usw. beschreiben. Ein anderer wichtiger Aspekt ist, daß in nachhaltigen Systemen jedem materiellen Wachstumsprozeß ein simultaner oder periodischer Abbauprozeß entspricht. Wenn im zivilisatorischen System Wachstumsprozesse nicht durch eine sanfte Regelung gebremst und schließlich gestoppt bzw. durch Abbau kompensiert werden, dann wird die harte Regulation naturgesetzlich greifen.
⇒ Grenzen des Wachstums; ⇒ Ökologie und Ökonomie; ⇒ Wirtschaftswachstum

MEADOWS, Dennis L. (1972): Die Grenzen des Wachstums. Stuttgart.
RIEDL, Rupert/DELPOS, Manuela (Hrsg.) (1996): Die Ursachen des Wachstums – unsere Chancen zur Umkehr. Wien.

Bernhard Verbeek

Wachstum, qualitatives ↦ Wirtschaftswachstum

Waldpädagogik
Waldpädagogik ist eine Form des angeleiteten sozialen Lernens und Erfahrens im Wald. Das Spektrum waldpädagogischer Aktivitäten reicht von naturkundlichem Unterricht durch unmittelbare Anschauung bis zum gemeinschaftlichen spielerischen Miteinander beim Erleben der Waldwelt.

Die Ursprünge heutiger Waldpädagogik gehen auf das 19. Jahrhundert zurück. Im Gegenzug zur Industrialisierung und Entfremdung vor allem junger Menschen vom Naturerleben entstehen nachweislich in Frankreich, Italien und Deutschland Bedürfnisse in mittleren und unteren sozialen Schichten von Stadt- und Vorstadtbewohnern, sich im Wald von der monotonen, schweren körperlichen Industriearbeit zu erholen. Naturfreunde-, Wandervogel- und ähnliche Bewegungen entstehen; Natur- und Heimatschutzvereine werden gegründet (↦ Geschichte des Naturschutzes; ↦ Naturschutz). Es kommt zu verschiedenartigen pädagogischen Versuchen, Kinder und Jugendliche mit der Natur am Ort des Erlebens vertraut zu machen. In der Zwischenkriegszeit entsteht in den USA die Campingbewegung, die nach dem Zweiten Weltkrieg auch Europa erfaßt, zu deren Popularität nicht zuletzt auch ökonomische Gründe beigetragen haben.

Gegenwärtig gibt es im deutschsprachigen Raum ca. 150 Waldschulen - besser gesagt - waldpädagogische Einrichtungen mit mehr oder minder institutionalisierten Aktivitäten. Neben permanenten öffentlichen oder privaten Trägern, die zumeist über ausgebildetes Lehrpersonal verfügen, gibt es eine Palette ähnlicher Anbieter mit recht breiter Streuung der angestrebten Bildungsziele, der verwendeten pädagogischen Konzepte und des Zielpublikums. Das Angebot reicht von stundenweisen Führungen, geleitet durch Animateure „fliegender ↦ Rucksackschulen", über einen ganzen Waldtag bis hin zu Wochenend- oder mehrtägigen Aufenthalten.

Die Konzepte waldpädagogischer Einrichtungen sind mehrheitlich eine Mischung von reformpädagogischen, anthroposophisch orientierten oder an der Sinnesschulung nach KÜKELHAUS ausgerichteten Inhalten. Verknüpfungen von naturkundlichen, natur- und lebensphilosophischen Ansätzen mit gesellschaftspolitischen Anliegen wie der Friedenserziehung oder öko-politischer Motive prägen heute waldpädagogische Jugendarbeit.

↦ Erlebnispädagogik; ↦ Naturentfremdung; ↦ Outward-Bound

CH-WALDWOCHEN (SCHWEIZERISCHE ZEITSCHRIFT FÜR FORSTWESEN) (1993): Naturerlebnis Wald. Gemeinsam mit Kindern und Jugendlichen im Wald. Nr. 3.
DÜRIG, Rolf (1991): Ganzheitliche Umwelterziehung am Beispiel des Waldes. Frankfurt a.M.
KÜKELHAUS, Hugo (1987): Organismus und Technik: Arbeitskreis für organgesetzliche Lebensgestaltung. Lose-Blatt-Sammlung, Sonderheft Hugo Kükelhaus (1980-1984). Erlangen.
KÜKELHAUS, Hugo (1978/³1986): Hören und Sehen in Tätigkeit. Zug.

Klaus Seeland

Weltbild
Weltbild bezeichnet die entworfene Vorstellung vom Ganzen der erfahrenen Wirklichkeit, gebrochen durch das angeeignete kulturelle Erbe oder ein Bewußtseinsmodell der Welt im Kontext der vertretenen Weltanschauung. Solche kulturell gefaßten individuellen Weltentwürfe werden von einem Traditionsbewußtsein getragen, das viele Generationen übergreift. Sie entsprechen offenen Systemen, in denen sie einerseits mehr sind als die Summe von Einzelerfahrungen und Überzeugungen und in die andererseits neu auftauchende Erfahrungen integriert werden; ältere Erfahrungen werden nicht einfach eliminiert, sondern es wird ihnen ein neuer Stellenwert zugewiesen. Weltbilder verändern sich im Lauf der Geschichte mit ihren geistesgeschichtlichen Voraussetzungen; sie können von anderen Weltbildern abgelöst werden.

Gruppen kommunizieren ihre weltanschaulichen oder wissenschaftlich begründeten Weltbilder und erzeugen somit eine hohe Übereinstimmung ihrer individuellen Bewußtseinsmodelle von der Welt (↬ Alltagsbewußtsein). Bei der Analyse von Weltbildern werden drei Dimensionen unterschieden: *Universalität - Zentrierung - Schichtung* (KLEBER 1993). In der jüdisch-christlichen Tradition, ihrem religiösen Grund und noch konsequenter in dessen Säkularisierung wurde ein Weltbild entwickelt, das in bezug auf *Universalität* von mythisch-religiös über geisteswissenschaftlich hin zu naturwissenschaftlich reicht. In bezug auf *Zentrierung* ist es theozentrisch bis ausschließlich anthropozentrisch. In bezug auf *Schichtung* ist es tradiert dualistisch.

C. AMERY (1972/³1982) kritisiert an dem in unserer Kultur vorherrschenden Weltbild vehement den ↬ Anthropozentrismus und den Dualismus als aggressiv, naturzerstörerisch und setzt diesem seinen ökologischen Materialismus als Rettungsstrategie entgegen (↬ Materialismus, ökologischer). Damit erhält die Weltbilddiskussion besondere Umweltbildungsrelevanz. Es ist notwendig, dem anthropozentrischen ein planetarisches Weltbild entgegenzustellen (↬ Gaia-Prinzip; LOVELOCK 1989/²1991). In der Auseinandersetzung mit diesen unterschiedlich zentrierten Weltbildern kann der vorherrschende Anthropozentrismus relativiert oder überschritten werden, um umweltverträgliches Handeln zu motivieren, entsprechende Überzeugungen zu entwickeln und zu legitimieren (↬ Pädagogik, ökologische).

AMERY, Carl (1972/³1982): Das Ende der Vorsehung. Die gnadenlosen Folgen des Christentums. Reinbek.
KLEBER, Eduard W. (1993): Grundzüge ökologischer Pädagogik. Weinheim.
LOVELOCK, James (1989/²1991): Das Gaia-Prinzip. Zürich.

Eduard W. Kleber

Welt- und Lebensorientierung
Weltorientierung ist ein tradiertes Schulfach in niederländischen Jenaplanschulen. Es ersetzt dort den bei uns üblichen Sach- oder Heimatkunde-Unterricht. In der BRD gab es eine jahrzehntelange Diskussion über Gesamtunterricht und seine Nachfolger, der in der ersten Runde dahingehend entschieden wurde, daß analytisch-reduktionistische Fächer (wissenschaftsorientiert) den bequemen, laissez-faire-Verhalten begünstigenden Gesamtunterricht ablösen sollten. Wir brauchen aber in dieser komplexen Welt nicht nur im Sinne der ↪ Umweltbildung, wenn auch dort vor allem, ein synthetisierendes Zentrum, in dem wir von komplex-systemischen Zusammenhängen ausgehend, nach analytisch reduktionistischen Kursen wieder pragmatisch auf lebens- und weltbezogene Ganzheiten zurückkommen. Dies wäre ein ausgeweiteter, umfänglicher, mit anderen Fächerteilen angereicherter, neuer Sachunterricht (nicht Schwätzstunde eines offenen Gesamtunterrichts, sondern ein anspruchsvolles systemisches Netzwerk und die Komplexität des Lebens und der Welt berücksichtigender, fächerübergreifender Unterricht), ein zentrales neues Fach (Kleber 1993). Welt- und Lebensorientierung als zentrales interdisziplinäres Fach auch in der Primarstufe besteht aus einer Kette von Projekten (↪ Projektunterricht/Projekte; ↪ Projektmethode). Diese Kette bildet das Zentrum der Lern- und Bildungssituation. Aus Projekten heraus und sie begleitend, könnten fachspezifische Kurse unterschiedlich lange, aber während begrenzter Zeit laufen, deren Ergebnisse wieder in das zentrale Fach eingehen. Die Inhalte sind in der Primarstufe, vor allem diejenigen des Sachunterrichts, erweitert zu Themen der Umweltbildung (wodurch Sprach-, Kunst- und Ethikunterricht in wesentlichen Teilen mit eingebunden werden).

In der Primarstufe kann jede Schule und jede Lehrperson nach diesem Konzept einen neuen Gesamtunterricht begründen, der sowohl kindgemäß sein kann als auch höhere Anforderungen an Lebens- und Wissenschaftsorientierung einlöst, als das die Lehrplankonzepte des bisherigen Sachunterrichts taten. Für die Sekundarstufe wäre ein zentrales synthetisierendes Fach im Sinne von Welt- und Lebensorientierung zur Berücksichtigung der Komplexität, des gesellschaftlichen Lebens und deren Einordnung in das Lebenssystem des Planeten Erde ein großer Fortschritt, der pragmatisch für Lernen auf unsere Zukunft hin gar nicht hoch genug eingeschätzt werden kann.

KLEBER, Eduard W. (1993): Grundzüge ökologischer Pädagogik. Weinheim.

Eduard W. Kleber

Werkstattarbeit, pädagogische
Die pädagogische Werkstatt hat sich mittlerweile in der Erwachsenenbildung als Gegenentwurf zum referentenorientierten Lehren, Lernen und Arbeiten als eine alternative didaktische Stil- und Arbeitsform etabliert. Ihre didaktischen Vorläufer sind die ↝ *Zukunftswerkstatt* aus dem gesellschaftspolitischen und die *Lernstatt* aus dem wirtschaftlich-industriellen Arbeitsbereich. Die pädagogische Werkstatt ist eine an pädagogisch-psychologischen Methoden orientierte Lern- und Arbeitsform, in der über die aktive Beteiligung aller Teilnehmer an der Erarbeitung eines Themenbereiches die Ergebnisse unmittelbar in konkretes gesellschaftliches oder pädagogisches Handeln umgesetzt werden. Sie ist an keine Thematik gebunden. Man unterscheidet die *strategieorientierte* und die *erfahrungsorientierte* pädagogische Werkstatt. Strategieorientiert bedeutet das Erlernen spezifischer Methoden, Verfahren, Abfolgen oder Arbeitsschritte, um Probleme in disziplingebundener Weise konstruktiv zu bearbeiten; erfahrungsorientiert bedeutet spezifische (meist: neue) Lern- oder Arbeitssituationen selbst zu durchleben, um auf sie besser reagieren zu können. Beide Formen unterliegen vier Grundprinzipien:
1. Partizipationsprinzip: Alle Teilnehmer haben zu jeder Zeit die Möglichkeit, Einfluß auf den Verlauf und das Ergebnis zu nehmen.
2. Strukturierungsprinzip: Der Arbeits- und Lernprozeß unterliegt einer bestimmten methodisch-didaktischen Abfolge unter Berücksichtigung lernpsychologischer Kriterien.
3. Ganzheitsprinzip: Berücksichtigung möglichst aller Lerntypen; aktives Einbeziehen des Individuums als auch der Gesamtgruppe, um das kreative Potential optimal zu nutzen.
4. Balanceprinzip zwischen Prozeß und Ergebnis: 'Ergebnis' meint nicht nur das nach außen sichtbare oder vorzeigbare Resultat, sondern auch den durch den Arbeits- und Lernprozeß gewonnenen (Erkenntnis-) Gewinn für einzelne als auch für Gruppen (Team, Kollegium usw.).

Eine strategieorientierte pädagogische Werkstatt durchläuft 8 Phasen:
1. Themenfindung: Aufgabe, Ziel genau bestimmen;
2. Kritikphase: alle Kritikpunkte zum Thema/Problem zusammentragen;
3. Kreativitätsübungsphase: divergentes, ungewohntes Denken/Sehen/Handeln probieren und üben;
4. Kreativitätsphase: Ausschöpfen des kreativen Potentials mittels spezifischer Kreativmethoden;
5. Verwirklichungsphase: konkrete Strategien zur Umsetzung gefundener Lösungen für die Realsituation entwickeln;
6. Strategietrainingsphase: Erprobung oder Simulation konkreter Strategien in der Gruppe, um (Ver-)Änderungen vorzunehmen;
7. Umsetzungsphase: In einem begrenzten Zeitraum Erprobung vereinbarter Strategien und übernommener Aufgaben in der Realsituation (Praxis);
8. Revisionsphase: Erfahrungsaustausch und kritische Überprüfung der bisherigen Aktivitäten und Evaluation.

Bei der erfahrungsorientierten pädagogischen Werkstatt erhalten die einzelnen Phasen eine andere themenbedingte Akzentuierung.
Im gesellschaftlich-politischen und im wirtschaftlich-industriellen Bereich hat sich die Arbeitsweise der pädagogischen Werkstatt als Problemlöseverfahren sehr bewährt; neuerdings findet sie auch Eingang in die Didaktik. Wichtigste Voraussetzung für die Durchführung sind methodisch-didaktisch und lernpsychologisch gut ausgebildete Werkstattmoderatoren.
↪ Projektmethode

JUNGK, Robert/MÜLLERT, Norbert R. (1989/²1990): Zukunftswerkstätten. Hamburg.
KLEBER, Eduard W./THOMANN, Walter (1996): Werkstattarbeit statt Wissensvermittlung. Werkstattbericht des Instituts für Schulforschung und Lehrerbildung (ISL), Band 4. Wuppertal.
PALLASCH, Waldemar/REIMERS, Heino (1990/²1997): Pädagogische Werkstattarbeit. Eine pädagogisch-didaktische Konzeption zur Belebung der traditionellen Lernkultur. Weinheim.

Waldemar Pallasch

Wertesystem
Jeder Mensch baut eine Hierarchie von Werten auf, in die Gegenstände, Einstellungen, Eigenschaften von Personen oder Sachen, Fähigkeiten usw. eingeordnet werden. Das so entstehende Wertesystem wird, wahrscheinlich mitbestimmt von anthropologisch vorgegebenen Dispositionen, vor allem in der Phase der Kindheit und Adoleszenz prägungsartig aufgesogen. Damit ist es späteren Änderungen schwer zugänglich. Für den so geprägten Menschen besteht der Vorteil darin, daß er auf seine historische und soziale Situation „justiert" wird. Dem sozialen System verleiht dieses konservative Element Stabilität. In Übereinstimmung mit dem Modell der prägungsartigen Werte-Installation zeigte sich, daß bezüglich der Einstellung zu postmaterialistischen Werten das aktuelle Einkommen einen geringeren Prognosewert hat als das des Vaters während der Kindheit (↪ Postmoderne). Die hohe Persistenz von einmal installierten Werten wie Geld, Ordnung, Sauberkeit, Rang, Macht, Wachstum usw., gekoppelt mit entsprechenden Symbolen (Auto, Haus, neueste Mode, unkrautfrei gehaltener Rasen) und Aktionen (Fernreisen, aufwendiger Lebensstil) behindert zum Teil erheblich eine Wendung zum umweltfreundlichen Verhalten (↪ Biophilie). Das Nicht-Erfüllen gesellschaftlicher Wertvorstellungen erzeugt Unbehagen; Konformität dagegen wird endokrinologisch (durch „Belohnungshormone", Endorphine) gesichert. Die Vermittlung „ökologischer" Werthaltungen stößt demgemäß auf erhebliche Widerstände und muß auf jeden Fall das soziologische Werte-Umfeld berücksichtigen. Anthropologische Gründe (↪ Anthropozentrismus) sprechen dafür, daß „ökologische Werte" wie Bescheidenheit, Langsamkeit, Behutsamkeit bei Eingriffen in die Natur, Nichtstun, Laissez-faire in Konkurrenz mit dominanzbetonenden Werten generell schwerer zu etablieren sind.

↪ Anthropologie; ↪ Motivation; ↪ Wertewandel; ↪ Werthaltung

INGLEHART, Ronald (1979): Wertwandel in den westlichen Gesellschaften: Politische Konsequenzen von materialistischen und postmaterialistischen Prioritäten. In: KLAGES, Helmut/KMIECIAK, Peter (Hrsg.): Wertwandel und gesellschaftlicher Wandel. Frankfurt a.M., S. 279-316.

VERBEEK, Bernhard (1987/²1988): Das Wertesystem als Wurzel der Umweltzerstörung. In: CALLIESS, Jörg/LOB, Reinhold E. (Hrsg.): Praxis der Umwelt und Friedenserziehung. Düsseldorf, S. 57-68.

Bernhard Verbeek

Wertewandel

Längsschnittuntersuchungen empirischer Sozialforschung weisen auf einen grundlegenden Wandel der Wertorientierungen in westlichen Gesellschaften seit Mitte der 60er Jahre hin, wobei Selbstentfaltungswerte gegenüber Akzeptanzwerten an Bedeutung zunehmen. So haben sich u.a. Erwartungen an die Politik, Einstellungen zu sozialen Pflichten und die Relevanz ökologischer Themen in der Bevölkerung verändert (KLAGES/HIPPLER 1992). In der Forschung ist umstritten, inwieweit diese Veränderungen einen strukturellen gesellschaftlichen Wandel anzeigen oder aus einer Verschiebung im Gefüge bestehender Wertstrukturen resultieren, der auf veränderte ökonomische, bildungspolitische und massenmediale Einflüsse zurückgeht (↪ Diskurs, ökologischer; ↪ Massenmedien/Medien; ↪ Wertesystem). Während INGLEHART (1977/²1989) einen grundlegenden Wertewandel westlicher Gesellschaften von materiellen zu postmateriellen Werten annimmt (↪ Postmoderne), betonen andere die Umschichtung und Differenzierung bereits vorhandener Werte in der Bevölkerung (GENSICKE 1996). Der soziale Wertewandel erfordert subjektiv eine Bewältigungsleistung und Orientierungskompetenz zur Gestaltung zunehmend individualisierter Lebensläufe (vgl. Lebensästheten, GOEBEL/CLERMONT). Tendenzen und Implikationen des Wertewandels sollten in der ↪ Umweltbildung aufgegriffen und kritisch auf theoretisch-konzeptionelle wie auch praktisch-handlungsbezogene Ansätze bezogen werden.

FERCHHOFF, Wilfried/NEUBAUER, Georg (1997): Patchworkjugend. Opladen.

GENSICKE, Thomas (1996): Sozialer Wandel durch Modernisierung, Individualisierung und Wertwandel. In: AUS POLITIK UND ZEITGESCHICHTE, Nr. 42, S. 3-17.

GOEBEL, Johannes/CLERMONT, Christoph (1997/³1998): Die Tugend der Orientierungslosigkeit. Berlin

INGLEHART, Ronald (1977/²1989): Kultureller Umbruch. Wertwandel in der westlichen Welt. Frankfurt a.M.

KLAGES, Helmut/HIPPLER, Hans (1992): Werte und Wandel. Ergebnisse und Methoden einer Forschungstradition. Frankfurt a.M.

Matthias Döbler

Werthaltung

Werthaltungen sind komplexe Systeme von Wertorientierungen und Überzeugungen, die für Entscheidungen im Alltag relevant sind und in verschiedenen geistigen und sozialen Kontexten wie Familie, Schule und Freundeskreis, Ethik, Religion und Wissenschaft, Ökonomie, Freizeit, Arbeitswelt und Politik entstehen, sie werden durch konstruktive Prozesse zu übergreifenden Werthaltungen zusammengefaßt (↪ Konstruktivismus). Ausschlaggebend für die Form, die Werthaltungen annehmen, sind Konflikte, die in alltäglichen ↪ Dilemmasituationen auftreten und unterschiedliche Gewichtungen von Werten und Überzeugungen erfordern. Bei solchen Gewichtungen wirken Gefühle, Rationalität und Erfahrungen aus Handlungen zusammen. Werthaltungen in bezug auf Natur entstehen im Rahmen von Konflikten eines Menschen einerseits und den „Interessen" und „Bedürfnissen" von einzelnen Lebewesen, Gruppen von Lebewesen oder Ökosystemen andererseits. Sie können durch die Analyse von Interviews und Gruppengesprächen über entsprechende Dilemmasituationen erforscht werden.

↪ Alltagsbewußtsein; ↪ Wertesystem

HÖFFE, Otfried (1997): Lexikon der Ethik. München.
NEVERS, Patricia u.a. (1997): Naturethik in Kindergesprächen. In: GRUNDSCHULE, 29. Jg., Heft 5, S. 21-24.
OSER, Fritz (1997): Attitudes and Values. Acquiring. In: DECORTE, Erik/WEINERT, Franz: International Encyclopedia of Developmental and Instructional Psychology. Oxford.

Patricia Nevers

Werturteil und Sachverhalt

Werturteile werden durch präskriptive Sätze (Normen) beschrieben, Sachverhalte durch deskriptive Sätze (Aussagen). Eine Aussage ist wahr, wenn der Sachverhalt, den sie beschreibt, besteht. Ein wirklicher Sachverhalt ist eine Tatsache. Ein Sachverhalt ist kein einzelnes Ding wie z.B. ein Haus, sondern eine Beziehung zwischen „Gegenständen": Der Sachverhalt, daß das Haus rot ist, besteht in der Beziehung zwischen dem Haus und der Farbe rot. Der positivistischen Wissenschaftsauffassung zufolge besteht die Aufgabe der Wissenschaft darin, die Wahrheit von empirischen Aussagen zu prüfen, während die Begründung von moralischen Werturteilen nicht in die Kompetenz der Wissenschaft fällt. Max WEBER vertritt im Werturteilsstreit zu Beginn des 20. Jahrhundert die Auffassung, daß die empirische Sozialwissenschaft nur lehrt, was der Fall ist sowie ob ein Mittel zur Erreichung eines Zwecks adäquat ist, nicht jedoch, ob ein bestimmter Zweck verfolgt werden soll. Die Parteinahme für ein Werturteil ist demzufolge eine persönliche oder gesellschaftliche Entscheidung. Davon ausgenommen sind innerwissenschaftliche Werturteile, z.B. methodische Normen. Im Positivismusstreit der 60er Jahre in der Soziologie wird hingegen von Seiten der Kritischen Theorie gefordert, daß wissenschaftliche Erkenntnis auf einen gesellschaftlichen Sinn bezogen sein soll. Die Wertneutralitätsfrage stellt sich auch in bezug auf das Verhältnis der Umweltforschung zum Leitbild nachhaltiger Entwicklung (↝ Nachhaltigkeit; ↝ sustainable development): Soll Wissenschaft nur die empirischen Bedingungen, Mittel und Konsequenzen von Strategien nachhaltiger Entwicklung untersuchen, oder soll sie sich auch in der gesellschaftlichen Diskussion für nachhaltige Entwicklung einsetzen? Transdisziplinäre Umweltforschung, ↝ Interdisziplinarität und wissenschaftliche Politikberatung sind nicht wertneutral.

ADORNO, Theodor/DAHRENDORF, Ralf (Hrsg.) (1969): Der Positivismusstreit in der deutschen Soziologie. Darmstadt.

GIBBONS, Michael (1994/⁴1997): The New Production of Knowledge. The Dynamics of Science and Research in Contemporary Societies. London.

WEBER, Max (1904): Die „Objektivität" sozialwissenschaftlicher und sozialpolitischer Erkenntnis. In: WEBER, Max (1951): Gesammelte Aufsätze zur Wissenschaftslehre. Tübingen, S. 146-214.

Gertrude Hirsch

Wildnis

Nach den Richtlinien der Nationalparkkommission der Internationalen Union für Naturschutz (IUCN) 1994 für Managementkategorien von Schutzgebieten ist Wildnis „ein ausgedehntes ursprüngliches oder leicht verändertes Landgebiet und/oder marines Gebiet, das seinen natürlichen Charakter bewahrt hat, in dem keine ständigen oder bedeutenden Siedlungen existieren und dessen Schutz und Management dazu dienen, seinen natürlichen Zustand zu erhalten". Diese international vereinbarte Naturschutzkategorie hat zweierlei Funktionen: Einmal soll diese der ökologischen Forschung dienen, zum anderen ist diese für das Erleben ursprünglicher Natur im Rahmen der Erholung, daneben auch für die Bildung des Menschen vorgesehen (besonders in ↝ Nationalparks).

In den USA wurde die historische und philosophische Rezeption der „wilderness" in Kontrast zur fortschreitenden Zivilisation verfolgt und führte bereits im 19. Jahrhundert zur Forderung nach Wildnisschutz. Seit dem 1964 verabschiedeten „Wilderness Preservation System Act" werden von National Parks, National Forest und dem Bureau of Land Management straßenfreie Naturgebiete auf Bundesstaaten kartiert und als Wildnisschutzgebiete ausgewiesen. In diesen Gebieten soll den natürlichen Prozessen weitgehend Freiheit zur Entwicklung gegeben werden, ohne Eingriff des Menschen. Das Gesetz betrachtet den Menschen als durchwandernden Gast in einem Gebiet von wildlebenden Pflanzen und Tieren ohne dauerhaftes Bleibe- und Eingriffsrecht. Als Wanderer zu Fuß, mit Packpferd oder Kanu (ohne mechanische Fortbewegungshilfen wie Fahrrad, Paraglider) muß er sich der Bereitschaft zu minimalem Eingriff in die vorgefundene Natur unterwerfen.

Als „primitive travel", „trekking", „hiking", „backpacking" hat das Wildnisdurchqueren, von den USA ausgehend, ein charakteristisches Image erhalten, dem bald eine darauf abstellende Freizeitindustrie folgte. In der amerikanischen Outdoor- und Abenteuerpädagogik (↪ Erlebnispädagogik; ↪ Outward Bound) spielen Wildnisdurchquerungen mit Jugendlichen, Outdoor Leadership Kurse, die Praxis verantwortungsvollen und naturangepaßten Verhaltens sowie Überlebenstechniken in der Wildnis eine wichtige Rolle.
↪ Biotop mit Mensch

COCKRELL, David (Ed.) (1991): The Wilderness Educator. The Wilderness Assoviaton Curriculum Guide. Meriville.
NASH, Roderick F. (1973/³1982): Wilderness and the American Mind. London.
SIMER, Peter/SULLIVAN, John (1983): The National Outdoor Leadership School's Wilderness Guide. New York.
TROMMER, Gerhard (1992): Wildnis - die pädagogische Herausforderung. Weinheim.

Gerhard Trommer

Wirtschaften, nachhaltiges/ökologisches

↪ Nachhaltigkeit in seiner Grundform bedeutet, aus der Natur nicht mehr zu entnehmen/verbrauchen als durch Regeneration wieder zur Verfügung gestellt wird. Nachhaltige oder dauerhafte Entwicklung befriedigt die Bedürfnisse der Gegenwart, ohne zu riskieren, daß zukünftige Generationen ihre eigenen Bedürfnisse nicht befriedigen können (Brundtland-Report 1987; ↪ Generationenvertrag, ökologischer).

Die Debatte um nachhaltige Entwicklung (↪ sustainable development) zielt nicht nur auf die Umweltdimension, sondern hat soziale und ökonomische Aspekte gleichrangig eingeführt. Die ↪ Agenda 21 fordert alle Politikbereiche auf, Strategien für eine nachhaltige Entwicklung zu formulieren und darin ökologische, ökonomische und soziale Ziele zu berücksichtigen. Umgesetzt wurden die Ansätze in nationalen Umweltplänen wie „sustainable netherlands" oder „Zukunftsfähiges Deutschland" (Studie des Wuppertal Instituts; BUND/MISEREOR 1996) und „Nachhaltiges Wirtschaften" (UMWELTBUNDESAMT 1997). Über den lokalen Agenda-Prozeß (↪ Agenda 21, lokale) wird diese Zielformulierung auf die kommunale Ebene heruntergebrochen.

Im Sinne der Debatte um eine zukunftsfähige Entwicklung bedeutet dies für Unternehmen, die Ressource Natur, bei gleichzeitiger Sicherstellung des ökonomischen Erfolgs, so wenig wie möglich in Anspruch zu nehmen. Diese Aussage bezieht sich nicht nur auf den Standort selbst, sondern auch auf die Verantwortung für den gesamten Lebenszyklus der Produkte, also von der Rohstoffentnahme über Produktion und Nutzung bis zu deren Recycling bzw. Entsorgung. Für den Bereich des einzelnen Unternehmens fehlt allerdings die Konkretisierung einer solche Zielbestimmung genauso wie ein Planungs- und Bewertungssystem, in dem die drei Aspekte (Ökologie, Ökonomie, Soziales) zusammenfließen. Auf betrieblicher Ebene werden die ökonomischen Kennzahlen erfaßt. Umweltkennzahlen befinden sich dagegen noch in der Entwicklungsphase. Der Aufbau von Umweltmanagementsystemen nach der ↪ Öko-Audit Verordnung beinhaltet zumindest den Aspekt der betriebsinternen Formulierung von Umweltzielen. Für die soziale Dimension fehlen dagegen verbindliche Kriterien der Zielfindung vollständig. Der Versuch, dies über eine betriebliche Sozialberichterstattung in Angriff zu nehmen, kann als gescheitert angesehen werden.

Dabei legt angesichts hoher Arbeitslosigkeit die Diskussion um Beschäftigungseffekte von neuen Umwelttechnologien eine Verzahnung dieser Aspekte nahe. Eine gemeinsame Erhebung der drei Wirtschaftsforschungsinstitute (Deutsches Institut für Wirtschaftsforschung, Institut für Wirtschaftsforschung e.V. und Rheinisch-Westfälisches Institut für Wirtschaftsforschung) errechnete für 1994 eine Anzahl von knapp 1 Mio. Arbeitsplätzen, die direkt oder indirekt vom Umweltschutz abhängen. Eine neuere Studie des Klaus NOVY Instituts kommt für 1997 zu dem Ergebnis, daß die Umweltschutzwirtschaft mit 120.000 Arbeitsplätzen allein in Nordrhein-Westfalen nach der metallverarbeitenden und der chemischen Industrie die drittgrößte Branche ist, was Umsatz und Beschäftigtenzahlen angeht. Darin sind u.a. auch solche Ökologiebetriebe enthalten, die im vorsorgenden Umweltschutz tätig sind, sich also von den konventionellen Anbietern der jeweiligen Branche abgrenzen lassen. Hier macht sich ökologisches Wirtschaften an der ökologischen Qualität der Produkte und Dienstleistungen, aber auch an der Umweltverträglichkeit ihrer Herstellung fest. Durch eine ökologische Steuerreform (↪ Ökosteuern) werden sich die Rahmenbedingungen dieser Betriebe weiter verbessern. In mehreren Szenarien wurden auch die Beschäftigungseffekte solcher Maßnahmen errechnet. Ob damit ein nachhaltiges Wirtschaften in den Betrieben möglich wird, hängt nicht zuletzt davon ab, wie der soziale Aspekt in diese Planung einbezogen werden kann. Hier fehlt es bislang noch an praxistauglichen Instrumenten. Daß dies prinzipiell möglich ist, zeigen die positiven Erfahrungen, die mit der Umweltbilanzierung in Unternehmen gemacht worden sind. Damit wären dann Schritte zu einem nicht nur ökologisch, sondern auch nachhaltig wirtschaftenden Unternehmen möglich.

Es geht um Wirtschaften unter der Maxime einer Energieeffizienzrevolution (LOVINS/LOVINS/VON WEIZSÄCKER 1995; ↪ Effizienzrevolution) und um Dematerialisierung (↪ Rucksack, ökologischer). Wege ökologischen Wirtschaftens sind: ↪ Umweltverträglichkeitsprüfung, Öko-Audit, ↪ Ökobilanz (↪ Marktwirtschaft, ökosoziale; ↪ Ökonomie, ökologische).

BUND/MISEREOR (Hrsg.) (1996): Zukunftsfähiges Deutschland. Basel.
KLAUS NOVY INSTITUT (1998): Umweltschutzwirtschaft in Nordrhein-Westfalen. Bottrop.
LOVINS, Amory B./LOVINS, L. Hunter/WEIZSÄCKER, Ernst U. von (1995): Faktor vier. Doppelter Wohlstand – halbierter Naturverbrauch. Der neue Bericht an den Club of Rome. München.

UMWELTBUNDESAMT (1997): Nachhaltiges Wirtschaften. Berlin.

Herbert Klemisch

Wirtschaftswachstum
Wirtschaftswachstum läßt sich quantitativ als Wachstumsrate des realen Bruttosozialprodukts (bzw. Bruttoinlandsprodukts) (pro Kopf) fassen. Die Aussagefähigkeit dieser Indikatoren als Maße für den Zuwachs an Wohlfahrt wird zunehmend kritisiert, vor allem wegen der ökologischen Belastungen aus Produktions- und Konsumprozessen: Zum einen sind nicht alle auftretenden Umweltschäden berücksichtigt (Verringerung von Immobilienwerten bei zunehmenden Lärmbelastungen, aber auch nicht ausgabenwirksame immaterielle Schäden und psychosoziale Kosten); zum anderen enthält das Bruttosozialprodukt auch die (mit zunehmenden Umweltbelastungen steigenden) Ausgaben zur Abwehr eingetretener Umweltverschlechterungen, die lediglich der nachträglichen Kompensation von Wohlfahrtseinbußen und keiner Wohlfahrtserhöhung gelten (anti bad production). Da diese ökologischen Effekte nicht als soziale Zusatzkosten vom Bruttosozialprodukt abgezogen werden (können), weist das Bruttoinlandsprodukt eine zu hohe Wohlfahrt aus. Nicht zuletzt weil quantitatives Wirtschaftswachstum lange Zeit als Wohlfahrtssteigerungsmaß überinterpretiert wurde, erkaufte man die Erhöhung des materiellen Lebensstandards durch Wirtschaftswachstum mit schwerwiegenden Umweltbeeinträchtigungen. Gleichwohl scheint auch unter der Berücksichtigung des empirisch nachzuweisenden Zusammenhangs von quantitativem Wirtschaftswachstum und Umweltproblemen eingelegentlich geforderter Wachstumsverzicht (Nullwachstum) weder mit freiheitlich-marktwirtschaftlichen Prinzipien kompatibel noch gesellschaftlich konsensfähig: Es ist nicht nur ungeklärt, wie ein konkretisierter Wachstumsverzicht wie Nullwachstum ohne repressive Eingriffe in marktwirtschaftlich ausgestalteten Systemen zu organisieren und realisieren ist (Wachstum als Ergebnis freier Individualhandlungen); auch korrespondiert Wachstumsverzicht immer mit Einbußen bei anderen Zielen (Beschäftigungseinbußen, Deviseneinnahmenverluste, Importrückgang). Darüber hinaus erfordert der heutige Stand von Umweltbelastungen Investitionen und technologische Innovationen, die marktwirtschaftlich anzuregen und deren Kosten aus dem Produktivitätszuwachs zu erwirtschaften sind (Sanierungsaufwendungen) und in einem Klima des Wirtschaftswachstums leichter zu realisieren sind. Last not least kann Wirtschaftswachstum als zentraler gesellschaftlicher Konfliktlöser für Verteilungskonflikte zwischen Arbeit und Kapital, zwischen privatem und öffentlichem Sektor sowie - im globalen Kontext - zwischen Industrie- und Entwicklungsländern interpretiert werden.
Sinnvoller als Wachstumsverzicht scheint daher das auf eine Entkopplung von Wirtschaftswachstum und Umweltverbrauch zielende Konzept des *qualitativen Wirtschaftswachstums*. Statt prinzipielle Grenzen des Wachstums

zu setzen, setzt dieses Konzept auf ein *Wachsen der Grenzen*. Im Mittelpunkt steht die Zunahme der durch materielle und vor allem auch durch immaterielle Bedürfnisbefriedigung realisierten Lebensqualität. Weiter als das Konzept des qualitativen Wirtschaftswachstums geht das seit 1987 im internationalen Kontext verstärkt herangezogene Leitbild der nachhaltigen Entwicklung (➪ Nachhaltigkeit; ➪ sustainable development), das ein Gleichgewicht zwischen wirtschaftspolitischen, ökologischen und sozialpolitischen Zielen fordert. Wirtschaftswachstum wird nach diesem Leitbild für eine Zunahme an Lebensqualität als sinnvoll angesehen, allerdings unter der ökologischen Bedingung, daß Umweltressourcen nicht über deren Assimilations- bzw. Regenerationskapazitäten hinaus in Anspruch genommen werden und unter der verteilungspolitischen Bedingung einer möglichst gerechten Verteilung von Lebenschancen. Inwieweit für die Umsetzung von sustainable development neben Effizienz- auch Suffizienzstrategien erforderlich sind (➪ Effizienzrevolution; ➪ Suffizienzrevolution), die die ökologische Ökonomie für unverzichtbar hält, ist strittig. Unstrittiger scheint hingegen, daß ein ökologieverträglicheres Wirtschaftswachstum die Implementation eines umweltpolitischen Instrumentariums auf regionaler, nationaler und supranationaler Ebene erfordert, welches die (bislang weitgehend kostenlose) Inanspruchnahme von Umweltleistungen nach Maßgabe der Umweltbeeinträchtigungen mit Kosten belegt und damit umweltschonendere Vermeidungs- und Substitutionsprozesse in Produktion und Haushalt anregt und für deren Verbreitung sorgt (➪ Öko-Steuern; ➪ Umweltlizenzen).

➪ Wachstum; ➪ Wohlstandsmodelle, neue

BINSWANGER, Hans C. (1995): Wachstum und Umweltschutz. In: JUNKERNHEINRICH, Martin/KLEMMER, Paul (Hrsg.): Handbuch zur Umweltökonomie. Bonn.

JUNKERNHEINRICH, Martin/KLEMMER, Paul (Hrsg.) (1991): Ökologie und Wirtschaftswachstum. In: ZEITSCHRIFT FÜR ANGEWANDTE UMWELTFORSCHUNG, Sonderheft 2.

MAJER, Helge (1992/²1994): Wirtschaftswachstum - Paradigmenwechsel vom quantitativen zum qualitativen Wachstum. München.

Jan Karpe/Gerd-Jan Krol

Wohlstandsmodelle, neue

Ausgangspunkt der Diskussion über neue Wohlstandsmodelle ist die Kritik am vorherrschenden Verständnis von Wohlstand. Sie hat 3 Quellen:

1. Die einseitige Orientierung an materiellen Gütern verschüttet immaterielle Güter wie Zeitwohlstand, Autonomie, Anteilnahme am Schicksal anderer Menschen und die Fähigkeit, Natur zu genießen.
2. Die Gleichsetzung von Bruttoinlandsprodukt und Wohlstand läßt unberücksichtigt, daß vieles von dem, was heute als Wirtschaftswachstum bilanziert wird (Umweltzerstörung, Gesundheitskosten etc.), eigentlich wohlstandmindernd ist.

3. Das Kopieren des „westlichen" Lebensstils und der damit verbundenen Ressourcenverbräuche und Umweltbelastungen durch Entwicklungsländer werden in den globalen Umweltkollaps führen.

Ausgehend von dieser Kritik werden zunehmend Alternativen zum derzeitigen Wachstumskurs diskutiert. Wichtige Elemente der neuen Wohlstandsmodelle sind: neue Arbeitsformen, in denen Erwerbsarbeit, Eigenarbeit (z.B. Haus- und Erziehungsarbeit) und Gemeinschaftsarbeit (z.B. Nachbarschaftshilfe, gesellschaftliches Engagement) integriert und gerecht zwischen den Geschlechtern verteilt werden; neue ⇨ Lebensstile (⇨ Lebensweise), in denen Selbstbestimmung und Zeitwohlstand ein höherer Wert zukommt als materiellem Konsum (⇨ Entschleunigung); ein neues Verhalten, das internationale Gerechtigkeit (z.B. faire Preise für Produkte aus Ländern des Südens), intergenerative ⇨ Gerechtigkeit (z.B. Verzicht auf Produkte, die durch Raubbau zu Lasten zukünftiger Generationen gewonnen wurden) und Respekt vor nicht-menschlichen Lebewesen (z.B. nur Verzehr von Fleisch aus artgerechter Tierhaltung) einschließt (⇨ Generationenvertrag, ökologischer).

Die Debatte über neue Wohlstandsmodelle hat lange Zeit darunter gelitten, daß sie ausschließlich als Verzichts- und nicht als Qualitätsdebatte geführt wurde. Das hat sie angreifbar gemacht und ihr Ausstrahlungskraft genommen. In den aktuellen Diskussionen steht hingegen der Qualitätsgewinn neuer Wohlstandsmodelle im Vordergrund.

BUND/MISEREOR (Hrsg.) (1996): Zukunfstfähiges Deutschland. Basel.
WEIZSÄCKER, Ernst U. von (1989/⁴1994): Erdpolitik. Darmstadt.

Reinhardt Loske

Wohlwollen

Wohlwollen bezeichnet eine schon von ARISTOTELES normativ ausgezeichnete Charakterhaltung (Tugend), in der ein Mensch Anteil an der Glückseligkeit seiner Mitmenschen nimmt. A. SMITH (1759) postulierte - entgegen dem hobbesianischen Menschenbild (homo homini lupus) - die Existenz einer schwachen, doch universellen menschlichen Neigung zum Wohlwollen (Triebfeder), die Menschen zu wohltätigem Handeln veranlaßt. In bezug auf die Mitmenschen gilt SMITH die Wohltätigkeit als höchste Tugend neben ⇨ Gerechtigkeit, welche davon abhalten soll, die Glückseligkeit anderer zu verletzen, wenn man nach der eigenen strebt. Dem Wohlwollen stehen zwei Charakterhaltungen entgegen: Ein Egoismus, der das antriebsstarke Interesse am eigenen Wohlergehen zur alleinigen und letzten Richtschnur des Handelns macht und das Wohlergehen anderer als Handlungsgrund negiert, und die Mißgunst, welche gar ein negatives Interesse am Wohlergehen anderer nimmt. Wohlwollen ist nicht identisch mit ⇨ Altruismus, bei dem fremde Interessen unter Zurückstellung eigener Interessen verfolgt werden. In der ökonomischen Verhaltenstheorie wird eine Haltung des Egoismus in Verbindung mit einer gegenseitigen Gleichgültigkeit unterstellt, so daß weder

Wohlwollen noch Mißgunst impliziert sind. In seiner entwicklungspsychologischen Theorie des moralischen Bewußtseins hat KOHLBERG - als Antwort auf die ihm entgegengehaltene Ethik der Fürsorge - dem Wohlwollen neben der Gerechtigkeit den Rang eines gleichrangigen Prinzips eines postkonventionellen moralischen Urteils eingeräumt, dem folgende Einstellungen entsprechen: Sorge um das Wohl des anderen, Mitleid, ↪ Nächstenliebe, Hilfsbereitschaft und Gemeinsinn. HABERMAS hat dagegen eingewendet, daß eine deontologisch verstandene Gerechtigkeit ihr anderes nicht im Wohlwollen, sondern in der ↪ Solidarität der in einer intersubjektiv geteilten Lebensform verschwisterten Genossen findet, die als Bestandteil einer universalistischen Moral jedoch bar jeder Partikularität und Binnenmoralität sein muß.

HABERMAS, Jürgen (1986): Gerechtigkeit und Solidarität. In: EDELSTEIN, Wolfgang/ NUNNER-WINKLER, Gertrud (Hrsg.): Zur Bestimmung der Moral. Frankfurt a.M., S. 291-318.

KIRCHGÄSSNER, Gebhard (1991): Homo oeconomicus. Das ökonomische Modell individuellen Verhaltens und seine Anwendung in den Wirtschafts- und Sozialwissenschaften. Tübingen.

SMITH, Adam (1774/dt. 1926): Theorie of moral sentiments. Dt.: Theorie der ethischen Gefühle. Leipzig.

Thomas Retzmann

Wohnen

Die umfassendste Definition von Wohnen hat der Philosoph HEIDEGGER geliefert. Er setzte Wohnen gleich mit der Art und Weise, „wie Menschen auf der Erde sind". In dieser Begriffsbestimmung kommt zum Ausdruck, daß Wohnen für den Menschen eine charakteristische Daseinsform ist. Wer wohnt, tritt in eine besonders innige physische, soziale und psychologische Beziehung zur Umwelt. Im weiteren sind mit „Wohnen" jene sozial- und objektbezogenen Handlungen gemeint, die an Orten stattfinden, in denen das Handeln leicht von der Hand geht, weil die Umwelt ich-relevant ist, vielfache soziale Kontrollen wegfallen und einem ein Gefühl der Geborgenheit vermittelt wird (↪ Ortsbindung). Dabei ist Wohnen nicht auf den räumlichen Bereich der Wohnung beschränkt. Das zeigt sich u.a. in den klimatisch günstigen Mittelmeerländern, in denen etliche Aktivitäten, die zweifelsohne zum Wohnen zu rechnen sind, in den Zwischen-Wohnräumen stattfinden. Diese Räume wiederum stellen wichtige Kontakt- und Identifikationsräume für ihre Bewohner dar und tragen wesentlich dazu bei, daß sich Bewohner emotional an ihre Wohnorte binden. Gleichzeitig stellen sie für Kinder die so wichtigen Spiel-, Streif- und Konträume dar, die eine wesentliche Ergänzung zur Wohnung bieten (↪ Stadtplanung, kinderfreundliche).

FLADE, Antje (1986): Wohnen psychologisch betrachtet. Bern.

Urs Fuhrer

Z

Zeit

Einfache Zugänge zum Thema „Zeit" im Kontext von Ökologie und Pädagogik beklagen zumeist, daß die beschleunigten Wirtschafts- und Lebensprozesse in der hochindustrialisierten modernen Welt dazu führen, die angeblich natürlichen Zeitmaße außer Acht zu lassen. Dieser Prozeß führe unweigerlich in Katastrophen, da die Regenerationszeiten der Geosphäre, der Biosphäre und auch die Rhythmen des menschlichen Leibes ignoriert würden. „Zeitvergessen", so wird argumentiert, habe man Schadstoffe produziert (Atommüll, DDT), die in Langzeitwirkungen auf Natur und Mensch negativ zurückschlügen. Allenthalben wird gegen die Beschleunigung opponiert und - antithetisch - auf Langsamkeit, ↝ Entschleunigung und Eigenzeit gesetzt (HELD/GEISSLER 1995; REHEIS 1996/²1998).

Eine Beschäftigung mit dem Thema Zeit führt schnell zu der Einsicht, daß Zeit keine natürliche Größe ist, sondern auf von Menschen entworfenen und auf ihre Kulturen zugeschnittenen Standardkontinua beruht. Der Zeitrhythmus und Horizont einer Eintagsfliege dürfte anders aussehen als die eines Menschen mit einer Lebenszeit von 80 Jahren und kulturgebundenen Wahrnehmungsmustern. So ist auch die Debatte um die Zukunftsfähigkeit und Dauerhaftigkeit von Entwicklungen von Standardkontinua abhängig, die auf dem menschlichen Bedürfnis nach langfristiger Planung und Sicherheit, nach exakten Messungen und dem gleichzeitigen Interesse an intensivem Erleben des Augenblicks sowie dem Wunsch nach Überwindung von Langeweile basieren. Man möchte Entschleunigung und doch in wenigen Stunden an jedem Ort der Welt sein, man möchte eine dem eigenen Rhythmus überlassene Natur und realisiert notgedrungen, daß auch diese „Eigenzeit" menschlichem Kalkül geschuldet ist.

Die brisante Mischung aus kulturell bedingten Zeitmaßen und dem Wunsch nach natürlichen Rhythmen führt zu Ideologiebildungen über den richtigen Umgang mit Zeit, der nichts anderes ist als *Ausdruck einer gesteigerten Empfindlichkeit im Zeitempfinden von Menschen*, die erkennen, daß die Welt mehr ist, als man in einem Leben je erfahren und erlernen kann (vgl. BUMENBERG 1986; DE HAAN 1996).

BLUMENBERG, Hans (1986): Lebenszeit und Weltzeit. Frankfurt a.M.
HAAN, Gerhard de (1996): Die Zeit in der Pädagogik. Vermittlungen zwischen der Fülle der Welt und der Kürze des Lebens. Weinheim.
HELD, Martin/GEISSLER, Karlheinz A. (Hrsg.) (1995): Von Rhythmen und Eigenzeiten. Perspektiven einer Ökologie der Zeit. Stuttgart.
REHEIS, Fritz (1996/²1998): Die Kreativität der Langsamkeit. Neuer Wohlstand durch Entschleunigung. Darmstadt.

Gerhard de Haan

Zentralschulgarten

In der Schulgartenbewegung erlebten Zentralschulgärten einen historischen Wandel (↝ Gärtnern, alltagsorientiert; ↝ Gärtnern, kulturhistorisch). Schon im 19. Jahrhundert wurden von Stadtgärtnereien betreute Zentralschulgärten angelegt, die Schulen großer Städte (z.B. Hannover, Berlin, Leipzig) mit Pflanzenmaterial für Unterrichtszwecke belieferten. Später entwickelten sich ökologische Abteilungen, die von den Schulen während Exkursionen als ↝ Lernorte zur Umwelterziehung genutzt wurden. Ausgebildete Lehrkräfte und Gärtner lehren und arbeiten hier, sorgen für Unterrichtsmaterialien (Pflanzen, Tiere, Geräte, Chemikalien, ↝ Experimente, Literatur) und praktizieren fächerübergreifenden Unterricht (↝ Unterricht, fächerübergreifender). Schulbiologiezentren, ↝ Umweltzentren, Freilandlabore u.ä. können als moderne Zentralschulgärten angesehen werden. In der DDR gab es ein „flächendeckendes Netz" von ↝ Schulgärten, die unmittelbar den Grundschulen angeschlossen waren; sie existieren heute nur noch in einigen neuen Bundesländern. Es gab in größeren Städten vorwiegend ökonomisch orientierte Zentralschulgärten, die für mehrere Grundschulen ohne eigenen Schulgarten als Lern- und Arbeitsorte dienten. Z.B. hatten vier Grundschulen je eigene Gartenflächen und Schulgartenlehrer, zusammen aber Raum- und Geräteausstattung sowie gleiche Lehrplanziele. Die meisten dieser Zentralschulgärten wurden aufgelöst, einige werden für ökologische Bildungsarbeit umgestaltet.

Hans-Joachim Schwier

Zentralstelle für Umwelterziehung (ZUE)

Die ZUE ist eine Hochschuleinrichtung, die 1977 an der Universität-Gesamthochschule Essen gegründet wurde; ihr derzeitiger Leiter ist Prof. Dr. LOB. Sie beschäftigt sich mit: konzeptionellen und empirischen Fragen zur Umwelterziehung/-bildung, wissenschaftlicher Begleitung/Evaluation von Forschungsprojekten, Umwelterziehung in Schule, Erwachsenenbildung, beruflicher Aus- und Fortbildung, Konzeption und Durchführung von Fachkolloquien, Tagungen und Seminaren, Mitarbeit an Programmen im UNESCO-UNEP-Netzwerk Umwelterziehung, Beratung von öffentlichen und privaten Bildungseinrichtungen sowie konzeptioneller Mitwirkung beim Aufbau ökologischer Bildungseinrichtungen. Sie gibt folgende Publikationsreihen heraus: Informationsmaterial und Beiträge zur Umweltbildung.

LOB, Reinhold/POHLE, Claudia (1996): Umweltthemen in Schulbüchern nicht-naturwissenschaftlicher Fächer in der Sekundarstufe I des allgemeinen Schulwesens in Deutschland. Köln.

LOB, Reinhold (1997): 20 Jahre Umweltbildung in Deutschland - eine Bilanz. Köln.

HENZE, Clemens (o.J.): Programmplanung und Realisation ökologischer Bildung im Weiterbildungsbereich - eine empirisch gestützte Untersuchung an Volkshochschulen des Landes Nordrhein-Westfalen (im Druck).

Zentralstelle für Umwelterziehung

Zivilisierung, ökologische
Ein zukunftsfähiges Umweltbildungskonzept erfordert neben einer von den Akteuren selbst entwickelten institutionellen Infrastruktur, die sich an den Leitbildern einer neuen „Raum-Zeit-Logik" orientiert (➾ 'Lern-Orte-Netz'; ➾ Zeit), einen fundierten inhaltlichen Orientierungsrahmen. Eine mögliche Basis dafür bietet die behutsame Zusammenführung der beiden - soziologisch gut vorbereiteten und die ökologischen Einzeltrends sinnvoll integrierenden - Teildiskurse zur 'Ökologisierung' und 'Zivilisierung': Die neuzeitliche 'Zivilisationsgeschichte' (ELIAS 1939/[17]1992) hat sich vor allem dadurch ausgezeichnet, daß sich im Laufe der letzten zwei Jahrhunderte politische, ökonomische, technische, wissenschaftliche und kulturelle Modelle herausbildeten mit dem Hauptzweck, *soziale* Probleme wie Armut, Unterdrückung, Macht und Herrschaft unter Menschen - in der Regel auf Kosten der 'Natur' - zu lösen bzw. neu zu ordnen. Alle Aufklärungsentwürfe von KANT bis HABERMAS bezogen sich auf diesen Fixpunkt. 'Ökologische Zivilisierung' meint jetzt, daß es so etwas wie eine *zweite Aufklärung* geben müsse. Eine Aufklärung, die das 'Mensch-Natur'-Verhältnis in den Mittelpunkt rückt und uns zugleich einen Maßstab liefert, woran alle weiteren gedanklichen und praktischen Schritte zu messen wären.

Ausgangspunkt könnte die Frage sein: *„Warum verhalten wir uns so, wie wir es tun, und welche Freiheit haben wir, dies zu ändern?"* (KÖSTERS 1993, S. XVI). Sie motiviert uns - entgegen den technokratisch angelegten Modernisierungsversuchen einer 'Effizienz'- und 'Suffizienz'-Pädagogik - die tieferen und widersprüchlichen Schichten des Menschen zur seiner 'inneren' und 'äußeren' Natur auszuleuchten (➾ Effizienzrevolution; ➾ Suffizienzrevolution). Dabei ergeben sich meines Erachtens drei relevante Dimensionen, die unter pädagogischen und gesellschaftstheoretischen Gesichtspunkten jede für sich und in ihren Zusammenhängen von großer Bedeutung sind:
- das spezifische individuelle Verhältnis *'Mensch-Natur'*,
- das an Routinen orientierte Verhältnis *'Lebenswelt-Natur'*,
- das komplexe, auf historisch gewachsenen Strukturen beruhende Verhältnis *'Gesellschaft - Natur'*.

Im folgenden werden zu jeder Dimension ein zentrales Leitziel formuliert sowie Gedanken und Problemstellungen zur Erläuterung hinzugefügt:
1. *Dimension 'Mensch-Natur':* Eine persönliche „Mensch-Natur"-Beziehung fördern und dabei Erfahrungen einer „strukturellen Sensibilisierung" ermöglichen (➾ Mensch-Natur-Verhältnis)!

Die Auseinandersetzungen mit Krisenmomenten im ökologischen Diskurs legen es nahe, auf der Subjektseite nach den fundamentalen Voraussetzungen für eine kulturelle Umorientierung und eine „qualitative Selbstbeschränkung" zu fragen (➾ Diskurs, ökologischer). Mit dem Begriff *Strukturelle Sensibilisierung* sollen Assoziationen festgehalten werden, die in den Erfahrungen und Ereignissen existentiell bedeutsamer Begegnungen im Mensch-

Natur-Verhältnis angelegt sein können. Gemäß dem „exemplarischen Prinzip" wäre in einer didaktischen Analyse z.B. danach zu fragen (↝ Lernen), ob und in welcher Hinsicht das jeweils geplante Vorhaben geeignet ist, sozialisationsgeschichtlich geprägte, tief verankerte Persönlichkeitsschichten anzusprechen und zu reflektieren. Das Methodenrepertoire wäre daraufhin zu prüfen, inwiefern zielgruppenspezifische Zugänge zu den existentiellen Grunderfahrungen und zum Kontext des ökologischen Krisenkomplexes erschlossen werden können.

2. *Dimension 'Lebenswelt-Natur':* Einstellungen und Fähigkeiten zur Reflexion und Gestaltung eines verantwortbaren „Lebensstils" fördern!

„Strukturelle Sensibilisierungen" können zum Aufbrechen verkrusteter Gefühls-, Wahrnehmungs-, Denk- und Verhaltensstrukturen führen. Haben sie Erfolg, durchbrechen sie ein Stück weit den Schein entfremdeten Seins, schaffen Distanz zu eigenen aktiv gelebten Rollenmustern und ermöglichen somit den Blick auf das Andere, Ungesagte, Verborgene, Noch-Nicht-Gelebte. Der entscheidende Punkt ist dann die atmosphärische Kontextgestaltung der Weiterarbeit am „Herausgelassenen". *Lernort-Qualität* zeigt sich an der Gestaltung von Raum- und Zeitstrukturen, die den formalen Rahmen für die Bearbeitung der Bausteine mit utopischem Gehalt und deren Transformation in lebensweltliche Praxis abstecken. Darin eingelassen können Elemente praktischer Kompetenzvermittlung sein, die sich an elementaren Grundbedürfnissen und Lebensvollzügen orientieren: Nahrung, Kleidung, Wohnung, Mobilität, Sexualität, Leib- und Körperlichkeit, ästhetische Praxis etc.

3. *Dimension 'Gesellschaftssystem-Natur':* Sozial-ökologische Kontexte analysieren und mitgestalten lernen!

Prozesse struktureller Sensibilisierung und Erfahrungen zu biographisch orientierten Lebensstilfragen können die psycho-soziale Basis für weitergehende Schritte der Persönlichkeitsentwicklung schaffen. Die Reflexion von *Sozialisationseffekten* und *Lebensstilen* im obengenannten Sinne wird Strukturen und Dimensionen freilegen, die auf intersubjektiv bedeutsame Bereichs- und Systemzusammenhänge verweisen. Das, was alle angeht, gewinnt jetzt Relevanz, kann nun von seinen unmittelbaren, phänomenologischen Erscheinungsformen getrennt betrachtet werden und wird auf einer ersten Stufe *konkreter Allgemeinheit* zum Rohstoff gemeinsamen Nachdenkens und Handelns. Die selbstproduzierten, subjektiv eingefärbten Sensibilisierungs- und Lebenswelterfahrungen können zur Triebfeder weiteren Engagements werden. An dieser Grenzlinie *Lebenswelt-System* wäre z.B. danach zu fragen, wie der routinisierte Umgang des Menschen mit seiner inneren und äußeren Natur jeweils eingebettet ist in gewachsene sozio-ökonomische und kulturelle Zusammenhänge und welche kollektiven und subjektiven Handlungsspielräume sich daraus ableiten lassen. Auf solch einer Basis lassen sich dann aktuelle Konzeptualisierungsansätze wie das zur einer nachhaltigen Entwicklung (↝ Nachhaltigkeit; ↝ sustainable development) oder spezifische Methoden politisch-ökologischer Bildung wie das zum Paradigma eines „produktiv-realitätsverarbeitenden Subjekts" (HURRELMANN 1983) begründen. Hier stellt sich dann auch die Frage nach der angemessenen „Reichweite der praktischen Konsequenzen" von umweltpädagogischer Arbeit und deren Sinnhaftigkeit im Kontext der Erschließung ökologischer Krisenfelder im lokalen, regionalen und globalen Rahmen (BÖLTS 1995, S. 200).

BÖLTS, Hartmut (1995): Einführung in die Umwelterziehung: Grundlagen, Kritik und Modelle für die Praxis. Darmstadt.

ELIAS, Norbert (1939/[17]1992): Wandlungen des Verhaltens in den weltlichen Oberschichten des Abendlandes. Frankfurt a.M.

HURRELMANN, Klaus (1983): Das Modell des produktiv-realitätsverarbeitenden Subjekts in der Sozialisationsforschung. In: ZEITSCHRIFT FÜR SOZIALISATIONS- UND ERZIEHUNGSSOZIOLOGIE, Heft 1, S. 91 ff.

KÖSTERS, Walther (1993): Ökologische Zivilisierung - Verhalten in der Umweltkrise. Darmstadt.

Hartmut Bölts

Zoopädagogik

Zoopädagogik setzt auf eine spezifische Zugangsweise zum Lebensraum Zoo; sie stellt eine autonome Disziplin im Kanon biologiedidaktischer und fachwissenschaftlicher Teilbereiche dar. Durch Aufgreifen der Botschaften des Zoos (Freizeit- und Bildungsfunktion, Artenschutz und Forschung, insbesondere Einbeziehung von Erkenntnissen der Tiergartenbiologie) und deren erfolgreiche Vermittlung an unterschiedliche Klientel eines erziehungswissenschaftlich orientierten Kommunikationszusammenhangs (durch Natur-Erleben sowie Lernen in und von Natur am außerschulischen ↪ Lernort Zoo) strebt sie eine Vermittlung zwischen Biologiedidaktik und einem breiten Spektrum unterschiedlichster Fachwissenschaften an (Realisation eines interdisziplinären Ansatzes). Unterrichtsformen, didaktische Inhalte und Methoden (welche sich im Zoo an die jeweils entdeckten Phänomene anzupassen haben) sind charakterisiert durch:

- ein offenes Curriculum und offenen (problemorientierten) Unterricht als unmittelbares Erfahren und Bewältigen einer Realsituation vor Ort sowie flexibles Eingehen auf sich spontan bietende Situationen und entdeckte Phänomene, d.h.: schüler-, handlungs-, forschungsorientierten und erlebnisbetonten Unterricht;
- eine phänomenologische Zugangsweise: spontan (und vorurteilsfrei) Phänomene (z.B. Aussehen, Habitus, Morphologie, Lebensräume, Verhalten von Tieren) aufgreifen, beschreiben, durch Reflexion geistig erschließen, über ihr Hinterfragen kausale Zusammenhänge und Fundamentalien des Lebendigen erkennen;
- ein multisensorisches Erleben und Begreifen der Umwelt durch stärkeres Betonen ästhetischer und emotionaler Aspekte des subjektiven Erlebens;

- eine Beobachtungsschulung (Seh-Schulung) als primäre subsidiäre Methode (gezieltes Sehen als visueller Dialog mit Naturgegenständen/Natur);

Ziele der Zoopädagogik sind:
- Über Vermittlung von Grundkenntnissen Einsicht gewinnen in das rhythmische Naturgeschehen;
- Fördern bzw. Intensivieren einer positiven Naturbeziehung durch Sich-Einlassen auf Natur und Wecken des Interesses an Natur bei gleichzeitigem Schulen von Wahrnehmungs-, Denk- und Urteilsvermögen;
- Erziehen zur Achtung vor Lebendigem, zu verantwortungsbewußtem, umweltgerechtem Verhalten und Handeln durch Transparentmachen und Begreifen der wechselseitigen Abhängigkeit von Lebewesen und der Notwendigkeit ihrer Erhaltung (Artenschutzaspekt, Biodiversität);
- Erziehen zu einem neuen Naturverständnis, das jenes Interdependenzverhältnis von Mensch und Mitgeschöpf Tier erhellt und zu einem verantwortungsvolleren gesellschaftlichen Agieren beitragen kann, indem eine Einstellungs- und Verhaltensänderung zum tierlichen Mitgeschöpf initiiert wird, die eine Empathiebildung oder Du-Evidenz zum Tier entstehen läßt.

⇨ Humanität/Vitanität; ⇨ Mitwelt

HEDIGER, Heini (1965): Mensch und Tier im Zoo: Tiergarten-Biologie. Zürich.

SEGER, Juliane (1991): Was ist Zoopädagogik? - Versuch einer Begriffsbestimmung durch funktionale Zielsetzungen. In: WITTE, Günter R. (Hrsg.): Zoo - Pädagogik - Unterricht, Unterweisen am Tier. Zoopädagogik vor Ort. Schritte zum Naturverständnis. Kassel, S. 8-21.

WITTE, Günter R. (Hrsg.) (1991-1997): Schriftenreihe der Universität (Gh) Kassel: Zoo - Pädagogik - Unterricht. Unterweisen am Tier. Zoopädagogik vor Ort. Schritte zum Naturverständnis. Kassel.

Juliane Seger

Zooschulen

Zooschulen - auch Tierparkschulen genannt - sind pädagogische Einrichtungen, die in fast allen Zoologischen Gärten zu finden sind. Obwohl sie sehr unterschiedlich organisiert sind, verfügen sie über pädagogisch geschultes Personal. Ihr Ziel ist es, das umfangreiche Potential zoologischen Wissens durch gezielte Aufbereitung bestimmter Themen für den (Biologie-)Unterricht nutzbar zu machen. Das Angebot erstreckt sich auf Unterrichtsgänge mit allen Jahrgangsstufen bzw. beschränkt sich auf Beratung von Lehrkräften. Fast alle diese außerschulischen Einrichtungen bieten neben gezielten Informationen auch Arbeitsunterlagen für Schüler an. Die Schwerpunkte der zoopädagogischen Arbeit (⇨ Zoopädagogik) liegen in der originären Begegnung mit lebenden Organismen, der Information aus erster Hand, der handlungs- und problemorientierten Arbeitsweise sowie der Anleitung zum aufmerksamen Beobachten (⇨ Begegnung, originale; ⇨ Begegnung, sekundäre). Letztere hilft zum einen, Schüler vom Konsumieren im Vorbeigehen abzuhalten, und zum anderen, ihnen gezielte Beobachtung als grundlegende Technik wissenschaftlichen Arbeitens zu vermitteln. Neben der Unterrichtung von Schülern sind Zooschulen häufig gleichzeitig Lehreraus- und Fortbildungsstätten im Themenbereich „außerschulische ⇨ Lernorte" (⇨ Lernortdidaktik). Je nach personeller Ausstattung ist auch eine Betreuung von Oberstufenschülern bei der Anfertigung von Facharbeiten im Leistungskurs Biologie bzw. von Zulassungsarbeiten bei Lehramtsstudenten möglich. Die zunehmende Bedeutung der Zoologischen Gärten bei der Erhaltungszucht bedrohter Tierarten bietet den Zooschulen viel Stoff zu Themen des Arten- und Biotopschutzes (⇨ Artenschutz).

BEYER, Peter-K. (1992): Zoopädagogik. In: PDN-BIOLOGIE. Nr. 3/41: Mit der Klasse in den Zoo. Akademiebericht Nr. 262. Akademie für Lehrerbildung in Bayern. Dillingen.

Peter-Klaus Beyer

Zukunft

Der Mensch ist das einzige Lebewesen, das Zukunft denken und antizipieren kann. In den Gesellschaftswissenschaften wird der Zukunft eine konstitutive Funktion für menschliches Selbstverständnis und Handeln zugeschrieben. Unter den gegenwärtigen Bedingungen wissenschaftlich-technischer Welt, für die eine hohe Eigendynamik wissenschaftlicher und technischer Entwicklungen und damit einhergehend ein hohes Maß an zum Teil irreversibler Umweltschädigung weltweiten Ausmaßes kennzeichnend sind, gewinnt zunehmend der Aspekt *Zukunftsfähigkeit* an Bedeutung. Für die Mehrzahl der Zukunftsforscher (Berichte des ⇨ Club of Rome), insbesondere auch in der ⇨ Umweltforschung, besteht Übereinstimmung darüber, daß die entscheidenden Entwicklungsparameter (Bevölkerungsentwicklung [⇨ Bevölkerungsexplosion], ⇨ Wirtschaftswachstum, Ressourcenverbrauch [⇨ Effizienzrevolution] und Umweltbelastung [⇨ Umweltrisiken; ⇨ Umweltverträglichkeit]) darauf hindeuten, daß die Menschheit als Gattung ihre Zukunftsfähigkeit verloren hat. Dies ist eine historisch und evolutorisch neue Situation, die dem Zukunftsbegriff eine ganz neue Qualität gibt. Zukunft darf sich nicht mehr - wie bisher - einfach als Fortschreibung historisch gewachsener Trends „ereignen", sondern muß im Lichte umwelt- und sozialverträglicher Normen (⇨ Sozialverträglichkeit) politisch gestaltet und gesichert werden (*Zukunftspolitik*). Die Studie „Zukunftsfähiges Deutschland" (BUND/MISEREOR 1996) hat die Diskussion um eine *„Politik der Zukunftsfähigkeit"* intensiv vorangetrieben. Dort finden sich zahlreiche ⇨ Leitbilder für die Wiedergewinnung der Zukunftsfähigkeit von Mensch und Natur.

⇨ Ökopädagogik; ⇨ sustainable development; ⇨ Utopie; ⇨ Zivilisierung, ökologische; ⇨ Zukunftswerkstatt

BUND/MISEREOR (Hrsg.) (1996): Zukunftsfähiges Deutschland. Basel.
SCHMID, Josef/TIEMANN, Heinrich (Hrsg.) (1990): Aufbrüche. Die Zukunftsdiskussion in Parteien, Verbänden und Kirchen. Marburg.
WEINBRENNER, Peter (1989): Die Zukunft der Industriegesellschaft im Spannungsfeld von Fortschritt und Risiko. In: BUNDESZENTRALE FÜR POLITISCHE BILDUNG (Hrsg.): Grundfragen der Ökonomie. Schriftenreihe Band 277, S. 29-50.

Peter Weinbrenner

Zukunftswerkstatt

Eine Zukunftswerkstatt ist eine Zusammenkunft von Menschen, die in Sorge um die Zukunft der Erde und das Überleben der Menschheit bemüht sind, wünschbare, aber auch vorläufig unmögliche Zukünfte zu entwerfen und deren Durchsetzungsmöglichkeiten zu überprüfen. Es ist eine *soziale Problemlösungsmethode* zur *Demokratisierung* der Gesellschaft und zur Entwicklung von *Visionen* und *Innovationen* für eine „zukunftsfähige" Gesellschaftsgestaltung (⇨ *Zukunft*).

Die Idee der Zukunftswerkstatt ist über 20 Jahre alt. Ihre Wurzeln liegen in den *sozialen Bewegungen* der 70er Jahre und den Bürgerinitiativen mit dem gemeinsamen Ziel einer Demokratisierung aller gesellschaftlichen Lebensbereiche und der ⇨ Partizipation der Bürger an allen Entscheidungen, die ihre Lebensinteressen unmittelbar berühren (⇨ Bewegung, soziale; ⇨ Ökologiebewegung). Die Idee der Zukunftswerkstatt ist untrennbar verbunden mit der Person von R. JUNGK, dem bekannten Zukunftsforscher, Friedenskämpfer und Humanisten, der seine ganze Lebensarbeit in den Dienst einer menschengemäßen, *sozial- und umweltverträglichen* (⇨ *Umweltverträglichkeit*, ⇨ *Sozialverträglichkeit*) Zukunftsgestaltung gestellt hat (⇨ *Rationalität*).

Inzwischen hat die Methode in vielen Bereichen der Hochschule sowie in schulische und außerschulische Aus- und Weiterbildung, auch im Rahmen der ⇨ *Umweltbildung*, Eingang gefunden. Zukunftswerkstätten sind

- *basisdemokratisch:* sie verstehen sich als Demokratisierungsinstrument für die Ausgestaltung des Kommenden;
- *integrativ:* sie versuchen eine Aufhebung des Gegensatzes von Experten und Laien, Herrschenden und Beherrschten, Wissenden und Unwissenden, Planern und Verplanten;
- *ganzheitlich:* sie versuchen eine Integration von Selbst- und Gesellschaftsveränderung, Rationalität und Intuition, Intellektualität und Spiritualität sowie Kognition und Emotion;
- *kreativ:* sie fördern schöpferische Phantasie und Erfindungsgeist;
- *kommunikativ:* sie sind eine Chance für die Sprachlosen und die Ungefragten in der Gesellschaft, ihre Bedürfnisse und Sehnsüchte, aber auch Ängste und Sorgen, frei zu äußern;

- *provokativ*: sie sind eine Herausforderung für die Politik, aus der Bevölkerung kommende Lösungsvorschläge und soziale Erfindungen ernst zu nehmen und aufzugreifen;
- *politisch*: sie greifen soziale Mißstände und brennende Probleme auf, entwickeln ideale Zukunftsmodelle, überprüfen sie auf politische Realisierbarkeit und versuchen, erste Schritte ihrer Umsetzung zu erproben.

In einer Zukunftswerkstatt werden zumeist drei Phasen durchlaufen:
1. Die Kritikphase: In der Kritikphase werden zu einem vorher vereinbarten Thema stichwortartig (Kartenabfrage) die Beschwerden, Ängste und Sorgen der TeilnehmerInnen gesammelt.
2. Die Phantasiephase: In der Phantasiephase geht es darum, die in der Kritikphase geäußerte Kritik ins Positive zu wenden und die Utopie einer Welt zu entwickeln, in der es keine Not, kein Elend, keine Unterdrückung und keine Umweltprobleme mehr gibt.
3. Die Verwirklichungsphase: In dieser Phase geht es darum, die Zukunftsentwürfe, Utopien und sozialen Phantasien mit den realen Verhältnissen der Gegenwart zusammenzubringen und herauszufinden, ob es nicht Handlungsmöglichkeiten gibt, wenigstens Elemente der entwickelten Utopien zu verwirklichen. Ideal ist es, wenn diese Phase der Auftakt zu einer anschließenden Projektentwicklung ist („permanente Zukunftswerkstatt"; ↝ Werkstattarbeit, pädagogische).

BUROW, Olaf-A./NEUMANN-SCHÖNWETTER, Marina (Hrsg.) (1995): Zukunftswerkstatt in Schule und Unterricht. Hamburg.
JUNGK, Robert/MÜLLERT, Norbert (1981/⁶1997): Zukunftswerkstätten. Hamburg.
WEINBRENNER, Peter/HÄCKER, Walter (1991): Zur Theorie und Praxis von Zukunftswerkstätten. In: BUNDESZENTRALE FÜR POLITISCHE BILDUNG (Hrsg.): Methoden in der politischen Bildung - Handlungsorientierung. S. 115-149.

Peter Weinbrenner

Zweck-Mittel-Relation

Handlungen können als Zweck-Mittel-Relation beschrieben werden. Der Zweck ist das beabsichtigte vorgestellte Handlungsergebnis und bildet den Beweggrund des Handelns. Die Mittel sind die Teilhandlungen, die zur Realisierung des Zweckes vollzogen werden, z.B. PKW-Fahrt zum Einkaufen, Einführung von Ökosteuern zur Reduktion der Umweltbelastung. Die Realisierung eines Zweckes ist meist mit unbeabsichtigten Auswirkungen (Handlungsnebenfolgen) verbunden, die nur teils bekannt sind und die positiv oder negativ bewertet werden können. Umweltprobleme sind nicht intendierte Nebeneffekte der wirtschaftlich-technischen Naturnutzung, die teils wissentlich in Kauf genommen werden. Um ein Handlungsschema unter ökologischen Gesichtspunkten zu verändern, muß eine etablierte Zweck-Mittel-Relation verändert werden (↝ Verantwortung; ↝ Handlungsstrategie). Dies bedeutet, die Zwecke oder die Mittel zu modifizieren, z.B. Umsteigen vom

PKW auf ein Fahrrad. Eine Handlung ist zweckrational, wenn die Mittel geeignet sind, um den Zweck - gemäß technischen, ökonomischen, ökologischen und anderen Kriterien - effizient herbeizuführen. Zur Beurteilung der Zweckrationalität einer Handlung gehört auch das Abwägen von Ergebnis und Nebenfolgen der Handlung. Die moralische Beurteilung einer Handlung betrifft Zweck und Folgen in bezug darauf, ob moralische Werte dadurch gefördert oder verletzt werden (↪ Werthaltung). In der modernen Zivilisation können die Handlungsmittel (Wirtschaftsformen, Technologien) zum Selbstzweck werden und sich in einer eigendynamischen wirtschaftlich-technischen Entwicklung verselbständigen. Sie sind dann der Veränderung aufgrund moralischer Kritik kaum mehr zugänglich.

HIRSCH, Gertrude (1993): Wieso ist ökologisches Handeln mehr als eine Anwendung ökologischen Wissens? Überlegungen zur Umsetzung ökologischen Wissens in ökologisches Handeln. In: GAIA, 2. Jg., Heft 3, S. 141-150.

LENK, Hans (Hrsg.) (1977): Handlungstheorien interdisziplinär IV. Sozialwissenschaftliche Ansätze und spezielle sytemwissenschaftliche Ansätze. München.

Gertrude Hirsch

Adressverzeichnis der Autoren

Amery, Carl
Drächslstr. 7
81541 München
Tel.: 0 89 / 48 61 34
Fax: 0 89 / 4 80 19 97

Bachmann, Ralf
Pädagogische Hochschule Erfurt
Fakultät f. Erziehungswissenschaft
Nordhäuser Str. 63
99089 Erfurt

Baier, Hans ✝

Becker, Egon Prof. Dr. rer. nat.
Institut für sozial-ökol. Forschung
Hamburger Allee 45
60486 Frankfurt a.M.
Tel.: 0 69 / 70 00 12
Fax: 0 69 / 77 73 41
E.Becker@em-uni-frankfurt.de

Becker, Gerhard Dr.
Universität Osnabrück
Fachbereich Erziehungs- u. Kulturwissenschaften
Heger-Tor-Wall 9
49069 Osnabrück
Fax: 05 41 / 9 69 49 01

Beyer, Peter-Klaus
Tierpark Hellabrunn München
Tierparkstraße 30
81543 München
Tel: 0 89 / 6 25 08 29
Fax: 0 89 / 6 25 08 52

Beyersdorf, Martin Dr.
ZEW der Universität Hannover
Lange Laube 32
30159 Hannover
Tel.: 05 11 / 7 62 - 47 45
Fax: 05 11 / 7 62 - 56 86
M. Beyersdorf@mbox.zew.uni-hannover.de

Biebelriether, Hans Dr.
Schulstraße 9
94518 Spiegelau
Tel.: 0 85 52 / 92 05 27
Fax: 0 85 52 / 92 05 29

Bolscho, Dietmar Prof. Dr.
Universität Hannover
Fachbereich EW I
Bismarkstr. 2
30173 Hannover

Bölts, Hartmut Dr.
Arbeits- und Forschungsstelle
Umweltbildung Marburg/Lahn
Im Bruch 2
38085 Ebsdorfergrund 8
Tel.: 0 64 24 / 59 80
Fax: 0 64 24 / 10 41

Böttger, Ilona
Freie Universität Berlin
Institut für Allgemeine und Vergleichende Erziehungswissenschaft
Arnimallee 10,
14195 Berlin
Tel.: 0 30 / 8 38 - 30 54 /- 58 90
Fax: 0 30 / 8 38 - 7 54 94
www.fu-berlin.de/Umwelt

Brand, Karl-Werner Prof. Dr.
Münchner Projektgruppe für Sozialforschung e.V.
Dachauer Straße 189 / III
80637 München
Tel.: 0 89 / 15 57 60
Fax: 0 89 / 1 57 79 49

Brilling, Oskar Dr.
Umweltakademie Nordthüringen e.V.
Geschäftsstelle Leinefelde
Projektbüro Südstadt
Bonifatiusplatz 8
37327 Leinefelde
Tel.: 0 36 05 / 5 19 - 7 28
Fax: 0 36 05 / 5 19 - 7 21

Buddensiek, Wilfried Dr.
Universität - Gesamthochschule Paderborn - Fachbereich 5
Wirtschaftspädagogik und Wirtschaftsdidaktik
Warburger Str. 100
33098 Paderborn

Adressverzeichnis

Dauber, Heinrich Prof. Dr.
Universität Kassel - Fachbereich 1
Nora-Platiel-Straße 1
34127 Kassel
Tel.: 05 61 / 8 04 - 35 45
Fax: 05 61 / 8 04 - 30 43
hdauber@hrz.uni-kassel.de

Deneke, Michael Dr.
TU Darmstadt
Hochschuldidaktische Arbeitsstelle
Hochschulstr. 1
64289 Darmstadt
Tel.: 0 61 51/ 16 37 68
Fax: 0 61 51/ 16 20 55
deneke@hrz1.hrz.tu-darmstadt.de

Döbler, Matthias
Westfälische Str. 34
10709 Berlin
Tel.: 0 30 / 8 92 11 78

Erben, Friedrun
Freie Universität Berlin
Allgemeine Erziehungswissenschaft
Umweltbildung
Arnimallee 10
14195 Berlin
arbumwbd@zedat.fu-berlin.de
www.fu-berlin.de/Umwelt

Forkel-Schubert, Jürgen
Braamwisch 38
22175 Hamburg
Tel.: 0 40 / 6 40 15 90
jfs@vossnet.de

Fuhrer, Urs Prof. Dr.
Otto-von-Guericke-Universität Magdeburg - Institut f Psychologie
Postfach 41 20
39016 Magdeburg
Tel.: 03 91 / 67 14 - 800 oder 802
Fax: 03 91 / 67 14 - 8 07
urs.fuhrer@gse-w.uni-magdeburg.de
www.comserv.urz.uni-magdeburg.de

Gärtner, Helmut Prof. Dr.
Pädagogische Hochschule Erfurt
Fakultät f. Erziehungswissenschaft
Nordhäuser Str. 63
99089 Erfurt

Gebhard, Ulrich Prof. Dr.
Universität Hamburg
Fachb. Erziehungswissenschaft
Von-Melle-Park 8
20146 Hamburg
Tel.: 0 40 / 41 23 61 19
Fax: 0 40 / 41 23 21 12
gebhard@erzicip.erzwiss.uni-hamburg.de

Golisch-Presecki, Renate
In der Weede 36
48163 Münster
Tel.: 0 25 36 / 61 29

Göpfert, Hans Dr.
Gschwandfeldweg 1
93053 Regensburg-Leoprechting
Tel.: 09 41 / 7 51 60

Grammes, Tilman Prof. Dr.
Universität Hamburg
Fachb. Erziehungswissenschaft
Von-Melle-Park 8
20146 Hamburg
Tel.: 0 40 / 41 23 21 44 bzw. 21 59
Fax: 0 40 / 41 23 21 12

Grossmann, Wolf Dieter
Umweltforschungszentrum Leipzig/ Halle - Regionale Zukunftsmodelle
Permoserstr. 15
04318 Leipzig
wdgross@alok.ufz.de

Haan, Gerhard de Prof. Dr.
Freie Universität Berlin
Arbeitsbereich Erziehungswissenschaft/Umweltbildung
Arnimallee 10
14195 Berlin
Tel.: 0 30 / 8 38 - 30 54
Fax: 0 30 / 8 38 - 7 54 94
arbumwbd@zedat.fu-berlin.de
www.fu-berlin.de/Umwelt

Adressverzeichnis

Haaren, Christina von Prof. Dr.
Universtiät Hannover
Institut für Landschaftspflege und Naturschutz
Herrenhäuser Str. 2
30419 Hannover
Tel.: 05 11 / 7 62 - 52
Fax: 05 11 / 7 62 - 37 91
haaren@laum.uni-hannover.de

Harenberg, Dorothee
Freie Universität Berlin
Fachb. Erwachsenenpädagogik
Arbeitsstelle für Ökologie und Pädagogik
Arnimalle 12
14195 Berlin
harenberg@berlin.snafu.de

Hasse, Jürgen Prof. Dr.
Johann Wolfgang Goethe-Universität Frankfurt a.M.
Didaktik der Geographie
Schuhmannstraße 58
60054 Frankfurt am Main
Tel.: 069 / 7 98 - 238 59 /- 235 69
Fax: 069 / 7 98 - 2 25 35

Hellberg-Rode, Gesine PD Dr.
Auf der Horst 10
48147 Münster
Tel.: 02 51 / 5 61 72
Fax: 02 51 / 5 61 82

Hirsch, Gertrude PD Dr.
ETH-Zentrum
Abteilung für Umweltnaturwissenschaften / HAD F 14
CH-8092 Zürich
Tel.: 00 41 1 632 58 93
Fax: 00 41 1 632 10 29
hirsch@umnw.ethz.ch

Hofinger, Gesine Dipl.-Psych.
Uni Bamberg - Psychologie II
Markusplatz 3
96045 Bamberg
Tel.: 09 51 / 8 63 - 18 62
Fax: 09 51 / 8 63 - 48 62
gesine.hofinger@ppp.uni-bamberg.de

Homfeldt, Hans Günter Prof. Dr.
Universität Trier
Fachbereich I Pädagogik
54286 Trier
Tel.: 06 51 / 2 01 - 23 72 (23 87)
Fax: 06 51/ 2 01 39 41

Huber, Joseph Prof. Dr.
Martin-Luther-Universtität
Institut für Soziologie
Emil-Abderhalden-Straße 7
06108 Halle (Saale)
Tel.: 03 45 / 55 - 2 42 42
Fax: 03 45 / 55 - 2 71 49
huber@soziologie.uni-halle.de

Huschke-Rhein, Rolf Prof. Dr. Dr.
Universität zu Köln
Erziehungswissenschaftl. Fakultät
Gronewaldstr. 2
50931 Köln
Tel.: 02 21/4 70 - 0
Fax: 02 21 / 4 70 - 51 74

Kaiser, Florian G. Prof. Dr.
ETH Zentrum HAD
Mensch-Umwelt-Beziehungen
Haldenbachstr. 44
CH-8092 Zürich
Tel.: 00 41 - 1 / 6 32 63 28
Fax: 00 41 - 1 / 6 32 10 29
kaiser@uns.umnw.ethz.ch

Karpe, Jan Dr.
Westfälische Wilhelms-Universität
Institut für Wirtschaftswissenschaften und ihre Didaktik
Scharnhorststr. 100
48151 Münster
Tel.: 02 51 / 83 - 2 43 03
Fax: 02 51 / 83 - 2 84 29
karpe@uni-muenster.de

Kattmann, Ulrich Prof. Dr.
Carl von Ossietzky Universität
Fachbereich 7 - Didaktik der Biologie, Humanbiologie
Ammerländer Heerstraße 114-118
26129 Oldenburg
Tel.: 04 41 / 7 98 - 32 63
kattmann@biologie.uni-oldenburg.de

Kleber, Eduard Werner Prof. Dr.
Bergische Universität-Gesamthochschule Wuppertal
Fachbereich 3 - Erziehungswissenschaften
Gaußstraße 20
42097 Wuppertal
Tel.: 02 02 / 4 39 - 23 13
Fax: 02 02 / 4 39 - 23 68
kleber@uni-wuppertal.de

Klemisch, Herbert
Klaus Novy-Institut
Annostr. 27-33
50678 Köln
Tel.: 02 21 / 93 12 07 - 0
Fax: 02 21 / 93 12 07 - 20
100714.245@compuserve.com

Kock, Heribert Dr.
Marienstr. 101
42105 Wuppertal
Tel.: 02 02 / 30 34 09

Krebs, Angelika Dr.
Universität Frankfurt
Fachbereich Philosophie
Dantestraße 4-6
60054 Frankfurt am Main
Tel.: 0 69 / 7 98 - 2 38 31
Fax: 0 69 / 7 98 - 2 28 62

Krol, Gerd-Jan Prof. Dr.
Westfälische Wilhelms-Universität
Institut für Wirtschaftswissenschaft und ihre Didaktik
Scharnhorststr. 100
48151 Münster
Tel.: 02 51 / 2 43 03
Fax: 02 51 / 2 84 29
krol@uni-wuppertal.de

Kuckartz, Udo PD Dr.
Freie Universität Berlin
Fachb. Erziehungswissenschaft, Psychologie und Sportwissenschaft
Arnimallee 12
14195 Berlin
Tel.: 0 30 / 8 38 55 39
Fax: 0 30 / 83 8 7 54 94
kuckartz@zedat.fu-berlin.de
www.fu-berlin.de/Umwelt

Leal-Filho, Walter Prof. Dr.
TU-TECH / Technical University Hamburg-Harburg
Arbeitsber. Umweltschutztechnik
Eissendorfer Stasse 40
21073 Hamburg
leal@tu-harburg.de

Lehmann, Jürgen Dr.
IPN - Institut for Science Education
Olshausenstr. 62
24098 Kiel
Tel.: 04 31 / 8 80 - 30 99
Fax: 04 31 / 8 80 - 30 97

Lin, Susanne Dr.
Küferstr. 35
73728 Esslingen
Tel.: 07 11 / 35 77 40
Fax: 07 11 / 3 51 03 31

Loske, Reinhardt Dr. (MdB)
Bundeshaus
Rheinweg 6
53113 Bonn

Mann, Julia
Freie Universität Berlin
Allgemeine Erziehungswissenschaft
Umweltbildung
Arnimallee 10
14195 Berlin
juleclub@zedat.fu-berlin.de
www.fu-berlin.de/Umwelt

Martens, Ekkehard Prof. Dr.
Am Kattenberge 33 c
21244 Buchholz

Maxeiner, Dirk
Schubertstr. 6
86391 Stadtbergen
Tel.: 08 21 / 43 58 99

Meyer-Abich, Klaus M. Prof. Dr.
Universität Essen
Institut für Philosophie
45117 Essen
Tel.: 02 01 / 1 83 - 34 78 / - 38 13
Fax: 02 01 / 1 83 - 34 79
klaus.meyer-abich@uni-essen.de

Adressverzeichnis

Michelsen, Gerd Prof. Dr.
Universität Lüneburg
Fachbereich Umweltwissenschaften
Institut für Umweltkommunikation
Scharnhorststr. 1
21332 Lüneburg
Tel.: 0 41 31 / 78 - 29 20 /- 28 02
Fax: 0 41 31 / 78 - 28 19
michelsen@uni-lueneburg.de

Miersch, Michael
Schubertstr. 6
86391 Stadtbergen
Tel.: 08 21 / 43 58 99

Mitzlaff, Hartmut Dr.
Märkische Str. 5
58135 Hagen
Fax: 0 23 31 / 4 95 36
mitzlaff@cww.de

Müller, Ulrich Dr. Dipl.-Päd.,
Katholische Universität Eichstätt
Lehrstuhl Erwachsenenbildung
Luitpoldstraße 32
85071 Eichstätt
Tel.: 0 84 21 / 93 14 03
Fax: 0 84 21 / 93 24 03

Mynarek, Hubertus Prof. Dr.
Turnhallstr. 9
55571 Odernheim
Tel.: 0 67 55 / 6 21

Nevers, Patricia Prof. Dr.
Universität Hamburg
Institut für Didaktik
Von Melle Park 8
20146 Hamburg

Nitschke, Christoph Dr.
Institut für Umweltbildung im Beruf
Weichselplatz 5
12045 Berlin
Tel.: 0 30 / 6 24 31 70
Fax: 0 30 / 6 24 89 86

Ott, Konrad Prof. Dr.
Enrst-Moritz-Arndt-Universität
Fachbereich Biologie
Grimmerstr. 88
17487 Greifswald
Tel.: 0 38 34 / 86 41 21
Fax: 0 38 34 / 86 41 14

Pallasch, Waldemar Prof. Dr.
Im Brauereiviertel 4
24118 Kiel
Tel.: 04 31 / 8 18 50
Fax.: 04 63 / 8 05 88 10
waldemar.pallasch@t-online.de

Pfligersdorffer, Georg AO Prof. Dr.
Universität Salzburg
Institut für die Didaktik der Naturwissenschaften
Hellbrunnerstr. 34
A- 5020 Salzburg
Tel.: 00 43 / (0)6 62 / 80 44 58 10
Fax: 00 43 / (0)6 62 / 80 44 58 22
georg.pfligersdorffer@sbg.ac.at

Prasse, Willm
Büro für Beratung & Konzepte
Lohneufer 8
49356 Diepholz
Tel.: 0 54 41 / 39 48

Probst, Wilfried Prof. Dr.
Bildungswissenschaftliche Hochschule Flensburg Universität
Institut für Biologie / Sachunterricht
Mürwiker Straße 77
24943 Flensburg
Tel.: 04 61 / 31 30 - 2 09
Fax: 04 61 / 3 85 43
Probst@uni-flensburg.de

Reheis, Fritz Dr.
Branigleite 19
96472 Rödental b. Coburg
Tel.: 0 95 63 / 81 66

Retzmann, Thomas Dr.
Universität Bielefeld
Lehrstuhl für Didaktik der Wirtschafts- und Sozialwissenschaften
Postfach 10 01 31
33501 Bielefeld
Tel.: 05 21 / 1 06 - 48 53
Fax: 05 21 / 1 06 - 29 94
tretzmann@wiwi.uni-bielefeld.de

Reusswig, Fritz Dr.
Keplerstr. 4
60318 Frankfurt a. M.
fritz@pik-potsdam.de

Rheingans, Anke
Freie Universität Berlin
Allgemeine Erziehungswissenschaft
Arnimallee 10
14195 Berlin
ecolla21@fu-berlin.de
Schaar, Katrin Dr.
Podewilsstr. 5
12103 Berlin
Tel.: 0 30 / 8 38 64 31 (dienstlich)
Schemel, Hans-Joachim Dr.-Ing.
Büro für Umweltforschung und Umweltplanung
Altostr. 111
81249 München
Tel.: 0 89 / 8 63 29 71
Fax: 0 89 / 8 63 12 66
Scheunpflug, Annette Dr.
Universität der Bundeswehr
Fachbereich Pädagogik
22039 Hamburg
Tel.: 0 40 / 65 41 - 25 65
Fax: 0 40 / 65 41 - 28 03
annette.scheunpflug@unibw-hamburg.de
Schlundt, Rainer Dr.
Pädagogische Hochschule Erfurt
Institut für Grundschulpädagogik und Kindheitsforschung
Nordhäuser Str. 63
99089 Erfurt
Schneider, Gerhard Dr.
Deutsches Institut für Fernstudienforschung (DIFF)
Abteilung Didaktisches Design
Konrad-Adenauer-Str. 40
72072 Tübingen
Tel.: 0 70 71 / 9 79 - 3 39
Fax: 0 70 71 / 97 91 00
gschneider@uni-tuebingen.de
Schoenebeck von, Mechthild Prof. Dr.
Universität Dortmund
Institut für Musik und ihre Didaktik
Emil-Figge-Straße 50
44227 Dortmund
Tel./Fax: 02 31 / 7 55 - 29 57
Durchwahl: 02 31 / 7 55 - 41 86

Schwier, Hans-Joachim Prof. Dr.
Martin-Luther-Universität
Fachb. Erziehungswissenschaften
Institut für Grundschulpädagogik
Franckeplatz 1, Haus 31
06110 Halle
Tel.: 03 45 / 5 52 38 90
Fax: 03 45 / 5 52 72 43
Seeber, Günther Dr.
Universität Koblenz-Landau
IWW: Institut für Wirtschaftswissenschaft und Wirtschaftspädagogik
August-Croissant-Str. 5
76829 Landau
Tel.: 0 63 41 / 9 90 - 1 01
Fax: 0 63 41 / 9 90 - 1 10
iww@uni-landau.de
Seeland, Klaus PD Dr.
ETH-Zürich, HG G 13
Professur für Forstpolitik und Forstökonomie
CH- 8092 Zürich
Tel.: 01 / 6 32 32 19
Fax: 01 / 6 32 11 10
seeland@waho.ethz.ch
Settele, Monika
Freie Universität Berlin
Arbeitsstelle für Ökologie und Pädagogik und Fachbereich Erwachsenenpädagogik
Arnimalle 12
14195 Berlin
Tel.: 0 30 / 8 38 - 27 29
arbumwbd@zedat.fu-berlin.de
Seger, Juliane PD Dr.
Am Freibad 7
58097 Hagen
Tel.: 0 23 31 / 88 19 88
Seybold, Hansjoerg Prof. Dr.
Pädagogische Hochschule
Institut für Erziehungswissenschaft
Raute Allee 46
71634 Ludwigsburg
Tel.: 0 71 41 / 1 40 - 3 13 / - 2 39
Fax: 0 71 41 / 1 40 - 4 34
Seybold_Hansjoerg@ph-Ludwigsburg.de

Adressverzeichnis

Siebert, Horst Prof. Dr.
Schollweg 21
30457 Hannover
Sohr, Sven Dr.
Ramsteinweg 3
14165 Berlin
Stephan, Andrea
Pädagogische Hochschule Erfurt
Fakultät f. Erziehungswissenschaft
Nordhäuser Str. 63
99089 Erfurt
Stichmann, Wilfried Prof. Dr.
Universität Dortmund
Fachbereich 12 - Biologie/Didaktik
der Biologie
Emil-Figge-Straße 50
44227 Dortmund
Tel.: 02 31 / 7 55 - 29 73 /-29 58
Stipproweit, Aldelheid Prof'in. Dr.
Universität Koblenz - Landau
Abteilung Landau - Fachbereich 7
Institut für Biologie
Im Fort 7
76829 Landau
Tel.: 0 63 41 / 2 80 - 143 oder 223
Fax: 0 63 41 / 2 80 - 1 31
Strey, Gernot Prof. Dr.
Alb.-Schweitzer-Str. 12
37075 Göttingen
Tel.: 05 51 / 2 14 29
Fax: 05 51 / 2 14 37
Trommer, Gerhard Prof. Dr.
Johann Wolfgang Goethe Universität
Institut für Didaktik der Biologie
Sophienstr. 1-3
60487 Frankfurt a.M.
Tel.: 0 69 / 7 98 - 2 33 19
Fax: 0 69 / 7 98 - 2 27 78
trommer@em.uni-frankfurt.de
Verbeek, Bernhard Prof. Dr.
Universität Dortmund
Fachbereich 12 - Erziehungswissen-
schaften und Biologie
Emil-Figge-Str. 50
44221 Dortmund
Tel.: 02 31 / 7 55 - 29 59 - 29 73
Fax: 02 31 / 7 55 - 29 73

Viehöver, Willy Dr.
Münchner Projektgruppe für Sozial-
forschung e.V.
Dachauer Str. 189
80637 München
Tel.: 0 89 / 15 57 60
Fax: 0 89 / 1 57 79 49
MPSeV@t-online.de
Vokkert, Heinrich Dr. (Pfarrer i.R.)
ehem. Umweltbeauftragter der EKD
Rotdornweg 54
48599 Gronau (Westf.)
Tel.: 0 25 62 / 70 00 03
Fax: 0 25 62 / 70 00 05
Waldmann, Klaus
Geschwister-Scholl-Str. 54
20251 Hamburg
Tel/Fax: 0 40 / 4 80 83 52
kwaldmann@compuserve.com
Welfens, Jola
Wuppertal Institut für Klima, Um-
welt, Energie
Döppersberg 19
42103 Wuppertal
Tel.: 02 02 / 24 92 - 0
Fax: 02 02 / 24 92 - 1 08
jola.welfens@wupperinst.org
www.wuppertal-institut.de
Weinbrenner, Peter Prof. Dr.
Universität Bielefeld
Postfach 100131
33501 Bielefeld
Tel.: 05 21 / 1 06 - 48 61, - 48 63
Fax: 05 21 / 1 06 - 29 94
pweinbrenner@wiwi.uni-bielefeld.de
Wessel, Johannes
Am Krausen Bäumchen 51
45136 Essen
Tel.: 02 01 / 25 61 94
Witte, Günter R. Prof. Dr.
Universität GH Kassel
Fachbereich 19
Heinrich-Plett-Str. 40
34132 Kassel
Tel.: 05 61 / 8 04 - 47 31 /- 43 62
Fax: 05 61 / 8 04 - 40 12

Wolf, Rainer Prof. Dr.
Philosophenweg 6
26121 Oldenburg
Tel.: 04 41 / 7 14 54

Ziegenspeck, Jörg W. Prof. Dr.
Universität Lüneburg
Institut für Erlebnispädagogik
Scharnhorststr 1
21335 Lüneburg
Tel.: 0 41 31 / 40 61 47
Fax: 0 41 31 / 40 61 48

Zoerner, Andreas MA
Westfälische Wilhelms-Universität Münster
Institut für Wirtschaftswissenschaft und ihre Didaktik
Scharnhorststr. 100
48151 Münster
Tel.: 02 51 / 83 - 2 43 03
Fax: 02 51 / 83 - 2 84 29

Adressverzeichnis der Verbände und Organisationen

B.A.U.M. E.V.
Tinsdaler Kirchenweg 211
22559 Hamburg

BUND E.V.
Postfach 300251
53182 Bonn

BUNDESAMT FÜR NATURSCHUTZ
Konstantinstr. 110
53179 Bonn

BUNDESVERBAND BÜRGERINITIATIVEN UMWELTSCHUTZ E.V.
Prinz-Albert-Straße 43
53113 Bonn
Tel.: 02 28 / 21 40 32
Fax: 02 28 / 21 40 33

DEUTSCHE GESELLSCHAFT FÜR UMWELTERZIEHUNG E.V. (DGU)
Ulmenstraße 10
22299 Hamburg
Tel.: 0 40 / 4 10 69 21
Fax: 0 40 / 45 61 29;

DEUTSCHES INSTITUT FÜR ERWACHSENENBILDUNG (DIE) (CLEARINGSTELLE FÜR MULTIMEDIA IN DER UMWELTBILDUNG)
Hansaallee 150
60320 Frankfurt a.M.
Tel.: 0 69/ 9 25 26 - 0
Fax: 0 69 / 9 56 26 - 1 74
www.rz.uni-frankfurt.de/die/MM

DEUTSCHES JUGENDHERBERGSWERK
Bismarckstr. 8
32756 Detmold
Tel. 0 52 31 / 99 36 33
Fax 0 52 31/ 99 36 66
e-mail@djh.de

DEUTSCHE UMWELTSTIFTUNG
Schlachthofstr. 6
76726 Germersheim
Tel.: 0 72 74 / 47 67
Fax: 0 72 74 / 7 73 02

Adressverzeichnis

GREENPEACE E.V.
22767 Hamburg
Infoline: 01 80 / 5 50 95
mail@greenpeace.de

DEUTSCHE UMWELT-AKTION E.V.
Heinrich-Heine-Allee 23
40213 Düsseldorf
Tel.: 02 11 / 13 13 22
Fax: 02 11 / 13 24 54

INNOVATIONSFORUM UMWELT UND BERUF GMBH (IFUB)
Weichselplatz 5
12045 Berlin
Tel.: 0 30 / 6 24 31 70
Fax: 0 30 / 6 24 89 86
info@ifub.de
www.ifub.de
Dr. Christoph Nitschke
Uhlmühlenweg 21
81483 Bischofswiesen

INSTITUT FÜR SOZIAL-ÖKOLOGISCHE FORSCHUNG
Hamburger Allee 45
60486 Frankfurt
Tel.: 0 69 / 70 00 12

KINDERGIPFEL-VEREIN E.V.
Belfortstr. 8
81667 München

MOBIL SPIEL E.V. Ökoprojekt
Welserstr. 15
81373 München
Tel.: 0 89 / 7 69 60 25
Fax: 0 89 / 7 69 36 51
mobilspiel@t-online.de

ÖKO-INSTITUT E.V.
Postfach 6226
79038 Freiburg
Tel.: 07 61 / 4 52 95-0
Fax: 07 61 / 47 54 37

ROBIN WOOD E.V.
Nerstweg 32
22765 Hamburg
Tel.: 0 40 / 3 90 95 - 56
Fax: 0 40 / 39 28 48
robin_wood@umwelt.ecolink.org

UMWELTBUNDESAMT
Postfach 33 00 22
14191 Berlin
Tel.: 0 30 / 89 03-0
Fax.: 0 30 / 89 03 - 22 85

UMWELTSTIFTUNG WWF-DEUTSCHLAND
Hedderichstr. 110
60591 Frankfurt
Tel.: 0 69 / 60 50 03 - 0
Fax: 0 69 / 61 72 21

UNESCO-VERBINDUNGSSTELLE FÜR UMWELTERZIEHUNG IM UMWELTBUNDESAMT, FG 13.3
Bismarckplatz 1
14193 Berlin.
Tel.: 0 30 / 89 03 - 21 51
Fax: 0 30 / 89 03 - 22 85

ZENTRALSTELLE FÜR UMWELTERZIEHUNG
Universtiät-GH Essen
Universitätsstr. 15
45117 Essen
Tel.: 02 01 / 1 83 - 24 30 (Sekr.)
Fax: 02 01 / 1 83- 39 81
reinhold.lob@uni-essen.de.

weitere Adressen siehe:
Deutsche Umweltstiftung (Hrsg.) (1988/ [4]1996): Adreßbuch Umweltschutz. Wiesbaden.

Epilog

„Wenn die Handlungsweise eines Organismus der Umgebung genauso nützt wie dem Organismus selbst, dann wird seine Ausbreitung gefördert. Der Organismus und die mit ihm zusammenhängenden Veränderungen der Umgebung werden schließlich auf der ganzen Erde zu finden sein. Der umgekehrte Fall gilt genauso. Jede Art, die der Umgebung Schaden zufügt, wird untergehen; das Leben aber geht weiter. Trifft das nunmehr auch auf die Menschen zu? Sind wir wegen unserer Zerstörung der natürlichen Welt dem Untergang geweiht?
Gaia wird nichts vorsätzlich gegen den Menschen unternehmen (⇨ Gaia-Prinzip). Doch solange wir die Umwelt weiterhin entgegen ihren Präferenzen verändern, müssen wir gewärtig sein, daß wir durch eine Art ersetzt werden, die dieser Umwelt besser entspricht.
Alles hängt von uns ab. Wenn wir die Welt als einen lebendigen Organismus betrachten und uns als einen Teil davon – nicht als Eigentümer, Pächter oder gar Beifahrer –, dann könnten wir noch eine lange Zeit vor uns haben, und unsere Art dürfte die ihr >zugedachte< Zeitspanne überleben. Es kommt auf jeden von uns an, daß er persönlich in einer konstruktiven Weise handelt."
(LOVELOCK, James (1988/dt. 1991): Das Gaia-Prinzip. Zürich, S. 299-300)

Möge das Hand-Wörterbuch Umweltbildung so gut dolmetschen, daß wir gemeinsam konstruktiv handeln lernen.

Taschenbuch der Pädagogik
Herausgegeben von Helmwart Hierdeis und Theo Hug
5., korr. Auflage in 4 Bänden. 1997. 1616 Seiten. Kt. ISBN 3871167576.
FPr. DM 98,—

Die Pädagogik hat sich in den letzten 20 Jahren erheblich weiterentwickelt. Im Zuge der gesellschaftlichen Veränderungen sind neue Fragestellungen, Praxisfelder und Forschungsansätze entstanden. Viele ältere Vorstellungen sind brüchig geworden, andere wurden ausdifferenziert und wiederum andere gewinnen erst in jüngster Zeit auf breiter Basis an Bedeutung.

In einer solchen Situation steigt der Bedarf an verständlichem Orientierungswissen, ein Bedarf, dem das Taschenbuch der Pädagogik in besonderer Weise entgegenkommt. Dieses Nachschlagewerk ist soeben in der fünften, korrigierten Ausgabe erschienen. Das Konzept der Herausgeber, *Helmwart Hierdeis* und *Theo Hug*, ist überzeugend: Ausgehend von der bewährten Strukturierung der früheren Auflagen in Grundbegriffe, Bereichspädagogiken, pädagogische Institutionen, Didaktiken der zentralen Unterrichtsfächer, wurden einerseits zeitgenössische Entwicklungen in die vertrauten Stichworte eingearbeitet. Andererseits wurde eine Reihe von neuen Stichworten aufgenommen, die den Stand der Dinge in den Bereichen Umweltpädagogik, Neue Medien und feministische Pädagogik widerspiegeln. Darüber hinaus werden auch die gegenwärtigen konzeptionellen und forschungsmethodischen Entwicklungen der Erziehungswissenschaft angemessen berücksichtigt.

Alle Stichworte enthalten kurze Begriffsklärungen, ausführliche historische und systematische Argumentationen und weiterführende Literaturhinweise. Wer also nur kurz ein Wort nachschlagen will, kommt genauso auf seine Kosten, wie derjenige, der an gehaltvollen Reflexionsanregungen interessiert ist. Die gezielte Suche nach Inhalten wird durch ein elaboriertes Personen- und Sachregister erleichtert.

Die vier Bände enthalten auf 1616 Seiten 127 Abhandlungen von „Alltag" bis „Wirtschaftspädagogik". Aufgrund der verständlichen Sprache ist das Taschenbuch der Pädagogik für alle pädagogisch Interessierten und professionell Tätigen lesenswert. Egal, ob Sie

- sich auf eine pädagogische Praxis vorbereiten und einen Überblick verschaffen wollen,
- studieren und solide Informationen brauchen,
- in einem pädagogischen Beruf tätig sind und Ihr Wissen aktualisieren wollen,
- als Dozent(in) ein gediegenes Handbuch brauchen,
- in der Aus- und Weiterbildung von Theoretikern und Praktikern engagiert sind,
- in Fragen der Erziehung und Bildung kompetent sein wollen,
- einfach auf die Reflexion des pädagogischen Alltags neugierig sind
- oder ob Sie sich einige zentrale Problemkreise der Erziehungswissenschaft erschließen wollen,

mit dem **Taschenbuch der Pädagogik** haben Sie auf jeden Fall ein preiswertes Nachschlagewerk zur Hand, das Sie nicht im Stich lassen wird. Dafür haben 114 kompetente AutorInnen aus Österreich, Deutschland, der Schweiz und den Niederlanden zusammen mit den Herausgebern und dem Layout- und LektorInnenteam mehr als zwei Jahre lang gearbeitet.

Schneider Verlag Hohengehren
Wilhelmstr. 13; 73666 Baltmannsweiler

Boje Maaßen

Naturerleben
oder Der andere Zugang zur Natur

IX, 246 Seiten mit zahlr. Abb. Kt. ISBN 3871169455. FPr. DM 29,80

Ein Beispiel aus der Praxis des Naturerlebens: Eine Teilnehmerin tastet intensiv mit verbundenen Augen die Rinde einer alten Pappel ab. Zehn Minuten ist sie nur bei dem Baum, kein Mensch gibt Informationen oder erklärt. Sind das nicht zehn verschenkte Minuten, ein Rückfall in längst überwundene kindliche Weltbegegnung?

Daß dem nicht so ist, macht vorliegende Arbeit deutlich. Die Praxis des Naturerlebens wird bewußt gemacht, so daß über sie in rational-argumentierender Weise gesprochen und auch gestritten werden kann. Damit ist eine Bedingung geschaffen, das Naturerleben aus der Ecke des rein Subjektiv-Privaten herauszuführen, so daß es sein großes Potential entfalten kann. Das Potential des Naturerlebens liegt nach Maaßen in folgendem: Zum einen ist das Naturerleben das Interessanteste, was die Pädagogik seit der Reformpädagogik hervorgebracht hat, zum anderen ist Naturerleben in nuce eine Antwort auf die ökologische Krise.

Der hinführende Teil leistet eine kritische Bestandsaufnahme der Praxis und Theorie des Naturerlebens, wobei insbesondere die Abgrenzungen zur Erlebnispädagogik und zum Erlebniskauf und die Behandlung der Wertproblematik wesentliche Erkenntnisse liefern.

Der Mensch als subjektiver Pol und die Natur als objektiver Pol des Naturerlebens und deren Vermittlungsformen werden in ihren Tiefenstrukturen und -prozessen im Hauptteil freigelegt. Sinn dieser Reflexionen liegt darin, bestehende Verhältnisse aus der scheinbaren Naturwüchsigkeit zu befreien und damit Veränderungen zu ermöglichen. Die mediale und die rein begriffliche Vermittlung von Natur und Mensch werden in einer anthropologisch-philosophisch orientierten Analyse als „Holzwege" für das Naturerleben abgelehnt.

Lesbar und verständlich ist diese Theorie des Naturerlebens auch deswegen, weil das Allgemeine in der Regel aus konkreten Phänomenen und Situationen gewonnen wird.

Diese Grundlegung gibt der Praxis größere Sicherheit und Legitimation. Zudem finden der im Naturerleben tätige Pädagoge und Anleiter vielfältige Anregungen. Das Aufzeigen der Differenz von theoretisch Möglichem und praktisch Erreichbarem im Naturerleben bewahrt vor Überfrachtungen und unrealistischen Hoffnungen.

Die in dieser Arbeit eingenommene subjektorientierte und non-direktive pädagogische Position gewinnt in der gegenwärtigen pädagogischen Diskussion und Praxis zunehmend an Bedeutung.

Schneider Verlag Hohengehren
Wilhelmstr. 13; D-73666 Baltmannsweiler